萬卷精華樓藏書記

第三册

山右歷史文化研究院 編

上海古籍出版社

# 目　　録

**萬卷精華樓藏書記卷六十二**

萬卷精華樓藏書記卷七十五

萬卷精華樓藏書記卷七十六

**萬卷精華樓藏書記卷七十九**

**萬卷精華樓藏書記卷八十**

**萬卷精華樓藏書記卷八十一**

# 萬卷精華樓藏書記

## （卷五十七—卷八十五）

〔清〕耿文光　撰

潘慎　張梅秀　張志江　田同旭　薛蓮　點校

# 史部十五

## 金石類五

### 《淳化閣帖》十卷

宋王著摹

銀錠本。歷代帝王法帖一卷，歷代名臣法帖三卷，諸家古法帖一卷，右軍書三卷，大令書二卷。每卷前有王著姓名，世人謂之王著《淳化閣帖》，爲價甚昂，然未必爲原本。惟墨色較他本爲濃厚，後有"淳化三年壬辰歲十一月四日奉聖旨模勒上石"篆字三行，凡十九字。此本余得其半部，右軍書尚全，其次有銀錠形者，謂之銀錠淳化，余得其全，因著録之。其餘贋本實繁，人不之重。

《東晉簡文帝書》，文嘉本第二、三行缺上二字，第五行第六行俱缺上四字。

《齊高帝書》，潘允諒本"可尋"字右有銀錠紋。

《梁簡文帝書》，泉州本"及具"二字缺角。

《唐太宗第三帖》，潘本、顧本俱缺"齊"上一點。第四帖文本故、藺二行頭上木板朽壞，殘缺不全。文之下，潘本有補痕錠紋，顧本有補痕，未下錠，文本未補。第六帖潘本、華叔陽本"復何似時氣"五字少有殘缺，獨顧本不損。《唱箭帖》泉本有石裂痕。

《陳長沙王帖》，潘、華、顧三本“花”字內多一畫。

文本標目板有朽壞，《王導書》“晉丞相”三字模糊不全。

《王敦書》，潘本右有錠紋。“陽”字，孫本缺耳旁。

《劉穆之書》，華本“更律”二字模糊，右有“十一”二字。潘本二字亦模糊，獨顧本不損。

《阮研書》，潘本有補痕，“刺”字左有錠紋。顧本未下錠。

潘本“善自愛”三字左有錠紋。

《蕭子雲書》，潘本“吾身非”左有錠紋，顧本未錠。潘本“知所往處”右有錠紋。顧本有補痕，未錠。

虞世南《疲朽帖》，潘本“力、也”之間有補痕，右有錠紋。顧本有補痕，未錠。

歐陽詢《靜而思帖》，潘本“莫復”有補痕，右有錠紋。潘本“陽”字有補及錠。《足下帖》泉本有石斷紋。

《柳公權第一帖》，泉本“聖”字缺右角，潘本“罪責”右有錠紋，顧本橫補未錠。《奉榮帖》，潘本有錠紋。

《李邕帖》，潘本“公”字間有錠紋，下有補痕。

《徐嶠之帖》，潘本有錠紋。李斯書，潘本有錠紋。

《宋儋書》，“情酣”左、“今日”右，潘本皆有錠紋。

《智果第二帖》，潘本“不”處右有錠紋。泉本自“笑春索”以下缺半卷。孫本此帖以下皆缺。

《何氏書》，潘本“如登”右有錠紋。

《古法帖》，潘本有補痕錠紋，缺“人有闊”三字，文本同顧本，三字完好。

《右軍第一帖》，潘本“知足”下右有錠紋，有補痕，顧本有補無錠。《差涼帖》，泉本有斜裂痕。《兄靈帖》，潘本有錠紋。《慈顏帖》，泉本石斷半行。《十七帖》，草法諸本各各不同。《伏想帖》泉本斷石三行。《得足下帖》，泉本斜裂二行。《又不能帖》，泉本斷二行。《謝光禄帖》，潘本有錠紋。《省飛白帖》，潘本、顧本"省"字缺目，泉本全。《承足下帖》，潘本"豈行"中有錠紋，"李遇"字中有錠紋。《彼鹽井帖》，潘本有錠紋，顧本有裂紋。《得西間帖》，潘本有錠紋。《得書帖》、《十一月帖》皆有錠紋。《阮公帖》，潘本、顧本、修內司本"復"字皆缺其半。《大觀》全。《飛白帖》、《不審帖》、《日五帖》皆有錠紋。

大令《不審帖》、《思戀帖》、《不謂帖》、《阮新婦帖》、《益都帖》、《前告帖》、《消息帖》、《近與帖》、《七月帖》、《八月帖》、《姪等帖》，潘本皆有錠紋。

文光案：《閣帖》中有誤摹者，有重出者，僞帖最多。今以潘本證今本，所謂銀錠紋者亦不相合，則銀錠亦有僞造者矣。或云泉州棗板僅僅形似，或云泉州石本甚佳，未知孰是。《閣帖》中有飛白字真本，字畫肥勁，此亦考帖之一助也。

## 《淳化閣帖》十卷

明温如玉　張應召重摹

肅府本。此石本也，其源出於木本，完顏氏舊物，有元人手跋。第九卷非世所有。肅府在甘蘭，此帖爲分藩時所賜。重模一過，未必的如真本。每卷後有"萬曆四十三年乙卯歲秋八月九日草莽臣温如玉、張應召奉肅藩令旨重摹上石"隸字三行，凡三十二字。後有題跋二十七則，另裝一冊。温伯堅、張用之二人皆工染翰，此帖心追手摹，五年而成，亦甚有功於《閣帖》矣。初印本墨色甚濃，後印者淡然無味。當時別有周府木本，不甚貴重。温陵張氏石刻本，予未之見，邢子願《刊誤》亦少傳本。宋本《閣帖》半多剝落。古法帖久缺，今世縉紳家所藏多番本，故無缺損，然不能詳考其來歷也。

## 《秘閣法帖題跋》一卷

宋米芾撰

抄本。是書別無所見，此從天籟閣仿宋本《東觀餘論》中抄出。前有自序，後有黃訥跋。元章於王著所收之帖一一辨其真僞，黃伯思《刊誤》即因是書而作，故録之以記其緣起。元章書法名家，語定不妄，且收藏既富，多見真蹟，尤非諸家所及。

第一漢章、晉元、晉武、齊高、梁武、梁高、簡文七帖，并一人手寫僞帖。二、三、四、五卷僞帖，與此七帖并一人手寫。第四虞世南臨《樂毅論》，俗人僞帖。第五李斯、程邈、蔡琬皆僞。第六、七不注[一]出者，皆僞。第八尊夫人，僞。第九有無名人僞帖，《簿冷》、《益郎》并歐書。第十有張旭書，有未詳何人書。

黃訥曰："元章題跋真蹟藏王晉玉家，今已散亡。忽見先君子親寫本，乃命筆史抄録，附刊誤之後。"

劉云：政和初，陝人發地得木竹簡一甖，皆漢世討羌戎檄文，皆章草書。惟鄧隲永初二年一篇成文，今尚多得之。石本就簡上摹得。予言："漢魏人章表多用章草，今猶有存者。所謂章草，上章用之，非章帝書也。此草有波磔，若正書之有分隸。既不顛放，易曉，又可赴急，宜漢人以作檄書也。"劉言："李懷琳書《絕交書》多有古字，疑有所受。"予言："嵇叔夜自書《絕交書》，唐世尚有疑李放焉，決非自作。李僞作《衛夫人》及《七賢帖》，不逮此遠矣。今世有蕭子雲章草書《出師頌》，甚古雅，與子雲他書全不類，疑亦仿漢人書也。《閣帖》中有南唐人一手僞帖，皆是寫古人帖，第三卷最多。今秘閣有數匣尚存，皆澄心堂紙書，分明題曰"仿書"。王著不曉，取名入録，故與真蹟混淆，卻多有好帖不入，殊可惜也。"予云："楊少師書詩話十一紙，字與《珊瑚帖》

相類。今洛有石本，不全載。楊多書僧壁，而傳於楮素者甚少。"
予云："裴行儉以書名，世罕傳之。"劉云："裴書《千字》亦工，
《寶章集》題者小字乃紹京書。"予云："紹京碑師薛稷。予曰：焦
山有唐王瓚詩刻，字畫類《鶴銘》。"劉曰："疑即瓚書，非逸少
也。蓋唐有此人，亦號逸少耳。"劉云："唐人書云，文皇令羣臣
上奏，任用真草，惟名不得草。後人遂以草名爲押，韋陟五朵雲
是也。"予云："魏晉以來，法書至梁，御府藏之，朱昇等題名於
首尾紙縫間，故謂之押縫，或謂之押尾，只是謂書名耳。後人花
押乃以草書記其自書，故謂之押字，相沿已久。近世遂書押字於
移檄，或不書己名字而別作形模，非也。"

　　文光案：黃伯思與劉無言論書一則在黃訪跋後，因并錄
之。鄧隲書在《閣帖》中。

## 《法帖刊誤》二卷

宋黃伯思撰

　　明本。此仿宋小字本，每葉二十四行，每行廿字，板心刻
"帖誤上、下"，不詳刻者姓名。後二跋注"川本無"，中有"或
作"之字，與項氏校本同。前有目錄。第一帝王書，至第五雜帖
爲上卷；第六王會稽書上，至第十五大令書下爲下卷。開首第一
行題"法帖刊誤卷上"，旁注"并序"二字。第二行題"左朝奉
郎、行秘書省秘書郎黃伯思撰"。第三行爲序，與書相接。末有政
和甲午王珍跋，又許翰跋。謹案：黃氏署名諸書皆作伯思。聚珍
本蔣學士跋以長睿爲名，不知何據。王珍，項本作"王玠"。

## 《法帖刊誤》二卷

宋黃伯思撰

　　《百川》本。首行無"并序"二字，黃名上不結銜，末無王、

許二跋，非宋本面目。前有大觀戊子伯思自序。

黃氏自序曰："王著雖工草隸，初不深書學，又昧古今。元章在淮南幕府日，跋尾數百語，疏略甚多。或偽蹟甚著而不覺者，李作《衛夫人書》、逸少《闊別稍久帖》之類；有雖審其偽而譏評未當者，若知伯英大令諸草帖爲唐人書，而不知乃書晉人帖語之類；有譏評雖當，主名昭然而不能辨者，若以田疇字爲非李師書，而不知乃李陽冰明州碑中字之類；有誤著其主名者，若以晉人章草《諸葛亮傳》中語遂以爲亮書之類是也。其餘舛誤尚多，故作刊誤。凡論真偽，皆有據依，使鍾、王復生不易此評矣。元章已物故，恨未示之，後有高識者賞予知言。"

## 《法帖刊誤》二卷

宋黃伯思撰

天籟閣本。萬曆甲申秀水項篤壽仿宋刻大字本，每葉十八行，行十八字，板心刻"東觀"字，蓋《東觀餘論》之上半卷也。黃序與書不相接，餘與小字本同。

余待罪天祿，與觀中秘古蹟，石刻所本，其真易識，蓋了然知其偽者十九，而後乃知黃子之書拔賞者寡而掊擊者多，故有以也。其洞察真贋，品藻高下，水墨之間，毫釐千里，非書家者流心知其意，未易不惑。予是以道予所見於天祿者，使世知其論刺之嚴如此，皆不妄也。政和五年三月中澣〔二〕，襄陵許翰崧老跋。

　　文光案：凡書畫必見的真上品而後知其偽者爲不足觀，否則以贋爲真，雖有譏評亦不之信。尤須廣見博聞，精心考校，積久方能有得。否則爲耳食，矢口即錯，不足依據。書亦然，廣積精本始知陋本，經多則精，識小則陋。

凡草書分波磔者名章草，當在草書先。杜操善此書，章帝稱之，故目爲章草。卷首帖以爲章帝書，誤矣。然此書亦前代作，錄書者集成《千字》中語耳，米辨未中其病。第二章草《芝白帖》差近古，亦疑先賢摹放。皇象後章草一表，唐人僞作。孫皓上晉武表，章草，高古與此有間。

文光案：黃氏校秘書，當時推爲精確。章草紛紛聚訟，黃說亦未盡詳，見《閣帖考正》。

“匆匆”出於祭義，《説文》：“怱，遽稱匆匆。”今世“匆”字中斜蓋一點，讀作怱，非是。

逸少之書，凝之得其韻，操之得其體，徽之得其勢，渙之得其貌，獻之得其源，故大令之書高於諸王。逸少七子，惟元之、肅之遺蹟未見，餘皆得家範，而體各不同，是謂善學。王坦之爲太原王，非琅琊族也。王著以名皆從之，遂敍於逸少諸子之間，誤矣。

《柳帖》云“誠懸呈”，師古注：“字以表德，豈人所自稱？”然《敬謝帖》自云“王逸少白”，則古人稱字蓋或有之。

《十七帖》，王草書中名帖也，首有“十七日”字。本二十七條，官帖有十五，散見逸少書三卷，中又續帖有五，餘七條不載，當是亡軼。而世有完卷，傳模殊精，非此比也。第九王大令書，僞者最少。

《古蘭亭敍》本二十八行，第十四行間特闊，梁舍人徐僧權於其旁著名，當時謂之押縫。此帖“僧”字下亡其“權”字，近人不知此，乃云僧者曾之誤，因讀爲“曾不知老之將至”，非也。本傳無曾字，益可是正。

虞和云：“逸少爲會稽，子敬爲吳興，故三吳多遺迹。”又是暮年遒美之時，今九卷中時有吳興帖。然大令佳帖傳者尚多，官本皆遺之。

《鵝羣帖》言崇虛劉道士。崇虛館建於宋泰始四年，去晉五十餘年。《魏志》詔“立道家崇虛寺”，去晉更遠。蓋傅會換鵝事，但此書不惡。

書雖小道，亦六藝之一。能之既艱，知之亦非易。然天下理當爲天下士言之，真賞難遇，豈獨書哉？

## 《法帖釋文》十卷

宋劉次庄撰

明本。仿宋刻，每葉二十四行，行二十字。前有目録，後有次莊二跋，歷敘太宗、真宗、仁宗、英宗，意在補帝王書。其擡寫猶原式。次莊前跋云：“元祐四年，臣得本於吕和卿，命工模刻。之後二年，復取帖中草書，世所病讀者爲《釋文》十卷，并行於時。”是釋文别爲一集，又附注於石刻之中。後人未見原本，復取石刻所釋，依文排次，别爲一本，而於原集之考證題跋皆未之載，則原本足貴矣。此本的是原本，凡是楷法皆不釋，凡所釋者皆改草爲真。但摘其字，不録全文，與今本互異。諸家所引所見之本，亦互有不同，則訂正此書者非一手矣。余以顧、朱、徐、王四本對勘，已詳著於《目録學》，而記其大略於此。次莊所模《戲魚堂帖》，今刻削其釋文，亦翻本也。

## 《法帖譜系》二卷

宋曹士冕撰

明本。仿宋刻，擡寫悉如舊式，惟圖前題“法帖譜系”，卷内題“譜系雜説”。前有士冕自序及譜系圖，後有董、史二跋。上卷淳化法帖、二王府帖，紹興國子監本、淳熙修内司〔三〕本；大觀太清樓、臨江戲魚諸帖、利州帖、慶曆長沙帖，劉丞相私第本、長沙碑匠家本、長沙新刻本、三山木板；黔江帖，北方印成本、烏鎮本、福清本；澄陽帖、鼎帖，不知處本、長沙别本、蜀本、廬陵蕭氏本，凡二十二種，以《閣帖》爲大宗，諸本皆宗子。下卷絳本舊帖，東庫本、亮字不全本、新絳本、別本、又一本、武岡舊本、武岡新本、福清本、烏鎮本、彰州本、資州本、木本前十卷、又木本前十卷，凡十四種，以絳本爲別子，諸本皆支派。邇來碑工往往作蟬翼本，且以厚紙覆板上，隱隱爲銀錠痕以惑人，第損剝非復舊拓本之遒勁矣。

　　文光案：碑工僞作銀錠紋由來己久，今以銀錠帖爲佳，亦不足據。

　　注曰：“禁中板刻用歙州貢墨。都下用錢萬二千便可得二王府帖，但用潘谷墨，光輝有餘，不甚黝黑，又多木橫裂紋，士大夫不能盡別，可當舊板之半。”

## 《法帖釋文考異》十卷

明顧從義撰

　　明大字本。武林顧氏手書，太原王常校刊。前後無序跋，不知何年所作。多取米、黃二家之説，所注真僞悉取諸米。標目下則黃氏《刊誤》也。於潘本之銀錠痕一一著名，而復以顧本之有補未錠者證之，極爲詳明，而校正尚有未精處。王氏《閣帖考正》即以是書爲藍本，而體式不同。顧本依帖原文勒爲十卷，加以注釋。王本依帖原次標目，分條考證，不録全文。顧略而王詳，則踵事增華故也。顧本板極寬大。

　　歐曰：“往時禁中火災，焚《閣帖》板。或云尚在，但不易得。”

## 《淳化閣帖釋文》十卷

國朝朱家標撰

　　峒錦堂本。龍潭朱氏校刊。前有康熙癸亥何亮功序，泛論書法，殊不解事。次朱序，略無考證，但云“予據古法帖釋文校訂付梓"。次凡例，此所釋者本草書，而例云"歷來篆文未有音釋，廣求秘本，搜討無遺"，蓋指首卷中篆書言也。次《閣帖》譜系，題朱家標訂。此譜與曹譜不同，以漢石經爲首，不免屋上架屋，全失淳化祖帖之意。附以圖説，泛言世系。次目録，題朱青田先生，則他人所刻也。此本取劉氏釋文，任意改換。或録全文，或注不釋，而不知書出於劉，故云據古帖釋。其所廣搜之秘本，即清江所刻義、獻帖，釋文間有不同。淳化源流則取諸陶九成《輟耕録》、韓雨公《淳化絳帖考》、楊升菴《墨池瑣録》、孫石雲《諸帖題誌》，僅此而已。既非校人原書，亦不能自成一書，不足存也。

## 《淳化秘閣法帖考證》十卷　《附録》二卷

國朝王澍撰

天都秋水藕花居本。雍正庚戌年校刊，寫板甚工。前有王氏自序，凡例，王著本傳，米芾原題，黃伯思刊誤序、跋并王、許二跋。附録《古今法帖考》一卷，《論書勝語》一卷，皆有自序。是書於黃、顧二本辨證尤詳。所見多善本，故考核得真，已詳著於《目録學》，茲不復贅。古人著書避重複，詳於彼者略於此，定法也。

論《閣帖》者不一説。歐陽氏以爲從真迹模勒，陸友仁以爲《昇元帖》爲《閣帖》祖，李日華以爲祖《建業文房帖》稍損益之，劉跂又以唐《保大法帖》爲淳化祖帖。劉世昌以淳化祖帖爲石刻，陶南村以《淳化帖》爲木板，實則木板也。中有《昇元帖》，後人遂以爲祖昇元耳。

## 《淳化法帖釋文》十卷

國朝徐朝弼撰

問心堂本。前有嘉慶八年徐朝弼序。較朱本所見微廣，略有考證，依帖全釋，與朱本不同。然皆劉本之支派，轉相抄刻，絕無勝人之處。坊間通行之本大抵如此。

江南李後主命徐鉉以所藏古今法帖入石，名《昇元帖》，在淳化之前，爲法帖之祖。

文光案：考釋《閣帖》者凡八家，類聚一處，以便省覽。其已著於《目錄學》者，可互觀也。

## 《絳帖平》六卷

宋姜夔撰

抄本。前有姜夔自序，次總錄，末爲九品書人。其書本二十卷，今亡十四卷，間有傳抄本，俱非完帙。其論折衷諸家，故名書曰“平”，取漢官廷尉平之義也。或作評，誤以爲書評之類，非是。姜氏原序，《堯章集》本不載，抄本所錄與《絳州志》小有異同。

以上古人帖中所題，或時代差誤，或官稱爽失，或名字乖落，今以正史及雜書校之，皆得其正。其不可考者，姑因帖之舊文并以諸書所稱其人能書之實各條於下。

頡之書亡久矣。李斯作《蒼頡篇》謂之秦篆，斯作篇首有“蒼頡”二字，因以名篇，非能傳頡書迹也。頡之文字一變於籀，再變於斯而絕矣。此字疑是梵書，前代譯經，中國梵書無數，皆漆書貝多葉，與此同。石鼓字方與《詛楚》同，是爲秦書。史籀書七字，乃唐人小篆。今人稱隸書爲隸古，非也。書序所謂隸古者，書有古文、今文之別，隸爲今文，古爲古文。隋朝帖當是吏筆，薄有吏氣。

小學既廢，流爲法書。法書又廢，流爲法帖。法帖乃古人陳迹耳。況數經摹刻，已失筆意，然苟能習之，亦勝牆面。法帖始自貞觀褚遂良，所校館本《十七帖》是也。我太宗皇帝造《淳化帖》十卷，自後有所謂劉丞相沆《潭》、潘尚書師旦《絳》、《臨江》劉次莊、宗氏將字世章《汝刻帖》，過《大觀》之類，不可勝計，要皆本諸《淳化帖》。《淳化帖》今難得，而諸家舊帖亦不易致。《絳帖》傳至今者，復有三四本，潘師旦所刻爲勝，絳公庫本次之。厥後漫滅，屢經補治，甚至字畫乖訛。嘗以相校，乃知其有三四本也。嘉泰辛酉，予入越，友人朱子大以《絳帖》遺予，歸而玩之，因爲之本事釋文，名曰《絳帖平》。按《淳化帖》王著所集，其間固已真偽混淆，名代爽失。潘氏不悟，又從而刻之。如劉次莊、王輔道、劉無言諸人皆嘗刻帖，亦不知其非也。世有劉氏《釋文》二卷，山谷《跋法帖》一卷、《跋絳帖》一卷、《評潭帖》一卷，秦少遊《官帖通解》六篇，米元章《官帖跋》一卷，黃長睿《刊誤》十篇，陳去非《校定釋文》一卷，喻子才《潭帖釋文》一卷。秘閣有《法帖字證》二卷，北方有《絳帖字鑑》二卷，近日榮苔有《絳帖釋文》一卷并《説》一卷，曾氏《釋文》一卷。諸家惟黃長睿鑒賞最精，然恨太略。予因《絳帖》條疏而增備之，使覽者識其真偽，通其義理，然後究其點畫，不爲無益於翰墨矣。若王著以率更爲何氏，東坡以鐵石爲梁人，老米以王珣爲張旭、以晉帖爲羊欣，劉氏以臨海爲諧誨、以修齡爲修鄙，諸如此類，不可悉數，皆辨正之。蓋帖雖小技，而上下千載，關涉史傳爲多，惟慚淺陋，考訂未詳，故著其所解，闕其所不解，以俟博識之君子。嘉泰癸亥五月九日，鄱陽姜夔堯章序。

此書家藏抄本，乃周密公謹所流傳。然亦止此，不能得其全帙矣。韓景伯先生著《絳帖考》，云未見此書。今特錄寄，尚冀人間有全本也。崇禎丁丑閏四月既望，吳郡寒山趙均識。寒山趙氏多藏書，所得亦祇六卷。

韓氏序曰：“從絳人問《絳帖》，譬問聾者以鐘鼓，叩盲者以青黄也。或曰移之晉府，以《寶賢堂帖》當之，譬指山雞曰鳳凰，目鼠臘爲玉璞也。余少有墨華之癖，因取古今評《絳帖》者互考之源流，十得八九，然竊有疑焉。歐陽永叔嗜古最篤，且爲薛簡肅公壻，絳有車轍馬迹，宜得潘氏舊本，乃云竊取官帖中數十帖，傳寫多失，豈數十年間舊木遂散軼耶？曹陶齋在淳祐間，去歐公又將二百年，見真帖即如阿閦。至後世所傳，求當年之優孟、虎賁亦難矣。曹明仲《絳帖考》以爲十二卷，與十卷、廿卷之説不合。又云靖康兵火，石并不存，然則宣德間所存非公私兩本，或爲重摹者也。石入晉府，而倉頡以下四人書獨若魯靈光，晉府奚不并取之？且晉府之石今作烏有，亡是公則又何如也？乃好古之士見絳人必問帖無恙。嗟乎！鵰翔劍去久矣，猶爲藪澤之視、刻舟之求也哉！余於世間傳本曾寓目焉，橫簾北紙，神采煥發，不知的係何本。較之諸家閣本，若右軍、宅圖等帖，字多不同，所謂骨法清勁，足正王著肉勝之失者定評也。白香山《鶴答鵝》詩‘大都得瘦勝君肥’，堪爲絳本讚語。閑詢之黄髮，曰州官惡石之爲屬也，碎而瘞之。頃宗侯子固掘地，得《賑民帖》數字，較予所見不差毫髮，然則石入晉府者，訛傳耶？抑子固所得公私兩本舊石耶？考證未備，尚有俟焉。《文獻通考》載姜堯章《絳帖評》二十卷，并單炳文《絳帖辨證》。曹陶齋所稱《絳帖字鑑》，不知尚存人間否，惜乎未之見也。”

　　文光案：韓忠定《絳帖考》未見此序，録於《絳州志》第十五卷。本集亦載此序，未互勘。公名雲。

宋熙陵以武定天下，載櫜弓矢，文治之餘，留意翰墨，乃出御府所藏歷代真蹟，命侍書王著摹勒禁中，釐爲十卷，是爲《淳化法帖》。有尚書郎潘師旦者，用《淳化法帖》增入別帖，重摹刻二十卷，爲《絳帖》，北紙北墨，極有精彩。元無字號及段眼數目。世傳潘子析居，法帖石分爲二，其後絳州公庫乃得其上十卷，絳守重刻下十卷，足之一部，名東庫本。逐段逐卷，各分字號，以"日月光天德，山河壯帝居。太平何以報，願上登封書"爲別。其家復刻上十卷，亦足一部，於是絳州有公私二本。靖康兵火，石并不存。或曰州官惡石之屬也，碎而瘞之。後金人重摹爲十二卷，歲久石本不完。崇慶初，高汝礪爲節度使，又補完之，增入魯公諸帖，以壯忠義之氣。有明宣德間，石入晉府，不復可睹矣。其初摹刻傳世者，有"亮"字不全本，又有新絳本，北方別本，武岡新、舊本，福清、烏鎮、彭州、資州本、木本前十卷等類，皆《絳帖》之別本，昔人所謂有別本無贋本是矣。然余頃見上黨周氏所得於金華十二卷，不過竊取《停雲》之半，於《絳帖》何曾夢見？而絳人得之博善價。甚矣！世人之好價而失真也。閻調鼎序："鄱陽姜堯章撰《絳帖平》二十卷，余搜訪四十年始抄得之，僅存六卷爾。記在都下，於孫侍郎耳伯所獲睹宋榻《絳帖》二册，光彩煥發，令人動魄驚心。過眼雲煙，至今攪我也。堯章於法書最稱精鑒，其言曰：小學既廢，流爲法書。法書又廢，惟存法帖。帖雖小技，上下千載，關涉史傳爲多，故於是編條疏而考證之，一一別其偽真，察及苗髮。其餘若《續書譜》、《禊帖偏旁考》、保母墓甎，皆能伐其皮毛，啜其精髓，比諸黃長睿、王順伯爲優。"抑《絳帖》摹自劉次莊，著有《釋文》二卷外，有黃廷堅跋一卷、榮芑《釋文》并《説》一卷、無名子《字鑑》一卷，而今要不可見矣，惜哉！《曝書亭集》。

　　絳本舊帖，歐陽公《集古跋尾》謂近時有尚書郎潘師旦以官帖私自模刻於家，爲別本以行於世。又云："潘師旦者，竊取官法帖中數十帖，自刻石以遺人。而傳寫字多轉失，然亦有可佳者。"觀此則《絳帖》是矣。此帖世稱爲《潘駙馬帖》，或又稱《絳帖》，豈潘氏世居絳郡耶？帖凡廿卷，其次序、卷帙雖與淳化官帖不同，而實則祖之，特有少增益耳已。別注《絳帖字鑑》，茲得以略。單炳文，博雅君子也，其論《絳帖》至爲精密。頃刻石襄州，有云淳化官本法帖，今不復多見。其次帖最佳，而舊本亦已艱得。
嘗以數本較之，字畫多不侔。瑋家藏舊本第九卷大令書一卷，第
四行內“面”字右邊轉筆正在石破缺處，隱然可見。今本乃無右
邊轉筆，全不成字。其“面”字下一字與第五行第七字亦同。又
第七行第一字舊本乃行書“止”字，今本乃草書“心”字，筆法
且俗。以此推之，今之所見多非舊本。《臨江帖》大率與舊本同，
其間此一帖尤不差，但字體頗肥，不逮《絳帖》之遒勁也。余既
獲見炳文《絳帖辨證》，然後知近世所藏廿卷帖多非舊物，每恨未
識真本。而襄州所刻第九卷《大令帖》亦毀於王文之變。慮其遂
至泯絕，因以舊所藏本摹刻於家，頗傳諸好事者。淳祐甲辰，自
雪川官滿，得闕遄歸，假道三衢，始獲觀真帖於滄州毛監丞所。
不獨第九卷與單說正合，而二十卷首尾俱全，亦可謂珍玩矣。且
云得之金華潘氏，殆師旦之苗裔耶？其帖之異同大略條列於後。
總二十卷，元無字號及段眼數目。第二卷鍾繇《宣示帖》第一行
內“報”字右邊直畫勾起向左畔；第二行“薆”字內下面“夕”
字上畫微仰曲；第五行“名”字右脚微有一點；第十行“當”字
上三點全，旁有微損，卻在[四]空處。《已欲日帖》脚下有斷石紋。
此卷內第一段與第三段石并缺右脚。第九卷《大令帖》正與單炳
文襄州所刻石本纖微弗差，故家所藏未有其比。右潘氏《絳帖》
廿卷，紙墨、字畫、模印皆與今人所藏本不同，而第九卷顯然可
見，自非單公炳文表而出之，亦將泯於無聞矣。北方所刻諸本，
往往南渡後北人轉相傳模，無足深怪，但武岡舊刻未知始於何年，
亦止用新本模刻，爲可恨耳。東庫本：世傳潘氏析居，法帖石分
爲二。其後絳州公庫乃得其一，於是補刻餘帖，是名“東庫本”。
第九卷之舛誤蓋始乎此。今好事之家所藏《絳帖》率多此本，字
畫精神遒勁，亦自可愛。而《衛夫人》一帖及《宋儋帖》頗多燥
筆，有如《蘭亭敘》“羣”字落筆之精，此稍異於諸本，其所以不

及舊帖者。以第九卷《大令書》石不破缺，而炳文所論三字已誤，且逐卷逐段各分字號，以“日月光天德，山河壯帝居。太平何以報，願上登封書”爲別，此又異於舊帖也。“亮”字不全，本帖與東庫本絕相似，或另是一石。但《庾亮帖》内“亮”字皆無右邊轉筆，蓋避逆亮諱也。新絳本一帖二十卷，首尾、規模、段眼字號并同東庫本，獨《衛夫人》、《宋儋》二帖無燥筆，又字畫較東庫本微局促，墨法雖與東庫本同，然實是兩石。吾家與毛希元皆有之。以上《譜系雜説》。

太宗朝搜訪古人墨迹，令王著銓次，用棗木〔五〕板摹刻十張於秘閣，故時有銀錠紋、前有界行目錄者是也。當時用李廷珪墨拓打，手揩之不汙手，惟親王、宰制、使相拜除乃賜一本，人間罕得。當時每本價已百貫文。至慶曆間禁中火災，其板不存。今所見《閣帖》，多乏精神焉。有《絳帖》以閣本重摹，而秘閣反不如《絳帖》精神乎？則此可以觀也。《絳州法帖》二十卷，乃潘舜臣用《淳化帖》重摹，而參入別帖，然比今所見《閣帖》精神過之。舜臣事力單微，而自能刻石，雖井闌階砌背，徧刻無餘，所以段數最多，或長尺餘者。舜臣死，二子析而爲二。長者負官錢，没入十卷於絳州，絳守重摹下十卷足之。幼者復重摹上十卷，亦足成一部。於是絳州有公私二本。靖康兵火，石并不存，金人百年之間，重模至再。慶元間，予官長沙，嘗見舊宰執家有南渡初親自北方携得舜臣元所刻未分析時二十卷，其家珍藏，非得千緡官陌不肯與人。乃北紙北墨，精神煥發，視金人所摹者天淵矣。《洞天清録》。

文光案：自韓序以下俱錄於《絳州志》。絳有碧落碑，又有石刻回文圖并讀法。昔楊升菴作《蜀志》，蜀有回文圖，漁洋以爲志之佳料。見《香祖筆記》。然如絳之《絳帖》并《園池記注》，亦可謂佳料矣。故絳州藝文有可觀者，因表而出之。

## 《絳帖平》六卷

宋姜夔撰

聚珍本。乾隆四十七年恭校上。前有提要，嘉泰癸亥自序，次總錄。凡分四目。一曰敘時。上古至宋凡九十六人，皆古帖中所題，以正史校其差誤，皆得其正。其不可考者因之，并注其能書之實於各條下。二曰人名。自仲尼書有吳君子至張旭、藏真，凡一百五十帖，各注考證。三曰辨僞。各帖下注“非”字者，非此人也，僞者乃後人所作。四曰九品。書人其品出於《墨藪》，此祇錄《絳帖》中有名者，亦注“僞”字、“非”字。《絳帖》東庫本各自分號，以“日月光天德，山河壯帝居。太平無以報，願上登封書”爲別。此本人名辨僞二類，各標“日”、“月”等字，人名書字原本已缺。知姜氏所評者東庫本也。是原書本二十卷，據寒山趙氏跋，以爲周密公謹所傳，有抄本無刻本，止於“山”字，自“河”字以下亡佚十四卷，不可復得。其《絳帖》之說并諸序，予已詳著於《目録學》，可互觀也。

古之能書者衆矣，帖中十未得一，他皆罕傳；而所傳者又半是僞迹，可歎也。夏禹書與蒼頡書皆一手僞作。蒼頡書二十八字，《述異記》云，頡葬北海，呼爲藏書臺。周時得其書莫識，遂藏之書府。至秦李斯識八字，云“上天作命，皇辟迭王”。漢叔孫通識十二字。頡之書亡久矣，此字疑是梵書。前代譯經，中國梵書無數，皆漆書貝多葉，與此同。古文生籀，籀生小篆，小篆生隸，隸生楷，楷生草，每降愈捷。古法帖《知賢弟至舍》，此帖乃王大令書，筆勢可見。衛夫人乃李矩妻、李充母，名鑠，字茂猗。《與師書》自當著名，不但稱夫族及姓也。末書云“弟子李氏衛和南”。其僞不疑。此帖唐初李懷琳贗作，嵇康《絕交書》、《七賢帖》亦李所贋也。《淳化官帖》十卷，除二王書多佳者外，唯有張芝小草、皇象前帖、鍾繇《宣示》、王廙二表而已。苟服贋於此四家，亦足以跨唐人矣。皇象前帖，蔡邕等甚美其文，以爲莫尚也。此以“明”爲“昭”，以“呂”爲“師”，蓋范史因晉代舊書避晉諱耳，當以此爲正。第五句欠一“之”字，“忘”誤作“從”，或是傳訛。然書迹妙絶，遂爲章草之冠。《絳帖》中第五卷皆晉代名賢之妙蹟。王右軍七男見《十七帖》，凝之、操之、徽之、渙之、獻之，并有書迹傳世。下二子元之、肅之書迹不傳。黃云：“集帖者不惟失諸子之序，而誤以坦之參其中，意謂坦之亦右軍子也。殊不知坦之王述子，乃太原族，右軍乃琅琊族耳。”古人父與女書而稱名。《秘閣續帖》有徽之《與女帖》，末云“徽之等告”，不可曉。予謂已行之女，古人以客禮待之，故稱名也。

《索靖帖》字皆作古體，長沙古帖中有《急就章》數十字，劣於此帖。《陸雲帖》與《紀瞻帖》皆一手僞作。右軍以前書法真自真，行自行，章自章，草自草。王子敬年十五六時啓其父，乃於行草之間別創新體，故當時傾慕。羊、薄、謝、孔之徒，一時爭效，而正行之體壞矣。自唐及今，書札之壞實由於此。今欲觀古人正行，《蘭亭序》、《玉潤帖》之類是已，學者當知之。自子敬以後楷法不古，宋齊人喜效子敬行草，故於正書不甚用工也。王簡穆書名齊代，此帖雖佳，亦應失真。自謂正書第一。今觀其位置，未爲盡善。特善評書，言必稽古，未嘗以己意定高下。又與齊高帝較書之優劣，其言不讓，亦猶子敬自稱過父。當時人自重書名如此。隋朝帖當是吏筆，薄有吏氣。予嘗見唐吏筆亦如此。安石書不在大令下，故不甚重大令書也。《六月廿日帖》，米云贋，誠然。張旭兩帖非贋，亦非合作，世所傳《千文》豪甚。今秘閣有二蹟，其一佳。邱光庭云：“《左傳》亥有二首六身，如布筭之狀。”古文“亥”作“肷。”依此語，則春秋時已有隸書矣。隸字出古，非始於秦，而邈推廣之耳。以上平。

文光案：竹垞見宋榻《絳帖》光彩動人，亦未知爲何本。
石入晉府者，乃十二卷之本，韓氏考之未詳，故多疑詞。予
所見《絳帖》數本，無一同者。求諸絳，無是帖也。予所藏
十二卷之本得之書肆，未見其佳。

## 《石刻鋪敘》二卷

宋曾宏父撰

《知不足齋》本。依義門書塾評本校刊，前無序文，有目録。
上卷曰紹興御書石經，曰益郡石經，曰鐘鼎彝器款識帖，曰秘閣
及諸郡帖譜，曰秘閣前帖。注云：“淳化初刻，大觀重刻，曰《絳
帖》，凡六篇。”下卷曰長沙帖，曰廬陵帖，曰清江帖，曰武岡帖，
曰元祐秘閣續帖，曰汝帖，曰武陵帖，曰淳熙帖、秘閣前帖，曰
淳熙秘閣續帖，曰羣玉堂帖，曰鳳墅前帖，曰晝帖，曰續帖，曰
《蘭亭敘》，曰定武蘭亭刻，曰六一先生《集古録》。凡十篇，末有
諸家題跋。

《石刻鋪敘》二卷，宋建昌曾宏父撰。卷末有後序，書字季
卿。其敘孟蜀九經及思陵御書石經，本末特詳。又南渡以後秘閣
帖亦銓定有序。按宏父本名淳，紹興十三年以右朝散郎知台州府
事，其以字稱者，避光宗諱也。臨安書肆陳思輯《寶刻叢編》援
據頗廣，顧不及是編。予從射瀆就堂上人鈔而藏之，不啻象犀珠
玉之外網得珊瑚、木難然。秀水朱彝尊跋。

文光案：是書無後序，恐朱氏誤以《集古録跋》爲後序。
其字爲幼卿，亦非季卿。鮑云《叢編》所引止《集古録》，則
援據未廣。竹垞好附會，往往如是。錢竹汀有是書二跋，皆
正竹垞之失，因并録之。

去春，得廬陵曾氏《鳳墅》殘帖二册於錢塘。今來都門，聞

益都李南澗鈔得《石刻鋪敘》，亟假歸手寫而藏之。秀水朱錫鬯跋
譏陳思《寶刻叢編》援據不及是編。按《鳳墅帖》刻於嘉熙、淳
祐間，《鋪敘》諸石刻斷手於戊申仲春，則淳祐八年也。若陳思之
《叢編》成於紹定辛卯，計其年月乃在曾帖之前，何由得見而引
之？南宋有兩曾宏父，末所引紹興十三年知台州事者，乃空青之
子，避光廟諱以字稱者，與幼卿本非一人。頃杭人刻《南宋雜事
詩》，徑題此書爲曾惇撰，則又承朱之誤而甚焉者矣。秀水考稽號
稱精審，猶有此失，校書之難如此。乾隆己丑九月二十二日，嘉
定錢大昕書於官菜園寓舍。

　　文光案：此跋録於本書，又見《潛研堂集》。

　　錢氏曰："鳳墅者，宏父所居，故自題鳳墅逸客。鳳墅前帖二
十册，畫帖二册，續帖二十册，皆宏父哀集宋朝名人真蹟，刻真
鳳山別墅者。宏父之父三復，《宋史》有傳，而不見宏父名。此書
《宋志》不載，唯朱竹垞題跋有之，而誤認宏父爲南豐曾惇之字。
相距百餘年，其非一人無疑。"録於《養新録》。

　　文光案：此跋鮑本未收。宏父非空青之子，鮑氏亦有辨
　正，在本書朱氏跋内。

　　康熙辛卯得顧可承家舊鈔本，稍正數字。顧名德育，康吏榮
甫之子也。焯記。

　　家塾藏《石刻鋪敘》凡四册，一爲錢塘丁徵君敬龍泓館校本，
一爲雲間沈先生大成手臨何義門評本，一爲嘉定錢宮詹大昕所刻
本，一爲海鹽張君燕昌瓜圃鈔本。丁本爲某氏借閱不歸，謹就三
本參校開雕，而疏其異同如左。刻甫竣，適有以鳳墅石刻褉圖求
售者，復爲校勘下卷《蘭亭敘》一過，似亦非偶然也。乾隆壬寅
九月一日，知不足齋記。

　　高宗作小楷以書《周易》、《尚書》、《毛詩》、《春秋左傳》全
帙，又節《禮記》、《中庸》、《儒行》、《大學經解》、《學記》五

篇，章草《語》、《孟》，悉送成均。九月甲子，左僕射秦檜請鑴石以頒四方，卷末皆列檜跋語。注《論語》波法類章草，實楷與行之間，惟最初書。《孝經》乃作真草二本耳。宏父當日似不盡見也。

　　文光案：馮氏《快雪堂帖》有《毛詩》數葉，或以爲宋高宗御書，然非小楷，亦無檜跋。

　　益郡石經《孝經》二卷，孟蜀廣政七年三月二日右僕射毋昭裔以雍經石本校勘，簡州平泉令張德釗書。注：趙希弁《附志》《孝經》不題所書人姓氏，殆趙之誤。《論語》十卷、《爾雅》二卷皆張書。《周易》十二卷、《略例》一卷，廣政十四年辛亥仲夏刻石，朝議郎，國史《毛詩》博士孫逢吉書。《毛詩》二十卷，秘書郎張紹文書。《尚書》十三卷，校書郎周德貞書。《儀禮》十六卷、《禮記》二十卷，以唐玄宗所删《月令》爲首，《曲禮》次之，亦紹文書。《周禮》十二卷，秘書郎孫朋吉書。《春秋左傳》三十卷，注，蜀鑴至十七卷止。《穀梁》十二卷，《公羊》十二卷，畢工於皇祐元年己丑九月望日，帥臣田況等皆鑴銜于石。《成都志》又謂《公》、《穀》田況所刻。《孟子》十二卷，宣和五年九月帥席貢暨運判彭慥方入石，踰年乃成。《考異》一册，乾道六年晁公武校石經與監本不同者，作爲此書。《古文尚書》三卷，蓋唐天寶未廢古書前傳本，汲郡呂大防得之於宋次道、王仲至家，乃元豐五年壬戌鏤板，乾道六年帥晁公武取以入石，教官張大固等監刊。益都石經肇於孟蜀廣政，悉選士大夫善書者模丹入石。七年甲辰，《孝經》、《論語》、《爾雅》先成，時晉出帝改元開運。至十四年辛亥，《周易》繼之，實周太祖廣順元年。《詩》、《書》、三禮〔六〕不書歲月。逮《春秋》三傳，則皇祐元年九月訖工，時我宋有天下已九十九年矣。通蜀廣政元年肇始之日，凡一百一十二禩，成之若是其難。又七十五年，宣和五年癸卯，益帥席貢始奏鑴《孟子》，運判彭慥繼其成。乾道六〔七〕年庚寅，晁公武又鑴《古文尚書》暨諸經《考略》。洪文敏公邁謂孟蜀所鐫字體清謹，有貞觀遺風，續補經傳殊不逮前。且引魏徵、虞世南相繼爲秘書監日，請選五品以上子孫工書者爲書手，蓋欲字畫清婉，可以傳久，是以自經傳以後，非士夫所書皆不著姓氏。若漢石經今不易得，好古者所藏僅十數葉，蜀中又以翻刻入石。黃長睿謂開元中藏拓本於御府，以開元二年小印印之，是玄宗時已罕得，況今又六百年後耶。

《閣帖》冠以漢章帝書，博古者多議，此乃漢代章草耳，非章帝所書。又謂自漢章而下至梁簡文七帖并一手僞爲之。米元章、黃長睿辨其真贗，各卷條列，其詳見之《法帖刊誤》，蓋其源得自江左，多南唐善書者。

前賢書以意成之，非臨非摹，是謂仿帖。藏之秘閣凡數匣，明題云仿書，皆用澄心堂紙與李廷珪墨，悉後主在江南日所製者。宣政間，守官秘閣如劉無言輩猶及見之。淳化畢工，碑龕禁中，大臣登二府者，拓以賜焉。至和以後罷賜。大觀初，徽宗視《淳化帖》石已皴裂，且王著標題多誤，詔出墨蹟更定彙次，使先後不紊。俾蔡京書及卷首末，刊石太清樓下。此正在國朝盛時，典章文物燦然備具，百工技藝咸精其能，視淳化草創之始自然不同。且當時盡出原藏真帖臨摹，定其舛誤，非若外方但因石刻翻刻。京字學出王著右，是大觀本愈於淳化明矣。經靖康之禍，新舊二刻莫知存亡。

　　文光案：《太清樓帖》與《淳化帖》只次序不同，非有去取增減也。是書列《淳化》編次之序并《大觀》更定之序，極爲詳明。翻本《大觀帖》第四卷末增顏魯公《奉辭帖》，又移第五卷中《張旭帖》於魯公之前，題曰“左丞長史”，收藏家所當知也。

《絳帖》前後各十卷，相傳駙馬潘正夫以《閣帖》增損翻刊，間摹淳化被旨歲月於卷末，然不見跋尾，無自稽考。編次多有不同，《閣》以漢章書爲首，列蒼頡、夏禹書於第五；《絳》則以蒼頡、夏禹書爲初卷，置列代帝王書於後帖之二卷。《閣》總二王帖爲五卷，《絳》則前後帖皆有之，衍而爲十。且以第二卷張芝、王洽書析爲第二、第五卷，以第三卷庾元亮、卞壼書析爲第三、第四卷。古帝王帖則刪漢章帝，晉宣帝，明、康、哀、簡文帝，梁高帝。簡文名臣帖則削司馬攸、王劭、王廞、梁蕭子雲、僧智永、唐李邕等數帖，卻增入王濛、羊諮書後帖一卷，全刊入本朝太宗宸翰。二卷末《冬晚書院偶成》一章，則當以吳越忠懿王書作標目，猶前段高宗皇帝書之類。何由自於謚號下花押，如此是自稱於生前。九卷增入張旭《千文》四十五字。《藏真》草書乃素書，跋顚、旭語後云，顚草之趣，貴在雄逸。藏真乃云其辭，又非專爲此卷。《千文》但《絳》初入石，定爲直行，《岡》之與《鼎》則爲橫碑。十卷增入顏魯公、王廙、高閑、李建中書。或謂他所刊之帖皆以橫石，而《絳》獨立石，印拓之際上下字蹟相聯。既裁爲經册手軸，則何所考竟？且匠者摹拓必通爲一碑，無緣逐截橫拓，何由相綴？又謂紗紙紋可辨，要當自有眼目。潘尚哲宗第四女秦國公主，後分二子卷，卷析以爲二。伯仲中一人最吝，常苦其半不可得。太守又憚於挾勢挾貴而求者不能全，致始募工重刊於郡齋，視舊本所差不毫釐，其訛缺處亦逼真，但神氣微弱。嘉定間，李全在山東印拓《絳帖》以遺要人。又有自榷場貿易以來者，殆〔八〕古刻不存，再翻新本，謂即《岡帖》，僞爲非也。《岡》之梅斑粗率，況其筆意。予所見《絳帖》陸續幾十，覺《藏真》草書筆勢皆有截斷處，良由元係橫書，《絳》刊入石，遷就移作直行。《岡》以《絳》爲祖，不敢有毫髮異，乃獨此帖易直爲橫。《鼎帖》，紹興續刻者也。亦舍《絳》而取法於《岡》，是橫刊之爲當矣。至於以橫碑斸爲直行裝褙，是又僞之拙者。此以《岡帖》或《鼎帖》湊成，且其文自不甚順溜，未易以意釋，但今之辨帖者執此以別真。

《長沙帖》十卷，《秘閣前帖》翻本。《廬陵帖》十卷，亦《閣帖》翻本。

《清江帖》十卷，又名《戲魚堂帖》，亦《閣帖》翻本。劉次莊得呂金部和卿閣本臨刻，外有《釋文》十卷，或咎所鐫過巧失真。郡又別有二王帖，亦石碑，自述《釋文》之誤。注，二王帖三卷，乃南渡後郡博士時□所摹。《釋文》：許開，《洞天清禄集》誤爲閑，後人多仍之。

《武岡帖》前後二十卷，乃《絳帖》翻本。晁《志》："王若谷以《閣帖》合《潭》、《絳》、《臨江》、《汝海》諸帖參校有無，補其遺逸成是書。鼎守張斛刻之石，亦名《鼎帖》。"

> 文光案：晁《志》所云乃《武陵帖》，鮑本注於《武岡帖》之下，而《武陵帖》見於後，亦有合《潭》、《絳》等語，是必有誤。今人多拓《武岡帖》僞作《絳帖》。

《汝帖》十二段，大觀三年己丑八月郡守敷陽王寀刊石，實郡之坐嘯堂。每段皆刻汝之郡印暨王敷陽所題標目，會稽亦有翻本。黃長睿深譏其謬。寀後仕亦通顯，坐降天神事爲林靈素所擠，不得其死。

《武陵帖》二十二卷，紹興十一年辛酉十月郡守張斛集《閣帖》合《潭》、《絳》、《臨江》、《汝海》諸帖以成此書。後列郡官名銜，較諸帖爲詳。然止木本。世稱舊有石碑，前未之見，且跋語亦不敍及。大成案：董元宰曰："王百穀所藏宋拓《絳帖》，疑爲《澧州帖》，觀其每數十行輒有'武陵'二字，又疑爲《鼎帖》。繙閱第一卷，以宋太宗爲弁，跋曰太宗皇帝御筆。在絳州摹，爲諸帖之首。後款名曰'鼎州提舉'、曰'沅辰判事'。常德爲鼎州，而武陵其附城邑也，乃定爲《鼎帖》，特爲'絳州'二字所誤。而世人只知有《絳帖》，遂誤爲絳州帖耳。"

《羣玉堂帖》十卷，本平章韓侂胄自鐫其家藏墨蹟《閱古堂帖》是也。韓以罪死籍，嘉定改元，被旨擬入秘省，乃易今名。

注，第二卷末無名人草書小字最佳。袁清容云："向冰，文簡公字叔堅裔孫。當侂冑聚閱古圖畫，皆出冰鑒定。自淳熙後，圖籍考訂之處[九]惟雪溪向氏、梁溪尤延之、諸暨王順伯三人，然字畫最惡拙，及今與僕遂成四人。"注，清容書學米，頗工。此謙也。

《鳳墅帖》二十卷，嘉熙、淳祐間勒石，置吉州鳳山書院，七年乃成。三卷爲《南渡廷魁帖》。宋人重狀元，其翰札都不至醜拙。

《畫帖》二卷，上則宣和墨戲、道子風雩圖、伯時九歌圖等十二段，下則羲之蘭亭圖并序文考訂、時賢《鳳山題詠》二卷。

《續帖》二十卷，淳祐間接續前帖入石，編類滿卷方能施工。家藏者哀鐫無遺，鄉之故家轉假亦竭。

處士鄭元素，溫韜之甥。自言從韜發昭陵，宮室制度殆類人世。正寢東西廂皆列石榻，上列石函，中有鐵漆匣，悉藏前代圖書及鍾、王墨蹟，秘護謹密，紙墨如昨，盡爲所掠。韜死，不知流散之所。

《敘》羣字落筆之精，此稍異於諸本。"亮"字不全本與東庫本絕相似，或另是一石。《庾亮帖》內"亮"字皆無右邊轉筆，蓋避逆亮諱也。新絳本首尾字號與東庫本同，獨《衛夫人》、《宋儋》二帖無燥筆，又字畫較東庫本微局促，實是兩石。吾家與毛希元皆有之。此條不記何人語，俟考。

《洞天清錄》："潘舜臣自能刻石，井闌、階砌遍刻無餘。"

朱氏曰："予搜訪《絳帖平》，四十年僅得六卷。堯章於法書最稱精鑒，比諸黃長睿、王順伯爲優。"

文光案：竹垞見宋拓《絳帖》光彩動人，亦未知爲何本。堯章於《續書譜》、《禊帖偏旁考》、保母墓甎，皆能伐其皮毛，啜其精髓，故竹垞稱之。見《曝書亭集》。韓雲有《絳帖考》，其書未見，其序載於本集，又見於《絳州志》。石入晉府者乃十二卷之本，非公私兩本也。韓氏考之未詳，故多疑詞。予所見《絳帖》數本，無一同者。求諸絳，無是帖也。予所藏十二卷之本得之於書肆，未見其佳也。

余先纂《目錄學》二十卷，體例未甚純潔，因刪其雜糅太甚者，而刻成九卷。其所刪之說棄之可惜，復割截補綴，消納於《藏書記》內。今記中有補痕及小小違誤未能畫一者即是。自創始至今已二十餘年，凡五易稿。今復以小字本改爲大字，録至史部之末。且卷卷有所增補，較之小字本多加一倍，而子集之繁賾者，尚未整理。成書之難如此。光緒二十一年十二月初一日耿文光記。

**校勘記**

〔一〕"注"，原作"住"，據清倪濤《六藝之一録》改。

〔二〕"三月中澣"，原作"澣三月中"，據《法帖刊誤·許翰跋》乙正。

〔三〕"司"，原作"史"，據《法帖譜系》改。

〔四〕"卻在"，原作"脚左"，據同上書改。

〔五〕"木"，原作"本"，據《洞天清録》改。

〔六〕"禮"，原作"體"，據《石刻鋪敘》卷上改。

〔七〕"六"，原作"二"，據同上書改。

〔八〕"殆"，原作"始"，據同上書改。

〔九〕"處"，疑爲"富"之誤。待考。

# 史部十五

## 金石類六

## 《蘭亭博議》一卷

宋桑世昌撰

抄本。前有開禧元年高文虎序，後有陸塤跋，俱不言卷數。陳《錄》："《蘭亭博議》十五卷，淮海桑世昌澤卿撰。《蘭亭考》十二卷，即前書，浙東庾司所刻，視初本頗有刪改。初本十五篇，今存十三篇，去其集字篇、附見篇。其書始成，本名《博議》，高內翰爲之序。"《葉水心集》亦有《博議跋》。此本僅一卷，共三十五葉，凡十三篇。首爲本序詩，末爲集字、釋禊，其餘十一門與鮑本同，首尾完具。其爲桑氏初定，爲後人省併，莫可考已。謹案：《天祿琳琅書目》宋板集部，《蘭亭考》一函四册，高似孫刪定，十二卷，附羣公帖跋一卷，前有高文虎并似孫序，後有齊碩序。碩刻是書，字法皆本歐體，鋟印皆出良工，蓋亦鄭重而爲之者。卷三末有"南岳貞居記"。張雨號貞居。五字用筆瘦勁，似即張雨所書。明文徵明停雲館藏本，本朝秀水朱彝尊亦經收藏，俱有印記。文虎聞見博洽，多識典故，歷官至華文閣學士，知建寧府，丐祠提舉太平興國宮，爲世昌作序正在其時。此書乃浙東漕使齊碩屬似孫訂正之本。似孫字續古，嘗著《經略》、《史略》、

《子略》、《集略》、《緯略》諸書，其詩有《疏寮集》。振孫稱其"少有俊聲，不自愛重，其讀書以隱僻爲博，作文以怪澀爲奇，就中詩猶可觀"云云。然馬端臨《經籍考》中多引似孫諸略之言，其博贍自可概見。

《平津館書籍記》："《蘭亭續考》二卷，題吳山俞松，末有淳祐甲辰自跋，嘉靖乙卯姚若跋。康熙丁亥金風亭長跋稱此書刊本未見，求之廿載，始得傳鈔收藏。有安麓邨藏書印。"

《齊東野語》[一]："堯章考古極精，有《絳帖評》十卷行於世。審定深妙，人服其贍。又嘗於故家見其所書《禊帖偏旁考》，亦奇，因識於此。'永'字無畫，發筆處微折轉。'和'字口下橫筆稍出。'年'字懸筆，上湊頂。'在'字左反剔。'歲'字有點，在山之下戈畫之右。'事'字脚斜拂不挑。'流'字内云字處就回筆，不是點。'殊'字脚挑脚帶橫是。'是'下'疋'凡三轉不斷。'趣'字波略反卷向上。'欣'字'欠'右一筆，作章草發筆之狀，不是捺。'抱'字己開口。'死生亦大矣'，'亦'是四點。'與感'，'感'字'戈'邊亦直作一筆，不是點。'未嘗不'，'不'字下反挑處一闕。右法如此甚多，略舉其大概。持此法亦足以觀天下之《蘭亭》矣。"

## 《蘭亭考》十二卷　《附録》一卷

宋桑世昌撰

《知不足齋》本。前有嘉定元年高文虎序，次高似孫序，次目録。凡十一門，曰蘭亭、曰睿賞、曰紀原、曰永字八法、曰臨摹、曰審定、曰推評、曰法習、曰詠贊、曰傳刻、曰釋禊。惟審定爲上下二卷，餘各一卷。《附録》羣公跋，又嘉定辛巳青社齊碩跋。乾隆壬寅鮑廷博跋。

高氏序曰："桑君盡交名公巨卿以及海内之士，以充其見聞者固不一。然與予遊從三十年，見必及此。其有贊於帖者尤爲不一。今兹浙東臺使齊公屬加彙正，遂略用史法剪裁之。”

鮑氏跋曰：“右《蘭亭考》十三卷，宋天台桑世昌澤卿所輯録也。初名《博議》，凡十五卷，高文虎爲之序。及再刻於浙東庾司，高之子似孫削去《集字》，附見兩篇，其他任意剪裁，多致文理斷續，乖其本義，甚於其父，弁言亦妄加竄改，不令成章。非俞松《續考》録其舊作，則彥升才盡之誚，文虎且無以自解矣。庾司舊刻業已節删過當，嗣經檇李翻雕，益增脱誤。百餘年藏書家再從項本輾轉傳鈔，則别風淮雨幾無文義可尋，又不止承訛踵謬而已。偶得柳大中影字寫本，喜其行款未移，略存面目，聊爾仿行，以供清玩。惜未得《博議》原書，播之文苑以還桑氏舊觀耳。似孫上韓侂胄生日詩爲清議所不容，知處州以貪酷聞，其父暮年出銀花帖以示人，又著不孝之名。故陳《録》書其過端，以爲文人無行者戒。”

樓鑰曰：“定州一片石，石上幾行字。千人萬人題，只是這〔二〕個事。”

王氏曰：“予觀《蘭亭考》而有感焉。推其源流，辨其同異，列其所自出，萃前賢之論贊，亦可謂好古博雅之士矣。問其考精者之所以爲精，不善者之所以爲不善，則未嘗有決詞也。夫一石之字，搨拓之間且有紙墨工拙之異、濃淡肥瘠之不同，豈有一碑轉相傳禪，子子孫孫變而爲數十百種，而有不失其真者乎？一傳而質已壞，再傳而氣已漓，三四傳之後尚髣髴其流風餘韻者鮮矣。予見此序多矣，廣采近時精鑒之士所共推爲善本者十餘家，點點畫畫，錙銖而考之，未見其可以伯仲稱也。肥者必失之氣濁，瘦者必失之骨寒。神癡而質俚者有之，意縱而筆狂者有之。或同兒戲不知其醜，而疥於石者繁瑣可羞也。若後世再有王右軍，則後之蘭亭或勝；若後世未有王右軍，則蘭亭當求初本無疑。不見初本，不必觀蘭亭也。昔有所謂《古蘭》、《杵蘭》、《楮蘭》，今予作《考蘭》四卷，逐字疏於其下云。"錄於《魯齋集》。

　　文光案：魯齋《考蘭》，其書未見。蘭亭當求初本，誠至論也。

## 《蘭亭續考》二卷

宋俞松撰

《知不足齋》本。前有嘉祐壬寅李心傳序。

李氏序曰："嘉禾俞壽翁以酷好精識之故，家有禊帖數十，多渡江以前中山摹拓之舊。因次第其所藏與所見粹爲一編，以續桑氏之考，抑可謂太清而不俗矣。文皇所儲丈二之軸至三千六百紙，更六百年，復古殿中所藏纔兩行耳。今所存兩行又不知其安在，則右軍真蹟遂絶於世矣。雖他帖之傳尚十百，然皆不得與《蘭亭》比，矧臨摹刻畫大抵失真，則壽翁於此寶藏折衷以示後人，亦志據依游之一助，未可以玩物而疵之也。"

《廣川書跋》曰："《蘭亭序》在唐貞觀中舊有二本，其一入昭陵，其一當神龍中太平公主借出摹拓，遂亡。其後溫韜發諸陵，《蘭亭》復出。太宗朝留神書學，嘗出使求購藝文，當時已無《蘭亭》矣。仁祖復尚書篆，求於四方。時關中得《蘭亭》墨書入録，字畫不逮逸少它書。其後秘閣用此刻石，爲後法帖。今諸處《蘭亭》本至有十數，惟定州舊石爲勝。此書雖知皆唐人臨拓，然亦自有佳致，若點畫校量固有勝劣，惟仿像得真爲最佳也。"又跋成都《蘭亭》："寶月刻《蘭亭序》，東坡居士爲讚於後，蓋子由得於中山舊石。故今所摹獨傳二蜀，中州人或未知也。今觀世所傳《蘭亭》書雖衆，其摹拓皆出一本，行筆時有異處，繫當時摹書工拙。惟秘閣墨書稍異，更無氣象可求。知後人所爲，不足尚也。貞觀中，詔令湯普徹拓《蘭亭》，賜梁公八人，而普徹亦竊拓出外以傳，其書衆播。普徹自能書，識逸少筆意，故雖摹拓，自到極處。逮褚河南、歐陽率更臨《蘭亭》，則自出家法，不復隨點畫也。《蘭亭》真本世不復知，普徹典刑猶有存者，今所傳皆本於此，中山者蓋其一也。”

考曰：“定武之說不一，有李學究所藏，見《春渚紀聞》；有孟水清所獻，見《姚氏叢語》。又《集古》所録四本，其得於王文公家者與定武民間兩本分毫不異，當時自有數本明矣。今所見之種，或缺或完，而完本亦有肥瘦之異，世皆以定武目之。筆法相去不遠，皆是舊刻。而薛氏所摹偶是闕本，或者遂以完闕辨先後，而謂薛氏鑱去五字以自别，未爲至論。然校三本之優劣，則肥而完者最得運筆意，薛道祖籤題爲唐古本，乃此本也，尤爲可寶。王厚之。”

御府本，一本紹興元年秋八月十四日刊定武，本後有“寶”字方印及御製跋。一本“會”字全，不界行，‘斯文’下有“貞觀”單印，上角微圓。末篆書題“貞觀石刻紹興乙卯重刊”。此二本又見紹興、淳熙雜法帖内。一本缺二十一字，有紹興雙印。一本“領”字有“山”字，“會”字全，無界行，有紹興雙印。一本“會稽”下缺“山”字，蛟篆，紹興雙印。定武本，一本“天”字小損，其字瘦勁。一本“天”字全，字肥，疑是古本。一本鑱損“湍流帶右天”五字。

御府一本有“寶”字方印，一本紹興乙卯重刻。一本闕二十一字，有紹興雙印。一本“山”字、“會”字全無，有紹興雙印。一本“會稽”下缺“山”字，蛟篆，紹興雙印。定武一本“天”字小損，其字瘦勁。一本“天”字全，字肥。一本鑱損“湍流帶右天”五字。一本“崇山”字中斷，第六、第七、第八三行破裂“無絲竹管絃之一觴一詠亦足以是日也”十六字。榮芑云定武修城役夫所得，後歸章惟康家。一本棗木刻，五字不損。一本“亭列幽盛遊古不羣殊"九字不全。右今士夫家所藏本，未易殫紀，特舉其概。

會稽一本辛道宗所刻，有跋。一刻蠟紙本，後題"乾符元年三月"。一本後有僧權署字，係題"開寶十八年三月二十日"。洛陽一本"不痛哉"若合一契，兩行之間甚闊，止無"會"字。邯鄲本清勁可愛，宋元祐四年張揉摹刻，有跋。婺女一本在倅廳，其石已碎。王自牧家有未缺本，庶幾定武典刑也。一本自南澗家，一本褚遂良所摹，首無"永"字，未善。豫章一本前有"忠孝之家"方印，後題"唐貞觀中石本"。一本在法帖內第十、十一、十二、十三行，有橫裂紋。一修城所得本，前有薛稷書兩行十八字，後高宗取石入德壽宮。七閩刻貞觀本與豫章同。括蒼三本，"會"字全，蜀人劉涇刻。金陵一本，紹興丁卯晁謙之題。上饒汪氏本後有"汪德輝"、"忠衛社稷之家"二印。景陵本乃景陵郡齋舊物，郡守何文度得之紹興。丁丑跋九江本自第五行首至九行末有大裂文。龍舒本有篆額，"蘭亭記"作長行，褚遂良摹。八桂本有米氏印記。永嘉本有秦吳三跋。丹邱本有薛稷篆十八行者，見存彭漕家。常德本有坡谷諸跋，殺胡林一事尤佳。隔川本六、七、八三行裂損十九字。一本有"玉冊官楊仙芝摹刻"八小字。周安惠家本有曾伋彥思跋。陳氏本簡齋用池紙臨，缺"痛"字。三米本，米氏父子模刻於淮山樓。杵本因劚地而得，有柄竅，初號《杵蘭亭》，後易爲楮。陶氏本，陶憲定字安世，多藏秦漢以來古物，有定武本。諸葛氏本，字極大，恐是別本模。錢氏本前後凡七印，有文僖公手書"唐貞觀中石本"六字。紹興癸酉夏六月玄孫傑之刻中山王氏本，此本前瘦後肥，體畫溫潤，有典刑。後列六印亦佳。吳氏本，"斯文"下有吳璜書印。尤氏本，遂初尚書用楊伯時本刻。劉氏本字極大，無言所刻。范氏本用定武墨本重摹入石，紹興十八年方城范序辰識。邵武本後有"勳"字圓印，政和乙未暮秋望重刻定武古本，陽羨邵勳記。陸柬之本，五言蘭亭詩二十四行，有陳和叔、郇國公、東坡、子由跋。潘氏本在安吉縣，"無期於昔人之懷"七字缺。石氏本，石熙明家有二。唐硬黃本，薛紹彭勒，唐拓本，第十四行"僧"字上有"察"字，且有鋒鋩。清閟堂本後有"紹彭"二字。織本，《松窗雜録》載，元宗先天時，所有異物如雷公璅、辟塵犀簪、暖金之類，凡十有三，西蜀織成《蘭亭敘》是其一也。殘石本，此得之殘闕之餘，仍作二塊，前一塊共十一字，下有小字云"蘇氏太簡"。後一塊復裂爲二，字已漫滅，但仿佛"先世名玩文"五字可辨。南岳本，後有"定武仍孫伯傑"六字篆印。章氏本，申公家刻，中有橫斷紋，有章氏印。盧氏本，"斯文"下有"盧宗道"三字印，後題"唐硬黃本，淳熙乙未中秋刻"。徐滋本，在湖州，瘦勁而皴剥，自十七、十八行內有大裂文。無名本，"會"字全，後云"蘭亭拓傳刻，諸家所收極多，未有及此者"，不知誰書。武陵本在第九卷帖中，中無"僧"字。王氏藏本凡十帙，殆百本，以定武舊刻爲首，此本副之。嘗從順伯子友借任觀，外有四軸，奇甚。見諸公跋。

　　文光案：自御府本至王氏藏本共六十一本，《蘭亭考》傳刻一門，所載即此。

　　余嘗從王順伯求觀其所藏《蘭亭》二本，相類而差肥。一本瘦勁，尤延之謂瘦者乃真定武本，而順伯則主肥者。二公皆好古博雅，其辨古刻之真偽皆爲後輩所推，今不同如此，孰能決之？《蘭亭敘》入石者非一，當以定武古本最勝。佳本精神煥發，意態橫生。

## 《寶刻類編》八卷

不著撰人名氏

嘉蔭簃本。道光十八年東武劉喜海校刊於臨汀郡署十七樹梅花山館。《四庫全書》原本提要曰："其書爲類者八，曰帝王、曰太子諸王、曰國主、曰名臣、曰釋氏、曰道士、曰婦人、曰姓名殘缺。每類以人名爲綱，而載所書碑目，其下各系以時月、地名，且於名臣類取歷官先後之見於石刻者臚載姓氏下方，以備參考。詮次具有條理。"

劉氏跋曰："《寶刻類編》，宋無名氏著，與陳思《寶刻叢編》俱經《四庫》著録。而《類編》輯自《永樂大典》，流傳獨少，亥豕較多。壬辰夏，遇金陵陳雪峰於都門，假得此本，係顧千里手校。秋，出守臨汀，舟中録副，藏諸篋中。昨夏檢點是書，寫就巾箱本，出付棗梨，俾得廣爲流播。竊附闕疑之義，未敢考定，僅就今所見者，碑下注一'存'字，非妄也，亦實是求是意耳。其中不免闕略，惟願同志君子匡所不逮。"

文光案：顧松泉以陳思爲陳起之子，王述菴以《寶刻叢編》、《類編》二書皆陳起父子所著，俟考。

錢氏序曰："《類編》馬《考》不著，獨《大典》有之。考其編次，始周秦，訖唐五代，其爲宋人無疑。寶慶中避理宗嫌名，改筠州爲瑞州，碑刻有云瑞州者，又知其爲宋末人也。《叢編》以郡縣爲綱，此以書家姓名分類，體例雖不同，要皆考金石文字者所宜津逮也。每類之中復以時代爲次，而於唐五代碑碣蒐采最富，可以補歐、趙之遺漏。唯名臣十三之三一卷全缺，讀者或以爲憾，然世間更無它本矣。"

文光案：《叢編》、《類編》皆冠以"寶刻"，疑爲一家之書，而《類編》罕傳。明關中二士稱郭、趙，同有金石之癖，而郭書罕傳。汪少山得郭允伯《金石史》於故韓城，王侍郎惺圖刻之浙中，始有其本。乾隆丁酉錢竹汀爲之序。

魯公書惟《干禄字書》注最小，而筆力精勁可法。

# 《寶刻叢編》二十卷

宋陳思撰

抄本。前有魏了翁序，次孔山居士序，次陳伯玉序。末一跋，言投之秦氏碑目，俾得參討，且助其鋟梓之費。自"好古博雅"以下缺。此編集碑誌諸書，記其篇目、地理與作者姓氏，而文不盡載，辨證審定之語具著之。

余無他嗜，惟書癖殆不可醫。臨安鬻書人陳思多爲余收攬[三]散逸，叩其書顚末，輒對如響。一日以其所稡《寶刻叢録》見寄，且求一言。蓋屢郤而求不已，發而視之，地世年行炯然在目。嗚呼！賈人闑書于肆，而善其事若此，可以爲士而不知乎？撫卷太息，書而歸之。紹定二元鶴山翁。

辛卯之秋，余篋中所藏書厄於鬱攸之餕，因求所闕於肆。有陳思道人者，數持書來售。一日携一編遺余曰："此思所自集前賢勘定碑誌諸書之碑目也，雖其文不能盡載，姑記其篇目地理與夫作者之姓氏，好事者得而觀之，其文亦可因是而訪求。"余受而閱之，蓋昔之《寰宇訪碑録》之類，而名數加多，郡縣加詳。知其用心之良勤，因爲之改目。夫以它人之書刊而貨之，鬻書者之事也。今道人者乃能自衷一書，以爲好古博雅者之助，其亦異於人之鬻書者矣。故樂爲題其篇端。紹定五年六月改朔孔山居士書。

都人陳思價書於都市，士之好古博雅，蒐遺獵忘以足其所藏，與夫故家之淪墜不振，出其所藏以求售者，往往交於其肆。且售且價，久而所閱滋多，望之輒能別其真贗。一旦盡取諸家所録，輯爲一編，以今九域京府州縣爲本，而繫其名物於左，昔人辨證審定之語具著之。既鋟本，首以遺余，求識其端。直齋陳伯玉父。

# 《古刻叢鈔》一卷

明陶宗儀撰

《知不足齋》本。前後無序跋。

右陶南村《古刻叢鈔》一帙，借録於李南澗氏。所收碑、誌、銘、碣、詩、檄、題名之類，漢一，東漢二，魏一，晉二，宋三，齊一，梁三，隋二，唐四十八，北宋二，南宋一，無年月者三，共六十九種，隨見隨鈔，不以年代爲銓次。其刻見於他書者，不過三數種，真愛素好古之士矣。六朝雅重譜學，故陳參軍、謝常侍及臨灃侯三誌於其支屬息嗣叙致較詳，雖失之繁蕪，間足以補正史之闕。而唐人諸誌雅鄭參半，然大較省净，頗少諛墓之辭。今仍其闕佚者，訂其舛訛者，而返其原録本於南澗之弟秋水。乾隆辛丑四月上澣之八日錢塘周嘉猷記。

漢永初討羌檄："永初二年六月丁未朔廿日丙寅，得車騎將軍莫附文書，上郡屬國都尉二千石守丞廷義、縣令三水，十月丁未到府受印綬，發夫討畔羌，急急如律令。馬卅疋，驢二百頭，日給。"右宣和中，陝右人發地得木簡一甕，字皆章草，朽敗不可銓次，唯此檄完。中貴人梁師成得之，嘗以入石。未幾，梁卒，石、簡俱亡，故見者殊鮮。吳師道親睹梁簡，故賦其秘古堂云："異錦千囊更妙好，中有玉盦藏漢草"。榮次新，吳出也，得其撫本以示余。按章草今在世益少，惟《急救章》見在，并諸帖所傳耳。然《急救》轉撫失真，愈遠官帖，章帝、皇象、索靖等書，與張芸叟所珍《鵙雀賦》又率時贋作，黄長叡已嘗辨於《東觀餘論》，然則此檄當爲今章草家第一也。米元章《淮鱗帖》卷内稱章草乃章奏之章，今考之既用於檄，則理容概施於章奏。豈小學家流，由古以降，日趨於簡便，故大篆變小篆，小篆變隷。比其久也，復以隷爲繁，則章奏文移悉以章草從事，亦自然之勢。故雖曰草而隷筆仍存，良由去隸未遠故也。右軍作草猶是其典刑，故不務爲冗筆。逮張旭、懷素輩，則此法掃地矣。但檄言討羌歲月與史不合，此史誤無疑。黃長叡已詳辨，不復述。乾道庚寅孟秋中休命工鋟板，因識其後。陽羨張駒書。

韓公井隸書，闊六寸許，在驛東卅步楚昭王廟西，神嘗恠焉，古今莫敢窺者。近日山南採訪使韓公誓責其神，親酌而飲，自爾汲者一無災癘，遂號韓公井。

"建平五年六月，郪五官掾[四]范功平、史石工毃徒要，本長廿五丈，賈二萬五千。"右西漢刻石廿有九字，在永康過紫屏二里許道旁。乾道丙戌，余始得之荒萊中，出石三面，高卑凸坳，刻隨其勢，蓋孝哀時刻也。建平止四年，書元壽而不載改元月日，豈詔未至蜀時刻也？如孝、獻初平止四年，文翁《柱記》亦書五年之類也。其後僭叛號建平者凡八，皆不在蜀。五官掾，《續漢志》謂掌署諸[五]曹事。西京末，郭唐爲信都五官掾，見《後書》，故知其爲西漢刻石無疑。西漢字世固罕有，歐陽文忠以未之見爲恨，從劉原甫得銅器款識數字已爲可寶，而不得石刻也。今此刻天下漢隸莫先焉，乃不及與《集古》所錄，蓋不幸矣。世豈無抱材之士不爲世知如此石者乎？可不爲之歎息哉！

"攻此石省三處閣，直錢萬二千。永元六年。"右東漢刻石十有六字，在范功平磨崖之西五十餘步，字畫大小不等，而筆意精妙。去地數寸，剝蝕甚於前刻，模者必僂而可得。蜀之漢刻最多，此刻後尊揵閣記卅十有八年，其次在第三矣，甚可愛也。余得前刻後十日，小子武仲始見。而模本云後五年太守晉原李公始爲作屋護之，索余考鐫之石。東萊蔡迨書。

文光案：郪縣刻石見於《隸續》及《漢隸字源》。《負暄野錄》云："前漢無碑。《隸釋》有郪縣一碑，或謂乃後人僞爲者。"尤袤云："西漢碑竟不之見，如陽朔磚，要亦非真。

聞是新莽惡稱漢德，所在石刻皆令仆而磨之，仍嚴其禁，不容略留。梁溪此言蓋有所據。"

## 《古刻叢鈔》一卷

明陶宗儀撰

《平津館》本。孫星衍重編，嘉慶辛未年刊。

此伯淵先生所重編次，以原書隨得隨鈔，時代雜糅，難於觀覽故也。遠寄屬校，因再四尋勘，其間即有所審正，必取資別本，未嘗隻字敢憑胸臆。即如故永陽敬太妃墓誌銘，十一月九日乙卯。上文云以普通元年，下文云粵自其月廿八日戊戌。考《通鑑目錄》，是年十月辛丑朔，十二月庚子朔，是十一月爲辛未朔，九日當是己卯，故廿八日戊戌也。然所有本皆作乙字。近見鮑氏本獨爲己字，乃始改焉。其他大略準此。鮑本先刻，仍藉是本訂定如干處，他日故當兩行之也。元和顧廣圻書。

辛未孟秋十日勘畢，凡題上記南村元第之數，今所添入也。南村所鈔篆隸皆無釋文，其西漢、東漢兩石刻有之者，乃乾道間東萊蔡迨所爲，南村并其考全載之也。重編稿屬以刊行，爰取家本并借戈君小蓮藏本相勘。鮑丈又出《讀畫叢書》辛集印樣見付，并勘彼此，得互爲更正如干字。然可疑者尚往往而有焉。夫校石刻文，非特不可以意推度，并不可據他書改補。曧白堤錢山人聽默，實書賈中陳思之流，憶廿年前述此書，南村手寫者首葉鈐"崐山葉文莊藏書"圖記，曾在白蓮涇王姓家，近始散失。因附識之尾，俟相與物色，庶幾得之，盡決其所疑也。是書刊刻已竟，從兄來京，取小讀書堆所藏付校。其本後題云："右南村《古刻叢鈔》，非全書也。己巳冬，借崐山葉氏所藏抄本錄於榮木軒，至庚午四月十二日完，共五十八葉。錢穀記。"驗其筆迹，非叔寶手書，蓋出自轉抄也。然視前所有各本迥勝，今據以修板改正者凡五十餘字。至其字之多少，皆錢本是而他本非也。因不可修改，別記於後以正之。以上皆顧氏跋。

## 《金薤琳琅》二十卷　《補遺》一卷

明都穆撰

汪氏校本。乾隆四十三年汪日炎校刊。前有吉東盧文弨序，次目録。凡周刻二，秦刻六，漢刻二十三，隋刻五，唐刻二十七，皆録原文，各爲辨證。《補遺》凡四種，乾隆六年杭郡宋振譽補其家之所藏，曰夏禹衡岳碑，曰漢曹全碑，曰唐景龍觀鐘銘，曰唐建武侯祠記，略加考訂，自跋於後。都書僅六十三碑，依洪氏《隸釋》之例，録其原文，其剥落者取《隸釋》補之。而傳本甚少，王阮亭訪之三十年始得，可知其難見矣。前明都、楊、郭、趙四家不及范氏天一閣所藏，惜范氏《碑目》之外未能如都元敬別著一書也。

盧氏序曰：“宋洪氏《隸釋》全寫其文，悉摹其形。都氏所録一以洪氏爲法，而以所及見者爲斷。嘗見薛尚功、鄭漁仲所載石鼓文，班班可讀，豈當時果能完備？又如《瘞鶴銘》，邵興宗、張子厚之流各以私智附益，何以取信？識者病焉。都氏固無此失，微不足者，點畫不能悉依本文而每易以近體，間有不審致訛者。□諸家徵引其書，而不恕其誤。吾鄉汪子荻川家有其書，惜其致力之勤，而以微眚爲累，於是取所藏石刻，自‘獵碣’而下字字比校，一還其本真，亦有洪氏闕而今本有者。吾始亦疑之，復取其拓本參對，果不誣。蓋拓本容有精觕之不同，而且一經剪裁，并先後亦有不能盡合者。今則取而悉正之，且明著其說。”

文光案：盧序云薛尚功、鄭漁仲所載石鼓文班班可讀，豈當時果能完備？今《鍾鼎款識》所載實非全文。第十鼓後薛注曰：“岐陽十鼓剥落殆盡，前人以可辨者刻之于石”云云。其中各鼓俱有闕文，不知盧氏所見又爲何本。鄭氏《通志》只載石鼓文之名，以爲辨明秦篆，并無其文，不知盧氏所稱漁仲者又是何書，俟考。又案：鄭樵《石鼓文音釋》三卷，朱氏《石鼓文考》所謂鄭氏次居幾者是也。但辨鄭之訛者甚衆，且未必能班班可讀。余雖未見鄭本，尚可考見。《雍録》曰："劍南州州學以鄭本鋟木，予既得板本，遂隨事而爲之辨。其成字粗可讀者比東坡又多，特不知鄭本所傳奚自耳。'維楊及柳'，鄭本作'標'，疑鄭本不真。"《復齋碑録》曰："南渡之後有鄭樵者，作《釋音》且爲之序。乃摘'岙毆'二字，以爲見於秦斤、秦權，而指以爲秦鼓。"《古文苑注》曰："石鼓十篇，孫巨源得於僧寺佛書龕中，以爲唐人所録，其文字音訓多與鄭本合。豈鄭爲《音釋》時，嘗得其本而參校耶？惟甲乙之次與薛、鄭本俱不同。"《學古編》曰："鄭樵音不可信。"《周秦刻石釋音》吾衍序曰："鄭樵音訓最爲乖誕。"楊升菴曰："薛、鄭二家與《古文苑》所載相出入。"《金臺紀聞》曰："王順伯、鄭漁仲搜訪訓釋靡餘力矣，咸存間斷焉。"《石鼓考序》曰："樵今所得，除漫滅之外，字字可曉。但其文不備，故有得而成辭者，有不得而成辭者焉。"《書録解題》曰："《石鼓文考》三卷，鄭樵撰。"歷考諸家之説，鄭本與薛書大略相同，不知盧氏所謂班班可讀者，謂句義，謂字形？句則闕不可讀，字則都氏所刊，悉爲今文，班班可識，安見都之優於鄭？論石鼓者諸家紛如，惟鄭、薛二本之字數從未有議其增補者。忽得盧氏説，致人生疑。因採衆説，務明一書，非敢與盧氏作難也。盧氏語病在一讀字，如《集古録》所云班班可見者，皆不能成文，景君碑跋尾。則允當矣。又案：趙則古《石鼓文跋》載於《鐵網珊瑚》第一卷，共一千二百四十三字。都本所載祇九百七十七字，且改易其字句，其他可知，則都本未爲善也。

宋氏跋曰："向閱王阮事前輩評跋，有搜訪《金薤琳琅》，垂三十年始得之。自謂十五連城，莫之與易，則其珍貴可知也。余喜抄碑目，如《方輿石續記》、《金石志》等書悉裝成帙。從友人胡子道周處假得《金薤琳琅》，手自抄錄，凡六十三碑，與他本僅列碑目者不同。略加考訂家藏四種，補於後。"

《增廣鐘鼎篆韻》七卷，元楊鉤撰。是書取夏竦[六]、王楚、薛尚功、黨懷英所編，彙而增之。前列器名，以二百七部分系。鉤所增者以白文朱印"楊增"識之。總計識器四十品，其數三百又八，四聲爲字四千一百六十有六。鉤所增經典碑銘其數八十有二，四聲爲字六百七十有二。第七卷別出八門，曰象形字，百二十有六；曰假借字，四十有三；曰奇字，四十有二；曰合寫，二十有五；曰會意，十有二；曰有偏旁可考而無詞讀，四；曰字畫簡古而文理可考，六十有八；曰字畫奇古而未可訓釋，百二十有四。前有延祐甲寅馮子振、熊朋來序，末有朱書乙未夏日校，八分書。

文光案：是書載於《天祿琳琅書目》，予求之三十年未得一見，姑識於此，以候再訪。又案：《孫氏書目》載《金石韻府》五卷，朱雲輯篆，俞顯卿校刊，前有凡例，古文所出書傳目錄，嘉靖十年豐坊序。硃印本，每葉十二行，行字多寡不等。

## 《石墨鐫華》六卷　《附錄》二卷

明趙崡撰

《知不足齋》本。前有萬曆戊午康萬民序并自序，目錄。夏、周、秦、漢、魏、晉、後魏、後周、隋共一卷，唐三卷，宋二卷，共二百五十四跋。六卷末有自記。七卷爲《訪古遊記》三首，八卷詩三十二首，此二卷爲附錄。末有乾隆己丑何琪跋，甲午趙衡陽、鮑廷博二跋。

康氏序曰："先生深心嗜古，博求遠購。時跨一蹇，童子負錦囊，拓工携楮墨，從周畿漢甸，足迹迨遍。每得一碑，親爲拭洗，椎拓精緻，内之行篋，得佳句即投囊中。如此三十餘年，總所藏二百五十餘種，其間漢唐名書多歐、趙諸子未見者。每一册後必親裁一跋，考據精詳，推勘深至，的然不爽。噫！亦奇矣。先生居有傲山樓，聚書萬卷，胸羅二酉，其所收豈止於此？金石剥落而此書不朽，先生真有功於世道者哉？"

趙氏自序曰："宋歐、趙、洪，明都、楊皆能博收古碑，注釋評證。余於諸公書最愛都、楊二公，全文鈔刻，即石蹟已亡，取徵猶備。而負盧所入不足以既匠氏，故用歐、趙二公例，獨刻跋語。刻成，竊取劉勰之言以名其書曰《石墨鐫華》，示諸同好，無不稱善。"

趙崡曰："余集古碑，自唐以前雖斷殘必録，至宋以後便擇其佳者，國朝諸名書不敢概及，亦猶歐、趙之不及於宋也。録古碑者，自歐、趙而外，多憑耳食，如夾漈之《金石略〔七〕》，朱文長之《古碑考》，曹明仲之《格古要論》，紕謬十五，何以稱焉？求其考據精審者，於宋莫若黄長睿，於明莫若王元美，予寧遜博之名，不敢不求精之實。其撰書姓名、所在州縣，苟非目見，不敢妄書。而碑多殘敗，不能以年月敘也。隨所得先後，略分世代而已。"

何氏跋曰："趙孝廉子函，一字屏國，西安盩厔人。家有偏園，踞終南山麓，極池臺亭館之勝。秦中故多金石遺文，子函搜訪殆遍，久之，成是書。昔人稱其所載多都、楊所未見，覽之信然。兹爲鮑君以文藏本，余訪之有年，因與以文商校付梓，以廣其傳。以文又有子函《植品》二卷，略彷嵇含《南方草木狀》，而意趣過之。末附《偏園記》及詠園中諸勝，亦古峭有致。惜流傳絶少，續刻并行，尤快事也。”

趙氏跋曰：“余家先世著述之富，名於關中。高祖屛國公著《石墨鐫華》及《計偕草》、《偏[八]園記》、《植品》、《關中二儁》、《終南五詠》、《傲山樓遺稿》、《雨聲堂文集》行世，垂二百年。而故簡漫漶，深以不克重刊爲憾。武林鮑君以《石墨鐫華》校而梓之，審定精善，再傳不朽，存者没者均懷感激，豈區區數言所能罄哉！”

鮑氏跋曰：“是書刊於萬曆戊午，原刻滅漫，今世流傳亦少。歲己丑，余與何君東甫校而刊之。”

　　文光案：所附遊記皆訪碑所經之地，記中多言碑刻。附詩亦遊覽之作。

夏禹衡岳碑二種，一在岳麓書院，一在棲霞山天開巖。王元美謂銘詞未諧聖經，類汲冢穆天子語。用修、楊時喬皆注《隸釋》，互有不同。元美有二本，釋亦不同。

漢郭有道碑在介休縣。余邑人王正己曾爲其縣令，余從其家覓一本，乃正己重刻者，深恨不得原刻。近有晉人爲余言，舊石曾在，一秀才極愛之，每往碑下摩娑累日，一夕盜碑畀去。縣令無奈，再重刻一石以應求者。後又磨泐，而王正己再刻之。秀才所盜之石竟不出，異哉！

漢西岳華山廟碑，唐徐浩《古迹記》以爲蔡中郎書，殊不類。郭香何人，乃菡中郎書耶？且市石察書刻者皆著其名，而獨無中郎名，何也？唐去漢近，浩又深於字學，不應謬妄至此，皆不可曉。至楊文貞以爲郭香書，則察字無屬，不成文理矣。

隋李淵爲子世民祈疾疏，此唐高祖也，疏稱鄭州刺史，後署大業二年正月八日。按是時太宗才九歲耳。而史稱高祖爲譙、隴、岐三州刺史，不曰鄭州，此亦可以證史之闕。

皇甫誕碑，勁而不險，用筆之峻，一變晉法，可爲楷法神品。

漢靈帝光和六年刻石五經文於太學講堂，此初刻也。蔡邕以熹平四年與五官中郎將堂谿、典議郎張訓、韓說，太史令單颺，求正定六經文字，帝許之。邕乃書丹刻石，立於太學門外，此再刻也。魏正始中，又立古、篆、隸三體石經，古文用蝌蚪鳥迹體，篆用史籀、李斯、胡毋敬體，隸用程邈體，此三刻也。魏世宗神龜元年，以王彌、劉曜入洛，石經殘毀，崔光之請補之，此四刻也。唐天寶中刻九經於長安，《禮記》以《月令》爲首，從李林甫之請，此五刻也。文宗時，鄭覃以經籍刓繆，建言讐刊，準漢故事。太和七年，敕唐元度覆定石經字體，於國子監立石，九經并《論語》、《孝經》、《爾雅》共一百五十九卷，《字樣》四十卷，開成二年告成，此六刻也。又孟蜀亦刻九經，謂之孟蜀石經。朱晦翁所引石經是此。今西安府學石經乃唐文宗時石經也。宋元祐中，汲郡吕公始遷今學。嘉靖乙卯地震，石經倒損，府學生員王堯惠等按舊文集其缺字，別刻小石立於碑旁，以便摹補。按《唐書》謂文宗朝石經違棄師法，不足觀，然其用筆雖出衆人，不離歐、虞、褚、薛，恐非今人所及。惟堯惠等補字大爲紕繆。

唐玄宗注《孝經》。碑四面以蟠螭爲首，鑿嵌精工，故非後世所能。書法與《太山銘》同，潤色史惟則云“老勁豐妍，如泉吐鳳，如海吞鯨”，非虛語也。後有李齊古表，行書亦佳。

唐集右軍《聖教序》并記。此碑爲百代書法模楷，今時尤重。拓者無虛日，風骨鋩鍛，俱無存者，形似耳。

唐三藏《聖教序》并記。此以序與記分刻二碑於慈恩寺塔下，分東西兩龕置之，風雨與牧童俱不能及，故能久而不毀。書法遒勁，然用筆輕細，後署永徽四年書，似不及同州本。

此以并記并書一碑，在同州。遒逸婉媚，波拂處虬如鐵線，後署龍朔三年，似勝慈恩本。

右二碑，王元美考年代、官品，以爲不合，署名處疑皆後人附益，良是。但元美未嘗至關中，遂不知二碑所在耳。按《玉海》則大塔本似是真蹟，而同州反勝，何也？

皇甫碑遒勁，《醴泉銘》婉潤，允爲正書第一。趙子固謂《化度》、《醴泉》爲楷法第一，今《醴泉》獨存，《化度》不知碑亡在何時。

郭敬之，汾陽忠武王父也。碑陰具述汾陽兄弟子孫，始知汾陽兄弟九人皆列大位，不止史所稱幼明一人而已，且汾陽封拜與史小異。碑正書，陰則行書，不審亦出魯公否。觀其筆力，似非魯公不能也。

多寶塔碑。王元美曰"貴在藏鋒，小遠大雅，不無佐史之恨"，信然。

東方讚碑。在山東陵縣，王元美曾得舊本。書法峭拔奮張，固是魯公得意筆也。

《干禄字帖》模刻最多，故魯公面十失八九，但得漢公本，似猶勝木本也。

《坐位帖》，王元美云無一筆不作晉法，所謂無意而文，從容中道者也。

碧落碑。段成式謂此碑有"碧落"字，故名。李肇謂此碧落觀也，故名。李漢謂終於"碧落"字而名。歐陽公謂其宮有碧落尊像，文刻其背。其書雜出頡籀，《鐘鼎款識》或以爲陳惟玉書，或以爲李譔、李譁書，皆不可辨。《洛中記異錄》云："刺史李諶爲母房太妃追薦造像成，有二道士來請書之，閉户三日乃開，化二鴿飛去，篆文宛然像背。"此說尤怪誕。然李陽冰觀之七日而不忍去，學之十二年而不成，其妙如此，豈易知哉？今所傳皆摹本也。其文曰："有唐五十三禩龍集敦牂"。歐公謂爲高宗總章三年，董逌謂爲咸亨元年。按總章三年三月始改咸亨耳。碧落碑釋文，鄭承規書，咸通中立，書法方整，有歐、虞遺意。

唐御史臺精舍碑。此梁昇卿追書，崔湜文。湜人品殊污人齒頰，而昇卿尚追書其文，何也？昇卿分隸聲動一時，東封朝覲碑史册稱之。今觀此碑，名不虛耳。

碑陰題御史名，共六百餘人，參差不齊。分書者五六人，餘皆正書，書皆有法，不似後世胥吏書也。

元蒙古字碑，其書有佳，有不佳。

# 《金石史》二卷

明郭宗昌撰

知不足齋本。前有康熙癸卯王宏撰序，又劉澤溥序。共五十五條，於諸碑多所考證，記《聖教序》尤詳。

王氏序曰："《金石史》者，武平徵君郭嗣伯先生著也。爲上下卷，皆題其所自藏三代以來金石文，蒐考博而鑒定精，嗣復蘊藉爾雅，關西好古者未能或之先也。先生行誼甚高，著有《松談閣稿》、《涉園雜著》、《印史》、《二戎記》藏於家，唯《金石史》佚矣。予從潤生處借得一抄本，携至秣陵，因壽之木。"

**校勘記**

〔一〕"語"，原作"説"，據《齊東野語》改。

〔二〕"這"，原作"只"，據宋桑世昌《蘭亭考 · 羣公帖跋》改。

〔三〕"攬"，原作"檻"，據《寶刻叢編 · 魏了翁序》改。

〔四〕"掾"，原作"椽"，據《續漢書 · 百官志》改。

〔五〕"諸"後原衍一"事"字，據同上書删。

〔六〕"竦"，原作"餗"，據《宋史》改。

〔七〕"略"，原作"録"，據《石墨鐫華 · 趙崡自記》改。

〔八〕"偏"後原衍一"國"字，據《石墨鐫華 · 何琪跋》删。

# 萬卷精華樓藏書記卷五十九

## 史部十五
### 金石類七

### 《金石文字記》六卷

國朝顧炎武撰

《亭林遺書》本。前有自序。第五卷考唐石經脱誤字最詳，第六卷首爲《識餘》，多題名并詩碑，次諸碑別體字，次門人潘耒補遺，有跋。

顧氏自序曰："余少時好訪金石文而猶不甚解，及讀歐公《集古錄》，乃知其事多與史書相證明，可以闡幽表微，補闕正誤，不但詞翰之工而已。二十年間周遊天下，所至抄録，旁搜博討，夜以繼日，遂乃抉剔史傳，發揮經典，頗有歐、趙二《録》之所未具者，積爲一帙，序之以貽後人。夫祈招之詩誦於右尹，孔悝之鼎傳之載記，皆尼父所未收，六經之闕事，莫不增高五岳，助廣百川。今此區區亦同斯指，其或褊於聞見，窘於目力，而山高水深，爲登涉之所不及者。即所至之地，亦豈無挂漏？又望後人之同此好者，繼我而録之也。"

潘氏跋曰："古今石刻不獨文詞之典雅、字畫之工妙爲可愛玩，而先賢事迹、前代制度不詳於史者往往著見焉，其有資於博聞多識不細矣。而其爲物，散在天地間，日亡日少。好古之士薈萃成書者十數家，收之博而辨之精，無若歐、趙二《録》。歐《録》之目千，趙《録》二千，皆據其實有者籍記之。他書循名泛列，固不辨其存亡也。亭林先師實甚好古，遊輾所至，旁搜博采，著成此書。惟就碑刻現存及收得拓本者録之，得三百餘通，其數少於歐、趙，而考論詳核不啻過之。末夙有此好，孜孜訪求，所得有在兹編之外，兹歐、趙所未録者。不忍使其無聞，謹附載於後，以見古碑之亡於通都大邑而留於荒村窮谷者尚多有之。蒐羅表章，是所望於後之君子。”

“重曰”二字出《楚辭・遠遊篇》，所謂言之不足而長言之也。井叔誤以爲“重日”。按開母廟石闕銘此一行今存六字，“二年”之下，“重曰”之上空石未鐫，益明其非紀日矣。古賦用“重曰”見《文選》。

漢人書有《遁甲開山圖》。《雲麓漫鈔》曰：“世傳遁甲書，甲既不可隱，何名爲遁？因引鄭固碑證爲循甲，言以六甲，循環推數也。”今按遁字，古人以代巡字者多，當是巡甲。《太玄云》：“巡乘六甲，與斗相逢。”《郎中鄭固碑》其文有云“逡遁退讓”者，逡巡之異文也。

西岳華山廟碑跋：“漢碑未有列書人姓名者，歐陽叔弼以香察爲名，非也。”敕者，自上命下之辭，《後漢書》改敕爲勑，後人因之。《何曾傳》：“人以小紙爲書，勑記室勿報。”則晉時上下通用之，至南北朝以下此字惟朝廷專之，臣下不敢用。

處士者，德行可尊之人，義士則但出財之人而已。今人出財布施皆曰信士。宋太宗朝避御名，凡義字皆改爲信。今之信士，即漢碑所稱之義士也。

漢多作石室、石獸、碑銘等物。魏武帝禁立碑，魏碑之見於史者惟田豫、顔斐二人。晉世百有餘年，亦僅七八見。自魏至陳，碑文罕傳。梁禁造碑，唯聽作石柱，記名位而已。漢末一人二碑、三碑，冗矣。殤子爲之立碑，濫矣。至於闕樓人獸之飾，亦多在桓、靈之世。李剛之石闕雕刻君臣官屬，龜龍麟鳳之文，飛禽走獸之像。王子雅之石樓窮巧綺刻，妙絕人工。葬埋之侈，一至於此，魏武之禁其可已乎？

《蘭亭序》定武本，真者已不可得，宋本亦少，惟京師國子監一石爲諸刻之冠，意爲周伯琦所摹。王山史曰今有東陽本，不讓國子監本。

《瘞鶴銘》字體與舊館壇碑正同，其爲隱居書無疑。張弨又得七字，惟“寧”之上有“厥土”二字，“華亭”之上有“爽塏勢掩”四字，其石題名微下有“君”字，皆昔人所未見也。

常醜奴墓誌跋：“墓之有志，始自南朝宋顏延之作王球石志。自是以來，王公以下咸用之，今傳者惟此及梁、羅二志，爲隋代之文。”

周必大得光武時梓潼扈君墓甎，橅脫隸書而非鐫也。以此知東漢志墓初猶用甎，久方刻石。任昉謂志墓始晉，疑禁碑之後，晉末復創爲之，而名曰誌耳。

　　文光案：《文章緣起》謂志墓始晉者，墓誌也。殷仲文謂東漢已有，昉未之見者，墓碑也。誌與碑實爲二物，今世并用之。誌瘞於墓中，碑立於墓道。

晉祠距太原縣八里，其廟負山，而東面者晉水之神，南面者唐叔之神。後晉天福六年，封唐叔爲興安王，臺駘爲昌寧公。而宋時又封晉水爲顯靈昭濟聖母，飾爲婦人之像。今人但言聖母，不復知有唐叔爲古先有土之君矣。《水經注》云：“昔智伯遏晉水以灌晉陽，後人踵其遺蹟，蓄以爲沼。沼西際山枕水，有唐叔虞祠。水側有涼堂，結飛梁於水上。”

御史臺精舍碑，崔湜[一]撰，梁昇卿八分書，開元十一年立。《雲麓漫鈔》曰：“唐有三院，御史、侍御史謂之臺院，殿中侍御史謂之殿院，監察御史謂之監院。”跋曰：“讀此文知唐時御史臺有獄，又於其旁立精舍，援引釋典以勸人回心作善。”然考《唐書》，其獄未幾而廢。宋時亦有臺獄。

婆羅樹碑，其文曰一歸可門。可門者，何門也。《説文》誰何之何作可，從人者爲儋何之何。《詩》“何蓑何笠”是也。後借爲誰何之何，更以擔荷爲儋何，字字日繁而忘其本矣。此文以可爲何，可見開元文字尚有古法。

《金史》海陵改定親王以下封爵，追取存亡告身。公私文書，但有王爵字者，立限毀抹。前代之碑有王字者多仆於此時。少林寺碑以梵力獨存，其間王宫、王言等字亦鐫去矣。完顏不通文字，肆爲無道，可勝歎哉！

雲麾將軍李季秀碑跋：“趙子函，秦人，未見此碑。其著《石墨鐫華》以爲趙子昂所臨，誤矣。碑不知何時入都城。萬曆初，宛平令李蔭署中掘地得六礎，洗視乃此碑，存者百八十餘字，碑首存‘唐故雲’三字，因築室砌之壁間，名曰‘古墨齋’。後移少京兆署中止二礎，其四礎王京兆惟儉攜之大梁。李北海有兩雲麾碑，一爲李思訓碑，在蒲城；一爲此碑。”

憫忠寺碑，前行“大唐先天大聖文武孝感皇帝”及中間“唐”字、“史思明”字類磨去重刻者，石皆凹。而首行“憫忠寺”上元只二字，今改范陽郡三字，蓋思明復叛之後磨去之，及思明誅後，此地歸唐，後人重刻者也。當日君臣之分，殆如弈棋，然非親至石下，徒拓紙上之字，未有能得其情者。若年月尊號之先後，亦從此而無疑矣。《春明夢餘録》亦載此碑。

　　文光案：金石文字，板本不如拓本，拓本不如摩碑。然摩碑者亦有精詳疏漏之異，非多見不能知也。如御史臺精舍碑，有趙魏手摹本，人名雖備，而所紀不如顧氏之詳。舉此一端，餘可類推。

內侍李輔光墓誌，巨雅正書，文稱"門吏、晉州司法參軍巨雅"。唐時士人出於內侍之內者蓋不少矣。輔光少選入內，而有夫人輔氏，子四人。唐宦官有權位者得娶婦，高力士、李輔國皆奉敕為之。然范書已有黃門廣娶之說，固不始於唐也。

鄭恒暨夫人崔氏墓誌銘，此即近世所傳崔鶯鶯者也。年七十六，有子六人，與鄭合葬。此銘得之魏縣土中，足證《會真記》之誣。秦貫志墓之功為不細矣。

文光案：蘇蕙迴文，所記差異，若獲竇蘇墓誌，事可證矣。但爾時碑禁甚嚴，恐難得也。

茶與荼本一字，古時未分，麻韻，唯讀為徒。東漢以下乃音宅加反，而加字音居何反，猶在歌戈韻。梁以下始有今音，只減一畫。《廣韻·九麻》中有茶字，又有荼字，注曰"俗是也"。唐時字體未變，任要題名，其文有曰荼宴者。唐時祭畢猶不用酒，今不然矣。唐碑茶字皆從艸，從余。

濟瀆廟碑，潘耒曰："唐制附祭北海於濟源，此碑記新作祭器事，碑文乃濟源令張洗字濯纓所撰，簡古有體裁，一洗駢儷之習。洗與退之同時，文已矯傑如是，蓋文弊之極而將變。元結、權德輿輩皆然，不獨韓也。"

文光案：《金石萃編》有此碑文，闕一字。碑陰器物名數俱備，兼有考證，并載潘跋。《集古錄》、《金薤琳琅》亦載其文而遺其碑陰，當以《萃編》為證。其器物可資考訂者，如燈盞，俗名也，許渾詩"小殿燈千盞"，而此碑已有之。毯子，俗名也，其字見《廣韻》，而此碑已有之。酒海見香山詩"就花枝移酒海"，而此碑已有之。又"架"作"㮄"。《廣韻》、《玉篇》不收"㮄"字。疊子即碟子，碟音舌，治皮也，不與碗同類，今俗作碟，非也。茶鍋子、茶碾子不作荼，寧人謂唐碑無荼字，是也。沾二即坫二，柒杓即漆杓，《山海經》漆本或作柒也。此碑隸書在濟源縣，無書人姓名。張洗，兩《唐書》無傳。碑無歲月，潘記作貞元十三年，不知何據。

嶧山石刻，其文有云"功戰日作"，當是"攻"字。古人功、攻二字通用。嵩山三石闕，《隸釋》不載，今録其全文。此石尚在，不知永叔、德父何以未見，則二《録》之不及載者多矣。溧陽長潘乾校官碑，與《隸釋》不同者十餘字。范《書》永平十年召校官弟子作雅樂，則東漢時縣有校官矣。凡亭舍之去郡縣遠者謂之離亭，猶曰離宮也。其在郭内者謂之都亭。蕩陰令張遷碑，《山東通志》曰近掘地得之，歐、趙、洪三家皆無此碑。趙崡曰："萬曆戊午，余爲九嵕之遊。距昭十餘里爲趙村，村有廣濟寺，寺後石鼓唐人書尊勝經呪，精健絕倫。"《岱岳觀造像記》，《金石録》不收，碑記失傳者正多。唐人作字尚有八分遺意，正書之中往往雜出篆體。會昌中有詔大除佛寺，碑幢、銘鏤、贊述之類，亦皆毀瘞。《霍山廟建文碑跋》，建文一代事蹟無從考證，通雅之士求之深山窮谷，或尚有一二，不止霍山廟也。《石橋寺》詩，唐衢州刺史嗣江王禕所題，詩中有"薄煙冪遠村，遙峰没歸翼"，楊用修以爲仙人遺句，殆未見此碑故耳。

文光案：古人登山涉水，刮壁摩崖，積勞成書，以貽後世。今人則束之高閣，終歲不披，或閱不終篇，厭厭欲倦，無怪其學問之日退也。是書於一字之音，瑣瑣屑屑，辨析微茫，此即讀書之要法，非但可證經史已也。吾書將散，因摘録其要語，使閲者略見書之梗概，且可知吾之讀書首尾皆遍，吾之編目不至如漁仲所譏看前不看後也。或曰修目者不録書，録書則罣一漏萬，或至餖飣，故從來無是例也。余應之曰：余所録者考證之文，或向所不解今得其解，或向無是書今得其書，非此不録，是亦無體之體也。其有部可歸者，分注於各目之下，如經說歸經部，史論歸史部之類是也。其無部可歸者，悉載於本目之中。比之類書門戶不同，較之雜抄條理自別，況以書歸目，因目見書，略識大意，豈不愈於有目無書者乎？昔溫公作《通鑑》，提其要語著爲《目録》，此讀史之綱領也。竊仿斯意，誰曰不宜？好古之士，遊心典墳，得其書名猶將珍重，況其爲書中要語乎？吾據實有者籍記之，以存什一於千百，爲吾讀書之助而已，又奚暇計其例之有合有不合哉？雖然著述之家於今大備，人心之同不差米黍，吾不敢保其無是體，故亦不敢自謂創是體也。

## 《聞者軒帖考》一卷

國朝孫承澤撰

《知不足齋》本。前後無序跋。

隋本《蘭亭敘》刻於開皇間，真本在智永處，手模上石，爲褉帖之祖本。唐太宗爲秦王時見此本，因訪求真迹。

《澄清堂帖》爲唐賀季真手摹，皆右軍書，有甲乙字號，蓋十冊也。按昔人謂澄心堂，乃南唐列祖節度金陵之宴居也。世以爲玄宗書殿，誤矣。宋時尚有《澄心堂書目》三十餘卷。

南唐李後主出秘府珍藏刻《昇元帖》四卷，予見宋人翻本，上有賈秋壑印。朱溫之子亦刻有《貞明帖》，今不傳。陸放翁刻《荔支樓帖》。

漢之碑、宋之帖可以雙立千古，而宋帖首《淳化》，次《大觀》，又次《絳帖》，餘帖玲玲，備數而已。

米元章、黃長睿辨《閣帖》真偽，條列甚詳。予以兩家之言亦有好奇過當處，而米老尤不足憑也。曾宏父云。

甲申三月之變，余石駙馬街邸中所藏金石法帖播棄都盡，從灰燼中極力搜得《閣帖》第一、三、四、五、六、七、八、十，共八本，板紋墨色大約皆有宋故物，而第六冊有翰林學士院諸印，及"紹聖三年冬至前一日裝"題識，書法甚工，張爾唯以爲蔡君謨筆。二王刻本前有目錄，後無篆書題字。二王者，魏王也。魏王好書，嘗借歸邸中，模數百本。

明朱珪工於刻石，裒其所鐫爲《名蹟錄》六卷。

## 《瘞鶴銘考》 一卷

國朝汪士鋐撰

松南書屋本。康熙五十三年刊，前有自序并圖。此陳滄州太守出之江中，現存之石凡七十七字。又不全九字，其無字處以空石補之。次張力臣原圖，力臣名弨，淮安人。順治丁未拓此文爲圖著辨，其所見之石一仰一仆一側立於旁，翁曰：宋人補刻三行之説，予詳辨其誤，勒石焦山寺壁矣。次原石定位行數，此石前後計十二行，行全者約二十五字，準以今尺約高九尺，寬五尺餘。次張力臣圖內補全原文，圖內缺十二字，又不全二字，今據他本添足。次考。凡《東觀餘論》、《廣川書跋》、《輟耕録》所記，以及歐文忠、黄山谷、蘇子瞻、趙明誠、蔡佑、張邦基、王弇州、都元敬、顧亭林諸家之説，凡有關於《瘞鶴銘》者，無不博稽詳辨，考《鶴銘》者至此無憾矣。近代流傳之本，海昌陳氏刻之《玉煙堂法帖》中者是也。力臣辨此本之錯訛者凡十四條，具載本書後。銘文共五本，字句各異，惟邵、資政、名宂。張二本與原石地位不亂。末有自記三則，何焯、王澍二跋，在卷內。嘉慶十年翁方綱跋，在末，多正汪本之誤。此本爲汪退谷所手書。

## 《廣金石韻府》 五卷

國朝林尚葵　李根同撰

賴古堂重訂本。前有康熙九年周亮工序，次《玉篇》偏旁形似稽疑文字，次考古書傳。是書以韻爲次，先楷書一字，次篆文，篆朱書，注墨字。李根工詩，精篆籀，圖章逼秦漢，畫有遠致。

周亮工詳見《貳臣傳》。

　周氏序曰："楊用修有《六書索隱》，既博且精，惜不廣傳。《金石韻府》，錫山朱時望採集，至今幾二百年。予留心篆刻，喜其點畫、聲音合而一之，較用修所定爲遠過。因與林朱臣、李雲谷共爲考訂，凡九經古本及岣嶁、石鼓諸碑，莫不取而校勘之。下至誌林、說部之編，苟有資於採佐，不之棄也。正訛析疑，補所未備，則林、李二子之功不可誣。"

　古《周易》，古《孝經》，古《毛詩》，古《周禮》，古《爾雅》，古《史記》，古《樂章》，古《月令》，古《莊子》，《淮南子》，《上升記》，王維恭《黄庭經》，古《樂經》，《籀韻》，古《世本》，王摩詰《畫記》，祝尚邱《韻演》、《說文義雲》、《切韻》、《證俗古文》，庾儼[二]《字書》，庾儼《演說文[三]》，朱育《集字》、趙琬璋《略古》、《用才》、《字略》，裴[四]光遠《集綴》，荀邕《集字》，李商隱《字略》，衛宏《字說》，郭知元《彩箋》，賈氏《說文》，郭昭卿《字指》，崔希裕《略古》、《六書精蘊》，王存又《切韻》，李守言《釋字》。古書傳。

　　文光案：賴古堂藏書甚富，古《世本》尚有其書，今則不得見矣。其餘古本傳者亦少。

## 《觀妙齋金石文考略》十六卷

國朝李光暎撰

原本。寫刻甚佳，前有雍正七年金介復序。李氏收曝書亭所藏而繫以諸家題跋，各注出典於下。所引書凡百餘種，如《蒼潤軒帖考》、《墨林快事》、《石門文字禪》、《志林》、《考據》之類，多所未見。末卷爲子昂書，餘不之及。所採《四部稿》、《石墨鐫華》最多，其所自題者不過十之一二云。

紹興十八年進士題名録，此刻於環滁山中者。是科第一甲十人，第二甲十九人，第三甲三十七人，第四甲一百二十二人，第五甲一百三十九人。紫陽夫子在第五甲第九十，最爲下第。而是刻則專爲文公一人姓名下注云："字元晦，小名沈郎，小字季延，年十九，九〔五〕月十五日生。外氏祝，偏侍下第五，二兄弟無人一舉，娶劉氏。曾祖徇，故，不仕。祖森，故，贈承事郎。父松，故，任左承議郎。福建建陽縣羣玉鄉三桂里自爲戶。"注之如此其詳，餘但注某州縣而已，其得因文公以傳其姓名，猶爲幸也。榜首王佐，山陰人。宋《狀元錄》載《會稽志》云：王佐廷對第一，與朱某同榜。志中言佐立朝風節，亦自卓卓可觀，而必以與文公同榜，加重如此。按《蒼潤軒帖》跋，嘉靖戊午年書云："句容柳汧江君言，遠祖江賓王，與朱文公同年，家有當時試錄云云。因得摩挲墨本。"據此試錄蓋江賓王手書，而其子孫藏於家。自宋紹興以至明嘉靖間垂四百年不失，出以示人以爲榮。則凡同榜三百二十餘人，與其子孫，莫不藉此爲榮，可知也已。

介子廟碑，張商英書。《冷齋夜話》："張丞相好草書。一日得句，索筆疾書，滿紙龍蛇飛動。使姪錄之，當波險處，姪罔然而止，執所書問曰：'此何字也？'丞相孰視久之曰：'何不早問，致予忘之'。"都穆《帝京篇》："商英法顏，而自運爲多。"

姚懿碑。《新唐書·宰相世系表》："懿凡三子，元景、元之名崇、元素。素爲宗正少卿。"以碑考之，景爲宗正少卿。碑言二子少孤，明非三子，疑表誤入元素，乃致乖錯不符，當以碑爲正。碑下刻夫人遺令云："生以形累，死以魂遊，然事尊在冥，無遠不至，何必合葬然後爲禮？昔邴根矩、沐德言并通儒達識，咸以同窆爲非，實獲我心，當從其意，無改我志。"下云"崇等敬遵遺旨，以景龍二年九月葬萬安山之南陽。"三復斯言，夫人不愧達賢矣。懿與崇兩世并謚文獻，亦希見也。碑在陝州張茅鎮。

# 《竹雲題跋》四卷

國朝王澍撰

苔上畫雲閣本。乾隆丁亥錢人龍校刊。前有沈德潛序，目錄。自比干銅盤銘至跋自臨皇甫明公碑後，凡一百二十二種。所評右軍、魯公帖最多，餘不能備，蓋傳寫之僅存者。此本四卷，爲芥舟沈氏所分手書付梓，錢君專任剞劂，以廣其傳。虛舟臨摹古蹟最多，有積書巖藏本，幾於等身。其跋尾不傳，甚可惜也。末有錢人龍跋。

沈氏序曰："《竹雲題跋》者，虛舟王先生評隲其所臨摹碑帖以成書，而苔溪錢君壽泉爲之鋟板以行世者也。虛舟以工書名海內，故能鉤玄抉奧，窺見古人精神之所寄。而其辨證史家之闕謬，其用心又同於趙德甫《金石錄》，仿歐陽《集古》之遺意而爲之，故壽泉尤愛。昔朱子少好古金石文，自恨家貧不多得。出先世所遺，益以己所搜不過數十種，爲橫軸懸之壁。凡循行臥起，恒不去目，以爲樂。以壽泉之力，加以好之篤而求之勤，亦可繼虛舟著一編，以自志其學古之所獲矣。"

《詛楚文》世有三石，其篆法將變時書。五鳳題字，修孔聖廟土中得此石。世所傳隸書多是東漢，其在西漢僅此十三字耳。隸法樸古，真無上太古。朱竹垞以爲塼，又目爲篆，皆不可曉。華山廟碑，徐浩以爲蔡中郎書，語必有據。郭香，書佐耳，何敢察涖中郎之書？所云察書，猶今所云校書。當時緣是中郎書，特矜重，故於刻時更遣一人校勘其合否耳。漢隸有三種，一種古雅，西岳是也；一種方整，婁壽是也；一種清瘦，曹全是也。西岳、婁壽石刻已亡，獨曹全完好無闕。三碑足橥漢隸，故余所臨止此三碑也。鄭女器隸書，絶有名於時，要只學得曹全一碑耳。世人耳食，見女器書竟如伯喈再生，一涉方整，便目以爲唐而厭棄之。

實則漢唐隸法體貌雖殊，淵源自一，要當以古勁沈痛爲本，筆力沉痛之極，使可透入骨髓。一旦渣滓盡而清虚來，乃能超脫，故學曹全者，正當以沉痛求之。不能沉痛，但取描頭畫角，未有能爲曹全者也。女器作書多以弱豪描其形貌，其於曹全亦但得其皮毛耳。僕嘗説歐、褚自隸來，顏、柳從篆出，蓋古人作書必有原書。曹全碑者，褚公原本也。今觀《聖教序》，有一筆不似曹全碑否？細意體之，見古人一點一畫定有據依，方知下筆之不可草草也。鍾太傅《薦季直表》，自唐以來未之聞。至元九年，陸行直始得之，屬鄭明德、袁仲長爲之題記。至明弘正間，題句纍纍，遂爲無上太古第一名迹。嘉靖時，錫山華氏刻《真賞齋帖》中，後爲大吏脅取獻分宜。嚴敗没入内廷，復落人間，爲王弇州所得。轉徙至康熙中，入真定梁相國手。雍正三年，雙峰年太保入觀，遂歸於年。未幾年敗，又没入矣。《賀捷表》幽深變化，奇絶一世。此表在《賀捷》後，更精微，更淡古。後銜稱司徒，按傳，繇未嘗爲司徒，或史誤亦未可定。世傳鍾表凡四，《季直》、《力命》、《賀捷》、《宣示》皆絶。炬赫有名者《調元表》，《潭》、《絳》等帖皆有之，而《潭》刻尤真。太傅變隸爲楷，其書仍具隸法，玩此尤信。吳天璽紀功碑，書法銛厲奇崛，於秦漢外别構一體，然是篆書之變。褚河南《聖教序》題額實學此書。古人篆法爲體各殊，不可勝紀，小篆特其中通行之一體。此書必古有是法而象則之，亦猶夏承碑之於隸中别構一體耳。此碑學之不成便墮惡道，不可不知也。章草自唐以後無能工者，皇象書迹尤少。《急就章》有蔡邕、鍾繇筆意。《樂毅論》筆法端謹，爲右軍楷迹第一。宋世惟存"海"字不全本。明季有唐摹二本，一褚遂良奉敕審定，一新安吳用卿所藏。吳本筆勢精妙，似柔而剛，似謹而逸。宋僧希白《潭帖》所刻與吾家、鬱岡吳氏餘清兩刻，可謂唯妙唯肖。唐荆川藏右軍父子小楷兩種，《十三行》尚在唐家。《黄庭經》

爲予所得，玩其筆法，柔閑蕭散，神趣高華，迥與世俗流傳本不類，當爲天下《黃庭》之冠。曹娥碑不必定目爲右軍，但得古雅純質，如宋越州石氏本，雖目爲右軍可也。別本字迹不同，文亦小異，未知何人所摹。晉唐小楷至今日百無一真，但令不失古法，便足愛玩，不必硬排一人以爲證也。王禕云：“《蘭亭》自唐以後分爲兩派，其一出於褚河南，是爲唐本；其一則出於歐陽率更，是爲定武本。定武唯一石，至宋南渡後，士大夫家有一刻，遂至多不可稽。褚本當時摹搨極多，流傳最廣，故古本今刻亦往往各異。自歐、褚盛行，而趙模、馮承素諸家摹本皆於是單微矣。予就所見，歐得八種，定武真本、東陽本、國學本、上黨本、玉枕本、賈秋壑玉枕本、南宋重刻定武本、趙吳興臨本，以上歐派。褚得九種，穎上本、米氏袖珍本、洛陽宮本、婺女本、張界奴本、神龍本、良常于氏藏本、米元章臨本、宋高宗臨本，以上褚派。別派僅得三種。馮承素本、慈谿姜氏本、開皇本。以上別派。《蘭亭》變態大略已盡，因用宣德牋精心摹勒，合爲一卷。”子昂平生得力全在《蘭亭》，故其所臨獨爲得髓，然亦不免稍縱，時露我法矣。界奴本刻於《餘清帖》中，惜刻手不佳，全乏神采。梁相國手刻《秋碧堂帖》中，摹搨之工頗勝吳氏。唐摹硬黃《十七帖》，前明邢太僕子願手自鈎摹，刻石來禽館，爲天下第一。比俗本少十五行，蓋脫失也。宋拓全本爲錫山秦氏所模，不唯與傳本懸隔，與唐摹筆法全異。予見《十七帖》不下百數，來禽刻本外惟此爲最。昭陵收右軍帖最多，每以丈有二尺爲卷，因類其談蜀事者爲一卷，而以他帖詞語蘊藉者足成之，遂爲右軍有名之書。以卷首有十七字，故名《十七帖》，非數止十七也。《淳化帖》，右軍凡三卷，僞作十居三四，但以《十七帖》稱量《淳化》，真僞一見而決。草書如何守正，圓中規，方中矩。如何盡變，無圓而不矩，無方而不規。如何用力，從規矩入，從規矩出。如何盡變，一步不離，步步縱合，至於能縱合，斯謂從心。不踰右軍，化不可爲，其底蘊不過些子，顛、素只此些子差，所以永墮異趣。戲鴻所刻右軍書，多據曹之格《寶晉帖》入石。右軍《王略帖》亦本曹氏，而米老標題既異，帖後楊少師等題識俱脫。予借寶晉本細意臨摹，收之《積書巖帖》中以補戲鴻之闕。《聖教序》有明内府故物，天下行書第二，吾家法書第一。嘉靖間初歸顧汝和，有文五峰兩跋。繼歸王西堂，有文待詔、唐解元等跋。後爲吾友夏光禄金輅所得。光禄病，持以質藥，遂以白金百二十銖易之。碑凡一千九百有二字，剥蝕者七，微損者六。拓時模糊及裱工剪損，予以金筆補之者又七，凡二十字，餘皆完好。懷仁集右軍行書勒石，累年方就，右軍劇迹咸萃其中。今碑中字與右軍遺帖纖微克肖。唐時甚重此碑，李北海、張司直、蘇武功皆從此奪胎。從翰林侍書輩學弗能至，了無高韻，因自爲院體，以故宋元以來巨手皆弗道。至明弘正間始重此碑，雖已斷者，購之猶數十金。至今三百餘年，幾於無字可尋矣。此本拓法精良，古香滿紙，予所見宋拓《聖教》凡百十本，未有及此者，信絶品也。其前惟定武、《蘭亭》，文皇刻自大内者，淵渾肅穆，風力少勝其他，一切右軍石刻無與匹者。蓋當時收藏既富，摹拓復工，冠冕藝林，模楷百代，有以也。懷仁集《聖教》，以《蘭亭》爲主，而輔以《官奴》，其餘增損裁成悉以爲準，故一一中規中矩，爲千古行書之宗。碑中字有相同者，有合成者，有拆開者，非出鈎摹必不能纖微惟肖。右軍之在唐初，猶文、董之於今日，雖集十《聖教》，亦無不足也。《聖教序》不知斷自何時，趙文敏臨本凡斷處字皆缺，則知自元以前已斷矣。斷者不足言，其未斷者的爲宋拓。予見未斷本以百數，比之此本如珷玞之於美玉矣。《聖教》爲右軍書中無上神品，此拓又《聖教》中無上神品也。款稱奉敕潤色，乃潤色經文，非潤色其字也。唐代事佛最謹，佛典特爲矜重，故宰相必帶譯經潤色使銜，宋初猶因之。盲人不解此義，遂謂右軍書法一壞於懷仁之鈎摹，二壞於于志寧之潤色，豈不可笑？集右軍書爲碑者，若吳文斷碑、絳州夫子廟碑、周孝侯碑，皆絶有名於時。惟吳文碑風力遒雋，不失右軍手意，餘不足觀。《聖教》真僞至難辨，惟“佛道崇虛”“道”字首二筆中斷，遍檢覆刻，皆絶無有。以此爲定，百無一失。《瘞鶴銘》考證互有異同，今以出水所存者爲準。其已經剝蝕者，疑以傳疑，蓋其慎也。此銘既不著年號，又不列姓名，蓋處亂世之末流，匿迹逃名惟恐不密，又安從得其姓氏？即果得之，亦迥非諸公之志。況百千聚訟，究屬茫昧。其書法蕭疏淡遠，固是神仙之迹。或謂筆法之妙可爲書家冠冕，殆過也。近日滄州使君拽致山上，拓之爲易，然正恐自此以後無《鶴銘》矣。唐有王瓚詩，在銘側小石，宋陸放翁題名在未至銘數十步崖上。潤城蔣亦麾於北固得米老題字，云[六]“仲宣法芝米芾元祐辛未孟夏觀山樵書”凡十六字，亦左行，字類《鶴銘》，乃從來未有者。老友蔣拙存以一紙贈予，特附列銘後，以爲絶觀。每見爲率更者，多方整枯燥，了乏生韻。不知率更風骨內柔，神明外朗，清和秀潤，風韻絶人，自右軍來未有骨秀神清如率更者。《醴泉銘》乃其奉詔所作，尤是絶用意書。余爲人臨數十本，多欲追取其風姿，不徒貌其形似，五輯多“元賞必契斯”語。虞永興《破邪論序》，筆韻清迥，與率更爲近。自宋迄今，摹刻以百數，亡有佳者。惟《潭帖》所刻略得筆意。褚河南《聖教序》有三本，行書一，楷書二。行書立石在懷仁集書二十餘年前，爲宋道君瘦金書之祖，今已亡之。楷書，在雁塔者乃其原本；在同州者，河南歿後，好事者以雁塔本更刻一石，以志甘棠不忘之義也。褚河南《倪寬贊》拙存跋曰：“橫畫發筆以重取勢，其收處輕圓意足，鈎俱藏鋒若垂露，波則用全力直出如刀削，不使輕颺拖沓，亦多燥墨。至其點畫，時帶隸意，或細若絲髮而不弱，或肥似肉勝而不滯，應推河南第一奇蹟。”褚河南《高士贊》，此碑世所未見，獲自金陵。前輩何義門、徐魯南兩先生見之，歎爲希覯。隋唐以降，惟永師《千文》、孫過庭《書譜》爲得草書之正，雖變化不及右軍，而格律謹嚴，無鼓努驚奔之態。虞禮云："没草書，種子絶矣。"往在天津見《書譜》真蹟，圓勁古雅，遠出《停雲館》上。世所傳虞禮草書皆不足録，惟《書譜》甚有名。曩見鄭氏本，神清韻古，爲《書譜》石刻第一。及見真蹟，精神全别，不知當年刻本何遽異同如此。前題《書譜》卷上，後語云"譔成六篇，分爲兩卷"。意六篇乃是其譜，今已亡之，特存其序論耳。虞禮去右軍未遠，顛素未興，繩尺步趨，不失毫髮，從此求右軍乃可得門而入。勁如鐵，軟如綿，須知不是兩語；圓中規，方中矩，須知不是兩筆。吾於《書譜》得之。歐、褚離紙一寸，顏、柳透過紙背，惟右軍恰好到紙，《書譜》其庶乎？然不免着紙矣，只緣少變化故。朱巨川告米老，但以爲似徐書，思白遂推爲季海真得意作，實則視其所書《不空和尚碑》，才十得三四耳。篆法之亡四百餘年矣。有明一代，惟西涯李相國筆法圓健，而不免傷肥。文待詔能瘦，差足步子昂後塵，而風格緩弱。下逮趙寒山，則俗風撲面，不可向邇矣。吾嘗説谷口賊隸，寒山賊篆，世有解人，定不河漢我言也。篆書有三要，一曰圓，二曰瘦，三曰參差。圓乃勁，瘦乃腴，參差乃整齊，三者失其一，奴書耳。史籀、石鼓，從心不踰，篆書之聖也，斯喜妙迹淪絶。至唐李少温上追孔轍，下襲斯法，篆學於是〔七〕中起謙卦，尤〔八〕其奇絶之作。《縉雲城隍廟碑》視他篆特爲奇瘦，飛動若神，顧世間傳本甚少。老友沈凡民藏得一本，疏瘦圓勁，果出《三墳》、《先塋》等碑之上。《靈飛經》宋元不著，至明萬曆中始有名，思白深愛此書，目爲鍾可大。余得唐經生書，與此經字形筆法無毫髮異，其非鍾書無疑。又鍾書楊歷碑，稱義男鍾紹京銘并書。歷，中官楊思勗父也。可大身爲宰相，取媚閹人，至以義父事其父，可謂陋矣。雖果出可大，吾猶削之，況决非是乎！思白位高名重，妄以己意題署，百餘年來無敢有異論，余故特正其偽。唐人隸書多尚方整，與漢法異，惟徐季海《嵩陽觀碑》、明皇《紀泰山銘》爲得漢人遺意。《孝經注》肉重骨柔，弗及也。宋王寀輔道守汝州，雜取各帖中篆、隸、行、楷爲十二卷，多湊集殘斷，不具首尾，故黃長睿深詆之。獨第十卷初唐四家首尾完具可觀，此又氈蠟最古，比之宋渡江以後諸刻圓勁有神采，信可寶玩也。唐碑魯公最多，率以雄厚勝。獨《中興頌》及宋廣平二碑瀏漓頓挫，態出字外，臨書者正未可以輕心掉之也。魏晉以來作書者多以秀勁取姿，欹側取勢，獨至魯公不使巧，不求媚，不趨簡便，不避重複，規繩矩削而獨守其拙，獨爲其難。如《家廟》、《元靜》等碑，皆其晚歲極矜練作也。《畫像贊》乃其盛年書，故神明煥發，而時出姿態，不失清遠耳。東坡謂魯公此碑字字臨逸少，雖大小不倫，而氣韻良是。按右軍爲王修書《東方朔畫贊》，修死，其母納之棺中，則右軍書不傳久矣。魯公後記云："取其字大，可久不復，課其工拙，明是自書。"又其文字與右軍所書多不同，決知其非臨右軍書矣。《論坐書》稿凡七紙，渡宋時在長安安師文家。兄弟析產，以前四紙作一分，三紙及《鹿脯帖》作一分，遂離爲二。黃山谷從師文借得後三紙，於是仍合爲一。長安所摹石雖已漶，風骨未減，不比戲鴻堂草率荒略，全體盡失也。《坐位帖》氣格當與《蘭亭》并峙，然《蘭亭》清和醇粹，風韻宜人，學之爲易。及既入手，卻不許人容易寫得，非整束精神，皎然如日初出，卻無一筆是處。《爭坐》奇古豪宕，學之爲難，一旦得手，即隨意所之，無往不是。此亦兩公骨格之所由分也。此魯公與郭英乂書。英乂爲尚書右僕射，封定襄郡王，驕蹇泰侈，陰事元戎魚朝恩以固其權。時郭子儀大破吐蕃於長安，朝臣德之，爲興道之會。英乂擠入，座尚書坐，朝恩下，公移書糾正之。年譜以此書在代宗廣德二年。明年夏，劍南節度使嚴武死矣，英乂往代之，即不復在京矣。顧寧人《金石文字記》不知其年，列此書於嚴書之後，蓋未深考耳。按米氏《書史》，《爭坐帖》是唐畿縣獄狀砧熟紙起草，內小字是於行間添注，不盡，又於行下空紙邊橫寫，與刻本不同，石刻粗存梗槩耳。又袁清家集《爭坐》真蹟，京兆安師文嘗刻以傳世。吳中復守永興，以安氏石未盡筆法，因再模刻。今此二本世未之見，所見惟關中刻耳。不知安氏、吳氏所刻比今關中本又何如。或曰今關中本即安氏所刻，亦未知其是否也。魯公三稿皆奇，而《祭姪稿》尤爲奇絕。墨蹟在吳太學用卿家，刻《餘清帖》中，爲《祭姪》刻本第一。停雲館所刻或云米臨，非魯公筆也。山谷老人論《爭坐書》猶不及《祭濠州刺史》之妙，蓋一紙半書而真、行、草法兼備也。按《江村銷夏錄》，此稿尚在人間，予未之見。所見惟《淳熙續帖》及吾家《鬱岡帖》刻本，筆力婉弱，殊不稱魯公風骨。懷素草書以小字《千文》爲最，以其用力謹嚴，猶不失晉人尺度；次則《藏真》、《律公》。三帖飛動瘦勁，天真爛然，餘不足道矣。

《簡明目錄》曰：“皆其臨摹古帖之題跋裒合成編，考辨援引，多有依據，非徒論筆迹也。”

## 《國山碑考》一卷

國朝吳騫撰

《拜經樓》本。前有國山圖并說，次碑并釋文，次考，附題詠。末有吳騫後序，陳鱣跋。碑在常州荊溪縣，其文始著錄於《雲麓漫鈔》。吳人盧公武考之最詳。槎客遊吳興，親拓以歸，復假天一閣本細校之，即此本也。

《明一統志》：“國山在宜興縣西南五十里，本名離墨山，有九岑相連，亦名鼉山。相傳吳主皓時，山有大石自立，皓遣司空董朝、太常周處封爲南岳，改今名，因刻石頌德。碑形如鼓，篆文周繞，字多漫滅，俗呼囷碑。"考曰："按《宜興縣志》，國山在縣西南五十里永豐區，南岳山在縣西南十五里山亭區，即君山之北麓。"都穆《遊南岳銅官二山記》："南岳本衡州之衡山，皓既封國山，復禪此爲南岳。蓋漢武曾移衡山之祭於灊霍，皓竊其義耳。"是南岳與國山相去且數十里，而《一統志》謂改名南岳，《太平寰宇記》又云封爲中岳，俱疑有誤。

碑高八尺，圍一丈，其形微圓而橢，東西二面廣，南北狹四之一，字徑二寸。文起東北，而南而西訖於西北，凡千餘言。《通志》云碑陰未詳所在。案：國山碑圜若米囷，未嘗有陰，鄭説誤。《學古緒言》："史籀石鼓，皇象國山二刻，晉唐名書皆得此意，所以爲工。"陳跋云蘇建篆書，天册元年立。吳序云建之名見於《輿地碑記》及《書史》、《會要》等書。

## 《國山碑考》一卷

國朝吳騫撰

要無咎齋本。吳本刊於乾隆乙巳，盧文弨序。此本爲路廷銓所摹，刊於道光丙申，李兆洛序。附劉夫人碑。漢太尉許馘之妻。路氏借得錢梅溪舊本摹而刻之，增以釋文，使與國山碑并傳。皆二千年古物，而許碑竟滅。此本題曰"石林"。李序云以首卷寄余，則未完之書也。

## 《金石文跋尾》六卷 《續》七卷 《再續》六卷 《三續》六卷

國朝錢大昕撰

《潛研堂》本。光緒十年長州龍氏重刊。前有王鳴盛序，目録分列各卷之首。三代、秦、漢一卷，魏、吳、晉、前秦、梁、後魏上一卷，後魏下、齊、周、隋一卷，唐六卷，唐、後梁、後唐、後晉一卷，後漢、後周、吳、吳越、閩、南漢、北漢、南唐、後蜀、南詔、後漢一卷，宋六卷，金、元一卷，元二卷，安南一種。末有胡元常跋。每碑目上標"元、亨、利、貞"字。陰文與原本不同。

胡氏跋曰："竹汀先生搜羅金石二千餘種，經跋尾者八百六十。顧當日每得跋尾二百餘，通門弟子輒爲刊佈，續成四集，追題爲元、亨、利、貞四編，凡二十五卷。竊病其檢閱不便，擬重爲編次，適龍内翰硯仙重刊《潛研堂全書》以廣流傳，元常遂獲案年編正，成二十卷，仿孫氏重編《古刻叢鈔》之例，各篇標題增元、亨、利、貞字白文於上，以存其舊。而以瞿中溶所編《金石文目録》校之，則有有跋尾而目録失載者三十四種，標題偶異，年月倒誤，猶不勝指屈，不復詳焉。刻既成，覆校一過，識數語於卷末。"

王氏序曰："傅青主問閻百詩，金石文字足以正經史之訛而補其闕，此學始於何代何人？百詩考得王肅據子尾尊，劉杳據齊景公尊，孟康據玉琯，張晏據伏生碑，晉灼據黎陽碑，傅宏仁據齊胡公銅棺題字，顔之推據秦權銘，凡七事，以爲此外無先之者。但王肅、劉杳、孟康所據皆無文字，則精確者惟四事耳。而此外若《昭·三年傳》叔向引《讒鼎銘》以證憂不可樂，《昭·七年傳》孟僖子引《考父鼎銘》以證明德後有達者，《禮記·祭統篇》引孔悝《鼎銘》以證作銘之義，《考工記》桌氏引《嘉量銘》以證量之制，此見於經者也。《史記·封禪書》李少君識齊桓公柏寢銅器，案其刻果然；《漢書·郊祀志》張敞案美陽鼎款識辨爲周鼎，此見於史者。若《家語》載《金人銘》，《大戴禮》載《丹書銘》，《秦本紀》載始皇所立諸碑，魏收《魏書·衛操傳》載操所立大邗城碑，而柏人城西門碑，闞駰且據以爲即舜納於大麓之迹，凡此皆百詩之所未及舉也。然則金石之學，自周漢以至南北朝咸重之矣。而專著爲一書，則自歐陽永叔始。自永叔以下，著録者

甚多。有專取一體者，如洪氏适《隸釋》，婁氏機《漢隸字原》是
也。有取金不取石者，若《宣和博古圖》及薛氏尚功《鐘鼎款
識》、王氏俅《嘯堂集古錄》是也。有專取一地者，若黃氏叔璥
《中州金石考》、畢氏沅《關中金石記》是也。而王氏象之雖稱
《輿地碑目》，寔限於偏安州郡。至葉氏封《嵩陽石刻記》，限於一
山；黃山華蕃《恒山石墨考》，限於一廟。而潘氏迪《石鼓音訓》，
桑氏世昌、俞氏松《蘭亭考》，周氏在浚《天發神讖考》，鄭氏元
慶《石柱記釋》，陳氏鵬年《瘞鶴銘考》，則并專考一碑，更爲狹
矣。凡此皆偏而不全，姑勿具論。予嘗論其完備者凡六家，自歐
陽外則趙氏明誠、都氏穆、趙氏崡、顧氏炎武、王氏澍，斯爲具
體。青主雖并稱有益經史，實惟考史爲要。蓋漢碑或間足證經，
亦須精識慎擇。若魏晉以下碑，何必作經證哉？故知當專取考史
也。乃七家中最佳者，能考史十之三四，其次一二而已，下者至
但評詞章之美惡，點畫波磔之工拙，何裨實學乎？竹汀於史橫縱
鈎貫，援據出入，既博且精，所作《二十二史考異》固已得未曾
有，出其餘技以治金石，而考史之精博遂能超軼前賢。論者動云
今人不及古人，何哉？予曩與竹汀同居燕邸，兩人每得一碑，輒
互出以相品隲。予於金石未暇別成一書，而竹汀獨兼之。”

文光案：序金石者，或舉歐、趙、洪三家，未免太略，
或對偶金石，未免堆砌。惟此序源流具見，條目井然，與
《十七史商榷》自序同爲傑作。序中所舉六家，歐氏、趙氏所
藏既富，考證亦精，都氏所藏無多，趙氏有石無金，顧、王
二家語精而書少。若合數十家之金石輯爲一目，去其重複，
注曰某本有，某本無，再輯其跋尾爲一書，一碑之下諸説具
焉，庶爲賅備。序云專考一碑偏而不全，黃刻《顏魯公集》
後附書評十卷，於魯公所書之碑備載諸説，實爲繁富，是又
限以一人矣。范氏天一閣、李氏萬卷樓所藏碑刻最富，惜無

考證。王氏昶《金石萃編》一百二十卷，目録、文字、引證、跋尾最爲賅備，可比《文翰英華》。元梁有拓金石文字三萬通，彙編類其副二百卷，題此名。凡考證之書宜於繁，愈繁愈明；説理之書宜於簡，愈簡愈精。由簡至繁斯稱繁富，由繁至簡斯稱簡當。然繁無所稽，非荒蕪即駁雜；簡無所蘊，非淺陋即餖飣，又不可不戒也。蘇蕙《織錦回文圖》，武后所序，與《晉書》不合。若得竇滔碑，其官階遣謫可以證明，豈非快事！

韓敕造孔廟禮器碑。連罿即卓爾也；前閩九頭以什言教，什言者，十言也。《春秋正義》引《易》云："伏羲作十言之教，曰乾、坤、震、巽、坎、離、艮、兑、消、息。"碑蓋用其語。婁機、顧藹吉皆釋什爲斗，文義殊難通矣。是碑《隸釋》有碑陰，無兩側。都元敬所藏拓本合碑左方、碑陰兩側爲一，元敬不能詳考，妄譏洪之誤，不知《隸釋》所載碑陰本無闕文也。兩側題名不載於《隸釋》，元敬自以意讀之，舛謬殊甚，如以"河南偃師"爲"河浦退師"，"任城亢父"爲"俟我交父"，皆大可笑也。

文光案：碑在曲阜，王氏《萃編》考證最詳。《闕里志》所刻舛謬更甚。任城亢父，郡縣皆書之例也。

後魏孝文皇帝《弔比干文》，此碑別體字最多，又經後人翻刻，不無失其本真，故間有一二難辨者。處厚言高氏《小史》載其文，以"嗚呼介士"爲"嗚呼分土"之誤也。今《小史》久亡，無從是正矣。此碑元祐五年吳處厚重刊，有記。

《隴東王感孝頌》，《金石文字記》題曰"孝子郭巨墓碑"，蓋未見篆額而以意名之也。

文光案：錢氏金石所收既博，考校更精，其史學之功大半在此。故《二十二史考異》每以碑爲據，其他正諸家之誤者更復不少。王氏《萃編》多採錢説。

# 《金石文字目録》八卷

國朝錢大昕撰

《潛研堂》本。此《全書》之原本。題曰"嘉定錢氏收藏"。每目下注某人撰，某人書，某年刻，在某地，并分列八分書、正書、行書。自三代起至元止。凡金石書皆至元止，明則無聞焉。末有嘉慶十年子壻瞿中溶跋。按《全書》目録有附論一卷，原本未刻。

瞿氏跋曰："外舅少詹錢先生博採金石文字以考正經史之學，多歐、趙前賢所未逮。中溶隨侍甥館十三四年，親蒙先生指授。間嘗撰杖從遊，所過山厓水畔，爨宮焚宇，得一斷碑殘刻，必剔蘚拂塵，摩挲審讀而後去，其好始至老而益篤。云家藏拓本二千餘種，著有跋尾八百餘篇，每積二百餘篇，輒爲門弟子轉寫付梓，故先後共成四集。其目録八卷，因時有增補，尚未登諸棗梨。今歟先生已歸道山，而海内未獲讀此書，無以見先生搜羅之富與記載之勤，猶爲闕事。爰與僚壻許君陰堂急謀剞劂，用廣其傳，庶無負先生津梁後學之意歟。"案：是書三集、四集刻利字、貞字，無元、亨字。跋尾又續有利字，三續有貞字，二書皆刻入全集。

《金石文跋尾三續》已得一冊，止六卷。始《西宮槃銘》，終《慶元路儒學興造記》。卷首刻一"利"字，想以元、亨、利、貞分帙，定有四續。竹汀先生學甚精博，迥出盧、趙諸公上。三續中惟《敦煌長史武斑碑跋》云："春秋時周有武氏子來求賻，此武氏見於經傳者。"而姓氏書惟舉趙武臣爲始，亦弗深考也。某案：襄四年《左氏傳》言羿臣有武羅，是夏時人，較武氏子爲先矣。王端履《重論文齋筆録》記其師南陔手札。盧、趙二公，盧文弨、趙翼。

## 《江寧金石記》八卷　附《江寧金石待訪目》二卷

國朝嚴觀撰

原本。前有乾隆四十四年錢大昕序并書一通，次目録。後有嘉慶九年弟晉跋，汪陽跋。顧文莊《金陵古金石考》存佚未分，兹編皆現存者。

錢竹汀與張古愚書云：“上元嚴上舍觀，字子進，係東友侍讀之子。曾撰《金陵石刻記》，最爲賅洽。若借得其書，按圖而索之，可無遺漏矣。”

右尺牘一通，嘉慶九年甲子五月竹汀先生所寄。亟訪子進書讀之，歎其搜討之勤，可備一方掌故，謀授諸梓。清霽亭太守，周雪泉、錢恕堂兩大令共樂成之。子進又博稽羣籍，取江寧金石之未經目睹者，輯爲《待訪目》二卷，因亟付剞劂。冬十一月工訖，爰舉斯牘刻諸卷首。惜乎先生已於十月二十日捐館。是歲十二月十三日，陽城張敦仁識於江寧郡齋。

錢氏序曰：“金陵石刻見於張敦頤《六朝事蹟》、王象之《輿地碑目》、陳思《寶刻叢編》及無名氏《寶刻類編》者甚夥，然存於今者不及什之一。相傳明祖營治都城，盡輦碑石爲街道之用。子進濡染家學，殆廢寢忘食以求之。尤以金陵桑梓之地，舊刻之湮没者既不可考，乃訪其見在者拓而藏之。始漢迄元，以時代爲次，録其全文，附以考證，合一府七縣凡百數十種，窮鄉僻巷，古廟荒墳，無不策蹇裹糧，手自椎拓。不特可備一方之掌故，且使著我録者可銷、可毁、可蝕、可泐而文終不可亡，善之善者也。”

吳天璽紀功碑。戚光《集慶續志》云：“辭不可讀可識者八十餘字，數其釋文僅七十一字。顧起元《客座贅語》因之，俱誤以中書郎在關内侯下，吳郡在九江朱下，未有釐正之者。今考證舊拓，連接三段，實存二百一十六字，又不全十一字，詞意乃貫通可讀。”

梁散騎常侍司空安成康王碑。喪歸京師，故吏夏侯亶表請立碑，詔許之。於是名士游王門者王僧孺、陸倕、劉孝綽、裴子野各製其文，欲擇用之，而咸稱實錄，遂四碑并建，從古所未有也。然王、陸等作，金石家未見論及。碑陰故吏人名中多希姓。

顏魯公乞御書天下放生池碑。額表云“臣去年冬任昇州刺史”，按《顏譜》事在乾元元年。本傳僅書任蒲、饒二州，可以補史之闕。

有唐茅山元靖先生廣陵李君碑銘并序，顏魯公正書，碑已碎。竹汀謁茅山，聚置一處，得二十一枚，存一千五百餘字。

朱舜庸，江寧人，積金陵事實二十年。慶元六年，留守吳琚得其編，成《建康續志》。其文傳於今者，僅見方山上定林寺之記，雍容大雅，可以窺見一斑矣。

《觀世音菩薩傳略》：“觀音生西土，諱妙善，妙莊王第三女也。生而聰慧，斷葷持戒。將笄，王欲招壻，觀音忤旨，王窘，辱之，擯諸白雀寺，命僧驅役如奴。觀音志益堅，甘勞瘁，若有神代之者。僧聞于王，王謂誣，縱火焚寺，五百僧皆煨燼，惟觀音端坐火中，誦經不輟。王乃召還，反覆譬曉之。觀音上白以生死故，王愈怒，押棄市，刀自折，虎咆哮負觀音去，寘之林中。未醒，夢青衣二童引至酆都，見所謂閻王者，迓送極恭。見罪人剉燒舂磨苦楚狀，爲之誦經，得釋。比覺，林中毒龍惡獸各相驅逐，遂欲別營一齋。忽老人啖以仙桃，導至香山，於此修煉數年成果也。一日坐齋中，遙見父王病瘡瀕死，懸金購醫，莫有應者。爰幻形爲僧，詣闕奏，必得至親手眼可療。至取諸二女，不用命。僧復奏，香山仙長濟度羣生，誠一開口，手眼可得。王遣使求之，仙長慨然斷手眼，付之持歸。僧和藥以進，王服之即愈。大喜，拜僧高爵厚賚。不受，但云仙長有大功於王，旦日不可不自往謝。

王命駕往見仙長，果無手眼，血淋被體且駭，貌肖觀音，必三女妙善也。悲慟籲天完之，少頃，仙長手眼已千數矣。於是觀音下拜，與王敘，父子甚驩。勸王修善，從之。後亦同冲舉也。觀音居西天，入佛會，常開救苦之門，廣示有情之路，遍觀古今之世音，普察人間之善惡，故有觀世音之號云。"戊戌初夏，與友人王小石作清涼山下之遊，得石碣一，高二尺許，乃趙魏國夫人所畫觀音大士像，上方楷書"觀音傳略"，後署"大德丙午春三月清明日吳興弟子管氏齋沐焚香拜書"。法像端嚴，字畫秀整，相與讚歎，得未曾有。夫人名道昇，字仲姬，吳興人。趙孟頫《松雪集》稱其翰墨詞章，不學而能。心信佛法，手書《金剛經》至數十卷，以施名山名僧。此本殆當時施諸寺中者也。因奉置於左所巷地藏庵內。曩見《北史・王劭傳》云："文獻皇后崩，劭上言大行皇后聖德仁慈，福善貞符，備諸秘記，皆云是妙善菩薩。"不解所謂，讀此傳乃知妙善即觀音之名耳。

　　文光案：《觀世音菩薩傳略》，元僧所述，胡應麟《莊岳委談》譏其謭陋無識。但其說唐已盛行，今世所演孽記其事亦然。妙莊王三女，長妙音，次妙緣，三妙善，見於本傳。管夫人所採者，傳略也。隋文皇獨孤皇后《秘記》，言妙善菩薩，即妙庄第三女。或以妙音菩薩爲觀音，或以觀自在菩薩爲觀音，或又謂觀音非女身。俞理初歷引諸經辨之甚詳，又作《菩薩名義考》，載於《癸巳類稿》。觀音事蹟見於《太平廣記》者最多。香山寺相傳在西藏，一在廣東南海。

《家語》："孔子年十九，娶于宋开官氏之女。"予考漢《韓勑禮器碑》，本作"并官"，文字明白，可證《家語》傳寫之誤。《廣韻》、《先賢傳》"孔子妻并官氏"，今本引亦誤爲"开"。蓋流俗相傳，失其本真，惟石刻出於千載以前者，信有徵也。

　　晁《志》有《蜀三神祠碑文》五卷，井度任四川漕日裒聚成書。三神者，清源、梓橦、射洪也。三祠皆盛于宋時，清源首稱神姓李氏。按《元紀》至順元年正月，加封秦蜀郡太守李冰爲聖德廣裕英惠王，其子二郎神爲英烈昭惠靈顯仁祐王。據清源廟碑言，延祐增號及順帝時加“護國”字，則史所未載。蓋《元史》諸帝紀不出一人之手，或詳或略，無一定之例也。

《秦嶧山碑》，《史記》作“繹”，“動”作“勤”，“重”與“童”通。《説文》兩引秦刻石，而碑中“攸”字與之不合，疑舊刻亡佚，是迺以意爲之者。漢校官碑，民頌其長，而稱誄失其義矣。

邇來拓本多劣，非對釋文讀之，幾莫能辨其啄磔。知《隸釋》有功於後學非淺。吳《葛祚碑》，真書始見。教諭之職，《元史》未載，蓋缺文也。

　　　文光案：此記前有碑目，各碑下注某人撰，某人某體書，某年立，在某地。碑名降二格，次録全文，頂格書。次録諸家跋并自跋，俱降三格。嚴跋多記異字并古字，《通典》、《授堂金石記》同而加詳，《金石待訪目》標見某書。

**校勘記**

〔一〕“湜”，原作“提”，據《金石文字記・御史臺精舍碑》改。

〔二〕“庾儼”，《清史稿・藝文志》作“庾儼默”，下同。

〔三〕“文”，據同上書補。

〔四〕“裴”，原文作“斐”，據宋郭忠恕《汗簡》改。

〔五〕“九”，原作“二”，據《觀妙齋金石文考略・紹興十八年進士題名録》改。

〔六〕“云”，原作“去”，據《竹雲題跋・瘞鶴銘考》改。

〔七〕“是”，此後原衍一“其”字，據《竹雲題跋・李陽冰謙卦》刪。

〔八〕“尤”，據同上書補。

# 史部十五

## 金石類八

### 《京畿金石考》二卷

國朝孫星衍撰

《滂喜齋》本。前有乾隆五十七年孫星衍自序。某碑一行，某人撰、某年立一行，按郡縣分著。

孫氏自序曰："著録金石之書有二，或就所得拓本爲之考證，或因前人所録而存其目，以俟搜訪。觀陳思《寶刻叢編》各條下引元書，則亦未見其碑。黄叔璥用其例撰《中州金石考》。京畿爲四方之樞極，訪古之所必至，而方志俱無金石二門。于奕正以宛平人作《天下金石志》，所載北直一省猶多漏略。予考宋人金石諸書及家藏直隸石刻，分附郡縣，撰爲上下二卷，未見之碑及傳聞之誤，則記其書之所出。夫金石一方文獻，可以考證都邑、陵墓、河渠、關隘、古今興廢之迹，大有裨於政事，不獨奇文妙墨足垂永久。按元天曆間幽州梁有九思奉敕歷山東、河北，拓金石文字三萬通彙進，類其副二百卷，題曰《文翰英華》。方今文治昌明，既開三通館，檄取海内金石以續鄭樵《通志》之目，又勅寫十三經立於太學，異時如設訪碑之使，則予書不爲無用之學也。"

文光案：宋元名集之傳於今者，其中碑誌甚多，較之拓

本奚啻倍蓰？苟有好事者按其文而證之史，輯爲一書，較之
搜金訪石事半而功倍。且石多剝落，而集少闕文，尤易考稽。
然人視爲集則輕，視爲石則重，豈知集中碑誌何一非勒之貞
瑉者，輯而録之，成一家言，使與金石書相輔而行。後之視
宋元猶今之視漢唐，苟有出於土者，闕文泐字以此證之，則
是書亦非無用之學也。

## 《寰宇訪碑録》十二卷

國朝孫星衍　邢澍同撰

《平津館》本。嘉慶七年孫氏校刊，有序。是書閱二十年始
成。第一爲周、秦、漢、魏、吳、晉，第二爲前秦、梁、後魏、
西魏、東魏、後齊、隋，第三、四爲唐，第五爲五代，第六、七、
八爲北宋，第九爲南宋，第十爲遼、金，第十一、十二爲元，共
碑八千二百一十三通。每題下旁注某人某書并年月，每行下大書
某地，如浙江仁和、陝西長安之類。余從此書中録出山右金石百
餘通，尚未與今新修《山西志》對勘也。

孫氏序曰："金石之學始自《漢志》，春秋家《奏事》二十
篇，載秦刻石名山文。其後謝莊、梁元帝俱撰碑文，見於《隋
志》。酈道元注《水經》，魏收作《地形志》，附列諸碑以徵古迹。
而專書則創自宋歐陽修、趙明誠、王象之諸人。其時出土之物尚
少，或以偏安未能遠致。明宋濂作《貞石志》，于奕正作《天下金
石志》，録目漸廣，但率據方志，未見其碑，尤多舛誤。本朝黃叔
璥作《中州金石志》，亦同其失，且僅一方，不足備當代掌故。國
家統一車書，拓地萬億，山陬海澨，吉金貞石之出世，比之器車
馬圖，表瑞清時，曠古所未聞，前哲所未紀矣。昔邵學士晉涵纂
書三通館，檄取海內石刻進之內廷，編書以續鄭樵《金石略》，録
其副本舉以相贈，藏在行笈二十載有餘。中間遊學四方，思以目

見手摸爲之增補，蓋嘗西遊河華，北集神京，東攬三齊，南窮越紐，所至山川城邑、古陵廢廟，或有殘碑斷碣，無不懷墨握管，拓本看題，録入兹編，歲有加益。其足迹不到之處，又值同世通人名士搜奇好異，郵示所獲，擴其見聞。若今王少寇昶、錢少詹大昕、翁閣學方綱、馮編修敏昌、阮撫部元、黄司馬易、武大令億、趙明經魏、何文學元錫，皆爲此學，藉以訂正，邵書又增倍蓰。頃歸吳下，獲交邢明府澍，出以相質。明府博學洽聞，藏書萬卷，復據筐篋所有，補其不備，刪其複重，乃始成書，刊以問世。”

秦十二字瓦，篆書，無年月。按：瓦當文盡出關中，其始載於宋人著録，如王闢之、李好文皆以罕見爲喜，然尚未及秦瓦也。兹編録秦漢瓦文數十種，皆江浙好古者所得，聊舉其一以示，欲得拓本者之助云。

　　文光案：是編秦漢磚文、瓦文凡六十四種，皆各家所藏。三國晉瓦文一，磚文三十五，漢碑多畫像，魏、隋、唐碑多造象記，唐宋碑多題名。

熹平石經《尚書》、《論語》殘字，八分書。按：碑已佚，舊在河南洛陽，此宋拓本。《千字文》碑，歐陽詢正書，在直隸豐潤。《三藏聖教序并記》，太宗撰序，高宗撰記，王行滿正書，在河南偃師。《中興三藏聖教序》，中宗御製，唐奉一八分書，在山東長清。《玄宗御注道德經》，正書，在直隸易州。《謙卦》爻辭，李陽冰篆書，在安徽蕪湖，一在太平府學。“聽松”二字，“生公講臺”四字，“倪公洞”三字，“黄帝祠宇”四字，“天地清寧”四字，五種在江蘇、浙江，相傳爲李陽冰篆書。《麻姑山仙壇記》，顏書，小字本，在江西南城。《中興頌》，顏書，在湖南祁陽。翻本在四川劍州。《干禄字書》，顏書，在四川潼州，宋人重刻。國子學石刻十二經，正書，開成二年，在陝西長安。襄州別駕韓昶自爲墓誌，子□正書，大中九年，在河南孟縣。吳道子畫鬼，正書，在直隸曲陽。吳道子畫觀音，正書，在雲南永平。《金剛經》，懷仁集右軍書，在浙江嘉興。南詔孟光墓碑，在雲南。《千字文》，僧夢英篆書，袁正己正書，宋乾德三年，在陝西長安。《陰符經》，郭忠恕三體書，在長安。《老君清淨經》、《護命經》、《得道經》，龐仁顯正書，在長安。《說文偏旁字原》并自序及郭忠恕答書，俱夢英書。《字原》篆書，《序書》正書，在長安。《頒行莊子詔》，正書，景德三年，江蘇嘉定錢氏拓本。《周禮》、《周易》、《尚書》石經殘碑，篆、正二體，嘉祐六年，在河南祥符。《先秦古器記》，劉敞撰，正書，在長安。《晝錦堂記》，蔡書，在河南安陽。

## 《金石契》五卷

國朝張燕昌撰

京本。敬錄高廟聖製詩歌冠諸卷首，并附親王所作。次乾隆三十六年朱琰、韓世駿、王傑序，次題詞，凡例，目錄。金五十三，曰區、曰金錞、曰洗、曰鼎、曰鐎斗、曰鐙、曰符、曰泉母、曰泉、曰漢鑑、曰銅尺、曰帳構銅、曰造象、曰官印、曰鐵券、曰龍簡、曰舍利塔、曰銅牌、曰銅爵、曰書鎮、曰鐵如意。石二十二，曰磚、曰瓦、曰萴、曰硯。附錄金三、石一。續錄戈一、戟一。諸物各圖其形，末有楊建跋。此重訂之本，海鹽張純齋所刊，多收金石詩，無甚考證。舍利塔罕見。

是集弱冠即付梓，未及研考，舛訛良多。今老矣，重加刪定，謹述凡例八則。是集以五音分册，所存器物約略類舉。有僅載跋尾，或兼采考證，間及題詠，不拘一例也。石鼓文曾集北宋本刻石於家，今復雙鈎并拙著《釋存》一卷附後，即出。古甎近年出土倍多，詳拙著《三吳古甎錄》，茲不悉載。所見金石無款識者附錄於後。

漢銅尺篆文曰"慮傂銅尺，建初六年八月十五日造"，凡十又四言。《山左金石志》。今在衍聖公府中。建初，漢章帝年號。

晉尺見秦熺《鐘鼎款識》。葉奕苞《金石錄補》："右尺背銘云'周尺、漢志鎦歆銅尺、漢建口銅尺、晉前尺，并同'，共十八字，作小篆，其面分寸如畫。"阮元考"建"下缺一字，"戈"旁可辨，蓋"武"字也。

錢武肅王告太湖水府龍簡，順治初出水，其質白金，重二十兩，高五寸六分，廣三寸七分，周刻一龍，上雲下水，中刻正書十行，凡百七十九言。知當日吳越名山洞府，所在遍投，不止洞庭鄉東皐里也。

晉葂文，白沙如玉屑，凡六十五言，詳載四至，蓋營葬時買於神者。此晉時瓦券也，用術士之說，足證《清異錄》券臺之制。

漢時亭長墓磚畫象，八分書。畫像磚，漢人墓中物也。

## 《雍州金石記》十卷　附《記餘》一卷

國朝朱楓撰

《惜陰軒》本。前有李錫齡序。

李氏序曰："關中金石之富甲於天下，著錄者不乏人。求其備一方之文獻而勒爲專書者，惟宋元豐中田概《京兆金石錄》六卷，見於《書錄解題》，今已不傳。他如陳耀卿《吳中金石新編》、黃玉圃《中州金石考》，以及顧大初《金陵古金石考》、葉井叔《嵩陽石刻集記》，雖一郡一邑皆有成書，而吾鄉獨缺，聞者歉焉。乾隆間，朱近漪先生來遊關中，積十年之久，遂成《雍州金石記》十卷，《紀餘》一卷，大抵考證史事，辨別異同，間引趙子函諸家之說，亦多所糾正。雖所收僅二百種，不足盡陸海之藏，而探幽抉隱，爲前人所未見。且專據所獲之拓本爲編次，非若抄撮於古籍而別無考訂者，亦可以備一方之文獻矣。迨後畢中丞更加蒐輯，上自秦漢，下迄金元，多至七百餘種，著爲《關中金石記》，盛行於世，而是編遂晦。二書詳略互異，均足爲考鏡之資，固未可因彼而廢此也。"

曹全碑，碑陰"縣三老"，顧記作"故三老"，誤。處士超出第一層之上書之，可見當時處士之尊。此碑文止八百四十餘字，而碑陰有四百四十餘字，惜碑陰不拓，見之者少。案：此本并碑陰全録。

《郙閣頌》，《集古録》作太守阿陽李君，今碑"太守"下有"漢陽"二字。

醴泉苟氏《蘭亭》，其先人於明時得之上黨，書法遒媚，鋒鋩畢呈，瘦本中佳本也。第一行"歲在"二字缺，缺處如半月。計十八行，有董文敏跋。

《宗聖觀記》，歐陽詢撰并書。"書"缺筆畫，可認。顧記僅載歐陽撰序，趙子函直云無書者姓氏，豈二君俱未見"并"字耶？鄭漁仲《金石略》歐陽詢書有《宗聖觀碑》，此真信而有徵者。元時以舊碑開鐫，規模無恙。子函謂翻刻失其筆意，誤矣。

皇甫誕碑，在西安府學，不知何時移入，與廟堂碑對峙。碑陰有《復唯識記》。唯識，禪院名，在藍田縣，蓋宋人重修此院鐫記於皇甫碑陰。趙子函未至碑下，既載皇甫碑在西安府學，又載《唯識院記》在藍田耳。

王居士磚塔銘，向在西安府城南百塔寺，今爲墨客取去。此碑盛行於世，摹臨翻刻者不下十餘處，較之原碑不啻霄壤。碑裂爲七，又亡百二十餘字。

定公韓良碑，碑稱諱良，字仲良。《唐書·韓瑗傳》："父仲良。"史或以字爲名。其世次與謐可以補史之缺。

《聖教記序》并《心經》，王山史云："諸'色'字中有'包'字，集書者誤以爲'色'字，細審自見。昔人無言及之者。"

内侍李輔光墓誌，顧氏、趙氏俱作巨雅書，不知其爲崔姓，誤矣。巨雅乃崔元略之兄，以弟已書姓於前，故止書名耳。

《六馬贊》，歐書。予親至昭陵磨挲，"六馬"了無一字可識。張力臣所記甚詳，見《居易錄》。

孔穎達碑，于志寧正書，今在醴泉縣北二十里古村昭陵南十里。按《縣志》，崇禎十一年碑存字千，今可識者二百餘字。

寂照和尚碑，顧《記》作開成六年，碑中無"開成"字，不知何據。

鄭楚相德政碑，顧《記》但云公字叔放，不知其名爲楚相。

文光案：唐都關中，其碑石可補《唐書》之闕，兼能證其訛謬者正復不少，暇日當一一錄之。以碑證史，以史證碑，互讀之則兩處皆明，獲益不淺。不然金石迷瞀，入門不易；史書繁重，終卷誠難。凡官爵世系、姓氏里居，非分作數事，反覆數次，不能驟明，故讀史貴有法也。又案：近時拓工往往割截碑之前後，重刻年月與書撰人名，以充漢時原刻。顧寧人亦爲所惑，說見《中州金石記》第五卷。至於書畫法帖割截重題者，更指不勝屈。而書賈之割截目錄及僞刻目錄，殆又甚焉。收藏不可不細審也。

## 《兩漢金石記》二十二卷

國朝翁方綱撰

原本。乾隆五十四年刊於南昌使院，前後無序跋。一年月表，二目錄，三石經，四、五古器物文，六至十七漢碑，十八附魏、吳碑，十九《隸續》補并洪氏《急就章》注，二十隸八分考，二十一補遺，二十二《班馬字類》。附記其表第一層爲紀年，自高帝元年乙未至獻帝二十四年己亥，漢東西京凡四百二十五年。第二層爲時事，自蕭何收圖籍至禰衡讀蔡邕碑，凡三十事，中有案語。

第三層爲金石文目，自張師帶鈎至銅弩機款，金石文有年可考者九十八種，附表者十五種。凡兩漢金石文著録者，二百八十有六，其有年月可表者一百有四。歐公以不見西漢字爲恨，今所存二十餘種。

《隸釋》、《隸續》目次即《漢隸字原》目次也。《字原》自第一至第一百八十三皆《隸釋》，自第一百八十四至第三百三皆《隸續》。劉寬碑陰，洪氏先列門生之陰，後列故吏之陰，己自改正。婁氏依卷前之目，故未之改。若第一百九十八，此條與洪氏不相涉，未可臆斷。自餘無不合者，且以明隸續之，間入隸圖，非淳熙《隸續》之舊也。

慮俿[一]銅尺，建初六年造。慮俿隸并州太原郡，師古曰音盧夷。此尺今藏曲阜。有記，載《居易録》。未谷云：“許、鄭不能定周尺，沈冠雲乃居然據以分田制禄，殊爲武斷。”愚按冠雲所摹，非此建初尺。今按其圖正合，嘗準此尺以度王莽貨布及漢時諸器，無不脗合。知建初尺、建武尺、晉前尺皆不相遠，而周尺可以類推。建初尺當今衣工尺七寸，曲阜顏氏所藏周尺當今尺六寸，當宋三司布帛尺七寸五分。考古度量可信者惟建初尺，當今營造尺七寸四分强。

雁足鐙五十一字，樊榭誤釋四字。薛氏所收首山宫鐙與此無涉。乃誤以“省”字作“首”字，歌用蒲反首山之語傅會薛書，謬矣。此鐙文云重三斤八兩，今權一斤八兩。

“雅歌吹笙”至“與天無極”四十字，乃《史晨饗孔廟後碑》之文，今世翻本《絳帖》内有之，目爲蔡邕書。《絳帖》就《淳化帖》重摹，豈得摹入是碑？此必明人所爲耳。

孔宏碑，土人名吉日令辰碑。牛氏名爲孔宏，不知何據。吳氏《金石存》不著是碑，牛氏以爲臃腫無神彩，可知未見舊拓。予得稍精之本，較牛氏多識出十許字。

五鳳二年石刻，朱竹垞以爲甎者，非也。凡三行十三字，文甚完具。孫北海以爲殘字者，非也。此刻爲隸法之未經琱鑿者，朱竹垞、吳山夫以爲篆，李光映以爲八分，皆非也。高南阜手摹舊拓，餘姚張氏鋟木以傳。"鳳"字、"魯"字高摹皆誤。

從來爲金石例者，潘文僖不敘。唐以前文，王止仲知有《隸釋》諸碑，而未能一一溯其本始。黃梨洲於漢碑未詳。若以洪、趙之書合之，後來出土諸碑分門別類，件系而條舉之，庶於貞石之文有所稽考矣。

蔡書之體非一端，學蔡書者亦非一人。就其中蔡體之善者，莫善於范巨卿碑。李嗣真語極易明白，猶後人品唐碑亦云歐體、顏體。予嘗辨西岳華山夏承、劉熊諸碑，昔人以爲蔡中郎書者，皆非無據。是碑於勁利之中出以醇厚，而頓挫節制，神采煥發，高出漢末諸家之上，而蔡書之勢因此可得其圭臬。歐書之秘，筆筆皆從此碑得之，非深求漢唐之接續者，未易語也。漢碑以禮器碑爲冠，蔡在漢隸中非其至者，然兩漢之書至中郎而發揮始爲盡致，而唐人楷隸之祖，實俎豆焉。

文光案：華岳碑，翁氏以爲蔡書，以徐季海語爲據，且證以年月及其字體。又跋云："此碑上通篆，下亦通楷，藉以觀前後變割之所以。"然則於書道源流，是碑爲易見也，夫使人易見者，非其至者也。

《夏承碑》凡三本，《金石錄》爲建寧原本，明成化本下半爲後人所摹，嘉靖本即成化本，重刻於漳州書院。三本皆著錄家所見，惟明江陰徐子擴爲都元敬雙鈎一本，中缺四十五字，其本未必有知之者。

文光案：翁氏考此碑甚詳，一成化本上半段是原石。考一成化本，缺一百十字。考一都本，缺四十五字。考一真賞齋本，缺三十字。考一嘉靖本，又有重刻。考前人著錄，多有可疑。朱竹垞、何義門、吳山夫、王秋澗各有藏本，説焉不詳。得翁氏之考，始一一證明。成化本上半段爲宋石，陸謹庭所收宋拓本即真賞齋本，《隸辨》内所採之字即今所行嘉靖本之惡札，知顧南原未見成化本也。

洪書在元時當有善本，校官碑有至順四年單禧跋，具載於《金薤琳琅》。據單氏所引《隸釋》之文，覺今本不可信者甚多。收藏古刻必有其副而後可剪截。洪氏所收拓本往往因裝潢之誤，遂致倒置，以今石驗之或不如是。

《韓仁銘》，歐、趙、洪皆不著録，劉太乙《續金石録》始載之。韓君之名不見於史，則循吏所佚尚多。此碑埋没千載，正大六年滎陽縣令李天翼再立石，有李獻能跋。

襄陽令神祠碑，歐、趙、洪皆未及。婁氏云："漢碑'年'字垂筆，有長過一二字者。"此碑《字原》不載，而"年"字放筆，可悟書法。西京即有此法，婁未之見。

"殷比干墓"四字，東漢人所書，實是四字，無泐裂之迹。其云殷大夫比干之墓者，非也。隸始於秦，非孔子書，必矣。

裴岑碑，土人重刻。真本往往不同，必其有描失之痕者，乃是真本。凡"口"字皆方中帶圓，竟似圓圈者，非真本。東漢石刻以鄐君石門之記爲最古；次則漢畫，有邵善君字；再次則是碑爲最古。其地極遠，拓手不精，皆被描飾。岑爲敦煌太守，治西域事，碑在西塞巴爾庫爾城西五十里，地名石人子。雍正十三年移置漢壽亭侯廟。重摹之本在濟寧者，亦未得真。揚州汪氏所藏武梁祠堂畫象，舊拓凡一册，十有四幅，王即"工"字。石鼓"攻"字亦如此。伏義、祝誦、神農三像，衣皆短小。正義曰："垂衣裳者，以前衣皮，其制短小。今制長大，故云垂。"伏戲手持曲尺，蓋以矩象畫卦也，故曰"初造王業"，非"王業"明矣。祝誦即祝融。

文光案：此唐人拓本，洪氏未見。末有朱彝尊、查浦、龔翔麟、翁嵩年、查慎行跋。翁有手摹本、黄本、汪本，合三本考訂如右。翁氏又得原石拓本，凡五紙，四十四幅，改正洪釋九字，補七十三字。乾隆丙午，黄小松扶升鄭季宣碑，拓其全石，又得武斑碑於濟寧，又得武氏《石闕銘》，拓工又訪得武氏石闕畫像，題字甚多。汪氏所藏不足詫異。黄氏得孔子見老子像於嘉祥，敬移濟寧州學。武氏前石室畫像十三幅，洪所未著者一百八十一字；祥瑞圖六紙，合石室前後畫像洪所未見者三百九十二字。黄氏就其地創立祠堂，所得石刻置諸壁間，實一時快事也。黄氏、翁氏皆有記，其象詳見於《小蓬萊閣金石文字》，翁記所録者止有其字。考武梁祠石室者凡一卷，爲第十五，第十七爲《漢碑備考》。

郭林宗碑久已不存，歐、趙、洪皆不録。傅青主、鄭谷口所重書，字迹醜惡。姜任脩從寒山趙氏拓本摹得者，典型具在，非傅、鄭杜撰者可比也。

八分者，若八字分散，乃六書象形之義，漢初所造也。隸初省去篆文之圓折，則但以有横有直者爲隸，今可目爲古隸，亦可曰隸古。漢人有波之隸，則由隸漸增筆勢，其形八字分佈，故曰八分。其體之正變亦自多端，然由漢至六朝、唐，人皆爲之。今當目之曰分隸，或竟曰隸，亦無不可。至六朝、唐，人已復改分隸爲楷書，則變其波畫點啄挑趯，仍存古隸之横直焉。

邑　長　石　要　賈　本　亞　六　官　手

文光案：古隸無專書，亦無拓本，僅見於古權、古磚，字亦不能多得。因録得十字如右，使人知大勢如此，則不待辨而自明矣。

畫象之刻，未知在何年。武梁碑，元嘉元年立，武梁祠堂畫象附於此年。漢魏鑄鈎用五月丙午日，此可作帶鈎故實。"厶"即

"作"，古器款識皆如此。綏和壺內"和"字，薛氏摹誤。周陽鍾
容十斗，薛誤作"升"。漢官印多後人僞造，然其字皆古質可愛。
張天師玉印、云陽平治都功印，亦漢時所刻。愚見其符所用大小
二印，其文并同，小者是真。

　　　文光案：翁記凡印并符五十四，泉并笵三十二，鑑二十
　　二，附瓦五十七。

　　虛舟於《韓勅禮器碑》考核不遺餘力，而舛謬不一而足。《孔
彪碑》，全似今日正書之法。碑與碑陰書出二手者，惟《孔宙碑》。
東漢經師爲公羊之學者甚衆。牛氏《金石圖》所摹之字不足據，
釋亦多誤。古無妙字，《孔謙碑》"少"字，洪作"妙"。居攝墳
壇刻字是篆非隸，洪氏未見此拓本，而三論頗精。漢碑陰正面無
字，鑱痕縱橫，有類竹葉，俗呼竹葉碑。今在曲阜顏氏家。考訂
洪氏《鄭季宣碑》，有張力臣釋文，黃小松跋語。《武梁碑》，《魯
詩韋氏章句》，史所弗著。牛氏諸圖所載尺寸多不可信。竹垞分漢
隸爲三種，虛舟亦以曹全、華岳、婁壽分爲三種。平心論之，漢
隸各有妙境，殊不必然。定册帷幕，有安社稷之勳。洪云"《汝
帖》以《州輔碑》爲中郎書，不足信也"。全文具於《隸釋》，《汝帖》集
出十字。《汝帖》之題多不足據。《隸釋》原本難得，明本多謬。今
世《隸續》非完書，竹垞嘗欲依《字原》目次，取《寶刻叢編》
所有者補之，亦未卒業。桂未谷云"陳氏所載亦非全文"。《字原》
多出於洪書。《國山碑》詞多誣誕，以之考核史志，究無確據。惟
書勢遒勁，古物可玩。《魏受禪碑》"乏"字作橫畫，尤於反正之
旨相合，此最有益於讀書者。《字原》不收，《隸辨》訛作上撇，
何也？

　　　文光案：覃溪先生審碑之精，可推第一，乃自來金石家
　　所不及者。是書於碑之行數各爲□明，凡有所考即注於各行
　　之下。其於半字之泐、一點之訛、諸本之異同、諸家之疑誤，

無不講明而切究之。所録諸家題跋類於《萃編》之多，而辨別訛舛則非王書所及。所見拓本，洪有而今闕者固多，洪闕而今辨出者亦復不少。且必諦視審當，確有證據而後著録，初非以僞拓强爲傅會。洪氏所據拓本多有裝潢之誤，今亦一一重訂，實可與歐、趙、洪、婁四家之書相輔而行。而讀是書者，亦必合四家之書參考互證，而後知先生用心之細，并可解讀碑之法。而書家之筆勢，分隸之正變，悉具於此矣，不但考文字，證經史，如金石家之舊説已也。顧氏之《隸辨》，牛氏之《金石圖》皆稱佳本，而是書之正其訛者不少。蓋著書之時，證以舊本佳拓，故得以至精至當。雖語傷於繁冗，然惟恐人之不解，故反覆言之，則立意誠厚矣。至於隸八分之辨，諸家聚訟向無定説，張懷瓘《書斷》於字學源流具存其概，而隸八分之説最爲淆訛，後人因之而誤者多矣。其後吾子行著《字原》，七辨八分之説，更爲紕謬。顧氏《隸辨》八分之説至盈篇卷，而純疵互見，徒亂心意。得翁氏之考，而隸、八分遂明，諸家之是非亦因是而論定。大抵先言八分後言隸，未有不淆亂錯誤者。由篆而隸，省其圓折；由隸而八分，增其波尾，此不刊之論也。惟分隸易知，今所見之漢隸、唐隸是也。隸之最先者爲古隸，如五鳳二年字、建初銅尺字是也。去篆之折，無分之波，止有橫直而已，此等字西漢初用諸隸牘，以趨便易，故稱隸書。其見之碑石刻識者，非小篆即八分矣。隸之爲隸，西京學士大夫既不留意此書，而隸牘銷亡，絶無傳本，後人遂無由知其體態，故辨之者多涉於影響，而不能定其一是。高南阜手摹五鳳石刻十三字以袪羣惑，最爲有功。學者只見此十三字，則隸與八分不辨而自明矣。金石書不能多刻，亦不能久傳。余所收之《兩漢金石記》，半已模糊，因亟録其要語以存大略。是記漢碑七十通，魏吳碑八通，多諸家所著錄，惟考訂之精勝於他書，故可寶也。是書可與黃考互證，凡畫之象、字之體，黃氏所摹出者，可知漢碑之大略。當時互相鉤摹，故考證益明。考石鼓者，於所闕之半字多不著錄。翁氏坐觀石鼓數日，著《石鼓考》八卷，其審諦之精可想而知。余求此書數十年，竟無知之者，深可惜也。

## 《粵東金石錄》九卷　　《附錄》二卷

國朝翁方綱撰

石川草堂本。乾隆三十六年翁氏手書校刊，板本甚工，紙墨皆佳。前有自序。恭錄宸翰二十八條爲首卷，次廣州府金石六十七種爲第一卷，次廣州南海神廟金石六十七種爲第二卷，次廣州清遠禺峽山諸刻三十九種、西樵山諸刻二十六種爲第三卷，次韶州府金石二十二種爲第四卷，又二十六種爲第五卷，又韶州碧落洞諸刻二十四種、南山諸刻二十七種、浛溪石室五種爲第六卷，次連州金石四十四種爲第七卷，次肇慶府七星巖諸刻六十二種、三洲巖諸刻十五種爲第八卷，次肇慶府金石十種、惠州府十三種、潮州府三十三種、嘉應州二種、高州府三種、廉州府一種、雷州府五種、瓊州府十三種爲第九卷。最後附九曜石考上、下二卷，凡九曜石諸刻二十八種。凡粵東金石著錄共五百六十二種，爲卷十有二，爲紙一百九十四頁。

翁氏自序曰："世多稱集古自歐陽子，然碑集之作始於陳勰、謝莊逖矣。而梁時書目已有《廣州刺史碑》十二卷，惡得以服嶺以南限哉？爰逮會昌、元祐際，侘[二]傺竚眙[三]，幽聽遙思，或軼弗盡[四]章，而唐以前溯漢熹平，翠琰之氣，沙水汩汩，每對海瀾而遲晞也。然什一存者，猶作作其芒，出丹砂水銀、南金大貝之上。方綱八年五周歷，崖捫蘚剔，所得蓋五百餘[五]種，錄爲十二卷，以其有與圖經可互證者，故於受代之頃録諸板，而補訂討論以俟異日。若《周憬功勳銘》收於洪氏，輒取鄭《志》、《文言略例》、《三禮目録》之義書之，其文雖具而弗備，書則世所共見也。又如某段某行幾字，正與艸逐寸尺之類。或先有拓本，已而蠧且失，弗追記矣。蓋八年之中而拓本已蠧且失如此，惡得不著？"

　　文光案：嚴氏、翁氏皆録所親得，而翁考尤詳。

　　《林邑記》云："建武十九年，馬援植兩銅柱于象林南界，與西屠國分漢之南疆，銘之曰：'銅柱折，交阯滅。'交阯人至今畏怖，有守銅柱户數家，歲時以土培之，僅露五六尺許。《水經注》言，銅柱在林邑。其在欽江者，唐馬總所植也。"

　　文光案：《道里記》云林邑大浦口有五銅柱，而此言兩銅柱，恐"五"字爲誤。馬總所立亦二柱，人迹罕到，傳聞異詞。《池北偶談》詳載銅柱字，而是書不及，此則翁氏之疏也。

　　明瑶石山人黎民表書最有名，真、草、篆、隸皆善。嘗於錦石山書"華表石"三字，大徑丈餘，山高竟不可拓。

　　粤之八分，黎瑶石以方整勝，尚有《停雲》筆意。鄺湛若以八分擅名，而今石刻絶少。若陳元孝八分書，頗入流宕，未爲近古。

　　南海神廟碑，韓愈撰，陳諫書。《志》誣以爲宋人。諫在唐時以書名，而今知之賴有此碑耳。此碑書字尚有晉人遺意。南海神廟銅鼓二，内無一字。《廣東新語》言有"漢伏波將軍所鑄"七字者，誤也。予親視其鼓，紀載多誤。拱北樓銅漏壺，延祐三年造。

　　張九齡神道碑，重立於天聖八年。歐、趙所見不知爲唐刻、宋刻。《墨池編》云徐浩撰并書，長慶三年立。此碑不著書人姓氏，字與徐似，則亦古刻矣。曲江祠張文獻像一軸，傳爲吴道子筆，有石本。

宣聖遺像在廣州學，摹吳道子筆也。

九曜石在藥洲，旁城内有湖百餘丈，南漢劉龑集方士煉藥於此。水中有九曜石，高八九尺或丈餘，多宋人銘刻。今提學署中即其遺迹也。其石學署僅有其八，其一在藩署。

泰山秦篆殘石題跋。

劉熊碑校本。

仿鑄漢初銅尺圖歌。

唐虞恭公温公碑。

宋拓婁壽碑，雙鈎本。

孔子廟堂碑。

日本國殘碑。

文光案：右拓本七種，葉氏平安館之故物也。不知何人合爲一册。余因其多翁氏手迹，故録於此，而詳記於後。

秦篆二十九字，翁氏爲葉子東重摹。前有翁氏序，次劉譜秦篆十字。蔣伯生所得殘石，倩子東手摹付梓，有葉志詵跋。次五家題跋，次八家詩歌。此篆爲李斯所書二世詔，宋劉跂親至岱頂摹其全文，至明僅存劉譜之半。諸家金石記多著録之。常熟蔣氏、揚州阮氏、陽湖孫氏、漢陽葉氏各有摹本，并傳於世。

酸棗令劉熊碑，凡二十三行，隸書二百四十三字，多出洪《釋》九字。翁氏以宋拓殘本并雙鈎舊本合校，增以釋文。葉氏復從《隸釋》録其碑陰，全文附後，有道光初元葉氏跋。

銅尺，葉氏仿造，并尺側、尺櫝凡六圖，有蘇齋歌，芸臺和歌。此尺最有用，其字爲古隸。

虞碑爲翁氏所摹，有考，有跋，葉氏校刊有木印。

婁壽碑後有明豐道生跋，蓋宋拓本，出於華氏真賞齋。跋後有"圖忠堂"等十五印，乾隆乙卯覃溪跋，馮敏昌跋，

"葉氏東卿"等十一印。又章美跋，道光丙午葉志詵跋。翁氏跋云："錢梅溪以雙鈎本見寄，桂未谷欣爲付梓。"葉氏跋云："覃溪師雙鈎華氏本刻於蘇齋，今板已漫漶。五柳居書賈陶大使得章跋七行、真賞齋題籤一行寄贈。考翁師手跋，但云有竹垞、義門二跋，未及摹入，不言有章跋，是失去久矣。因以翁刻初印本重翻，并附章跋及題籤於後。"光按：此碑宋拓本缺四十字，據翁跋爲梅溪所摹，據馮跋、葉跋爲覃溪所摹，不知是一是二。碑末有"竹垞真賞"印。

廟堂碑，唐本存字千四百許，出於元康里氏舊藏。覃溪手摹百二十字，以證陝本、城武本，而注其所訂正者於本字之下，極其精審。有嘉慶丁卯自跋一則。道光丙申，葉氏以舊藏初印本重刻，末有印記。

日本殘碑八十字，似係題名。書勢雄偉，類《瘞鶴銘》，書於和銅四年，唐睿宗景雲二年也。《古泉匯》有和銅錢，即日本錢也。日本人得其碑於土中，拓本流入中國。覃溪有雙鈎本。葉氏重摹，有跋，考證日本官階甚詳。

齊刀有"夻"字，其釋爲杏字者，固爲無識。或釋爲法，或釋爲合，從來無定說，亦無確證。案秦篆"臣斯臣去疾"，去字作厺，與夻相近。則釋爲法字者，近似，然口上缺一畫，亦非全字之證。《西清古鑑》以夻字爲無考，斯言最當，正不必强釋也。

余得此本於京廠書肆，愛其鈎勒之精，珍而藏之。後得鮑子年氏《觀古閣叢稿》，記葉氏收藏甚詳，復備錄於後，以爲嗜古之助。

鮑氏曰："葉丈東卿所居虎坊橋老屋，雖質於人，尚留五楹，藏古器書畫幾滿，封鐍殊嚴。乃前一月忽不戒於火，率付灰燼。予所得陰文半兩石范、陰文大泉銅范俱已燒損，文尚可辨。回憶三十年前謁丈於平安館，輒流連不能去。曾幾何時，寶物悉歸天上。甲戌三月記。"

收得葉氏半鈎印、大小官私銅印二十餘事，皆出自燼餘。并拓本兩束，亦復斷爛。其中弩機較多，惜無完者。大明寶鈔，《泉史》諸編詳載之。惟貞祐寶券，秦中出一銅板，拓字漫漶，葉氏焚餘拓本中略可辨識，花文甚緻，上曰"貞祐寶券"，橫列"伍貫"二大字，中曰"伍貫八十足陌"，兩旁篆書八，不晰。又兩行文曰字料、字號。上空可填字，下列文九行：偽造者斬，賞寶券三伯貫，仍給犯人家產。與大明寶鈔略同。有貞祐年月日，有"京兆平涼府官庫暨庫使副判官攢工并尚書戶部句當官"諸字。其空處皆爲填姓書押地，左旁斜置大字兩行，均曰"平涼府合同"。前一版出秦中，有"以也"。今不知流傳何所，爰再志其制作如是。葉氏爐餘之物，宋元印較多，爰彙爲一冊，有原州醋務之記，行軍萬戶同字之印。行宮尚書省印尤大。參知政事東平汶上張莊憲郡公印章，有嵌銀絲，文絕絀。又一印尤薄，文不可識，類西夏印，而字近女直。葉氏古硯拓，二巨冊，半成焦尾。硯凡百四十餘，宋、明名人硯殊不乏，漢磚魏瓦悉具，其摹刻鐘鼎、石鼓文暨漢碑者，指不勝屈，率出名宿題識，覃溪者尤多。洵硯銘之大觀矣。葉氏所藏錢武肅王寶正三年投太湖水府龍簡，文大致完好，周列龍文長六寸，闊四寸，楷書百七十九字，殊秀整。銜則"大道弟子天下都元帥尚父守中書令吳越國王錢鏐"云云，至可寶玩。葉丈晚年寄泉拓百餘紙，無一不僞且劣。日本之和銅、開珍，尤不恒見。平安館藏器，甲戌年悉燬於火。廠肆有售者，率黯淡無色。近日僞泉不能驟致青綠，則藉口葉氏焚餘之物，藏泉家宜慎之。遂啓諆鼎，道光末年秦中出土，予見時尚折一足，未補完。中有文二行，曰"遂啓諆作个叔寶尊彝"九字，"个"字泐，故改作"廟"字。蘇氏得之，屬鳳眼張者雜取虢盤諸文，前後添刻一百二十餘字，以三百金售之葉丈東卿。予有兩行原拓本，稍辨其贋。東卿不憚，昇送金山寺。辟雍彝器拓册，乃平安館中物，墨香襲[六]人，讀之稱快。葉丈所藏覃溪先生手摹化度寺碑銘，出自焚餘，而精光不掩。考證至十餘葉，并合諸本校定，逐字夾行密書，析及一點一畫，朱墨縱橫，一生精力幾萃於是。老輩之不可及也。案：廟堂碑亦然，惜所摹之字不多。道光朝都下收藏富有者，惟葉丈爲最。《款識》一册，凡八十餘器，雖間有可疑，足資寶玩。嘉興張叔未《清儀閣印存》，官印一卷，凡五十七。私印五卷，分韻排次，凡二百八十五。印於道光戊子，得三十五部。此蓋平安館舊藏，幼雲得之，珍爲秘玩。

## 《小蓬萊閣金石文字》九卷　《附錄》一卷

國朝黄易撰

原本。黄氏自刊，極精工。所摹漢隸共十種，一石經殘碑，二魏君碑，三朱君碑，四靈臺碑，五譙君碑，六王稚子二闕，七范式碑附殘石，八唐拓武梁祠象，九趙君碑。各碑後有諸家跋語并考釋，末有覃溪隸書，附小詩一首。

錢唐黄秋庵小蓬萊閣所藏金石，就其罕傳者雙鈎鋟木，以公同好。北平翁方綱題。

石經三段，宋紙裝爲一頁，紙墨渾古，非近時所拓。重刻石經有越州石氏本，成都胡氏本，洪氏蓬萊閣本，靖江王府本。此不知是何本，鈐蒙古文印。翁公辨曰：“通經是元人藏本。”

《魏君碑》，樸質蒼勁，微似《張遷碑》，而加之流逸，又間出以參差錯落之致，漢隸能品也。方綱。

此碑世無二本，較洪氏釋文少二十五字。洪云缺者，補釋十一字，計存四百九十九字。碑後題名四行，凡四列，洪以橫列爲序，可據以爲著錄之定式。

朱龜碑與洪《釋》同，而佚去大半，是重刻本。字畫古勁，非宋以後人所能摹。是碑書勢多變方爲圓，在漢隸中爲近篆者。宋紙舊拓最爲精巧，雖重刻亦稀有之迹。

靈臺碑，重刻本與洪、婁所録不同。

譙敏碑，字畫失真，紙墨尚舊，與洪氏小有不同，或摹碑與刻書者互異。

王稚子二闕，洪、趙皆有全文，今失其下半段。

范巨卿碑，世不多見，洪《釋》已多闕文。字疏轉流宕有致，傳爲蔡書。崔墨雲得碑額片石，李鐵橋得殘碑，俱立於濟寧學宮，海内稀有之迹也。

祠墓畫像刻石者非一，惟梁祠人物最多。洪書具摹其形，古帝王、忠臣、義士、孝子、賢婦凡一百六十二人。是册存者，帝王十人、孝子四人而已。

趙君碑在南陽，今已不存。舊拓本有梁公山舟朱書釋文，第九行有“戍”字，洪《釋》未有也。

三公山碑，篆書。乾隆甲午始得此刻，在隸碑之前，尤可貴也。附録。

　　文光案：黄小松《秦漢魏六朝碑刻輿地考》一卷，刻入漱六編《小蓬萊賸稿》也。祇詳某碑在某地，不録碑文，前後無序跋。

# 《關中金石記》八卷

國朝畢沅撰

《經訓堂》本。乾隆辛丑年刊。前有盧文弨序，後有錢大昕序、孫星衍序、錢坫跋、洪亮吉跋。

盧氏序曰：“公之復蒞秦中也，裒前後所得金石刻，始於秦，訖於元，著爲《關中金石記》八卷。考正史傳，辨析點畫，以視洪、趙諸人，殆又過之。國朝以來爲金石之學者多於前代，以予所知，若崑山顧氏炎武、秀水朱氏彝尊、嘉興曹氏溶、仁和倪氏濤、大興黃氏叔璥、襄城劉氏青芝、黃岡葉氏封、嘉興李氏光映、郃陽褚氏峻、錢塘丁氏敬、山陽吳氏玉搢、嘉定錢氏大昕、海鹽張氏燕昌，皆其選也。”

錢氏序曰：“金石之學，與經史相表裏。側畓異本，任城辨於《公羊》；憂臬殊文，新安述於《魯論》，歐、趙、洪諸家涉獵正史，是正尤多。蓋以竹帛之文久而易壞，手鈔板刻輾轉失真，獨金石銘勒出於千百載以前，猶見古人真面目，其文其事信而有徵，故可寶也。關中爲三代、秦、漢、隋、唐都會之地，碑碣之富甲於海內。巡撫畢公所得凡七百九十七通，雍梁之奇秀萃於是矣。公又鉤稽經史，決摘異同，條舉而件繫之，經史之實學寓焉。”

錢氏跋曰：“彝鼎之顯由二漢，則許洨〔七〕長言之矣；志碑之著由二魏，則酈中尉詳之矣。皆以金石刻覈考古事古言，用資洽聞。”

洪氏跋曰：“魏酈道元撰《水經注》四十卷，凡引漢碑百、魏碑二十，晉及宋魏稱是。金石之學，道元能見其大，魏收仿之。”

## 《中州金石記》五卷

國朝畢沅撰

靈巖山館本。目錄後有洪亮吉跋。是書首行題金石名，次某年立、某書在某地，次跋尾。或錄文，或不錄文，文在跋中。

洪氏跋曰：“暇日假先生碑數百通，校史傳闕遺，其間得史文之誤者十之三，以史文正碑石之失者十之一。又悟金石之失，有可以金石正之者，如大伾山見於《禹貢》，又見於《爾雅》，而唐河北黜陟使碑以‘伾’爲‘岯’，遂舉黎陽縣南山當之。雖說由臣瓚而義無佐證，惟晉灼《漢書音義》黎陽縣下云：‘黎山在其南，

河水經其東。其山上碑云縣取山之名，取水之陽以爲名。’固知魏
晉以前，無有以黎陽南山爲大坯者矣。又汲縣近代比干墓碑稱，
《水經注》北魏墓銘云‘殷太師比干之墓’；唐李翰碑云：‘貞觀
十九年，太宗東征，師次殷墟，詔追贈殷少師比干爲太師，諡曰
忠烈，’固知崇號之加無關於拓跋。若夫‘滇陽’之爲‘慎’，正
以永平四年之印；‘成臯’之爲‘皐’，見於建武中葉之章。近者
圓石出洛陽，而知王伯興爲祔葬；殘本藏太室，而知堂谿典字字
伯。并按魏司馬昇碑，曾祖彭城王，祖荆川云云，而知《晉史》
列王之傳缺略實多。又校《齊姜纂記》，云大統元年太歲乙酉九月
庚辰朔，而知《北齊》後主之編干支亦誤。”

嵩山太室神道石闕銘，《隸釋》缺載。古文以崇高爲外方山，
漢時無“嵩”字，經典作嵩，或作崧，皆後人所改，并作普。徐
鍇云“傳寫誤多之”，非也。《地理志》崇高縣有太室、少室山廟，
賴有此闕以考其遺址云。

宛令李孟初神祠碑，永興二年六月立，隸書，在南陽。“年”
字末一筆長過兩字，于漢碑少見。碑新出土，金石家未載。

　　文光案：漢碑“年”字末筆多長，前人已有其說。畢氏
以爲少見，知所藏漢碑無多也。

開母廟石闕銘，顧記“佐”作“伍”，“熹”作“嘉”，“尐”
作“少”，今視原文俱誤，蓋僅據拓本。其文較《金石文字記》、
《嵩陽石刻記》俱多。漢時篆書紕繆，自秦隸既行，六書之學日
微。此文“鯀”作“鮌”，“眠”從氏，“條”從彳，俱別體。《廣
韻》作“鯤”，《玉篇》作“骸”，皆後世訛字。“竽”亦“竿”
俗字，顧以爲芊，非也。《說文》：“尐，少也，讀若輟。”不知其
用意所在。《廣韻》：“屑，清也。”尐蓋屑之假音，音固不必有義，
惟漢魏人知之。

　　文光案：開母即啓母，漢避啓爲開，見王氏《萃編》。啓

生而母化爲石，在嵩高山下。見《漢書注》。若夫禹化爲熊，塗山氏化爲石，石破生啓，則荒誕不經之說也。《萃編》考此碑最詳，不僅如畢氏所云。而畢氏所得拓本甚精，非以前諸家所及見。翁氏《兩漢金石記》所摹最精確。碑又以"柏"爲"百"，以"歇"爲"竭"。

堂谿典請雨崇高石闕銘，熹平四年，堂谿典請雨，因上言改崇高山爲嵩高山。《蔡邕傳》云："邕乃與五官中郎將堂谿典等奏求正定《五經文字》，靈帝許之。"章懷注引《先賢行狀》曰："典字子度，潁川人，爲西鄂長。"又知爲潁川人，其"堂"作"唐"字之異。季度作子度者，字之壞也，當從碑作"季"。

帳構銅銘字，景初元年五月造，隸書。銘云："帳上廣構銅，重二斤十兩。"其器出於《西京雜記》，蓋橫木裹銅以蓋帳者。古以木爲帳，謂之曰"楎"，若今暖閣前於帳幔，俗作"幄"。《雜記》構從金，亦俗字。

三國時刻石。邇年創見諸碑尤多奇偉，若予在關中訪得褒城李苞石門題字，孫淵如游句容訪得吳衡陽太守葛祚碑，及洛陽王基墓碑，皆金石家所未著錄，足與史傳發明，殊可寶也。

殷大夫比干之墓，隸書，在汲縣。墓上今惟云"殷比干墓"，是又非酈道元所見之刻矣。贈比干太師詔并祭文，貞觀十九年立，薛純陀隸書，在汲縣。

《金剛經》正書，在洛陽，字甚工。《寶刻類編》云徐浩書在洛，當即此也。學書之法，臨帖不如臨碑，碑則古人自書，神采得十分之九。帖或後人臨摹，《大觀》諸帖訛錯支離，類皆以私意定之，未可信也。

陳憲墓誌云："集《內經》《藥類》四卷，合新舊《本草》十卷，并行於代。"《唐志》既未著錄，而《大觀本草》稱引最博，亦無《藥類》，書之難成而易失如此。

大伾山銘，在浚縣，大伾山當在今汜水縣西北，漢成皋故城之所在也。

## 《山左金石志》二十四卷

國朝畢沅　阮元同撰

小琅嬛仙館本。嘉慶二年儀徵阮氏校刊。前有阮元序，錢大昕序，目錄。凡金三卷，自商至元，首冠以欽頒闕里周笵銅器十事；刀布一卷；鏡一卷；印一卷；石十八卷，自秦至元。

阮氏序曰："金之为物，迁移无定，皆就乾隆五十八年至六十年在山左者为断。其石刻、拓本并毁，亦不入录。至于旧录有名，今搜罗未到；及旧未著录，新出于榛莽泥土中者，惟望後人续而录之，以补今时之阙略焉。更属仁和赵晉斋魏校勘。凡二十四卷，所可以资经史篆隶证据者甚多。若夫匡谬正讹，仍有望于博雅君子。"

钱氏序曰："山左为圣人故里，秦、漢、魏、晉六朝之刻所在多有。曲阜之林廟，任城之學宮，岱宗靈巖之磨厓，好事者偶津逮焉。乾隆癸丑秋，今閣學阮公奉命視學山左，廣爲搜索。其明年冬，畢尚書來撫齊魯，兩賢同心，贊成此舉。遂商榷條例，博稽載籍，萃十一府兩州之碑碣，又各出所藏彝器、錢幣、官私印章彙而編之。規模初定，而秋帆移督三楚，討論修飾潤色，壹出於公。金石之壽，有助經史，往往晦於古而顯於今。如武梁畫象，元明人目所未睹，而今乃盡出，更有出於洪文惠之外者。任城夫人碑，又歐、趙之所失收。金石之多無如中原，然雍、豫二記僅七八百種，此編多至千有三百，誰謂今人不如古哉？山左固文獻之藪，而公采獲尤勤，又有博聞之彥，各舉所知。公又仿洪丞相之例，錄其全文，附以辨證，記廣修尺寸，字徑大小，行數多少，俾讀之者瞭如指掌。既博且精，非必傳之業而何？"

文光案：是記刀布六十四，鏡四十六，印九十九，秦石二，西漢石三，東漢石五十六，魏、晉、齊、隋石八十三。唐三卷，宋三卷，金二卷，元四卷。

## 《滇南古金石錄》一卷

國朝阮福撰

原本。此《小琅嬛叢記》之一種。前有道光八年阮福自序。

阮氏自序曰："滇南自漢置郡縣，司馬相如奉使於此，從遊之士嘗勒石誌之。蠻酋互爭，幾經兵火，蹟遂無存。武侯南征，樹碣於望子洞。《隋史》'萬歲過其地，撲之甫倒，見其下有"萬歲後過此"之語，懼而復立'。閱世既久，爲樵牧摧毀，僅存半段。乾隆間，土夷築室，竊取之雜入磚石中，尋求未獲。然漢碑雖不可得，而劉宋時之爨君碑在陸涼州境，巋然獨存。予家文選樓中舊藏拓本二幅，墨迹甚淺，模糊至不可讀。丙戌歲，侍家大人來滇，迺偵其所在，募工精拓多本，是有碑額碑陰者。又雲南府屬安寧州境王仁求碑，及大理府城外南詔碑，崇聖寺鐘款及浪穹縣新出土王莽貨布，皆漢唐時金石，予并拓而跋之。其已見於諸家題跋附福跋前，寫爲一冊，題曰《滇南古金石錄》云。自漢至唐，僅得五種，此外石刻尚多，并聞有漢碑之説，但恐僻在蠻夷土司各山之中，家大人止福勿可訪求，故所錄僅此。爨使君碑，家大人跋云：'此碑文體書法皆漢晉正傳，求之北地亦不可多得，乃雲南第一古石，其永寶獲之。'福手摹此碑額二十四字於後，以見當時北派字體猶近於隸，非比晉帖之僞。"

宋故龍驤將軍護鎮蠻校尉寧州刺史邛都縣侯爨使君之碑，大明二年故吏趙次之、杜長子等所立。文爲爨道慶作，正書，兼用隸法，饒有樸拙之趣。爨君名龍顏，字仕德，建寧同樂州人。按爨本蠻夷，《唐書》所稱東爨烏蠻、西爨白蠻是也。其見於載記者，自魏歷十數代未衰。碑中"匪"作逆，"匠"作近，"顯"作"顤"。《集古錄》云："顤字莫曉其義。"按濕水，《禹貢》、《孟子》、《漢志》并作溧字，蓋隸變"㬎"爲"累"也。謚從益，不從盆，與魯俊碑同。戴侗謂唐本《説文》有謚無諡，是從益爲正體，可證徐本《説文》之誤。桂馥跋。福案：此碑爲趙宋以來錄碑諸家所未見，王司寇昶亦未之見，《滇南文略》載此全文。又桂未谷跋一首。

唐王仁求碑，載於《金石萃編》，第十一行"通"字，第十三行"飲"字，第十六行"異"字，第二十一行"主"字，《萃編》皆誤，今悉改正。

南詔德化碑，載於《金石萃編》，未釋出者四十五字，文約三千八百字，已泐者三千字。今以《雲南通志》所載補其缺。

大理府大和縣崇仁寺觀音銅像，高二十四丈。銅鐘高丈餘，上下兩層，每層六面各鑄波羅密及天王像，天王所執弓矢甚短小，與漢畫像無異。據此可知古弓短於今弓，然矢太長，或古矢長與？

趙州有諸葛武侯紀功鐵柱，爲唐時重鑄，正書，與崇聖鐘款相類，是一人手筆。其歲次後一年，在唐爲懿宗咸通十三年也。

王莽時貨布一枚，重二十五銖，以漢慮俿銅尺度之，絲毫不爽。更以今之裁衣尺，度得厚一分。《漢志》未言及。又以今庫平權之，得重四錢四分。是泉爲浪穹王君崧所藏。道光六年，浪穹人牧牛於野，牛蹄踏地，下有空穴。人往探，中有銅釜，上覆銅蓋，貯此布二千餘枚，以銅條貫之。土人不識爲古貨布也。王君學通經史，且精考訂，爲滇南宿儒，家大人己未總裁所取士。滇省重修通志，王君任總纂，載入新志。《漢書·食貨志》記此泉甚詳。

唐大理塔甎，余集《滇南金石錄》正缺甎文，亟取拓摹附入。考滇地本鄰西藏，而大理一郡久傳爲古妙香國。郡治有三塔寺，不知建自何時。《志》爲唐初蒙氏所增修。聞老者言，中塔之門四面皆嵌梵經甎石，其文皆最佳之唐字，然則此甎之爲塔中物無疑矣。甎廣七寸，長五寸餘，是半截，不知長若干也。其陽琢爲方硯，邊下橫列“阿閦佛滅正報呪”七字，自左而右，行下有梵字四列，列若十字，字皆陽文，洵得唐人正格。永昌袁榆谷案頭所見也。

## 《寶鐵齋金石文跋尾》三卷

國朝韓崇撰

《滂喜齋》本。前有道光二十一年丹徒嚴保庸序，題詩六首。

嚴氏序曰：“韓君履卿負幹濟才，宦山左有年，不四十遽引歸，閉戶仡仡，惟搜羅考訂之是務，而拾遺補闕於吾大江南北尤多。所著《金石文跋尾》三卷，約而能賅，清而不俗，中間如周登叔簠銘、漢敦煌太守裴岑紀功碑、唐右鷹揚衛溫陽府印等跋，皆援據詳明，斷制確鑿。而宋《王一娘造橋記》及明長史王公墓誌二跋，尤爲議論正大，有關風化，既精且博，而文尤工，蓋其難也。”

紀文達公《如是我聞》云：“裴岑碑，在巴爾庫爾城外海子上。海子爲冷龍所居，城中不得鳴夜礮。夜礮一鳴，則冷龍振動，天必奇寒。所謂海子者，漢之蒲類海也。當時吏民建祠刊石於海子之上，故云立海祠，德字之譌，不攻自破矣。”

劉夫人碑，載《隸續》。標題一行存“漢故”二字，此錢氏拓本所無。明初盧公武嘗得舊刻，云自“伊述夫人”以下合有四言二十五韻，今所存者惟十韻可考。

梁許長史舊館壇碑，陶隱居撰。第一行廿四字，隱居自書，用筆方整峭厲，實開歐、褚之先聲，一洗六朝險陋之習。文出弟子孫文韜手。原石在茅山玉晨館，燬於明嘉靖間。

丁思禮造像紀年一行："大唐天寶八載十月廿一日竪。"字畫清朗，不審《萃編》何以誤作大曆？

吳越王龍簡云："大道弟子、天下都元帥、尚父、守中書令、吳越國王錢鏐，年七十七歲，二月十六日生。"末云"謹詣太湖水府金龍驛傳，于吳越國蘇州府吳縣洞庭鄉東皋里太湖水府告文"云云。順治元年夏，吳中大旱，太湖龜坼，居民於湖底得之。惜其時有願以白金倍重相易，不可，卒歸銷鎔。拓本流傳，等於球璧矣。

秦淮海《墨竹》詩，七言古一首，草書廿二行。是詩不載《淮海集》，而詞意高古，狂草淋灕，秦小硯得真迹，勒石錫山祠中。覃溪跋語考證最精。

右陳孺人地契，文云："大宋國江都縣太平鄉北里方陵前塋居住宋故陳氏二孺人，今將錢財九萬九千九百九十九貫，就皇天父、后土母三十八將靈祇等衆，買得丁地墳山，即日錢財天地神明交過□足。見人東王公、西王母，保人張陸、李庭。書契人石功曹，度書契人金主簿。度書契人壽萬年，執書契人入黃泉，急急如律令。"道光己亥，甘泉縣北湖僧道橋東阮氏萬柳堂前耕地，得此刻於方磚，徑一尺，兩面有文。一面刻地契十三行，行十五字。一面四旁刻八卦，中刻云"卷文一道給付亡人陳氏二孺人，永爲執照。紹定六年十二月二十七日給者"三十字，五行，皆正書。按地契，即太康葪之遺意，一名地券，雖俚俗可笑，亦有所自也。

## 《金石萃編》一百六十卷

國朝王昶撰

《經訓堂》本。前有嘉慶十年自序，時年八十有二。次朱文藻序、錢侗序，次目録。石鼓文一卷，夏殷一卷，周一卷，秦一卷，漢十八卷，魏吳二卷，晉一卷，梁一卷，北魏三卷，東魏三卷，西魏三卷，北齊三卷，周二卷，隋三卷，唐七十八卷，五代四卷，宋三十卷，遼一卷，金六卷，外國一卷。近來金石諸書多採至元，此本獨缺元碑。陸氏《金石萃編補》四十卷，未見。按孫氏《寰宇訪碑録》遼碑最多，此本僅八通，則所遺尚多。是書先録碑文，篆隸悉如其體，而附以釋。次集諸家之説，自《集古録》、《金石録》以及國朝金石之書，無不各著出典，而終以案語。碑題後雙行小字記尺寸，并某書，在某地。凡閲五十年，三易稿而成。相與參訂者二十餘人，皆一時嗜金石者。五易寒暑，校勘始竣。金石家採撮之詳，未有富於此者矣。近有翻刻本，去原本遠甚。其中所採之書，即今具在，安得好事者取其本書一一互校，其於史學大有益哉！且諸金石之書行本亦少，得此以聚之，或可久傳，又安得好事者廣爲流傳耶？

　　王氏自序曰："宋歐、趙以來，爲金石之學者衆矣。非獨字畫之功，使人臨摹把玩而不厭也。迹其囊括包舉，靡所不備，凡經史小學暨於山經、地志、叢書、别集，皆當參稽會萃，覈其異同而審其詳略，自非輕材末學能與於此。且其文多瑋偉怪麗，人世所罕見，前代選家所未備，是以博學君子咸貴重之。歐、趙所採止於五代，迄今五百餘年，未可引歐、趙之例，以五代爲斷明矣。宋、遼、金三史皆成於托克托之手，卒以時日迫促，載者有所弗詳，重者有所未削。方藉碑碣文字正其是非，而可置而不録？與古金石之書具目録疏年月日加考證焉耳。録全文者，惟洪氏《隸釋》、《隸續》爲然，而明都氏穆、近時吳氏玉搢等繼之。然洪氏隸書之外，篆與行、楷屏而不載，都氏止六十八通，吳氏止一百二十餘通，愛博者頗以爲憾焉。余壯遊京師，始嗜金石。朋好所贏，無不丐也；蠻陬海澨，度可致無不索也。兩仕江西，一仕秦，三年在滇，五年在蜀，六出興桓而北，以至往來青、徐、兗、豫、吳、楚、燕、趙之境，無不訪求也，蓋得之之難如此。遊宦所攜，間有失者，復蒐羅以補之，其聚之之難又如此。而後自三代至宋末、遼、金始有一千五百餘通之存，於是取而甄錄之，缺其漫漶隧剝不可辨識者，其文間見於他書，則爲旁注以記其全。秦、漢、三國、六朝篆隸之書，多有古文別體，摹其點畫，加以訓釋。自唐以後，隸體無足異者，仍以楷書寫定。凡額之題字、陰之題名、兩側之題識，皆詳載而不敢以遺。碑制之長短寬博，則取漢建初慮俿尺度其分寸，并志其行字之數，使讀者一展卷而宛見古物焉。至題跋見於金石諸書及文集所載，刪其繁複，悉著於編。前賢所未及，始援據故籍，益以鄙見，各爲案語。總成一百六十卷，名《金石萃編》。"

朱氏序曰："先是客京師，寓韓城王文瑞公邸第，得見内府尊彝古器摹本三百餘種。後客任城小松司馬署，摹錄濟寧一州碑拓數百種，成《濟寧金石志》。繼客濟南，赴芸臺先生之招，得見山東全省拓本千數百種，贊成《山東金石志》。今又刪訂先生《金石萃編》，前後所見多至四千餘種，亦云幸矣。"

文光案：《金石萃編補目》三卷，附《元碑存目》一卷，黄本驥撰，有莫氏錄本，未見刊行。

莫氏曰："梁始興忠武王蕭憺碑，在安成碑西一里。《六朝事蹟》所謂徐勉造，貝義淵書，在清風鄉黄城邨者也。今黄城之名唯六七十叟猶記之，問少壯者皆茫然。碑文漫剝三之一，撰書人在碑末，尚未損，其清朗處校北魏諸刻格韻相等而差朗潤，蓋南北大同小異處。上承鍾、王，下開歐、薛，皆在此碑。其漫剝處，細審亦能得十二三。碑陰審無刻字，蘭泉《萃編》乃指安成西碑陰爲此碑陰，疏誤之甚。文二千八百四十許字，全剝缺者八十餘字，王氏錄者一千三百六十許字，今增繹出千有二百二十字，王氏誤釋十六字，其釋而未確及漫不可識者僅百八十許字。第五行雷震不驚事，史未載。第十行除侍中將軍，史不載。第十一行

'食邑二千戶'，史作'三'。第十七行'中衞'，《梁書》本傳誤作'中軍'。《本紀》四月作'衞'，八月又誤'軍'。第十九行'離辈'，《史記》'河渠離碓'，《漢書》'溝洫離辈'。'七州'，史作'六州'。《鄱陽王恢傳》：'十三年，都督益寧南北秦沙七州諸軍事，益州刺史。'乃止五州，疑其遺南北梁也。其前爲荊州刺史都督之九州，則多荊湘、南北梁也。第二十一行'業天'當猶'僕夫'。第二十二行'八州'，史作'七州'。"錄於《經眼錄》。

　　文光案：此碑在《萃編》第二十六卷內，碑後有復齋錄一則，《南史・宗室傳》一則，王氏跋尾一則。碑陰所列吏名甚多，不知何以誤指安成碑陰爲始興碑陰也。梁安成王蕭秀碑，宋張敦頤《六朝事蹟》云："秀墓碑二，其一已磨滅，即東碑也。西碑鉅東碑七八丈許，東西相向，在清風鄉甘泉巷。今巷在江南會城太平門東北二十七里，碑文無一字，碑陰刻千有三百餘人，存剝相半"云云。王氏所引復齋《南史》二條爲秀碑，而所跋者爲憺碑，蓋以一人所書，故誤合爲一也。因錄莫説以正之。

## 校勘記

〔一〕"俿"，原作"虎"，據《兩漢金石記》卷四改。

〔二〕"侘"，原作"佗"，據《粵東金石録・自序》改。

〔三〕"眙"，原作"貽"，據同上書改。

〔四〕"盡"，原作"靖"，據同上書改。

〔五〕"餘"，原作"徐"，據同上書改。

〔六〕"襲"，原作"龑"，據《觀古閣叢刻・觀古閣叢稿》改。

〔七〕"浂"，原作"浚"，據《關中金石記・錢坫跋》改。

# 史部十五
## 金石類九

### 《金石三跋》十卷　《金石文字續跋》十四卷

國朝武億撰

《授堂全集》本。道光癸卯年重刊，前後無序跋。

漢故國三老袁良碑，見《集古録》。按《東京賦》注："九龍本周時殿名也。門上有三銅柱，柱上有三龍相糾繞，故曰九龍。"此漢亦沿周制爲之，其可引據者如是。《魏略通》引"穀水過九龍前"，《三國志·明帝紀》"命有司復重華，改名九龍殿"，則又祖襲漢制矣。而永叔俱未之及，其與西岳碑集靈宮之疏，宜皆留以爲後人補也。

漢孔德讓碑，"年三十四"，今《集古録》訛"三十"作"二十"，又脱"四"字。洪氏亦訛"三十"作"二十"，傳刻之過也。流俗人謂此碣爲孔宏，蓋失檢爾。

漢朱龜碑，《集古録》謂將事去官，莫曉其謂。按《左傳》"晉侯使郤錡來[一]乞師，將事不敬"，注："將事，致君命。"今碑所云將事當謂此。不以其失位不敬，顯著於碑，亦詞之慎也。

漢范鎮碑，《隸釋》按：大杜蓋法家者流，而未詳所指。余證之後漢《郭躬傳》云："父宏，習小杜律。"章懷太子注："前書，杜周武帝時爲廷尉、御史大夫，斷獄深刻。少子延年，亦明法律，宣帝時又爲御史大夫，對父故言小。”然則小杜爲延年，大杜爲周。而史闕不書，得於是碑按之，益歎博徵爲有資也。

後漢碑陰題名，碑在永叔《集録》，其僅存者，云“後碑則有議曹、功曹、騎吏，有蓮勻左鄉有秩、池陽左鄉有秩、池陽集丞有秩，皆不知是何名號。”按功曹、議曹見前、後《漢書》者甚夥。《漢官》云：“騎吏三人，屬於太僕。”《韓延壽傳》：“騎吏一人後至。”而永叔遺之，豈不益疏也？《張敞傳》：“本以鄉有秩，補太守卒史。”師古曰：“鄉有秩者，嗇夫之類也。”《百官志》：“鄉置有秩。”本注曰：“有秩，郡所署秩，百石，掌一鄉人。”《漢官》曰：“鄉户五千，則置有秩。”又云“鄉有秩、獄吏五十六人。”又《風俗通》曰：“秩則田間大夫，言其官裁有秩耳。”今碑云“左鄉有秩”，正與此符。由是以補永叔所遺也。

漢方壺銘曰：“元壽武庫容四斗，重二十斤八兩。”《博古圖》所載漢獸耳方壺并無款識，此獨有之，亦世所希也。然方壺用之燕禮，蓋以貯酒，今題“武庫”字，未審何義。

漢故宛令神祠碑，八分書，殘缺，今在南陽。“二年”，“年”字中畫獨長。《字源》云：“乎、年、命三字垂筆或長過一二字。”

永樂少府賈君闕。永叔按：“長樂少府以宦者爲之，賈君亦宦官也。”考此非是。據《漢志》，中官及長樂官屬皆以宦者爲之，而以史傳及漢魏石刻參考，如大長秋、少府之類，皆雜用士人。蓋主少府者用士人，其屬吏爲宦者耳。

漢秦君碑在滕縣，銘皆四字，“䍋”即“皋”字，蓋以秦君上世本于皋陶也。竹垞跋以䍋與嶧通，而知爲滕人，斯失之矣。

魏王基碑，八分書，在洛陽縣。基《三國志》有傳。曹魏石刻自受禪、勸進、大饗諸碑漸磨蝕，是碑雖缺，爲近世所希。亭林於封孔羨碑引《宋書·禮志》，以爲終魏之世略無紀功述行之文，亦由未見此碑故也。

北齊藥方碑，正書，今在洛陽龍門。冷心痛方：吳茱萸一斗，桂心三兩，當歸三兩，蜜丸如桐子。酒服十丸，漸加三十丸，以知爲度。又方：丁香七枚，髮一撮，酒服。遍身生泡方：豬〔二〕肉煮熟，切芒硝一錢，和服。五痔方：牛角、鰓燒末，酒服，方寸匕，日三，秘驗。釘瘡方：柳枝葉一大束，長三四尺，圍剉，水七斗，煮三十沸，去滓，煎如餳，刺破塗，神驗。又方：先灸瘡三壯，以鍾乳爲末，和醬粒搗拊，須臾拔根，驗。金瘡方：嚼生栗黃，拊之不疼。又方：石灰和脂，燒赤末塗。瘡腫風入垂死，血出不止方：搗生葱白，入口更嚼，封上。初痛後癢，癢定更封。又方：瘡中風水腫疼痛，皆取青葱葉及干黃葉和煮作湯，熱浸，良。瘻瘡方：牛新糞熱塗，日三。又方：巴豆去皮，和艾作炷灸。又方：石留黃冒瘡上，以齊艾灸。按：北齊徐之才與其弟之範以醫術見知，是方殆其所撰，而流傳絕少，不可不爲之著也。

亭林云：“墓之有誌，始自〔三〕南朝。”予近得魏司馬元興墓誌，興之子景和墓誌、景和妻墓誌，又司馬昇墓誌、李超墓誌，齊韓祐墓誌。北朝志墓之文，顧君不及見也。又隋張景略墓誌，亦亭林目所未睹者，是可寶也。

隋姚辨墓誌，《金薤琳琅》跋此碑云：“隋史不爲立傳，向非率更之書，後世不復知有辨。”予以都氏所錄多無證明，而此跋尤爲失檢。辨見《煬帝本紀》，知之久矣。誌所記部落名號與《隋書·西域傳》小異，當以誌爲定。誌稱辨爲鬱卑道將軍，旗鼓所振，莫不摧殄。而史不附見，爲辨惋惜者，此也。

金仙長公主神道碑，今在蒲城縣。碑云丙午之歲度爲女道士，丙午當神龍二年，史乃以太極元年爲女道士，非也。唐諱丙爲景，此獨仍其字。史於公主降日、薨年亡者闕而不書，此當以碑補之云。薨開元時。

晉王墓二殘碑，今在代州。其一爲李國昌，蓋克用之父。其一爲李克柔，國昌之次子。“克”下字缺，竹垞跋誤以爲克讓。《北夢瑣言》云李“國昌其姪克讓”，明非國昌之子也。按《新唐書·宰相世系表》於國昌下首列克恭，次克儉，次克用，次克柔。《五代史·唐家人傳》：“太祖四弟曰克讓、克修、克恭、克寧。”《表》與《史》皆出永叔一手，何爲乖錯至此？知傳文誤也。表據譜牒，傳因舊史。《懿宗紀》載李國昌小男克用，則太祖非長，《表》列之第三爲正。而克讓之闌入，益爲顯誤矣。竹垞云：“《史》不言克讓爲代州刺史，《表》於克用下列克柔，代州刺史，正與碑合。”而竹垞不證於《表》，皆失據也。

《金石文字續》跋周西宮襄戎夫盤銘：“古命士以上父子皆異宮，故因所居以爲氏，乃有西宮之目。襄則其謚，而戎夫爲其字也。”銘記表田之事，古制湮晦，所識陂原歷岡，猶可仿相。

王莽居攝墳壇刻字，趙氏云：“古未有土木像，故爲壇以祀之，兩漢時皆如此。”按宋玉《招魂》言：“像設居室。”《抱朴子》云：“汲郡冢中書言黃帝既仙去，其臣有左徹者，削木爲黃帝之像，帥諸侯朝奉之。”據此則像用土木，古已有是矣。

潘乾碑，錢少詹案：“誄本爲哀死，今縣民頌其長而稱誄，失其義矣。”予證以《周禮》，太祝作六詞，六曰誄疏。此六詞者，皆爲生人作詞，無爲死者之事，是誄之名施於死生而通之，殆如考妣嬪可兼生稱也。《論語》：“誄曰：‘禱爾於上下神祇。’”《說文》引此作“讄”，亦云“纍功德以求福”。推之此碑，於義固無嫌哉。

《日知錄》：“唐人稱父爲哥。”《淳化帖》太宗與高宗書，下書“哥哥勑”三字。太宗以父對子而自稱哥哥，宜其繼世相沿，不知易也。《北史·南陽王綽傳》“兄弟皆稱父爲兄兄”，唐以前又有此謬稱。

黃帝鑄鼎原碑陰，貞元十七年袁滋正書。壁畫功德記，袁滋篆書。自記其考妣功德。滋工篆籀，書雅有古法。《舊唐書》有傳。

王世安北岳題名。宋舊制，岳瀆各廟之政令多統於本縣，命京朝知縣者，稱管勾廟事。世安結銜爲西頭供奉官，其稱管勾，宜也。文云"大宋嘉祐五年庚子歲，奉勑就差知定州曲陽縣事，兼管勾北岳廟。"

漢孔文禮殘碑，八分書，今在曲阜。歐、趙、洪三家及近如亭林、竹垞俱未收。漢郭輔碑，石刻著女子色容者，始見於此。北齊少林寺碑，宋景文手記。北齊時里俗多作僞字，以碑考之，信不虛也。隋皇甫誕碑，唐石刻多曰"撰"，此作"于志寧製"。《文選》："頭陀寺碑，王中製。"唐造石碑像記，"庚戌歲三月念二日"。楊用修謂"廿"字韻書皆音"入"，惟市井商賈音"念"。李勣碑，高宗御製并書。《淳化帖》誤作太宗書，黃伯思《法帖刊誤》亦未之及。武后所造十二字，按《容齋續筆》，中宗時復行，至文宗太和二年始詔去之。姚崇碑在洛陽。藏懷恪神道碑，顏真卿撰并書，今在三元縣。是碑足補突厥、室韋二傳之缺。己侯鐘銘，己與紀通。前秦廣武將軍碑，文前題建元四年歲在丙辰，而《歷代紀元彙考》乃以爲戊辰，何也？鄧太尉祠碑，給兵三百，又屠刀百五十人，當時遺制也。蓋罕聞。樊道德造像記，《魏書・官氏志》有楊烈將軍，而羽林監大官丞闕於紀錄，當依此記補之。北岳神廟碑陰，在曲陽縣，開元二十三年立。《金石文字記》列入無年月，蓋失考也。唐時以曾祖爲曾門，尼亦稱和尚。唐趙思廉墓誌銘，思廉弱冠明經，中第在永徽末顯慶初。杜氏《通典》云"武德以來明經無甲科"，亦覈之未審矣。徐浩神道碑，錢氏《金石跋尾》填諱，據爲宋人，不知唐固有之。錢君未見此碑全本也。

文光案：是書多摘歐、趙、洪三家之誤，而於《集古錄》

尤多訂正。凡石刻之有涉於史者，悉取紀傳、表、志一一校其異同，而紀與傳之不符，碑較表爲詳備者，隨手拈出，可補正史之闕。而又詳於歷官之次，可以證《唐書・宰相世系表》者更復不少，其於金石用功甚深。余錄其最精賅者數十條，以爲考古之法，引而伸之，存乎其人。歐公所見極博而考證甚疏，蓋創始者多大略，不足爲歐公病也。金石家以碑證史，最爲有益。然碑有不可盡據者，又當以史證碑，固不可篤於泥古，亦不可勇於非古也。授堂長於考證，然因石鼓文有“六馬”二字，遂定爲漢鼓，乃從無人道及者。余備錄石鼓諸説，惟不取顧、武二家，蓋皆不信石鼓者也。又授堂跋山谷摩崖詩一條未檢，任注過於信碑，不免臆斷矣。

## 《偃師金石遺文補錄》十六卷

國朝武億撰　王復秋續補

原本。前有乾隆五十三年武億自序、嘉慶二年錢坫序，次目錄。自《周寅簋銘》至《元至正十五年緱山改建先天宮記》，末附無年月二記。此記授堂甚自矜貴，惜爲友人借去，未及細錄，以待後補。是書首行題碑名，次降一格記存佚，正、草書時代年月，在某地今移某地。次錄碑文或引書，每條下俱有案語。王氏所補散見各卷中，皆注“補”字。其案語標“億案”、“復案”、“武曰”。會修縣志，予出所蓄金石文字，別其存佚，校其損脱，編入志爲《金石錄》。又擇其案跋釐爲四卷，意欲別行於世。錢曰：“秋膌明府蒞偃師，採武書所未備，合爲十六卷。”

## 《中州金石目》四卷

國朝姚晏撰

《咫進齋》本。前有姚晏自記。第一卷爲表目，自周至元，上著某帝某年，冠以甲子，下著某縣幾石。二卷以下分地著録，每碑目下注年月，某人書。末有補遺二十四通，歸安姚覲元跋。

姚氏記曰：“晏隨任來汴州一月，既康且閑，觀羣書之稱刻石斯土者記之，將以遣日也。汲郡有比干銅盤，故又稱金，繫以地，不繫以時，與歐陽、趙氏之録異，故別著爲表録之，共成四卷。”

姚氏跋曰：“先文僖公於嘉慶庚午督學中州，先世父從，書成即在此時。此書蓋取羣籍所載，綜而録之。世父有手寫定本，今亡矣。覲元藏其草稿，脱簡處已不復可入，因據表補録，附之於後。”

文光案：凡碑以目見者爲得實，據書録之不知其存亡也。此本所録亦不知出自何書，姑識於此，以俟細考。又案：《咫進齋叢書》即姚氏覲元所刊，凡十四種，前無總目，并記於後。

《孝經疑問》一卷，姚舜牧著，自序。《公羊問答》二卷，凌曙著，劉文淇序。《説文答問疏證》六卷，薛傳均著，陳用光序，阮相國序，自序，附薛君碑。《説文引經考》二卷，吴玉搢搢著，自序。《説文檢字》二卷，毛謨著，自序，姚覲元補遺。《藥言》一卷，姚舜牧著，萬曆庚申王三德序，丙午自序，十世孫覲元跋。《前徽録》一卷，姚世錫著，乾隆辛巳王元禮序，自記。《中州金石目》。《大雲山房十二章圖説》二卷，惲敬著，自序，姚覲元跋。此書據《虞書》十二章爲十二分圖、六總圖，又據周至明史志爲歷代十二章圖，各系以説。今本自周以下圖皆亡，止存其説，不能補也。《大雲山房雜記》二卷，惲敬著，姚覲元序。《瘞鶴銘考》一卷，汪士鋐著，自序。蘇齋《唐碑選》一卷，姚覲元跋。覃溪書學以化度爲宗，其論率不外是，此以抄本入梓。《三十五舉》一卷附校勘記，續一卷，再續一卷。《務民義齋算學六種》共十一卷，徐有壬著，無序。

## 《求古精舍金石圖》四卷

國朝陳雲撰

說劍樓本。凡金二卷，印一卷，磚一卷，有圖有釋，別無考證。前後序跋皆應酬之作，不足録也。

嘉慶十七年得古劍一，周器也。以晉尺度之，臘廣一寸八分又十分分之一，莖圍如之，首徑一寸二分，身長一尺八寸一分，莖長三寸六分又十分分之二。以庫平法馬稱之，重廿二兩〔四〕七錢。按：鄭注《考工記》謂莖長五寸，上制長三尺，所謂身長，五其莖長也。中四下三，皆如之。此周尺也。以晉尺較周尺，則晉尺之七寸二分又五分分之一即得周尺一尺矣。以庫平較周權，則庫平之六兩五分即得周權一斤矣。孔氏尚任《古尺考》云，建初尺與周尺同，此即晉之前尺耳。又云當古尺一尺三寸六分，此真周制，以是得周尺之數。阮侍郎所藏西漢陶陵鼎銘曰重八斤一兩，以庫平稱之，重五十三兩七錢二分，則漢時一斤當今庫平六兩六錢六分，以是得周權之數。然則此劍乃周時之上制，上士服之，真可寶也。以桃氏爲劍文并鄭注徵之，無不吻合，其足證明遺經若此。近儒戴氏震、程氏瑤田、金氏榜之説有補鄭者。有與鄭異者，以是劍考之，則知鄭注之確，後人皆臆説矣。宋王復齋《鐘鼎款識》載晉尺銘，今人據以定周尺，本諸晉、隋二《志》。殊不知荀勗令劉恭所造之周尺即晉前尺也，非顯有周之遺器可憑。予以周劍之莖五寸以定周尺，視前人之無確證者差有據依。予又得一劍，蓋中制也，并圖於後，又圖新定之周尺附焉。右新定周尺，本康成莖長五寸之説，與孔氏古文説合。東原謂臘廣言四面，則長倍之句爲贅語矣。目不睹古器，妄與康成立異且劍圖，則以近制誣古制，尤不足辨。今新定周尺，凡周器皆可以此尺較之，當無不與經合矣。

　　文光案：臘廣者，劍之身中也。是書於周尺頗有考證，因錄之。尺之見於他書者甚多，隨見隨錄，未歸一處。明鄭世子以古泉定尺，亦可依據。詳見《樂律全書》。邱瓊山曰："周尺比今鈔尺六寸四分弱。"鈔尺者，準大明寶鈔，今裁縫尺近之。

　　摯虞駁陳思議云："今尺長於古尺，樂府用之律呂不合，史官用之曆象失官，醫署用之孔穴乖錯。"由此言之，晉時所用已與古不合，今則失之逾遠。方書所謂方寸匕，皆民間之衡量，豈有濟乎？

　　文光案：銅尺一則，不記錄於何書，舊稿中有之，因錄於此。凡引書宜著出典，否則日久忘之，不能再檢原書也。

## 《金石一隅錄》三卷

國朝段嘉謨撰

　　如見齋本。嘉慶庚辰年刊，前有鄧廷楨、吳榮光序并自序。是本石刻，隋一、唐五、宋八、金一、元一、明二十九，共四十一種，附商卣至金崇教禪院鐘凡十一事。各碑皆錄全文，加以案語。書內題"武功縣知縣偃師段嘉謨襄亭編"。

　　鄧氏序曰："關中爲漢唐都會，古蹟既多，而有廣一代集書學大成，是以穹碑斷碣，觸處皆是，各造精妙，無與論已。武功，關中之一隅也。石墨不多，紀載仍尠。近時孫淵如觀察、邢侹山太守作《寰宇訪碑錄》，蒐討頗備，然於武功止載蘇許公碑及朱光旦書唐太宗碑、崇寧縣學碑數種而已。襄亭明府既宰是邑，刻意茲事，於是有鞏君墓誌、任府君碑之獲。乃哀集所有，自隋迄明，述其梗概，用補邑乘，良可稱也。昔黄叔璥作《中州金石志》，據所見聞，義各有取。是錄之作，豈以一隅爲歉哉！"

段氏自序曰："於學得任公碑，於野得鞏公、吳長史碑，皆金石書所不載者。"

周驃騎將軍、右光禄大夫、雲陽縣開國男鞏君墓誌銘，開皇十五年十月立，正書，篆蓋。公諱賓，字客卿，張掖永平人也。按此石出於嘉慶二十四年四月，邑人掘土得之，無撰書人名。其文沿齊梁之習而字體高古，有鍾、王法，篆法亦得漢魏遺意，後人不能及也。鞏賓更事兩朝，頗著戎功。志云世襲茅土，州閭畏憚，可謂盛矣。然史傳邑乘皆不載其人，迄今千二百年之久，無能道其姓字，竟使世家大族翕赫於一時，泯然與草本同腐，亦可慨也。

文光案：此石今在縣署，文俱完全，字無剥泐。賓在魏爲平東將軍、太中大夫，故録云更事。《兩姓志》云永安二年從隴西王爾朱天光入關，此事魏之始也。天和二年受驃騎將軍，四年任豫州長史別駕，其年十二月薨於京第，春秋五十有五，此事周之終也。

任令則神道碑，天寶四載十二月立，行書。此碑在學宮殿堦之西，剥蝕已久，僅存十之三四。筆意視《雲麾》差僵而略存形似。以其年考之，當爲晚年書無疑。

文光案：碑中可讀者，上柱國任府君神道碑并序，李邕文并書。公諱令則，字大猷，本樂安博昌府君。考皇朝資州司馬直太史，風神散逸。嗚呼！以開元十六年十一月八日寢疾，終於官舍，春秋六十有三。悲夫！夫人吳興郡君謝氏，以開元十八年□月十八日合葬於武功。碑凡一千三百二十八字，録存者六百三十二字。末有詞曰八章，各注其一、其二字。序下缺，書下缺，昌下缺，史下缺，逸下缺，氏下缺。

唐故奉義郎、誠洋王府長史、濮陽吳府君墓誌銘并序，鄉貢進士寇同撰。府君諱達，字建儒，濮陽人也。以太和四年夏六月有六日遘疾，終於勝業里之私第，春秋六十七。此石於嘉慶二十二年賈得長安市上，書尚有唐人法，因置之縣齋。

雲房字刻，鍾離權草書，在唐太宗祠。“雲房”二字筆意俊奇，人爭寶之，贗體也。

## 《金石苑》五卷

國朝劉喜海撰

原本。籤題“三巴舂古志”。舂音擬，籀文。面題“金石苑”，篆書。又篆書“三巴漢石紀存”六字，“道光丙午夏日燕庭題於來鳳堂”，凡十三字，正書一行。喜海字燕庭。是書内不著名，亦無序跋。摹勒之外，間著石之高低，略有論說。凡漢石一册，六朝、唐五季并一册，宋二册，唐宋題名一册，共五册。

漢巴郡太守樊敏碑，先碑圖，次錄全文，僅損一字。次碑陰，紹興己卯眉山陳勤戀傳書後。上下兩層，上層崇寧壬午眉山邱嘗書雅州盧山縣樊侯碑陰，曰：“世傳魏受禪碑爲絕出，而此乃建安十年所立，又在黄初之前。字法奇古，文尚可讀，而人無知者。碑將仆，余爲屋以庇之。”

隋西山觀文托生母造象，大業十年正月。右造象在綿州，文托生不著姓氏。六朝造象多釋氏語，此二種皆天尊象，亦所罕見。

唐佛祖巖辨法遷造象，貞觀二十三年四月。《綿州志》載此種，而遺西山觀隋刻，何陋之甚？升菴《希姓録》不載辨姓，亦疏略也。

唐《益州學館廟堂記》，永徽元年賀遂亮撰。其文曰：“唯石室獨存。周公禮殿，其堂壁上畫上古盤古李老□歷代帝王之像，梁上畫孔子及七十二□□，益州刺史張收所畫。”又曰：“楹有書，更精妙可觀。”又曰：“廟堂東南[五]柱上鍾會八分書。”又曰：“此堂原以竹瓦上棧。”文多殘闕。

唐《石堂山高涼靈泉記》，周久視元年十一匭。碑在綿州，乃崔融夫婦因無子禱於石室，有應，遂刻石以紀靈異。兩《唐書》融傳俱言授婺州長史，未言綿州。或融初授綿州，嗣改婺州；或婺字乃綿字之訛，均未可知。總之史有遺誤。

唐千佛崖韋抗造象碑，碑石上鄭愚題名。愚見《全唐詩》小傳。據題名，知愚未官觀察之前曾爲李景讓節度使副倅。

《廣元千佛崖屈突季將造象記》，開元十八年。季將，唐兩書無傳，見《元和姓纂》。據記，季將曾爲利州刺史，《姓纂》失載。

閬中唐鐵塔，高九尺，八面，每面廣一尺，石頂高六寸，石座高九寸，八面經文。五金之質銅最壽，鐵易銷。兹塔自唐天寶四載迄今歷千年而巋然獨存，尚無鏽澀，亦可寶也。

顏氏《干祿字書》，石連額高六尺七寸，廣三尺八寸，兩面。正面五列，陰面六列，列三十五行，行九字。字徑八九分，注字三分。正書額六字，字徑二寸，餘篆書。石下端殘缺。石碑在三臺儒學尊經閣下。據吳白華跋，自是宇文時中以湖州本摹刻於潼者。

> 文光案：傳本《干祿字書》刻劉喜海跋，蓋錄自《金石苑》。而此本無跋，則劉之所遺者多矣。

唐《重修化城龕記》，光啓四年三月。《唐書·宗室世系表》，蜀王後有思文、思永。此碑題銜之李思宏，當亦蜀王後，表失載之。唐化成縣屬巴州清化郡，即州治。成、城古通，宋稱化城。

宋新浦縣六印并印牌，牌長七寸六分，廣二寸三分，厚二分弱。太平興國五年十月鑄，有"牌入印出印入牌出"八字。

宋《中江縣寧國寺響畫贊》，康定元年知梓州中江縣事萬當世述，白慎言正書。序曰："釋迦佛座之北隅有古畫，西方變相音樂壁一堵，若人盡心以瞻，舉手兩拍，則壁中有管絃之聲四發於外。"按其記則乾符四年季夏之所作也。

文光案：此序内"我大雄氏"，"我"字抬寫，碑板有此例。

宋《皇澤寺造象記》，"本路轉運使崔嶧與知軍州事郭諮同糚佛一龕，慶曆丙戌上元後一日題。"右記刻於廣元千佛崖。

文光案：唐宋隸書無足觀者。此記二十九字，勁拔可喜，惟不知爲何人所書。"曆"字缺末二筆。又案：記中本是郭諮後跋，所考者爲高諮，不知何故。

宋趙毅簡公神道碑，在大足縣，范祖禹撰，蔡京書。宋杜大圭《名臣碑傳集》載有此碑。大圭，蜀人，當即於石本録出者。公諱瞻，字大觀，其先亳州永城人。

宋重刻漢車騎將軍馮公碑，崇寧三年歷下張槀序。馮公靈迹異効，渠人受其賜爲日久矣。凡有禱祈，無不立應。郡進士李權、趙甫或得其碑於史君鄉南陽村，字畫髣髴可辨。公即東漢之名臣，生有功於國，殁有惠於民，朝廷將加王爵，先賜廟額曰"濟遠"，遂與縣宰蒲希尹命工增茸，勒舊銘於石。按碑君諱□，字皇卿，幽州君之元子也。少耽學問，習父業，治《春秋》、嚴、韓《詩》。永康元年十二月薨，謚爲桓。

文光案：此碑不知何人所撰，隸書。渠州濟遠廟應民公，崇寧三年九月加封惠應王，有告牒一通，正書。

宋《文正倫墓誌銘》，蹇汝明撰，年月泐。公諱正倫，字濟道，左蜀郡之巴西人。當時太學三千人，推蜀中者有二文之目，乃公與其弟正思也。公以朝請大夫致仕，所著有《小名録》三卷，《東嚴野老集》八十卷。自左氏至唐史悉手抄，至於内典，無不通者。家有所集秦漢以降古帖八十五秩，其博矣哉。

宋壽山福海鐵器，右器文曰："造壽山福海一座，施本州天寧萬壽禪寺轉輪，祈乞壽年綿遠，子孫榮隆。時以建炎二年歲在戊申十二月謹誌。"上器文曰："法輪常轉，國界安寧。"其器上凹下凸，上下相受。上器八方孔，穿以巨木，八人推之，旋轉如磨，上器動而下器不動。約重五千斤，簡州陽安縣民闔宅等捨錢鑄造。嘉慶八年，簡州吏目胡燮廷於白塔寺前得之，塔在州南二里。此器他處未見，惟洪雅縣北一里月珠寺亦有二器，乃紹興六年鄉士任元貴鐫，當是蜀中南宋時風俗，競造此器以祈禱也。

宋惠因寺維摩詰像并題字，右碑在大足縣北山，宋紹興中立。壁畫維摩詰像，後易石，見王象之《輿地碑目》。按《維摩經》，西竺維摩詰，廣嚴城處士也。佛聞其病，遺文殊師利行，因共談妙道，遂成此經。所畫即其事也。

宋《李仲侯墓誌銘》，李安仁撰，任續書。仲侯字君直，左綿巴西人。同時蹇汝明、文正倫、王賞、李良臣、楊椿，皆以詩名。

宋高宗御書《孝經》，右碑在遂寧縣學，四石佚其第二，縣志以爲五石，誤。又以爲徽宗書，尤誤。當時秦檜先刻於家，諸州即以檜本勒諸石。咸淳《毘陵志》、景定《建康志》均著錄，今佚。惟《湖北金石存佚考》興國州學有之。朱氏《經義考》載毘陵、建康二種而遺遂寧、興國二本，洵考據蒐羅非易事也。

宋立唐柳本尊傳碑，文曰："居士名居直，數致神異，人不敢稱其名，號柳本尊。先是州城北有柳生癭，久之乃出嬰兒，邑都吏收養。既長，以柳爲氏。光啓二年建道場，然手指一節供諸佛，救苦惱衆生。紹興庚申，眉山張岷跋，男濟書。"按傳跋爲華嚴導師覺公所撰，碑在大足縣，八分書。

宋司馬溫公書《家人卦》，右隸書，在中江縣磨厓。按朱竹垞引《宋鑑》稱，紹興六年十月庚辰，上諭大臣曰："司馬光隸書真似漢人，朕有五卷，所書乃《中庸》與《家人卦》，皆修身治家之道，不特玩其字而已。"南宋時因高宗有此諭，故多以溫公《家人卦》刻諸石。

漢王稚子闕，隸書八字，有題名二，石上下缺。漢逍遥洞仙集留題，隸書十二字，正書八字。漢益州太守高頤碑，先碑圖，次錄文。高頤雙闕，隸書，二十四字，建安十四年。漢馮煥闕，隸書，二十字。漢沈君左闕，先圖，次釋，次摹十三字。雙闕旁皆有畫像，一段上刻璧形，下刻龍形，《隸圖》所未載也。沈君右闕，十五字。闕在渠縣，歐、趙均未著錄。《隸釋》云今在梁山軍者，誤。《隸續》有圖。漢楊宗闕，十三字。蜀楊公闕，八字。蜀賈公闕，六字。北周高祖文帝廟碑，閔帝元年立，正書。文缺一字。佛像二尊。隋西山觀黃法暾造像，大業六年十二月。唐合州慶林觀銅鐘，長安四年十月。武后時所立之碑，多則天所造字。《唐中興頌》三種，一劍州鶴鳴山本，一資州北巖本，一資州東巖本。宋刻唐《越王樓詩并序》，唐綿州刺史樊宗師撰。案此序奇澀，與《絳守居園池記》相類。宋《王夢易墓表》，張商英撰，李邦彥書，王昌齡篆蓋。宣和五年立石，碑在榮縣，行書。宋漢州開元寺鐵香爐，紹興十四年造，上有膺姓，氏書所無。巴州知府縣令勸農事，特勒石以紀其盛，本紀與碑所載皆合。宋御筆藉田手詔并記碑，在渠縣。《廣元雷峰寺勤農記》，紹興十八年。宋《福昌院勤農記》。蓬溪李神君碑，乾道八年。神君諱洪，字廣元。宋《王典孫墓表》，馬騏撰，黃然書丹。淳熙七年典孫知忠州，卒於忠州，葬於榮州。巴州南龕山"嘉禾堂"三大字，淳熙辛丑假守鄱陽張垓書。名山甘露祖像并行狀，紹熙三年，石高七尺八寸。達縣宋太平興國禪院鐘識銘，十行，行十八字，題字七十五行。"銅山縣"三大字，章駒篆書，字徑三尺。右刻在中江縣南一百二十裏銅山廢縣。宋《紫府飛霞洞記》，石碑在名山縣東南里許梓桐觀後汙龍池洞內，相傳爲帝君仙筆。宋楊叔蘭書"玉泉山"三大字，字徑二尺。宋大椿真聖像，石高七尺二寸。宋東岳廟鐵香鼎，高二尺九寸，字在項，四十行，行三字，正書。宋壽祿巖"壽祿"二大字，字徑九尺，篆書。右磨崖刻於中江縣南九十里郪江東岸，亦名玉江。

宋玉窗子書"當陽勝處"四大字并詩，字徑二尺，寶慶三年。宋釋迦舍利寶塔禁中應現圖并記，石高三尺四寸，正書。宋大足令何光震等《餤郡守王夢應記》，正書。宋"寶頂山"三字，魏了翁正書，字徑一尺。"昆盧菴"三字，字徑一尺六寸，魏了翁篆書。案：了翁正書、篆書皆佳妙。"藏真泉"三字，右刻在簡州西崖下，中泐，相傳爲許奕書，《宋史》有傳。

　　文光案：金石書從拓本鈎出者最貴。是書首册皆漢隸，俱雙鈎，因全録之。餘録其有考證者，有圖者金亦全録。

## 《海東金石苑跋尾》一卷

國朝劉喜海撰

觀古閣本。同治癸酉年歙鮑氏校刊，前有鮑康跋。

鮑氏跋曰："劉丈輯金石五千通爲《金石苑》，所梓行者，《三巴䀏古字》一種。其《海東金石苑》八卷，尤考古家必不可少之書，備載全碑文。當年假觀，手録其目，原帙遂燬於火。伯寅抄各碑跋語，出以授余，爰亟付手民。遺稿零落，僅存什一。"

劉氏自序注曰："趙雲石名寅永，字羲御，朝鮮人。嘉慶丙子入都，知余有金石癖，於書林中晤之。因出所携東碑數十種，悉以見餉。嗣後每遇鴻便，必有金石之寄。""震石小阮名秉龜，字景寶，亦有金石之好。於道光庚寅春日充使來都，即以石爲贄，修舊好焉。""金山泉名命喜，多金石之贈。""山泉長兄秋史名正喜者，曾謁翁覃溪、阮雲臺諸先生。其經術文名爲朝鮮一時之冠。曾手拓古碑寄余。""《海東金石》自陳光大二年始，至明洪武二十八年止。"

　　文光案：目陳一、古一、唐廿四、晉七，唐二、晉一、宋十五、遼五、金九、元十、明五，共八十通，多釋子碑碣。

序注云："所藏東碑俱屬抄胥，以精楷寫於雲石所贈日本國美濃紙。"自序爲四六，序後有道光十一年朝鮮李惠吉題詞，年下題小春念三。廿作念，形聲俱誤，不知何以中外皆然。

陳新羅眞興王巡狩碑。考東國《通鑑》，王奉佛甚勤，末年剃髮披僧衣，自號法雲，住永興寺。《鑑》述其事蹟甚詳，而碑失載之。書體淳茂古拙，在隸楷之間，凡百十餘字。海東最古之遺迹也，故錄爲諸碑之冠。

新羅奉德寺銅鐘，重十二萬斤，聲聞百里，見《高麗史·地理志》。此鐘撰人、書人凡兩見，《金石例》所創見也。

唐崔致遠隨海入唐，有《中山覆簣集》五卷，詩文三十二卷，《唐志》失載。十二神畫象，每石畫一神，蓋十二時生肖也。李齊賢與趙子昂遊，爲高麗名儒。潘跂云"《泉苑》稿在祖蔭處。"

# 《金石索》十二卷

國朝馮雲鵬、雲鵷同撰

邃古齋本。是書成於道光元年，板藏嵫陽署齋。前有辛從益、鄭勉、鮑勳茂、賀長齡、梁章鉅、景慶、徐宗幹七序，又雲鵬自序，後有平翰跋。卷首敬刊純皇帝欽頒闕里廟廷周范銅器十事，次目録。金索：一鐘鼎之屬，二戈戟之屬、量度之屬，三雜器之屬，四泉刀之屬，五璽印之屬，六鏡鑑之屬。石索：一至五碑碣之屬，六瓦磚之屬。各屬皆有小序，器皆親見，圖皆手摹，僞造仿刻概不之及。

辛氏序曰："古金器著録者，非親自手拓不足爲據。如《比干銅盤銘》，《嘯古堂集録》與《汝帖》所刻迥殊，其他可知。往見翁宜泉所拓《錢譜》，歎其精妙，此本之工殆欲相并。且考定精當，信而有徵，古器與銘賴以不朽。"

景氏序曰："晏海先生江左宿儒，主講東魯書院，佐其弟集賢爲賢令尹，公餘著作等身，人所共睹。復以所輯《金石索》見示，手自勾摹，工細曲肖。今偕集軒明府蒞任膠東，於其行也，跋其後以爲贈。"

馮氏自序曰："索於舊聞者二三，索於新得者七八，命工繪圖，三年而竣。凡三十餘萬言，皆手自鈔訂，其考證則與季弟共之。衷爲十二卷，金、石別部，不相混淆，是亦可觀矣。儻由齊魯而燕趙、而秦晉、川蜀，擴所未見以謀續編，則幸甚。"

周范銅器。一木鼎。木，人名也，如后木、子木之類。二亞尊。三犧尊，全刻牛形，鑿背爲尊。《禮圖》云飾以牛，非是。四伯彝，五册卣，六蟠夔敦，七寶簠，八夔鳳豆，九饕餮甗，十四足鬲。分甲乙十干，次第陳設，神彩驚人，不敢逼視，更在大學所藏十器之上。潘氏《縣志》所刻鏤文不類，顛倒雜亂，人無知者。乃請於冶山上公，敬觀兩日，手拓其銘，選工繪圖，悉遵原式，不至貽誤。

古鏡銘曰："作佳鏡哉真大好，上有仙人不知老，渴飲醴泉饑食棗，浮遊天下放四海，鑄敝金石爲國保。"又鏡銘曰："吾作明鏡四夷服，多賀國家人民息，胡虜殄滅天下服，風雨時節五穀熟，長保二親得天力。"

　　文光案：古物多吉羊語，如大吉羊、宜侯王、延年益壽
　　等字，見於瓦甎者更多，不及備載也。

《泉志》："古刀柄端有'方寸匕'三字，仿佛隸書。身有文曰'貨布五百'，疑莽所鑄。"予得其一於太原縣。

　　文光案：古方書有方寸匕，想漢時有此制，匕即匙。今
　　本作"七"，恐誤。此刀罕見。

雜器，若銷、若洗、若鐙、若鑪、若釜甑、若鐎斗，以及浮屠造像、田野鈴鐸之類。銷，小盆也。

漢孝堂山畫像十石，在肥城縣。漢魯王墓石人二，身有篆文，在曲阜縣。漢武梁氏石室畫像一之十七，二之八，三之十三。又

武氏前石室畫像十五石，在武梁祠畫像之前，故黃小松定爲前石室。此刻洪書不載，蓋未見也。後石十，武虛谷跋云：“《楚詞·天問章句敘》云，屈原見楚先王廟及公卿祠堂圖畫，天地山川神靈琦瑋僪佹，及古聖賢、怪物行事。”此亦師其意而爲之。武氏左右室畫像十石，又祥瑞圖二十二種。漢畫像石二。孔子見老子畫像。周公負扆圖。

　　文光案：《石索》畫像詳於他本，古圖宜細玩也。

## 《山右金石錄》二卷

國朝夏寶晉撰

古歡閣本。道光二十四年自序，石宗建校刊，附校語三十餘條。前有光緒壬午淩霞記。目錄一卷，跋尾一卷。原本甚少，此石子韓重刊之本。子韓善分隸，癖嗜金石，搜羅甚力，撰《金石譚》及《山右金石補錄》，皆未竟。

　　《續揚州府志》：“夏寶晉，字玉延，高郵人。嘉慶十八年舉人。歷任山西和順、寧鄉縣，升授朔州知州。”

　　右金石一百二種，或收藏善本，或手自撫拓，并注明所在州縣於其下。

　　萬物咸成瓦，漢人篆書，山西陽曲申氏家藏。右空瓦、飛鴻延年瓦、長樂萬歲瓦，皆申氏所藏。漢瓦并篆書。又樂字瓦同。石刻佛經，八分書，後齊天保二年，在陽曲。興國寺李早生等造象題名碑側，正書，無年月，在安邑。李靖《上西岳文》，行書，宋崇寧三年，楊大中摸刻，在潞城。齊太公廟碑，正書，無年月，錢少詹云是唐以前刻，在芮城。風峪石經，正書，無年月，中有武后制字，在太原。賜張說勑，行書，天寶元年，在聞喜。《龍泉記》，張鑄撰，裴少微正書，元和三年，在芮城。《金剛盤若波羅密經》幢，李宗正書，天復三年，在鳳臺。《尊勝陀羅尼經》，正書，無年月，後有四社邑衆名，在澤州。千峰禪院勅，後唐明宗正書，天成元年，在澤州。乾明寺《尊勝陀羅尼經》，劉紹正書，天成三年，在澤州。《龍泉禪寺記》，徐綸撰，王獻可撰後序并正書，後周顯德三年，在陽城。陳堯佐請平治太行山道箚子，正書，宋大中祥符八年，在絳縣。河東轉運使陳堯佐箚子，行書，大中祥符八年，在鳳臺。《後土廟記》，裴瑾撰，正書，天禧四年，在猗氏。《澤州龍潭記》，夏侯觀撰并正書，天聖九年，在鳳臺。《謁首陽山二賢祠文》，邵必撰，黃載篆書，慶曆四年，在蒲州。晉祠碑陰，余藻題名，正書，至和二年，在汾陽。《汾州別立磨崖碑文記》，謝景初撰，正書，嘉祐五年，在汾陽。李□《題涼軒詩》，吳東之正書，嘉祐六年，在芮城。

　　文光案：以上瓦五，碑二十餘，錄於孫氏《寰宇訪碑錄》，足補《山右金石錄》所未備。續得宋元碑七十五通，合二十五共百通，爲補編一卷。孫氏有《平津館讀碑記》，未見。

　　明代革除建文年號，仍稱洪武，凡公私皆禁之。而《祭告霍山文》題“建文元年”，深山荒僻之鄉偶未磨滅。顧亭林《求古錄》載之，竹垞亦有題識。郭有道碑，原石明季已佚，傅青主、鄭谷口各有撫本，略存其迹。王宰爲智興之子，嗣爲大將，所書方整腴潤。唐代武人亦工翰札如此。

## 《百塼考》一卷

國朝呂佺孫撰

《滂喜齋》本。光緒戊寅潘氏校刊，後有道光十四年吳佺孫自跋。此考有說無圖，多漢晉塼。

　　呂氏自跋曰：“佺孫隨侍家君來守明州，於茲四年矣。癸巳之夏，偶於頹垣中搜得一磚，乃始稍稍留心求之。自是以後所得浸廣，而求之亦日益力。因取前後所得彙爲百種，拓成此卷。倉卒爲之，未及詳核，其中尚多挂漏舛錯，以俟博雅正之。"

文光案：滂喜齋刻《簠齋傳古別録》，皆言拓字之法。又《筆記》多講金石文并印板，陳介祺所著也。

## 《二百蘭亭齋金石記》三卷

國朝吳雲撰

歸安吳氏本。咸豐丙辰年刊。書凡三種，第一齊侯罍，第二聽松，第三老子《道德經》。

齊侯罍。首圖，器高今尺九寸許，腹圍二尺許，重今庫平一百五十兩餘，左右饕餮銜環，一耳小缺。次審定拓本，先篆文，後今文，皆十九行，銘文百六十餘字。次跋，有注，中多釋文。次阮文達公釋文，張氏廷濟釋文。次阮文達《後歌》，歌後有説。吳氏曰："雲得陳氏慶鏞釋文二篇，上篇釋此器，下篇釋蘇州曹氏器。前載雙鈎銘文，考證俱極精確。惟此器文鑄腹内，又多剥蝕，搥拓最易失真，必屢拓而互校之，庶少舛誤。陳氏銘中字文間與今本不符，兹刻仍依陳氏釋，附存鄙見於後。"陳氏曰："此器蓋齊侯朝於王，王爲立樂。因報聘於齊，陳氏爲作韶樂，祭於廟以迎天子之賓，而行饗禮之事也。"阮氏曰："余于嘉慶十八年從安邑得此器，藏於家廟，屬朱樹堂爲弼釋之，略有異同。"

李聯榜孝廉云："季札在魯，但見韶舞，未聞韶樂，故曰觀止。孔子在齊始聞之。"此説甚確，得未曾有。余有陳逆簠，篆曰："余陳狟子之裔孫，作季姜之祥器。"此狟子即桓子，《牧誓》"尚桓桓"，《説文》作"尚狟狟"，可以假"狟"，亦可以假"洹"矣。又此簠爲季姜，而罍洹子孟姜，是陳氏世代多姻於姜，可補三《傳》、《史記》之缺。原注：罍爲韶樂，簠爲封地。簠見《積古齋鐘鼎款識》。蘇州又有一齊侯罍，拓本與此大同小異，亦真古器也。病中識出此器爲韶樂夏舞而作，已快意。何子貞又識出墓字必子疆也，甚確。余因此又推《左傳》武子即《史記》武子開，即《世本》之亹，亹、門通借。門，名；開，字也。亦甚快，因效東坡《石鼓歌》作《後歌》。原注：洹子，孟姜子，極明白，定爲陳田之器。歌云：“孔子適齊方作韶，正是此甗鑄成後。韶夏綴舞逆天子，齊侯知禮命姜婦。”原注：“杜氏《左》注誤合開、疆爲一人，余謂射手失弓者，亹子開也。君子白晳者，墓子疆也，即鑄器人也。錢竹汀云：“亹即亹字，從文者，後人妄增。《開成[六]石經》及宋板《易》、《詩》無作亹者。先鄭讀亹爲徽，徽從微省，微與尾古文通用，《周官》之嫐即《説文》之娓，娓讀爲媚，與今人讀異。古鐘鼎文眉壽多作亹或亹。楊南仲謂亹、眉古同，眉轉爲門，《詩》“虺隤亹亹”是也。亹又轉爲勉，《詩》“勉勉我王”，《荀子》引作“亹”是也。亹者亹之省，隸變爲亹，只是一字。”

《錫山縣志》云：“慧山寺有石床，在殿前月臺下，長可五尺，廣厚半之，上平，可供偃仰，故名石牀。頂側有‘聽松’二字，傳是李陽冰筆。”王箬林云：“二字蒼潤有古色，非陽冰不能作。”此石昔人未見著録，始載於《竹雲題跋》，并云有楷跋十數行，磨滅不可復識。無考證。翁氏《復初齋集》，此跋僅據拓本。余親到慧山，手自拓墨，復審得十數字。原石二篆立書，題名十行，皆右行。

老子《道德經》幢殘石。石高一尺二寸許，八面，面寬四寸許，乃最下一段。經文所存九百三十四字，合款及年月共九百五十字，無書人姓氏。以今世傳《道藏》葛長庚、吳澄、焦竑本較之，頗有異同。竊謂傳本當以唐爲最先，歐陽公、趙德修曾收懷州本，今不傳。明皇御注刻於易州者尚在。其次則《經典釋文》，而釋文則依王弼所出，字與此石不同。乃就畢氏所刻傳本校録之，俾後人以《河上公章》爲主者，以資考證云。

第四面第五行題"老子德經，河上公章三"，想是當時次第，惜石不完具。《隋志》載老子《道德經》二卷，王弼注。政和乙未晁説之跋，乾道庚寅熊克重跋，皆稱不分道、德經。而今本釋文實分上下卷，或疑爲刻者增入。然邢昺疏引老子《德經》"天網恢恢"二句，顏師古《漢書注》多引老子《道經》、《德經》，分之者當不自陸德明始。此石亦書《德經》，殆有據也。此石似經火刦，因拓其文。

## 《金石筆識》一卷

國朝莫友芝撰

影山草堂本。同治癸酉年寫刻，每葉二十行，行二十一字。莫氏所録多金石家所未及，其論字尤妙，不可不知。

泰山秦刻廿九字，乾隆初碧霞廟火，拾出碎石存於石池中者，僅"斯臣去疾"一行四字，及"昧死臣請矣臣"三行六字。其拓本流傳，決非後來所能仿佛。此鐵橋手蹟，僅下真蹟二等，始知此老精詣突過，一時能事也。

漢麃孝禹碑，同治庚午肥城新出。平昌即平陰，庬里即廣里。平陰、廣里，本齊邑里名。齊人言廣，音與光同。姓書逸麃姓，時見漢刻。此西漢石之僅存者，筆意渾勁，兼分篆。碑僅二行，一行八字云"河平三年八月丁亥"，二行七字云"平昌里庬里麃孝禹"，按《成帝紀》丁亥爲二日，孝禹自是處士，此碑疑是墓石。

漢光禄勳劉曜殘碑，在山東東平州。同治庚午新出，漢人銘墓以郡邑題其首者，惟見此一碑。

梁安成康王蕭秀碑，劉孝綽文，貝義淵書。可尋南朝小楷法度。當時游王門者，王僧儒、陸倕、劉孝綽、裴子野各製其文，四碑并建。今文無一存，唯西碑額略可識，其陰刻人名。《萃編》誤與始興碑合而爲一。薶蓋姓，《姓苑》、《字書》所未見。

嘉道以來，相習尚元魏人碑板。《弔比干文》書手極精，當冠一代。老輩以元祐重刻不甚重之，非鑒之真者。每經比干廟，此石獨精采動人。

《魏書》"楊大眼以功封安成縣開國子"，《北史》同。大眼碑作安戎縣。考《魏書·地形志》有安戎縣、安城縣，而非安成，當據碑補正之。

真書至初唐極盛，而北朝無不具者。龍藏寺碑置之褚登善諸石中，殆無以別，知即所存出也。前乎此之《道興造像記》，後乎此之《甄塔銘》，皆是一家眷屬。碑在正定城中大佛寺，精悍奪人。

唐李含光碑，今句容所刻補字出注，稼門得宋本鈎傳者，皆惡劣。惟何子貞有四面全拓，校其僅正面者，尤希世之珍也。此碑四面通計千六百餘字，稼門所訪一千四十餘字，此本多二百許字。此魯公年六十時書也。計今顏碑存者，前二年有元次山表墓碑，後一年有宋廣平碑側記，又後二年有顏氏家廟碑，而顏碑絕筆矣。書此碑之年，復有殷夫人顏氏碑。魯公晚年書，融會篆分隸為一家，無意於工，工乃獨絕。

唐信法寺彌弛象碑，在元氏縣東北雲起寺，楷法絕佳。唐初書家精美如此，乃不以名顯爾，時書道之盛可想見。

金石家於汴京以下之刻，等諸既灌而往，不唯碑板意思蕩然，即刻工亦失其傳。

宋元祐黨籍碑，此拓乃三百九人之本，嘉定辛未權知融州軍沈暐所重刻者，在今廣西融縣。又有慶元戊午饒祖堯刻者，在廣西臨桂，于諸賢已歿者皆注曰故，校沈本猶備。倪元璐云："凡二百餘人，史無傳者。"

宋達州進奉大禮銀鋌款識三行，重伍拾兩。中有人名"湯孫、朱榮、止澤"，而"止澤"字倒書向上。後有"靳德一郎記"五小字。

嚴鐵橋意摹秦之罘刻石廿一字，去真秦刻不遠。漢夏承碑，上引篆籀，下通隸楷，書家精能，至斯極矣。漢三公山碑，小松釋文爲善，惟八行，"閭祐"是"祐"，非"格"甚明。漢曹全碑，"玼"字《字書》所無，精姓僅見。《漢伏生授經圖》，道光二十五年獲於沂州府治西北，移置琅邪書院。新莽始建國鏡，咸豐庚申出於福州，篆銘五十一字，丁作个，甾作㽙，士作㞢。《六朝事蹟》所載梁碑，金石家多未及。《瘞鶴銘》，同治戊辰江中又出小石一片，有"也迺石旌"四字，宋重刻，在西崖上者，存上半段。隋孔宣父靈廟碑，書品在曹子建碑之上，前人未著錄。唐隨清娛墓誌，昔人未言，道光間始有傳之者。唐開祝衡岳銅簡文，簡高一尺五寸有半，廣五寸強，正面五行，背三行，小楷書。

## 《金石摘》十卷

國朝陳善墀撰

不求甚解齋本。是書成於光緒二年，刻於瀏陽縣學。前有同治癸酉梅根居士序，次光緒二年賀祥麟序，次何燮跋，次凡例，末有何子貞贈詩。是書集古今碑板文字，隨意鈎勒，或數字，或數十字，以爲臨池之助，非記金石也。其中真僞雜陳，如岣嶁禹碑，亦摹四字，增以楊氏釋文，不知爲升菴僞作，毫不足據。首尾莫辨。節臨諸碑，不知爲原闕，爲今刪。上自《閣帖》，下至《墨池》、《快雪》諸帖，無一不臨，以備筆法。實金石之變例，亦賞鑒家所不取。既不如翁覃溪考字之精，亦不如錢梅溪摹樣之工。鐘鼎諸文鈎自他本，《西清古鑑》、《考古圖》并《小蓬萊金石》。略見一斑，自藏甚少，然漢魏諸碑及宋代諸崖題名多所未見，新出土諸石可補《萃編》所未備。間有考正，亦足定王書之訛。若刪諸僞迹，存其真而罕見者，備錄全文，自無遺議。惟搜羅甚富，鈎勒甚勤，功非一日所積，自足與金石傳諸不朽。因録其碑之可據與字之甚佳者以備參考。序跋内皆云十卷，而目録不分卷。書衣簽題"卷"字，亦無數目字，蓋未完之書也。

石鼓文原刻，天下多五字本，湘潭羅硯生家藏。歐陽公等取鄭樵、施宿、薛尚功、王厚之各家，輯爲音訓，另石刻之。

宣聖書，史籀書，從蘭州石本鈎摹，較西安刻本稍勝。

《詛楚文》有三種，皆秦時祝壽之文。

秦琅琊臺刻石，廣東陳氏《學海堂》本，湘潭胡氏所藏。臺在城縣，三面環海。李斯篆今存數十字。

秦繹山碑，李斯篆，原刻久不存。宋徐鉉曾得真本，淳化四年其門人鄭文寶以師授摹本刊石。

漢封田碑，在卧虎山，近代始出。

太室石闕銘，今在登封縣，歐、趙、洪三家未著。

敦煌碑，淥江吳氏稱三燕京所得拓本，借鈎存之，原本十二字。友人湯文千從戎塞外，至巴里坤漢壽亭侯廟，見此碑，特拓兩通，寄示。此本甚佳。

漢馮公碑，崇寧年間張鈞等摹刻本，吳氏稱三手鈎寄示。車騎將軍濟寧馮公，字皇卿，永康元年卒。

漢沛相楊君碑，石久不存。此爲晉府原藏舊拓，江南徐氏隨軒雙鈎本。楊君名統伯。

漢高陽令楊君碑，石久不存。晉府原藏，江南徐氏隨軒雙鈎本。君名著，太尉震之孫，讓之子。

漢李翕碑，建寧四年武都太守李翕，字伯都，開通西狹道，民立碑頌之。淮川劉梧岡翻刻本，汪晉萊所藏《西狹頌》原刻甚佳，并《五瑞圖》。

《郙閣頌》，今在洛陽縣，相傳爲蔡邕八分。

漢東海廟碑，向在海州朐山廟。今可辨者九字，只一字完好，碑陰全者三字。

魯峻碑，蔡中郎八分，胡氏本。

漢繁陽令楊君碑，熹平三年，晉府原藏。

漢循吏故聞憙長韓仁碑額，金正大中出土，有趙秉文等跋。

漢三公山碑，光和四年，與祀三公碑是兩種。昭潭胡氏新得本，《萃編》所未錄。

漢仙人唐公房碑，漢中太守郭芝立碑，在城固縣。碑陰字尤磨滅，歐、趙、《萃編》皆未著錄。

魏曹真殘碑，陸星農藏本，陳有《金石補正》。

魏王基碑，景元二年，碑僅半截，近世始出。

宋寧州刺史爨使君碑，六朝劉宋文爲爨道慶作，此胡氏摹本。使君諱龍顏，字仕德，舉義熙十年秀才。大明二年歲在戊戌，嗣孫碩萬等立碑。碑在雲南陸涼州蔡家堡，高一丈有餘，《萃編》未著錄。

《瘞鶴銘》，字約五寸，翻刻，爲林企忠等所撫。

《石門銘》，魏王遠書，共十二字，似隨意鈎勒未完。陳刻類如此。

鄭文公碑，公諱羲，字幼麟。道昭，其季子也。此北魏碑，《萃編》未著錄。石在天柱山。

鄭道昭正書十八種，江南陸星農殿撰，藏本晉萊汪公，江南人，收藏甚富。蒙其假鈎漢魏碑板多種。

北齊《雲峰山題記》，河清二年鄭述祖書。述祖字恭文，道昭之子。

曹子建碑，雜篆隸，淮川劉友高監藏善本。

隋舍利塔銘，同治癸酉新出土，碑置白帝城，知縣呂煌跋尾。

智永《千字文》，宋拓，麻紙書，有薛紹彭收藏印。又江西衷簡蕭公家藏本。智永，陳時人，《萃編》誤列隋末。

夫子廟堂碑，今海內有四本，西安、曲阜、城武、饒州。翁覃溪跋云："今幸得見元康里氏藏本，真唐石，尚存千四許，而渳損殘失者多矣。陝本最精腴，而每失其平正。城武本清挺矣，又失枯瘠。今以原本證之，有必不可不訂正處，擇其要者摹百二十字。"

《化度寺塔銘》，海珊仙館殘本，原刻在宋已亡。

《醴泉銘》，陳氏藏本。又一本較圓潤。王澍云："此本筆力腴健，視内府本在伯仲間，定是南宋佳拓。"

《高士廉塋兆記》，原刻漫滅難辨，趙模正書。模與褚同臨《蘭亭》。士廉諱儉，以字行。

唐褚亮碑，亮乃遂良之父，《石墨鐫華》、《銷夏録》皆云碑雖殘剥，分隸精工之甚，與馬周碑如出一手。疑亦殷仲容書也。

唐張先碑，無書撰人名，字多漫滅。《石墨鐫華》云："楷法精健，是得河南之支流，而開平原之門户者。"

甎塔銘，原刻破裂，鄭廷晹、錢湘思等摹刻。

孔聖畫像碑，上篆"至聖遺像"四字，有款"吳道子筆"四字，左載城外五里舊有礄石，寖其上，爲風雨塵泥者不知幾何年。有良驥過，跪弗前，乘者以爲必有靈異，以水拭之，則篆額見。有司奉之學宫，至今猶存。碑在柳州。吳道子，陽翟人，唐玄宗召入禁中，改名道元。

雲麾將軍李秀碑，天寶元年李邕撰并書，碑在幽州，開元八年。先有雲麾將軍李思訓碑，多寶塔碑，明項子京翻刻本。

顏魯公《筆法十二意》，此張長史傳授平原筆法之訣，平原述之，文長未録。

懷素書，時稱爲醉僧，永州人，與顏文忠同時。《律公帖》後題跋約十餘人，皆宋代書家。最後游師雄云："自五代來，世爲安氏家藏本，元祐間摹於長安漕台之南廳。"

《爭坐位帖稿》，首定襄郡王，乃郭知運次子英乂也。稿内郭令公父子乃郭子儀與其子晞也。時在廣德二年。此帖有七種，京兆安氏本、中復堂本、米氏臨本、北京本、魏氏本、戲鴻堂本、關中本。

宋夢瑛法師《千字文》篆書，乾德三年吳廷祚建。又《篆字十八體》，有篆名并釋文。

《陰符經》，宋郭忠恕書，乾德四年立。一字三體，小篆爲宗，而以古文、八分翼之。

《宋淡山巖題名六十八種》，陸氏藏本，“翻後”二字下著慶元年號。陸氏《金石補正》云《萃編》列入嘉祐，誤。

韓昌黎《白鸚鵡賦》，碑在潮州，字皆大草，難識。覃溪另刻文於後。

明空大師碑銘，《萃編》附顯慶後，蓋所見前後多闕文之故。今胡君子彝得林君綏臣所藏全文，始悉唐末五代時崔仁浣撰，金生書，碑在高麗國之東巒。胡君跋尾甚詳。

南詔鐵柱廟鐵柱款，舊傳爲武侯紀功鐵柱，唐時張樂進重鑴，《小琅環叢記》雙鈎本，阮君福跋云柱在趙州。

吳越金塗墖銘，金石荊本。

韓琦書，澄鑑堂本，陳秋垣藏。

九曜石題名，南漢遺迹，周濂溪、米南宮等皆有題字，在廣東使院。翁覃溪跋甚詳，元明人皆未録。

宋梵“唵”字，鎮成軍僧顯俊書，太宗有贊，沙門惟果立。熙寧十年，安民師刊。義静三藏於西天取得此梵書“唵”字，所在之處鬼神驚怖。附録“梵”字石刻。

五君詠，黃山谷書，在桂林獨秀蜂。原刻久佚，道光十八年梁中丞章鉅撫粵，以所藏佳拓仍摹刻之。

元祐黨籍碑，蔡京書。今世存者二本，一在静江，饒祖堯跋；一在融縣，沈暐跋。

柳州三絶碑，馬嶺之麓有磨崖，秦少遊題《踏莎行》一闋，後有東坡跋語，皆元章所書。世稱三絶碑。

朝陽巖題名，山谷晚年書，近始得之。

唐亭刻石，《金石文字記》云"唐亭銘外别有山谷書"，云"與陶介石披榛蒠穢"百餘字，即此刻也。王氏《萃編》指此爲《中興頌》後之詩，與序則誤矣。

三公山碑，錢梅溪篆書，攀雲閣本。先生臨漢碑五十一種，此其一也。

何太史《隸韻》二卷，長沙周氏珍藏，李君吉夫摹刻承贈，最初拓本。

趙曾曰："齊刀第二字，程易疇識爲'寶'字，以牛鼎文爲據，甚確。"

文光案："吞"字或曰法，或曰吉，或曰"太公"二字合爲一字，從無定論，存疑可也。又案：南詔鐵柱或以爲武侯紀功，非也。《金石索》辨之甚詳，此仍其誤。

## 《日本金石年表》一卷

日本西田直養撰

《澇喜齋》本。前有吳縣潘祖蔭序，楊守敬記，天保九年森可弼序。

潘氏序曰："予嘗撰《海東貞石志〔七〕》，計二百餘種，凡新羅、百濟、高麗石刻略備。其錦山摩厓，先秦以上物也。此年表乃日本金石，從來無人著録，計五百餘種，亦云多矣。黎蒓齋以贈眉生，眉生以示予，爰取而刻之，以廣異聞。"

楊氏記曰："日本所存千年以上墨蹟，所見以數千計，金石刻則無甚古者。然金如神護寺鐘銘、南圓堂臺燈銘、道澄寺鐘銘，石如多胡郡碑、佛足迹碑，又未嘗不精妙可喜也。"

楊氏又記曰："此録所載今亦不可盡得，然予所收頗有出此録外者，至委奴國王一印，最爲遼古，以出自近代，此録不及載收也。"

森可弼序曰："我筱舍翁覃思專精，纂輯舊説，發明新旨，傳述詳盡，可謂大成。而其書浩繁，議論雜收，讀者不可一朝而盡也，於是有年表云。是書也，勿論僞造可疑者，乃舶來者、不記歲時者、爲人有者，及秘於祠寺庫不得見者，亦皆不載，一如《金石志》之例云。"

**校勘記**

〔一〕"來"，原作"乘"，據《左傳・成公十七年》改。

〔二〕"豬"，原作"睹"，據《金石三跋・北齊藥方碑》改。

〔三〕"自"，原作"有"，據《金石文字記・常醜奴墓誌跋》改。

〔四〕"兩"，據《求古精舍金石圖》補。

〔五〕"南"，原作"西"，據《金石苑・唐益州學館廟堂記》改。

〔六〕"成"，原作"年"，據《潛研堂全書・十駕齋養新録》改。

〔七〕"志"，原作"忠"，據《日本金石年表・潘祖蔭序》改。

# 史部十五
## 金石類十

### 《金石例》十卷

元潘昂霄撰

元本。鄱陽楊本編輯校正，廬陵王思明重校正。前有至正五年楊本序，又傅貴全、湯植翁、王思明三序。此本題《蒼崖先生金石例》，蒼崖者，昂霄之號也。至正乙酉楊本刊於饒州，戊子王思明復梓之。此本即思明所刻，黑口，板每葉二十行，行二十二字，藏有“吳敷教印”方印，“惠定宇借觀”長印。昂霄，字景梁，濟南人。官至翰林侍讀學士，諡文僖，學者稱蒼崖先生。是書之作，意在指授文法，不必拘拘於金石，而刻石乃文字之尤重者，故言之加詳焉。

楊氏序曰：“《金石例》者，蒼崖先生所述也。凡碑碣之制、始作之本、銘志之式、辭義之要，莫不放古以爲準。以其可法於天下後世，故曰例。而其所以爲例者，由先秦、二漢暨唐、宋諸大儒，皆因文之類以爲例。至夫節目之詳，率祖韓愈氏大書特書，不一書。彪分臚列，其亦放乎《春秋》之例也與。甚矣！先生有功於斯文也。先生世居中州，以文學鳴。國初士之爲文者猶襲纖巧，其氣萎薾不振。先生患其久而難變也，乃述是書以授學者，使其知古之爲文如此。粲然畢舉，如示諸掌。故歷事六朝，出入翰苑餘二十年，凡經指授者，皆有法度。朝野至今稱之。至正四年春，先生之子敏中來爲饒理官，好賢下士，雅有父風。其於先生手澤[一]，尤加慎重。以本之與於斯文也，俾之次第，而讐校之，刻之梓以永其傳。"

　　文光案：是書前八卷爲例，後二卷論文，後人以前後不倫，遂生疑誤。然後二卷實非另爲一書，編次時合而爲一也。若題曰《金石例》八卷附《論文》二卷，眉目自清，庶爲允當。《金石要例》末有《論文管見》，正與此書相類。例本爲文起見，合之固無害也。此書雖名《金石例》，所列皆碑板文字，實無所謂金例也。傅序云"取古昔碑碣鐘鼎之文，提綱舉要，條分類聚"云云，蓋未細考也。書中止有衛孔悝鼎銘，取其爲銘之始，非以是爲金例也。王氏名其書曰《墓銘舉例》，是謂名稱其實。今人碑板文字多率爾下筆，茫無法度，正所謂不知而作，亟宜奉是書爲圭臬也。景梁有《蒼崖類稿》，未見。

## 《金石例》十卷

元潘昂霄撰

《雅雨堂》本。乾隆乙亥德州盧見曾校刊，有序。次原序四篇，與元本同。次目録。楊本編。卷一至卷五，詳考碣誌之始，墓圖、石人、羊虎、德政、神道、賜碑名號之制，銘文、行狀、墳記之式。卷六至卷八，韓文公銘誌括例。書宗族、姻黨、職名、家世、兄弟、妻子、死葬日月之例，皆以韓文爲程。九卷，文字各體之式，末有郝伯常先生編類金石八例，蒼崖先生十五例，皆有録無書。楊氏跋曰："右先生《金石例》，皆取《韓文類纂》以爲例，大略與徐秋山《括例》相去不遠，若再備録，是爲重複，故止記其目於此云。"卷十，史院纂修凡例，起居注之式。末有文僖之子潘訒跋、盧見曾跋。此書初刻於濟南，潘訒刊定。再刻於鄱陽，王思明校正。三刻於龍宗武摹泰和楊寅弼抄本。此爲第四刻，從鄱陽本録出。盧雅雨合《墓銘舉例》、《金石要例》刻之，名曰《金石三例》。墓誌之興，其源不可考，似在唐以前。

潘氏序曰："先文僖公所著《金石例》十卷，制度文辭必稽諸古，所以模範後學者也。每見手澤，不忍釋去。與其私於一家，孰若公於天下？傳之子孫，孰若法之人人？使咸知公之心，去浮靡以還淳古。顧不韙與謹刻之梓，嘉與士大夫共之。至正五年春三月望。"

盧氏《合刻金石三例跋》曰："文章無義例，惟碑碣之制則備載姓氏、爵里、世系以及功烈、德望、子女、卒葬之類，近於史家。如《春秋》之有五十凡，故例尚焉。碑碣興於漢魏，迄唐宋以下，而例則斷自韓子。元潘蒼崖創爲《金石例》十卷，制器之楷式、爲文之榘矱，靡不畢具。明初王止仲又撰《墓銘舉例》四卷，兼韓子以下十五家，條分縷晰，例之正變推而愈廣。本朝黃梨洲以潘書未著爲例之義與壞例之始，作《金石要例》一卷，用補蒼崖之闕。合三書而金石之例始賅。曩病時賢碑碣敘次失宜，煩簡靡當，蓋未嘗於前人體製一爲省録爾。兹故彙刻以行世，俾後之君子曉然於金石之文不異史家發凡言例，亦春秋之支與流裔。觸類而長之，庶乎知所從事矣。"

莫氏《經眼録》："《金石三例》，《雅雨堂》本有評甚佳，蓋嘉慶中長州王惕甫芑孫手校也。目録首葉有'華亭嘯園沈氏圖書'、'沈慈之印'二印。"

文光案：莫氏所見未知爲稿本爲刻本，若以王校本刻之更佳。盧氏刻三例序云："蒼崖，吾鄉濟南人。止仲，吳中北郭十子之一。梨洲，黃忠端公子，漁洋重推之。三君者，學問文章皆有根柢，其所論著足爲程式。刻既成，序其大略如此。"盧序撰於乾隆乙亥。此本寫刻甚佳。近聞有翻刻本，未見。

## 《墓銘舉例》四卷

明王行撰

《雅雨堂》本。是書取十五家之文以爲例，而以韓爲重。各卷前有引，後有説。末卷有補闕，耿菴跋，竹垞跋，盧氏跋。凡讀各體古文，皆宜因是書之法而舉其例，下筆時自有法律，不至妄作。諸例亦未能括盡，舉一反三，變通在人。

韓文公、李文公、柳河東唐文三家，凡九十八首，七十二例。韓文與史遷相上下，而理則過之，其所論撰得其正矣。既取韓文以爲法，非李、柳之文無可以附於韓，此所以舉三家以爲例。歐陽文忠公、尹河南、曾南豐、王荆公、蘇文忠公、朱文公宋文六家，凡一百九首，六十八例。歐公其傑然者，從而和之者曾氏、王氏、蘇氏。南渡以還，斯文之任則在考亭。故復取數公之文之尤粹者附於後，蓋以廣三家之例也。陳後山、黄山谷、陳了齋、晁濟北、張宛邱、呂成公，宋文自後山以下有可爲例者隨而舉之，以所録先後爲次，又以廣九家之例，全録文者爲實例。

《簡明目録》曰："王行取韓愈、李翱以下十五家誌墓之文，標爲一十三例，以補潘昻霄書之遺。較墨守韓氏一家者，爲得其變通。"

　　文光案：此書《四庫》收入詩文評類。今以此例甚多，又專言石刻，遂入之金石類，合十一家爲一卷。

凡墓誌銘書法有例，其大要十有三事焉：曰諱，曰字，曰姓氏，曰鄉邑，曰族出，曰行治，曰履歷，曰卒日，曰壽年，曰妻，曰子，曰葬日，曰葬地。其序如此。雖或有先後，不越此十餘事而已。此正例也。其有例所有而不書，例所無而書之者，又其變例，各有其故也。今取韓文所載墓誌銘，録其目而舉其例於各題之下。三卷、四卷有録文於題下者，謂之實例。神道碑銘亦舉之。又于李文公、柳河東二家之文拔其尤以附於後，用廣韓文之例焉。

盧氏跋曰："余少爲同里先輩孫峨山先生所知，謬託忘年，過從談藝。一日，先生以書一册示余曰：'此東吳王止仲《墓銘舉例》也，每見近人碑板之文漫無法式，得此乃知文章非苟作者。'余受而讀之，爲録一通，藏於篋衍者有年矣。第轉寫之書，訛闕頗多，嘗欲校刊行世，而一行作吏，鞅掌風塵，未暇及也。今年冬於吳中藏書家借金孝章手録本，與錢牧齋家藏本三者合校，又取韓、柳、歐、蘇十餘文集參互訂正，訛者刊之，闕者補之，疑者兩存以備考，而是書始稱完善。既卒業，臨潼張君詰士請授梓，乃以畀之。長夜展閱，回憶與先生把酒京師，抵掌論文，屈指四十餘年，恍如昨日。是書向無刻本，今得與潘、黃二書彙爲三例以并傳，而成先生嘉惠後學之意，竊以自慰。潘例有至正五年雕板，黃例取諸《南雷文定》略爲讎校。是役也，元和惠君定宇、華亭沈君學子暨張君與有勞焉。雅雨山人書於揚州之官梅亭。"

耿菴跋曰："憶崇禎末年館西城王氏，甫里許人華至，携示《古今謚法》及《金石例》二書，予所未有，急手録之。録未半，遭湖兵爲患，避兵者匝月。比適館，則二書烏有矣。中怏怏逾三十年。偶過鄭桐菴先生，言及《金石例》，輒出之笥中，覺與前本微異。假歸重録，別爲一帙。復從汲古閣借得《墓銘舉例》，又録一本，與《謚法》合三。既喜夙願得完，更增別本，尤爲快意。庶幾酌古準今，于昔人之著有所考據，無滋疑謬云。"

朱氏跋曰："是書未見雕本，抄自無錫秦氏。竊意墓銘莫盛於東漢，鄱陽洪氏所輯《隸釋》、《隸續》，其文其銘體例匪一，宜用止仲之法舉而臚列之。惜乎老矣，不能爲也。"

文光案：王氏《廣例》即因竹垞之意而作，今則石例愈多，別有無窮之意。王行，吳中北郭十子之一。

## 《金石要例》一卷

國朝黃宗羲撰

《雅雨堂》本。前有黃宗羲自序。黃氏以潘書未著爲例之義與壞例之始，因要例以補其闕。先標某例，後爲論説，與潘、王二書體例不同。盧氏彙而刻之，而金石之例得其大凡。由是推之，固無窮也。

黃氏自序曰：“碑板之體，至宋末元初而壞。逮至今日，作者既張、王、李、趙之流，子孫得之，以答賻奠，與紙錢、寓馬相爲出入，使人知其子姓婚姻而已，其壞又甚於元時。似世系而非世系，似履歷而非履歷，市聲俗軌，相沿不覺其非。元潘蒼崖有《金石例》，大段以昌黎爲例，顧未嘗著爲例之義與壞例之始，亦有不必例而例之者。如上代兄弟、宗族、姻黨有書有不書，不過以著名不著名，初無定例，乃一一以例言之。余故摘其要領，稍爲辨正，所以補蒼崖之缺也。”

文光案：蒼崖善於論文，凡經指授者，皆有法度。當時朝野稱之。

## 《碑板文廣例》十卷

國朝王芑孫撰

《淵雅堂》本。寫刻甚佳。前有道光二十一年王鎏序，次自序，次目録。一卷至六卷秦漢碑例，七卷三國、晉、梁、北魏、東魏、北齊、周、隋、唐，八卷至十卷唐後，有江元文跋。是書先録例之題，再爲論斷，再題某碑，再録碑文，加以案語，極爲精密，視《三例》過之。不但補闕，兼資考古。汪元文校寫是書，選唐宋十家文以廣八家而無宋文，豈有所佚與？

汪氏跋曰："先生既歿，此書藏之篋笥。洎道光丙申，先生哲嗣又樮命文録爲卷帙，求以行世。而先生族弟亮生謀諸同族，得授梓人。以文世誼姻親，命爲書文校字。始於庚夏，成於辛冬。殺青既竟，附識簡末。"

王氏自序曰："元潘昂霄《金石例》、明王止仲《墓銘舉例》，其論皆主韓、歐。秀水朱氏嘗欲臚舉鄱陽洪氏《隸釋》、《隸續》所述漢碑版以補潘氏、王氏兩家之闕而未及也。今吾不自揣量，輒又旁推秀水之言，上追秦漢，下迄宋、元、明，案：是書至唐而止，未及宋、元、明，或書未完與？作《碑板文廣例》若干卷。潘氏目其書曰金石，概辭也。王氏目其書曰墓銘，專辭也。吾今於潘氏、王氏所已舉不更舉，其所未舉一一舉之。潘氏、王氏專舉韓、歐，吾一不舉韓、歐，要之以文章正統與韓歐也。夫文章之用鴻矣，碑板爲大，一器而工聚焉者也。碑板莫盛於韓、歐，以前非無作者，凡其可法，韓歐則既取而法之矣；其不可法，韓、歐亦既削而去之矣。韓以後非無作者，能以韓、歐之例例秦漢、例元明，無往不得矣；不以韓、歐之例例秦漢、例元明，無往不失矣。得失之數明，而後承學治古文者有所入，此吾《廣例》之説也。雖然傳家以例説《春秋》而《春秋》晦，案：先儒云，聖人作《春秋》何嘗有例？文學以例求文章而文章隘。在作者本無例，故潘氏、王氏之書不及漢。或原也，或委也，吾與潘氏、王氏持錘荷畚，臨滔滔者以遏其流，非導其源也。世有持原而往者，吾書與潘氏、王氏之書俄空焉。快哉乎！其達於文也。"

王氏序曰："先生爲文，陶冶前人，自抒心得。寓奇於平，因疏爲密，戢斂才華，要歸正則。同時家蘭泉、姚姬傳、秦小硯諸公推服無異詞。《淵雅堂全集》海外購求，其用功也深，其收名也遠。而一二妄庸巨子，或肆訛毀以自夸，烏足以知此中甘苦耶？此書補《金石三例》所未備，縱橫變化，任人自爲，是宜公諸天下。而先生門生故舊曾莫過而問也，乃謀諸吾族之同志者，捐資付梓。書楷校正者，江子元文字同甫也。選板刊之者，蘇郡吳氏、江寧穆氏也。"案：王壼，惕甫之旅弟。

王氏曰："文以載道，平日修身飭行是其根本，空言經訓尚非探本之論。"又曰："學古文者，當始由無例以之有例，繼由有例以之無例。例之不存，義於何有？義也者，例之所自出也。韓、歐酌其義，然後潘氏、王氏得以舉其例。吾憂學者挾其所謂漢碑者以牴牾韓、歐，是書烏容無作哉！"

魯相史晨祀孔廟碑，"先生"二字形諸章疏，蓋當時固不以是爲尊稱。碑云"賜先生執事"。案《乙瑛碑》祇敍奏而附以贊，是碑只敍奏而附以銘，蓋法《史記・三王世家》，爲子瞻《表忠觀碑》所祖。

白石神君碑，碑後文續題云"燕元璽三年正月十日，主簿程疕家門傳白石將軍教，吾祠今日爲火所燒"語，可見當時已有邪教。其黃巾、黑山、白波、黃龍羣賊并起，張魯自號師君，來學者謂之鬼卒、張牛角等，自相名號。以騎白馬者謂之白騎，聲大者爲雷公，饒[二]須者爲于氐根，眼大者爲李大目，與明季流賊相同。其風起於東漢之末，所從來久矣。

孔和、史晨諸碑，所列文書皆奏牘也。韓仁碑乃司隸校尉自下文書。漢刻類出於部吏，韓碑獨出於長官，爲後人刻臺省符檄例之所始。

漢循王莽之禁，無二字名。華山廟碑，郭香察書，刻者察涖他人之書。小歐陽以爲郭香察所書，非也。漢《曆志》有郭香，豈其人與？

自光武好圖讖，東漢士至以通七緯者爲內學，通五經爲外學，其見諸碑板者不一。雖誦孔子之聖，亦曰鈎河摘洛，自是一代風尚流露於文辭。自歐陽氏有請删除《九經正義》中讖緯剟子，而魏了翁作《九經正義》盡削去之，讖緯之傳始絶。要之緯書在漢世，固家絃户誦之書也。

《邊韶老子銘》。詔號經笥，其文不過如此。又〔三〕中多舛誤，《隸釋》譏之。然漢人下語自有分寸，不似唐人《夢真容》、東坡作二氏文之和身放倒也。

漢碑局製相同，千篇一律，氣多醇厚，辭多爾雅。至於擬人不倫，浮誇溢美，則人人而然，蔡中郎所由發歎於郭有道也。然如孔謙、夏承諸碑，其文簡質矜貴，高出一時。唐宋雜家傚之者多也。

漢碑無書撰姓名者十之九，而市石、募石、石師名，石工必謹書之。古人重選石，故累經桑海而所刻至今可辨。唐人亦重其事，故魯公載石以行。今則其傳絶矣。

韓、歐敘人之先世，輒詳其德藝，顯明者不必高官穹爵也。漢亦有之。宋元以來官稱紊亂，或借用古名，或裁省其字。近人皆知其不典，矯而易之。韓曰余爲秋官，不云刑部侍郎也。歐曰丞相吕夷簡病不能朝，不云中書平章事也。廟朝大事，高文典策，質而書之，必不可以舉人爲孝廉，生員爲茂才。若尋常應用序記小文，則循習假借，義無妨害。漢官爵莫不質書，然稱丞相爲卿，守相爲府君，亦非一例。知此則臨文酌義，不貿於施矣。

漢碑志合葬者極少，志葬殤者尤少。夏堪碑敘堪夭歿而娉會謝氏并靈合柩之事，今世俗有昏守志而同穴者，有聘妻早隕而歸柩於夫家者，雖事非典要，亦自漢始也。

女子書出，男子不書出，今世俗書孫分繫其子，曰某出者，非是。必不得已，當如楊震碑“牧子統”、”讓子箸”之文而書曰某子。

漢碑“嗚呼”字異文特多，或作“歔歟”，或作“歟歔”。今内閣翰林院漢字祝文於天神地祇則曰“於戲”，於人鬼則曰“嗚

呼"。讀祝官以清語宣贊，遇"嗚呼"則愍而歎之曰"悷"，遇
"於戲"則驚而歎之曰"呀"，其義一而施之者殊焉爾。

　　漢碑文有居穿下者，有因當穿而廢其數字者。其碑首或刻螭
虎龍雀，或無飾剟，其中爲圭首，方銳圓橢不一。其制，圭首有
字謂之額，其額書往往在暈中。篆字謂之篆額，隸字謂之題額。
亦不必正中，偏左偏右皆有之。或一行，或兩行、三行。亦有無
額者。

　　漢題名多在碑陰，亦有專爲題名而立者。其碑材皆厚，四面
刻之。其書丹各循其石製爲之，其分行或自左而右，或自右而左，
或碑陽語多而侵其側，或碑陰字滿而軼其旁，略無定例。

　　授堂《金石跋》：漢季已有將軍封號，世謂沿於唐代者，非
也。孔和碑贊止二語，他碑所無。贊下直接題名，恐是後人所增
入。漢例往往如此。"如律令"三字，漢人公移中語，《史》、
《漢》傳中皆有之，惟見於碑刻者少。律令，鬼卒之善走者。令，平聲。
漢碑大抵部掾頌其府主之辭，岳瀆祠廟之碑必兼頌獻享之人，昌
黎《南海神廟》、東坡《表忠觀》之所從出。漢碑所稱府君皆郡
守，明府亦然。南雷謂耆舊稱府君，乃唐宋以後之例。《三公山
碑》、《無極山碑》，其事不典，故不錄。誦與頌通，頌與容通。棧
道謂之閣道，非樓閣之閣。漢碑所稱從史位、從掾位者，或待闕
未真授耳。凡亭舍去縣遠者爲離亭，其在郭內者爲都亭。德政遺
愛之碑，今禁不得立，然其文自漢有之。近新疆巴爾庫勒出裴岑
碑。唐姜行本紀功碑，近出哈密城北庫舍圖嶺。倉頡廟碑在今白
水縣之史官邨，歐、趙、洪三家皆未見。末有熹平六年文，多殘
缺。老子碑云孔子學禮於老聃，計其年，聃時已二百餘歲。婦字
其夫亦古例，李易安作《金石錄序》因之。漢李翊碑以"於陵"
爲"陵於"，倒押趄韻，自漢已然。劉熊碑系詩三章，張公神碑系
詩九章。私謚始於周末，訖漢寖盛，人子自銘厥考亦由茲起。稱

先生，見婁壽碑。東漢自路都尉始見墓闕，其表墓文辭自元初元年謁者景君始。漢諸侯王必先書天子之年而後自書其年，今曲阜有石刻曰五鳳二年、魯卅四年。五鳳，宣帝之年。魯，魯孝王有國之年也。墓碑之穿，所以下棺。廟碑之穿，所以麗牲。漢碑類皆有之，穿外有暈。冠之碑首謂之額，冠之篇首謂之題。以上漢碑共六卷。

墓誌今式起於隋姚辯墓誌，蓋誌銘之法積久始備，至是具體，惟不加篆，蓋人名耳。姚碑書撰出自歐、虞，刻字者爲萬文韶，皆一時極選。

漢碑稱謂，惟故吏、義士、義民、門生、門童、門孫之類，外此無有也。唐碑有表姪、姪男、族叔，十二代孫等稱。後世自加稱謂，皆唐例也。

《醴泉銘》，世習其字，以率更之書掩魏公之文。碑文奉敕所撰，辭歸雅正，義存諷諭，唐代有數之作。而不見收於《唐文粹》，故表而出之。

前漢杜子春、後漢趙岐皆自誌其墓，唐韓昶、杜牧亦皆自爲墓誌。垂拱二年，王徵君臨終口授銘，亦自誌，而其弟紹宗書之。其題曰“大唐中岳隱君太和先生琅邪王徵君臨終口授銘并敘”，其署款曰“紹宗甄録”。

貲郎，雖史傳有之，而見於碑碣者殊罕。漢義井題名正當西園賣爵之時，所列五大夫等亦僅授民爵，任用不存焉。唐世捐輸之例不甚可考，陳師亮墓誌頗載前後輸納之事，其上柱國殆亦祇授勳階，未得出身。末授署丞、縣丞，甫膺實任。師亮遭武后一切之制，以醫生獵職固不足記，在碑板中爲創見，故録其文。按師亮出貲助轉輸，授勳與澤王府主簿梁君同。

唐令狐德棻撰其父碑，其述世系曰“公諱熙，遠祖邁，祖虬”，皆直書不諱，猶用漢例。唐中葉以後家諱始重，而徐浩碑遂用他人題諱矣。唐代若于志寧、王仁求、馮本紀孝三碑，皆其子書之，皆無避諱之事。于碑以宣道爲父，其時猶未有本生父之名。

李訓造碧落天尊像，刻文於背，故名碧落碑。碑首曰："有唐五十三祀，龍集敦牂，哀子李訓、誼、譔、諶。"此後世母喪稱哀子之所從起惟元嘉六男，此列其四，義不可曉。是碑篆書，多異文，難通。後有咸通十一年鄭承規釋文。承規自題曰奉命書，而不著篆者何人。或以爲李譔所篆。碑以"稽"作"乩"，"託"作"侂。"

> 文光案：元嘉六男，碑列其四，恐是已故者不書。哀子皆其生者，此義不難曉也。

碑中不敘書畫藝能，如李思訓善畫，碑中只敘少好《山海圖》、慕神仙事二語而已。姓字見於碑者自此創始，前此未有以姓加於男子者也。

漢碑題名，雙名、單名不必一齊，惟《御史臺精舍碑》單名皆空一格而齊其下，爲今官文書簿籍書姓名例所始。八蜡，水庸居七。水則隍也，庸則城也，此城隍之始。誌無出之妾，祇敘婦家世系。唐故范氏夫人墓誌與柳子厚誌李員外婦皆婢妾，葬銘所當裁酌者也。唐婦女以三字爲號，如崔氏號"尊德性"，孫尼字"無所得"是也。真書額，南朝自梁始，北朝自拓跋魏始。隋曹永洛等所立陳思王碑始刻真容。建塔造像，北朝爲盛。後魏昌馮王新廟碑有碑板堙滅語，碑板稱名殆自此始。唐碑不論其人，通謂之府君。唐碑有太原府參軍房嶙妻渤海高氏書。唐碑有添注塗改者，有旁注音讀者。臣字偏寫乃宋例。孤子之稱，漢碑有之。父喪母在稱孤子，見唐契苾明碑。

## 《誌銘廣例》二卷

國朝梁玉繩撰

《清白士全集》本。書成於嘉慶元年，前有自序。上卷體式六十五例，下卷書法二十三例。碑表非誌銘，例有從同，故并舉之。

梁氏自序曰："凡刻石顯立墓前曰碑，曰碣，曰表，惟藏於壙中謂之誌銘。自有誌銘而例因之以起。德州盧氏彙刻《金石三例》行世，標采雜錯，兼多漏略，覽者病之。予據耳目所及，別其類而補其遺，摘舊增新，次爲《廣例》二卷。廣，變例也。"

蒼崖謂誌銘始殷周，恐無實據。洪氏《隸釋·謁者景君碑跋》深譏王儉《石誌》不出禮典，蒼崖《例》遂歷引諸書，辨墓誌始自殷周。

## 《金石例補》二卷

國朝郭麐撰

《式訓堂》本。光緒四年會稽章氏重刊。前有嘉慶十六年郭麐自序，仁和汪家禧序，目録。上卷二十八條，下卷三十六條，中有案語。

郭氏自序曰："麐嘗有意於碑板之文，以爲泥於例則官府吏胥之文移也，不知例則鄉農村學究之論説也。顧既以爲有例，則必從其朔東漢其鼻祖矣。因取洪氏書條分而縷析之，間以後人祖述之緒附識於後。魏晉六朝，上承漢氏而下啓唐人者也，其有可采亦著於篇，而唐人不及焉。"

碑碣盛於東漢，其體以鋪陳終始爲能。六朝唐初人因之，自昌黎韓氏出而體變。歐陽、王、曾，韓之別子也，其法胥準於《太史公書》，循一端論全體，與初製大殊焉。古時風氣淳樸，其見於讚頌，無諛辭，故出其文昭然，共信其言之實，而作者恒不著名於其間。文字漸繁，遂有以文字售其欺者，唯言出於有道德之人始傳信焉。又其言非有實指，其體終不能遠於流俗。昌黎、歐陽、王、曾之文，所謂指事書實者也。

《漢國三老袁良序》，得姓、受封、傳爵、國除，凡一百六十餘言，而世次勳業瞭然在目，最爲可法。昌黎諸碑表皆本於此。不及其祖若父者，勳爵無可紀，故略之。

王政、王元賓碑皆著其祖父之官而不著其名。楊淮碑止著其祖。後人志墓之文止稱其顯聞於時者，祖此例也。漢人碑文其述先世多不著其名。

漢人立碑皆門生、故吏、士民頌功德之詞，意在其人之事蹟，不必詳其先業，非若後世埋銘神道碑之文也。然唐人銘誌亦不必盡詳，視其可紀與否耳。末流諛墓，遂非此不足以爲悦矣，亦文章升降之會也。漢碑無書配者，其書夫人皆已卒，袝葬於兆，故及之。墓石之文前序爲誌，韻語爲銘，然即是銘。韓文無銘辭而曰是爲銘，《河東集》諸誌皆有銘詞而題曰誌，是銘即誌也。又有行狀碑。

名無定例，或稱先生及私謐別號，而不書其官，或略其官而字之，或直書其名，或止書其氏，今人不能傚也。凡題曰元堂誌，曰窆域誌，曰葬誌，曰墓識，曰厝誌，曰袝誌，曰殯誌，曰葬記，曰墓記，曰塋兆記，曰壙記，曰墳記，曰石記，曰磚記，曰塔記，曰壙銘，曰埋銘，曰瘞銘，曰墓磚銘，曰墓版文，曰石槨銘，名雖不同，俱誌銘之類耳。歐陽公《隴岡阡表》題以地書，亦僅見。

## 《漢魏六朝志墓金石例》三卷

國朝吳鎬撰

《後知不足齋》本。光緒十年鮑廷爵校刊。前有嘉慶壬申荊石自序。是書亦因竹垞之言以廣《三例》所未備。第一卷漢魏文七十八首，例一百三十六條。第二卷自晉至隋文七十八首，例一百四十二條。每條先題某碑一行，不録碑文，次行爲例，凡所舉者皆其插架之本，殊屬寥寥。第三卷以自漢至隋文集放軼，例不可舉。惟蔡中郎、庾開府二家文多例備，故專以二君之文體爲式。

凡蔡集十五條，庾集十四條，後有附論八則。

　　志墓之文欲傳信後世，隨事因人，本無定法。顧宋迄元明，習俗相沿，文體大壞，故三君不得不作例以匡救之。鄱陽傅録事敍潘《例》曰："使孝子慈孫觀其制度之等則，思得爲而爲，不得爲而不爲。"誠哉是言。蓋兼文字言之，非僅指塋墓羊虎品級也。

# 《唐人志墓例》一卷

國朝吳鎬撰

　　鮑氏本。前有自序。書中所列者曰世系三代，曰名字稱謂，曰妻女子孫，曰詔贈薨卒，曰殯葬碑石，曰書撰，曰釋道，曰雜例。附《唐徐氏山口碣石題刻》。此碣爲徐浩歸鄉展墓所撰，見陶宗儀《古刻叢鈔》。與徐浩碑互證，可以知新、舊《唐書》之誤，故荆石録之并加詳論。此例如書其弟曰令弟，長子曰門子，庶子曰別生，三娶曰凡三合，夫自稱蒙，皆可廣見聞。又葬某里庚向之原，此堪輿家山向之始。馬公郝氏二夫人墓誌銘，此合葬書題之始也。韓文公《李君墓誌》云："穿其妻墓而合葬之。"

　　吳氏序曰："志墓之文始自東漢《中郎集》，敍事太略，蓋當時文體簡樸，類如斯也。至子山始成正格，至唐又失之太詳。昌黎崛起，力振衰靡，遂得復古。志墓者以此三家爲正宗，不得因駢散歧途而有所偏廢也。餘則唐代諸文，敍履歷、學術、行治，章法多同，間有漢魏六朝所未有，潘景梁所未載而似可爲例者。就所覽及條列於後，以俟撰文之士採擇焉。"

　　論曰："金石所重在可書不可書耳，或略或詳又其次也。今以昌黎之文與中郎、開府二家參考之，知其效法古人者居多，豈可置漢魏六朝之文而不問乎？同時李、柳諸公因義製文，各有所創，已不專以昌黎一家之言爲限。止仲所舉韓文十三事之外，或有事異而於理應書者，或本不應書而於本人有關係者，或今古勢殊，古所無而今所必應書者，又豈止仲之書所能括乎？凡此揆諸義而協，因時裁度書之可矣。余故不以止仲所編爲藍本，而迂守此十三事也。”

《百三家集》本抄自類書，文多殘缺，而例有可據。

所撰唐人志墓諸例，因六朝未有，三家未載故也。然即如所舉書撰一條，無外舅及壻書撰之例。緣有唐一代文字所見未全，或有遺漏。然有爲妻母志墓者，有志妹甥墓者，以此類推，亦可隅反。

## 《金石稱例》四卷 《續》一卷 附《碑文摘奇》一卷

國朝梁廷枏撰

《藤花亭》本。前有道光戊子溫葆淳序，梁廷枏自序。碑文摘奇者，摘碑中之異字，如“山”作“屵”，“天”作“夭”是也。自漢至金，引碑一百十一通，又補遺十四通。

梁氏自序曰：“發閱藏碑，積爲此帙，區分七類。每條先標大意，證以原文數語。泐者缺之，他書可考者補之，中有互證發明者附以按語別之。此又例中之例也。”

溫氏序曰：“《論語》正名，漢鄭氏康成注謂正書字也。古者曰名，今世曰字。《禮記》：‘百名以上則書之於策。’許氏《説文序》云：‘著於竹帛謂之書。’蓋古書於帛，契於册，前人所以垂後，後人所以識古，舍此蔑由也。古籍遭秦火，雖孔壁古文復出，然已無有存者。後之人求古文字，惟金石爲古人詒留。三代以上，金多而石少；秦漢以下，石多而金少。夏商之文簡，但具子孫及祖父名。後則紀以歲月、國邑，文詞可讀。秦自始皇刻石稱皇帝，二世詔備列臣名，爲石刻之祖。漢則制碑式，有額，有正，有陰；有既有額而復題於首者，有陰亦題額者；撰文立碑人及歲月有載

於碑文內者，有特題於後者；有題書名者，有題工匠名者，有題
出錢名者，後代因之而法益備。自宋歐、趙諸公著錄至於今，好
古之士搜輯益廣，未有分類而條舉其例者。唯元濟南潘文僖創爲
《金石例》十卷，獨詳墓誌，大段以韓文爲例，黃梨洲作《要例》
以譏之是也。秀水朱竹垞跋明長州王止仲《墓銘舉例》，謂王所採
一十五家之文足以續蒼崖而補其闕。又云墓銘莫盛於東漢，鄱陽
洪氏《隸釋》、《隸續》，其文其銘體例匪一，宜用止仲之法舉而臚
列之。蒙嘗欲取兩漢碑文一一舉其例以補潘氏所遺，亦朱先生志
也。丙戌來遊粵東，晤梁君，出示所著《金石稱例》四卷，蓋先
得我心矣。其書分國制、官屬、姻族、喪葬、文義、時日、二氏
爲七。正編始三代迄五季，續編則補以宋、元、遼、金，末附
《碑文摘奇》一卷，可謂詳且備矣。然檢洪書所載及《金石文字
記》、錢氏《跋尾》，尚當備採漢唐碑文。所引經傳多古本，當分
引經類以證今本之異。漢唐去古未遠而已多別體，所用文字古僞
間出，當分古文類、別字類以存六書之遺。梁君屬爲敘，謹錄鄙
見以遺之。”

　　　文光案：溫序所云引經類、古文類、別字類大有益於經
　　學。近日碑出愈多，金石書益富，予欲採證經者爲一書，證
　　史者爲一書，以俟暇日，姑識於此。

漢鏡、鈎、刀銘皆用五月丙午，是月無丙午，亦然，蓋取火
德之盛。元碑紀年寅爲虎兒年，卯爲兔兒年。

巨唐大曆己未，巨即皇大之義。同年稱同歲，門生稱門童，未冠稱
門童。壻稱女夫，爲同族撰碑稱族子，爲族子撰碑自稱族叔，神稱
老爺。大安石刻：“大安二年四月三十日未時，老爺感化趙門白
氏，捨地建廟。”此非仙佛廟宇，《金石萃編》以爲山神土地之祠，説固似之。洪
氏《隸釋・謁者景君墓表跋》深譏王儉《石誌》不出禮典，蒼崖
《金石例》遂歷引諸書辨墓誌始自殷周。

太后稱女后。《敬史君顯儁碑》："于時女后稱制，權移外戚也。"按此碑名已缺落，顯儁其字也。而史傳乃云名顯儁，字孝英，與碑迥異。古人最重稱號之學，《爾雅廣疏》、《風俗通》、《方言》詳矣。

集周器之百字外者得十餘種，取諸家釋文校其異同，審定字畫以定於一，略疏舊解於其後，而除其訓詁之穿鑿附會者，名曰《書餘》，亦猶六壬之稱易餘，詞之稱詩餘，然實與周書同古矣。

文光案：梁氏家藏宋刊《博古圖》，又購得拓本商周銅器銘百餘種而互考之，可謂好古矣。

## 《金石訂例》四卷

國朝鮑振方撰

《後知不足齋》本。是書因潘《例》過寬，黃《例》過隘，乃合兩書訂之。前有道光丁未王振聲序，例言六條，次目錄。一卷碑誌行狀，各訂其始，後附以式并制度。二卷訂例上，二十六條。三卷訂例下，三十一條。四卷推例，八十條，附學文訂例、自制、誥、詔、表至讚、頌、序、跋，凡十三式。節錄《金石例》所載作文法度十八條，黃氏《論文管見》八條，後有其子廷爵刻書跋。推例擇止仲語之尤精者，餘嫌瑣碎削之。振方，字芳谷，常熟人。所著尚有《古今碑帖考》四卷，其稿已佚不可見矣。

《黃氏日抄》："人誰不講孔孟之學？至遇事則往往而違其訓。人誰不讀韓、歐之文？至執筆則往往而非其體。人莫不飲食，鮮能知味，不心誠求之，是誠無益哉。"

野處洪公曰："文章有淵源，有機杼，有關鍵，有本根。學者當如老農然，旦而溉，中而耘，深耕而熟耰之。吾文唐矣，不兩漢若乎？漢矣，不三代若乎？歉然自視，未能參於柳州、吏部之奧，則日引月長，不至不止也。"

朱文公曰："作文自有穩字，古之能者纔用便用着了。"宋景文亦云："人之屬文自有穩當字，第初思之未至也。"

王景文曰："文章根本皆在六經，非惟義理也。而機杼、物采、規模、制度無不備具。"張安國出《考古圖》，其品百二十有八。曰："是當爲記，於經乎何取?"景文曰："宜用《顧命》。"《游廬山記事》將褒所歷序之，曰："何取?"景文曰："當用《禹貢》。"敍事法，《禹貢》、《顧命》、《考工記》，其次《左傳》、《史記》、《西漢書》。名物當類編，事面當考究。句法求之《檀弓》，則音節響亮，言語絢麗。銘詞讚頌不似《風》、《雅》則俚。予教人作文，先要令其解經，蓋以所說之書使之演文，既是熟於義理，就其中抑揚以得其作文之法，此是求速化之法。全章既能解釋，則作疑意設疑以問之，以觀其見識。若能因所問得其旨意，則心地已開，見識已到，然後斷史以觀其處事。如此作詩作文無不通矣。

黃氏曰："昌黎陳言之務去。所謂陳言者，每一題必有庸人思路共集之處纏繞筆端，剝去一層方有至理名言。猶如玉在璞中，鑿開頑璞方始見玉，不可認璞爲玉也。言之不文，行之不遠。今人所習，大槩世俗之調，無異吏胥之案牘，旗亭之日曆。即有議論敍事，敝車羸馬，終非鹵簿中物。初學者須熟讀三史八家，將平日一副家當盡行籍没，重新積聚。竹頭木屑，常談委事，無不有來歷，而後方可下筆。顧傖父以世俗常見者爲清真，反視此爲脂粉，亦可笑也。作文雖不貴模仿，然要使古今體式無不備於胸中，始不爲大題目所壓倒。敍事須有風韻，不可擔板。今人見此遂以爲小説伎倆，不觀《晉書》、《南北史》列傳每寫一二無關係之事，使其人之精神生動，此頰上三毫也。史遷、伯夷、孟子等傳俱以風韻勝，其填《尚書》、《國策》者稍覺擔板矣。文必本之六經，始有根柢。惟劉向、曾子固多引經語，至於韓、歐，融聖人之意而出之，不必用經，自然經術之文也。近見巨子動將經文填塞，以希經術，去之遠矣。所謂文者，未有不寫其心之明者也，心苟未明，劬勞憔悴於章句之間，不過枝葉耳。無所附之而生，故古今來不必文人始有至文。凡九流百家，以其所明者沛然隨地湧出，便是至文。」

## 《漢石例》六卷

國朝劉寶楠撰

《連筠簃》本。道光二十九年靈石楊氏刊，張穆校。敘目一篇。楚楨又著《寶應圖經》，精博與孟瞻《揚州水道記》相埒。

張氏序曰：「王氏《碑板廣例》雖上取秦漢，下訖中唐，其恉乃主於摧毀漢人，專以文章正統與韓、歐。吾友寶應劉君楚楨壹以東京爲主，傅以經術，加之博證，爲《漢石例》六卷。蓋惟深通漢學，故能得其大義，義舉而例亦因之俱舉。楚楨爲端臨先生從子，少與儀徵劉孟瞻齊名，號揚州二劉。訪獲古碑甚多，其尤著者則延熹《封龍山碑》，自來金石家皆未見也。」

劉氏自序曰：「東都公卿貴人，下及一行之士，門生故吏載筆貞珉，其書爵里姓名爲傳體，其書生卒年月爲狀體。魏晉以降，迄於唐初，謹守其法。韓、柳上法莊荀，工於思議而體製寖失。余素喜東漢碑碣之文，甄而錄之，爲墓碑例百五十，廟碑例二十九，德政碑例十三，墓闕例十一，雜例三十二，總例四十八。爲文之體略備於斯，魏晉以下概從闕如。」

近見錢塘梁君玉繩《誌銘廣例》，吳江郭君麐《金石例補》，採集漢魏六朝碑文，其塗則廣，其例甚略。又嘉興馮君登府《金石綜例》，上採商周，下及唐宋，旁及海東諸國，其例較梁、郭差備，而疏略仍多。且漢碑已有之例而引六朝唐碑，殊失檢校。夫金石之學，藉以考證經史，梁、郭無所詮釋，馮君亦未發明，均未善也。三書已刊行，閱者自能辨之。

　　文光案：古人碑板諸例，條件不一，然實有師法，非如今人率爾下筆。今人撰碑板文字既不廣考諸例，又不細讀韓、柳碑誌諸篇，求其合作難矣。自潘氏例起，諸家繼作雖皆舉漢例，實未嘗以漢碑爲意。劉氏之例以漢爲斷，使人知漢之制作尤爲不苟，此亦不可少之書也。古人爲文雖有所取法，實則自出心裁，以斟酌其可否，而求歸於至當，非專以合例爲能也。故工於文者，文可爲例；拘於例者，有例無文。能因例而變通其例，由變例而自成爲例，則於文其庶幾乎！余故備列諸家之例，以觀其會通，而非以例定文之優劣也。

**校勘記**

　〔一〕"澤"，原作"擇"，據《金石例·楊本序》改。

　〔二〕"饒"，原作"鏡"，據《碑板文廣例·白石神君碑》改。

　〔三〕"又"，原作"文"，據《碑板文廣例·邊韶老子銘》改。

# 史部十五

## 金石類十一

## 《吉金所見録》十六卷

國朝初尚齡撰

古香書屋本。嘉慶二十四年刊。前有乾隆癸卯海昌周春序，又自序。是本摹篆亦工，惟板式不如《貨布文字》。首爲序文，題贈諸詩，《古圜金刀布文字考》一篇，不在卷内。一卷至十四卷自周寶貨迄明崇禎銅鈔，十五卷爲外國品，十六卷爲厭勝品，所蒐最爲繁富。如齊刀至四十二品，多諸本所未載，蓋有新出土者，前人未之見也。間亦考辨文字，皆據其所親見而字畫不漫滅者。言之雖未必確然可信，較諸家鐘鼎文字出於杜撰者異矣。卷末有《考古瑣言》一卷，泉之源流略備於斯，考古者宜取資焉。

周氏序曰："古錢之好有三善焉：生砂活碧，古色斑駁，不減三代鼎彝，一善也；銀鈎鐵畫，篆楷精妙，即是金石文字，二善也；置諸案頭，携諸行笈，非獨暇時把玩，遣興怡情，而功用僻邪，且可催生截瘧，三善也。"

初氏自序曰："五金之屬，銅器最壽。按圖考象，可補金石文字之缺。余積四十餘年，藏千有餘種。爰辨其文字異同，考其世次先後，俱摩其文而詳注於左。凡有所得及耳目所接見者，咸入於圖。採輯羣書，參以諸譜，務求允當，不使稍涉紕謬云。"

梁唐以來纂錄者數家，今惟洪《志》十五卷盛行於世。然新莽而外統爲古刀異布，天品、神品，標目詭異者不一而足。今俱考究詳明，附於各朝之下。

楊仲南曰："古文奇字，自漢世知者已稀，蓋古之事物有不與後世同者，故不能盡通其作字之本意也。其不傳者，今世或得於古器，無所依據，難以臆斷。大抵古字多省偏傍，而趨簡易。"蔡忠惠公曰："古篆字或多或省，或移之左右上下，惟其意之所欲，然亦有工拙。秦漢以來，裁歸一體。茲刀布品中，陽作易，貨作化或作匕，邑作已，陶作匋，溠作差，蒲作莆，滋作丝，齊作𠂤，法作去，穎作𥝤，城作成，窀作安，鋪作甾，銅鍉作同是，此皆省偏傍而趨簡易者。又長作郎，斤作釿，即作節，是其多者也。至蟻鼻錢猝作𢆶，則是移之上下者矣。"

《路史》論幣，《通志》錄貨。然以周列國諸幣盡屬上古，如以晉黃字布爲太昊金，魯陽布爲少昊幣，安陽、平陽、宅陽、陶陽布俱爲高陽金，以秦垣字錢爲神農金，隸字布爲堯泉，隸字大布爲舜幣，以晉安邑大布爲夏貨，溠陰小布爲安陽金，以扶比大布爲商貨，荒遠莫稽，何所援據？洪《志》雖力破前非，然金爪安中一文兩嗇，至今以爲口實。近世金石諸書寥寥數品，而刀布不與焉。今將所見刀布考其時制，核其點畫，證以《汗簡》、《說文》、《金石籀韻》諸書，惟周寶貨錢尚具蝌蚪之體，其列國布盡爲籀文，今一一釋其文於右。

《周官》太府、玉府、内府、外府、泉府、天府、職内、職金、職幣，皆掌財幣之官，謂之九府。班《書·食貨志》："太公立九府，圜法錢，圜函方，輕重以銖。"

周初錢文本曰寶貨，景王特廣其制，當四者曰寶四貨，當六者寶六貨。前譜俱未之見，故洪以無文環錢目之。今摹其式，以補舊史所未備。

列國布幾百品，篆法各殊，而結構則一。惟與其時之鐘鼎文字多有不侔者。然鼎與鼎、鐘與鼎尚且不同，況國家之法器乎？汪氏《字源》云："銘器與篆碑之文當別有異用，置器先於碑碣，鐘鼎又古字之源也。"

平陽布近日出土者甚多，且長子、屯留諸幣同出，應是趙之平陽所鑄。平陽、安陽俱爲趙邑，文含小篆，當爲秦布無疑。

列國布與鐘鼎文同者二十一字，纖毫無差，稍涉疑似者不録。平陽布"平"字、皮氏布"皮"字與石鼓文同。

鏟幣十種，元明以前未有言及者。大小文字互異，賞鑒家呼爲鏟幣，或曰空心幣，實無所稽。細玩篆文，似在諸布之先，爲春秋以前物。其上中空，可以安柄，因思《衛風》"抱布貿絲"，朱注釋"布"爲幣，正合《管子》"刀布爲下幣"之説。持其柄而抱以行市，頗近情理。邇來中州出土者甚多，他處無之聞。山右亦間有之，是亦近於中州者，其爲衛幣，似有可據。

文光案：向年在平陽得鏟幣五品，大小不等，色碧而銅薄，間有損剥。考之諸泉志俱未之載，因録此説。其形似鏟，下方而上有柄，因强名曰鏟幣，非古名也。又得平陽布十品，與是書所載無異。又得齊刀四品，其二質厚而色新，實僞造也。"厺"字或釋爲吉，或釋爲"太公"二字合爲一字。《西清古鑑》曰"厺字不可識"。此本定爲"法"字。此刀出於登萊者尤多。又寬永錢百餘枚，尚齡曰："日本寬永元年爲明天啓四年。"按徐氏《瀛環志略》云："日本以寬永爲年號，歷代不改。"此本所云不知何據。

金錯刀刻之作字，以黄金填其文，上曰一，下曰刀。其形上爲錢，下爲刀，或有無刀者。張衡詩云"美人贈我金錯刀"，應即謂此。剪刀篆亦曰金錯書，其文見於金錯刀。此刀乃古之錢名，不自王莽始。

《稗史彙編》云：“錢文以年號始自魏太和。”今按成李壽鑄錢曰“漢興”，宋孝武帝鑄錢曰“孝建”，則是不自太和始。

趙石勒鑄錢貨，世人謂之富錢，藏之令人豐富也。彼時所行尚有泉布，名男錢。《通考》、《册府》并此品爲男錢，誤甚。《泉幣圖説》：“梁以布泉爲男錢。”

唐開元錢，元字次畫有左挑、右挑、雙挑之别，燒之有水銀出，可治小兒急驚。背有洛并幽、益字者，各州皆置監，賜秦王、齊王三鑪，裴寂一鑪以鑄。

周元錢，按《五代史》，周世宗詔毁天下銅佛以鑄錢，又以帛數千疋市銅於高麗以鑄錢。

文光案：周元錢治難産，手握之則易生，亦不知何本。

周元錢背有龍鳳文者，諸譜俱未之見。劉青園有二品。

宋元豐通寶，真、篆、行、草四體書。大觀錢有五種。明太祖以五等錢頒天下，蓋法大觀遺規也。

南宋錢牌，一面曰臨安府行用，一面曰準二百文省。其曰省者，三省所鑄，諸志不載，或行之未久。《西湖外紀》云：“準五百至二三百不等。”《西清古鑑》所圖準三百文，是其次也。右牌準二百文，又其次也。

洪《志》：“梵字錢文不可辨。劉青園曰：‘涼州土人掘地，得古錢數甕，其中開元最多，北宋遼錢及西夏諸品亦復不少，而梵字錢亦有數種，余共檢得千餘枚。又嘗於涼州大雲寺訪得古碑，陽面正作此等字，碑陰楷書，則天祐民安五年所立。’乃知此錢爲西夏梵書，亦快事也。”

《稗史彙編》：“元世皇問錢幣於劉秉忠，對曰：‘錢用於陽，楮用於陰。陛下龍興朔[一]漠，宜用楮幣。若用錢，四海且將不靖。’遂廢錢。武宗頗用之，不久輒罷。按劉文忠出入釋道，其説不純。録之以識元代泉品寥寥之故。"

錢幣之始，太昊氏始制棘幣，黃帝範金爲貨，制金爲刀。虞、夏、商、周金幣三等，黃金爲上幣，銅錢爲下幣。泉布之名，太昊氏謂之金，有熊、高辛氏謂之貨，陶唐氏謂之泉，商、周謂之布，齊莒謂之刀，周景王始謂之錢。泉言其形，金言其質，刀、布言其用。古布之形即篆文泉字，一變而爲刀器，再變而爲圜法。周行圜法，列國爲刀、布，秦以後俱用圜錢。惟新莽有刀二種，布十二種。唐置關子，宋置交子，南宋置會子，金、元行引鈔，明印造寶鈔，皆以紙爲之，今尚有存者。錢背曰幕，《集韻》："幕音縵，平而無文曰幕。俗謂之鏝，非鏝音。瞞，泥鏝也。"錢之周圍起緣曰周郭，内方孔曰好，其體謂之肉。唐開元錢，歐陽詢制其字。南唐開元錢爲徐鉉所篆。宋太宗書淳化錢，真宗書祥符錢，徽宗書崇寧、大觀大小錢，宣和小鐵錢。

古金一品，形如小磬，或云堯布，未知所據。自漢至隋行五銖錢。不知年代品，多系元明間外國私鑄。"吉金"二字見《集古録》，韓城鼎銘以金鑄，器成通謂吉金。洪洞劉庶常所蓄吉金甲於一時。是編必實有是錢，然後拓入，非就繕本以意爲之。《文字考》五作乂，六作介，凡八十四字。

## 《貨布文字考》四卷

國朝馬昂撰

雲間蘭陵園本。道光壬寅年金山錢培益貞吉校刊，方廷瑚序。首卷序一，例十三條，説五篇，考一篇。卷一爲齊地、莒地貨刀。卷二爲魏地貨金，趙地貨刀，燕地貨錢。卷三爲秦地貨布。卷四爲錢貨類貝錢，末附刀、筆二器，漢高后八銖半兩錢范。是書先圖後釋，而總其大略於首卷。其圖有自藏，有拓諸同好及拓本者，凡百餘種。必其信而有徵、古而非偽者然後載入，故葛天、神農之器幣不及焉。其意在正文字，故於制之輕重、大小見於譜録者亦不備詳。齊貨最古，故爲冠。迄於秦者，秦并諸國也。近世論錢幣者，大半墨守宋洪遵《錢志》、明董迪《錢録》二書，而二家考據未精，語多影響。若軒深於籀篆之學，此考逐字逐畫探微索隱而出，又復因文考地，條分縷析，較若列眉。通編獨抒己見，無一含糊語，是可與薛氏《鐘鼎彝器款識》同重也。

秦火以前之文字，其未變者僅存范銅。范銅唯鼎彝款識與刀布文字而已，乃其真迹象也。由古文而篆而隸，書體數變，欲辨變體字義之當否，舍范銅更無確辨。《説文》所載不能盡合古篆之偏旁。古以竹簡著書，惟省爲貴，以六書指事之本文，括諸後起偏旁等字，要之聲義可通，便爲假借。據款識所釋多如此。此實上古本然之用也。夫款識固非制自上古，然未經隸變，可溯六義之源流，又可證篆隸之不然。文字爲政教之始，經傳之基，雖得分寸於尋常，亦不失爲存古之一道，豈所謂嗜好已哉？

簡者，間也。截竹爲筒，中分兩半，故曰簡。去外皮曰殺青，可使耐久無剥落矣。其瀝曰汗青，可使侵濕不爲蠹。竹得漆則不裂，以漆塗之色黑而光澤，書以刀筆就漆地畫之，隨畫之處漆脱如其迹，所書之文字則明白顯著矣，故或謂之漆書也。鑄刀布之法，合土爲范，以土甀二由，具刀布之模式，如其長橢之制，畫定外郭，就内書諸文字，於一由爲面書記識等文，於一面爲背。二由各一如其定制之厚薄，圍起隙縫，煎銅鑄入，出斷其連。其出范未斷者，今見有連布。或加磨鑢，則刀布之文質成矣。今據刀布之形模，可悟古之制簡與造范，其法當如此。而書范與書簡當以刀筆同爲陰文，故刀布出范皆陽識也。其書法纖細析直而無點抹之痕，有如龜坼蓍交，縱橫錯置，體不拘於方嚴而自成爻象者也。書譜所謂金錯書者是矣。秦廷久燼，汲冢無存，欲睹竹書之舊，其迹當仿佛於此也。

刀筆如貨布之制，外刃而端曲，便於轉折迴旋。《楚辭》曰：
"握剞劂而不用。"《說文》訓剞劂爲曲刀。蓋剞劂爲刀筆之通稱，
所以書竹簡。可知自有書契便有筆削，今圖大小二器於末。

古貝即范金爲貨，非海介蟲。按"貝"，古文作𧵏，或作𧵏、
𧵏。審其筆劃，是半兩二字合文。"半"古作𢆶，省作𠆢、𠆢。
"兩"作𐀴，或作𐀴、𐀴。秦以"當半兩"三字范銅作𧵏，可證
古文貝字是爲金貨之本義矣。半兩爲貝，二貝爲朋，即兩也。謂
之兩者，義取二貝合也。古之稱貝，亦有兩計者，周卣銘曰"錫
貝州鍰"。一鍰爲六兩，可知古之貨貝乃是范金爲之，六銖爲貨，
半兩爲貝，兩貝爲朋，六兩爲鍰。其范金而以貝稱，形取向貝之
背，實非介也。《說文》貝部所從之字多財貨之義，蓋范金後孳之
字。許氏涸貨貝寶龜、廢貝行錢之說於海介蟲下，若無古物古文
考之，不辨其是金是介矣。

考古之貨貝，明是范金所成。至春秋戰國創范銅爲刀布，其
文曰合貨，曰斤一金、二金、曰當金，曰當鍰者，乃以范銅之直
權金貨之直，非指范銅爲金也。都市所行，不出其地，故各識地
名。或同此而鑄非一家者，又以背文別之也。《平準書》曰："農
工商交易之路通，而龜貝金錢刀布之幣興焉。"蓋秦以前由民自
鑄，至孝文時亦然，非國君所令也。或謂范銅始自太昊，又謂周
初有錢，皆不足信。

古以六銖爲一金，與斤、溢同爲名數，非兩數也。或云二十
四兩爲溢，或云二十兩，或云三十兩，衆說不同，無從審信。考
范文曰斤一金，始知金爲六銖金貨，非十六兩之謂也。《平準書》
曰："一黃金一斤。"曰一者，同也，同歸畫一無稍差也。初漢仍
以六銖金貨爲一斤。《漢書》"賜金五百斤"，"捐金四萬斤"。以
六銖計之，五百斤得百二十五兩，四萬斤得實一萬兩，於情差近。
記此以解向時聚訟之無憑，又可證班《志》斤兩之文非古制。

"溢"別作鎰,《説文》金部無鎰字。

譜録諸書所載上古之制,牽合援據而釋爲某金、某幣,謬誤相沿,向無定説。惟《硯北雜志》謂此爲先秦貨布,乃好古之有卓識者也。近見《吉金所見録》載刀布四卷,編此爲周列國時物,雖統無次序,然立意有勝前人。但不能辨認古文,則易爲摇惑。首周列初寶貨及景王大錢,舜幣禹金仍存舊説。又疑上古之物銷蝕殆盡。圖録小刀又云的是上古吉金,千年法物猶存。按此乃不免矛盾,正所謂一則駭,再則習;始則疑,終則行矣。

貨者,化也。爲變易財物之通稱。《説文》:"貨,財也。"以貨字爲文者,有齊合貨、燕貨,秦後錢文有豐貨、永通泉貨。

金爲財貨幣貢之長,凡書史言財貨而但曰金者,蓋可通行於上下。黄金爲上,白金爲中,赤金爲下。赤金,銅也。范銅爲刀布,《管子》謂之下幣。

布者,謂便於分布施行,爲財貨之通稱,即金貨,而范銅襲之也。布詳於《周禮》。以布爲文者,見王莽十布、貨布,後周五行大布。

泉者,流通之謂,即曰貨、曰布之變稱。義爲取不盡,用不竭,非定指范銅也。《説文》:"周而有泉,至秦廢貝行錢。"《史記》:"秦惠王二年始行錢。"廢貝者,指范金之貨貝至秦而廢。古泉不僅范銅自行半兩,而後特以銅錢字别之也。新莽六泉、貨泉、布泉、孫大泉,皆沿襲泉字爲文。錢字爲文見太平百錢,梁武所鑄。

幣,帛也。古幣不專是金銀刀布曰幣。帛即布帛也,其未行銅錢之世,多以穀粟布帛爲交易。曰布,曰幣,皆爲財貨之通稱。幣,蔽也,有寶藏之義。

古之名貨,通謂之布。齊刀文曰貨刀者,指其形,義取利用。錢本古用器,古兵與器皆范銅爲之。

節墨夕之合貨，背文曰合行。節墨，齊地名，之作止，夕作□，聲義通集。多字從二夕，亦纍字之義，舊釋作邑，非。《周禮·地官》〔二〕："夕市，夕時而市，販夫販婦主之。"節墨，夕之都會也。合作吞，"貨貨北化"，古通貨者，二貨合一也。一金爲一貨，合兼直二金也。《孟子》"王餽兼金"，可知齊使金貨制皆兼二，故刀亦合而行之。七十鎰即七十金，兼金一百乃二百金。言金不言鎰，言鎰不言金，語可互證。合行者，重言以申明之，亦商人之記識，故不盡同也。

此刀背文有□□者，乃"安邦"二字。有⊙者，"日"字。有屮者，艸之省文。言財貨如草生之茂，是商人之吉利語也。有□者，"人"字。有□者，是"化"字。有□者，"同"字。有□者，"生"字。□，"本"字。□，"才"字。□，"文"字。

文光案：齊刀"吞'字，舊釋爲吉、爲寶、爲太公二字合文，或爲法。背文見有吉字，與小篆無異，則吉字非是寶字，筆劃不相似。太公與節墨不成文，法行不如合行爲順，則合字近似。是字從來無確據，故任人意定。《説文》盍字作□。尚得半字之證，存疑可也。《嘉祐雜誌》王公和學士以吞北爲杏九，更屬兒童之見，謬陋甚矣。

古文"丁"字不一。作□，《莊子》所謂丁子有尾。或作□，諺所謂裹核丁也。或作圓點、方點，皆象丁頭形，款識多從此。丁即釘之本字，象形顯然。俗謂目不識丁，即指古文□字，以易識也。

莒地刀文一爲□、□、□、□，一爲□、□、□，二刀同爲蘧辰物，文同迹異。蘧辰，地名。公孫嬰齊卒於貍賑。《説文》："蘧，瘥也。"《周禮·春官·宗伯》："貍沈祭山林川澤。"又《天官·鼈人》："以時簎魚、鼈、龜、蜃凡貍物。"《説文》無賑字。貍辰是爲蘧蜃。登州近海，即齊莒之地，時有海市，或蛟蜃之氣。

據《金索》，此刀出博山之香峪村，刨出一窖數百枚。馮氏“箸邱長”三字，非也。博山爲莒之近地，即聲伯所卒之貍賑也。舊説爲魯地，杜駁云未及魯境。鏷即薶字之古文。

　　　文光案：細審第一品，藜字下字下卅字與薶字連屬，物字下亦有卅字，分明易識。

　　魏地貨曰安邑斤一金，倒范斤，象大小二曲刀形，爲裁斷之器，裁斷出於明察。《詩》曰：“斤斤其明。”《爾雅》：“斤斤明明，察也。”此曰斤，是斷其所直。曰一金，當六銖。全金作全，省文。安作𡩋，邑作𠙽。

　　梁充金十二當鋝，隸古梁字從曰，爲古文。化從木，木體本直，化而爲橫，即梁義也。𢀩，古充字，凡古文作尸，此作𠃊，乃省。曰充，足當也。𠄥，古通互，𠂤并書，交二爲互。互十二者，言以二數互至十二數分之，即二十四數也。𠂤即尚，古通當。受即爰，通鋝，六兩之名也。六銖爲一金，互即二金，此九〔三〕字謂足實之數。斷直二金，合此十二枚，當一鋝，鑄自大梁也。據此可知上古范金六銖爲金貨，而後范銅輕重以貨金，非以范銅自直謂之金，亦不以斤爲十六兩。其文義詳明，鮮然可考。金作𡙇，或作全，亦作𡕥，亦作𡗜，皆省文。有云金當鋝者，以此二十四當金一鋝也。以六銖之數計之，應合二十四金爲鋝。《説文》：“鋝，鍰也”。按鋝、鍰同義，古文𤉹字似寽，其實一字而誤分爲二矣。《考工記》戈重三鋝。《周官》劍重九鋝。以孔傳六兩之數計之，戈得十八兩，劍得六十四兩。今據范銅文可證孔説之是，而《説文》鋝字下所計者非也。

　　凡背文有陰款者，出范後所刻。

　　梁正當金，當鋝。按：正，直也。《説文》：“正，是也。當，應也。”乃變斤、金二字爲正、當，爲是、應之義。

　　諸貨文曰安邑者，應是魏武侯二年以後、惠王三十一年以前之所鑄。其曰梁者，應是惠王徙大梁以後之所鑄。故范形用法并同。考之《史記》，其爲時先後悉合。後此約四十年，始見秦紀行錢書。魏貨皆六數乘算。《路史》指此類爲策馬貨，又曰策乘馬幣，繆引《管子》屬之舜制。殊不知《管子・乘馬》諸篇乃統言古之國賦，非范銅也。按策，畫計也。乘，登也。馬，算也。有如《禮記・投壺》立馬得算也。羅長源誤認梁爲乘，正爲馬，即牽合《管子》，妄自發揮。至鄭漁仲之《錢幣考》，臆斷影響，定爲上古之物。幸今貨布猶存，可正其非也。然自宋元而後，論錢幣者雖賢智，不能外鄭、羅兩家之説。鄭氏《金石略序》曰"採三皇五帝之泉幣"，此好高鶩遠之通病，又讀書不考古字之弊，究無實指，不足怪也。

趙地貨刀，面文一字曰明，古 ⑩ 字，從日月爲文。明是趙之明邑。此貨出土河間，易州居多。易州所屬趙居多，因定爲趙地貨刀。背文 ○▽，即同字。乂，古五字。 𢀖，古營字，或作 𠂤，同。今北方市集有名營者。背文所記左右字，蓋明邑行此，分爲兩家所鑄也。下識數目字爲紀年之次第，蓋商民各自爲記耳。背文有曰貨金，即所謂范銅，以貨金可證昂非臆説。 𧴪、𤣩、𧷨，皆貨字。𠂤、𠂤，皆金字。𢀖，行字。

趙貨有廿𠦍廿井，屬涿郡，有 𠂤日 成侯國，屬鉅鹿。白者，物色之本質也。

燕地貨錢四種，曰燕貨，曰一化，曰燕四化，又燕化，迹小異，曰燕六貨。𢍺，從 𠬛，即𠬛之省文，從 𣏟，是咽字之古文。𠨗刀，化字。此圜錢之創始，應在戰國之末。按太公立九府圜法，言圜通之法，非指圜錢也。師古曰："圜爲均而通也。"顏説是矣。班《志》曰："錢圜函方輕重以銖。"又曰："景王鑄大錢，文曰寶貨。肉好，皆有周郭。"班氏誤認燕字爲寶字，自宋迄今相承其説，遂有以燕六貨爲景王所鑄，明是以誤傳誤。東京通習隸書，不識古文，不特班氏爲獨疏也。景王鑄大錢既有定式，而列國諸地不遵王制，更范作長橢諸形，豈反以緡貫不使乎？不敢附會舊説也。

秦地貨布，面文三字，曰兹、氏、十。背文一字，曰互。按，𢆶即茲之省，氏，古氏字。《漢志》：「太原郡有兹氏縣。」《水經注》：「縣故秦置也。」此布明是秦并趙地之所鑄，曰十者，一當小布之十。曰互，言可互換也。其形有首，有肩，有足，無穿孔，爲象人作。燕尾或方，其足象市集之帘旆。背有斜直文，象泉，古作𣲁，間作二三四畫文，或記識，或紀年，不盡同也。小布面文四字，曰兹、氏、分、十。背文一字曰互。前貨曰十，謂一當此布之十。此曰分十，以十小布當前之一，故背文亦作互字也。安陽布爲秦制最確，據此而推其類之相類者，定爲秦物，雖不次其先後，而百餘年之所鑄大概不外乎此。

晉易斤一金，𢍰、𢍰、凶、才、𢿐、𢽳。按《易》曰：「晉，進也。」明出地上。此作𢽳，從日，象光華上射形，與《易》義甚合。才，易字省，假作易。晉又作凶。

蒲阪斤一金，按閑從冃，即古冒字。蒲爲易生之物，冒出土上，其性類禾，故從禾。《説文》從浦、艸，乃後起之字。反，從反，從丨，同市字之例，作土，見後亨皇小布。

威、平，按止戈爲武，乂即止字。從×，即五字，天地之數止於五。從乚，斷止之也。鄭漁仲誤指爲从。其於六書動輒涉謬，此則甚矣。馮定遠曰：「周伯琦、鄭漁仲皆不解篆，鄭尤妄。」蓋鈍翁有見於此，非過語也。

平、𠆣，按平作平，一畫在上，天也。天一生水，皆爲平義。古文或作采，故從水。平州，齊地。

大𨸏金，大陰，未詳。漢《志》：「大陽在大河之陽。」以此推之，當在大河之陰。

金、弟，敦，同亨，古通享。𫝀，即自之省。𠃊，古中字，假通土，取戊已居中之義，作皇。今俗書之皇字，通煌。瓜州，古敦煌。以此布證之，知漢置此郡，仍沿秦名。《集韻》以𫝀爲古自字，非也。

涅營布，上黨郡有涅氏縣。涅從水、土，日聲。近世作湟、湼，并誤。營省作𫝀，即吕字，𠆢，而之省爲布字。

𨞜、宓易，舊單父地。宓，篆作𡨢。《說文》曰："分，極也，從八分也，從弋聲。"此作𡨢，從八從戊，斧也。其爲分極之義更顯。濟南伏生即子賤之後，據此布，宓、易是地名，因之爲姓氏。本當作𢍏，其義通伏，省作宓，別作處。

𨞜、𢀖，長字。金石瓦當，結團互異，此作𨞜，指邑而言，故贅從邑。許氏謂七國之世，文字異形。竊究其故，每因事改變。如通邦貨，通作𨜶，見齊刀。齊侯𦉜，國作𢀖，見《積古款》。虛其一面者，指地處海濱也。石鼓文吾作𨕦，從吾從午，爲秦字。建首從辵，謂巡行。指吾秦有事巡行也。餘可類推。

𤰞留，屯留，晉地。按𤰞從𡿦，即𡿦之省，爲古柳字。從田，謂插柳於田，表識疆界，義不可去也。古文卯本柳字，卯，茂也。木茂仲春，莫先於柳，故通作二月辰名，其義頗顯。小篆作卯，許氏專屬辰名，訓象開門之形，誤。卯爲古酉字，訓一爲閉門之象，以留字從卯得聲，蓋未能深究古文。據范銅可證從卯之説非確詁也。案：董逌跋劉曜碑，謂劉當爲𨜶，尚沿《說文》之説，未見及此。

𤟤，按：皮氏，河東郡。皮古文或作𢻆，從廿、甘、○，皆取同義。從𢻆，即古服字，衣也。凡同有之衣是爲皮矣。《說文》作𤟤，許氏訓剝皮。六書家因𤟤字從口，乃謂剝皮從口而下，并泥。案：有皮而後可剝，剝皮爲後起之事，宜先有皮字。伯昂釋爲同有之衣是也。

𨾱、𠫔、𠔼，按：𨾱是𢇛之省，即馬字。𠫔從肖，從又，𢻆之省，爲服字。《括地志》：馬服山在邯鄲縣西北。𠔼即營字，市居也。

🔲🔲，按：貝邱，齊地。邱，《説文》作🔲，從北，義不可求。詩云“止於邱隅”，隅必有四，故作🔲，乃四隅之形。此上古可見之文也。

🔲石，按：離石，《國策》作難石，誤。籬字從林，禁止之也。從离，離之省。《説文》失載。🔲，按：魚陽即漁陽，秦郡。

🔲，按：魏字，從廣，偏安也。從十，終歸滿數也。從🔲，即吳字。《説文》：“大言也。”卜偃曰：“畢萬之後必大。”萬，滿數也。魏，大名也。與從十從吳之義悉合，別作庬。又巍通魏。

🔲，按：趙從🔲，即古足字。從巫，爲笑字省，聲笑，通肖。🔲、🔲，筆迹小異。

錢貨類首爲鏺幣，此類皆一字，間有二字者。鏺形即古之錢形。詩“庤乃錢鎛”，錢本利於治平之器，治武林水有錢。唐《博雅》曰：“籤謂之鏺。”北方籤音同錢。錢上中空，可盛籤。籤必以竹爲之，書其時之當直於籤，以便更易。乃變斤金之文，更作活法。其替下之籤，不合時用。北方諺謂凡事不中用者曰鏺頭，其即此與？其制始自秦惠，其出多於中州，山右亦間有之，他處則無。其字盧作🔲，考作🔲，安作🔲，藏作🔲、🔲，周作🔲，京作🔲，倉作🔲，泉作🔲，漢時已不識。宋字貨作🔲，又作🔲。

貨貝、錢丁，當也。🔲、🔲爲半字之省文。🔲即兩字，合之爲當。半兩又文曰當，各六銖。

旆比當斤十，背文曰十貨。此貨較他貨獨長，有穿孔，爲貨布之創見。

🔲🔲，《史記》：“魏襄王十三年，秦取我曲沃平周。”🔲🔲，武安，亦趙地。🔲🔲，中陽，趙地。🔲🔲，邪山，地名，未詳。🔲🔲，從艸，從用，從🔲，即佳之省，北藺地。🔲🔲，虎邑，即虎牢。🔲🔲，蒲子，河東郡。🔲🔲，銅鞮之省文，上黨郡。🔲，按：露，古通路、潞。凡水陸道路，無不顯露也。〇〇，在鄭州。
宅、垗，即〇之變體，《史記》作宅陽。〇〇，按：襄垣，趙簡子
所築，見同地志。

〇〇，按：中都，太原郡。〇〇，按：莘邑，地名。〇，古
辛字，此從艸之省。〇〇，按：茀邑，即季氏之費邑。〇〇，按：
盧邑，泰山郡之盧縣地。〇〇，按：郎牙即瑯邪，或作〇午。壬
〇，按：任氏，魯地。〇，又作〇，按：魯陽，河南郡。〇，按：
葛在高陽西北。〇，燕之省。〇，許，從〇，爲言字。從半，即
午。許者，言必有中也。〇，按：鄔，太原鄔縣。又河南鄔邑。
〇〇，按：鐘吾，東海郡。〇或作甫，又作〇。〇〇，按：伊
洛，姜戎故地。〇，古各字，從丨，乃〇之省。〇〇，按：燕昌，
秦并燕地。〇〇，按：酉棗，陳留郡，省酸爲酉。〇，按：河字，
小布無考，古文作〇。甘月，按：甘丹，地名，無考。恐即邯鄲。
〇，按：魏邑，文同迹異。〇〇，按：上谷，秦郡。公古通谷。
〇，按：其字異結其陰，地名，未詳。

文光案：伯昂所考雖不必字字可據，然十得其八九，非
他譜所及，足以證《説文》之誤者更復不少。韓子云："爲文
須略識字。"録此亦識字之意也。又案：鐘鼎文字有僞迹，而
錢文無僞，亦較款識爲可據。

古刀布文字：寶，〇。長，〇、〇。垣，〇、〇、〇、〇。
晉，〇、〇、〇、〇。屯，〇、〇。貨，〇、〇、〇、〇、〇。
〇、〇、〇、力、〇。邑，〇、〇、〇、〇。貝，〇、〇。安，
〇、〇、〇、〇、〇、〇、〇、〇。氏，〇、〇。午、〇。蒲，
〇、〇。郭，〇。陽，〇、〇、〇、〇、〇、〇、〇、〇、
〇、〇。都，〇、〇、〇。周，〇、〇。黄，〇、〇。陶，〇、
〇。馬，〇、〇、〇。〇、〇。兩，〇、〇。邱，〇。當，〇、
〇。隸，〇、〇。金，〇、〇。邾，〇。郑，〇、〇、鄭、〇、〇、

□。其，□。比，□。襄，□。萬，□。宅，□、□。州，□。戈，□。垂，□。燕，□。扶，□。首，□。玆，□。北，□。屈，□。皮，□。益，□。露，□、□、□。堯，□。舒，□。銅，□。鞮，□。鄔，□。潁，□。邪，□。武，□、□、□。京，□。官，□。墨，□。伯，□。十，□。三，□。鄖，□。

## 《虞夏贖金釋文》一卷

國朝劉師陸撰

《觀古閣》本。同治癸酉年鮑氏重刊本，有序。

鮑氏序曰："姻丈劉青園先生曾及世父覺生公之門，與余有同癖，收藏金石泉幣最富，僅刻《虞夏贖金釋文》一種，身後所藏悉散佚，并是板亦弗存。先生嗣子振齋明府宰海豐時，曾以遺文爲記，顧城破亦胥失之。適先生之甥陳寅生上舍覓得初印本見贈，余亟付諸手民，以公同好。"

《舜典》"金作贖刑"，傳曰："金，黄金。《吕刑》：其罰百鍰。"傳曰："鍰，黄鐵也。"孔穎達曰："俱是贖罪，而金、鐵不同者，古之金銀銅鐵俱號爲金，黄鐵、黄金皆今之銅也。"其言良是。予初得安邑一釿、二釿，以爲夏時行用常品，不知其爲贖金也。及得當爰各種，考之《管子》、《路史》以及翁氏《古泉彙考》，雖皆論列及之，而語多含糊，終不得其的解。既而就諸幣文字悉研究，始知此數品確是虞夏贖罪之金，真三代法物也。按：《路史》有曰策馬貨，曰當金貨，曰策乘馬幣者，今之乘正尚金當爰也。曰一金者，今之安邑一釿也。曰二金者，今之安邑二釿也。曰五二金者，今之乘充釿五忄當爰也。注又云："五二金者，重貨也。金一者，輕貨也。當金者，當重金也。"未嘗不援據舊説，病在昧其名義。予取諸品核之，一釿爲直一之金，則二釿，當直二。曰乘者，當直四。曰乘而兼曰五者，當直二十。母以權子，子以權母，即後世當二、當三、當五、當十以及當百、當千之權輿，而文字倒正，復有別焉。

古幣初鑄成，必兩相連屬。此幣之足正對彼幣之足，自其連處齊而截之，然後兩幣判然，始便於用。

文光案：是書列方足布十二品，先圖後説。其布皆見《古泉匯》，即虞一金、安邑一金、安邑二金、乘正尚金、乘充金五種。有正書、倒書、幕文之不同，故別爲十二。金化二字合爲釿字，鮑氏以爲誤讀，見《泉説》。

## 《論泉絶句》二卷

國朝劉喜海撰

《觀古閣》本。同治癸酉年鮑康重刊。有序并跋，又嘉定周其慤序，道光十八年海鹽張開福跋。書内題"嘉蔭簃論泉截句"，下卷末行題"男虞采、宁采、霽采、南采謹注并校。"

鮑氏跋曰："先生遺稿散失幾盡，《論泉》二百首板已久燬。胡石查有原刻，余亟丐以付梓。邇來所出，新奇可喜，爲詩中所未詠者不下千百種。安得補詠百篇，不愈展卷而愉快也！"

鮑氏又跋曰："是刻即以原紙上板，取其字意古拙，而刻手至劣，殊以爲憾。原作尚沿洪《志》之誤。先生輯《古泉苑》時，悉汰其説矣。間有一二訛字亦正之。"

張氏跋曰："論詩絶句原於元遺山，其後論書、論畫、論詞、論印、論茶，偶有會心，各擅其勝。洪氏遠搜舊譜，傳寫襲謬。燕廷先生檢所藏古泉詠詩二百首，上始太昊，下迄明。凡正用、訛品、外國并厭勝、馬錢、泉范，皆入品題。又前人著録與所聞於師友者，間一及之。非蒐羅之富，考訂之精，曷克臻此？"

例言：是詩首六絶通論，次一百七十六絶編年，次六絶諸家著述，末十二絶懷人兼自序。是詩專爲論泉，皆用本事。古人錢典攈拾略備，時説可從者亦采諸説，誤者今爲辨正。厭勝品、外國品，無書可據，就所藏所見賦之。錢范各絶附於六朝末，唐以後無范也。外國諸錢皆有實據，唯洋錢無稽。余得異品，次第詠之。仿漁洋《論詩絶句》。

宋有會子，見《食貨志》："官錢許兑會。"又有交子，費著《楮幣譜》："蜀民以錢重難於轉輸，製楮爲券，表裏印記，隱密題號，以便貿易，謂之交子。"明有寶鈔。

洋錢多鑄國王面，銀者名哺嚕黎，銅者名哺嚕斯。今有風颿、馬例二種。余所收有作渾天儀者，有作測日表者，有作雙鳳者，有作鷹者，有作飛鳥之象者。

洪《志》："上狹下寬，背平面凸起，有文不類字，世謂之螳鼻錢。"

**校勘記**

〔一〕"朔"，原作"溯"，據《稗史彙編》改。

〔二〕"官"，據《周禮・地官司徒第二》補。

〔三〕"九"，據本篇上文"梁充金十二當鍰"，疑爲"七"字之誤。

# 史部十五

## 金石類十二

### 《古泉匯》六十四卷

國朝李佐賢撰

利津李氏《石泉書屋》本。同治甲子年刊。首集四卷，曰凡例并目録，曰歷代著録，曰古泉臆説，曰諸家泉説。元集十四卷，古布。亨集十四卷，古刀。利集十八卷，圜法正品。貞集十四卷，異泉雜品。四集共五千又三品。前有咸豐八年鮑康序二首，國史館舊史李佐賢自序并諸家題詞，後有同治二年鮑康跋，又竹朋自跋。

鮑氏序曰："先生爲余序《泉選》，亦索余序其書。夫泉譜，不備不足傳，不精不可傳，備亦精而無新奇可喜之品爲諸譜所未載亦不得以傳。選泉必取其精，何鏡海内兄與余時相媿妬，而鏡海所藏尚少於余。集大成者爲劉丈燕廷，其所得之奇不下數十品，而宦蜀所收南宋鐵泉三百種，尤昔人所未見未聞。有《古泉苑》一百卷，圖備而注釋尚略，未及梓行。吕堯仙中丞寄示孝建四銖五十四種，使人拍案稱快。最後交先生，引爲入室，出所藏相示，其精且多，與燕庭相埒。而詳人所略，莫過於列國幣小刀，各多至三四百種，視燕庭之鏟幣百餘種，洵足爲向來譜家補憾。諸譜刀幣寥寥，先生之方足幣、尖足幣、磬折刀，背文紀數自一至十及廿、卅諸字，不特人所未備，亦多人所未知。尖首刀文字亦多，不及早衷集，恐更百十年必無有知前代製作如是其詳且至者，不大可惜乎！”

鮑氏後序曰：“吾兩人生古泉盛極之時，又遍識海內藏泉之家，凡奇異之品得一一拓而存之。竹翁每脱一稿，先以相示，余有所正，即時改定。參互考證至再至三，薈萃衆説折衷一是，不詭異，不苟同，稍有可疑輒置弗録。益以諸家墨本，洋洋乎大觀哉！”

李氏自序曰：“弱冠後有金石書畫之好，而金石中尤以古泉爲專好。刀布之古文奇字多六書、《説文》所未備，漢唐以後之泉則篆、隸、真、行一代之書法俱在，是文字變化之無窮更勝於碑板也。范金合土，一朝之制度見焉；利用厚生，歷朝之利弊見焉，況標新領異之泉尤多舊史《食貨志》所未載。論古者按圖考稽，亦可補志乘之缺而正其訛，是製作沿革之所關尤重於鼎彝也。遂付諸梓，以公同好。”

李氏自跋曰：“是編起於咸豐九年，成於同治三年。六閲寒暑，始克竣事。”

例曰：四集之中，各從其類。如布則有方足、圓足、尖足、空首之別；刀則有齊刀、明刀、尖首、列國異刀之別；圜法則有正品、附品、外國之別；雜品則有無考、變體、厭勝、仙佛、花紋、馬錢、泉范之別。分門別類，一目了然。

古布文字奇詭，《路史》溯自三皇五帝，不免滋疑。《吉金録》斷自周列國，然考其製作色澤，似有商以前者。今未敢臆斷，統名之曰古布，以免聚訟。至刀則確屬周列國，從來未有異説。圜法自周秦以下有年代可稽者，亦無異説。其無年代可稽者，間有一二。不從舊譜，各抒己見，姑存此説。

恭讀我朝《西清古鑑》内錢録，考據典核，圖繪精妙，折衷百代，無以復加矣。諸家著録不下數十家，就中初渭南之《吉金所見録》決擇精審，翁宜泉之《古泉彙考》搜羅宏富，此外諸録亦各有所得。今譜多采各譜之説，仍爲注明。舊譜所未見者，斷以己意。

舊譜之泉，近代已不能盡見。新出之泉，亦多古人所未見。況作僞者愈出愈奇，其精者足以炫法眼。兹編必確知其非僞而後收之，凡未經目睹及見而生疑者，概不濫入。

《通志》："太昊氏謂之金，高辛氏謂之貨，陶唐氏謂之泉，商周謂之布，齊莒謂之刀，周九府圜法始謂之錢。"《管子》："上古通謂之幣，周初圜法謂之布。"《國語》："景王始謂之錢。"其説小異，要之泉之稱在前，錢之名在後，故此譜以《古泉匯》名之。

是譜專爲考古徵信，自存者居其大半。諸家所藏亦間有採取，多當代所共推法鑒者，不致以贋爲真，庶乎可信。

古文奇字有不可盡識者，不敢強解。舊譜泉未見者，不圖其形，以徵信也。仍存其目，以備品也。古字難識，故先釋其文，後解其義。自陳至明各史志所載錢譜，自洪氏《泉志》以外，今皆無傳。宋洪遵《泉志》，毛氏刻入《津逮秘書》，足資考證。然所載多未經見之錢，天品、神品更失之誤。《錢法纂要》一卷，即邱氏《衍義補》之一篇。《錢幣考》，《路史》之一種，溯自上古，人多宗之，然不能無疑。董氏《錢譜》，《宋志》十卷，《説郛》所載無幾。《歷代錢法年號通考》，桐川盛志達書城撰，抄本，無卷數。《歷代鍾官圖經》七卷，陳萊孝誰園撰，其書未刻。《續泉志》八卷，宋振愚藥川著，其子慶凝愚村續補。《古泉彙考》八卷，翁覃溪之子樹培著，有注無圖，未及刊行。《錢志新編》，不免滋疑。《貨布文字考》謂列國以前全無刀布，其説未然。《吉金所見録》較諸譜爲勝，惟以刀布盡屬列國，不免武斷。

　　文光案：近來諸家錢譜，或有圖無考，或有考無圖，或圖説俱備而品目無多，或品目雖多而鑒別不精，或爲未成之書，或爲不傳之本，大抵可疑者多，可信者少。其能集諸家之大成，而多其品目，辨其真僞，釋其文字者，定推是書。蓋一生精力之所萃，而又得同好之參考互定，且皆出於親見，必不至以僞亂真，宜其信而有徵，可傳永久，實奇作也，亦絕作也。

　　《吉金録》云“列國布與鐘鼎文字相同者二十一字”，今不止此。《宣和博古圖》與《刀布圖法》字同者四十二字，與薛氏《鐘鼎款識》其文同者三十九字，與《積古齋鐘鼎款識》其文同者二十一字。此外各譜録不能悉載，而近代出土鼎彝其同文者更難枚舉。總之，刀布文字實與鐘鼎互相發明，古篆籀文真蹟猶在，其珍惜當何如哉！

　　古刀布背文紀數一、二、三、三、Ⅹ、巾、϶、九，十，五間作乂，六、七、八有作⊥、⊥、⊥者，六有作∧者，九有作϶、→，爲臆斷，然無可疑。

　　泉有古無今有者，如方足、炎足各布，明刀、尖首刀各種，近皆於直隸出土，燦然大備。劉燕庭之空首布多至百數十種，呂堯仙之孝建四銖多至五十品，他如榆角半兩、六朝五銖及泉范各品，多古品譜所無。予與鮑子、年子細審，定真品無疑，方知古譜未必無徵，特年遠不免散失耳。

　　《漢志》：“景王患輕，更鑄大錢。”患輕指小品寶化，大錢指寶四、寶六。子母相權，子即指小品寶化，母即指寶四、寶六。

　　《封氏録》：“古享祀鬼神有圭、璧、幣、帛，事畢埋之。後世以錢相賻。”《漢書》“盜發孝文園瘞錢”是也。又《宋人百家説》云，北宋時享祀鬼神多以銅錢，南宋易以紙錢，故今出土多北宋錢。

莽布泉，世人謂之男錢，言婦人佩之則生男也。梁無郭五銖，謂之女錢，恰好屬對。

新莽契刀，今刀文作栔；厚布，今布文作序布。遼道宗改元壽隆，今錢文作壽昌。張士誠僭號天祐，今錢文作天佑。據錢文可證史傳之誤。

《通典》：“鵝眼環鑿，依律而禁。”環鑿二字文指鑾孔如環。今有五銖，中鑿圓孔，殆即所謂綖環錢與？

數目字大寫不知起於何時，洪《志》：“五男二女，三公九卿，錢作伍、貳、叄、玖。淳熙錢背文七、八作柒、捌。銅銙牌，準壹伯文省以及貳伯、叄伯、伍伯文者，皆大寫。”是宋時已有之矣。

考《食貨志》，崇禎末年勅鑄當五錢，不及鑄而明亡。乃今户五、工五、監五等錢俱在，是當時已鑄此錢。史策之不可盡信，固如是夫。

近代偽泉愈出愈奇，新鑄者銅質色澤不難立辨，惟以真古泉改作者頗有魚目之混。如齊去化刀，剗去上兩字，改作九字刀。王莽未錯刀，補嵌金字作已錯刀。大泉五十，剗去“大泉”二字作五十，或作五千，或作大泉二十五。銖改二銖、三銖。他如嘉祐改爲皇祐，大順改爲天順。如是者不可枚舉，百餘年後即足亂真，則今日之奇品以爲古人未見者，安知非古昔之偽泉乎？今日之偽品安知數百年後不珍爲奇品，而謂今人所未見乎？論古者勿膠柱鼓瑟可也。

《古泉彙考》云：“刀布之制，秦漢以後惟王莽一行之，故今世之古刀異品皆三代以上物也。今所見刀布有無字者，或一字，二字，三、四、五字者，面文多紀其地，背文多紀其數，可想見春秋列國之泉制焉。”朱氏《待問錄》：“齊刀、莒刀而外盡屬之上古。周立九府，景王更鑄，第行於王畿之内。其時列國得各自鑄錢，如齊、晉諸國不下數百邑，各以地名誌之；不下數十百品，各以錢數紀之。故去今雖遠，所傳尚多。黃、農以上荒遠難稽，夏商之世安邑貨、商貨今世尚存。"《泉志》於列國諸錢實無所據，妄繪圖以實之。今則列國刀布種種可稽，即謂多於後世之錢品可也。漢半兩制，簡樸而字古質，猶有周秦遺意。至武帝作五銖，而內外輪郭始備。歐公謂西京文字不易得，半兩三銖豈不可冠西京款識之首乎？洪《志》并無鵝眼錢，今書二小錢，文曰小泉直一，一篆書，一真書，或是好事者妄圖之。五行大泉，五作亙，魏李仲璇修孔廟碑，五字作宜，可互證。天下制之變者，其後必歸於一。三代列國刀布紛然，秦并天下而一之。莽錢繁賾，光武中興而一之。六朝泉指不勝屈矣，隋有天下而一之。勢使然也。重寶之名，始於乾元。周元錢毀佛像鑄，用以卜筮或驗；握之，可禁瘧兼治難產，俗以爲珍。其説不一，《書影》載之。精選宋錢頗費苦心，必合數十百千反覆印證然後可信。疑者缺之，辨之於其字、於其形、於其色、於其質、於其聲，蓋決擇之心審矣。字有草、篆、楷，位置大小，精神融貫。色有神味韻致，非熟不知。質有赤銅、白銅、雜銅。銅之精者明湛清露，窳薄者鮮；銅之陋者，斑駁粗野，完善者鮮。聲有銅鐵之辨，銅輕清，鐵重濁也。其精整明晰，望而知爲鐵者十之一耳。非博觀不能辨也。古泉范皆兩漢六朝者，唐宋以下未見。

劉氏嘉蔭簃《泉説》，"半兩錢有上明下月者"，可證明月泉與半兩同時無疑。陳南未得古泉百餘，五銖、開元、乾元最多，是唐時亦鑄五銖，與開元并行，而前人未言。

　　文光案：劉氏名喜海，字燕棠。凡書標"嘉蔭簃"者，
　　即其所刻也。

戴氏《古泉叢話》："《路史》古金文字有伏羲、神農之號，至今日出土愈多，乃知是周秦地名。空首化，前人未見，當在邑

化之前。自來錢法必先大後小，先精後粗，先繁後簡，以空首化較邑化，固大而精且繁者也。刀面有作小刀形者，勾勒極精。三代時書畫不分，如此類者謂爲字可也，謂爲畫亦可。封演以半兩三豎爲三銖，蓋未見三銖耳。鐵泉最難辨，僞造者往往亂真。泉以足補史闕者爲貴，故異泉可考者上也，無考次之，厭〔一〕勝爲下。舊譜未列之泉，如東周泉、長安泉、右長下安、驪虞峙錢，梁造新泉、第一重四兩、第九重四兩、招納信寶、至元戊寅一日香殿，又延祐元年，皆今所得異泉也。明天啓時泉局出一天啓古泉，廷臣皆不知所自來。正德錢，世人有天下止有兩個半之説，於是競起而僞焉。歷代皆用銅錢，漢有金幣，鐵泉始於公孫述，劉龔乃用錫泉，至萬曆鑛銀錢而五金具矣。外國泉多惡而易僞，私鑄錢往往杜撰年號，世人不知，悉疑爲外國。吾鄉梁曜北先生著《元號略》，收泉文。其實泉文不盡可信也。而同時又有因録中所收不見泉文之元號，鑿泉而獻者，由是以推爲鬼爲蜮。天下泉之不可信者多矣。"

文光案：戴氏名熙，字醇士。《元號略》在《清白士集》中。

虞一金化，或疑爲虞虢之虞，然與列國小布不類，其倒書安邑布，或即有僞物與？

乘正尚金尚爰，注曰："乘，四也。正者，其文皆正，不同倒書者也。尚同上，言上等之金也。尚即當省，爰乃鍰省。合而言之，此布直四枚，正書一金之化，乃最上之金，可敵贖罪之鍰也。"

乘充化金金當爰，注曰："此亦乘馬幣之別種，背有陰文'充'字。乘充化金者，言此布可充當直四枚之化金也。金當爰者，言此金可當贖罪之鍰也。兩金字并用，恐小民愚昧，重言以申明之。"

乘充化金五二十尚爱，注曰："五者，謂一枚可直一金之五枚，二十者謂二枚可直一金之十枚也。一枚直五，二枚直十，數目了然，令民易曉。"《贖金釋文》言："此自有書契以來夾行子注之始。"

　　文光案：此布二十字，在正中五字之下并列書之，故曰"子注"。

安邑化金，注曰："舜禹皆都安邑，或即虞夏時物。背復有安字者，《贖金釋文》言，所以别於倒書者也。不識不知之民，豈諳文義？正書、倒書之布之貴賤分焉，即背文以示區别，俾易識而無濫用，前民利用之精意寓焉矣。"其説近理。背有陰文"充"字，言此布亦可充當贖金也。

甫反化一金，注曰："甫反即蒲阪。《吉金録》讀爲涑城，引《左傳》'伐我涑川'，屬晉地。其義亦通。"

泉一金化，注云："泉，鄭邑也，潁省。在《左傳》'寘姜氏於城潁'。"

殊布當十化，注曰："殊字言此迥異諸布，乃殊尤之品也。當十化者，言一枚可直十化金也。古器銘同一器同一字，往往筆劃多寡，偏旁位置上下不一，乃知秦以後文歸一律，古文未必盡同。初非小篆、《説文》所能賅括也。"

　　文光案：布有方足、圓足、尖足，空首即俗所稱鏟布也。刀布，齊刀、節墨刀、安陽刀、明刀、列國尖首刀、列國異品刀六類。明刀布有明字，道光年間直隷境内新出無數，其爲趙明邑之物無疑。圜法正品自周至明及外國異泉有無考正品、無考别品、變體奇品。厭勝有正品，有吉語，有生肖，子至亥并物形爲生肖。又神聖仙佛，又無花紋，又馬錢，又泉範，皆雜品也。《泉圖》爲選錢所印，原板所印無多，翻刻更非易事，故傳本甚少。於此考文字、紀地理、廣聞見大有益也，因詳録之。其古文奇字悉載於《目録學》，恐其佚也。

鮑氏《泉説》曰："泉范著録自《曝書亭集》始，劉燕庭最多，凡二十餘枚。翁氏《古泉彙考》言之綦詳。列國幣筆劃肥瘦無一相肖，若一泉一范，必有千百范。疑當時就沙土刻字，旋刻旋棄，故列國范近代無傳。他如半兩、明刀、尖頭刀，其字皆參差不齊，而范亦無傳。"

所見陰文泉范有銅，有鐵，有石，其制率如板，多者數十泉，少亦不下十餘泉。一鑄遂成，其勢易。雖所見止面文，想亦必有背文。陽文銅范，其制率如盤，少或二泉，多或六泉，皆一面一背，模臘合土，其勢勞。新莽泉制最精，其范多用陽文。道光壬寅、癸卯間，長安掘得五銖，泥范最多，殘缺無一全者。考五銖自漢迄隋，形制非一，難辨爲某朝物也。布泉二種，有懸鍼[二]、玉筋之殊。舊説以懸鍼屬新莽，玉筋屬周，是也。秦中僞泉率以古泉磨而改刻，有薛氏父子皆工鐫字，每得一泉，必仿作一僞者售之。面文既真，添剌亦巧，復蝕以土鏽，大可亂真。唐以前泉多有傳形，所謂如紙背傳模者是也。戴文節《泉話》云："人各有一絶，莽爲泉絶。"蓋莽之刀布諸品無不精。翁宜泉於宋泉竭十餘年心力，考核最詳。每種隸書、正書、行書筆劃多不同。西夏梵字錢文不可識，秦中時有之。藕心非泉也，强名曰泉。

　　文光案：《古泉匯》有藕心錢十六品，又藕心外函五品。《博古圖》有四品。《積古齋鐘鼎款識》亦有此圖，其形相類。的是西京之物，不知何用。其形方，中藏一藕心，牝牡相衘如鑰與匙，有字無字不等。又按《泉匯》所收泉范共百餘品，《續譜》六十餘品，多新出之物，人罕見之。藕心今世尚多。

《續泉説》曰："化幣、化布出唐虞夏殷之故墟。蟻鼻惟今河南固始出。齊刀、寶化、寶三化、寶六化，惟出東海。"

釋三代古器物銘，以多見吉金文字爲主。許書究隔一層。刀幣文字不及鐘鼎，猶塼之不如石。刀幣之笵與鐘鼎異，似兩片土笵旋刻旋合鑄，故無複者。空首布字簡而精，有列國各邑名，知是周布。如錢鎛之形。後世名錢之所由訛與？非以幣用，爲田器也。刀形、田器形皆取其利用。布形、幣形皆聖人見布帛之利於民而貨之，制遂取之。古布圓足者最少。空首布之大者長可五寸，字僅一二，山右澤州出土頗多。泉字最古作🅰，見散氏盤。寶化泉頗少，寶三、寶六較多。吉金，摹文、釋文第一，記斤權第二，圖形制第三。凡三代者皆當權之。古無黃銅，明始有之。古人鑄銅爲餅如貝形，故名曰貝。古刀名化，不名刀，莽始有一化絜刀之文。幣、布、泉名皆不見於古金，布、泉見於莽，幣則莽亦無之。古專名化，化者，通有無之謂。莽有十布六泉，除大布、大小泉外俱不易得。三代化刀，刀形者之定名。化布，不空首者之定名。法泉，圜法圓穿者之定名。化幣，空首者之定名。化貝蟻鼻，確是貝形。化錢方穿，使古從今名以別之。田器名錢鏄，幣形似之，後世遂訛圓者爲錢。刀取其利，布取其分，貝取其似，田器形亦取其利。《周禮》、《史》、《漢》言泉法者，皆當疏考，説乃大備。附古則已必傳，不附古則已必不能久傳。巾即垂布之象，🅱之形似之。孝建四銖泉傳世絕少，道光年毘陵出土一窖，爲堯仙所得。唐泉以建中爲最少。而元字、中字兩泉，絕無僅有。南宋泉〰、〰即二、三，較勝星月之説。《孟子》“廛無夫里之布，”《禮記》“子碩欲以賻布之餘具祭器，”《詩》云“抱布貿絲”，布皆泉也。凡言幣者皆所以通貨財易有無也，故金之與錢皆名爲幣也。錢布龜貝曰貨。

《叢稿》曰：“長安爲古泉薈萃之區。劉氏爲諸城望族，燕庭觀察不墜家風，著有《金石苑》、《古泉苑》，復擇泉之精美罕覯者拓爲《泉苑精華》。予讀《泉苑》目錄，積三十年之久方成。路子端太史慎庄有雕本《泉志》，爲勘正增補一千一百餘字，裝爲兩册。是書考證踳駁，且妄分天品、神品諸目，尤滋口實。圖出徐氏，參補多以意爲之，或概作無文泉，其失俱不待辨。惟苦心搜抉，卓有可存。廿三史《食貨志》説泉不詳。《貨布文字考》不免穿鑿。《金索》意在炫博，往往摹繪舊圖。《古泉苑》一百一卷，爲同時吕、李諸公所弗及。兩宋鉄泉，昔人未經著録。今蜀中盈千累百，確非僞作。黄小松《泉拓》四册，無甚新奇之品。元重楮幣，錢法幾廢。僅至正大小錢泉爲多，其餘薄小而可珍玩。背文有大、乙、護、聖諸字者，所謂供養泉也。石查各品咸備，别拓一册，皇慶一品尤譜家所未見。陳壽卿金石之富甲於海内，泉范拓本至百三十六紙，余裝爲兩巨册。近復拓古刀二百數十紙，其精且多也。乾嘉時老輩拓泉但取寫意。自陳南叔輩出，日臻精審。燕庭諸拓率出南叔手，泉幣陽文有瘦勁如絲者，拓出神采焕發，視款識之棗木傳刻過之遠矣。空首幣最晚出，當時惟嘉蔭簃藏百餘。"

《續叢稿》曰："古泉譜録至《泉匯》歎觀止矣。明李世熊《錢神志》第二卷略有考據，附載洪《志》之目，其餘多故事，兼及果報，非論古之書也。古布可僞，空首布絶不易僞。古泉之學至嘉道間始有確據，前人譜録不足徵信。"

《叢稿三編》："《續泉匯》，余藏者十之六七。空首布有絶大者，寬三寸，長五寸許，首廣寬幾及寸。作鑵用相宜，作泉則形過重大，殊不相宜。安得有此等大泉？仍謂之古田器可也。鑵幣正合古泉之稱，以鑄鐘推之，則下不齊者爲鑄，下齊者爲錢。幣之形無可考，當是圜首圜足者爲幣，以象幣之柔。方首方足者爲布，以象布之方。内外俱圜者當爲泉之古制，外圜内方者當爲泉之變體，始於太公之圜法。方足布極薄而銅精，視尖足者勝。青緑沁骨，古香襲人。金大布流傳甚少，銀鈎鉄畫，制作最精，想當日亦必精貴。"

# 《續泉匯》十六卷

國朝鮑康　李佐賢同撰

《觀古閣》本。光緒元年刊。前有同治癸酉鮑康序二首，末有竹朋跋。此本較前編所印更佳。

鮑氏序曰：“余新獲之泉及諸家拓本又有在《泉匯》之外者，遂致書竹朋作補遺，余但任校刊之役。”

鮑氏後序曰：“竹朋以《續泉匯》十二卷寄余屬刻。余爲外舅刻詩集成，内兄何鏡海以舊藏刀布六百餘遠道貽余，筆劃參差，無一相肖。孫壽山爲選百餘品并拓其自藏者三十餘品，屬入補遺。爰重訂爲十六卷。”

例曰：“前譜專收目見，不收拓本。兹收拓本數十品，多《泉笵》所載，經劉燕庭方伯鑒定。又孝建四銖廿餘品，亦吕堯仙中丞所收，皆可信其不誣也。”

李氏跋曰：“近年新獲之泉，拓贈之泉，廣搜博覽，與鮑子年觀察往返札商，共成此舉。”

朱多爛《古今錢譜》一卷，有刊本，荒謬至極。張敬菴《泉寶錄》六卷，陸雲崔校補，以意繪圖，不足深辨。沈巍皆《泉寶所見錄》十六卷，考證雖無大誤，不免耳食。吳文炳《泉幣圖説》六卷，多不確當。唐與崑《泉布彙考》二十卷，考證尚稱詳慎。許元愷《選青小箋》十卷，説有斷制，所見甚少。馬國翰《紅藕花軒泉品》九卷，無圖，懸議無據。謝堃《春雨山房錢譜》四卷，注多差謬。

文光案：以上皆近人之譜，傳本雖少，不足貴重。《續泉匯》泉笵最多，有極古者。

《通志》有打馬格、打馬錄、打馬圖。陳《錄》有打馬格局、《打馬賦》，大約與古樗蒲相類。《事物紺珠》曰：“打馬，用銅爲錢樣，上刻良馬布圖，四面以子擲打之。"然則馬錢猶仙錢，均非錢也。以其其錢形，附於譜後。

生肖之説始於淮南。北錢舊稱命錢，大小不等，品類尤繁。

## 《觀古閣泉説》一卷　《續泉説》一卷　《叢稿》二卷　《續叢稿》一卷　《叢稿三編》二卷

國朝鮑康撰

原本。此《觀古閣叢書》。其文皆説金石，而泉爲專門。其詩亦題詠金石，不雜他作，故宜入之金石類。《泉説》爲潘伯寅學士所梓，其門下士徐君幹寫以精楷。《續泉説》三十四則，内有李竹朋、陳壽卿之説，蓋互相討論也。《叢稿》上卷多題拓泉册，下卷爲詩。《續叢稿》爲泉幣諸題跋，間附論古一二，以志古緣。《叢稿三編》上卷爲同人題拓册，間題古器。其詩墨題跋三稿皆不闌入。下卷爲詠泉詩，附以論古詩。各卷皆有小序，書成於光緒二年。其於泉則癖之至，辨之審矣，惟敘事多而考證少，且不通六書，不能詳釋文字，是其所短，然亦不自諱也。

《獲古編》序曰："燕庭先生爲文清公孫，文恭公子，室無長物，惟手輯金石文字逾五千通之多，蓋博古君子也。先覺生世父出文清公之門，文恭爲先大夫知貢舉師，先生復與先子堅兄同登秋榜。余每造謁，必請觀法器。其審訂之精，蒐羅之富，允推近代第一。舊藏已不可枚數矣，又出其餘力，萃關中古物之新出土者，辨其異同，摹其款識，臚載其大小輕重，爲《長安獲古編》。日新月異，多前代所未窺。自來一人之力，一地之所獲，未聞若是之美且多者。先生每歲購一器，今年甫五十，所得倍之。他若秦之詔版得其四，新莽十布多至廿餘，一洗洪《志》之誤。游慈恩寺即拾得唐泥造象，尤數百年未經著録者。先生宦轍所經，若有宿緣，洋洋乎蔚爲巨觀，殆有默司其券者耶？竊名卷末，未可云非厚幸矣。"

吳清卿太史賞鑑尤精，兼工繪畫。潘伯寅所刻《攀古廔彝器款識》悉出其手，觀者歎爲精絶。而摹拓工妙，或細如毛髮，古香異采，如獲寶書，海内收藏家罕有能過之者。清卿視學秦中，行有期矣，跋所繪底本數語奉歸。

秦中出土銅器最多，要以虢季子白盤、盂鼎、毛公鼎三器爲最，一時罕有其匹。盤出寶雞，村人以之飲馬。徐傅兼購得，專車載歸。盂鼎較小而文至四百八十一字，自來鼎文之多無逾於是者。陳壽卿以重資購藏。潘伯寅屬胡石查鈎摹鐫板以傳，尚有疑其贗者，余亦不與辨也。

膠西出土銅器三，俱爲壽卿所得。其一似甌形如🝔，釋爲區。《史記》作"嫗"，誤。吳清卿釋爲釜。一爲陳太公田和制，凡百字有奇，殊細勁。其文上言制器之用，下言犯命之刑。一爲陳猷制，凡三十餘字，頗遒古。疑猷爲盤之或體，即田襄子之名。二君并有考釋。其一似半匏，有流形如🏮。陳氏之豆、區、釜、鐘，今始出土，悉歸諸嗜古君子，詎不快與！

古鐘最難得，陳壽卿號十鐘主人。計楚公鐘大中小凡三，虘鐘一，个仲鐘一，己侯鐘一，虢叔、鼄伯、余義編鐘各一，奇字編鐘一。拓本十紙裝爲一册，足以自豪也。潘伯寅有齊鎛、邵鐘，談者皆豔羨。余於兩君乞其墨本，表而珍之。

汾河岸崩，出土銅器無算，率無文。只一鐘重百餘斤，鉦間暨鼓，左右悉有文百七十餘字，所謂齊鎛是也。邵鐘八，大小不同而文悉同。字大三分許，精整無匹。壽卿釋爲邵，以爲潘氏款識之冠。

秦詔板亦罕有之珍，鑿款極精。燕庭得其三，一背右横陷如流，一四角有穿，一如瓦，均爲嵌木之用。壽卿目爲木量詔板，良是。文皆元年云云。最後得一板，則元年、廿六年兩詔并列，其一背有“丞相綰法”四大字，反書左行，尤爲諸板之冠。都下近出數板，概不可信。此板爲先秦文字，壽卿考正極詳。予所得秦量有柄，厚及寸，中空以置木柄，與木量之嵌銅板者異。

潘幼雲所藏宋拓蜀石經《周禮》、《左傳》，存字之多爲海內收藏家所弗及，《穀梁》僅數頁，其《經注考異》三卷猶精審。

漢瓦甚多，秦瓦不易見，視漢瓦尤勝，所謂斯相遺迹。其用軟筆法一種，彌足珍也。壽卿拓寄千秋萬歲當，千秋字萬歲字半。瓦十有三，有左讀者半瓦，不知何用，然非殘瓦。并君宜侯王各瓦，其秦以前海上宮祠一瓦文尤奇特。凡五十二紙，奇文不可識，誠亦大觀矣。

壽卿輯《簠齋印集》凡二千餘印，而斗檢封暨泥封百三十餘，泉紐印七，鉤印十。有象形者，銅虎符五，魚符四，龜符二，無不坿載。余假觀數日，歎爲精絕。泥封近時秦中所出，背上有繩索痕者尤見遺制，爲舊譜所未詳。壽卿書來，藏印至四千餘。周印十有六，并借印者逾五千方，視《印集》又倍之。擬再輯爲印，舉可八十冊。余促其成，從來無此巨觀也。石查示有六居士《漢印譜》一函，約三四千方，官印每一種多至數十紙，篆文各異，亦不可多得者矣。泉紐印亦不數觀，秦中頗出土，皆工妙可玩。印甚小，紐大且倍之。或兩面均作盤螭文；或兩面均圍列小五銖泉四，其環列小篆十二字者尤精好；或兩面均作“大勝栽得，泉財益富，昌宜牛羊”；或一面各吉語，一面龍文花文。予拓存不少。

龜符不恒見，武后以元武爲姓瑞，始創是符。燕庭藏一枚，至精，長寸許，中寬六分許，上出鼻紐如龜，首長三分，腹有款文四行，曰“雲麾將軍行左鷹揚衛翊府中郎將員外置，阿伏師受纈大利發”。末行上有“第一二字”。考唐時夷藩諸將入宿衛者，其官階大率類是也。瞿木夫考釋甚詳。壽卿有一枚，文曰"宸豫門閉門"，所謂閉門符是。予得一枚，文三行，曰"安陽門右紫麀第三"，側皆有"合同"二半字，中皆一陽文"同"字，甚大。時外罕有藏者。

塼文以漢君子館爲最緻，劉子俊所收殊富，亦各異。塼易僞，予不甚收。壽卿有宜錢字者，有人物古樸，類武梁祠畫象者。

唐善業泥造象，燕庭所得大小凡八，具全者。一面一佛坐蓮臺，二尊侍下，或蹲二獸，蔭以婆羅樹。一面則"大唐善業埿壓得真如妙色身"三行十二字，陽文遒勁，類敬容書，詫爲奇覯。六朝以來銅石造象有紀年者，率皆陰文，而泥質陽文惟此爲最緻，乃千二百餘年迄不傳。物之顯晦有其時矣。

虢孝盤最大，長近六尺，闊三尺許，中深一尺許，高亦如之。四足八環，凡百十有一字，乃有韻之文也。雨焦盂鼎亦高二尺許，凡二百九十五字。毛公鼎小而字獨多，半在最深凹處，非近人所能僞。拓出則紙凸起，文屈曲如環，剪帖之則神致已失。作僞之器，如葉東鄉遂啓諆鼎補鐫百餘字，即予所目睹者。是二鼎文字實出土時所有。

《攀古廔款識》二冊，精好無匹。一日復以自藏及同人墨本汰其可疑者，裝爲十二巨冊，器凡五百有奇，多自來譜録所未見。都下收藏家不聞若是之精且多也。

顏衡《齊泉幣》，世罕有傳者。余識海内藏泉家最多，今始見此一冊，紙墨皆古。

潘伯寅以《二百蘭亭齋金石記》、《官印考》貽余，吳桐雲以《兩罍軒彝器圖釋》寄余，彌豔其收藏繁富。吳平齋以金硯雲忠淳手輯《古泉考》七卷示余，書成於乾隆四十七年，有阮文達、錢楳溪諸公序，其爲《泉匯》未載者，有鐵四銖，開元背下元，開元重寶，周元背上辰字五行，大布背作斗劍、大幾若鏡者數種。

只見拓本，未可率入。是書補洪《志》所未詳，宋、明錢尤備，雖其説不免沿訛，諸品多贋作，而百年舊拓，參訂頗詳。平齋藏書充棟，似此者亦不可多得。

壽卿教予摹刻之法數百言，極精審云。真本用心鉤之，用心校之，至再至三，得一良工，則書可成矣。今日拓本流傳之多，於斯爲盛，此其時矣。鐘鼎文字爲第一義，秦相文字次之，秦以下則藝矣，不足與鐘鼎并論也。鉤字須執筆正，中鋒運腕而指不動，自下筆處聚力，精神貫注，勿失毛髮。下筆、住筆乃法所在，乃力所聚，尤須精心。忌指動，忌描，忌軟，忌走，油紙須重壓。選板以不裂不節不白皮爲上。磨板用石磨細爲要，細則字面光平。板木橫截處易裂，漆塗或血灰塗之爲佳。刻木亦忌指動，指動則刀邪。刻有法之字不可失法，刻有力之字不可省力。刷印板乾易損，多印板軟易損，墨粗、墨少、水多、刷重、刷棕絲粗皆易損。

壽卿所得古兵拓三十三紙，悉有款識。戈二十二，瞿五，矛四，干首一，鐓一。呂不韋一戈，字尤精。其出齊地者十之七。壽卿蓄古四十餘載，拓本尤精。

何鏡海内兄以余刻玉民外舅詩集成，寄予齊刀四十，罄折刀一百三十七，尖首刀四十三，圓首刀四，方足布三百五十一，尖足布五十九，空首布五，當爰諸布七，兮仲敦一，敦乃晉中出上。

鏡海名福宇，吾邑人。海如同年之兄也。素有泉癖，好書鐘鼎文字。聞鮑子年於去年謝世，鏡海今年亦故。所藏書畫古器雖無甚可珍，亦已散盡，深可歎也。其泉不及鮑藏之精，然藉是書以傳亦幸甚矣。丙戌十月靈石耿文光記。

余十一二時即有泉癖，藏弄歷五十餘稔，頻得頻失，辛未夏始裝爲廿六函，視余初拓之册已缺百數十種，不復搜補。蓋有拓本在，則亡而未亡也。

文光案：鮑氏有《泉選》，未見，然於《泉匯》中可以知之。予自十一二時即癖書，收藏至五十餘年，旋得旋失。今所存者不及三分之一，然有書記在，則亡而未亡也。與子年之泉癖有同韻焉。

沈韻初舍人收藏書畫碑版甲於都下，中年遽逝。其太夫人慟之切，取所藏悉焚之，人間精本幾絕。談者謂阮文達半生搜藏亦復若是。古物率有火劫，大奇。

鐘鼎銘功，自出學士大夫之手。刀布則小民日用物，古又無私鑄之禁，故文字變化離奇。廉生云："古人文字增減挪移，上下左右惟便所適。"

　　文光案：泉文與刻印相似，隨其勢而布置之，以成章法。細審之自知。

毛丈季海官西安，得元銅鈔殘板一角，付其子子靜藏之。制作與貞祐寶券相似，特制小不及其半。元鈔流傳甚少。

余每得一泉，必反覆審定，考其所從來。或徧示販售古泉者，俾互相攻掊，務發其覆，待確有可據，乃從而拓之。

　　文光案：此妙法，凡辨諸物悉宜如是。予於藥品亦然。

朱建卿善旂酣嗜金石，能世其家學，輯《敬吾心室彝器款識》二千餘種，欲補積古齋諸刻之所未及，弗克成書，不知尚有稿本否。泉自刀布至北宋拓六百餘品，題曰《泉乘》。其搜羅之勤，蓋可想見。

幼雲以佳紙拓空首布百餘種，裝二巨册。案頭泉册此爲最緻。此布惟"已"字反書，背有"旡中"二字者，與幼雲之棘蒲小七最爲諸布之冠。

《續泉匯》代竹朋所刻，板宜寄竹朋。予以綿紙精裝廿餘部入《觀古閣叢刻》，分餉同人。别以粉紙如前編式，亦裝廿餘部入原函，俾成完璧。

盂鼎乃嘉道間歧山出土，初爲宋氏所得，雨蕉明府豪奪去。

雨蕉逝，鼎復出。左季高相國購以重資，擬舁關中書院置中天閣上，旋聞伯寅愛，即慨然持贈。

伯寅精拓爵觶卄種見贈，壽卿悉取藏器拓寄伯寅，凡二百三十三紙，而秦漢不與焉。爵觶各種多至七十有五，伯寅所收雖不逮，然精好足以相埒。

阮文達公藏器爲嘉道時第一，惟一燬於火，再失於兵，而家廟數事獨存。伯寅贈予大林和鐘一拓，君宜子孫洗一拓，又得周鄭寰盤、格伯簋二拓本。

吳平齋《官印考藏》搜羅甚富，考證精審，半屬張叔未清儀閣物。叔未收藏之精爲浙中第一，兵燹後流落人間者不知幾許。

周印罕見，壽卿獨多。拓寄古鉢印文，精妙無匹，凡四十四種，自來印譜所未見也。其族弟子振所摹鉢文亦三十種，彙爲一函。

壽卿《簠齋印集》十二巨冊，計官印三十七，私印千九百三十一，泥封百三十七，假之嘉蔭簃者百鈕，餘皆自藏。又周秦漢瓦三百餘，出齊魯者百八餘枚。余拓三巨冊，未全也。幼雲持示所藏《竹里秦漢瓦當文存》，乃嘉興王鈕園福田刻於咸豐二年者。凡三十二種，六十二枚，摹勒甚工，考核亦審，雖不逮壽卿之富，參觀互證裨益亦多。

咸豐己未，夔府築城掘地得隋龍山公墓誌，文近三百字，嵌試院廳壁。同治癸西築城，復掘得仁壽二年金輪寺藏舍利塔銘并有銅函金瓶貯舍利子一粒，啓視則飛去。四周列隋五銖泉七十二文，與青州舍利塔下銘，凡百十餘字，彌秀整。夔郡僅此二碑未經著錄。秦中自道光中葉唐人墓誌出土甚多，余所得拓本不下百十種，并新出齊魏諸墓誌并藏一篋。念四五十年來，漢以後碑碣層見迭出，皆昔人所未見，李竹朋有補《金石萃編》之願，少亦可數十卷，惜以病廢。

　　《金石雜詩》自注古泉拓本七十餘册，鼎彝瓦甎三十餘册。世有依洪《志》作僞者。余集泉范、拓銅鐵甎石近二百紙，伯寅題之曰“眼福”。爲阮文達、黃小松、劉燕庭、吳子苾所不及。近輯《大錢圖錄》付刊。魚符三，各長寸許。一曰凌霄門外左交，一曰嘉德門內巡，一曰右領軍衛道渠府第一。背上俱作“合同”二半字，腹一“同”字甚大，或陽文，或陰文。惟嘉德門一符“合同”作“合符”。《盧氏縣志》載禹書“洛”字，勒百尺懸崖之上，其下臨洛水，自來未經椎拓。閩縣劉明府應元於舟中架木，竭數旬之力始拓以傳。近傳縣署摹刻之本非真蹟也。莊光私印爲子陵故物，避明帝諱，更“嚴”曰“莊”。銅雀臺瓦廣長僅餘六寸許，厚不盈寸，質潤而堅。予刻《長安獲古編》未果。廠肆得一異泉，索數十金。人言《泉匯》未載者悉在删列。嘉定之寶，幕文有“利州行使”四字，曰永寶，曰新寶，曰崇寶，曰正寶，曰真寶，曰方寶，曰全寶，凡七種。爲自來譜家所未載，皆銖泉也。路子端藏書六百餘卷，多宋元槧本。《蒲編堂書目》八十卷。父序鼎銘文五百字，真尤物也。

　　藏泉家真知篤好，推翁宜泉第一。黃小松《泉册》古色爛然。壽卿續寄余瓦當文百廿餘紙，知前册不盡秦瓦也。其所藏古器無一不精，允推當代第一。潘氏款識惟匜未備。余寓秦四十載，目擊莽泉逾萬。嘉定全寶從來未見，《泉匯》載之，凡二百八十餘品。輯諸家古泉拓本六七十册。清卿在秦收古泉不少，有補《泉匯》之願。壽卿謂前兩編摹刻不精美，清卿工鉤勒，定來居上。楊緦卿侍講紹和家有宋板書數百函，爲海內第一，皆至堂先生舊藏也。緦卿之書、沈韻初之碑板書畫、壽卿之金石，皆近時收藏家不能有二者。今兩君盛年玉折，獨壽卿老而彌健。新舊拓册逾百帙，泉居其七，金居其二，瓦甎造象居其一，亦富矣。集諸家金石拓本十有一册，爲《續帖》。吳平齋以所著《焦山志》寄予，於周漢二鼎訂正加詳，傳載釋文。翁宜泉《銅器雜綴》一冊，楷識甚工。石查出《秦漢印》一巨帙，凡三百餘鈕。石查工篆刻，故所藏倍精。余收六朝及武周造象二百種，僞作亦載之。銅象率遭鐫刻，作僞日勞。唐畢府君志，貞元十九年立，書法類歐、褚。道光年出土，予收之，拓百十本。福建樹刻大字，乃唐天祐時物，迄今千有餘年。樹久礓而不朽，至爲奇絕。清儀閣雙鈎本神致完然。秦中出一碑，甚巨，僅存其半，隷書圓渾，爲魏曹真碑。文內"蜀賊諸葛亮"，自是吠非其主意，今"賊"字鑿去。《朱子全書》四十冊，明天順年刊本，蘇州書局重刻。是書假往校正，仍歸於予。竹朋書名重一時，有手書《金剛經》，余爲題之。古泉十六冊曰《泉選》，明泉六冊曰《泉拓》，復選拓六冊曰《泉選補遺》，共四函二十八冊。古幣范罕見，吳清卿先生竟得其三，并皆佳妙，銕范尤異。

　　文光案：鮑氏拓本甚富，精手刻而傳之，可成巨觀。今不知流落何處，惜哉！

　　右金石類

　　《宋志》以金石入目錄類，《四庫書目》因之。我朝治化昌明，人文蔚起，金石之學專門者五十餘家，著述之富行世者千有餘卷。因別爲一類，所錄者凡六十七家。先《石經考》，尊經也。石經本宜入經部，而私家所藏《開成石經》、《國朝石經》皆無全本，故但以考石經者入此類。次石鼓文，王氏《萃編》首石鼓之意也。光嘗於朱氏《石鼓考》三卷之後，纂集近人之説并朱氏所遺者凡三百餘條，詳載於《目錄學》，此其大略也。次《御史臺精舍碑》、《郎官石柱題名》。二種本職官類之書，以其爲碑石出於拓本，故入此類，亦《孫氏書目》之例也。次自歐、趙、洪以下迄於今人，凡金石佳本無不遍搜備錄，得以窺見一家之學。但經眼而非所藏者不録，故各省金石書之精審者尚有未收，猶待訪焉。次金石諸例，此等書尤要，宜尋常熟玩，使有據依，否則碑板文字不能下筆。終以泉譜。近時泉有專家之學，其考證與鐘鼎同功，故殿於金石之末。其有圖而無説，或有説而非專家之學者，仍入之子部譜録類。《平津館書籍記》以《漢銅印叢》入史部，則印譜亦金石類也。然印文無甚考證，仍入之子部藝術類。金石書有目録之屬，如《輿地碑目》、《寰宇訪碑録》之類是也；有文字之屬，如《金石文字記》、《金石文跋尾》之類是也；有圖像之屬，如《金石苑》、《小蓬萊金石文字》之類是也；有義例之屬，如《漢石例》、《金石三例》之類是也。然或録目而不録文，或録文而無跋，或題識而不録全文，殊難細分。又或專考一碑一帖，專誌一方一隅，各有限斷，不及其他，今微以類相從而亦不甚區別。又如小學類之《五經文字》、《九經字樣》、《漢隸字原》諸書，譜録類之《博古》、《考古》諸圖，總集類之《古文苑》、《續古文苑》，皆與金石類相通，可并觀而互證也。

**校勘記**

〔一〕"厭"，原作"厥"，據《古泉匯·古泉叢話》改。

〔二〕"鍼"，原作"鋮"，據《古泉匯·觀古閣泉説》改。

# 史部十六

## 目録類一

### 《崇文總目》五卷　《附録》一卷

宋王堯臣等編　國朝錢東垣輯釋

《汗筠齋》本。嘉慶四年秦鑑校刊。前有錢侗序。次原序，當時諸臣所分撰，今只存二十二字，見《通雅》。次原目六十六卷，附敘録一卷。今本經第一，史第二，子第三、第四，集第五。每條後有案語，錢繹、錢侗、金錫鬯、秦鑑，每卷一人。附録諸家論説。晁曰此書多謬誤。

侗案："四庫館新定本十二卷，《簡明目録》誤作二十卷。舊傳如天一閣本、歐陽公集本，并《通考》所載敘釋採附書後。餘如《永樂大典》所引各書，亦取證一二。凡原敘二十七篇，原釋二百一十七條，引正三十一條。"

《崇文總目》《通考》："太宗皇帝建崇文殿爲藏書之所。景祐中，仁宗皇帝詔儒臣即秘書所藏編次條目，所得書以類分門，賜名《崇文總目》。"《藝文志》："神宗改官制，遂廢館職，以崇文院爲秘書省。徽宗時更《崇文總目》之號爲《秘書總目》。"六十六卷，或作六十四，或作六十七，其説不一。宋翰林學士王堯臣等奉詔《書録解題》："王堯臣同聶寇卿、郭稹、呂公綽、王洙、歐陽修等撰定，所藏書凡三萬六百六十九卷。"仿《開元四部録》爲之。晁曰："隋嘉則殿書三十六萬卷，至唐散失已多。崇文書比之唐，十得二三而已，自經丙午之亂，存者無幾矣。"諸儒皆有論議。《經義考》："凡一書大義必舉其綱，法至善也。其後若《郡齋讀書志》、《書錄解題》等編咸取法於此。故雖書有亡失，而後之學者覽其目錄猶可想見全書之本末焉。"《通志·校讎略》嘗譏其每書之下據標類自見，《校讎略》云："《刊謬正俗》乃雜記經史，惟第一篇起《論語》，而《崇文總目》以爲論語類。應知《崇文》所釋不看全書，多只看帙前數行，率意以釋之耳。"文光案：如《匡謬正俗》不得云標類自見，一人之說矛盾如此。匡作刊，避太祖諱。不必一一疆爲之説，使人意衊。朱錫鬯撰《經義考》及集中總目跋，遂斷爲紹興中因鄭漁仲之言刪去敘釋，《提要》亦主是説。近人杭大宗跋頗辨之，謂馬貴與、王伯厚生後夾漈百餘年，而其書皆引證其説。嘉定時蔡驥刻《列女傳》，首簡亦引之。則知此書宋時原未有闕，後世傳鈔者因其繁重刪去。錢大昕曰："朱氏不過一時揣度之詞，未及研究歲月。"侗按：此論誠是。然《郡齋讀書志》、《直齋書錄解題》著錄已止一卷，陳伯玉所藏且題曰"紹興改定"，則二語皆未得矣。考紹興十二年，權發遣盱眙[一]軍向子固言乞下本省，以唐《藝文志》及《崇文總目》所闕之書注"闕"字於其下，付諸州軍，照應搜訪，見於《續宋會要》。蓋因書中著説有云闕某卷、某篇，或闕若干卷、若干篇散見解題中者，播諸民間，殊費尋閱。因僅錄六十六卷之目，或注"闕"字，以便按籍而求。於是南宋時流傳遂有二本，晁子止、陳伯玉所見即今世傳本，紹興中從向子固言改定者也。馬貴與、王伯厚所見，乃當時原本而佚其後半帙者也。錫鬯跋又謂《總目》敘釋歐陽子集尚具大凡，私欲鈔爲一本，以復舊觀。大宗亦云兩書之外，餘無所考。以今觀之，歐陽集一百三卷具錄經、史、子三部原敘，《文獻通考》多半採《總目》之文，獨集部全未稱引，子部又加略耳。餘如《玉海》各類，其述《崇文目》尤多。而《歐陽全集》，《南豐文集》，《東觀餘論》，《讀書志》，《書錄解題》，《通志》校讎、藝文二《略》，《孟子疏》，《輿地碑目》，《雲谷雜記》，《困學紀聞》，《三家詩考》，《漢藝文考證》，

《宋史・藝文志》,《陝西通志》,《經義考》諸書暨宋元人叢書敘
跋,間一及之,皆足以資考證,亦不僅如朱、杭二跋所云也。侗
家舊藏四明范氏天一閣鈔本,止載卷數,時或標注撰人,然惟經
部十有一二,其餘不過因書名相仿始加注以別之,此外別無所見,
錢大昕曰:"天一閣鈔本有目而無序釋,每書之下多有注闕字。"讀者病焉。秦君
照若偶見是書,叱爲秘笈,欲受而付之梓人,因偕伯兄既勤、仲
兄以成、金柜和、姊倩凡五人,區類搜採。其引見古今載籍者輯
而綴之,猶錫鬯之志也。讎校方半,又屬友人於文淵閣中借鈔四
庫館新定之本,悉依天一閣所鈔,紹興改定本敘釋附後。互勘異同,總得原
敘三十篇,原釋九十八條,引證四百廿條。增多於四庫本。或原釋無
從考見,乃爲博稽史志,補釋撰人。其中標卷參差,稱名錯雜,
以暨闕漏之字,訛舛之文,傳諸來茲,易滋疑義,則仿趙君錫考
異、隨齋批註、王伯厚考證之例,間爲一二商榷語。而陳君令華
亦時與參校其間,所益益夥矣。至原本書共三千四百四十五部,
三萬六百六十九卷,較諸今本多寡懸殊,蓋七百餘年來傳輾轉鈔,
未免脫佚,故有羣書所引而今無其目者,侗又別爲補遺附著卷後。
文光案:此本卷後無補遺。凡閱半載而事竣,命曰《輯釋》,釐卷以五。
經部爲伯兄輯,史部爲仲兄輯,子部下爲柜和輯,集部爲照若輯,
其子部之上則侗所輯也。博雅君子諒而教之。時己未歲嘉慶四年
二月嘉定錢侗書。

　　文光案:《崇文總目》又見於《歐陽文忠公集》、馬氏
《通考》,所載《崇文總目》皆有評論。今本評語寥寥,或有
所刪節。朱竹垞所藏舊抄本六十二卷,僅有其目,蓋紹興間
因鄭樵之説而去之也。竹垞擬從《通考》別抄一本,未見其
書。錢本雖非宋時舊帙,而較之竹垞藏本注釋多矣。《玉海》
云,紹興初年改定《崇文總目》、《秘書續編》、《四庫闕書》。
今《四庫闕書目》二卷,尚有傳鈔本。張金吾曰:"是書初名

《四庫書目》，紹興時添注闕字，頒之天下者也。”其言失考。

《潛研堂集》：“晉荀勖[二]撰《中經簿》，一曰甲部，紀六藝及小學。二曰乙部，有古諸子家、近世子家、兵書、兵家、術數。三曰丙部，有史記、舊事、皇覽部、雜事。四曰丁部，有詩賦、圖讚、汲冢書。四部之分實始於此，而子猶先於史也。李充删除煩重，以類相從，分爲四部：五經爲甲部，史記爲乙部，諸子爲丙部，詩賦爲丁部，而經、史、子、集之次始定。宋王儉撰《七志》，曰經典志，紀六藝、小學、史記、雜傳；曰諸子志，紀今古諸子；曰文翰志，紀詩賦；曰軍書志，紀兵書；曰陰陽志，紀陰陽圖緯；曰術數志，紀方技；曰圖譜志，紀地域及圖書；而以道佛附見，合爲九條。蓋仿漢之《七略》而改輯略爲圖譜。又附入老釋書，則儉自立新意也。齊王亮、監謝朏造《四部書目》，梁任昉、殷鈞亦撰《四部目録》，而術數之書别爲一部，令奉朝請祖暅撰次，故稱五部。阮孝緒更爲《七録》，曰經典録、紀傳録、子兵録、文集録、技術録、佛録、道録。釋、老各爲一録，而進佛於道，以梁武崇其教也。其前五録蓋沿五部之舊。”

《齊東野語》：“世間凡物未有聚而不散者，而書爲甚。書之厄久矣，今姑摭其概言之。梁元帝江陵蓄古今圖書十四萬卷。隋嘉則殿書三十七萬卷。唐惟貞觀、開元最盛，兩都各聚書四部至七萬卷。宋宣和殿、太清樓、龍圖閣、御府所儲尤盛於前代，今可考者，《崇文總目》四十六類三萬六百六十九卷，史館一萬五千余卷，餘不能具數。南渡以來，復加集録，《館閣書目》五十二類四萬四千四百八十六卷，《續目》一萬四千九百餘卷，是皆藏於官府耳。若士大夫之家所藏，在前世如張華載書三十車，杜兼聚書萬卷，韋述蓄書二萬卷，鄴侯插架三萬卷，金樓子聚書八萬卷，唐吳競西齋一萬三千四百餘卷。宋室承平時，如南都戚氏、歷陽沈氏、廬山李氏、九江陳氏、番陽吳氏、王文康、李文正、宋宣獻、晁以道、劉莊輿，皆號藏書之富。邯鄲李淑五十七類二萬三千一百八十餘卷，田鎬三萬卷，昭德晁氏二萬四千五百卷。南都王仲至四萬三千餘卷，而類書浩博，若《太平御覽》之類，復不與焉。次如曾南豐及李氏山房，亦皆一二萬卷。然其後靡不厄於兵火者。至若吾鄉故家如石林葉氏、賀氏，皆號藏書之多至十萬卷。其後齊齋倪氏、月河莫氏、竹齋沈氏、程氏、賀氏，皆號藏書之富，各不下數萬餘卷，亦皆散失無遺。近年惟直齋書最多，蓋嘗仕於莆，傳錄夾漈鄭氏、方氏、林氏、吳氏舊書至五萬一千一百八十餘卷，且仿《讀書志》作《解題》，極其精詳，近亦散失。至如秀嵒、東窗、鳳山三李、高氏、牟氏，皆蜀人，號爲史家所藏，僻書尤多，今亦已無餘矣。吾家三世積累，先君子尤酷嗜，至鬻負郭之田以供筆札之用，冥搜極討，不憚勞費，凡有書四萬二千餘卷及三代以來金石之刻一千五百餘種，庋置書種、志雅二堂，足當鄴金之富。余小子遭時多故，不善保藏，善和之書一旦掃地。因考今昔，有感斯文，爲之流涕。因書以識吾過，以示子孫云。”

《少室山房筆叢》：“諸史志藝文者五家，《前漢》也，《舊唐》也，《新唐》也，《隋》也，《宋》也。班氏規模《七略》，劉昫沿襲《隋書》，《新唐》校益《舊唐》，而《宋史》所因則《崇文》、《四庫》等也。中壘父子編摩邃密，第遺書絶寡，考訂靡從。《隋》編多散佚，而類次可觀，論辨多美。《舊藝》疏略，《新書》精詳，歐陽、《宋志》紊亂錯雜。大率史於經籍，業謝專門，聊具故事而已。”

鄭氏《藝文》該括甚鉅，番陽《通考》條理井然。隋文父子篤尚斯文，嘉則殿書特爲浩瀚。《隋志》近九萬卷。至開元異書間出，古今藏書莫盛於此。趙宋諸帝雅意文墨，《崇文總目》所載，宣和北狩散亡略盡。《舊唐志》序云：“重修《羣書四部錄》二百卷。當有十錄。又略爲四十卷，名《古今書錄》。”《龍城錄》云：“開元文籍最盛，至七萬。當時司典籍者，學士四十七人。”《通鑑》：

"太宗初即位，置宏文館，聚書二十餘萬卷。"《舊唐志後序》記累代藏書卷軸，多與《隋書》不同。槩當從此爲正。《通考》不録，蓋未見《舊書》也。牛弘謂書有五厄，大約秦火爲一厄，王莽之亂爲一厄，漢末爲一厄，永嘉南渡爲一厄，周師入郢爲一厄。隋開皇之盛極矣，未幾皆燼於廣陵。見《通考》。唐開元之盛極矣，俄頃悉灰於安史。肅、代二宗浐加鳩集，黃巢之亂復致蕩然。宋世圖書一盛於慶曆，再盛於宣和，而女真之禍成矣。三盛於淳熙，四盛於嘉定，而蒙古之師至矣。然則書自六朝之後，復有五厄。大業一也，天寶二也，廣明三也，靖康四也，紹定五也。通前爲十厄矣。東京之季，纂輯無聞。班《志》率西漢，東京甚希。魏晉之間，採摭未備。歷朝墳籍，自唐以前概見《隋志》。宋興而後，《通考》爲詳。阮孝緒《七録》，梁世薦紳家藏并在其中，秘書或因任昉之舊。凡書，唐以前皆爲卷軸，今一卷即古之一軸。至裝輯成帙，疑出於雕板之後，然六朝已有之。阮孝緒《七録》大抵五卷以上爲一帙，前帙之製僅此足徵，因録於左，亦博雅所必知也。經典録，七百三十帙。紀傳録，二千二百四十八帙。子兵録，五百五十三帙。文集録，一千三百七十五帙。技術録，六百六帙。佛法録，二千五百九十五帙。仙道録，四百五十九帙。共八千五百四十七帙，四萬四千五百餘卷。阮自著書一百八十二卷，附《七録》末，《文字集略》、《正史削繁》、《高隱傳》、《古今世代録》、《雜文聲緯》并諸序録、序例，共七種，合所編《七録》共八種。今無一傳。餘見《隋志》，詳具《弘明集》中。諸史所載如梁《東宫四部目録》、陳《承香殿五經史記目録》、唐《四庫搜訪圖書目》、僞蜀王建《書目》、《紫微樓書目》、《宋史館書目》、《太學書目》之類甚都，今并不傳。隋有闕書録，唐有訪書録，宋有求書録。藏書家，漢則劉向、桓譚，晉則張華、束皙，齊則王儉、陸澄，梁則任昉、沈約，唐則李泌、蘇弁，皆灼灼者。自餘尚棠，世不甚稱。宋則李淑、宋綬、尤袤、董逌、葉夢得、晁公武等，大率人間所藏，不過三萬卷。若任昉四萬極矣。宋諸家書目見《通考》。

《玉堂逢辰錄》云：“祥符八年四月，榮王宮火，一日二夜，所焚屋宇二千餘間，三館圖籍一時俱盡。”陳振孫曰：“唐末五代書籍之僅存者，又厄於此火，可爲太息也。”元邊帥子馨一家之產，驟得三十萬卷，亦宇宙奇事，但旣其重複，政恐不能三萬耳。《輟耕錄》云：“莊寗塘蓄書數萬卷，且多手抄者。經、史、子、集靡所不具。子孫不知保，惜散亂無幾。至正修宋、遼、金三史，有以書獻者。予一官江南，藏書多者止三家，莊其一也。其二無考。繼命來取其家，恐兵遁圖讖干犯禁條，悉付祝融氏。及收拾燼餘，存者無幾矣。”端臨必富於家藏。《廷鸞傳》末不著端臨，固以其入元，及《元史》亦不爲立傳，良可扼腕。劉歆《七略》，一曰六藝，一曰諸子，一曰詩賦，一曰兵書，一曰術數，一曰方技，而首之輯略以總集諸書之要，則分列品題，實六略耳。《七略》原書二十卷，班《志》僅一卷，但存其目耳。王儉《七志》，一經典，二諸子，三文翰，四軍書，五陰陽，六術藝，七圖譜。咸本劉氏六略，但易其名，而益以圖譜及佛道二家，實九志也。然不述作者之意，但於書名之下每立一傳，而又作九篇條例編於卷首，蓋亦輯略之意。《隋志》謂其文義淺近，遠非歆、向倫。阮孝緒《七錄》亦本王氏，史書至是漸盛，而佛道二家之言大行中國矣。阮氏《七錄》始末備載《弘明集》中，隋、唐《志》因之。秦漢兵書最盛。李淑獻臣《邯鄲圖書志》載其家所藏圖書五十七類，經史子集通計一千八百三十六部，二萬三千三百八十六卷，其外又有藝術志、道書志、書志、畫志，通爲八目十卷，號《圖書十志》。《鄭氏書目》七卷，莆田鄭寅子敬列所藏書爲一錄，曰經、曰史、曰子、曰藝、曰方技、曰文、曰類。唐以後不分四部，仍《七錄》之名，惟鄭氏一家。陸文裕藏書目亦以經、史、子、集爲次，唯不及二典。《陰符》之文高簡，非先秦漢人莫能爲也。三墳之文淺陋，非晚唐宋人莫能爲也。凡經籍緣起，皆至簡也，而其卒歸於至繁。經解昉自毛、韓，馬融、鄭玄浸盛，至梁武《三禮質疑》一千卷極矣。編年昉自《春秋》，荀悅、袁宏浸盛，至李燾《長編》一千六十三卷極矣。世史昉自《尚書》，司馬、班固浸盛，至脫脫《宋史》五百卷極矣。實錄昉自周穆，晉、魏浸盛，至開元《起居注》三千六百八十二卷極矣。譜牒昉自《世本》，梁、唐浸盛，至王僧孺《十八州譜》七百十二卷極矣。地志昉自《山海》，陸澄、任昉浸盛，至蕭德言等五百五十五卷極矣。字學昉自三蒼，許慎、周研浸盛，至顏真卿《字海鏡源》三百六十卷極矣。字法昉自《四體》，晉衛恒撰。周越、袁昂浸盛，至唐文皇《晉人書蹟》一千五百一十卷極矣。方書昉自張機，葛洪、褚澄浸盛，至隋煬帝《類聚方》二千六百卷極矣。文選昉自摯虞，孔逭、虞綽浸盛，至許敬宗《文館詞林》一千卷極矣。文集昉自屈原，蕭衛、沈約浸盛，至樊宗師《總集》二百九十三卷極矣。小說昉自燕丹，東方朔、郭憲浸盛，至洪邁《夷堅志》四百二十卷極矣。類書昉自《皇覽》，歐陽、虞氏浸盛，至孟利貞《碧玉芳林》四千五十卷極矣。孟書，《舊唐志》作四百五十爲近，今從《通志》。然《三教珠英》同時，亦一千三百也。凡道家之書始於周，盛於漢，極於晉、唐；凡釋氏之書始於漢，盛於梁，極於隋、唐，而皆少殺於宋之南渡。而釋氏之教復極盛於元，道亦庶焉，至明又皆左次矣。唐開元中，《道藏》共三千七百四十四卷，其後殘缺。宋王欽若等刊補洞真部、洞元部、洞神部、太真部、太平部、太清部、正一部，共七部四千三百五十九卷。《釋藏》，唐開元中五千四十八卷，嗣後屢增幾千餘卷，然以《西天經目》較之，才千百之一耳。《崇文總目》，余求之未獲。黃長睿辨駁十七條，如張萬福中唐名將，陸修靜東晉高流，皆灼灼世人睹記，《總目》謂不詳何人。又以《文選》李善注在五臣後，其疎淺不學，幾於王侍書題閣帖矣。黃氏所駁亦有可議。

《二西山房記》，王長公爲余藏書室作者。文光案：《記》見王世貞《四部稿》，胡氏所藏四萬二千餘卷。班《志》所錄，依託不經之甚者，莫如《黃帝》、《三王》、《房中》諸書，皆極野倬，褻誕可誅。先秦兩漢間子書名同者甚衆，然傳者甚希。兩荀子，一荀況，一荀悅。兩董子，一董無心，一董仲舒。兩莊子，一莊周，一莊助，又莊安。《通志》、《御覽》、《元龜》等類書所載子書名同者甚多。《子抄》不傳。《意林》凡百七家，今存六十家，目錄可徵，因考列其下。陸深[三]《河汾燕閑錄》云：「隋文帝開皇十三年十二月八日勑廢像遺經，悉令雕板，此印書之始。據斯説，則印書實自隋朝始。」余意隋世所雕特浮屠經像，蓋六朝崇奉釋教致然，未及槪雕他籍也。唐至中葉以後，始漸以其法雕刻諸書。至五代而行，至宋而盛，於今而極矣。然宋盛時刻本尚希，蘇長公《李氏山房記》謂國初薦紳，即《史》、《漢》二書，不人人有。《揮塵錄》謂當時仕宦多傳錄諸書，他可見矣。葉少蘊云：「天下印書以杭爲上，蜀次之，閩最下。」余所見當今刻本，蘇、常爲上，金陵次之，杭又次之。近湖刻、歙刻驟精，遂與蘇、常爭價。蜀本行世甚寡，閩本最下。凡印有朱者，有墨者，有靛者，有雙印者，雙印與朱必貴重。凡裝有綾者，有錦者，有絹者，有護以函者，有標以號者，吳裝最善，他處無及焉。閩多不裝。凡印書，永豐綿紙上，常山束紙次之，順昌書紙又次之，福建竹紙爲下。凡刻之地有三，吳也，越也，閩也。他方今皆有刻，不若三方之盛。蜀本甚希。

## 《郡齋讀書志》四卷　《後志》二卷　《考異》一卷　《附志》二卷

《讀書志》宋晁公武撰　《後志》亦公武所續　趙希弁重編
《考異》《附志》希弁所撰

《惠庄叢刻》本。康熙六十一年，海寧陳氏於京邸慈仁寺購得舊鈔足本，因校訂鋟梓。前有紹興二十一年元日昭德晁公武自序二首，次淳祐己酉黎安朝序、門人杜鵬舉序，次陳師曾刊書序，次總目。《志》十卷，誤四爲十。經部凡十類，一曰《易》，二曰《書》，三曰《詩》，四曰《禮》，五曰《樂》，六曰《春秋》，七曰《孝經》，八曰《論語》，九曰經解，十曰〔四〕小學。史部凡十三類，一曰正史，二曰編年，三曰實錄，四曰雜史，五曰僞史，六曰史評，七曰職官，八曰儀注，九曰刑法，十曰地理，十一曰傳記，十二曰譜牒，十三曰目錄。子部凡十六類，一曰儒家，二曰道家，三曰法家，四曰名家，五曰墨家，六曰縱橫，七曰雜家，八曰農家，九曰小説，十曰天文歷算，十一曰兵家，十二曰類家，十三曰雜藝，十四曰醫書，十五曰神仙，十六曰釋書。集部凡三類，一曰楚詞，二曰別集，三曰總集。別集猥多，復分爲上、中、下。此四卷者爲袁州本。經、史、子、集之前有四總序。前、後《志》皆不題名氏，惟《附志》題“趙希弁書目”，卷數另行降三格。次行以右字起，右某書爲某人撰，如金履祥《通鑑前編》之式。此本《前志》、《附志》分爲上下十卷，《後志》別爲二卷，末附考異。考袁本、衢本之異。經部後有趙希弁序。《後志》後有淳祐庚戌黎安朝跋，又淳祐己酉游鈞跋。黎與游皆郡守也。《前志》、《後志》所錄皆至南渡而止，《附志》則兼及慶元以後。

　　晁氏自序曰：“杜鄴從張京兆之子學問，王粲爲蔡中郎所奇，皆盡得其家書，故鄴以多聞稱，而粲以博物顯。下逮國朝，宋宣獻公亦得畢文簡、楊文莊家書，故所藏之富與秘閣等；而常山公以贍博聞於時。夫世之書多矣，顧非一人之力所能聚。設令篤好而能聚之，亦老將至而耄且及，豈暇讀哉？然則二三子所以能博聞者，蓋自少時已得先達所藏故也。公武家自文元公來以翰墨爲業者七世，故家多藏書。至於是正之功，世無與讓焉。然自中原無事時已有火厄，及兵戈之後，尺素不存也。公武仕宦連蹇，久益窮空，雖心志未衰而無書可讀，每恨之。南陽公天資好書，自知興元府至領四川轉運使，常以俸之半傳録。時巴蜀獨不被兵，人間多有異本，聞之未嘗不力求必得而後已。歷二十餘年，所有甚富。既罷，載以舟，即廬山之下居焉。宿與公武厚，一日貽書曰：‘某老且死，有平生所藏書甚秘惜之，顧子孫稚弱，不自樹立，若其心愛名則爲貴者所奪，若其心好利則爲富者所售，恐不能保也。今舉以付子，他日其間有好學者而後歸焉。不然則子自取之。’公武愓然從其命。書凡五十篋，合吾家舊藏，除其重複，得二萬四千五百卷有奇。今三榮僻左少事，日夕躬以朱黃，讎校舛誤，每終篇輒撮其大指論之。豈敢効二三子之博聞，所期者不墜家聲而已。書則固自若也，儻遇[五]其子孫之賢者，當如約。"

黎氏序曰："昭德先生《讀書志》四卷，蓋所得南陽井氏藏書也。井氏始收之蜀道，聚於廬山之陽，既乃歸先生，徙而置之三峨之下。書今不可得盡見矣，而《志》獨存。宜春士趙希弁，公族之秀，博學好古，藏書亦富，遂以屬之校正。因即其所藏之目糸焉，已載者不復取，未有者補其缺。其間互出者，蓋詳略之不同，文義之或異，而後來諸賢之所著述亦藉以槩見，益爲五卷，別以《讀書附志》并鏠諸梓，俾得託晁氏而并傳，抑以壽趙君之所藏。博極君子當有取於斯。"

文光案：南陽井氏不知何許人，《通考》作丌氏。

趙氏序曰："昭德先生校井氏書爲《讀書志》四卷，番陽黎侯傳本於蜀，刊之宜春郡齋，且取希弁家所藏書，删其重複，摭所未有，益爲五卷，別以《讀書附志》。三衢游史君，蜀人也，亦以蜀本鏠諸梓，乃衍而爲二十卷，書加多焉。蓋先生門人姚君應績所編也。按先生自序：‘余家自文元公來以翰墨顯者七世，故家多書。然自中原[六]無事時已有火厄，及兵戈之後尺素不存。’而杜君鵬舉所序扣之古松流水之間，亦止於四卷，則方其得南陽藏書時固未多也。其殆三榮校讀之後，網羅其家散失，裒彙漸夥，或者先生續筆邪？抑門人推廣其遺志也？今考姚君所編，杜序獨缺而不著，而著先生自序，有所謂‘合吾家舊藏得若干卷’，疑與‘尺素不存’之語自相牴牾。希弁摘取其所增入者，凡四百三十五部，總八千二百四十五卷。往往皆晁氏之書，請於郡而併列焉。然四卷既傳矣，不敢以《附志》次其先，自爲《讀書後志》，然後井、晁二氏藏書之富其目大備，希弁家三世以藏因以託不朽云。郡侯命序梗槩於卷首，至若二本所載井氏四卷之書，其間有實同而名異，此備而彼遺，與夫分種入類之各不同，又爲考異於編末。”

黎氏跋曰：“《讀書志》四卷既刊傳矣，趙希弁君錫、司馬帑轄、蔡廉父得三衢本參校，爲《後志》二卷，以補其缺。蓋晁氏舊藏之書也。合南陽所畀與夫君錫《附志》爲七卷。”<sub></sub>淳祐己酉游鈞刻置信安郡齋。

陳氏《書録》：“晁氏《讀書志》二十卷，其序言得南陽公書五十篋，合其家舊藏得二萬四千五百卷。其守榮州，日夕讎校，每終篇輒論其大指，其所發明有足觀者。南陽公或云井度憲孟也。”

文光案：二十卷爲衢本。晁氏兩序前爲袁本序，後爲衢本序，二序大略相同。四庫所收即袁本，淳祐庚戌鄱陽黎安朝守袁州所刻，故謂之袁本。《簡明目録》曰：“此本所載與《文獻通考》所引多異同。”當時衢本未出，故館臣云然，今則衢本板行矣。馬氏《通考》所據爲衢本。衢本者，淳祐己酉南充游鈞知衢州時所刻。其所收書較袁本幾倍之，經凡十類，史凡十三類，子凡十三類，集凡四類。衢本爲公武門人姚應績所編。在宋時已兩本并行。游鈞跋云：“晁公有《易詩書春秋解》，考其同異甚詳。又作《讀書志》，皆鋟板”云云。

其原板不可見矣。衢本載於《挈經室外集》，又見於陸氏《藏書志》，皆抄本。

錢氏曰："《郡齋讀書志》宋時有兩本，袁州本僅四卷，淳祐庚戌番陽黎安朝知袁州刊之。郡齋又取趙希弁家藏續之，謂之《附志》。衢州本二十卷，則晁之門人姚應績所編，淳祐己酉南充游鈞知衢州所刊。兩書卷數不同，所收書則衢本幾倍之。其後希弁得衢本參校爲《後志》二卷，以補其缺。其與希弁同者不復重列，蓋已非完書矣。馬氏《經籍考》所引晁説皆據衢本，不用袁本，是當時兩本并行，而優劣自判。今世通行本皆依袁本翻刻。予塤瞿生中溶購得鈔白衢本，惜無好事者刊行之。"録於《養新録》。

趙希弁《讀書附志》不載於《宋史·藝文志》。考《宗室世系表》，燕王德昭子魏王惟正，惟正子馮翊侯從讜，從讜子馮翊侯[七]世潭，世潭子正議大夫令誠，令誠子右奉議郎子孟，子孟子伯崟，伯崟子師向，師向子希弁，實太祖九世孫。此書稱生父師回，紹定戊子爲衡山令，則是本師回子而爲世父者也。其自署銜云江西漕貢進士秘書省校勘書籍，殆家於江西者。仝上。

## 《遂初堂書目》一卷

宋尤袤撰

鈔本。從《説郛》中録出。凡經九類，史十八類，子十二類，集六類。晁、陳、馬氏三家義例大抵同此，而三家較爲精密。此目不著卷數、撰人，文簡博洽，不應如此疏略，或陶氏刪節，未可知也。

魏了翁跋云："江元叔合江南吴越之藏，凡數萬卷，爲藏僕竊去，市人裂之以藉物。其入於安陸張世者，傳之未幾，一篋之蓄，僅供一炊。王文康、李文正、廬山鐔壯與南陽井氏皆藏書者，俱未久而失之。宋宣獻兼有畢文簡、楊文莊二家之書，不減中秘，而元符中蕩爲煙埃。晁文元累世所藏，自中原無事時已有火厄，至政和甲午之災，尺素不存。斯理也，殆有不可曉者。"此跋録於胡氏《筆叢跋》。尤氏《書目》兼記宋世藏書家，然皆不能久有，良足慨也。

胡應麟曰："宋世藏書家，目率不存。尤延之《遂初堂目》今傳，余閱之，亦多不備。推之宋葉諸家，當亦爾爾。"

文光案：《楊誠齋集·益齋藏書目序》云："尤公延之於書靡不記，至於字畫之叢殘，月日之穿漏，歷歷舉之無竭。每退則閉户謝客，日記手抄若干古書。其子弟諸女亦抄書。今若干卷將彙而目之，屬余爲序。"據此則延之《書目》必不如《説郛》所刻，并卷數、撰人無之。今《遂初堂書目》尚有傳本，而《益齋藏書目》絶無知者，或此詳而彼略歟？然不可考矣。又按陸氏《藏書志》載《遂初堂書目》一卷，宋尤袤撰。勞季言校本出於舊抄，未知與《説郛》本同否。前有太末毛开平仲序，魏了翁跋。又李太史燾云："延之謂予曰：'吾所抄書今若干卷，將彙而目之。饑讀之以當肉，寒讀之以當裘，孤寂而讀之以當友朋，幽憂而讀之以當金石琴瑟也。'"前半與誠齋序語悉同，不復出，後半多此數句。又陸友仁跋一則，皆録舊文，無所發明。鶴山跋見於本集，又見於胡氏《筆叢》。孫長孺自唐僖宗爲榜"書樓"二字，宋代藏書莫先焉。

經總類：九經之屬凡十八種。内有成都石刻、杭本、舊監本、京本、高麗本、江西本。

《周易》類：凡八十二種。唐、宋《易》爲多，《子夏易傳》張弼解、干寶《易解》、管輅《易傳》、唐一行《易集解》、《易龜圖》、《歸藏經》皆無傳本，其傳者不過三分之一。

《尚書》類：凡十八種。内有《三墳書》、《三皇書》、《續尚書》。

《詩》類：凡二十一種。内有鄭氏《詩譜》、唐成伯瑜《詩斷章》、唐張氏《詩別録》。

《禮》類：凡五十八種。内有陸左丞《禮書》、《禮記外傳》、《開元禮義羅》、《禮義鏡》、《五禮義鏡》、《開元禮百問》、《五禮精義》、《續曲臺記》、《中興禮書》、《紹興禮器圖》、《五禮考亡》。

《樂》類：凡二十八種。内有《歷代樂議》、《樂苑》、《樂本書》、《大樂圖議》、《皇祐廣樂記》、《大晟樂書》、《樂府雜書》、《琴經》。

《春秋》類：凡四十九種。内有劉炫《左氏述議》、唐陸淳《纂例》、《微旨》、《辨疑》、唐陸希聲《通例》、《春秋加減》、唐盧全《摘微》，餘多宋代之作。

《論語》類：《孝經》、《孟子》附。凡三十四種。内有晉欒肇《論語駁》、吳材老《論語續解》并《考異》。

小學類：凡四十六種。内有孫炎《爾雅注》、《字林義訓》、舊監本《説文》、《開元文字音義》、王氏《引經字説》、《字説解》、《字説分門》、《分韻玉篇》、《四聲韻類》、《班書韻編》、《古篆韻》、《鐘鼎千文》、洪氏《隸韻》、韋昭《辨釋名》、《諸經爾雅》。

正史類：凡二十五種。内有川本、嚴州本、吉州本、越州本、湖北本、舊杭本、《舊唐書》小字本、大字本。

編年類：凡三十六種。内有《魏典》、《宋略》、《唐太清紀》、《唐曆》、《大統略》、馬總《通〔八〕曆》、《續稽古録》、《紀年通譜》并《續譜》、《編年通載》、《歷代年運》、川本小字《通鑑》、大字《通鑑》、《帝王昭略》、《續皇王寶運録》。

雜史類：凡七十六種。内有遂初先生手校《戰國策》、《越絕書外傳》、《九州春秋》、《北齊史略》、《隋季革命記》、《太宗建元事迹》、《高宗承祚實録》、《唐補紀》、《甘露野史》、《唐年小録》、《異域歸忠傳》、《天下大定録》。

故事類：凡十五種。内有《唐朝綱領圖》、《元和國計録》、

《唐國鏡》、《卓絕記》、《唐選舉志》、《唐登科記》。

雜傳類：凡六十七種。多唐代傳。

僞史類：凡二十五種。內有《三十國春秋》。

國史類：凡八十四種。自《三朝國史》至《丙午錄》，皆宋代之書。中多史稿、寶訓、玉牒、日曆、時政記之類。又《續長編舉要并考異》、《岳侯斷案》、《大觀詔令》、《紹興雜錄》之類，多諸家書目所不載。又宋朝雜史七十四種，自《建隆遺事》至《順昌紀事》。宋朝故事五十三種，自《中書備對》至劉原文《奉使錄》。宋朝雜傳六十三種，自《名臣言行錄》至《邢恕行實》。今其傳者鮮矣。

實錄類：凡二十二種。五代及宋。

職官類：凡七十三種。內有《歷代官號》、《唐百司舉要》、《唐錄令》、《唐職林》、《宋百官圖》、《宋官制格目》、《契丹官儀》、《學士年表》、《合班儀》、《百官公卿表》、《宰輔年表》。

儀注類：凡四十六種。內有顏魯公《歷古創儀制》、《漢制蒙錄》、《唐郊祀錄》、《宣和鹵簿圖》、《六家謚法》、唐鄭餘慶《書儀》、《元祐納后儀》、《永昭永穆陵儀》、《朝制要覽》。

刑法類：凡三十種。內有《開元格律令》、《唐式》、《元符勑令》、紹興二年頒《金科類要》、《檢驗法》。

姓氏類：凡三十三種。內有《千姓編》、《姓苑古今》、《姓氏書》、《古今氏錄》、《仙源積慶圖》、《宗室圖譜》、《百族譜》、《玉牒行樓》、《宰相甲族》、《帝王世系》。

史學類：凡四十八種。內有《集注天官書》、《前漢考異》、蕭該《漢書音義》、《三劉漢書》、《集校西漢書》、《歷代史贊》、《史記法語》、《西漢法語》、《班史名物編》。

目錄類：凡二十九種。曰《唐藝文志》、曰唐毋煚〔九〕《古今書錄》、曰《七略》、曰《經史品題》、曰《羣書備檢錄》、曰《皇祐秘閣書目》、曰《史館書目》、曰《崇文總目》、曰《秘閣四庫書目》、曰《嘉祐采遺書》、曰《中興館閣書目》、曰《鄱陽吳氏書目》、曰《李邯鄲書目》、曰《邯鄲圖書十志》、曰《廣川董氏藏書志》、曰《葉石林書目》、曰《川中書目》、曰趙氏《金石錄》、曰《皇祐碑籍》、曰《川郡金石錄》、曰《諸道碑目》、曰《京兆金石錄》，曰歐陽《集古目》、曰晉陽王氏《碑目》、曰《浯溪古今刻集錄》、曰《資古紹志錄》、曰《秘閣書畫器物目》、曰《內府碑錄》、曰《重修唐書碑目》。

地理類：凡一百八十八種。內有《山海經圖贊》、顧野王《輿地記》、《南朝宮苑》、《唐列聖園陵記》、《皇華四達記》、《元和郡國圖志》、《唐四夷朝貢錄》、唐沈懷遠《南越志》、舊本《杭州圖經》、《契丹志》、《契丹實錄》、《契丹須知》、《契丹會要》、《契丹疆宇圖》、《西夏雜志》、《女真實錄》、《高麗日本傳》、《蕃爾雅》、《蜀爾雅》、《北虜方言》、《梁二十八國職貢圖》、《綠林庚辭》、《匈奴須知》。

儒家類：凡一百四種。內有許嵩老《法言訓詁》、仲長統《昌言》、唐劉貺《續說苑》、晉楊方〔一〇〕《五經鉤沈》、杜佑《理道要訣》、《刁衎〔一一〕本說》、《儒志》、《廣川家學》、《邇英聖問》。

雜家類：凡四十七種。內有梁庾仲容《子抄》。

道家類：凡一百十四種。內有《紫府元珠》、《莊子邈》、《仙苑編珠》、《西山十二真君列傳》、《唐太清宮簡要記》、《石藥爾雅》、《爐術本草》、《道樞》、《老子枕中經》、《古文老子》、《老子注解》共二十六家。

釋家類：凡六十家。內有《佛教總年》、《佛運統紀》、《僧寶傳并續》、《僧史》、《釋氏要覽》、《祖庭事苑》、謝陽以下二十二家語錄、《釋氏六帖》。語錄共十五家。

農家類：凡二十一種。內有《唐月令》、《千金月令》、韋氏

《月録》、《秦農要事》、《四民福禄論》、范如圭《田書》、曾安士《禾譜》、《農器詩譜》、《錦帶書》。

兵書類：凡三十七種。内有《水真人鏡》、《古今兵要》、《御戎要訣》、吕夏卿《唐兵志》、唐[一二]李筌《闕外春秋》。

數術家類：凡九十九種，分六子目。一天文、二曆議、三五行、四陰陽、五卜筮、六形勢。内有張華《列象圖》、宋濤《天文書》、姚令威《注天官書》、《銅壺漏編》、《青羅妙度曆》、《紀元曆經》、《譙子五行志》、顧野王《符瑞圖》、《遁甲南經》、《六壬[一三]秘旨》、《六壬破迷經》、《鬼谷子》、《玉函經》。

小説類：凡一百九十八種。内有劉孝標《俗説》、《世説敘録》、顔之推《八代談藪》、《盧子逸史》。

雜藝類：凡五十種。内有《聲[一四]畫集》、《内閣畫跋》、《方圓算經》、《曹唐算經》、《棋品》。

譜録類：凡一百六十四種。内有《古器圖》、《石鼓文譜》、《石鼓文考》、《玉璽譜》、《鏡録》、陶岳《貨泉録》、《錦譜》、《小名録》。

類書録：凡七十種。内有《修文殿御覽》、《天和[一五]殿御覽》、《文樞要録》、《經史事始》、《三國蒙求》、《小説蒙求》、《兔園册府》、《前漢六帖》、《玉山題府》、《四朝會要》。

醫書類：凡五十一種。内有劉涓子《神仙方》。

別集類：凡六百四十一種。内有漢《揚雄集》、《張超集》、《枚乘集》、《孔光奏章》、《蔡邕集》、《張衡集》、《董仲舒集》、《劉向集》、魏《武帝集》、《文帝集》、《明帝集》、《陳思王集》、《王粲集》、《陳琳集》、晉《張華集》、《潘岳集》、《傅元集》、《江統集》、《十四賢集》、《郭景純集》、宋《武帝集》、《謝莊集》、《沈休文集》、《鮑照集》、《王僧達集》、齊《王融集》、《簡文帝集并詩》、《庾肩吾集》、《劉孝威集》、《劉孝綽集》、《何遜集》、《任昉集》、《陶弘景集》、《陳後主集》、《江淹〔一六〕集》、唐《太宗集》、《明皇集》、《樊宗師集》、南唐《李建勳集》、《真宗皇帝集》、《徽宗皇帝集》、《李邯鄲書殿集》又《筆語》。唐宋集最多。

章奏類：凡百種。內有《唐名臣奏議》、《郭子儀奏議》、南唐陳致雍《曲臺奏議》、宋《分門名臣奏議》。

總集類：凡一百十五種。內有晁氏《續離騷》、《古文章》、孔逭《文苑》、《唐史文類》、《宋二百家文粹》、《五代制誥》、《唐人類啓》、《本〔一七〕朝尺牘》、《宏詞總類》、《古詩選》。

文史類：凡二十九種。內有《詩史總目正異》、《敘事詩話〔一八〕》、《詩話》、《見見錄》、《廣類》。

樂曲類：凡十四種。內有《錦屏樂章》、《曲選》。

文光案：《遂初書目》統共二千九百五十五種，今所傳者不及十分之一，且本非其本，書之散逸可勝歎哉！因略舉其希見之名以爲讀書者告，或不以罣漏來誚也。惜其目簡略太甚，未能如晁《志》、陳《錄》、馬《考》之詳明，使古書湮沒，則遂初之過也。

# 《史略》六卷

宋高似孫撰

影宋本。《古逸叢書》之二十。前有似孫自序，"淺草文庫"印，"蒹葭堂印"，"木氏永保"印。楊云："木世肅，大阪人，以藏書名者也。"後有《經籍訪古志》一則，楊守敬記一則。每葉二十行，行二十字，界長六寸六分，幅四寸六分。《四庫全書總目》著《子略》四卷，而不及《史略》，蓋亡佚已久。此書文詞簡約而引據精核，多載逸書，是可寶也。

高氏自序曰："太史公以來，載籍之作大義粲然著矣。至於老蝕半瓦，著力汗青，何止間見層出？而善序事、善裁論，比良班馬者，固有犖犖可稱。然書多失傳，世固少接，被諸籤目往往莫詳，況有窺津涯涉闖奧者乎？乃爲網羅散軼，稽輯見聞，采菁獵奇，或標一二，仍依劉向《七録》法，各彙其書而品其指意。後有才者思欲商榷千古，鈐括百家，大筆修辭，緝熙盛典，殫極功緒，與史并驅，其必有準於斯。寶慶元年十月十日修，十一月七日畢。”

黎氏《敘目》曰：“似孫有經、史、子、緯、騷五略。《子略》、《緯略》《四庫》已著録，《騷略》見《存目》。此《史略》，其佚者也。按自序未及一月而書成，蓋略採衆家評隲之言以明史之綱領而已。”

楊氏記曰：“此宋槧原本，今存博物館，爲海外孤本。原本亦多誤字，今就其顯然者改之，其稍涉疑似者仍存其舊。按史家流別已詳於《史通》，此書未能出其範圍，況餖飣雜抄，詳略失當。其最謬者，如《後漢書》既採《宋書》范蔚宗本傳，又採《南史》及蔚宗《獄中與諸甥書》，大同小異，一事三出，不恤其繁。又如既據《新唐書》録劉陟《齊書》十三卷爲齊正史，又據《隋志》録劉涉《齊紀》十三卷爲齊別史；既出范質《晉朝陷蕃記》四卷，又出范質《陷蕃》四卷，而不知皆爲一書。其他書名、人名、卷數之誤，不可勝紀。似孫以博奧名，其《子略》、《緯略》兩書頗爲精核，此書則遠不逮之，久而湮滅，良有由然。唯似孫聞見終博，所載史家體例亦略見於此篇，又時有逸聞，如所采《東觀漢記》爲今四庫輯本所不載，此則可節取焉耳。”

《史記》裴駰注八十卷，許子儒、王元感、陳伯宣、徐堅、李鎮五家注各一百三十卷，今惟陳注存八十七卷。學者所見，裴注而已。六家皆唐人。先公太史爲《史記注》，凡五百萬言，既絕筆，乃悉整以論正，與太史公書并傳。《史略》載似孫序，未見高注。劉伯莊《史地名》二十卷，寶羣《史記名臣疏》三十四卷，裴安時《纂

訓》二十卷，李鎮《史記義林》二十卷，又葛洪《史記鈔》十四
卷，衛颯《史要》十卷。張瑩《史記正傳》九卷，蓋瑩所自作。
惟唐韓琬《續史記》一百三十卷，乃接《史記》以來事，止於唐，
功亦偉矣。案：似孫以《集解》爲注，以《索隱》、《正義》爲雜傳，未當。江南
《史記》爲唐舊本，但存列傳。其間同異凡四千三百五十條。上蔡
謝氏有録本，今略舉四五端，一字之間意味不同，足見古本之精
妙也。案：似孫所舉凡五條，予修書目，每采本書數條，以見其概，即依此例。以上
第一卷。

　　文光案：是書前二卷，自《史記》至歐陽《五代史》皆
　　正史、別史之類。《史》、《漢》皆先列本書，略述緣起并撰
　　人、卷數，次列本傳，《史記》全引自序。次列諸儒史議，次列諸
　　家注，次雜傳，次考，次音。《漢書》列諸本，《晉書》采要
　　語，悉爲標目，具有條理。三卷以下，於諸史門目頗爲賅備，
　　所引諸書各依其類，綱舉目張，多資考證，非茫然無序者可
　　比。楊氏以爲餖飣雜抄，蓋於目録之學未曾究心也。夫所謂
　　餖飣者，於全文中掠取數語，不顧上下，使人難明是也。《史
　　略》繁徵博引，皆録全文，豈可謂之餖飣乎？雜抄者，隨手
　　所之，前後無次，方經而忽史，方子而忽集是也。《史略》於
　　史之外不他及，於史之中又各有部分，豈可謂之雜抄乎？至
　　范蔚宗事，雖連引三書，而詳略不同，評論亦異，使人互證，
　　甚爲有益。揆以引書之體未爲違戾，不可謂之最謬也。蔚宗
　　獄中書，洪容齋亦取而辨論之，然不出於此，未知其暗合耶，
　　抑竊取耶？如《容齋五筆》，誠所謂雜抄者也。高氏所引不參
　　已説，或有所考，亦分別不淆，其一二字之誤不足爲全書
　　累也。

顏注所引，自荀悅至崔浩凡二十三家。唐高宗與郝處俊等詮
定《漢書》八十七卷。晉灼、敬播、陸澄三家注，師古所引者晉

灼而已。漢考五家，雜傳十二家，古之史出於一人之手尚有差謬，以俟刊辨，况後之爲史者耶？音義十六家，師古所引者五家。以是知書之遺落蓋不止此。

按：後漢明帝詔班固等撰《漢記》，凡百十四篇。嘉平中馬日磾、蔡邕、楊劇、盧植又續《漢記》，至吳謝承作《漢書》，司馬彪作《續漢書》，劉義慶、華嶠、謝沈、薛瑩、袁山松、蕭子顯又作《後漢書》，往往皆因《漢記》爲之，固爲有據。范史後出，尤爲有據也。謝承、司馬彪、薛瑩、謝沈《後漢書》，先儒最稱其精。今是書不復可見，乃略采其精語一二。謝承《史》云“徐孺子清妙高峙，超世越俗”。司馬彪《史》云“蔡伯喈通達有雋才，博學善屬文，伎藝術數無不精練。郭林宗處約味道，不改其樂。李元禮曰：‘吾見士多矣，無如林宗者也。’及卒，蔡伯喈爲作碑曰：‘吾爲人作銘未嘗不有慙容，唯郭有道碑頌無愧耳。’”薛瑩《史》云“李元禮抗志清妙，有文武雋才”。諸人史句如此，可謂精矣。案，似孫所采皆雋語，非精語也。史句如此者正多，不必謝、薛擅能也。有道諸人又皆表表者，亦不必藉此以傳。唯予《藏書記》有采本書要語一條，即以高氏《史略》爲例，故録之。初，范蔚宗令謝儼撰《後漢書志》，搜次垂畢，會蔚宗伏誅，儼悉蠟以覆車，一代爲恨。劉昭得舊志，乃補注爲三十卷。章懷太子賢招集一時學士凡七人。同爲注。王韶《後漢林》二百卷。謝沈《後漢書外傳》十卷。劉攽《東漢刊誤》曰：“此書自三館及民家無他好本，率以己意定之，學者且疑其不然，雖攽亦未敢必。”案：據此則三劉校本亦未盡美。《後漢書》音凡五家。

《魏國志》三十卷，《蜀國志》十五卷，《吳國志》二十卷，晉太子庶子陳壽撰。魏紀四、傳四十，吳傳二十，蜀傳十五，凡六十五篇。時人稱其善敍事，有良史之才。宋文帝嫌其略，命國子博士裴松之補注。既成，上覽之曰：“裴世期爲不朽矣。”尚書郎范頵表曰：“治書侍御史陳壽作《三國志》，辭多勸誡，明乎得失，有益風化，雖文豔不及相如，而質過之。願垂採録。"詔河南尹洛陽令就家寫其書。案：據此則《三國志》亦私家著述。壽又撰《古國志》五十篇，《益都耆舊傳》十篇。魏別史五家，與壽《志》參考互見，而魚豢《典略》，特有筆力。王隱删補《蜀記》七卷。蜀別史一家。高曰："元魏李彪嘗言，孔明在蜀，不以史官留意。今蜀史比魏、吳獨疎略，其在此乎？"吳別史五家。高曰："魏吳雜史，大段瓌緻。"

謝沈、虞預、朱鳳、謝承、臧榮緒、蕭子雲、干寶、沈約、鄭忠，撰《晉書》者共十家，案：似孫所考未備，不止此十家。晉之事詳且精矣。又何法盛《晉中興書》七十八卷，起東晉。事有可稽，辭有可述，則知唐太宗詔羣臣所撰如之何，其不該且覈而妙於辭製哉？徐堅亦撰《晉書》一百十卷，御撰《晉書》又採諸家傳記附益之，爰及晉代文集，罔不畢舉。凡例多出德棻。敬播，高希嶠注一百三十卷。開元二十年。案：此注人鮮知。何超《音》三卷。唐處士。

徐爰《宋書》六十五卷，孫嚴《宋書》六十五卷，所傳者沈約爲最。

劉陟《齊書》十三卷。齊別史五家。初江淹已筆《齊史》，爲十志，沈約又著《齊紀》，而子顯自表武帝別爲此書，沈約嘗稱其得明道之高致，蓋幽通之流也。子顯更採《後漢》，考正同異，爲一家書。又吳均私撰《齊書》奏之，帝惡其不實，付省焚之，坐免職。本朝曾鞏、趙若、孫覺、尹洙、蘇洵諸公校正館書，嘗論《齊史》，謂子顯之於斯文喜自馳騁，其更改破析，刻瑂藻繢之變尤多，而其文益下，豈夫材固不可强而有耶？然其表曰素不知户口，故州郡志輒不載；天文復秘，故不私載；而此志但紀災祥而已。

《梁書》，姚思廉因父書又採謝炅舊史裁成之，其總論出於魏徵。梁別史八家。

思廉采謝炅、顧野王等諸家言，推究總括，爲梁、陳二家史。

同上。陳書四家，陸瓊、傅縡、顧野王、吳兢。

魏澹《後魏書》一百十卷。張太素《後魏書》一百卷。今惟有《天文志》二卷。裴安時《元魏書》三十卷。按：收奉詔作紀十，志十，傳九十二。表上，悉焚崔浩、李彪等舊書。收黨齊毀魏，褒貶肆情，時以爲穢史。獨楊愔等助之，故其書漸行。隋文帝以其不實，詔魏澹更作收《史闕》，紀二卷，傳二十二卷，太宗紀則補以魏澹[一九]所作，静帝紀則補以高峻《小史》。

李德林《北齊書》二十四卷。修未成，百藥之父也。張太素《北齊書》三十卷。太宗詔百藥次《齊史》，唐史臣稱百藥翰藻沉鬱，所撰《齊史》行於時。按：百藥因其父紀傳之舊，又避唐諱易其文。議者非之。

牛弘《周史》十八卷。未成。吳兢《周史》十卷。令狐德棻言"周隋事多脱損，乃命德棻等次《周史》"。初，周柳虬、隋牛弘各嘗論次，率多牴牾。德棻奉詔與陳叔達、庾儉同加修纂，歷年至是撰成。

張太素《隋書》三十卷。王劭《隋書》六十卷，未成。多迂怪不經之語，辭義繁雜，遂使隋惡之迹堙滅無聞。本書"聞"誤"間"。《隋志》二十卷，恐即三十卷之《隋志》，而誤三爲二也。吳兢《隋史》二十卷。按：《隋志》極有倫類，本末兼明。五代、南北兩朝紛然殽亂，未易貫穿之事，讀其書則了然如在目，良由當時區處，各當其才。

吳兢《唐書》一百卷，遣使就取書，得六十餘篇，敘事簡核，號良史。肅宗詔柳芳與韋述綴輯吳兢所次國史，會述死，芳續成之。興高祖訖乾元，凡百三十篇。敘天寶事不倫，史官病之。韋述《唐書》一百三十卷，初令狐德棻、吳兢等撰武德以來國史，皆不能成。述因二家，參以後事，遂分紀傳，又爲例一篇。史稱其史才博識。蕭穎士稱其文約事詳，譙周、陳壽之流。按：後唐起居郎賈緯言，今採訪遺文及耆舊傳說編成六十五卷，目曰《唐朝補遺録》，以備將來史官修述。至開運二年，史館上新修前朝《李氏紀志列傳》共五百二十卷，賜監修國史宰臣劉昫等繒彩銀器有差。慶曆五年，詔王堯臣、張方平等刊修《唐書》。皇祐元年以宋祁爲刊修官，至和元年又命歐陽修、宋祁刊修，乃撰紀十，志五十、表十五，傳百五十。嘉祐五年提舉宰臣曾公亮上之。修嘗言西京門内省寺諸司御史臺及鑾和諸庫有唐至五代以來奏牘案簿尚存，欲差吕夏卿就彼檢尋。從之。足以見討論之至矣。祁雖作五十傳，亦曾自作紀、志。今宋氏後居華亭者有其書。吕夏卿《直筆新例》一卷，摘其繁冗闕誤。李繪《唐書補注》二百二十卷，以舊書參新書爲之注。董氏《唐書音》二十五卷。

開寶四年，詔薛居正、盧多遜等修《五代史》，七年閏月甲子書成，凡一百五十卷。而扈蒙、張澹、李昉、劉兼、李穆、李九齡，皆與修其書。以《建康實録》爲準。

神宗嘗問歐陽修所爲《五代史》如何，王安石曰："臣方讀數册，其文辭多不合義理。"上曰："責以義理，則修止於此。每卷後論[二〇]説皆稱。"徐無黨曰："五代亂世，名號交雜，史家撰述，隨事爲文，要於理通事見而已。"張紹遠《梁列傳》十五卷，《後唐列傳》三十卷。以上第二卷。

文光案：《史》、《漢》作家多論説衆，故詳。梁、陳諸史音注少，不得不略。此書之所爲，非似孫之過也。楊氏以爲詳略失宜，非是。凡書最宜詳審研究，若急讀一過，遂肆譏彈，豈可據爲定論乎？予恐此書之難得而易失也，因録廿數翻以見其概。訛字略正一二，其卷數多誤，未暇細校。似孫不爲清議所容，而書自可傳，未可以人廢言也。

《東觀漢記》，百四十三卷，起光武記注，至靈帝。永初中鄧太后詔校東觀文字，又詔作《建武以來名臣傳》。按：《顯宗起居注》，明德皇后自撰。漢之后宮好文通史有如此者。其後又有《漢記》一百卷，晉薛瑩撰，當本諸此。入東觀人，劉珍、劉騊駼、馬融、蔡邕、張衡、曹褒、黄香、李尤、楊彪、馬日磾、盧植。

劉知幾曰：“後漢東觀大集羣儒，而著述無主，條章靡立。伯度譏
其不實，公理以爲可焚。張、蔡二子糾之於當代，傅、范二家嗤
之於後葉。”知幾大譏《漢記》，其對蕭至忠有曰：“古之國史皆出
一家，未嘗籍功於衆，惟後漢東觀集羣儒纂述，人人自爲政，駁
其言盡之矣。”今姑録二序於前。一《鄧禹傳序》，一《吳漢傳序》，皆今本
所無。夫張衡、蔡邕豈不以辭筆自騁而所序者如此，是可與班馬
抗歟？

　　文光案：《東觀漢記》原本久亡，今所傳者惟聚珍本，從
　　《永樂大典》録出，編爲二十四卷。掃葉山房本同。其書非一
　　人所著，亦非一時所成。《後漢書・文苑傳》：“李尤，字伯
　　仁，安帝時受詔與謁者僕射劉珍等俱撰《漢記》。”今《隋
　　志》題劉珍撰，誤也。

歷代《春秋》二十九家，戰國、楚漢、三國、晉、宋、唐、
五代皆有《春秋》。趙曄《吳越春秋》十二卷，又有楊方《吳越
春秋削繁》五卷，皇甫遵《吳越春秋傳》十卷。司馬彪《九州春
秋》十卷，記漢末事。又有《九州春秋抄》一卷，劉孝標注。孫
盛《魏氏春秋》二十卷，又有《魏陽秋異同》八卷，陳壽撰。習
鑿齒《漢晉陽秋》以文筆著。孫盛著《魏氏春秋》、《晉陽秋》，
詞直理正，咸稱良史。檀道鸞《續晉陽秋》二十卷。王韶之《晉
陽秋》善敘事，爲後世佳史。崔鴻《三十國春秋》百二十卷，《十
六國春秋略》二卷。蕭方《三十國春秋》三十卷，以晉爲主，包
吳孫、劉元海等三十國事。武敏之《三十國春秋》一百卷。包胥
《河洛春秋》。太史公作《史記》，最采《楚漢春秋》，今得之不見
其奇。漢初之事，未有記載，故有取於此乎？至習鑿齒、孫盛、
檀道鸞作《魏晉春秋》，意義閎達，辭采清雋，斯亦一代之奇著。
案《魏晉春秋》，三國以蜀爲正統。陽秋者，避晉太后家諱，故曰陽秋。

自悅而後，紀凡二十有一家，兩漢、吳、晉、宋、齊、梁、後魏、北齊、

唐。往往取則於荀氏。家家有史，人人載筆，難乎其考矣。

　　實録。六朝梁三録，唐二十二録，自高祖至武宗。五代十四録。
內有《紀年三録》，惟此十四録有卷數。《唐高宗實録》，許敬宗撰。《後實
録》，令狐德棻撰，劉知幾、吳兢續成。又有韋述所撰三十卷，武
后所撰一百卷。《則天實録》，魏元忠、武三思、祝欽明、徐彦伯、
柳沖、韋承慶、崔融、岑羲、徐堅撰，劉知幾、吳兢删正。又有
宗秦客《聖母神皇實録》。案陳《録》，《則天實録》二十卷，吳兢撰，不若此
詳。實録之作史之基也，史之所録非藉此無所措其筆削矣。今刊本誤
作今。狐峘修《元宗實録》，號爲著述甚精。喪亂之餘，實録散失，
纂開元、天寶間事，唯得諸家文集，其詔册、名臣傳記十無三四。
初至德二年史官于休烈等奏，自經賊火，國史、實録并無其本，
合詔府縣搜訪。數月，唯得書一二百卷。前史官韋述家藏國史一
百十三卷，乃以送官，又僅若此。歐陽公、宋景文公分撰唐史，
武宗後并無實録，何所考訂？又如柳批以下十五人分修宣宗、懿
宗、僖宗實録，踰年不能編録一字。歐公作《五代史》，多據《建
康實録》。先公預修神、哲、徽、欽四朝史，高宗實録其史册散
逸，記載疏略，尤甚於唐。分修志四、傳五十，訪訂實録十年，
略不少恨。有分《秦檜傳》者，筆不得下。今檜傳僅數葉而已，
似孫乃爲纂修檜傳，極爲精覈。史館移牒取索，不欲録報也。

　　起居注。漢一、晉十六、齊一、梁一、陳四、後魏一、隋一、唐二。漢武帝
有《禁中起居注》，明德馬后自撰《顯宗起居注》。唐制，朝日，
左右史分立赤墀之下，丹淹泥以塗殿墀。郎左，舍人右。李肇《國史
補》曰“兩省謔起居爲螭頭，以其立近石螭也。”《鄭覃傳》曰
“記注操筆在赤墀下”。《張次宗傳》“文宗始詔左右史立螭頭下”。
又按：王仁裕入洛過長安，見含元殿前玉階三級，第一級可高丈
許，每間引出一石螭頭，東西鱗次。第二、第三級各高五尺，蓮
花石頂，階兩面龍尾道，各六七十步方達第一級。《唐志》：“御正

殿，則起居郎、舍人分左、右立，有命則俯陛以聽，退而書之。"正殿者，宣政也。內閣者，紫宸也。三殿皆有螭。姚璹所謂延英奏事者，小殿也。

永徽後，左、右史唯對仗承旨，仗下謀議不得聞。武后以姚璹表尚符瑞，擢平章事。璹奏"帝王謨訓不可闕記，請仗下所言軍國政要責宰相自撰，號時政記，以授史官"，從之。時政有記自璹始。

柳芳從高力士質開元、天寶及禁中事，仿編年法爲《唐歷》四十篇，頗有異聞，然不立褒貶，義例爲諸儒譏。又《續唐歷》二十二卷，又《唐歷目録》一卷。前史有《吳歷》、《晉歷》、《陳歷》，《唐歷》蓋因乎此。

玉牒見於唐，所以奠世繫分宗譜也。開成中，李衢上《皇唐玉牒》一百一十卷。李又有《玉牒行樓》二卷。其在本朝志世繫之外更爲一史，以紀大事。大事者，降誕、符瑞、即位、大臣除拜、大政事、大詔令也。是所謂大事必書者。其書一年一進。唐玉牒刻玉填黃金爲字，又爲玉匱以藏。今玉牒殿制度，玉牒以銷金羅爲紙書之，夾以銀梵葉。先太史在牒寺最久，乃得專修神宗一朝玉牒。事既專，則筆削不亂。唯神宗國史有所謂朱墨本者，史之所載，殊多私意。先公是正，特爲精覈，可以言史矣。以上第三卷。

史典八家。史表七家。史略十六家。史鈔七家。葛洪《史漢鈔》七十五卷。史評二家。專評三國。史贊三家，附雜贊十六。

予嘗觀楊文公史草，用竹紙細字，字清美，塗擦甚少，蓋造思之素者也。又觀歐陽公史草，闊行真字，殊有更易處，又一二紙更易幾盡。又觀宋景文公史草，則佳紙闊行，筆史所書。其草乃兩傳，凡劉史之舊，所易幾盡。今以新傳比舊傳，則一時羣臣奏疏，往往擅改，所存不一二。又觀司馬公《通鑑》草紙，闊狹不佺，有翦爲數寸闊者，兩面密書，時有塗改處，字尤端楷。觀此則想像蕭公史草，子顯晉草史。令人精神飛越，恨不一披元筆。景文公修唐書，《韓文公傳》全載《進學解》，頗易數字。《吳元濟傳》平淮西碑文千六百六十字，固有他本不同，然才減節輒不穩當。《柳子厚傳》載《孟容書》，氣義步武，全與漢楊惲《答孫會宗書》相似。《正符》仿孟堅《典引》，而其四者[二一]次序或失之。《通鑑》但載《梓人》及《郭橐駝傳》，以爲其文之有理者，其識見取舍固有在云。

史例六家。善言史例無若杜征南。

唐楊松珍撰《史目》，唐宗諫撰《十三代史目》，唐孫玉汝撰《唐列聖實錄目》，其後作史目者準此。《隋志》所謂“古史官既司典籍，蓋有目以爲綱紀”。是亦史之綱紀也。

梁武帝《通史》六百二卷，上自三皇，迄梁，全用編年法。南、北史頗有條理，删落釀辭，過本書遠甚。唐鄭暐作《史雋》十卷，亦記南朝事，不及李史之精覈。唐張伯玉又《續史雋》十卷。高峻《小史》一百卷，峻，元和中人。《小史》初爲六十餘卷，乃其子迥釐益之。以《太史公書》爲準，作《漢諸臣諸王世家》，嚴整有律，是深於史者。姚康復《統史》三百卷，自開闢至隋末，用編年法纂帝王政事，凡詔令所下皆書，至於鹽鐵、榷糶、兵糧、邊事，無不該載，以及釋道燒煉、妄求無驗者亦書之。蕭蕭《合史》二十卷。予嘗窮極《通鑑》，用功處固有用史用志傳，或用他書萃成一段者，其所用之書，隨事歸之於下，凡七年而後成。《通鑑》中所援引書二百二十餘家。《史略》備列其目。以上第四卷。

文光案：《容齋四筆》《册府元龜》一條，所錄皆《史略》中語而不著其所自出。又《五筆》中所抄《史略》亦不止此，其抄自他書者想亦有之，不必盡己説也。

霸史四十二家，《趙書》、《秦記》、《涼錄》、《九國志》之類。雜史百十一家，自漢至五代前爲古雜史。

大凡《七略》書五百九十三家，而古之奇書絶少。今録三代以前書不及一二十種，知秦火之厄酷矣。隋、唐《志》無此書。《太古以來年紀》、《黄帝歷》、《黄帝四經》、《黄帝銘》、《孔甲盤盂》、《風后》、《蚩尤》、《力牧》、《顓頊歷》、《夏殷周魯歷》、《伊尹》、《太公》、《辛甲》、《史籀》、注：宣帝時，誤當是宣王時。《尹佚》。成康時。

東漢藏書在石室蘭臺，在東觀，在仁壽閣。董卓之亂，獻帝西遷，所收圖書猶七十餘載。兩京亂，掃地而盡。魏采掇漢散亡之書，藏在秘書中外三閣，鄭默初作《中經》。晉荀勗因魏《中經》制《新簿》，凡三萬，惠懷之亂爲之一空。東晉漸加收拾，勗簿僅存三千卷。宋謝靈運造《四部目録》，六萬四千餘卷。王儉作《四部書目》，又作《七志》，一經典，二子，三文翰，四軍書，五陰陽，六術藝，七圖譜，而道、佛附之。書名之下每立一傳，又有條例載於篇首。齊謝朏、王亮造《四部書目》，萬有八千卷，齊末秘閣火，書亡。梁聚書文德殿，卷二萬三千，釋書不録。任昉、殷鈞制《四部目録》，數術別爲一部，是爲五部。劉遵又作《東宮四部目録》。劉孝標作《文德殿四部目録》。阮孝緒采宋齊以來王公家所藏，校官簿爲《七録》，一曰經典，二曰記傳，三曰子兵，四曰文集，五曰技術，六曰佛，七曰道。其於剖析，殊爲不經。元帝克平侯景，收文德殿書歸江陵，凡七萬餘卷。周師入郢，咸自焚之。陳有《壽安殿四部目》、《德教殿四部目》，又有《承香殿五經史記目》。後魏有《闕書目》一卷。後齊都鄴，頗更搜聚，校寫不輟。後周書八千卷，後增至萬卷。隋開皇三年，牛弘表請使求書一卷，賞絹一疋。校寫既畢，即還本書。陳平爲正副二本，内外閣凡三萬餘卷。煬帝再録，分三品，上者軸頭紅琉璃，中者紺琉璃，下者添軸，聚於東都觀文殿東西廂。又藏魏以來古迹名畫，於殿后起二臺，東曰妙楷臺，以藏法書；西曰寶繪臺，以藏名畫。有四部目二，又有《大業正御書目》。隋嘉則殿書三十七萬卷。唐武德初有書八萬卷。貞觀中購天下書，選五品以上子孫工書者爲書手繕寫，藏於內庫。玄宗時，又借民間異本傳録。及還京師，遷書東宮麗正殿、修書院。其後光順門外、東都明福門外皆創集賢書院。既而大府月給蜀郡麻紙五千番，季給上谷墨三百三十六丸。歲給河間、景城、清河、博平兔千五百皮爲筆材。兩都各聚書四部，列經、史、子、集爲四庫。其本有正有副，帶帙，籤皆異色以別之。禄山之亂，尺簡不藏。文宗時搜採復全，黃巢之亂，存者又少。本朝崇文所儲不及唐之盛，蓋古書益少矣。王文康公初相周世宗，家多唐舊書。李文正公所藏亦富。宋宣獻得畢、楊二家書，有秘府不及者，元符中一夕燼於火。晁以道所藏凡五世，雖不及宋氏，而校讎最爲精確。邯鄲李氏亦然，政和甲午亦火。劉壯輿圖書亦多，有《藏書記》，今亦不存。安懿王之子榮王宗綽聚書七萬卷，宣和中其子曾進書目。以上第五卷。

　　《山海經圖》十卷，舒雅等所修。本朝人。東方朔作《神異經》，張華箋之，曰方朔周旋一作巡。天下，所見神異，《山海》所不載者列之，有而不具其說者列之，謂《山海》也。

　　古《世本》已亡。今所傳者劉向作者二卷，宋衷作者四卷，皆名《世本》。宋均作者七卷，此名《帝譜世本》。又有《世本王侯大夫譜》二卷，《世本譜》二卷，王氏注。予閱《左傳疏》所引《世本》不一，因採彙爲書，題曰《古世本》，周益公以爲奇。予因曰："劉孝標注《世說》引摯氏《世本》，蓋敘家世。今人欲系譜諜，宜曰某氏世本，殊爲古雅。"益公曰："此説尤新奇。"

　　三蒼者，《蒼頡》七章，《爰歷》六章，《博學》七章。漢書師合三篇斷六十字爲一章，凡五十五章。文字多取史籀而篆體頗異，所謂秦篆者也。按史籀作大篆十五篇，與孔壁古文亦異體，建武時亡矣。《凡將》、《急就》、《元尚》三篇，皆《蒼頡》中正字，《凡將》則頗有出矣。楊雄作《訓纂篇》，順續《蒼頡》，又易《蒼頡》中重複之字，凡八十九章。班固續楊雄作十三章，凡一百二章。《蒼頡》多古字，俗師失其讀。宣帝時徵齊人能正讀者，張敞從受之，傳至外孫之子杜林，爲作《訓故》。唐李善好援引，間見於《文選注》。師古注《漢書》，例亦曰旁究《蒼雅》，所用尚矣。

應劭有《漢官儀》，又有《漢官鹵簿圖》，又有《漢官儀注》，又有《漢官名秩》。其言儀者，多涉故事，往往如衞宏《漢舊儀》者也。舊四卷，今有三卷。范《書》《百官志》注引《漢官目錄》，亦爲奇書。其後丁孚有《漢官儀式》，荀攸有《魏官儀》，王珪之有《齊職官儀》，梁有《職制儀注》，視漢簡繁殊不侔。唯郭演有《古今百官注》十卷，最爲嚴整。予以孟堅《百官公卿表》載漢官無統緒，嘗作《漢官》，殊有條理。《後漢書・百官志》注引援皆古書奇書，特爲精絶。

道元注《水經》，未嘗盡歷南地，而所載南事特爲精確，而又續業閎闊，辭義峻拔，凡所援引多前史所遺。魏收稱其歷覽奇書，是固有得於此乎？唐李吉甫有《删水經》十卷，是難乎删矣。晉僧道安有《水記》。記四海川水源。虞仲雍有《江記》、《漢記》，其援引考訂皆不及此。

晉太康二年，盜發魏襄王冢，得古竹簡書。帝命荀勖、和嶠撰次爲十五部八十七卷，以爲中經，列在秘書。然雜以怪妄之説，其紀年專用夏正，載三代事而不及它國，但紀晉魏間事，蓋魏之史記也。按襄王即魏惠成王之子靈王也，《世本》以爲襄王，杜預於《左傳》未嘗考，其不合於經傳者數事。《史通》乃言《紀年》載春秋事與左氏同。郭璞言竹書不出，則《山海經》幾廢，則知竹書所載怪妄必有合於《山海經》者。初在隋目，八十七卷，《唐志》、吳兢《西齋書目》僅十四卷。知幾又曰"汲冢所得尋即亡逸"，然則摯虞、束皙、杜預等所引是書不爲不古矣。《穆天子傳》一卷，竹書內書所歷怪奇亦幾於《山海經》者，雖多殘闕，皆是古書。李氏《邯鄲書目》六卷，必是字誤。以上第六卷。

# 《子略》四卷

宋高似孫撰

鈔本。前有自序。所論凡三十八家，皆親見其書。謹案：《簡明目録》《子略》前有目録一卷，録《漢》、《隋》、《唐志》、《子抄》、《意林》、《通志》所載諸子，皆存其書名，略注卷數、撰人於下，而此本無之，蓋佚已久矣。

周氏密曰："高疏寮一代名人，或有議其家庭有未能盡美者。其父嘗作《蘭亭博議序》，疏寮後易爲《蘭亭考》，且輒改翁之文。陳直齋嘗指其過焉。近得炳如親書與其妾銀花一紙，爲之駭然，漫書於此。云：'慶元庚申正月，余尚在翰苑。初五日得何氏女爲奉侍湯藥。又善小唱，凡唱得五百餘曲。又善雙韻，彈得五六十套。以初九日來余家，時元宵將近，余因記蘇味道元宵詩"火樹銀花合，星橋鐵鎖開"，遂名之曰銀花。余喪偶二十七年，兒女自幼至長大，恐疏遠他，照顧不到，更不再娶，亦不蓄妾婢。至此始有銀花，至今只一人耳。余既老，不喜聲色，家務盡付之。予身旁一文不蓄，雖三五文及就宅庫支。余不飲酒，待客致饋之類一切不管。銀花專心供應湯藥，早晚二膳多自烹飪，縫補、漿洗、烘焙替換衣服，時其寒暖之節。亦頗識字，助余著書檢閱，能對書札。時余六十七矣，同往新安供事二年。既同歸越，入新宅，親族以元宵壽余七十。時銀花年限以滿，其母告某云："我且一意奉侍內翰，亦不願加身價。"余其嘉其廉謹。丙寅春，余告以"你服事我又三年矣"。時其母來，余約以每年與錢百千以代加年之直，亦不肯逐年清也。積至今年，凡八百千餘。身旁無分文，取於宅庫，常有推託，拒而不從。余謂"服事七十七歲老人凡十一年，余亦忝從官，又是知府之父，又家計盡是筆耕有之，知府未曾置及此也。姑以千緡爲奩具之資，日後議親交給。今因其歸，先書此爲照。或有忌嫉之輩，妄有興詞，仰將此示之。明正官司，必鑒其事情，察余衷素，豈得已哉?"嘉定庚午八月。'"錄於《癸辛雜識》。

文光案：高似孫聚書極多，學問極博，其著述亦足傳世。然其人不免於清議，一行失而百行難補，況失在百行之首，斯亦不足貴也已。弁陽老人所著《齊東野語》、《癸辛雜誌》，其中固有未可深信者，然銀花帖出於親手所書，絕非公謹所僞作。帖中語多含忍未盡，爲人子者使父母有情莫遂，有願難伸，是惡得爲賢乎?且其奉養之際，并今之孝者亦不若矣。有欲爲賢者諱隱此一段者，余特表而出之，以爲爲人子者戒。

書之厄見於《容齋二筆》，又見於《十駕齋養新錄》，諸書亦間一見之，而胡應麟《少室山房筆叢》所記特詳。火厄之外又有水厄，亦見《筆叢》。胡氏於四部源流，書之真贋，并目錄所考最詳，惟利鈍雜陳，不必辨者而亦辨之，不免爲本書之累矣。

## 《漢藝文志考證》十卷

宋王應麟撰

唐氏本。合河康基田校刊，附《玉海》後。

《簡明目錄》曰："《漢書·藝文志》間有班固自注，然不甚詳。顏師古注間有附論，亦僅辨證其數條，不能賅備。應麟始捃拾舊文爲之補注，不載《漢志》全文，惟以有考訂者摘錄爲綱，略如《經典釋文》之例。持論皆有根據，惟古書不載於《漢志》者增入二十六種，真僞相雜，頗爲蛇足。"

王氏曰："《考證》所采亦甚博雅，但此志以經爲要，考得漢人傳經原流、説經家法，明析且分別其是非美惡，俾後學識取途徑，方盡其能事，此則未能也。於《易》亦知推尊象數，然未能標舉孟喜、京房爲宗，又未能將後漢之鄭康成、荀爽，吳之虞翻三家與孟、京異流同原處發揮之。於《書》則全不知漢人真古文，反信孔穎達、陸德明妄説，以爲張霸僞作。至於朱文公以《書序》爲非孔子作，胡五峰以《康誥》爲武王命康叔，此等亦竟信而收載之。於《詩》不專尊毛氏，反拳拳於魯、齊、韓，亦不得其要領。至采及所謂李氏説，詆鄭箋繁塞[二二]而其説愈多。鄭長禮學，以禮訓詩，是按迹而議性情。如此妄談，取之奚爲？其於本原之地未曾究通，則博雅乃皮毛耳。歙縣金修撰榜語予曰：'不通《漢藝文志》，不可以讀天下書。《藝文志》者，學問之眉目，著述之門户也。'修撰經術甚深，故能爲此言，予深嘆服。自唐高宗、武后以下，詞藻繁興，經業遂以凋喪。宋以道學矯之，義理雖明而古書則愈無人讀矣。王氏亦限於時風衆勢，一齊衆咻，遂致茫無定見。要意求切實，於宋季朋輩中究爲碩果僅存。若某鉅公者，於《禮》古經下所云《記》一百三十一篇等，本《禮記》也，而以爲《儀禮》。於後蒼《曲臺記》，戴德、戴聖、慶普及曹褒父子之學皆《儀禮》也，而反以爲《禮記》。於《左氏春秋》經則戴之於《公羊》、《穀梁》，不知其別自有經，遂删去之，何異眯目而道白黑[二三]者乎？此其病痛正坐不善讀《藝文志》耳。又不如應麟遠矣。"録於《十七史商搉》。

　　文光案：陸氏《經典釋文》、朱氏《授經圖》、朱氏《經義考》、《玉海》書目皆可考見。傳經源流安得漢學家一一訂正之，斯大可觀矣。

**校勘記**

〔一〕"眙"，原作"貽"，據《崇文總目·錢侗序》改。

〔二〕"勗"，原作"勛"，據《隋書·經籍志·總序》改。

〔三〕"深"，據《總目》補。

〔四〕"經解，十曰"，據《郡齋讀書志·總目》補。

〔五〕"遇"，原作"過"，據《郡齋讀書志·自序》改。

〔六〕"然自中原"，據同上書補。

〔七〕"侯"，據《宋史·宗室世系表》補。

〔八〕"通"，原作"統"，據《遂初堂書目》改。

〔九〕"煛"，原作"叟"，據同上書改。

〔一〇〕"楊方"，原作"陽芳"，據同上書改。

〔一一〕"刁衎"，原作"刀術"，據同上書改。

〔一二〕"唐"，原作"君"，據同上書改。

〔一三〕"壬"，原作"乙"，據同上書改。

〔一四〕"聲"，原作"總"，據同上書改。

〔一五〕"和"，原作"平"，據同上書改。

〔一六〕"淹"，原作"總"，據同上書改。

〔一七〕"本"，原作"宋"，據同上書改。

〔一八〕"話"，據同上書補。

〔一九〕"魏澹"，據《直齋書錄解題》補。

〔二〇〕"論"，原作"説"，據《史略》卷二改。

〔二一〕"者"，原作"有"，據《史略》卷四改。

〔二二〕"塞"，原作"墓"，據《十七史商榷》卷二十二改。

〔二三〕"黑"，原作"異"，據同上書改。

# 史部十六

## 目録類二

### 《馬氏經籍考》七十六卷

元馬端臨撰

抄本。前有馬端臨自序。經類十三，曰《易》、曰《書》、曰《詩》、曰《禮》、曰《春秋》、曰《論語》、曰《孟子》、曰《孝經》、曰經解、曰《樂》、曰儀注、曰謚法、曰讖緯、曰小學。史類十四，曰正史、曰編年、曰起居注、曰雜史、曰傳記、曰偽史、曰霸史、曰史評、曰史抄、曰故事、曰職官、曰刑法、曰地理、曰時令、曰譜牒，曰目録。子類二十二，曰儒家、曰道家、曰法家、曰名家、曰墨家、曰縱橫家、曰雜家、曰小説家、曰農家、曰天文、曰歷算、曰五行、曰占筮、曰刑法、曰兵書、曰醫家、曰房中、曰神仙家、曰釋氏、曰類書、曰雜藝術。集類六，曰賦詩、曰別集、曰詩集、曰歌詞、曰章奏、曰總集、曰文史。總敘第一段言三墳五典，八索九邱。第二段言周官，自太史至小行人皆掌官府之典籍。第三段言孔子删《詩》、《書》，定禮樂。第四段言《禮記》經解，又引《莊子·天下篇》一段，以爲議論純正，無異聖賢格言。第五段言秦皇焚書，引及班《書》《儒林傳》及《藝文志》。第六段言劉歆《七略》。第七段言光武中興，東觀蘭臺多藏典策。第八段以下爲魏、晉、隋、唐、五代藏書。末段言宋代藏書，迄於嘉定以前。通共二十四段。有大字注、小字注，每類各有小序，序後記漢、隋、唐、宋三朝、兩朝、四朝中興七志各若干部、若干卷。每目之下或先本傳，或先序，或先《崇文目》，次晁《志》，次陳《録》，次諸家。

馬氏自序曰："昔秦燔經籍而獨存醫藥、卜筮、種樹之書，學者抱恨終古。然以今考之，《易》與《春秋》二經首末具存。《詩》亡其六篇，或以爲笙詩元無其辭，是《詩》亦未嘗亡也。《禮》本無成書，戴記雜出，漢儒所編《儀禮》十七篇及《六典》最晚出，《六典》僅亡《冬官》。然其書純駁相半，其存亡未足爲經之疵也。獨虞、夏、商、周之書亡其四十六篇耳。然則秦所燔除《書》之外俱未嘗亡也。若醫藥、卜筮、種樹之書，當時雖未嘗廢錮，而并無一卷流傳至今者。以此見聖經賢傳終古不朽，而小道異端雖存必亡，初不以世主之好惡爲之興廢也。漢、隋、唐、宋之史俱有《藝文志》，然《漢志》所載之書以《隋志》考之，十已亡其六七，以《宋志》考之隋唐亦復如是，豈亦秦爲之厄哉？昌黎公所謂爲之也易，則其傳之也不遠，豈不信然！夫書之傳者已鮮，傳而能蓄者加鮮，蓄而能閲者尤加鮮焉。宋皇祐時命名儒王堯臣等作《崇文總目》，記館閣所儲之書而論列於其下方，然止及經、史，而亦多缺略，子、集則但有其名目而已。近世昭德晁氏公武有《讀書記》，直齋陳氏振孫有《書録解題》，皆聚其家藏之書而評之。今所録先以四代史志列其目，其存於近世而可考者，則採諸書目所評并旁搜史傳、文集、雜説、詩話，凡議論所及可以紀其著作之本末，考其流傳之真僞，定其文理之純駁者，則具載焉。俾覽之者如入羣玉之府，而閲木天之藏，不特有其書者稍加研窮即可以洞悉旨趣，雖無其書者味兹題品，亦可粗窺端倪，蓋殫見洽聞之一也。作《經籍考》凡七十六卷。"

大凡傳古人書，必先細看一過，然後發雕，方得無錯。不得刻成之後始覺其誤，爲之伸縮遷就，以省更換之煩也。至於款式高下疏密，一切當仍其舊，必灼然知其爲誤，然後易之。此書門類題目亦有紛更，舊凡數書各自爲行，又或作兩排者，今皆改作蟬連而下，僅空一格。其一人數書，舊本直接者，今又離開空一格，此真所謂庸人自擾也。嘗見宋本舊雕本字有誤衍者刊去，遂作空白，字有遺脫作小字夾寫，雖參差不適觀，而讀者尚得見其原本。今必爲之彌縫整齊，不憚增損本書，使泯然無復痕迹，而真本因之遂失矣。此今勢之巧於古人處，正今人之遠不及古人也。因書之以爲戒。<sub>錄於舊稿。</sub>

《五經字樣》即《九經字樣》，不當分爲兩條。“五”或是誤字。《玉臺新詠》誤作“錄”，與下《玉臺後集》見十三卷，又見總集類。《長編》李燾上言“旁采異同”至“豐功盛德”三十五字，求之本書無此語。《渚宮故事》即《渚宮舊事》，置兩處誤。《海外使程廣記》以下三書皆重出。《斷金集》兩見。<sub>仝上。</sub>

盧氏曰：“馬氏經籍一門，採諸史志傳及宋朝《館閣書目》并諸家序跋，而於晁《志》、陳《錄》兩書幾於備載無遺。此兩家各據所見之書，其卷數或與史志不合，即兩家亦不能盡同。今此二書各有專本行世，陳氏所刻晁《志》乃蜀本，《通考》所載乃衢本，故陳刻與《通考》多不合。馬氏爲此書自當加以裁剪，今第舉其脫漏者補之，訛謬甚者正之，其他小疵不能備舉也。”<sub>錄於《羣書拾補》。</sub>

錢氏曰：“馬貴與《經籍考》有重出者，陸氏《釋文》見經解類，又見小學類；《春明退朝錄》見故事，又見小說；《樂府詩集》見樂類，又見總集；《資暇集》雜家類兩見；《大觀本草》、《證類本草》一書而分爲二。著作之家多不免此病，彼此相笑，自昔然矣。”<sub>錄於《養新錄》。</sub>

孫氏曰:"《經籍考》七十六卷,題鄱[一]陽馬端臨貴與著。此即《文獻通考》中之一門,後人別刻單行。審其紙板,當出於明代嘉隆以前。黑口,板每葉二十行,行十九字。收藏有'吳門王獻臣家藏書印'朱文長方印,'詩禮傳家'朱文方長印,'王氏圖書子子孫孫永寶之'朱文方印,'虞性堂書畫印'朱文長印。"<sub>錄於</sub>《平津館鑒藏書籍記》。

文光案:馬氏《經籍考》,明何喬新從《通考》中抄出,刊板別行,有序。孫氏不知其名,當即此本。余從官本《通考》中錄出,間有脱誤,以《四庫全書》考證,是書正官本《通考》之誤凡三卷,《經籍志》之誤共二百八十條。及明官私《通考》二本并晁《志》、陳《錄》互相校勘,以成是本。又得《通志》殘本數種,抽其經籍一門合爲一書,如百衲《史記》,亦足七十六卷。而採其未備者注於上下四旁。馬《志》所採晁公武《讀書志》爲二十卷之本,與四卷之本不同。《直齋書錄》只有聚珍本,藉此可以互參。高似孫之説今不能備見,此志所收甚多,尤足珍也。大抵目録之學宜廣搜書目,其書目之有總序、分序者,更宜細讀,其所分之類亦不可忽。

## 《永樂大典目録》六十卷

明姚廣孝等撰

《連筠簃叢書》本。前有明成祖文皇帝御製序,次凡例二十一條,次永樂六年進書表。序云始於元年之秋,成於六年之冬。是書本《韻府》之體,書多與例不符。凡所採之書全文具在而散見於數處、數十處,如六十四卦見六十四卦名之下,繫辭又見於辭字下,檢尋全書,實非易事。其重見複出,自所不免;其割裂龐雜,難免無譏。以六年之功取其速成,自無暇於細酌,然人間難見之書具收於此,纂輯之功不可泯也。書字下有著書、修書、獻書、校勘書籍、求遺書、藏書、借書、觀書、點書法、讀書諸目。是書詳於《明實録》，又見於《春明夢餘録》及《日下舊聞》，又見於《韻石齋筆談》，已録其説於各目之下，兹不復贅。

表曰：“謹繕寫成《永樂大典》二萬二千八百七十七卷，凡例、目録六十卷，裝潢[二]成一萬一千九十五册，隨表上進以聞。”

是書上自古初，下及近代，經、史、子、集與凡道、釋、醫、卜、雜家之書，靡不收採。誠以朝廷制作所關，務在詳備無遺，顯明易考。用韻以統字，用字以繫事，凡天文、地理、人事、國統、道德、政治、制度、名物以至奇聞異見、庾詞逸事，悉皆隨字收載。因韻以考字，因字以求義，開卷而古今之事一覽可見。

音韻以《洪武正韻》爲主，先翻切，次訓義，諸家之説并附於下，如徐鍇《通釋》、丁度《集韻》之類。《五音集韻》及《篇海》諸書所增諸家，并收於後。

書體如鐘鼎盤釪[三]、鑄刻及蟲魚、蝌蚪、篆、隸散在各書，難於辨識。今皆不拘同異，隨字備收，而鍾、王以後諸家行草諸書，亦備其體。

《天文志》皆載於天字下。若日、月、星、雨之類，則隨字備載。詩文亦如之。

天下郡縣，凡古今沿革、城郭、山川、風俗、土産、紀詠、辨證，無不備載。

宮殿、樓閣、寺宇之類，各詳著其時代、所建置始末。其有圖者載其圖，其有文者紀其文，有制作之法者詳其法。諸器物例仿此。

古今禮樂，於禮字下舉五禮之綱而疏其目。其郊祀、明堂、燕射、冠婚之類，各隨字收載。樂字下載歷代沿革，雅胡俗部之制。其郊廟等樂，仍詳各韻。

一省府部寺臺院之類、一官制、一歷代國號、一古今姓氏、一草木鳥獸皆隨字收載。

《易》、《書》、《詩》、《春秋》、《周禮》、《儀禮》、《禮記》有序文，有篇目，有諸儒傳授源流及論一經大旨者，今皆會粹於各經之下。其諸篇全文，或以篇名，或從所重字收。如乾字收乾卦，禮字收《曲禮》，喪字收《曾子問》之類。若傳注則取漢、唐、宋以來名家爲首，餘依世次各附其後。其間有事干制度名物者，亦分采入韻。四書惟《大學》、《中庸》難以分載，全篇收入。《論》、《孟》例同五經，諸子書亦仿此。

正史、編年、綱目諸史并於史字收載其名，并附作者姓氏。先儒序論其各朝帝紀之類，則依次編入國號之下。如漢字，收《漢高祖先帝紀》，次《通鑑》，次《綱目》。諸史世家、列傳、表、志則各從所重者收。如后妃、諸王、公主，收入后、妃、王、主字。諸侯王表入王字，《天文志》入天字，《蕭何傳》入蕭字之類。先儒詳論，亦各依次附載，其間事實，分采入韻。

釋道二家，於釋字、道字載其大綱。若佛祖、真人等號，經懺、金丹等訣，讚律等文，隨字收入，其事實采入各韻。

醫藥、陰陽諸家源流大概，各於一處通載。如醫字收內外科、歷代名醫、總說之類。其方脈、占卜各從所重，隨字收入，如人參入參字，占法入占字之類。論議、詩文并以類附。

古今文章各隨所重字收，如遊山詩入山字，萬言書入書字之類。

名物制度，舊有圖譜，今皆隨類附見。若其書專爲一事而作者，全收入。如《禮器圖》全收入禮字，《琴譜》、《竹譜》全收入琴字、竹字之類。

目録各字下注所收切要事目，以便考究。以上凡例十六條。

## 《文淵閣書目》二十卷

明楊士奇等撰

《讀畫齋》本。前有楊士奇奏疏，後有鮑廷博跋。是目有册數無卷數，姓名或著或不著，其著者冠於目之上，或名或號或謚不等。書之殘缺者十之六七，《廣韻》九部無一全者，法帖一門殘缺更甚。道書、佛書、新舊地志共四卷，無殘缺字。所著杜詩、東坡詩皆不知爲何本。回回課、千家詩選、居家必用、詩謎之屬亦著焉。《相鶴經》誤入醫類，時代先後未次。

楊士奇等題爲書籍事："查照本朝御製及古今經、史、子、集之書，自永樂十九年南京取回，向於左順門北廊收貯，未有完整書目。近奉旨移貯於文淵閣東閣。臣等逐一點勘，編置字號，輯成《文淵閣書目》，請用'廣運之寶'鈐識，仍藏於文淵閣，永遠備照，庶無遺失。正統六年六月二十六日奉旨，'是'。次日於左順門用寶訖。"

鮑氏跋曰："右目恭就《四庫全書》中録出，較家塾藏本爲完善，中惟日字號第三廚缺宋朝文集二百餘種，藉塾本補全。塾本不分字號，以完全、殘、缺三等編次，似當日官本之外別編以便稽考也。今次第悉遵官本，而以全、缺分注於各書之下。其中部帙間有不同，亦詳注焉。依元編字號'天'字起，'往'字止，分二十卷，與官本四卷小異。"

《野獲編》："文淵閣藏書十九皆宋板，但歷朝以來所失強半。正德十年，命原管主事李繼先查校，由是更攘其精者，所亡益多。向來傳聞俱云楊升菴太史因父爲相，潛入竊去，然乙亥新都公方憂居在蜀，升菴又安得闌入禁地？"

　　文光案：《野獲編》多不足信。忽憶某人集有辨其先世竊書事，忘其爲楊爲李。

朱竹垞曰："宋靖康二年正月，金人索秘書監文籍，節次解發。見於特起《孤臣泣血録》。而《容齋隨筆》亦云宣和殿太清樓龍圖閣所儲書籍，靖康蕩析之餘，盡歸於燕。元之平金也，楊中書惟中於軍前收集伊洛諸書，載送燕都。及平宋，王承旨構首請輦宋三館圖籍，宋之實録、正史皆完。當時許京朝官假觀。由是言之，文淵閣藏書乃合宋、金、元所儲而匯於一，益以明永樂間南郡所運百櫃。考正統六年編定目録凡四萬三千二百餘册，而歷朝實録、寶[四]訓不下數千卷，縹緗之富，古所未有。其後典守不嚴，歲久被竊。萬曆三十三年，張萱等奉閣諭纂輯書目，較之正統目録，十僅存二三耳。甲申之變，散佚轉多矣。”

《青谿暇筆》：“永樂辛丑，北京大内新成，勅翰林院凡南内文淵閣所儲書，自一部至百部，各取一部送北京。時修撰陳循如數取進，得一百櫃，督舟十艘，載以赴京。”

錢竹汀曰：“此目乃内閣之簿帳，初非勒爲一書，如《中行簿》、《崇文總目》之比。”

杭大宗《黄氏書録序》曰：“江寧黄俞邰氏搜輯有明一代作者，詳述其爵里，門分類聚，比於唐、宋《藝文志》之例。往者傅維鱗編纂《明書》，至抄文淵總目以志藝文。橫雲山人奉勅重編，始依俞邰本爲準的，特去其幽僻不傳與無卷帙可考者，稍詮整，有史法。今之爲此志者，既不屑蹈襲其舊，又不克詳考四代史志之源流，又不能悉知篇目存佚之數，更思恢張所未備，并取前世之書而附益之，是何異附賦六合也？于志寧等編《隋書》，合五代以成志，非特補宋、齊兩書之闕，且以訂范蔚以下不著經籍之非。史家自宋志藝文以後，遼、金、元以來公私著撰，渙散而無統。不佞補輯《金史》，嘗次藝文爲一卷。遼、金二代見於王圻《續通考》、焦竑《經籍志》者，又雜亂少體例。俞邰所排者，所挂漏，稍足成之。”

《可齋筆記》：“文淵閣磚城十間，西五間置紅匱藏實録副本，東五間皆列書匱。”《日下舊聞考》：“舊文淵閣在内閣傍，當文華殿之前，明時已毁於火。乾隆四十年，皇上命於文華殿後度地創建藏書之閣，仍名曰文淵。”自《野獲編》至此，皆録於本書。

# 《授經圖》二十卷

明朱睦㮮撰

《惜陰軒》本。前有萬曆元年自序，道光己亥李錫齡序。是書《易》四卷，《書》四卷，《詩》四卷，《春秋》四卷，《禮》四卷，共二十卷。《池北偶談》云"定爲四卷"，誤甚，鄭仲漁譏看前不看後，此則檢其前後而不及中也。又，是書義例卷第一，授經世系卷第二，諸儒傳略卷第三，諸儒著述附歷代傳注卷第四。《簡明目》、《池北偶談》皆云首世系，脱其義例，每經只得三卷。但其義例、世系一二葉即爲一卷，其諸儒著述下及於明代，末附諸經解，如《十一經問對》之類。又按勤美序云"癸酉秋請付諸梓，因序其大略"云云。阮亭既云有勤美跋，又云舊無刊本，何也？

朱氏自序曰："余觀《崇文總目》有《授經圖》，不著作者名氏，敘《易》、《詩》、《書》、《禮》、《春秋》三家之書。求其書，忘矣。及閱章俊卿《考索圖》，六經皆備，間有訛舛。余因考之，蓋自東漢而下，諸儒授受尚有派別。云其經義，或私淑，或自治，或習之國學，俱稱爲某授某受可乎？余於是稽之本傳，參之諸説，以嘗請業及家學者各爲之圖，以一二傳而止者亦録之，以備咨考。舊圖俱無傳，圖後或録經論數條，而諸儒行履弗具，使覽者不知其何如人也。余既爲圖，復捃摭其要而作傳，無關經學、無裨世教者皆略焉。傳成，以諸儒著述及歷代經解附之，爲若干卷，藏之家塾，以俟同好，庶斯道之不墜也。"

李氏序曰："朱西亭宗正，諱睦㮮，字灌甫，西亭其號也。周定王六世孫。萬曆初舉爲周藩宗正，領宗學事，事蹟附見《明史·周王橚傳》。著《五經稽疑》六卷、《經序録》五卷、《春秋諸傳辨疑》四卷、《謚苑》二卷、《韻譜》五卷、《鎮平世系記》一卷，及《明帝世表》、《周國世系表》、《建文遜國褒忠録》、《河南通志》、《開封郡志》、《陂上集》諸書。少從睢陽許先遊，三月而盡其學。年二十通五經，起萬卷堂，讀書其中。嘗謂本朝經學一稟宋儒，古人經解殘缺放失。乃訪求海内通儒，繕寫藏弆。晚年遂著是編，名之曰《授經圖》。每經四卷，凡二十卷。按《授經圖》之創，始於宋人程俱，至後李燾有《五經傳授圖》一卷，亡名氏有《授經圖》三卷，俱見《宋史》，惜其書不傳。宗正是編因章氏《山堂考索》中舊圖重加釐正，師友淵源，燦如星掌。大旨慮漢學之失傳，故所述列傳至漢而止。國朝錢塘龔御史翔麟病其未廣，因取家藏寫本俾晉江黃徵君虞稷俞邰爲之增益。《易》先復古，《書》首今文，前後次序悉經改易。凡增入古今作者二百五十五人，經解七百四十一部，六千二百一十八卷，刊之白下。較原書雖爲詳備，而實非宗正著述之本意矣。今所傳者皆龔、黃點竄之本，宗正舊帙渺不可得。聞當日藏書甚富，仿唐人四部法用牙籤識別，凡一萬二千五百六十卷，輯爲《聚樂堂藝文志》四册。汴亡之後，盡漂蕩於洪流中，此書板想亦隨之而没，良可慨也。兹帙刊於萬曆癸酉，雕鏤甚精，楮墨渝暗，定爲原刻無疑。龔蘅圃謂向無刊板，不知何據。且卷末勤美跋，龔刻以美爲羹，不免歧誤，更不及原書爲善也。勤美，字伯榮，宗正子也。繼爲周藩宗正，著《王國典禮》八卷，以文學世其家。”

義例曰：“諸儒傳有關經學則詳，否則識其出處大節而已。事實少者附姓氏爵里於諸傳，舊圖授受非的派者不録。《書》十七人，《詩》十九人，《周禮》二人。移置別派者，《易》三人，《詩》四人，《禮》一人。舊圖所遺者，余據注疏及《史》、《漢》諸書補入，《易》二十九人，《書》二十八，《詩》十四人，《春秋》三十三人，《禮記》一人，《周禮》十一人。”

王氏曰：“黃俞邰家有寫本，康熙間朱竹垞同校定，刻之金陵，其書始行於世。”録於《池北偶談》。

文光案：《偶談》亦以羹爲羹，蓋所見者黃本也。此本《易》首《連山》，《書》首古文。其目以類從，如右石經、右傳、右注、右音、右圖、右譜、右緯，各爲分析著明。

## 《世善堂藏書目錄》二卷

明陳第撰

《知不足齋》本。前有萬曆丙辰陳第自序，自號温麻山農。後有乾隆六十年鮑廷博跋。是目一經部，二書部，三子部，四史部，五集部，六各家部。上卷四部，下卷二部。陳氏所著有《伏羲圖贊》二卷，《尚書疏衍》四卷，《毛詩古音考》無卷數，《屈宋古音義》四卷，《東番記》一卷，《蘇門兵事》無卷數。凡六種，皆見於本書。旁注"一齋公"，蓋其後人所增益也。

陳氏自序曰："吾性無他嗜，惟書是癖。雖幸承世業，頗有遺本，然不足以廣吾聞見也。自少至老，足迹徧天下，遇書輒買，若惟恐失，故不擇善本，亦不爭價值。又在金陵焦太史、宣州沈刺史家得未曾見書，抄而讀之。積三四十餘年，遂至萬有餘卷。今歲閒居西郊，粗爲位置，以類相從，因成目錄。吾買書蓋以自娛，非積之以爲子孫遺也。"

鮑氏跋曰："右《目錄》，連江陳第手自編定，而其子若孫時時增益其間者也。第字季立，號一齋。起家京營，歷官游擊將軍。同時大帥如俞、戚輩俱以名將期之。居薊鎮者十年，慨然有長驅遠略之思，卒爲督府所忌，不得稍展其才。角巾歸里，以著述老焉。平生所至，市書不遺餘力。其間枕函帳秘，借抄於焦氏、沈氏尤多。藏弆二百餘年，後嗣不能守。乾隆初年，錢塘趙谷林昱齋金往購，則已散佚無遺矣。目錄一冊，即其家原本，予從趙氏匄得之，內經谷林先生圈出，所稱斷種秘冊者約三百種。予按其目求之，積四十年一無所得，則當時散落，誠可惜也。特刊其目附叢書以行，庶與海内藏書家共留意焉。"

唐東鄉助《周易物象釋疑》一卷。邵古《周易解》五卷，古字天叟，雍之父。王荆公《易解》二十卷。陳德一《易傳發微》，抄本。蔡西山《大衍詳説》，抄本。郭績《易春秋》二十卷。熊禾《周易講義》，抄本。晦菴《書説》七卷。朱文公《書古經及序》五卷。王十朋《尚書解》，抄本。蔡沈《洪範皇極内外篇》，抄本。王應麐《書經玉海》，抄本。袁仁《砭蔡》，抄本。蔡卞《詩學名物解》，抄本。吳域《毛詩補音》十卷。鄭庠《詩古音辨》二卷。《朱文公詩集》、《詩序辨説》二十二卷。謝枋得《詩傳注疏》抄本。陳傅良《毛詩解》，抄本。《詩經玉海》，抄本。袁仁《詩或問》，抄本。《詩外別傳》，抄本。《詩經辨義》，抄本。王十朋《春秋解》，抄本。袁仁《鍼胡》，抄本。馬希孟《禮記解》七十卷。宋林震《禮問》三十卷。黃師慶《目録》三十卷、《校正大戴禮》三十四篇，《小戴禮》三十六篇，吳澄序。劉有年《儀禮逸經》十八篇。李先光畫《孝經圖》一卷。林起宗《孝經圖解》一卷。熊禾《經問》四十卷。司馬温公《中庸廣義》一卷。朱子《孟子指要》二卷。以上經部。

《董子》一卷，周董無[五]心作，以難墨子者。《草本子》一卷，又云《鹿門子》，皮日休。《孫子》一卷，孫綽。《扶摇子》一卷，陳希夷。章才邵《忘筌書》五卷。是書有祝氏刊本，予入之雜家類。陳目在儒家類，未允。劉覬《續説苑》十卷。《昌言》二卷。劉蜕《山書》一卷。《信道》三卷，文輊，祖《周易》而仿《太玄》。劉諤《法語》二十卷。杜理《道要訣》十卷。《水心鏡》一百六十七卷。《興亡金鑑録》一百卷。《廣川家學》三十卷。《玉燭寶典》十二卷。《變離騷》二十卷。以上子部。

《唐史音義》六十卷。《二十一史詳節》三百二十卷。《晉春秋略》二十卷。《歷年圖》二卷。《通鑑舉要曆》八十卷。《通鑑舉要補遺》一百卷。《續大事記》七十九卷。《李鄴侯家傳》十卷，李繁，鄴侯子。張慎吾《琅琊代醉編》十卷。

《建康實錄》，起漢孫皓，迄陳後主。許嵩撰。《唐創業起居注》，溫大雅撰。《唐歷朝實錄》、《後唐莊明廢實錄》，張昭遠、張昭撰。《石晉實錄》，賈緯。《後漢實錄》，賈緯、張昭。《後周實錄》，王溥。《宋太祖實錄》，李沆。《遼先朝事蹟》，蕭韓家奴。《遼實錄》，耶律儼。《金實錄》，完顏勗。以上實錄十一種，約而抄之，共四十五本。

《九國世家列傳》。《金元勳傳》十卷，韓玉撰。《汴水滔天錄》一卷，王振記朱溫事蹟。司馬彪《九州春秋》九卷。《南唐烈祖實錄》十三卷，南唐高遠撰。《南唐烈祖開基記》十卷，南唐王顏撰。劉恕《十國紀年》四十二卷。趙志《忠陰堂雜錄》十六卷。《蜀桂堂編事》二十卷，偽蜀楊九齡撰。《北遼遺事》二卷，記女真滅遼。《契丹疆宇圖》一卷。張匯《金人節要圖》三卷。張棣《金源記》二卷。《蒙古備錄》二卷。《征蒙古記》一卷，李大諒著，巨寇，李成之子也。《史例》三卷，劉餗，知幾之子。柳璨《史通析微》十卷。呂大忠《前漢》三十卷、《後漢論》三十卷。劉攽《東漢刊誤》一卷。楊佐甫《三國人物論》三卷。劉蕆《晉書指掌》十二卷。費信《星槎勝覽》，即《大西洋記》。《歷代疆域志》十卷，臨安布衣王漪。《名山水記》三百卷，宋沈立。《古職方錄》八卷，吳萊。《歷代宮殿名》一卷，李昉。司馬溫公《百官公卿表》一百四十五卷，蔡幼學編廿卷。《宋登科記》四十卷。《宋大詔令》二百四十卷。《玉堂制草》十卷。《漢名臣奏事》三十卷。以上史部。

《唐太宗集》三卷。南唐《李後主集》十卷。《宋神宗御集》二百卷。趙次公《杜詩注》二十卷。《李易安集》十二卷。《朱淑貞詩》二百篇。以上集部。

《書林韻會》一百卷。曾之謹《農器譜》五卷，曾安止《禾譜》五卷。韓彥直《耕織圖》一卷。高文虎《天官書集注》十卷。《古天圖解》三百六十五卷，抄本。《天象經驗圖考》一百卷，抄本。孫思邈《千金月令》三卷。僧一行《唐大衍曆議》十卷。燕肅《刻漏圖》一卷。《元授時曆》二十四卷。陳汝玉《律曆志解》五十卷。陳尚德《石塘算書》四卷。宋陳從古《萬曆會同》三十卷。《太乙兵符》八十一卷，抄本。《子午經》一卷，扁鵲論鍼灸。錢乙《小兒秘方》八卷，樂黃目《總仙記》一百四十卷。

以上雜家類。

## 《汲古閣校刻書目》一卷　《補遺》一卷　《刻板存亡考》一卷

明毛晉撰

《小石山房》本。此毛氏刻書之目，道光二十一年顧湘校刊，有序。每部各記葉數，餘無所述。《補遺》有《山居小玩》十種，今所傳《羣芳清玩》恐非原本。又道藏八種，又校刊十一種，及汲古主人自著未刻者十四種，間有抄本。《毛氏香國》二卷，《隱湖題跋》二卷，已刻後二卷，題榮陽悔道人輯。

顧氏序曰：“吾鄉毛靜在先生搜羅古籍，精槧善本，汲古閣之名照曜宇內。湘於書肆中得舊抄書目一冊，有汲古閣朱印，審爲毛氏原本。今夏鮑君芳谷復以悔道人手輯一本見遺，兩本皆前後倒置，因略爲整比，施諸剞氏。”

《十三經注疏》、五經、四書、《三元四書》、《高頭四書》、《孔子家語》、《讀易便解》、《春秋左傳》、《左概》、《大學衍義》、《小學析疑》、《楚詞》、《說文》、《十七史》、《索隱》、《五代史補》、《津逮秘書》十五集、《漢隸字原》、《陸狀元通鑑》、《滑耀編》、《文選李注》、《玉臺新詠》、《漢魏六朝百三家集》、《盛唐二大家李杜全集》、《三唐人集》、《四唐人集》、《五唐人集》、《八唐人集》、《松陵集》、《浣花集》、《六唐人集》、《唐三高僧詩》、《僧宏秀集》、《嚴維詩》、《唐人選唐詩》八種、《陶集》、《樂府詩集》、《唐詩類苑》、《唐詩紀事》、《放翁全集》七種、《詩詞雜俎》十六種、《蘇門六君子集》、《中州集》、《牧潛集》、《元人十集》、《雲林遺事》、《鐵崖樂府并補》、《復古詩》、《麗則遺音》、《元四大家詩》、《詞苑英華》九種、《列朝詩集》、《羣芳譜》十四種、《琴川志》、《吳郡志》、《本草經疏》、《外科正宗》、《痘疹新書》、慶善《注楚詞》、《金剛經疏抄》、《心經小抄》、翻宋板《華嚴經》、《廣筆記》、《宋名家詞六集》、《六十種曲》。毛氏所刻共六十五種。

毛子晉有一孫，性嗜茗，顧《四唐人集》板歎曰："以此作薪煮茗，其味當倍佳也。"遂按日劈燒之。集内唐英歌詩今無完本。録於本書。

文光案：刊板之多，未有富於汲古閣者。諸藏書家皆不及。其板有經重翻者，如《十三經》、《十七史》、《放翁全集》、《大學衍義》等書是也。余幼時所見汲古本尚多，今則散如晨星，所傳者不及十分之二。毛板雖工，盡改舊式，使人不得見宋板面目，是一憾事。當時校勘者固不乏人，然亦不如黃氏士禮居之精審。黃氏所刻叢書悉如古式，不改一字，有所疑誤，別爲札記以附於後，此法最善。今本附札記者甚多，異於衆本，悉宜收藏。凡刻書有書手之誤，有梓人之誤。余所刻者未上板時已校數次，板成後屢經修改，經數人手校，至十數次尚不免於誤。以此細審汲古閣本，方知其誤之不少也。子晉所刻諸書，後皆有跋，而不免於泛，蓋明人氣習然也。

## 校勘記

〔一〕“鄱”，原作“翻”，據《平津館鑒藏記·書籍》改。

〔二〕“潢”，原作“演”，據《永樂大典·進書表》改。

〔三〕“釺”，原作“杆”，據《永樂大典目録·凡例》改。

〔四〕“寶”，原作“實”，據《文淵閣書目》卷一改。

〔五〕“無”，原作“元”，據《董子》改。

# 史部十六

## 目録類三

### 《天禄琳琅書目》十卷

乾隆四十年

抄本。凡例一，書首冠以丁卯御題昭仁殿詩，并乙未重華宮茶宴廷臣及内廷翰林等用天禄琳琅聯句詩。

《提要》曰："自乾隆甲子年裒集内府儲藏羣籍中善本，列架度藏於昭仁殿，賜名天禄琳琅，迄今三十餘年，珍儲愈廣。用重加整比，輯爲總目。自來藏書譜録，未有美富精詳若斯之盛者也。"

一、宋、元、明板書各從其代，每代各以經、史、子、集爲次。一、同書而兩槧均工，同一刻而兩印各妙者，俱存并收，以重在鑒藏，不嫌博採也。一、卷中於每書首舉篇目，次詳考證，次訂鑒藏，次臚闕補。一、諸書中有經御製題識者，尤爲藝林至寶，敬登鑑藏之首。至舊人題跋，亦爲附録。其印記則仿《清河書畫舫》之例，皆用真書摹入，以資考據。一、宋金板及影宋抄皆函以錦，元板以藍色綈，明板以褐色綈，用示差等。

《周易》十卷，王弼注。是書不載刊刻年月，而字法圓活，刻手精整，於宋光宗以前諱皆缺筆，其爲南宋刻本無疑。琴川毛晉藏書類以甲乙爲次，是書於宋本印記之下復加"甲"字印，乃宋槧之最佳者。晉元名鳳苞，字子晉，見《蘇州府志》。"宋本"二字長印、"甲"一字方印、"毛晉之印"、"毛氏子晉。"

《監本纂圖重言重意互注點校毛詩》二十卷。《經義考》引陸元輔語曰："此書不知何人所輯，鋟刻甚精。首之以《毛詩舉要圖》二十五，次之以《毛詩》篇目，其卷一至終則全録大小序、毛傳、鄭箋、陸氏釋文，而采《左傳》、《三禮》有及於《詩》者爲互注，又標詩句之同者爲重言，詩意之同者爲重意，蓋唐宋人帖括之書也。"此本於篇目相同者爲野篇，詩句相似者爲似句，乃元輔所未及。本朝御史季振宜藏書仿毛晉汲古閣例，有宋本橢印以誌善本。尚書徐乾學傳是樓收藏書籍甚富。此書兩家印記俱備。"季振宜印"、"滄葦"、"季振宜讀書"、"季應召印"、"崑山徐氏家藏"、"憺園"、"健菴真賞"。

《春秋左氏音義》，陸德明著，五卷。嘉定時興國學刊本。興國軍隸江南西路，亦江西諸郡書板也。有教授聞人模跋。"毛晉之印"、"汲古主人"、"崑山徐乾學健菴藏書。"

《監本附音春秋穀梁注疏》二十卷，紹興監本。《朝野雜記》云："監本書籍，紹興末年所刊。"又云"胄監刊六經，無《禮記》"。今猶存《毛詩》、《春秋左氏》、《公羊》、《穀梁傳》，而《禮記》亦可證矣。朱謀㙔《藩獻記》："晉莊王鐘鉉，憲王之子，高皇帝曾孫也。正統七年以榆社王進封。王好博古，喜法書，令世子奇源刻《寶賢堂集古法〔一〕帖》。今世傳書畫多晉府章，即其人也。"餘印無考，或仿漢銅章，皆隨手鈐用，無關鑒藏也。"晉府書畫之印"、"天葩雲錦。"

《春秋分記》九十卷，宋程公説著。游侶序，自序，又其弟公許序。宋淳祐三年，程公許守宜春，刻是書於郡齋。陳盛稱之。此本卷中多有元時鈐用官印。考《元史》，世祖至元十二年括江西諸郡書板。宜春隸江西，此即宋刻元印之本。

《五經》一函六冊，不分卷，巾箱本。行密字展，朗若列眉。搆字缺筆，慎字、瑗字不缺，乃高宗時刻。上方列字音。近錫山秦氏仿宋刻巾箱九經亦同此例。此本經文無注。

《四書》五函二十七冊，朱子《章句集注》，《大學》一卷，《中庸》一卷，《論語》十卷，《孟子》十四卷，朱子《序説》、《讀法》。咸淳癸酉衢守長沙趙淇刊於郡庠，每板中有"衢州官書"四字。《中興館閣續録》："秘書郎莫叔光上言，凡縉紳家世所藏善本，外之監司、郡守搜訪得之，往往鋟板以爲官書。"宋時郡守刻書於此可證。此本刊時度宗九年。《洞天清録》鏤板之地有三：吳、趙、閩，衢郡屬越，由來舊矣。"鼎"、"元"、"季雅"。抄本按云："'鼎'、'元'雙印及'伯雅'、'仲雅'、'季雅'諸印，皆王世貞印記也。"鼎、元或作貞、元。

《隋書》，南宋本。"毛晉私篋"、"寶晉"、"毛氏秘玩"。"季振宜字詵兮號滄葦"方印，三行九字。《新唐書》即嘉祐奉敕所刊之本，校勘官爲裴煌、陳薦文，同校對官爲吳申、錢藻。按宋葉夢得論天下印書，有杭爲上，蜀本次之，福建爲下之語，故當時特下杭州鏤板。詳閱此本，行密字整，結構精嚴，印紙堅緻瑩潔，每葉有"武侯之裔"篆文紅印，在紙背者十之九。考宣城諸葛筆最著，亦或精於造紙也。"乾學"、"御史振宜之印。"

《通鑑考異》本單行，胡三省取以入注。《書史會要》："劉夫人掌内翰文字及寫宸翰，高宗甚眷之。亦善書畫，上用奉華堂印記。"此書南宋初已入鑒藏，更足徵爲北宋本。倪淵，元初人，著《周易集説》等書。其史氏一印，《玉海》有史炤，未審是其人否也。"奉華堂記"、"吳興倪淵史氏家傳翰林收藏書畫圖章"雙行十二字長印。

《資治通鑑綱目》，朱子自序。陳《録》："《綱目》刻於温陵，別其綱謂之提要。今板在監中。廬陵所刻則綱、目并列，不復別也。是書大書細注，字畫分明，即當時廬陵刊本。"印記俱經割去，補抄之葉紙潔字工，竟無異於刊本。

《新唐書糾謬》，密行細字，宋代翻刻之本。"得樹樓"，"查慎行家樓"、"得樹樓藏書"、"尚書房史官"、"海寧查慎行字夏仲又曰悔餘"四行十二字印、"蔣楊孫讀書記"。

《唐宋名賢歷代確論》，有"長洲文氏玉蘭堂辛夷館印"、"項氏萬卷堂印"、"項篤壽印"、"萬卷堂藏書記"、"項元汴氏"、"子京父印。"

《方輿勝覽》，書首有禁止麻沙書坊翻板榜文，祝穆自序，其子洙跋，呂午序。洙重刊是書，新增五百餘條，非原本也。《纂圖互注荀子》二十卷，楊倞序，後有歌器、大路、龍旂九斿三圖，宋本非一。此本加重言重意，與宋本五經板式相等，當時帖括之書，不獨有經也。

《南函真經》一函十冊。宋戴植曰："今之刻印小冊謂巾箱本，起於南齊衡陽王鈞手寫五經，置巾箱中。"宋時巾箱本盛行於世，此書板高不及半尺，較五經尤縮小而字畫加倍纖朗，紙質墨光亦極瑩緻，乃巾箱本之最佳者。

《纂圖互注南華真經》，每葉左欄線外俱刊篇名、卷數、葉數於上。宋板往往有此。琴川毛氏藏本有毛扆印。扆字斧季，晉季子，精於小學。又有莫雲卿印。莫如忠子是龍，字雲卿，十歲能文，善書。

《六臣注文選》，大小字皆有顏平原法，其鐫手於整齊之中寓流動之致，洵能不負佳書。至於紙質如玉，墨光如漆，無不各臻其妙，在北宋刻印中亦爲上品。至正二年趙孟頫跋，作小行楷書，曲盡二王之妙。明王世貞跋，此本紙用澄心堂，墨用奚氏，舊爲趙承旨所寶。往年見於同年朱太史家。

《六家文選》，別爲一板，亦未載刊刻年月，惟昭明序後有此集，精加校正，絕無舛誤。見在廣都縣北門裴宅印賣本記。此本鐫刻工整，蜀刻之佳者。

《周易輯聞》六卷，趙汝楳自序。考鏤板書籍始於周顯德間，或據柳玭之言，以爲唐已有之，而刊行大備，要至宋始。其時監中官刻與士大夫家塾付梓者，校讎鐫鏤，講究日精，宇内流傳罔不珍秘。及時代既更，漸至散佚。明之琴川毛晉藏書富有，所收宋本最多，其有世所罕見而藏諸他氏不能購得者，則選善手影鈔之，與刻本無異，名曰影宋抄。於是一時好事家皆爭仿效，以資鑒賞，而宋槧之無存者賴以傳之不朽。

《孔子家語》一函三册，魏王弼注，十卷。前肅序。彭城錢孫保抄本，孫保無考。文光案：錢求赤見《錢氏家變録》，即孫保也，遵王之豪族。詳《敏求記》目下。

《金壺記》，宋僧適之撰，上中下三卷。馬《考》：“集書家故事以二字爲題，而注所出於其下，凡三百餘條。”毛氏抄本。金壺，見《拾遺記》。

《盤洲文集》八十卷，宋洪适著，後附行狀、碑銘并拾遺，共一册。書中有“白堤錢聽默經眼”一印，無考。抄本。按：聽默乃乾嘉時蘇州書賈，多見古，鑒別頗精。

《書集傳》一函七册，宋蔡沈撰，六卷。宋鄒近仁音釋。前沈序并《尚書纂圖書傳序》，共一册。後附書序。元本，注字參差不齊，未如宋槧。元板《玉篇》較宋板尺寸加嬴，多《玉篇廣韻指南》一卷。趙孟頫藏本有“水晶宮道人印”。孟頫以湖州四面皆水，自號水晶宮道人。《通鑑》元本有王盤序。《經濟文衡》，泰定甲子刊於梅溪書院，仿宋巾箱本。《分類補注李太白詩集》，書中有“建余氏勤有堂”篆書木記，目録末葉板心記“至大辛亥五月刊，建余氏子孫世守其業”。《韋蘇州集》，沈明遠重刻於元初者，橅印精好。末有辰翁識語，作小行書，用筆高古。考《江西志》，辰翁姓劉，名會孟，廬陵人。宋亡，著《須溪集》百卷。

《增廣注釋唐柳先生集》四十八卷，宋乾道二年陸之淵序，元翻刻宋本，字畫略存其概。明晉莊王鍾鉉藏本。"晉府書畫之印"、"敬德堂圖書印。"

《歐陽文忠公文集》共一百五十三卷，目後有宋胡柯記，元時所重刊者。橅印極精，明李廷相、周良金俱經收藏。"毗陵周氏九松迁叟藏書記"、"周笈私印"、"周良金印"、"濮陽李廷相雙檜堂書畫私印。"

《東坡集》共一百二卷，無序跋，密行細書，橅印工緻。係仿宋巾箱本，元初人所爲。元邵桂子藏本。青溪邵桂子，字德芳，咸淳進士，任處州府教授。宋亡，避地雲間，構亭名雪舟，著述其間。有《脞稿》、《脞談》。預爲生壙，號曰元宅。《松江志》載，桂子之孫亨貞，字復儒，博通經史，瞻於文詞。洪武間爲府學訓導。"邵子"、"元宅邵桂子一之父章"、"雲間壽樂行窩"、"玄宅。"

《象山先生集》三十三卷，宋楊簡、袁燮、吳傑三序。"松雪齋"、"陶九成藏書印"、"黃虞稷印。"《金臺集》二卷，元迺賢著，危素編。書中諸賢序識皆至正間所作，當時心析易之，非特文章各盡所長，書法亦兼其妙，真、行、篆、隸無體不具，亦無體不精。而摹刻者又能得其精神，不失銖黍，選紙選墨，印而傳之。豈稱爲元刻之冠，即置之宋槧佳本中，又何多讓焉？迺賢見《浙江通志》，以能文名，尤長歌詩。

《兩漢文鑑》二十一卷，宋陳鑑編。逮元始有是刻，收藏印無考。抄本按：吳下阿明乃明祝允明，印見清華齋趙帖。

《續文章正宗》，元刻，有梁椅序，宋本佚之。明徐達藏本有魏國公印。此書先爲達所藏，後入於禮部。至嚴嵩以私印鈐蓋官印之上，明是攘取官書以爲己有。"鈐山堂圖書印"。

《新編事文類聚翰墨全書》，元劉應李編。甲至癸十集，又後甲至後戊五集，共一百三十四卷。熊禾序。凡分二十五門，皆取便於書問之往來、文書之應酬，世俗鄙俚之言所不載。與宋祝穆所輯《事文類聚》名同而實異。應李見《萬姓統譜》。

《韓詩外傳》，元錢惟善序，元刻明印。明文彭藏本。按：王世貞《吳中往哲像贊》：“文彭，字壽承，號三橋。待詔徵明子也。少承家學，善真、行、草書，尤工篆、隸。”

《十三經注疏》二十二函，一百二十册。此明北監本也，其板心皆記刊刻之年，係創始於萬曆十四年，逮二十一年而工畢，計閱八年之久。每卷標題，次行分別校刊及重修者，各列其祭酒、司業銜名，第是當時奉勅刊校，宜加鄭重。乃所載陸德明《音義》於《周易》則別爲一卷，附於書後。其九經則散列於書中，而《三禮》之音義又不採録，去取混淆，漫無體例，抑獨何耶？

明內府藏本有欽文之璽，鈐蓋上方。

《七經圖》一函八册，楊復《儀禮圖》元板中有之，而橅印未精。明吳繼仕合楊甲《六經圖》刊之，一規宋槧，製極精良。焦竑序。《六經圖》，楊甲撰，明顧起元序，新都吳氏仿宋本，甚精。孫克弘收藏，有漢陽太守印。《松江志》：“克弘，字充執。號雪居，文簡承恩子也。精於六法，山水花鳥無不臻妙。”《五經圖》一函一册，明盧謙輯，刻於金陵。采信州石本，互有詳略。《五經四書》，明正統間奉勅刊。首載英宗諭旨，寬行大字，橅印頗精。

《埤雅》，仿宋巾箱本式，而不能作蠅頭細書，且字法端楷有餘，流麗不足，去宋刊遠矣。

《廿一史》八十函五百五十册。《史記》，《索隱》前後二序、《補史記序》、《集解序》、《正義序》、《論例》、《諡法解》。《漢書》，顏師古《序例》、宋余靖《刊誤進表》、宋祁《參校諸本目録》、劉向《識語》。《後漢書》，余靖序。《晉書》，後附楊齊宣序并《音義》三卷。《南齊書》，宋曾鞏序。《陳書》，曾鞏序。《魏書》，宋劉攽等序。《周書》，宋梁燾等序。《新唐書》，前曾公亮等進書表，後宋董沖《唐書釋音》二十五卷。《五代史》，陳師錫序。《遼史》，脫脫等進書表。《金史》，元阿魯圖進書表。《元史》，明李善長等進書表。明萬曆二十年，刻《十三經》既成，隨於二十四年開雕此書，閱十有一載，至三十四年竣事。版式與《十三經》同。

《史記》，明仿宋刻，明興宗第四子衡王允熑藏本。抄本按：明代衡王有二，一爲興宗之子，一爲憲宗之子，封國青州。允熑旋即降爵，幽死青州。傳至明亡始絕。此印似當屬青州也。“衡王圖書”、“天然圖書樓收藏書籍記”二行十二字長印。

《漢書》明仿宋本，字拙墨淡，印無考。抄本按：會稽鈕氏乃石溪黃門，其世學樓儲藏極富，商氏《稗海》各種多出鈕氏藏本。“會稽鈕氏世學樓圖籍”三行十二字方印、“武陵高瑞南家藏書畫印”二行十字長印。

《後漢書》，版式長短不齊，有似宋刻者，係書賈得不全舊板從而補成耳。書中有“清虛元妙之寶”。考《明史》，世宗好修齋醮，當爲世宗寶也。“陸氏春雨堂印”無考。抄本按：明陸深著有《春雨堂隨筆》，載《儼山外集》。

《梁書》，南監本，內有舊板。《綱目》，明憲宗序，刻印精良，內府藏本。

《十六國春秋》，屠喬孫同校十人，列目錄後。明朱國祚序，萬曆三十七年蘭暉堂鏤版，字畫清亮。《文獻通考》，明憲宗序，撫印極精，有“廣運之寶”、“表章經史之寶”。泊如齋《重修考古圖》十卷，刊刻極精。楷體仿二王，篆法亦古，乃明板中傑出之本。寶古堂《重修宣和博古圖》附考古圖、古玉圖，萬曆三十一年新安吳公宏重刊，焦竑、洪世俊序，嘉靖七年蔣暘序。此翻刻蔣本。印極精。竑序作篆書，係出歐陽序之手，用筆深有古致。《江寧府志》：“歐陽序，能詩善篆。”《大事記》，明仿宋本，益不能精。

《荀子》，板心上方標“世德堂刊”四字，世德堂以《老子》、《莊子》、《列子》、《荀子》、《楊子》、《文中子》合刻行世，板式、印手俱工。明桑氏收藏。黎陽即桑氏族望，一稱柏臺世澤。嘉靖間江都桑喬最著，諸印當即一人之私印也。“黎陽郡叢桂堂私印”、“恩壽堂”、“子純氏印”、“桑氏本樓”。

《文中子》，世德堂橅刊印并工，桑子藏本。“文峰主人”、“恩壽堂”、“瀛洲仙客”。

《古今考》，宋元無刻本，至王圻始付梓。《呂氏春秋》，卷目各家互異，明張登雲刊本乃宋人取太清樓本校定者。《六子全書》，宋龔士卨總序本。記云：“將監本《四子》精加校正，膳作大字刊行。”是宋時初刻止有四子，龔於老、莊、荀、楊之外，增刻《文中子》，明人翻刻始增《列子》。《楊子》十三卷，宋監本已併爲十卷。《五子全書》，《鬻子》一卷，唐逢行珪注并序表。《子華子》二卷，劉向序。《鶡冠子》三卷，陸佃序。《尹文子》一卷，前魏仲長氏序，《公孫龍子》一卷，無序。明歐陽清校刊，有總序。何氏《語林》，明板最佳。《素問》僞充宋板，然橅刻特精。《初學記》，上方有“九川書屋”四字，明人所刻，頗爲清朗。《初學記》，錫山安國校刊。其人刻書甚夥，流傳亦廣，而善本不多得。

《六家文選》有吳寬印。寬卒時，此書尚未付梓，明是書賈作僞。水村印無考。抄本按：水村乃陸完之號。完，長洲人。宋槧兩漢書曾爲所藏，其印他書中亦數見之。“水村陸氏書史珍玩圖書”、“毛氏九疇玩珍”。

《唐文粹》，四十五卷之末別行刊“嘉靖甲申歲，太學生故蘇徐焴文明刊於家塾"。其各卷標題之首皆冠以"重校正"三字。抄本按：此書原本首有汪道昆序，每五卷末皆有徐焴識。書賈以其雕造精緻，欲充宋槧，輒將汪序撤去并剜去識語。此本刊削未淨，致四十五卷尾獨存此條。試思百卷鉅編，安有中間忽加題識之理？然未見原本，往往莫明其故也。《臨川集》一百卷，宋王次山序。《通考》："《臨川集》一百三十卷。"查慎行作《江西志》，載《王荊公集》一百卷、《後集》八十卷，疑即指是書，而後集則別本單行耳。次山序稱是爲知州事詹大和甄老所校刊。按《江西志》，詹大和於乾隆間知撫州，則此書原刻於南渡孝宗之世，而明時撫刻已非大和之舊矣。《萬首唐人絕句》，有宋吳恪、汪綱識語。宋本百卷者，爲邁所自刊，半刻於會稽，半刻於鄱陽之本也。一百一卷者，爲汪綱守越時合鄱陽、會稽之本而并刻之者也。又有吳恪重修之本，則會稽初刻之一半也。此書一百一卷，乃依汪本翻刻於明時者耳。《東坡全集》，初有杭、蜀、吉本，及建安麻沙諸本。明有程俠刊本，序稱"海虞桂侯自刑部郎來守吉州，得宋時曹訓所刻舊本，及仁廟所刻未完新本，重加校閱，仍依舊本卷帙。舊本無而新本有者，則爲續集并刻之，共一百十卷。"

莫氏曰："《天祿琳琅書目》載《五百家注韓文》凡二部，而外集別之。魏氏注者竟杳焉無傳。"錄於《經眼錄》。

## 《天祿琳琅書目後編》二十卷

嘉慶二年

抄本。"溯《初編》成二十餘年矣，逮嘉慶丁巳十月，迺有《天祿琳琅書目後編》之輯。越七月編成，臣等謹合前後二編校之，其書中體例紀載一依前帙，互見別出，各有源流。而其規模有拓而愈大、析而彌精者。如前編書目十卷，後編則二十卷；前編書四百部，後編則六百六十三部，萬有二千二百五十八冊，視

《四庫全書》踰三之一；前編宋、元、明外僅金刻一種，後編則宋、遼、金、元、明五朝俱全。凡皆宛委、琅函、嫏嬛簡。前人評跋、名家印記確有可證，絕無翻雕贗刻爲坊肆書賈及好事家所僞託者。臣彭元瑞恭識。”

《易傳》上下經六卷，用王弼本。前有元符二年程頤自序。又上下經義一篇。是書不載鐫板年月，“恒”、“桓”字、“貞”字皆缺筆，而“敦”字不缺，蓋紹興以前所刻。書中兩家印記。徐乾學字原一。垕字學山，近人汪垕也。“徐健菴”、“臣垕之印”、“學山宗定”。

《三禮圖》二十卷，聶崇義集注。上圖下説，通部分十六門，末卷則其目錄也。《通志》翻刻，此槧每册有史氏收藏圖章。考南宋時史氏以四明、眉山兩派爲盛，而四明尤著。浩及彌遠、嵩之三世爲相，或其家藏籍也。“史氏家傳翰苑收藏書畫圖章”。

《呂氏家塾讀詩記》，宋巾箱本。每板十二行，每行二十二字。又一本十四行，十九字。注中引諸家姓氏，皆白文，或即尤袤跋所云建寧刻也。又本魏了翁序，爲眉山賀春卿重刊而作。又明陸鉞重刻。是書有鉞序。

《詩集傳》，前有綱領、詩圖，朱子自序，大小序，李霨家藏本。霨，高陽人，官至大學士。“據梧居士”、“謙牧堂藏書印”。

《陸宣公集》二十二卷，分三門，制誥十卷，奏草六卷，中書奏議六卷。前有《本朝名臣進奏議劄》，乃蘇軾之文，見本集。《儀禮圖》十七卷，用鄭注，附音義，間採疏説。斷以己意者，用今按云云。凡圖即付句後，爲圖二百有五。末旁通圖分三門，曰宮廟、曰冕弁、曰牲鼎禮器，爲圖三十有五。有自序，序後刻“崇化余自安刊於勤有堂”。按：南北朝余祖焕始居閩中，十四世徙建安書林，習其業。二十五世余文興號勤有居士。蓋建安自唐爲書肆所萃，余氏世業之，任仲最著，即岳珂所稱建余氏也。

《禮記鄭注附音義》，每卷有"余氏刊於萬卷堂"，或"余仁仲刊於家塾"，或"仁仲比較訖"。《曲禮》"酒漿處右"，監本訛"内"。《檀弓》"夫由賜也見我"，監本訛"猶"。《月令》"黑黄倉赤"，監本訛"蒼"。"乃命虞人入山行木"，監本脱"乃"字。《禮運》"故事有守也"，監本"有"訛"可"。"而固人之肌膚之會"，監本"人"下脱"之"字。《樂記》"非聽其鏗鎗而已也"，監本訛"鏘"。《坊記》"民猶有薄於孝而厚於慈"，監本脱"有"字。《中庸》"惟天之命"，監本訛"維"。"待其人然後行"，監本訛"而"。《表記》"道有至義有考'，監本"至"下衍"有"字。"彼記之子"，監本作"其"。《緇衣》"有國者章義癉惡"，監本"國"下衍"家"字，"義"訛"善"。"往省括於厥度"，坊本脱"厥"字。《昏義》："後聽内職"，監本訛"治"。明唐寅藏，寅家姑蘇之桃花塢。徐炯字章仲，乾學之子，官直隸巡道。毛晉宋本有"甲"字印者最善。"桃花塢人家"、"吳越王孫"、"宋本"、"甲"、"汲古主人"、"傳是樓"、"章仲"、"臣炯"、"徐仲子"、"東海漁人"、"聽松風閣"、"别號自疆"。

《公》、《穀》單行刻本甚少，宋監本足資考證，字句與明傳刻監本不同。

《春秋繁露》，樓郁序，樓鑰跋，胡榘刻諸江右，有跋。曾藏皇甫沖家。沖字子浚，長洲人，嘉靖戊子舉人，與弟涍、汸、濂號四皇甫。華亭朱氏乃明庶吉士朱大韶，性好藏書，尤愛宋板。"皇甫子孫"、"經術堂印。"《論語》，何晏集解，岳珂所刻。其家梓不獨五經也。"可與言而不與言"，監本衍"之"字。覃懷李氏，宋參政李曾伯之後。"李國壽印"。

《孝經》，唐明皇御注，岳珂刊本。九經巾箱本，不分卷。按：唐及宋初均以九經取士，謂三經、三禮、三傳也。此所刊蓋南宋之制，《易》、《書》、《詩》、《周禮》、《禮記》、《左傳》、《孝經》、

《論語》、《孟子》，音義皆附上方。《經典釋文》卷七末有勘官五人，詳勘官二人，重詳勘官二人。又呂餘慶、薛居正、趙普三人。按：陸氏《音義》，宋人多各附諸經之末，久無專刻，後又散入章句之下，與注相淆。通志堂刻，無別本。觀此列銜乃宋初進本，極可寶貴。每册有蒙古篆官印，及書尾"萬曆三十三年"字樣，是元時官書，至明又入中秘中也。

《六經圖》，楊甲撰。陳《錄》圖數與此本合。苗昌言序中無毛邦翰補圖之說。澹齋乃鄭定，字孟宣，明初國子助教。其南昌袁氏一印乃明袁忠徹家物，賞鑒家稱爲袁尚寶是也。"武崗山樵"、"贊育齋"、"許衡"、"翠微山庄"。

《班馬字類》，唐寅藏本，後入笪重光家。重光自號江上外史。"唐居士"、"江上外史"。

《大廣益會玉篇》，前野王序及啓，又總目。《玉篇廣韻指南》按：孫強所增稱上元本，即附釋珙反紐圖於後，今其本已佚。此宋大中祥符六年重修本也。又本多大中祥符六年初雕印頒行牒一通。

《廣韻》，前孫愐《唐韻序》，麻沙本。"葉氏篆竹堂藏書"、"振芳"、"龍華主人"、"晤言室印"。

《史記》，目錄後印"校對宣德郎秘書省正字張末"八分書條記。按：集解、索隱、正義本各單行，至宋始合刻，此元祐時槧。朱大韶，字象玄，號文石。潘允端，字仲履，上海人，官四川右布政使，即作豫園樂壽堂以奉其父者。其父恩以南京工部尚書都御史致仕，故有御史大夫章。"快閣主人"、"清白堂印"、"文石朱象玄氏"、"天然圖畫樓收藏書籍印"。

《史記》，同上。四序外，有《正義論例》、《謚法解》、《集解序》。後刻管工官并梓匠。紹興三年石公憲發刊，至四年十月畢工，有印記。是書真南宋本，多鈐元及明初人印記。"開山第一家藏書畫印”、“脱脱”、“廉夫”、“何喬”、“鄞姚安道師德静學齋”、“王偉”。

《史記》，目録後刻“嘉定六年歲在癸酉季夏萬卷樓刊”。袁忠徹，袁珙之子，官至尚寶寺少卿。“東海袁尚寶氏家藏圖書”。

《史記》，倪瓚藏。明楚庄王孟烷好學，有《勤有堂詩集》。陸完字全卿，號水村。“楚府圖書”、“朱氏珍藏宋本古畫印”、“水邨陸氏珍玩”、“倪氏元鎮家藏”。

《史記索隱》，末卷載“嘉祐二年建邑王氏世翰堂鏤板”，前有刻書序，不著名氏。文徵明初名璧，玉磬山房、晤言室皆有印記。王毅祥號西室，善書畫。“王禄之印”、“水雲亭”、“藏書閣記”。

《資治通鑑》并目録。按：是書自宋末胡三省作注，元初始成書。後刊板臨海，明初取入國學。今所傳者惟陳仁錫重鐫本。若此未注初刻，足爲稀珍矣。焦竑字弱侯，儲書之富幾勝中簿，多手自抄撮。

《隆平集》，序後有篆文“董氏萬卷堂本”條記。五忠劉氏者，宋建陽劉氏翰孫謚忠簡，純封忠烈，韐謚忠顯，子羽謚忠定，珙賜忠肅，故稱五忠。韐、子羽、珙父子祖孫又稱三世忠義。“五忠劉氏收藏圖書”。

《古史》小字本，汪琬家藏。“苕文氏”、“聽秋齋”。

《古史》大字本，毛晉、朱彝尊家藏。“香水朱氏潛采堂圖書”、“竹垞藏本”。

《戰國策》編自劉向，校自曾鞏。彪書雖載二序，而篇次前後自以己意改移，非兩家之舊矣。萬表號鹿園，正德時武進士，鄞縣人。“明浙江都指揮萬表民望書籍”、“鳳陽王氏忠節世家記”、“荆筇山人”、“愛荆汪繼美印”。

鮑氏《國策》，前書小字本，此改爲大字本，是宋有兩刻。末有吳郡杜詩梓字。《十七史詳節》，建陽書坊以袖珍本陸續刊行，故每篇標名不畫一。《通鑑總類》，嘉定元年樓鑰序，稱公季子守湖陽鋟版以傳。今所行者惟明刻，至元本已難得，況此初刻。

《漢雋》，延陵張氏藏本。明張寰號石川，崑山人。"延陵張氏三鳳堂印"、"石川張氏崇古樓珍藏印"。

《宣和奉使高麗圖經》，宋徐兢撰。前有兢進書序、附錄、張孝伯撰兢行狀、其從子蕆乾道三年刊書跋。蓋發遣江陰軍主管學事蕆留江陰者也。此跋已云圖亡書存。

《吳越春秋》，前有徐天祐序，末記"紹興十年歲在丙午三月音注，越六月書成刊板，十二月畢工"。抄本按：徐天祐，宋末元初人。此書之注乃入元後所作，"紹興"二字乃書賈所刊改，原本作"大德"。《四庫總目》云不知序出誰手，蓋遺天祐名氏。是書成於大德丙子，非重刊也。書眉案語，不知名氏，有益本書，因備錄之。題曰"抄本案"。

《纂圖互注六子全書》，《老子》四卷、《列子》八卷、《莊子》十卷、《荀子》二十卷、《揚子法言》十卷、《文中子中說》十卷。建陽麻沙本。《揚子》序後有印記："本宅今將監本《四子纂圖互注》附入，重言重意，精加校正，并無訛謬，謄作大字刊行，務令學者得以參考，互相發明，爲益之大也。建安室謹啓"。蓋南宋坊刻九經皆有纂圖互注本，此亦如之。其互注皆標白文，圖亦寥寥。至以《莊子》書有太極語，便以周子太極圖附之，更爲牽引。但諸書皆古注，闕筆極爲謹嚴，則固宋本之真確者。前有景定元年龔士卨序，但言五子，不及文中一字，蓋書賈謬取以冠首也。

《帝學》，宋范祖禹撰此書進哲宗，詳《宋史》本傳。八卷。前有嘉定辛巳齊礪序，稱祖禹五世孫擇能宰高安，刊置縣齋。未幾散逸，戶曹玉牒汝祥得原本鋟木，是再刻本也。汝祥，太宗八世孫，楚王元佐之後。見《宋史·宗室表》。又有謝克家建炎四年奏取書箚子。

《孔氏六帖》，宋孔傳撰書，三十卷。前有乾道丙戌韓仲通序，稱"紹興之初書始成，余守泉南刻於郡庠云"。今所行《白孔六帖》，合兩家書爲一百卷，不知出自何人。而《玉海》已云合一，則南宋末已併行矣。此初刻本，商邱宋氏所藏。宋筠字蘭揮，犖之子。康熙己丑進士，曾任山西按察使，官至奉天府尹。"臣筠"、"三晉提刑"。

《事類賦》，宋吳淑爲博士時所進。初名《一字題詞》百首，二十卷。太宗命注釋再進，廣爲三十卷，目曰《事類賦》。前有紹興丙寅邊惇德序，後有校刊銜名。"雲間趙禮用印"、"彦和章"、"桃羊村裏人家"、"趙生印"、"天水郡圖書印。"

《博物志》十卷，汝南周日用等注十七條，盧氏七條而已。蓋書與注皆後人從它書中纂集成之，而板特精好。文徵明藏本。"玉蘭堂"、"達古"、"月淡"、"停雲"。

《雲溪友議》，唐范攄撰。每條以三字爲目，與《杜陽雜編》、《鑒誠錄》一例。此書《唐志》三卷，《稗海》乃十二卷，并無標題。此三卷有標題之本，真稀見矣。《漢官儀》，上中下三卷。序稱"集西漢士大夫遷官故事爲博戲"，蓋嬉戲筆。書末有"紹興九年三月臨安府雕印"字。其書乃進士采選之流，非應劭之書。諸家書目不載。

《箋注陶淵明集》十卷，治平三年思悦書後，補注陶集總論，李公煥集録二十三條，皆宋人語録、詩話，下及劉克莊，已在南渡之季矣。思悦，虎邱僧，見《七修類稿》。按：《陶集》，《昭明》編爲八卷，文列詩前，無《五孝傳》及《四八目》，至楊休之始編十卷，以詩爲冠。九、十兩卷則《四八目》也。宋庠自云得江左舊本，最爲倫貫，今所行是也。是本南宋末所刊，附《晉書》本傳。《昭明太子集》二十卷，宋末已佚。此本五卷，乃淳熙八年池郡所刻，尚係南渡初傳本。明葉紹泰所刊，張溥所輯，俱出明人擔撼，不若此本。經進周曇《詠史詩》，唐周曇撰，三卷，分八門。自唐虞至隋，以人系題，得七絕二百三首，每首題下注大意，詩下引史，而以己意論斷之，謂之講語。當時進講體式如此，板式與《書儀》相似，宋本之最佳者。

《南豐曾子固先生集》，三十四卷。王震序云："客有得其新舊所著而裒錄之。"建陽巾箱本與元大德丁思敬所刻《元豐類稿》，序次多寡迥異。明唐寅藏。"唐白虎。"

紹興重刊《臨川文集》一百卷，黃次山序。今閩、浙兩本無傳，此其最古矣。

《重廣分門三蘇先生文粹》，不著編者姓名。書一百卷，分門纂輯，經史論最多，策次之，各體文又次之。巾箱本。

蜀本《標題三蘇文》六十二卷。有條記云："武谿游孝菴德棻標題此文集，校正復增敘錄圖子於卷首，淳熙丙申刊於登俊齋，或即孝恭所編也。"巾箱本。與《三蘇文粹》門目序次迥不相同，割併毫無體例，敘圖更爲蕪陋，乃坊賈嫁名所爲。姜紹書，字二西，寶之子。著《韻石齋筆談》。"姜氏二西家藏"。《三蘇先生文粹》，不著編者姓名。書七十卷，人各爲編，編各分體，與前兩書復不同，而最爲宏整。

《豫章先生遺文》十二卷，詩、銘、贊、序各體皆備。後有嘉定戊辰其孫銖跋，略云《豫章文集》尚多遺闕，凡若干紙，別而爲二，詩曰遺文，簡曰刀筆。《山谷老人刀筆》二十卷，專編尺牘，松江朱氏藏本。六研齋乃李日華家印。卷一末有墨書"丙戌仲春金陵釋韻石展閱潤筆一次"字。"嘉禾李氏夢鶴軒珍藏書畫記"、"白門同泰韻石印"、"雞山法祥"、"空色道人"、"文石朱象元氏"。

《詳注東萊先生左氏博議》二十五卷，宋袖珍本，槧法、字體俱極工雅。

《晦菴朱先生大全文集》，前集十二卷，後集十八卷。無編者姓名，亦無序跋。大全之名不始於蔡方炳之刻也。宋本中最工整者。

《文選六臣注》，每卷末列校對、校勘、覆勘銜名，或三人，或四人，乃贛州郡齋開雕者，流傳頗少。

《玉臺新詠》，前有徐陵自序，後有嘉定乙亥永嘉陳玉父跋。是書明代刻本增益頗多，此本真宋槧，可信。

《絕妙古今》，宋楊漢撰。書不分卷，但列名目，自《左氏》、《國語》至老泉、東坡，凡文七十九首。前有漢序。元趙汸題云："取諸文以昭諷勸，其去取之間，篇篇具有深義。蓋有議其闕略者，作此以發明之。"

《新增合璧聯珠萬卷菁華》，前編六十卷，宋李昭圮撰。後編八十卷，李彌遜續。有建炎二年遜序，蓋專爲應試之用，每門各分子目。於兔園册中最爲條理博大，而書肆盛行之籍也。袖珍本，槧法極工。

《論語》，何晏集解。每卷末有"盱郡重刊廖氏善本"方印，或"亞"字形。廖氏即廖瑩中，世所傳世綵堂，最爲佳刻也。琴川毛氏影鈔。

《唐史論斷》，宋孫甫撰，有自序，書三卷。按跋，張敦頤始刻於南劍州庠，後有劉知甫家刻本，最後黃準鋟板於東陽倅廳。此所影東陽本也。

《唐開元禮》，宋孝宗時詔刻，周必大序之。板久不存。是本鈔手極宏朗。

《琴史》，前五卷爲唐虞至宋能琴人小傳，末一卷爲《釋位》、《論音》等十一篇。前有朱長文自序，後有五世孫寢炎序，癸巳姪孫正大一序，則刻書時作也。影紹定本，手抄極細而爽明。

《坡門酬唱》，宋邵誼撰，二十三卷。以唱者爲主，酬者附之。

前有紹熙元年張叔椿序，又詥自序。《全書總目》云邵浩編此本，作"詥"爲是。當時即命工鋟木。此從宋本影抄者。

《龍龕手鑑》，刻手精整，紙墨古澤。統和，遼聖宗年號。其十五年，宋太宗之至道三年也。沈括《筆談》云："契丹書禁至嚴，傳入別國者法皆死，故遼代遺編諸家絕少著錄。"

《書集傳》，宋蔡沈撰，鄒近仁音釋。前列《書經序》，後有《書序考》，沈子抗進表。尚有朱熹《問答》一卷，宋以來刊本俱不載。序末有"南谿精舍"及"至正乙酉鐘式"、"明復齋鼎式"墨印三。末刻"至正乙酉菊節虞氏明復齋刊"。

《儀禮經傳通解》，張慮識，乃宋嘉定年守南康郡鋟板時所作。此則元翻宋槧也。

《春秋經傳集解》，杜預注。巾箱本，元時坊間刻印者。

《春秋左氏傳補注》，元趙汸撰。書十卷。自序云："《左傳》所未及，以公、穀《傳》通之。杜注所未備，以陳傳良《左傳章指》補之。"

《四書辨疑》，不著撰人名氏，亦無序跋。書十五卷。《經義考》云："《四書辨疑》，元人凡有四家，此爲偃師陳氏之書。陳天祥，字吉甫，事具《元史》本傳。"《朱子章句集注》，元初始行於北方，王若虛不以爲然，立說攻之。天祥又推衍王氏之說以成是書。儒者詁經，千慮一得，不妨并存。

《爾雅注疏》，元重雕宋監本。

《大廣益會玉篇》一函二册。按：《研北雜志》云《玉篇》越本最善。末題"會稽吳氏三孃寫"，楷法殊精。是唐上元本，元時猶在。此雖宋重修本，而較刻差爲足據。

《改併五音類聚四聲篇》，內列校正門人四十五人，後附《新編篇韻貫珠集》八卷、《玉鑰匙門法》一卷，皆元僧真空撰。又附《經史正音切韻指南》一卷，元劉鑑撰。是書韓孝彥原本，稱《改併五音篇》，其子道昭重訂爲《改併五音類聚四聲篇》。元僧真空重刊時，始附所撰二書及指南於後。蓋由南北分疆，北方音韻之學多通婆羅門法，如《龍龕手鑑》等書皆收梵音、梵字。是書即多所援引，故釋門遵用之。

《金史》，至正五年江浙行中書省牒，次進表，次目録二卷，後有校勘十人列名。牒云“遼、金、宋三史，各印造一百部”。《金史》自南北監板外別無行本，此係初成時杭州所刊官本，真爲希覯。

《通鑑釋文辨誤》，末有丁亥春自作後序。胡三省自託宋之遺民，取陶潛但書甲子例也。

《宋史全文續文資治通鑑》，不著名氏，書三十六卷。其書援據極富，中多兩宋軼籍，鋟手、款式俱古雅。

《國語注》，以韋昭爲最古，宋庠本於本書後附補音，如《詩》、《書》之序也。後人以昭注多傳本，遂抄出別行。明人又散入各句之下，間多脱誤。得此舊刻，猶存典型矣。

《戰國策》，鮑彪注，吳師道校。卷四、卷五、卷六末俱刻“至正乙巳前藍山書院山長劉鏞校勘”。卷八、卷十俱刻“平江路儒學學正徐昭文校勘”。長洲文氏藏本。從鼎字定之，徵明曾孫，嘉之孫也。

《貞觀政要》，明有官刻，即從元本翻雕，前有御製序者是也。

《風俗通義》，後有嘉定十三年丁黼跋，以徐淵子本、館中本、孔寺丞本互相參考，刻之襲州，足爲善本。此本宋諱不缺筆，蓋以宋本重雕者。

《元包經傳》，北周衛元嵩撰，唐蘇源傳，李江注。按：此書至紹興中，臨邛張行成以蘇、李二氏言理而未知數，徧采《易》説爲《總義》二卷，毛晉刊本行世。此本在政和年行成未著《總義》之前，元時翻刻。

《百川學海》，宋左圭彙羣書百種，不及《説郛》之富而首尾完善，多古人序跋，較爲勝之。考叢書古無刻者，宋温陵曾慥始輯《類説》，自《穆天子傳》以下共二百五十種，并録原文及撰人系歷，是爲叢書之祖。

《韻府羣玉》，元陰時夫撰，中夫注。前有滕玉霄序，姚雲序，趙孟頫題語，陰竹野序。大德丁未春書於聚德樓。次中夫序，時夫自識，次目録，次事類，總目，次凡例。後有墨記"至正丙申劉氏日新堂白"。刊手精工，摹印匀净，當爲元板無疑。《千頃堂書目》云："陰幼遇一作時遇，字時夫，奉新人。登宋寶祐九經科，入元不仕。其兄中夫名幼達"云云。竹野倦翁序稱時夫爲季子，云授以凡例，即其父也。押韻之書盛於元時，至明太祖最愛《韻府羣玉》，故流傳最久。見解縉《大庖兩封事》。此至正中時夫原書。近坊間惟傳《韻玉》定本，乃河間知府徐可先之妾謝瑛所刊，舊籍稀見矣。

《事文類聚翰墨全書》，宋劉應李撰。書九十八卷，分十集。元人所編，麻沙板梓行。

《分類補注李太白詩》，至元五年萬玉堂刊，涿州馮氏快雪堂藏。"馮文昌印"、"馮氏三餘堂收藏"、"文字之祥君家其昌。"

《李文公集》，元馬師虞刊。是書明景泰年邢讓抄本，近徐養元刻之，訛舛最甚。惟毛晉所刻十八卷爲通行善本，此其原板也。

《劉賓客外集》，唐劉禹錫撰。原本四十卷，宋初佚其十卷。宋次仲裒其遺詩四百七篇、雜文二十二首爲《外集》。明時曾刻文二十卷、詩十卷，今行於世。獨《外集》罕傳，毛氏嘗影鈔之。此刻本真稀見者。

《元豐類稿》，大德甲辰丁思敬後序云："假守是邦，得文集善本，前邑令王斗齋繡梓，乃鳩工摹而新之。"是書書法、槧手俱極古雅，麻紙濃墨，摹印精工，爲元刻上乘。明成化時南豐知縣楊參重雕遠遜初刊矣。

《歐陽文忠公集》一百五十三卷，每卷末附考異。前有胡柯伯信所定年譜，後有附錄五卷。周必大跋稱爲郡人所編校，俱列名於末。又有覆校八人。陳《錄》謂修集徧行海內而無善本，此周必大父子校本，至精審。其槧法精朗，紙墨俱佳，元板中甲觀。

《王荊公詩注》，劉辰[二]翁批點。前有劉歸孫序，即辰翁之子也。又詹大和所著《王荊公年譜》，目錄後有墨記，須溪門人王常題。蓋大德辛丑所刻，而歸孫序之。

《四六標準》，前有門人羅逢吉序。是書坊行，明張雲翼箋釋。此無注初刻，爲稀珍也。

《西山真文忠公全集》，明金學曾重刊，國朝王允文補葺，皆五十五卷。元刻只五十一卷，無序跋。

《松雪齋集》，末有董其昌墨蹟。跋云“見元刻與宋板無異”。又宋筠墨蹟跋云“此李氏故物”。集中鐫字圓勁完然，文敏手筆。明李廷相，字夢弼，官至尚書。“濮陽李廷相雙檜堂書畫私印”。

《魯齋遺書》，明人所輯，與元刻全不相同。

《崇古文訣》，宋樓昉編。書三十五卷，後有寶慶丁亥姚珤跋。麻沙袖珍本。

《文心雕龍》，末刻“吳人楊鳳繕寫”。

《十三經注》，明金蟠、葛鼒、葛鼒同校，宣德乙卯蟠題。又總目、附考一卷。是本刊注不刊疏，在南北雍刊行《十三經注疏》之前，校對極精審。

《五經句訓》，明刻，紙墨極工，今猶行。張大受新刊。

《六經圖》，明新都吳繼任考校，熙春堂藏板。摹刻之工，幾與宋槧莫辨。此板後歸修吉堂，更加考正。繼又刻《七經圖》。

《隸釋》，萬曆戊子王雲鷺依宋板重梓。

《前後漢紀》，嘉靖戊申黃姬水重刊。

《兩漢博聞》，嘉靖戊午黃魯曾序刻。魯曾，省曾之兄，與齊名。

《二十子全書》，吳勉學彙刻。

《五子全書》，明大字本，板式似世德堂《六子書》。

《管子》，無注，明趙用賢校梓。是書頗爲精窾。凌汝亨取用賢所校及朱大復《管子權》、張賓王《管子選》評語，用朱墨本刊印。文光案：《管子》近有重刊宋本，校刻極精。朱、張二本皆不免於俗。

《管子》，房玄齡注，或云尹知章託名。前有楊忱序，末刻“吳郡顧時中等七人同刊”。是本爲萬曆戊午趙用賢校正，并《韓非子》合刻，極精審。王世貞序。

《二程全書》，明閻禹錫彙刻。禹錫爲薛瑄門人，《明史》有傳。書五十一卷，天順辛巳李賢序，隆慶庚午金立敬重刊，楊俊民後序。

《黃氏日鈔》，八十一、八十九原佚，前有至元丁丑沈逵序。

《五倫書》，明宣宗御撰。六十二卷，官刊頒行本，有“廣運之寶”。又小字本，宗文書堂新刊。

《説略》，取宋元人雜説三十二種彙刻之，分爲甲至癸十集，無序跋。《明志》有顧起元《説略》三十卷，乃分門類書，不與此同。

《顏魯公集》見於《唐志》者，至北宋皆亡。吳興沈氏採掇爲十五卷。又有宋敏求編本十五卷，至南宋漫漶不完。留元剛守永嘉，得敏求殘本十二卷，以所見補遺，自爲後序。至明嘉靖中安國重刻，楊一清、都穆序之。萬曆己丑山海劉思誠所刻，有邑人趙焞序、羅樹識。

皮日休《文藪》十卷，正德庚辰袁表、袁褧識，蓋其兄弟所鐫。

《雞肋集》，宋晁補之撰。崇禎乙亥吳郡顧凝遠照宋刻壽梓。

《象山先生集》，正德辛巳撫州知府李茂先重刻，王守仁序之。嘉靖辛酉再刻，王宗沐序。

《六臣注文選》，萬曆甲戌崔孔昕等刊本，汪道昆序。越三年徐成位重校并刻，田汝成重刊序，凡正一萬五千餘字。卷末或題“冰玉堂重校”，或題“見龍精舍重校”。

明晉端王知烊有《昭明文選》、《唐文粹》、《宋文鑑》、《元文類》、《明文衡》五種刻本。《文類》繼成所稱虛益堂，賢王也。

《歷代文紀》，意配《詩紀》，積數十年心力，其子易產行書，陸續付梓，故傳本參差不一。

## 《浙江採進遺書總錄》十卷

乾隆三十九年

官修本。首上諭，次纂修職名，浙江布政使王亶望序，凡例七條。目錄分甲至癸十集，癸集上下，閏集嗣刻。甲、乙、丙三集爲經部，曰《易》、曰《書》、曰《詩》、曰《周禮》、曰《儀禮》、曰《禮記》、曰《通禮》、曰《春秋》、曰《論語》、曰《孝經》、曰《孟子》、曰《四書》、曰羣經、曰樂、曰《爾雅》、曰小學、曰六書，凡十七類。丁、戊二集爲史部，曰通史、曰編年、曰別史、曰霸史、曰雜史、曰掌故（分總類、職官、食貨、儀制、兵刑、河渠、水利、營造八子目）、曰傳記、曰地理（有山川、名勝、古蹟、異域諸目）、曰史抄、曰史學、曰譜系，凡十一類。己、庚二集爲子部，曰儒家、曰雜家、曰説家（有文格、詩話、金石、書畫、小説諸目）、曰藝玩、曰類事、曰叢書、曰天文術算、曰五行、曰兵家、曰農家、曰醫家、曰釋家、曰道家，凡十三類。辛、壬、癸三集爲集部，曰總集、曰楚詞、曰別集，凡三類。

乾隆壬辰之歲，詔下各直省徵訪遺書。於是浙撫臣三寶會同學臣王傑暨臣王宣望設法開局，徵書上送。延致在籍侍講臣沈初總其事，遴取教官有學識者日夕分校其中，隨所得敘目以進。浙中藏書之家，首稱鄞縣范氏，餘若越中祁氏、鈕氏、禾中項氏、朱氏、曹氏，錢塘趙氏，輾轉剖散而流落人手，尚多可稽。嗜古之士，若杭城之吳玉墀、鮑士恭、汪啓椒、汪汝瑮、孫仰曾，慈谿鄭大節，各願整比所藏，稽首上獻。或有世不習見，挾策而至者源源不絶，列室常充。校閱諸員一一條其篇目，據其指意，凡爲書四千五百二十三種，爰據各教官類次之本，謹加釐正，捐貲付梓。

浙省儲書之家，前代范氏天一閣、項氏天籟閣、鈕氏世學樓、祁氏澹生堂、國朝曹氏倦圃、朱氏曝書亭、趙氏小山堂，其著也。吳氏瓶花齋、汪氏飛鴻堂、汪氏振綺堂、孫氏壽松堂、慈水鄭氏二老閣，各有秘本。

厲鶚《宋詩紀事》序自稱閲書三千八百一十二家。今江南浙江所采遺書中，經其簽題自某處抄至某處以及經其點勘題識者，往往而是。其用力亦云勤矣。

《静惕堂文集》、《詩稿》、《文隱堂詩》、《雲中集》、《粵遊集》、《閩遊集》、《詞稿》刊本，俱無卷數。國朝吏部侍郎秀水曹溶撰。溶肆力文章，尤工尺牘，長牋小簡，人共寶之。晚築室范蠡湖，名曰倦圃。多藏書，勤於誦覽。沈德潛云：“芝麓長於近體，秋岳長於古詩，而古詩之中五言尤勝。”芝麓謂龔鼎孳。秋岳，溶自號也。

袁中道十餘歲作《黄山雲賦》五千五百餘言，長益豪邁。

童佩字子鳴，家貧，從其父載書鬻吳越間。後買一舫遊四方，帆檣下皆貯書，讀之窮日夜不息。藏書萬卷，皆手自校勘。遊崑山，執經於歸有光。久之，學益富。有《童子鳴集》，王穉登序，王世貞撰傳。

《詩緝》，寫本有蒙齋袁甫手帖，云"《黍離》、《中谷》、《葛藟》不用舊説，深得詩人優柔之意。其他一章一句，時出新意。"

明陳第《尚書疏衍》四卷，開萬樓寫本。

黃宗羲《周易象數論》六卷，寫本，因異説紛紜，彙而辨之。

郭氏《傳家易説》，澹生堂寫本。

《內外服制通釋》，曝書亭抄本。

萬斯同《聲韻源流考》二冊，抄本。

明趙宧光《説文長箋》一百卷，刊本，不衷於古。

明陳鉅《説文韻譜》二卷，天一閣藏，刊本。

徐鍇《説文篆韻譜》，惟述古堂有足本。《石槲文古月令》，衛宏《字説》，周才《字録》，朱育《集字》、《義雲切韻》、《羣書古文》，蔡邕《石經》，王維《畫記》，庾儼《字書》、《馬日磾集》、《證俗古文》、《周易大傳》，王存義《切韻》，郭昭卿《字指》，庾儼《演説文》、《唐韻》。録內有毛子晉家藏最佳本九種，此編及橫浦《孟子傳》、《小學五書》、《兩漢詔令》、《元豐九域志》、《皇祐新樂圖記》、《學古編》、《法書考》、《金壺記》，或從宋本精纂，或出名手端寫，皆紙精墨妙，校正無纖毫訛謬。子晉私印有"希世之珍"，又一章刻子昂《戒子銘》一首。

## 《四庫全書總目》二百卷

乾隆四十七年

江蘇本。首聖諭二十七通，次浙江學政臣阮元恭紀，次表文，次諸臣職名，正總裁十六人，副總裁十人，總閱官十五人，總纂官三人，總校官一人，翰林院提調官二十二人，武英殿提調官九人，總目協勘官八人，校勘《永樂大典》纂修兼分校官三十九人，校辦各省送到遺書纂修官六人，黃簽考證纂修官二人，天文算學纂修兼分校官三人，繕書處分校官二百七十一人，篆隸分校官二人，繪圖分校官一人，督催官三人，翰林院收掌官二十人，繕寫處收掌官三人，武英殿收掌官十四人，監造官三人。次凡例二十則，次門目。是書以經、史、子、集提綱列目，經部分十類，史部分十五類，子部分十四類，集部分五類。又各析子目，使條理分明。所錄諸書各以時代爲次，其歷代帝王著作從《隋志》例，冠各代之首。列朝聖製各從門目，弁於國朝著述之前。書名之下各注某家藏本，坊刻之書則注曰通行本。諸書各撰提要，先列作者之爵里，次考本書之得失，權衆説之異同，以及文字增删、篇帙分合皆詳爲訂辨，巨細不遺。四部之首各冠以總序，述其源流正變。四十三類之首亦各冠以小序，詳述分併改隸之由。或義有未盡，例有未該，又附案語於子目之末，或本條之下。凡附存諸目各著於本類之後。編輯雖富，去取甚嚴，凡經懺章呪，凛遵諭旨一概不收。宋人朱表青詞，亦槩從删削。其灼爲原帙者，則題曰某代某人撰。灼爲贗造者，則題曰舊本題某代某人撰。至於歷代著録實無可取者，并斥而存目，兼辨證其非，不使魚目混珠，以求歸於至當。而考證異同，別白得失，自有典籍以來，無如是之博且精矣。

## 《四庫全書簡明目錄》二十卷

乾隆四十九年

通行本。首聖諭三通，次表文，次諸臣職名，與《全書》同；次門目。經部，一《易》，二《書》，三《詩》，四《禮》，五《春秋》，六《孝經》，七五經總義，八四書，九《樂》，十小學。史部，一正史，二編年，三紀事本末，四別史，五雜史，六詔令奏議，七傳記，八史鈔，九載記，十令，十一地理，十二職官，十三政事，十四目録，十五史評。子部，一儒家，二兵家，三法家，四農家，五醫家，六天文演算法，七數術，八藝術，九譜録，十雜家，十一類書，十二小說家，十三釋家，十四道家。集部，一楚詞；二別集，漢至五代；三別集，北宋建隆至靖康；四別集，南宋建炎德祐；五別集，金至元；六別集，明洪武至崇禎；七別集，國朝；八總集；九詩文評；十詞典。凡四十三類，各加類字。別集各分時代，與《全書》不同。解題爲雙行夾註，與《提要》異。

## 《四庫全書附存目録》十卷

國朝胡虔恭録

胡氏刊本。乾隆五十八年胡虔校刊，凡四十三類并子目，與《全書》同。書名卷數之下旁注某[三]代某人撰。此本校刻精工，傳本亦少。《知不足齋》刻本未見。

辛亥三月，虔在武昌節署，得恭讀《欽定四庫全書提要》，竊以宋以來著録之存於今者，若《崇文總目》已無序釋，《讀書志》、《書録解題》雖能略述本書大旨，然亦無所發明。惟《提要》於二千年學術之流别是非，疏通辨證，實爲講學談藝津梁，非自昔著録家所能幾及。士生文教昌明之世，共知學有本原，何其幸與！書凡二百卷，力不能繕寫。又正目已有《知不足齋》刻本，乃録其存目，校而藏之。其尚有抄胥字畫之誤，壬子在江寧與陵仲子廷堪復詳校之，并釐爲十卷云。桐城胡虔謹識。

## 《四庫未收書提要》五卷

國朝阮元撰

《揅經室外集》本。前有道光二年阮福記。

阮氏記曰：“家大人在浙時，曾購得四庫未收古書進呈內府，每進一書，必仿《四庫提要》之式奏進提要一篇。凡所考論，皆從采訪之處先查此書原委，繼而又屬鮑廷博、何元錫諸君子參互審定，家大人親加改定纂寫，而後奏之。十數年久，進書一百數十部。此《提要》散藏於揚州及大兄京邸，福因偕弟祐孔厚校刻《孳經室集》，請録刊《提要》於集中。家大人諭此篇半不出於己筆，即一篇之中創改亦復居半，文不必存而書應存，可別而題之曰外集。"

右《提要》五卷，計書一百七十五種。其中《元秘史》十五卷，因詞語俚鄙，未經進御。又趙元鎮《建炎筆録》三卷，《辨誤筆録》一卷，已見趙氏《忠正德文集》，即《四庫全書總目》所云《筆録》七篇是也，亦未進呈。又《皇元征緬録》一卷，《招捕總録》一卷，乃《元文類》中所載《征緬》、《招捕》二篇，并採訪者未覈其實而誤録之也。錢唐嚴傑附識。

> 文光案：是書無經、史、子、集之次。近有單行本，無嚴氏後跋。此跋録於《研經室外集》。

《咫進齋叢書》有《銷燬書目》、《續銷燬書目》、《續查應燬各書名目册》。十三經内有錢謙益序文十三頁，應行删燬。十七史内有錢謙益序文九頁，應行删燬。《説鈴》，無著人名氏，内有屈大均《登華記》，應摘燬。《禮記題説》，吕留良著。《弱水集》，蒲城屈復著。《續羣書備考》，明袁儼著。《金湯借箸十二籌》，淮南李盤作。《楚吟集》、《外集》，故犯李麟著。《留青集》、《廣集》、《全集》、《新集》，陳枚編。《廣名將譜》，黃道周輯。《一柱樓編年詩》、《學庸講義》、《蓬堂雜著》，徐述夔著。《澹園集》，明焦竑著。《藏書》、《續藏書》，明李贄著。錢謙益《初學集》、《有學集》。《石民四十集》，明茅元儀。吕留良《易經詳解》。周在浚《藏弄》。

## 《四庫書目略》二十卷

國朝文良撰

京本。同治庚午年刊，本宅藏板。有"簡明附存合刻"方木印，砆刻乾隆三十九年上諭，次門目并序。

乾隆三十七年，四庫館中方纂《總目提要》，高宗純皇帝諭令於《提要》之外別刊《簡明書目》一編，只載某書若干卷，注某朝某人撰。至四十七年《四庫全書》告成，常州趙氏即有《簡明書目》之刻。五十八年，桐城胡氏又有《附存書目》之刻。良嘗以爲二本所載偏而不全，《總目》卷帙繁重，不能家有其書。近時《附存目》本印行亦稀，因合爲一編，只載卷數、人名，依類排次。中有二本所有而總目無之者，或當時書成未刊，重有淘汰，而二本據其最初之本録之，故有不同，今亦附載於後。滿洲費莫文良謹識。

《中庸集解》，《南北史合注》，《南唐書合訂》，《閩小紀》，《國史考異》，《讀畫録》，《書畫記》，《印人傳》，《書影》，《歷代不知姓名録》，《諸史同異》，《同書》，《歸愚集》，《雲泉詩集》，《菊山清雋集》，《方叔淵遺稿》，《黃給諫遺稿》，《孫白谷詩鈔》，《完玉堂詩集》，《詞藻》。右《簡明目》二十部，皆據趙氏本。

黃琳《經學源淵録》三十卷，《龔端毅奏疏》八卷，《兼濟堂奏疏》，明鄭鄤《宋三大臣彙志》二十一卷，明李璧《劍陽名儒録》一卷，章秉法《明道書院紀蹟》四卷，明劉績《左傳類解》二十卷，明唐順之《左氏始末》十二卷，明秦瀹《春秋類編》三十二卷，明章大吉《左記》十二卷，明孫范《左傳分國紀事》二十二卷，魏禧《左傳經世》十卷，盧元昌《左傳分國纂略》十六卷，明楊爾曾《海内奇觀》十卷，明朱紹本等《地圖綜要》，蔡方炳《歷代茶榷志》一卷、《歷代馬政志》一卷，明張時泰《續資治通鑑綱目廣義》十七卷，徐燦《畫前易衍》，明洪熙中宮中《天元玉曆祥異賦》，周亮工《字觸》六卷，周在浚《雲煙過眼録》二十卷，張芳《食色觀》六卷，周亮工《賴古堂藏書》，明仲遵《花史》二十七卷，明范應虛《紫陽道院集》二卷，明吳兆熊《吳非熊集》八卷，周亮工《賴古堂詩集》四卷，丁煒《問山詩集》十卷、《文集》八卷、《紫雲詞》一卷，明陶珽《四大家文選》八卷，宋犖《三家文抄》三十二卷，王士正《新安二布衣詩》八卷。右附存書目三十二部，皆據胡氏本。

謹案：《四庫全書總目》有與《簡明目》、《附存目》異者，并録於此：《易學啓蒙小傳》一卷附《古經傳》一卷，《簡明目》無附卷。《大易通解》十五卷，附録一卷，《簡明目》四卷，無附録。《論語稽求篇》四卷，《簡明目》、《西河集》皆作七卷。《四書逸箋》六卷，《簡明目》六十三卷。《樂律全書》四十二卷，案：此書凡十一種，四種四十二卷，七種無卷數。《釋名》八卷，《簡明目》四卷。《音韻述微》三十卷，《簡明目》一百六卷。《尚史》一百七卷，《附存目》未刻卷數，下注"抄入《全書》"。《大清通禮》五十卷，《簡明目》四十卷。《孔子家語》十卷，《簡明目》二十一卷。《鹽鐵論》十二卷，《簡明目》十卷。《古今考》一卷，《續古今考》三十七卷，《簡明目》《續考》三十卷。《小字録》一卷，《簡明目》有《補録》一卷。《澹菴文集》六卷，藏本三十二卷。《松泉文集》二十卷，《詩集》二十六卷，《簡明目》、《附存目》俱不著。《兩宋名賢小集》三百八十卷，《簡明目》一百五十七卷。《千叟宴詩》四卷，《千叟宴詩》三十六卷，《簡明目》未著。

《説郛》一千二百九十二種。《古今説海》一百三十五種。

文光案：胡氏《筆叢》所考歷代書卷，西漢三萬三千九十卷，劉歆《七略》總目、《舊唐書》九十作九百，非是。東漢一萬三千二百六十九卷，班《志》總目較《七略》入者六家，省者十數家。晉二萬九千九百四十五卷，荀勖《四部總目》、《舊唐書》作二萬七千九百五十四卷。東晉三千一十四卷，李充校定止此，惠懷之亂故也。孝武增益三萬餘。徐廣校定，見《崇文總目序》。宋萬四千五百八十二卷，謝靈運所校阮氏《七録》數同，《隋志》以爲六萬，恐無此數。齊萬五千七十四卷，王儉校修《隋志》作一萬五千七百四卷，阮作《宋元徽目》與《舊唐書》、齊目正同。永明增益一萬八千一十卷。謝朏、王亮修，諸家皆同。梁二萬三千一百六卷，任昉部集釋書不與，普通增集三萬餘卷，《七錄》總目釋、道并存。據《隋志》按阮錄四萬四千五百二十六卷，見《弘明集》。隋初一萬五千餘卷，牛宏表合正副本僅三萬餘，大業中三萬七千餘卷，柳䛒等校定嘉則殿三十七萬卷，內多重複。正本進御僅此。《隋志》八萬九千餘卷，柳氏校定後或有所增。

唐開元中八萬二千三百八十四卷，《新書序》："舊書止五千六千四百七十六卷，蓋釋、道不與，唐著不全入。"開成中五萬六千四百七十六卷，《舊志序》："所載釋、道，本朝具錄。"宋慶曆中三萬六百六十九卷。《崇文目》後屢增至四萬餘卷，淳熙中四萬四千八十卷，陳騤等《四庫書目》後屢增至五萬九十餘卷。世共傳劉氏《七略》、王劍《七志》、阮孝緒《七錄》、荀、謝、任、殷《四部》外，諸史藝文所載又有晉義熙以來《新集目錄》三卷，梁天監六年《四部書目》四卷，梁《東宮四部目錄》四卷，梁《文德殿四部目錄》四卷，陳天嘉六年《壽安殿四部目錄》四卷，陳《德教殿四部目錄》四卷，陳《承香殿五經史記目錄》二卷，隋開皇四年《四部目錄》四卷，開皇八年《四部目錄》四卷，開皇二十年《書目》四卷，《香廚四部目錄》四卷，隋大業《正御書目錄》九卷，唐《羣書四錄》二百卷，各書之下必有論列。《古今書錄》四十卷，唐《集賢書目》一卷，唐《四庫搜訪圖書目》一卷，開元《四庫書目》四十卷，唐《秘閣書目》四卷，《僞蜀王建書目》一卷，《紫微樓書目》一卷，《崇文總目》六十六卷，《秘閣四庫書目》十卷，《史館書目》二卷，《太學書目》一卷。據此則前代書目甚夥，今并不傳，其數不可考矣。又前代懸購遺書，咸著條目，隋有闕書錄，唐有訪書錄，宋有求書錄。隋文父子所以能致三十七萬於一時者，蓋民間獻書無所不納也。

**校勘記**

〔一〕"法"，原作"刻"，據《寶賢堂集古法帖》改。

〔二〕"辰"，據本書本篇及《增訂四庫簡明目録標注》補。

〔三〕"某"，據《總目》凡例補。

# 史部十六

## 目録類四

### 《絳雲樓書目注》四卷

國朝陳景雲注

《粤雅堂》本。前有檇李倦圃老人曹溶題詞，次文道先生行略，末有枚菴漫士吴翌鳳記，道光庚戌南海伍崇曜跋，倦叟再跋。牧翁詞壇老宿，晚節不終，久爲世笑，人不足重。生神廟盛時，早歲科名，交游滿天下。盡得劉子威、錢功甫、楊五川、趙汝師四家書，更不惜重貲購古本，書賈奔赴捆載無虚日。用是所積充牣，幾埒内府。搆拂水山房，鑿壁爲架，庋其中。晚歲浮沈南國，委蛇容身，物望頓減。入北未久，稱疾告歸，居紅豆山庄，出所藏書重加繕治，樓絳雲樓上，大櫝七十有三。甫十餘日，其幼女中夜與乳媪嬉樓上，剪燭地落紙堆中，俄頃樓與書俱盡。朱竹垞《靜志居詩話》譏其以國史自任，乃絳雲一炬，史稿盡亡，將無是非不公，故天阨之耶？此目爲翁所自撰，各類書名間一格，或記册數，或記卷數，或衹標書名，或冠宋板、元板，或否。《緯書》衹二種，《漢書》衹元板，道藏最多，釋藏全略，恐非完本。伍氏從吴枚菴《秘箱叢函》寫本中得是書，注作硃書，蠅頭行草，悉心校勘，刻入叢書。其注爲雙行小字。景雲字少章，吴人，從何義門學，門人私謚曰文道先生。

經總類：《漢篆石經》四册、監本《十三經注疏》、文光案：不知爲宋爲明。《六經篆文》十册。文光案：余所藏有篆書五經。十三種。

《易》：韓康伯注三卷。陳曰："康伯乃殷浩甥，生於東晉。輔嗣歿於曹魏，遠不相逮。孔疏以康伯爲輔嗣門人，誤矣。"李鼎祚《集解》。唐人楊中立貶之，云是集衆説之不好者。此類七十三種。

《書》：東坡《書解》。陳曰："在南海時作，駁正介甫之説居多。"《三墳》，宋張商英僞撰。凡二十種。

《詩》：《魯詩正學》，豐坊僞撰。凡二十一種。

《禮》：《韓氏家祭式》。陳曰："魏公集唐七家祭儀，朱子集唐宋諸家古今家祭禮二十卷。"凡四十四種。

《樂》：陳暘《樂書》二百卷，祥道之弟楊萬里序。文光案：《琵琶録》、《琴譜》皆在樂類，凡三十種。

《春秋》：《東萊博議》。陳曰："吳虎臣撰《左氏發揮》六卷，比《博議》爲優。"趙汸《春秋集傳》，牧翁言，此是未成之書，擇焉不精。凡四十五種。

《孝經》：唐玄〔一〕宗八分書，勒石京兆石臺。《孝經》，宋乾道中鎮江守臣摹刻於丹徒學宮。凡五種。

《論語》：《筆解》，非韓公手筆，真本亡佚。《家語》，劉向校，王肅注，與今本不同。王淳之得舊本欲刻未果，其子授陸叔平校梓，頗多紊亂。凡十二種。

《孟子》：蘇老泉批點《孟子》。凡四種。

《大學》：古本《大學》四種一册。凡六種。

《中庸》：内府板《中庸》，白文。凡三種。

小學：《禮部韻略》，毛晃增修，五卷，有進表，無序。平生精力盡在此書。又景祐《韻略》，又淳熙監本《韻略》，又淳祐劉淵增修《韻略》，號《壬子韻略》，皆五卷。《説文字原》，李陽冰撰，賈耽爲李騰序《説文字原》。騰，陽冰之姪也。又小字《説文字原》，郭忠恕書也。凡八十一種。

《爾雅》：張揖〔二〕《博雅》，又著《埤蒼》、《古今字詁》。凡十種。

經解：《六經圖》七卷，宋葉仲堪編。凡九種。

緯書：雜抄諸緯一冊。凡二種。

正史：嘉靖間柯維熊家刻《史記》最佳。正德間汪文盛家有翻刻宋板前後《漢書》。凡二十三種。

編年：宋板《通鑑》三百二十四卷，乃合目録言之，頗疑今所傳目録出後人依託，而南宋刊本已有之，則原書之逸久矣。《通鑑長編》九百八十卷，舉要六十八卷，并目録一千六十三卷，今存太祖至英宗朝一百七十五卷，哲宗朝二百二十卷，徽宗、欽宗兩朝三百二十三卷。乾道中，上降秘書省依《通鑑》紙樣繕寫一部，未經鏤板，遂失傳。文光案：《簡明目録》：五百二十卷，原本殘缺，從《永樂大典》校補，佚其徽宗、欽宗兩朝。與此說不合。

晁公武有《稽古後録》未見。龔頤正著《續稽古録》，言韓侂胄定策功。韓敗，詔毁板。元僧覺岸博學強記，亦著《稽古録》，寓史法於是書，惜未得見之。僧爲建炎樞臣盧公之孫。宋板《中興大事記》，思陵三十六卷，阜陵二卷，李燾撰。凡八十三種。

雜史：《涑水紀聞》非溫公全書。《吳越備史》久逸，近本乃錢氏幕友范坰、林禹同撰，非儜書也。錢氏諱佐，故以左爲上，所謂上右乃左右也。凡六十九種。

傳記：《宋遺民録》，未成之書。凡七十種。

故事：《唐會要》，宋建隆二年進，唐蘇冕〔三〕及弟弁共纂，四十卷。楊紹復等續之。王溥集兩家書廣爲百卷，太祖稱其詞簡而禮備。凡二十七種。

刑法：傅霖《刑統賦》二卷，詞約義博。《龍筋鳳髓判》，洪文敏譏其堆垛故事，不切於蔽罪議法。凡六種。

譜牒：《聖師年譜》，元蕭元益仿《史記》，先聖作本紀，泗水侯以下作世家，顏子至宋元羣儒作列傳并贊。又以六經孔子之言作《字訓》，又作八志。《吹藜閣雜俎》，閣爲宗伯乃翁讀書處，見《初學集》。凡三十二種。

史學：《讀史管見》，大概爲秦檜之作。至論定陶立後等事，正欲自蓋其不持生母服之事，所謂欲蓋彌彰也，故人多訾議之。《史通》。宋板《十七史總類》。三十七。

書目：《吳勉翁書目》。《內閣藏書目錄》。《御書樓藏書目》。《都察院書目》。《南雍書目》。《古今書刻目》。《遂初堂書目》，堂在無錫九龍山下。《寧獻王書目》。陸樑《聚樂堂藝文志》，列卷數、撰人。世所傳《萬卷堂書目》非故籍也，竹垞云。《五百名家書目》。《皇明史乘》。《經廠書目》。《桓瘦齋書目》。三十五種。

地志：《太平寰宇記》，樂史自江南歸朝，以賄聞。桑欽《水經》三卷。《宣和奉使高麗圖經》，胡身之言紀載多疏略。《星槎勝覽》，詞多鄙蕪，陸子淵刻《說海》中，稍加刪潤。《十道四番志》，記塞外事最詳。劉蕡《諫議祠集》。《四夷館考》九冊。《華夷譯語》。凡二百十九種。

子總：《子華子》，宋有官本，僞書也。《小荀子》。二十八種。

儒家：《潛虛》，未成之書。明姚舜牧著《家訓》，真切過於顏氏。公是先生《極沒要緊》。四十五種。

道學：《黃氏日抄》，有未精詳處。五十八。

名家：劉劭《人物志》三卷。唐杜周《士廣》十卷。凡二種。

法家：《慎子》十卷，宋麻沙本非全書。凡四種。

墨家：《晏子春秋》，宋刻十二卷。凡二。

類家：李涪《刊誤》。王行瑜作亂，涪盛稱其忠。及行瑜傳首京師，涪亦放死嶺南。凡十五。

縱橫：陶弘景注《鬼谷子》。凡二。

農家：《昭明太子十二篇》，即流俗所刊《錦帶書》。三十八。

兵家：《元戎龜鑑》二百卷，王雪溪編，記宋代兵制最詳。《少林棍法闡宗》。宋戴溪《將鑑論斷》。茅元儀《武備志》，鹿門之孫，自負知兵，崇禎間進呈。二十五。

釋家：《心經注》。《圓悟語錄》。語錄十五種。諸佛名經。四十五。

道家：《鶡冠子》，宋刻八卷，唐以前人手筆。三十九。

小説：《説郛》，抄本，二十八冊，恐非完書。二百又一。

雜藝：元板《草書集韻》。《劍經》。《墨娥小品》。《自出洞來無敵手》，棋譜也。本道人詩，見《西溪叢話》。陸文裕《古奇器錄》。《獸經》。《璽史》。《古今圖籍考》。《古遺像考》。《鐘鼎款識法帖》，刻於江州。一百六十八。

天文：《乾坤寶典》四百十七卷，宋史序。《寶元天人祥異書》十卷，凡三十門。章得象。《物象通占》。七十二。

歷算：《歷解易覽》，《京氏律歷》，虞翻解。三十六。

地理：《地理發微論》，蔡發著，元定之父。四十九。

星命：《蘭壹妙選》。《四字經》。六。

卜筮：《龜經秘訣》。《玉靈照膽經》。《申菴籤易》。十一。

相法：許負《相法》。《玉管照神》。六。

壬遁：《六壬占要》。《遁甲靈文》。邵康節《萬物數》。四十九。

道藏：《種芝草法》。《太平經》一百七十卷。案：此類一百廿七種，與〔四〕所傳《道藏》目録不同。錢《目》前有道家，後有道書，又有道藏，莫識其意。

道書：《盟天録》。《易形龜鑑》。《五雷大法》。五十四。

醫書：宋板《脈經指南》。案：此下有天主教類。外教書甚多，豈可立類？因削去。

類書：《北堂書鈔》一百七十三卷。虞書久亡，今所行者後人偽造。

《修文殿御覽》三百六十卷，祖珽。《鹽梅志》八冊。五十八。

偽書：《顔子》。《於陵子》。《誠齋雜記》，元林坤撰。十五。

六朝文書：宋板《陶靖節集》，末有年譜。案：此類十六種。

唐文集：宋板黃氏補注《杜工部紀年詩史》十四册，三十六卷。《草堂詩》有高麗本，如《水筒詩》"何假將軍蓋"，作"佩"，注引李二師拔刀刺泉事，較"蓋"字爲穩，宜從之。其爲善本可知。宋板《東萊注杜大禮賦》。共四十七種。

唐詩：《武后集》。《唐詩正聲》。共一百二種。

詩總集：宋板《萬寶詩山》二十二册。共四十七種。

宋文集：《後山集》所傳多雜僞，唯魏衍所編二十卷最善。衍，後山高第。孫覿《鴻慶集》，字仲益，提舉鴻慶宮，故以名集。仲益出蔡元長門下，蔡敗即倒戈攻之，卒年八十九。高似孫《煙雨集》三卷。洪适《盤洲[五]集》八十卷。洪邁《野處文集》二卷。北宋八十六種，南宋百十二種。

金元集：《丁鶴年詩集》，字鶴年，西域人。戴良作《丁高士傳》，正統中楚藩刻其遺文。金十一種，元一百八種。

明初文集：《鳬藻集》，此文集也。季迪詩集有數種，晚自選定《缶鳴集》十二卷。至景泰間，徐庸合梓其諸集詩爲《大全集》。庸又採永樂至正統四代之詩爲《湖海耆英集》十二卷。徐本富家，以詩名，吳人也。胡翰《信安集》，師事黃文獻、柳文肅，與修《元史》，官止教授。朱存理《野航詩集》。凡十九種，今所見者止高青丘一種。

文集總：《古文苑》，孔逌所輯百卷，已亡。逌，齊梁間人，見《南史》。今所存九卷本，唐人所輯。宋板《兩漢文鑑》，亡名氏。《唐文鑑》二十一卷，賀泰。《三國志文類》四十卷。《唐文類》三十卷，陶叔獻編。凡四十九種。

騷賦：宋板《楚辭》。明江西芙蓉館翻宋刻，佳。朱注《楚辭》，《齊東野語》言，趙忠定放逐衡湘而作。高似孫《騷略》一卷。《古賦辨體》。凡八種。

金石：《陝西金石文》。此類九種，甚略。

論策：元趙天麟《太平金鏡策》。共九種。

奏議：宋板《宋名臣奏議》十卷，吕成公編。成公又編《歷代奏議》。趙忠定編《皇朝名臣奏議》一百五十卷。元板《陸宣公奏議》，又名《牘子集》。凡十二種。

文説：朱文公《游藝至論》。凡十八種。

詩話：《後山詩話》，放翁云可疑。凡四十四種。

制書實録：《太祖集》二十卷，又三十卷，詩五卷，樂韶鳳、宋濂編。仁孝皇后《勸善書》，有硃印"厚載之記"四字，蓋皇后璽也。《皇明制書》。凡五十五種，皆明書。

明實録：《洪武實録》孝陵二百五十七卷，胡廣等；泰陵二百二十四卷，李東陽等。《大政記》即此書，禁私藏國史，易其名。《光宗實録》有二本。凡十七種。

明國紀：《天潢玉牒》。《皇明本紀》，俞本記録最確。《革除録》，自宋端儀始，凡七種。《靖難録》。《鐵券式》。《皇明憲實》，袁褧石磬齋藏宋刻，摹刊行世，最稱善本，士林重之。《國朝典故》三十二册。共一百八種。

明傳記：《李韓公家乘》，善長。劉誠意《翊運録》。《解學士年譜》。雷禮《列卿傳》一百四十四卷，又《年表》六册。《國史列傳》二十册。凡六十一種，内年譜十一種，多未見書。

明典故：《宗藩要例》，條例多出江陵，最爲得宜。《諸司職掌》，仿六典。王樵《讀律私箋》二十四卷，人服其精博。《錦衣衛紀事總目》。《射評射法》。錢希言《遼紀》，牧翁從子，記遼事始末極詳。凡二百十二種。

明雜記：黃瑜《雙槐歲抄》十卷，孫佐以案牘足成，記國事最核。黃佐又著《翰林記》二十卷。凡一百七十二種。

文光案：錢氏所收明代書最多，大抵備修史之用。又割成明臣誌傳并明人文集數百本，俱厚四寸餘，松陵潘氏購去，統共四千二十五種。

## 《述古堂藏書目》四卷　附《宋版書目》一卷

國朝錢曾撰

《粵雅堂》本。道光庚戌南海伍崇曜校刊。前有錢曾自序，末有伍崇曜跋。遵王酷嗜宋板，此其藏書總目。其書多得自牧翁，後又售於泰興季氏，可與《絳雲書目》、《滄葦書目》并觀之。前有目錄，經二百九十三種，史一百二十九種，子七十五種，文二百九種，詩一百六十四種，詞四十四種，詩文評九種，四六八種，詩話五十二種。此下忽出類書三十七種、小說三十七種。又儀注、職官、科第三門十三種，兵家、疏諫二門十八種，天文、占驗、六壬、太乙、奇門、曆法、軍占七門九十五種，地理、輿圖、名勝、山志、遊覽、別志、人物、外夷八門三百四十四種，釋部、神仙二門二十九種，醫書、卜筮、星命、相法、形家、農家、營造七門二百五十六種，文房、器玩、歲時、博古、清賞、服食、書畫七門一百二種，花木、鳥獸二門四十種，數術、藝術二門三十四種，書目、明寶訓詔令并掌故三門一百一種。通共二千八十九種，得絳雲之半。其門類冗雜破碎，不可究詰，實莫解其何意也。宋板經部二十七種，史部十七種，釋部七種，子部十七種，文十五種，詩十種，類書四種，詩話八種，詞一種，共百十四種。

宋本影抄《家語》，王肅注。抄本黃玉巖《禮記目錄》五十卷，十六本。黃佐《樂典》三十六卷。楊表正《琴譜》十卷。朱子《實記》十二卷。抄本《六藝總說》一卷。宋板《說文》。房喬《晉書》一百三十五卷。王子充《續大事記》七十七卷。宋板《漢律》十卷。北宋影抄本《楊子法言》。抄本文中子《元經》二十卷。宋板《文選》李注。宋本影抄《杜工部集》，吳若本。朱文公《大同集》六卷。宋板《二十家注杜集》、《趙次公注杜集》、黃鶴《千家注杜詩》、蔡夢弼《草堂詩箋》。抄本葉薋《四六叢珠》四十卷。抄本《李橘山四六》十卷。《尺牘清裁》六十卷。内府抄本《内閣書抄》六十卷。抄本《輿地圖》、《嶺海輿圖》、《建昌諸夷圖》、《安南圖志》。《太師比干録》。抄本《東國史略》十卷、《北虜世系考》、《百夷傳》、《華夷進貢譯語》。内府圖畫本《文殊成道記》。宋板《傳燈録》、《五燈會元》。抄本杜光庭《墉城集仙録》六卷、《許真人八十五化》三卷。抄本《元珠密語》十七卷、楊文德《太素脈訣》一卷。宋板錢如璧《三辰通載》三十四卷。抄本《太乙星書》三卷、袁忠徹《古今識鑑》八卷、《人象大成》二卷。抄本《皇明書畫史》、賈秋壑《蟋蟀經》。吳文定《藏書目録》。《脈望館書目》。《古今圖籍考》。抄本《天潢玉牒》、《帝后紀略》、《祖陵紀略》、《皇明詔令》十二卷、《國朝典故》一百卷。《大明宫制》十六卷。《廠庫須知》十二卷。《南河全考》十卷。《漕船志》八卷。以上《述古目》。

　　《毛詩鄭箋》二十卷八本。毛晃增修《禮部韻略》。《説文》三十卷，《標目》一卷四本。《隸韻》半部。《吳書》二十卷，八本。章衡《編年通載》十五卷，二本。《歷代紀年》二十卷，四本。《氏族辨證》三十卷，五本。《輿地紀勝》二百卷，二十本。《政和本草》二十卷，二十本。《玉靈聚義》五卷，二本。卜筮類。《御覽》一千卷。抄本配全。以上《宋板書目》。

## 《讀書敏求記》四卷

國朝錢曾撰

　　耆英堂本。乾隆六十年檇李沈炎校刊，前有乾隆十年沈尚傑序、沈炎記、胡重誠跋，後有曹一士跋。是書經、史、子、集各

爲一卷。經部曰禮樂、曰字學、曰韻書、曰《詩》、曰《書》、曰
數書、曰小學，凡七目。《書》則《石鼓文》、《字要》之類，小
學則《方言》、《蒙求》之類。史部曰時令、曰器用、曰食經、曰
種藝、曰豢養、曰傳記、曰譜牒、曰科第、曰地理輿圖、曰別志，
凡十目。子部曰雜家、曰農家、曰兵家、曰天文、曰五行、曰六
壬、曰奇門、曰曆法、曰卜筮、曰星命、曰相法、曰宅經、曰葬
書、曰醫家、曰鍼灸、曰本草、曰方書、曰傷寒、曰攝生、曰藝
術、曰類家，凡二十目[六]。集部曰詩集、曰總集、曰詩文評、曰
詞，凡四目。共四十一類。其分部，經、史多未允，子部太瑣碎，
且寥寥三五種即爲一類，不可爲法。原本未見，乙丑本因吳興趙
氏之本重爲校梓，此刻改正數十處，俱詳於記。板尚工整完善，
蓋即己丑板而修補者也。

胡氏跋曰：“遵王《述古堂書目》凡三千餘種，此記僅六百
種，蓋義門所稱專記宋板、元鈔及書之次第完缺、古今不同者也。
此書未刻之先，得見者罕。竹垞典試江南，以黃金翠裘賂遵王侍
書小史肬篋得之，半宵寫成，可見秘不示人矣。雍正丙午，趙孟
升用亨氏始授諸梓。乾隆乙丑嘉興明經東里沈公重校以行。公之
文孫葭士因齋中板片歲久漫漶，乃取善本校勘，訛者刊之，缺者
補之，浹旬乃竣。葭士三世聚書，家學淵茂，晨夕一編，丹黃不
輟。服其用心之勤，爰綴數語於簡末。”

曹氏跋曰：“趙子用亨爲文敏之後，少有才學，播於時流。”

《拜經樓藏書記》曰：“此刻視鈔本間多舛訛，未得一校。”汪
氏振綺堂校錄瓶花齋藏本亦未爲盡善。絳雲藏書三千九百餘部，
牧翁畢生之菁華萃於此矣。竹垞置楷書生數十於密室中，半宵寫
成返之。當時所錄并《絕妙好詞》在焉。詞既刻而遵王漸知，恐
其流傳於外也，竹垞乃設誓以謝。“竹垞抄本珍秘不出，暮年授
族子寒中。先君子以重價得之，吾友趙君用亨刻之吳興。卷端冠

序一首，借傅編修玉荀之名，傅不知也，偶見其書，大怒，且以舊史官三字爲犯時忌，徧告當事，欲毀其板。幾允所詣，先君子解紛乃已，然用亨亦因此愧憤，不復刷印示人矣。錢唐吳誠記於瓶花齋。”“竹垞典試日，龔方伯大會諸名士於秦淮河，遵王與焉。是夕抄得此書并《絕妙好詞》。予從馬塞中得此本，惜其字多謬誤，蓋半宵寫成未及校對。牧翁以十萬金錢購致奇書，此所謂選其精華也。何焯記。”雍正甲辰至月蟬花居士取禦兒吕氏明農草堂善本手校。

　　《周易》十卷，王韓注，有“貞元”、“伯雅”二圖記，知是鳳洲藏書。《乾鑿度》二卷，《皇極經世》之先資與。《乾坤鑿度》二卷，此等書唯宋本行次恰當，范欽訂刊者字句訛謬，紊亂失序，脱卻原意。《元包》多奇字，非釋音不可讀。《公羊》何休解詁十二卷，此北宋本之精絕者，故附釋文於經傳後。若南宋人刻，便散入各條注下矣。何晏《論語集解》，高麗舊抄本，筆劃奇古如隸書。牌板行間所注字，中華罕有識之者，洵爲書庫奇本。末題“堺浦道祐居士重新命工鏤梓，正平甲辰五月吉日謹誌”，未知正平是朝鮮何時年號，候再考之。《孟子注疏》是叢書堂録本，簡端五行爲匏翁手筆。監本、建本多脱誤，乃知匏翁抄此爲不徒也。王肅注《家語》，從東坡本抄出。俗本多脱誤，南宋刻亦不如此本之佳也。《孔子集語》所引書多不可見，方山吳岫多舊抄，此其一也。《經典釋文》，葉林宗從絳雲樓北宋槧本影摹逾年。林宗好奇書，我兩人互相傳録。君之介弟石君卓識洽聞，著史論甚佳。《刊謬正俗》，此書尚非定本，汪應宸題所疑於尾，頗爲有識。《家禮》十卷，文公居母喪所著，初成失之，歿後始出。楊復附注并載諸圖，而劉垓又增注之。《説文繫傳》世罕有之，李巽巖蒐訪僅得七八，闕卷誤字，無所是正。屠守居士云，《汗簡》因古文字少，援文就部以足其數，其實則非也。居士爲吾友馮舒，別號癸巳老人，藏書多異本，吾邑宿素也。《增廣鐘鼎篆韻》七卷，王楚作《鐘鼎篆韻》，薛尚功廣之，楊鉤信採金石奇字，益以黨氏《韻補》所未備，係篆文於唐韻下，而以象形奇字等終焉。序後有"洪熙侯書籍印"章。摹寫精妙，凡楊增俱用朱印界之，内府所傳本也。吾衍《續古篆韻》六卷，趙靈均手抄本，小完堂藏書。

　　　　文光案：此書四庫未收，阮相國以舊抄錄進。至道光間金
　　陵陳氏乃有此刻，所載即《石鼓》、《詛楚》等文，以韻編之。

　私印之作盛於元，子行獨精其藝，能變宋末鐘鼎圖書之謬，故子昂亦效其法，虞、揭諸公皆重之。人品高潔，非獨一藝成名也。《從古正文》一卷，篆文正楷，點畫不容少差，此書存其遺迹，且依韻易檢。《百壽字圖》，宋史渭刻於夫子巖，明趙壁又得二十四幅編爲一卷，可謂無體不具矣。《古四聲等子》一卷，即元劉鑑《切韻指南》翻刻而易其名。《書斷列傳》三卷，《雜編》一卷，此是舊抄本刊於《百川學海》者，行次失款，且多訛字。六畜字本作"畾"，《爾雅》麋、鹿、虎、豹育於山澤者歸之釋獸，馬、牛、羊、狗爲人所養者歸之釋畜，若一概以獸例之，訛矣。陸游《南唐書》，戚光音釋最佳。《北夢瑣言》每事列一題，俗本删去。《歸潛志》十四卷，周雪客、黃俞邰《徵刻書目》曰八卷，殆未見全書與？《宋宣和鹵簿圖》九册，凡三十五卷。又《大駕鹵簿》一册，《中宮鹵簿》一册，俱畫本，内府之珍，人罕見之。宋謝諤《孝史》五十卷，世罕其傳。予從印宋本抄錄，藏之家塾。《水經注》宋板跋云："《水經》舊有三十卷，刊於成都府學宮。元祐二年春，運判孫公始得善本於何聖從家，以舊編較之，纔三分之一耳。乃與運使晏公委官校正，摹工鏤版，完缺補漏，比舊本凡益編一十有二，共成四十卷。其編帙小失、次第先後，咸以何氏本爲正。元祐二年八月初一日記。"詳觀跋語，是本在當時稱善，惜無翻刻者。予故備錄此跋，以告世之藏書家。《大明清類天

文分野書》二十四卷，此書聖祖命屬稿於犁眉公，鐵冠道人洪武十七年進。後之修明史者於此徵輿地志，又何求焉！范成大《吳郡志》五十卷，宋槧本。注中有注，唯此及高誘《戰國策》，他則未之見也。《西京雜記》二卷，俗本妄分六卷。《洛陽伽藍記》五卷，清常道人改正四百八十八字，增其脫者三百廿字，後又改正五十餘字。凡歷八年始爲完書。《顏氏家訓》七卷，俗本二卷，不知何年爲妄庸子所淆亂，遂令舉世罕覩原書。此本爲宋人名筆所錄，淳熙七年嘉興沈揆取閣本、蜀本互定，又從天台故參知政謝公所校五代和凝本辨析精當，後列考證二十三條爲一卷，當時稱爲善本。

　　錢曾，字遵王，號也是翁，牧齋之族孫。受業於牧齋，注《初學集》、《有學集》，撰《敏求記》。牧齋一子名孺飴，柳氏所生，一女一贅婿。錢曾、錢謙光倚其豪族御史錢求赤之勢，索金三千，逼死牧齋之妾柳氏。門人羣起攻遵王，揭帖於門，名曰"獸曾"。牧齋死未三日，獸曾、獸謙光各率家僮突至靈床，云領族貴之命索金三千，有則生，無則死，逼柳氏自縊。曾與謙光遺帽鼠竄。當時孺飴尚幼，門人代作供詞，并以書責曾，內有云"豈君鄴架多書，別有所考據乎"。錄於《錢氏家變錄》。

　　　文光案：《錢氏家變錄》一卷，刻入《荊駝逸史》。所錄皆當時書揭，閱之駭然。其寃亦未知伸否。遵王以藏書名，學問亦甚淹博，此事則人所未聞，予故表而出之，以爲文人無行者戒。此亦高似孫之流亞耶？二人皆富藏書，學問皆博雅可觀，高則逆子無父，錢則背師叛道，讀聖賢書所學何事也？似孫之父名文虎，黨邪謗正，見於《宋元儒學案》，則亦非正人矣。

## 《千頃堂書目》三十二卷

國朝黃虞稷撰

抄本。是書有朱竹垞藏本、盧抱經校本。

《簡明目錄》曰：“所錄皆明一代之書，最爲賅備，惟每類之末附錄宋金元人著述，既多挂漏，又不上溯五代以前，莫詳其義例之所在。”

文光案：俞邰徵修《明史》，爲此書以備藝文志之采用，非藏書目也。聞先成《明史・藝文志》，其書盧氏猶見之，而今不傳。又因元修三史，獨闕藝文，故附金元著作於各類之後，蓋欲補其闕也。其中宋人著作係《宋志》所遺，亦非複出。細玩此書，的係稿本，尚未整比，故雜亂無序。而《明志》所采不及金元，惜哉！

## 《傳是樓書目》一卷

國朝徐乾學撰

抄本。崑山徐氏《小讀書目》專記宋板，此冊未知是否。總目分四部，以《千字文》編號，後有黃氏傳是樓藏書記，汪氏、邵氏傳是樓藏書記。毛氏汲古閣、牧翁絳雲樓、遵王述古堂、范氏天一閣、徐氏傳是樓，數家儲藏甲於天下，而其書目皆不足觀，宋板元抄悉爲湮没。吳氏拜經樓、黃氏士禮居兩家所記板本差詳，然敘事多而考證少，無關於書旨者殆十之七焉。近有洪氏書目，凡四函，依張金吾《愛日精廬藏書志》之例爲之，而書則增倍。然《兩漢博聞》僅題名氏，則考之未詳矣。

## 《經義考》三百卷

國朝朱彝尊撰

《雅雨堂》本。乾隆癸酉盧氏校刊，板歸杭城汪汝瑮家。朱氏原刻甫及其半，《春秋》以下闕焉。盧雅雨以轉運再至淮南，得其未刻之本，乃授之梓。前有康熙四十年毛奇齡序、乾隆乙亥盧見曾序，後有乾隆二十年朱稻孫跋。目錄二卷，御注敕撰一卷，

《易》七十卷，《書》二十六卷，《詩》二十二卷，《周禮》十卷，《儀禮》八卷，《禮記》二十五卷，《通禮》四卷，《樂》一卷。以上目録上卷。《春秋》四十三卷，《論語》十一卷，《孝經》九卷，《孟子》六卷，《爾雅》二卷，羣經十三卷，《四書》八卷，逸經三卷，毖緯五卷，擬經十三卷，承師五卷廣譽附後，宣[七]講、立學一卷。闕，張金吾《兩漢五經博士考》可補立學一門之闕。刊石五卷，書壁一卷，鏤板一卷，著録一卷，通説四卷，家學一卷，闕。自序一卷。闕，以上目録下卷，盧氏補刻。共闕三卷。原刻一百六十七卷，補刻一百三十卷。

盧氏序曰："此書原名《經義存亡考》，嘗以二十餘卷質吾鄉漁洋先生，於《居易録》載其大凡。後先生以《蒹竹》、《聚樂》、《淡生》、《一齋》諸目所藏，及同人所見世有其本者列未見一門，又有雜見於諸書或一卷或數條列闕書一門。於是分存、佚、闕、未見四門，删舊名之存亡字，而名之曰《經義考》。卷帙浩繁，校對不易，從事諸君子各題名於每卷之後。而博徵載籍以正字畫之訛者，錢塘陳授衣章、儀徵江賓谷昱也。刻既成而覆校之者，元和惠定宇棟、華亭沈學子大成也。其商略考訂兼綜其事，則祁門馬嶰谷曰琯、半查曰璐云。"

毛氏序曰："《經義考》者，諸儒説經之書目也。古經六，《易》、《書》、《詩》、《禮》、《樂》、《春秋》，見於《經解》。其時夫子傳《易》，子夏序《詩》，虞卿論《春秋》，各有經説行乎其間。即至燔書以後，尚有《古五子》十八篇，《周官傳》四篇，列《漢志》中。嗣此，諸儒之説經者遂紛紛焉。朱子竹垞爲此懼，從前人所增七經、九經、十三經外，更廣一《大戴禮》，曰此皆經也。於是窮搜討之力，出家所藏書八萬餘卷，輯其説之可據者，署其經名而分繫其下，有存佚而無是非，使窮經之士一覽而知所考焉。其所部分則御注敕撰一卷，尊王也。十四經爲經義者共二百五十八卷，廣經學也。逸經三卷，惟恐經之稍有遺而一字一句必收之也。

毖緯五卷，緯雖毖，說經者也。夫緯尚不廢而何況於經？擬經十

三卷，此則不惟自義并自爲經者，然而見似可瞿也。又有承師五

卷，則録其經義之各有自者，而廣譽附焉。宣講、立學合一卷，

刊石五卷，書壁、鏤板、著録各一卷，通説四卷，此皆與經學有

繫者，然而非博極羣籍不能有此。家學一卷，自敘一卷。共三百

卷。書成示予，因卒讀而爲之序。”

文光案：朱《考》所録序跋，多未見之書，故足珍重。

惟同敘一書，語句多複，又在一卷之内，未免傷於繁冗。若

稍爲删削，亦足稱一家之書，否則觀者生厭矣。張氏、陸氏

二志所收序跋亦抄本，非傳刻也。

盧氏又序曰：“兩漢授受具有家法，宋儒以意説經，義理勝而

家法亡矣。好古之士無徵不信，往往恨焉。今觀《經義考》所載

雖闕佚過半，必稽其爵里，條其同異。嘗謂通經當以近古者爲信，

先從記傳始，記傳所不及衷諸兩漢，兩漢之所未備取諸義疏，義

疏之所不可通然後廣以宋元明之説，勿信今而疑古，是則余刻書

之志也。”

王氏曰：“竹垞過邸舍云：‘近著一書曰《經義存亡考》，以鄭

夾漈《經籍志》作骨而附益之。不傳者存其目，其傳者略論作者

之意，辨其得失，蓋仿西亭《授經圖》，兼用晁公武《讀書志》之

例也。’竹垞篤好經學，所録多鄞范氏天一閣、禾中項氏及曾氏倦

圃、溫陵黃氏千頃堂秘本。”録於《居易録》。

朱氏跋曰：“先大父嘗以近日譚經者局守一家之言，致先儒遺

編失傳者什九，因仿鄱陽馬氏《經籍考》之例而推廣之，著《經

義考》三百卷，爲類凡三十種。又欲爲補遺二卷，草稿粗定，即

以次付梓。其宣講、立學、家學、自序四種以及補遺屬草未具，

不幸遘疾，校刻迨半，鴻業未終。嗚呼！惜哉。自先大父賫志以

没，稻孫糊口四方，矢懷莫遂，惟謹笥遺稿未之敢離。雍正甲寅，得交嶰谷馬君於維揚。君好古博雅，篤於友誼，欣然約同志欲爲我先人成此未竟之業，中有所格不果。越二十年歲甲戌，德州盧公重掌江南黻政，稻孫謁公邗上。公一見即詢及《經義考》，因具陳顛末，公爲歎息者久之，遂首捐清俸爲同志倡。還，以其事屬諸馬君，君由是與令弟半查盡發二酉之藏，偕錢塘陳君授衣、儀徵江君賓谷、元和惠君定宇、華亭沈君學子相爲參校，而稻孫仍率子昌淳、長孫休承暨從孫塏同里金蓉共襄厥事。既踰年而剞劂乃竣，計一百三十卷，合前所刻一百六十七卷成完書。信乎書之顯晦與夫行世之遲速固有天焉。繼自今窮經稽古之士，其得所津逮而拜使君與嶰谷先生之嘉惠者，良匪淺矣。"

朱氏曰："五經始出，多係古文，辭義艱晦，非得訓故，其何能通？博士轉相授受，不無異同。石渠、虎觀，講説紛綸，帝臨親決，歷久而後論定。漢之經師用力勤而訓義艱，有功於經大矣。而又兢兢恪守其師説，遇文有錯互，一字一句不敢移易。其尊經也，至莫有侮聖人之言者，平心以揆之，漢人亦何罪之有？乃宋人之論《詩》因序而亡，經因窮而絕，至以訓詁之書等於秦火之燔，毋乃過與？"

文光案：書目自《四庫全書總目》以外，惟此書最爲浩博。所録序跋諸説多人所未見之本，又專爲經義而作，故世珍重之。其書之體例，書名之上冠以某氏，氏下旁注人名。次行降二格，標隋、唐、宋志幾卷，或注某書作幾卷。再次一行降三格，標存、佚、闕、未見等字。惟所謂佚，今有存者，則佚字未妥。再次一行降一格，録序跋諸説，間考名姓。序冠以某人序曰，説冠以某人曰，引書冠以書名，姓氏多采志乘。按語降四格，冠以按字，皆考證之文，實事求是，非如毛氏汲古閣書跋毫無根據也。揚子《法言》、文中子《中説》，本非經部之書，而列爲擬經一門，故毛序云見似可瞿，然藉此可以考見諸子，亦厚幸也。考中諸書刻入《通志堂經解》者最多，其斷簡殘篇見於《古經解鉤沉》、《漢魏遺書鈔》、《玉函山房輯佚書》者亦夥，然皆不及十分之二三。此外單行之本亦甚寥寥。張金吾彙宋元經説以續徐書，而其本未見，不知今尚存否。予據朱《考》修經目，其中錯誤之處雖屢經改正，終未洽心。蓋大部之書校勘不易，不獨是書爲然也。

## 《經義考補正》十二卷

國朝翁方綱撰

小石帆亭本。乾隆五十七年刊，前有自序、目録、識語。

翁氏自序曰：“丙申春，與丁小雅晨夕過從，相質諸經説，見所校竹垞先生《經義考》積數十條，因録存於篋。後十二年秋，在南昌使院重校是書，欲彙成一帙而未暇也。又後三年，方綱按試曹、沂諸郡，門人王實齋來相助，重加校勘，因録所補正凡一千八十八條，爲一十二卷。竊念先生是書綜覈賅貫，爲經訓淵藪。其於楊止菴《周易》一編，正其訛舛，曰非敢形前賢之短，慮誤後學也。然則今兹區區附綴之意，或亦先生所樂予乎？小雅名傑，浙江歸安進士。實齋名聘珍，江西南城拔貢生。”

《爾雅》類下宜備列訓詁六書諸目，今以顏氏《匡謬正俗》、張氏《五經文字》等入是書矣。而小學未能自爲一類，宜與宣講、立學同補。擬以愚得續録成帙，附識於此。

《考》曰：“晁公武曰《唐録》稱鼎祚書十七卷，今所有止十卷，蓋亦失其七，惜哉！《通考》今所有止十卷，而始末皆全，無所亡失，豈後人併之耶？案，李鼎祚集注《周易》，《新唐志》十七卷，《宋志》作十卷，而《宋志》五行類又有李鼎祚《易髓》三卷，目一卷，《瓶子記》三卷，合之乃十七卷也。蓋《唐志》總其生平所著卷目言之，而《宋志》析書名言之。晁公武、馬端臨、李巽嵒之徒或以爲集注內亡失七卷，或以爲後人所併，皆未之深考耳。"《補正》曰："此條下有潘恩序，其稱恭定公者，竹垞祖母徐之祖父也。竹垞此書終以家學自成一家之書，故於所親不敢稱名。然義取尊經，考當紀實，司徒撝班彪尚稱於《漢書》贊語，潘獨稱謚，徒以待後人考索耳。予門人新城魯肇光積年殫思撰《李氏易解敘録》一卷，援據極博，惜其早逝，手稿無從收拾矣。爲識於此，使其附此以傳也。"

### 校勘記

〔一〕"玄"，原作"孝"，據《經義考》卷二九一改。

〔二〕"揖"，原作"楫"，據《魏書》卷九一《江式傳》改。

〔三〕"冕"，原作"冤"，據《總目》改。

〔四〕"與"，原作"興"，據文意改。

〔五〕"洲"，原作"川"，據《四庫全書總目》卷一六〇改。

〔六〕"二十目"，書中所舉實有二十一目。下文"四十類"實有四十二類。

〔七〕"宣"，原作"官"，據《經義考·目録》改。

# 萬卷精華樓藏書記卷六十九

# 史部十六
## 目録類五

## 《明藝文志》五卷

國朝尤侗撰

原本。此纂修《明史》之志稿也。凡經部十類，曰易、曰書、曰詩、曰禮、曰樂、曰春秋、曰孝經、曰諸經、曰四書、曰小學。史部六類，曰正史、曰稗史、曰傳記、曰典故、曰地理、曰譜系。子部九類，曰儒家、曰道家、曰釋家、曰農家、曰法家、曰兵家、曰小說、曰五行、曰藝術。集部三類，曰奏議、曰詩文、曰選纂。共二十八類，七千一百四十一種。其例惟載有明一代著作，而宋元人書爲明人所刻者亦載之，甚至袁安書評收及南齊之人。又題黄省曾《兩漢紀》，趙用賢《管子》、《韓子》，某人所刻即署某人，書目中無是例也。其用意與《千頃堂書目》同，而荒謬特甚，不足依據也。

## 《文瑞樓藏書目録》十二卷

國朝金檀撰

《讀畫齋》本。是書内不署名，前有楊蟠序，後有嘉慶辛未金錫鬯跋。所收明人集甚富，經部惟《通志堂經解》、《十三經注疏》

兩部，門類甚瑣。目下或有注或無注，俱無定例。

楊氏序曰：“婁東金明經星軺先生自幼嗜古，好蓄異書，築文瑞樓藏之。此書目十二卷皆其所藏也。明經籍隸桐鄉，徙宅於婁東，其於桑梓之文獻罔弗留意，其風雅可想見矣。至於編次有法，凡宋明人諸集分以時代，尤易檢閱，則有識者所共賞也。”

金氏跋曰：“先生博學嗜古，於書無所不蒐。晚年徙宅吳門之桃花塢，得書益富。嘗校刊《貝清江集》四十卷，《程巽隱集》四卷，又爲《高青丘詩集注》，即今世所傳刻本。箋識精博，爲士林寶貴，蓋得力於家藏之書居多云。書目十二卷，予家向有寫本，遭事散失。好事家亦間有藏本，然流傳殊未廣也。此冊抄自家叔比部鄂嚴先生，爲桐華館訂正之本。比部曾屬鮑以文淥飲剞劂，旋又中止，且軼其跋語。今春鮑以文轉以贈之顧君荔厓，刻入叢書〔一〕。荔厓屬爲參校，遂書其緣起如此。”

《兩漢書》有明廣東崇正書院重修本。延陵李氏書目、項氏萬卷樓書目。《學山堂印譜》八卷，明婁東張灝鑒藏。《印史》，明古吳何通著。《延緣齋印概》，吳膠陳瑛篆。《西滌軒印譜》，婁東沈霽著。《問古齋印譜》，西湖馬翰篆。《古今印則》，梁谿程遠摹選。《太平廣記》有談板、許板。《賴古堂藏書十種》，周亮工在都輯，凡經一卷，史二卷，子二卷，漢魏六朝唐北宋集一卷，南宋金元集一卷，明集四卷，總集詩一卷。宋元集多抄本，子部無醫家一類，老莊列之，書亦不載。以古文、騷選、四六、尺牘四類入子部，殊爲不合。《蠹齋鉛刀編》三十二卷，宋周孚撰。是書未聞。孚，衢州江山人。紹興十八年進士，迪功郎，真州教授。

## 《讀易別錄》三卷

國朝全祖望撰

《知不足齋》本。此《易》之書目也。上卷圖緯三十四種，通説、陰陽、災異及占驗體例四十四種，漢唐卜筮、林占之書仿古繇辭者百九種，漢唐三式占驗之書四十五種，律歷家九種，天文家二種，兵家二種，堪輿家六種，禄命家七種，醫家二種，相家三種，占夢家一種，射覆家六種，丹竈家三十四種。中卷五行、釋道、神仙家十種。下卷龜書四十七種，蓍書、蓍法二十八種。三卷，通共三百九十二種。

全氏自序曰："嗚呼！諸經之中未有如《易》之爲後世所録者。舊史之志，蓋文藝自傳義、章句而外，或歸之蓍龜家，或五行家，或天文家，或兵家，或道家，或釋家，或神仙家，以見其名雖繫於《易》，而實則非也。彼其爲傳義、章句者，諸家之徒居十九焉。今取其所自出之宗暨其流演之派，釐然別而列之，而彼傳義、章句之無當於經，蓋不攻而自見矣。是舊史衛經之深心也。予嘗綜其概而言之，大半屬圖緯之末流。蓋自《乾坤鑿度》諸書既出，其意欲貫通三才，以依託於知來藏往、廣大悉備之學，遂妄以推測代前知之鑒，而卜筮者竊而用之，始有八宮、六神、納甲、納音、卦氣、卦候、飛伏諸例，其外則爲太乙、九宮家、遁甲、三元家、六壬家，所謂三式之書也。三式之書早見於春秋之世，伶州鳩已言之矣。而或謂圖緯始於西漢之末，亦考之未審也。三式皆主乾象，於其中又衍爲星野、風角二家。又推之節氣之變爲律歷家。律歷之分爲日者家，合星野、風角、時日以言兵事則爲兵家。又以仰觀者俯察爲形法家。其在人也爲禄命家，爲醫家，爲相家。若占夢家，則本周官所以屬之太卜者，又無論也。更有異者，以陰陽消長之度爲其行持進退之節，爲丹竈家。丹竈之於卜筮豪不相及也已，而其先事逆中，亦託之《易》。然自唐以前援《易》以入於占驗之門者居多，自唐以後則《易》半《道藏》所有，是亦一大變局也。夫必欲以支離之小道搆撦聖人之經，是亦文、周所不能禁，而究之則於《易》何有哉？雖然，諸家之託於

《易》，原其初不過借《易》以自文其説，而非謂吾之説可以明《易》也。其以入之傳義、章句之中者，説經者之罪也。近日有作《經義考》者，不審舊史之例，概取而列之於《易》，則所以亂經者莫甚於此。愚故列圖緯於篇首，而以諸書附之，略疏證其門户之異同，以見其必不可以言經也。若夫舊史所載，間亦有分晰未盡者，并爲改而正之，庶乎使正閏之不淆云。"

中卷自序曰："圖緯之學皆以老莊爲體，老莊之學皆以圖緯爲用。此自經師言《易》以來，但知其門户之分，而不知其門户之合。今夫漢唐之言五行者，莫不依託於黄帝，蓋清净無爲之説原非竟忘世也，實欲出而一試。故老子一傳而爲文子，當世所稱計然者也。種、蠡師之以霸越，其言爲壬遯之祖師。而陰陽消長之説既不勝其支離而難通，則必附之於元妙之窟，以明其言之有據，而使天下之人神其術而不疑，故陰符之書入於道家。試觀漢唐以來，嚴君平、葛稚川之徒皆以老莊治圖緯者也，管公明、李淳風之徒皆以圖緯治老莊者也。至於康節而尤備，其言老子得《易》之體，蓋自實踐中知之。而所用以推元會者，即六日七分之法，是真集大成者也。然則王、韓承漢儒之後，操忘象、忘言之妙，吐去一切，是所謂得其半者也，不足以紬圖緯之學也。王、韓之學行，而論《易》者轉思焦、京；及陳、邵之學行，而論《易》者轉思王、韓。今觀吾《别録》中所載，則知其爲百步、五十步之相笑也。圖緯候氣直日之法流爲神仙，老莊元兆谷神之旨亦流爲神仙，是丹竈之學亦兼二家之體用而成，是皆先儒從來未見之旨也。"

下卷自序曰："自漢而降，猶然重龜。蓍之顯於今也，自唐一行始也。蓍學既盛，龜學遂失不傳。《經義考》只録蓍書，而去龜書。考四史所載，龜書之多於蓍書者十九，而大都皆漢唐人之所作。蓍則皆溺於壬遯之説者，故不敢登之經部而别録之，是舊史所見之精也。爰取以附之《別録》之末。"

## 《古今僞書考》一卷

國朝姚首源撰

《知不足齋》本。前有自序。

姚氏自序曰:"造僞書,古今代出其人,故僞書滋多於世。學者於此真僞莫辨,而尚可謂之讀書乎?是必取而明辨之,此讀書第一義也。予輒不自量,以世所傳僞書分經、史、子三類,考證於後。明宋景濂有《諸子辨》,予合經、史、子而辨之,凡今世不傳者與夫瑣細無多者皆不録焉。其有前人辨論精確者,悉載於前,以見非予之私説云。別集難僞,古集難僞,古集間有一二附益僞撰,不足稱數,故不之及。子類中二氏之書亦不及焉。"

《易傳》、《童子問言》、《繫辭明言》、《説卦》而下皆非聖人所作。《子夏易傳》,張弧僞作,《釋文》所引今本無之。關朗《易傳》,或云阮逸僞作。《麻衣正易心法》,朱子云,辭意凡近,且多無理妄談,戴師愈所作。《易林》,《日知録》曰疑是東漢以後人所撰,非焦氏之言。《易乾鑿度》,僞託孔子作。《古文尚書》,僞稱孔壁所出,安國爲傳,予別有《通論》十卷。古《三墳》書出於宋,《七略》、《隋志》皆無。世以爲張天覺僞撰,其詞詭誕不經。《詩序》,《漢志》無謂子夏作者,明係附會,絶不可信。謂毛公作者,亦妄也。大抵小、大序皆出於東漢,范書明指衛宏,自必不謬。大序固宏爲之,小序亦必漢人所爲。子貢《詩傳》、申培《詩説》二書,明豐坊僞撰。《周禮》出於西漢之末,予別有《通論》十卷。《大戴禮》,好事者采諸書爲之,故駁雜不經,非戴德本書也。《孝經》出於漢儒,不惟非孔子作,并非周秦之言也。《忠經》託名馬融,其僞無疑。張溥輯《漢魏六朝文集》,列於融集中,何也?《孔子家語》,《漢志》二十七卷,師古曰非今所有。

《唐志》王肅注十卷，即肅掇拾諸傳記爲之，託名孔安國作序。元王廣謀有《家語注》。明何孟春亦注《家語》，其言曰：“未必非廣謀之庸妄，有所刪除。”此言良是。然則今世《家語》殆王廣謀本也。《家禮儀節》，似坊賈射利而刻，假楊升菴作序，訛謬不通。序以爲丘瓊山纂輯，亦未有據。以上經類。

《竹書紀年》、《汲冢周書》、《穆天子傳》，已上三書，《晉書·束晳傳》：“盜發魏襄王墓，或言安釐王冢，得竹書數十車，皆漆書科斗字。武帝付秘閣以今文寫之，晳得觀竹書云云。”凡七十五篇，今世所傳此三書即在其中。《紀年·晉史》益干啓位，啓殺之；太甲殺伊尹。即此二事，荒誕已甚。然今本有太甲殺伊尹事，無啓殺益事。又杜預《集解後序》謂《紀年》起自夏殷，今本起軒轅氏，則又後人增改，非晉本矣。《周書序》仿《書序》，《克殷》、《度邑》等篇襲《史記》，《時訓篇》襲不韋《月令》，《明堂篇》襲《明堂位》，《職方篇》襲《周禮·職方氏》。《王會篇》尤怪誕不經，殆漢後人所爲也。《穆天子傳》亦漢後人作，多與《紀年》相合，知爲一人之作也。《紀年》沈約注、《周書》孔晁注、《穆天子傳》郭璞注皆淺陋之甚，亦皆僞也。傳稱郭注者，取《山海經》移入之，因謂郭注也。汲冢又有《師春》一卷，據《紀年》、《師春》二書皆與杜預所述不合，予於《紀年》以爲後人增改，非《汲冢》本書。黃長睿又以《師春》爲西晉人集録，未必出於《汲冢》，二者又不同。晉《史乘》、楚《檮杌》二書，元吾衍僞撰。《輟耕録》明載衍之著述，有此二書。《漢武故事》，班固撰，然與《漢書》不同，唐人云王儉造。《飛燕外傳》，漢伶元撰，或曰僞書，此自好事者爲之。又有《漢雜事秘辛》，言梁后事，王世貞僞撰；又有《焚椒録》，言遼后事，不知何人撰，尤穢褻，皆祖述此也。《西京雜記》，陳《録》葛洪撰。案洪著書五百卷，本傳具載其目，不聞有此書。《天禄閣外史》，明王逢年僞撰。《元經》，王通撰，或曰阮逸僞作。胡元瑞謂《元經》今藏書家不復有，不知《漢魏叢書》已刻之矣。

《六國春秋》，崔鴻本久亡。明屠喬孫、項琳訂補，即出二人之手。

《隆平集》，曾鞏撰。晁曰“似非”。《致身録》敘建文壬午之事，從亡者三十二人，史彬與焉。云藏之茅山道士手，授焦竑爲之序。科臣歐陽調律上其書於朝，惟錢牧齋以吳甡菴《史彬墓表》核之，斷其必無者十，見《初學集》。又有程濟《從亡日記》，錢以爲踵《致身録》之僞而爲之也。以上史類。

《鬻子》，世傳子書始於《鬻子》，其人已謬悠莫考，而況其書乎？高似孫以爲漢儒綴緝，李仁父以爲後世依託，王弇州疑其七大夫之名，楊用修歷引賈誼書及《文選注》所引《鬻子》，今皆無之，此足以見大略矣。《關尹子》，出於依託，劉向校定序文亦不類。宋景濂謂其文仿釋氏，良然。《子華子》，諸家書目并無，晁曰多用王氏《字説》，謬誤淺陋。胡元瑞曰：“宋人程本所爲。”《亢倉子》，採《列子》、《文子》、《吕覽》、《新序》、《説苑》、《戴氏禮》，源流不一，雜而不純。《大唐新語》、《國史補》并作庚桑，亦言其僞。

《晏子春秋》，後人採嬰行事爲之。《鬼谷子》，其人無考，是六朝所託。《尹文子》，周尹文撰，後人依託。《公孫龍子》，其説淺陋迂僻，後人僞作，奚疑？《商子》，周氏《涉筆》曰：“商鞅多附會後事，其精確切要處《史記》包括已盡。”《鶡冠子》，柳子厚曰：“其書淺陋，好事者僞爲，用《鵩[二]賦》以文飾之。”案《漢志》一篇，韓文公所讀有十九篇，《四庫書目》有三十六篇，意者原本無多，餘悉後人增入。《慎子》，《漢志》二十四篇，今止五篇，其僞可知。《於陵子》，劉向曾上《於陵子》，今不傳，此乃明姚士麟僞撰，見《秘册彙函》。又鄭思肖《心史》相傳亦出於姚，余未敢附和，附辨於此。《孔叢子》，漢、唐《志》皆無，嘉祐宋咸注，朱仲晦以爲即注者僞作，其説近是。《文中子》，捏造唐初宰相以爲門人，當時英雄勳戚輩直斥之無婉詞，又何其迂誕不經也。以至武夫悍卒日僕僕於其門而問道講經，雖三尺童子亦知其無是矣。説者謂其子福郊、福畤所爲，或云阮逸僞造，吾不得而知之。總不若火其書之爲愈也。《六韜》，《漢志》無，《隋志》始有，其辭俚鄙，僞託何疑。《司馬法》，後人僞造。古傳記所引司馬法之文，今書皆無之。《吳子》，其論膚淺，自是僞託。中有屠城之語，尤爲可惡。黃石公《三略》，《隋志》始有，無以名之，乃曰下邳神人撰，其僞無疑。《尉繚子》，其僞昭然，教人以殺尤堪痛恨，必焚其書然後可也。《李衛公問對》，晁曰："李靖兵法，世無完書，略見於《通典》。今《問對》出於阮逸家，或云阮逸因杜氏附益之。"陳《録》："亦假託也，文辭淺陋尤甚。"以上《六韜》至《問對》，凡六書，暨《孫子》爲七書，元豐中謂之武經以取武士，今世仍之。七書惟《孫子》爲古，餘皆僞，可廢也。

《素書》，黃石公撰，宋張商英注，即英所僞撰，荒陋無足辨。《心書》，諸葛亮撰，僞也。《風后握奇經》，後世僞撰。《周髀算經》，《隋志》始有，周髀之義未詳。石申《星經》亦僞。《續葬書》，陳《録》："郭璞撰，鄙俗依託。"《撥沙經》，晁曰唐呂才撰，蓋依託者。《黃帝素問》，其言實多穿鑿，問對亦屬荒誕，當是秦人作，或云漢後人作。《靈樞經》，晁曰："或謂好事於皇甫謐所集《内經・倉公論》中抄出之。"《神農本草》，東漢人作。其後日增，今并雜爲一，不可致詰矣。

《難經》，《隋志》始有，《唐志》遂屬之越人，皆不可考。《脈訣》，高陽生僞撰。《神異經》、《十洲記》二書，東方朔撰。陳《録》："詭誕不經，皆假託也。"《列仙傳》，劉向撰。陳曰："西漢人文章不爾也。"六朝人所作。《洞冥記》，郭憲撰，胡元瑞曰："六朝僞作。"《博物志》，張華撰，唐殷文奎注。此書淺陋不足觀，絶非華作。《杜律》，虞注，楊用修曰：“本不出自伯生筆，乃張伯成爲之，後人駕名於伯生耳。”以上子類。

有真書雜以僞者，《三禮考注》，吳澄撰，楊士奇序以爲晏璧曾掩爲己作，又以公《纂言》敍録考之，多所增加。《文子》，其書雖僞不全僞，柳子厚謂之駁書，良然。《莊子》，蘇子瞻疑《盜跖》、《漁父》、《讓王》、《説劍》四篇非莊子作。《列子》，高似孫曰：“是書與《莊子》合者十七章，其間尤有淺近迂僻者，出於後人會粹而成之耳。”《管子》，葉正則曰：“非一人之筆，亦非一時之書。”賈誼《新書》，陳曰：“多録《漢書》，其非《漢書》所有者輒淺駁不足觀，決非誼本書也。”《傷寒論》，駁雜不倫，往往難辨。《金匱玉函經》，非仲景撰，乃後人僞託者。

有本非僞書而後人妄託其人之名者。《爾雅》，《釋文》謂釋詁爲周公作。《山海經》，此書皆聖賢之遺事，古文明著者也。以爲禹伯益撰，致爲可笑。《水經》，《新唐志》云桑欽作，不知何據。《陰符經》，李荃詭爲黄帝所作。《越絶書》，子貢撰，或曰子胥，并妄也。《吳越春秋》，楊用修曰：“《漢書》趙曄撰《吳越春秋》，《晉書》楊方亦撰《吳越春秋》，今世所傳曄耶？方耶？”

有書非僞而書名僞者。《春秋繁露》，辨此書者多矣。總以既名“繁露”，而其中又有《玉杯》、《竹林》二篇，與史傳所言不合，皆以爲疑，未有決者。惟胡元瑞曰：“《隋志》西京諸子具存，獨仲舒百二十三篇略不著録，而《春秋》類突出《繁露》十七卷，其書言《春秋》者十之四五，其餘皆與《春秋》不相蒙，蓋不特《繁露》冠篇爲可疑，并所命‘春秋’之名亦非實録也。余意此八十二篇之文即《漢志》之百餘篇者。東京後章次殘闕，好事者因以《公羊治獄》十六篇合於此書，又妄取班氏所記‘繁露’之名係之，紛紛聚訟，故咸失之。”案，此論雖臆斷，實有理。《國語》與左氏文體不倫。劉子《新論》，袁孝政作序稱劉晝，《唐志》十卷稱劉勰，人或謂即此書，然篇目不類。或又云劉歆、劉孝標。《化書通考》，僞唐宋齊丘子嵩撰。宋景濂以爲譚峭景升撰，齊丘竊之。

　　　　文光案：考僞書者甚多，惟此爲備。

## 《讀書跋尾》二卷

國朝彭元瑞撰

知聖道齋本。是書在全集内，前有引并目録，凡百十四條。

彭氏引曰："一領文淵，再校天禄。善和千卷，尚未能讀。幼即焚膏，老猶炳燭。有見輒書，瑣綴末幅。過此以往，庶幾日續。"

《羣經音辨》七卷，宋凡三刻，予所見二本皆南宋時刻，有王觀國後序。《經義考》列《大易法象通贊》七卷，《中天述考》一卷，然《中天述》即在七卷中，非別有書也。《尚書譜》專攻古文，當時陳第極駁之，然議論確有依據。

自校《儀禮注疏》，依張蒿菴本句讀之。殿本後考證殊精核，《識誤》、《集釋》更當時未見書，并採録之，愚臆亦附末簡。集解及陳鳳梧兩刻本注全，可得鄭氏之真。蒿菴句讀甚諦，唐石經外無所參正，墨守監本而已。《集說》用橫讀法，多以此篇校證彼篇，儀節文字未可盡從。宋熙寧後爲《儀禮》學者絶少，故古本亦不多見。

《唐律疏義》三十卷，松雪序與此書不相蒙。竹垞跋云："乃傅霖《刑統賦解序》，世儒加於長孫無忌等《唐律》之前，遂疑疏義爲霖等所注，誤矣。"則知誤冠趙序其來已久，蓋《刑統賦解》王亮增注，而此書撰釋文者爲王元亮，名近而僞耳。然亮益都人，元亮汴人，非一人也。《唐會要》傳抄無善本，曾取新、舊《書》、《六典》、《開元禮》、《元和郡縣志》、《元龜》、《通典》、《通鑑》、

《玉海》、《通考》及諸説部文集校改十餘年，頗覺爽豁。友人借去，不戒於火，以是本見歸，脱誤更甚。《唐大詔令》，無別本可校。昔人譏新《書》志太略，猶幸《六典》、《會要》、《元和志》、《唐律》諸書尚存。此書與《文苑英華》所收，可考見當時典章制度，補新《書》所未備，不徒以其文已也。《唐書直筆》，乃夏卿修史時發凡，斷制精確，足爲古今通例。其文仿《公》、《穀》，奥峭有法。北宋人猶近古，若沿入胡寅、尹莘起手，則迂庸不足觀矣。《江南野史》，所紀多訛。《唐餘紀傳》，全襲陸氏《南唐書》，有通篇增删數字者，對校一過，各注於上方。《北狩見聞録》，徐商老全採入《北盟會編》，此與蕭照《瑞應圖》同一院體文字也。《六朝通鑑博議》，仁父此書爲南宋而發，非爲六朝也。與李舜臣《江東十鑑》、錢文子《蜀鑑》同意，欲用襄、蜀以規復中原，故借古事以指今勢。宋當是時，襄、蜀皆無恙，襄爲兵衛，蜀爲財府，東南之所託命。其後元既陷蜀降襄，而臨安隨之。是誠謀國之蓍蔡，而慷慨激烈望其君相之奮發有爲，則忠臣義士之用心也。泊開禧用兵，厥子季章迎合韓侂胄以取參政，觀序論所云將勇而賢，乃欲以郭倬董當之，亦不善讀父書者矣。《蜀鑑》，敍述往事，於保蜀失蜀三致意焉，似豫知有吴曦之禍，而元之亡宋必先取蜀，非如《華陽國志》、《錦里耆舊傳》徒資地理掌故已也。《江東十鑑》，徒作憤發語，毫無設施實際，視《六朝博議》遠矣。《南遷録》，怪甚，所謂亡國之妖言，不足存也。《昭忠録》，足補《宋史》之闕。《姜氏秘史》，用實録體。建文無實録，意在補之。當時朝廷所鋭意更張者，裁併驛巡、倉稅、僧道官，月不絶書。謀國如此，方、黄諸公亦大可嘅歎矣。其沿革瑣屑，或《明史》所未具，作地志者不可廢是書。禮部譯字書十種，明傳舊本，四譯館所行用譯字生所習官籍也。《文淵閣書目》，焦氏志校以是編，似尚未窺中秘者。今《四庫全書》二萬六千卷，充牣閣中，多此目所未見。《敏求記》無甚考證，間有舛誤，每拳拳於板本抄法，乃骨董家氣習。朱筆評閲者更陋，徒作狂語耳。《示兒編》説經多尚新解，説詩文多科舉之學，獨於六書最深，採摭極博。《庶齋老學叢談》，可採者不過數條，多抄撮，少識解。《求古録》爲《金石文字記》初本，後乃排比成書，二書不可偏廢。江邨好膚古。阮亭有禪機而無道力，説詩多露才揚己，惟《古詩選》能獨出手眼。

## 《天一閣書目》十卷　《碑目》一卷

國朝范懋柱撰

《文選樓》本。前有嘉慶十三年阮相國序，次黄宗羲《天一閣藏書記》，次聖諭，次藏書總目，通共四千九十四種，五萬三千七百九十七卷。内有進呈書六百九十六種，五千二百五十八卷。御賜書、御題書、御賜圖、進呈書爲卷一之一。經目一卷，史目二卷，子目二卷，集目四卷。《碑目》，范懋敏編，張燕昌參訂，乾隆五十二年錢大昕序。自三代訖元，凡七百二十餘通，以時代前後爲決，并記撰書人姓名。明碑不録。

阮氏序曰：“海内藏書之家最久者，今惟寧波范氏天一閣巋然獨存。余自督學至今，數至閣中繙所藏書。其金石榻本當錢辛楣先生修《鄞縣志》時即編之爲目，惜書目未編。此閣所藏五萬三千餘卷，皆明天啓以前舊本。”

文光案：寧波范氏天一閣構於月湖之西，其藏書在閣之上。閣通六間爲一，而以書廚間之，其下乃分六間，取“天一生水，地六成之”之義。宅之東牆圍周迴，林木蔭翳，閣前略有池石，與闌闠相遠，寬閒静閟，不使持煙火者入其中。司馬没後，封閉甚嚴，禁以書下閣梯，非子孫齊至不開鎖。嘉慶八九年，阮太傅命范氏後人分廚編目録成十卷，陳觀察廷傑屬府學汪教授本并碑目刻之，以板畀其後人庋閣下。時阮太傅撫浙江，故序題撫浙使者。每卷首刻文選樓篆印。浙東藏書家以天一閣爲第一。乾隆間詔建七閣，參用其式，且多寫書入四庫，賜以《圖書集成》，至顯榮矣。進呈書有目無注，寧波府鄞縣附學生員范邦甸恭録。又案：《甬上耆舊傳》："范欽，字堯卿，嘉靖十一年進士，終兵部右侍郎。數忤武定侯郭勳，勳譖於帝，下獄廷杖。巡撫南贛，擒劇賊李文彪，平其穴。復攻大盜馮天爵，斬之。遷侍郎，解組歸，築居月湖。性善藏書，購海内異本列爲四部，尤善收説經諸書及詩文集未傳世者。時張時徹、屠大山亦里居人，稱東海三司馬。堯卿卒年八十一。"

黃氏記曰："讀書難，藏書尤難。士人抱兔園十數册，崛起白屋，取富貴有餘。有志讀書者類有物敗之，故曰讀書難。藏書非好之與有力者不能。楊東里少貧，不能致書，欲得《史略》、《釋文》、《十書直音》，不過百錢，母夫人以所畜牝雞易之。東里識此事於書後。此誠好之矣，於尋常之書猶無力也。強解事者以數百金捆載坊書，便稱百城之富，不可謂之好也。故曰藏書尤難。至藏之久而不散，則難之難矣。古今書籍之厄不可勝計，以余所見者言之，越中藏書之家，鈕石溪世學樓其著也，余見其小説家目録亦數百種，商氏之《稗海》皆從彼借刻。崇禎庚午，其書初散，余得十餘部而已。辛巳，余在南中聞焦氏書欲賣，急往訊之，不受奇零之值，後亦散去。歙溪鄭氏桂堂亦藏書家也，辛丑，在武林捃拾程雪樓、馬石田集數部，其餘都不可問。甲辰館語溪，檇李高氏以書求售，大略皆抄本，余勸吳孟舉收之。余閲之殆徧。江右陳氏業自言所積不甚寂寞，乙巳，寄弔其家，其子陳澎書來言，兵火之後惟存《熊勿軒》一集而已。祁氏曠園之書，亂後遷至化鹿寺，往往散見市肆。余與書賈入山翻閲三晝夜，余載十捆而出，宋元集已無存者。丙辰，至海鹽，胡孝轅有藏書坊，其子令修發其篋，有宋元集十餘種，餘多殘本矣。吾邑孫月峰亦稱藏書而無異本，後歸碩膚，丙戌之亂爲火所盡，余得殘缺實録三分之一耳。是書者造物之所甚忌也，故曰藏之久而不散則難之難矣。癸丑，余至甬上，范友仲破戒引余登樓，悉發其藏。余取其通流未廣者抄爲書目，凡經、地志類，書坊所易得者及時人之集、三式之書，皆不在此列。遂爲好事流傳，徐健菴使其門生膳寫去者不知凡幾。友仲之子左垣乃并前所未列者重定一目，求爲藏書記。近來書籍之厄，不必兵火，無力者既不能聚，聚者亦以無力而散，故所在空虚。大江以南以藏書名者不過三四家，千頃齋之書，余宗兄比部明立所聚，余嘗借其書。聞虞稷好事過其父，無由一見之。曹秋岳之書據所數亦無甚異，健菴所積未寓目。三家之外即數范氏，幸勿等之雲煙過眼也。”

錢氏序曰：“天一石刻之富不減歐、趙，余與張芑堂、燕昌。侍郎之八世孫葦舟懋敏。相約撰次，自三代迄宋元，凡七百二十餘通。以時代前後爲次，并記撰書人姓名，俾後來有考。”

文光案：是書門類悉依《四庫書目》，惟時代前後未次。末有補遺并范氏著作。每目之下旁注刊本、抄本，隔一圈題某代某人撰，間録序文，別無所發明。既不如錢遵王《敏求記》之專登善本，亦不如張金吾《藏書志》之細注古本。其目之誤，如少微《通鑑外紀》四卷、《節要》五十六卷，按《外紀》乃劉恕所撰，少微《通鑑節要》爲江贄所撰，明武宗合爲一書，勅經廠刻之。閹人無知，遂冠少微於《外紀》之上。范氏修目者亦不之考，仍其名而著之。又題曰宋江少微著，江氏隱居，人稱爲少微先生，非名少微也。是書内不著名，少微《通鑑節要》亦後人所題，若以少微爲名，豈有人名冠於書目之上者？范《目》之不審如此。又《薛氏醫案》

四十册，明薛己著，薛鎧校。《醫案》本有卷數，已著録於
《四庫書目》，未暇細數，止記册數，此失猶小。惟薛鎧爲薛
己之父，案中尚有鎧撰之書，非專爲其子校書也。書固有子
撰而父刊者，如《多識録》，其子早亡，其父刊行其書。薛己
非少亡也，萬無鎧校之理。正如《宋志》之《鬼遺方》誤作
《鬼方》，北監本又於《鬼遺方》外別出《鬼方》。范《目》
如此類者不暇枚舉。當時編目者取其速成，阮太傅亦未及細
觀，因其盛名，又爲文選樓本，世重其目，無敢議者。愚撰
《讀書志》，本欲以此爲式，意有未洽，因述其大略如此。且
其中習見之本、近代之刻甚爲不少，而古書亦湮没其中不可
復別，深可惜也。如《東萊左氏博議》，范《目》有六卷之
本，有二十五卷之本，皆不知有注無注。余所見六卷之本乃
元時選刻者，有注。二十五卷之本乃近時所刻者，無注。而
范《目》不辨，忽於儒家類又有《東萊先生博議》十六卷，
旁注"刊本"二字，更不知爲何書，無從考證也。又宋毛晃
誤作明人，見《禮韻》目下。又《書史會要》因後有六書例，
誤入小學類。又宋俞炎《周易集解》十二卷，抄本，附李心
傳《丙子學易編》一卷，有石澗小識。按通志堂本四十卷，
范《目》十二卷不知誤否。《目》中於此一書録序跋并象象諸
説最詳，凡十二葉，餘書無是也。又《竹書紀年》二紀，當
是二卷，紀字誤。又《圖繪寶鑑》作書繪，書字恐誤。又
《褚氏遺書》本醫書，誤入道家類。又《五燈會元》序至
"衣鉢之資"畢，似未録完，亦非缺頁。又《二十六家唐詩
選》一册，定是殘本。此書四十九卷，余有其本。此目宋元集
甚少，小學類、正史類、醫家類皆習見之本。《文選》無異本，地
理類、術數類、釋道家、明人集居目之半，可删者甚多。

## 《載籍足徵録》一卷

國朝莊述祖撰

《珍藝宧遺書》本。是書取《漢書·藝文志》并《七録》、《別録》，述五經源流，末附《汲冢書》篇目。

《周易上下經》二卷，與《周易》同。《紀年》[三]十二卷，記夏以來至周幽王爲犬戎所滅，蓋魏國之史書，大略與《春秋》相應。《瑣語》十一卷，諸國卜夢、妖怪、相書也。《周王游行》五卷，說穆王游行天下之事，今謂之《穆天子傳》。此四部差爲整頓。《易繇陰陽卦》二篇，與《周易》略同，繇辭則異。《卦下易經》一篇，似說卦而異。《公孫段》二篇，與邵陟論《易》。《國語》三篇，言晉楚事。《名》三篇，似《禮記》又似《爾雅》、《論語》。《師春》一篇，書《左傳》諸卜筮，師春似造書者姓名。《梁丘藏》一篇，先敘魏之世數，次丘藏金玉事。《繳書》二篇，論弋射法。《生封》一篇，帝王所封。《大曆》二篇，鄒子談天類。《圖詩》一篇，畫贊之屬也。又雜書十九篇，周食田法、周書論楚事、周穆王美人盛姬死事，大凡七十五篇。七篇簡書折壞，不識名題。竹書古文七十五篇，皆蝌蚪字，詳見《春秋疏》及《晉書·束皙傳》。《疏》言《穆天子傳》，世間徧多。

## 《孫氏祠堂書目》七卷

國朝孫星衍撰

原本。前有自序，述書之源流并分類之意甚詳。經、史、子各分内外編，内編三卷，外編三卷，集說内編一卷。其目書名、卷數之下注某代某人撰，并詳某本，餘無所發明，蓋藏書之目也。孫氏校書於畢督部節署，又備書都門。既入玉堂充中秘詳校官，獲睹《永樂大典》，所交皆當代名儒，又覽釋、道兩藏，凡有裨於儒書者皆録存之，故多見古本，而藏書之富甲於海内云。

孫氏自序曰："予始購書，先求三代、秦、漢古籍，次及漢魏六朝、隋、唐，次及宋、元、明之最精要者。餘力不能備具。故爲内、外編，略具各家之學，僅以教課宗族子弟，俾循序誦習。分部十二以應歲周之數，曰經學第一，曰小學第二，曰諸子第三，曰天文第四，曰地理第五，曰醫律第六，曰史學第七，曰金石第八，曰類書第九，曰詞賦第十，曰書畫第十一，曰小説第十二。古之聚書者，或贈知音，或遭兵燹，或以破家散失，或爲子孫售賣，高明所在，鬼神瞰之。予故置之家祠，不爲己有。因刊目錄，略述淵源，以教家塾，非敢問世。其有續得，列爲後編云。"

漢魏人説經，由於七十子，謂之師傳，亦曰家法。六朝唐人疏義守之。以及近代仿王氏應麟輯錄古注，皆遺經佚説之僅存者。至宋明近代，説經之書，各參己見，詞有枝葉。或有疑經非議周漢先儒，疑誤後學，宜別存之以供取舍。唐宋依託前人，號爲子書，文多膚淺，入錄甚少。宋元方志多引古説，證經注史，得所依據。醫、律二學，代有傳書。生人殺人所關甚重，醫則袪其後出偏見者，律則今代損益盡善，欲悉源流兼載古時令甲。史稱郭鎮、陳寵世傳法律，古書未火於秦。此學代有傳書，尤不可絶。類書先以事類，次以姓類，次以書目。宋以前小説皆有出典。

## 《平津館鑒藏書籍記》三卷　《續編》一卷　　《補遺》一卷

國朝孫星衍撰

《獨抱廬》本。是書前無序，三卷末空一葉，刻一跋字而佚其文。五卷末有道光歲三豕九月陳宗彝跋。正集宋板經八種，史、子、集十七種，元板三十九種，明板百十三種，舊影寫本三十八種，影寫本二十八種，外藩本八種。續集宋板四種，元板三種，明板八種，舊寫三種，寫本七種。補遺宋板二種，元板七種，明板二十三種，舊寫六種，寫本二十二種，外藩本一種。共三百二十三種。記中所著《證類本草》，辨之未清。

陳氏跋曰："平津館讀碑記，洪飴孫已有專書。至書畫數跋，錄遺稿中，意其時必欲次第編之而未逮也。敘言此書撰於參藩東省駐節安德時，家園藏書才十之四五，爲記以備考，則前三卷也。言此外家藏舊板尚有可觀，俟歸里後續爲後編，則後二卷也。言擬以舊本及難得本彙請大府進御，存其賸本藏於家祠，不爲己有，則編録以佐稽古右文之治，固猶不忘太史之職也。惜身後善本悉爲狡獪之徒多方賺去，幸此記稿本尚存其家。曩歲丙申，從公子竹床假歸，冀異日刊板以傳，且與海内藏書家據此考證古籍，而此輯録之苦心不致泯滅云。"

元許謙《論語叢説》三卷，至正七年張樞序。先生之子元與門人俞實妥等之所校凡六篇。《四庫》本《大學》一卷，《中庸》一卷，《孟子》二卷，或即此書之缺。張序稱先生所著《詩名物鈔》八卷，《四書叢説》二十篇，《讀書叢説》六篇，《元史》本傳作二十卷者，非此書也。

文光案：向在京師見抄本《四書叢説》七卷，正合前説。《元史》以篇爲卷，非別一書也。

元左克明《古樂府》十卷，至正丙戌自序。張九韶《羣書備數》十二卷，略如《小學紺珠》。九韶，洪武間清江教諭，書刻於元。元楊士宏《唐詩始音》、《正音》、《遺響》共十四卷，張震輯注。楊氏三書未見。

**校勘記**

〔一〕"書"，原脱，據《文瑞樓藏書目録·金錫鬯跋》補。

〔二〕"鵬"，原作"鵬"，據《直齋書録解題》改。

〔三〕"年"，原作"季"，據下文改。

# 史部十六
## 目録類六

### 《士禮居藏書題跋記》六卷

國朝黃丕烈撰

《滂喜齋》本。光緒十年刊。前有光緒壬午十二月吳縣潘祖蔭跋。經、史各一卷，子、集各二卷。凡經目十四，史目六十三，子目一百八，集目一百五十七，共書三百四十二種。先生之印曰"士禮居"、曰"讀未見書齋"、曰"百宋一廛"、曰"陶陶室"、曰"老蕘"、曰"復翁"。

潘氏跋曰："吾鄉黃蕘圃解元好藏書，尤好宋元本。與先祖文恭公相善，曾刻《四元唱和詩》，字仿宋，刻甚工。其子同叔茂才壽鳳善篆刻，專師錢十蘭，未幾下世。蕘圃所藏晚年盡以歸之汪閬源觀察。汪之冢婦，蔭之姑母也，其所藏猶及見之。前年曾爲刻其宋元本書目，未幾汪氏亦漸散失。道光辛亥、壬子間，往往爲楊致堂河督所得，至庚申而盡出矣。今吳平齋廣文、陸存齋觀察亦頗得之。予所得不及十種。因思先生一生精力盡在於是，乃從致堂之子協卿太史錄得先生手跋百餘條，又從平齋、存齋錄寄跋若干條，友人助我蒐輯若干條，聚而刻之。古書面目賴此以存，蕘圃之書雖散猶不散也。"

宋刻《周禮》，所見有三本，一爲余仁仲萬卷堂本，倚樹吟軒有蜀本，陶筠椒有纂圖互注巾箱本。余所見《左傳》題曰婺本，此《周禮》題曰京本，蓋同一例矣。又有監校本、殘岳本。

《禮記》鄭注有惠松厓校本，從南北宋兩本校過。武英殿本，從岳刻翻出，後附釋文，不專鄭注。東城顧氏殘宋本，楮墨精雅，未識何本。始以大字本名之，與惠本時有異同，惟所避宋諱視他本較多，如縣、畜、荶、豎、莞等字嫌諱猶避，是必宋本之善者矣。《附音重言古注禮記》，宋刻巾箱本，每葉十六行，行十六字，大小皆同。周香嚴殘宋本，筆劃精好，與諸本異者惟“犧牲毋牝”一條，又避諱“虒”一字。《大戴禮記》惠校本不如盧本。

《春秋繁露》，每卷有“虞山錢遵王述古堂藏書”十字，《大典》本多與此合。惟鈔本爲宋刻眞面目，今歸秦太史。有“秦恩復”、“秦伯敦父”、“石研齋秦氏印”三圖記。浙江進士行篋中有宋板《繁露》，字類顏、歐，似澄心堂紙，裝四冊，索值百金，疑即影宋所自出也。《經典釋文》，有朱文游影宋鈔本，松厓據以校《易》。《釋文》已重梓於《雅雨堂叢書》，弨弓翻本與惠校有不合處。《博雅》十卷，余收李明古家書，內有皇甫録本，與影宋鈔悉同。

《吳志》二〔一〕十卷，宋咸平刊本。始惜其爲《三國志》之一，及閱其目録，自一卷至十卷分爲上秩，十一卷至二十卷分爲下秩，并載中書門下牒一通，乃知此書非不全者。因檢毛汲古、錢述古兩家書目，皆載《吳志》二十卷本，益信爲專刻矣。章衡《編年通載》，殘宋本四卷。第卷三有文淵閣印。其書宋時盛行，世無傳本。《通志》十卷，此序云“列爲十卷”。《蜀鑑》十卷，向無傳本，五柳主人以殘刻本見遺，有紅豆書屋印。因檢惠氏百歲堂藏書目，有元槧十卷，知爲松厓家藏。又借明初本影抄足之，有方正學序。《東家雜記》宋本二，即毛氏影抄本所自出。

《孔氏祖庭廣記》十二卷，元刻本。聖妃爲并官氏，此書并官氏屢見，無有作"开"者。明人刻《家語》，妄改爲"开"，沿訛到今，莫能更正。《四庫存目》有《孔氏實錄》一卷，《大典》本，《菉竹堂書目》有《孔子實錄》五册，二書即《祖庭廣記》也。金元列銜多左行。元刻東光張預輯《十七史百將傳》。明初本不可多得。

元統元年《進士題名錄》不分卷，元刻本。順帝以至順四年六月即位，十月改元，廷試進士例以三月七日，今移在九月三日。此亦當書於《選舉志》者，可補史闕。李齊，貫保定路祁州蒲陰縣匠户，而史云廣平人。丑閭，貫昔寶赤身役[二]，唐兀氏，而史云蒙古氏。皆當以錄爲正。此百人之中，《元史》有傳及附見者凡十人，餘闕。月魯不花、李齊、聶炳、塔不台、明安達耳、丑閭皆以忠義顯名，而成遵之政績，張楨之讜直，宇文公諒之文學，亦卓卓可稱。元祐進士五十六人，是科增至百人，史家所謂莫盛於此也。宋世登科錄傳於今者，惟王佐、文天祥兩榜，元錄未有及見者。莪圃得此，屬余審定，爰記所考證於卷末。錢大昕。

文光案：紹興、寶祐兩錄有明刻本，莪圃諸書跋敘事多而考證少，差強於毛晉、錢曾，較之竹垞、竹汀相去遠矣。因錄錢跋并記之。

《東南進取輿地通鑑》三十卷，宋本。《傳是樓書目》"二十卷"，非此本。是書名目非一。宋本趙善譽《讀史輿地考》。陳《錄》："《南北攻守類考》三十六卷，鑒古事以考今地，每事爲一圖。"兹所存者殆一半差弱，序全。

陸游《南唐書》，汲古初刻，舛誤特甚。此再修者，已多所改正，然如《敏求記》所云開卷即謬者，尚未改去。陸敕先校錢遵王抄本，悉如記中語，可知其佳。初刻中有一二佳字，合於抄本，再修反去之。元時馬書較時本頗善，陸書無舊刻，毛刻附於《渭南集》以行。《輿地廣記》三十八卷，季滄葦所藏宋本二十一卷，予校於聚珍本上，知周校抄本與宋刻相近。竹垞所補出於內閣，有淳祐庚戌郡守朱申重修一條，知非宋時原刻。《齊乘》六卷《釋音》一卷，明嘉靖本，近時山東有新刻本，袁氏五硯樓有刻本。

　　元李好文《長安志圖》、宋宋敏求《長安志》，嚴靈山館有刊本，余有璜川吳氏舊抄本、嘉靖時刻本。《長安志》二十卷，抄本。宋次道所撰，圖亡已久。此本前列圖二十三，爲李好文所補。是書傳本甚少，朱文游所藏汪退谷本曾經竹垞抄讀者，誤闕尚多。海鹽張氏有宋刻本。杜詩“曉風殘月入華清”，“風”字重，或改作“乘”，亦未佳。升菴云：“敏求《長安志》乃是‘星’字。敏求又云長揚非宮名，朝元閣去長揚五百里，此乃風入長揚，樹葉似雨聲也。”前説今本無之，後説好文圖中語，升菴不審往往如此。是書雖有刻本，流傳甚少。畢弇山刻此書借汪文升本，伯淵改易款行并所脱葉而連之，其大誤也。成化本有郃陽書堂重刊本，記畢本所自出也。朱文長《吳郡圖經續記》三卷，有明人錢罄室抄補手迹，錢氏有刻本，云從宋本校出，而訛舛不少。

　　《東京夢華錄》十卷，汲古閣有宋板，予得元刻亦好。宋本八行十六字，與元刻不同。壽松堂孫氏有弘治甲子重刊本，十六行十六字，與宋本略同，訛舛不少。

　　幽蘭居士本，元刻之上者，何子未校本即出於此。知毛刻猶未盡善，不但失去趙師俠後序而已。竹垞所藏弘治癸亥本，此殆其原者。毛氏抄本與此微異。《會稽三賦》，宋本，半葉九行，大十八字，小三十二三字不等。注中有注。《五代會要》止有抄本行世，錢竹汀校多所是正。《中興館閣錄》十卷，是書見於陳《錄》。《通考》載巽嚴李氏序。凡分九門，始沿革，終職掌。詳於竹垞跋語。朱所藏爲抄本，予得宋刊本，李燾序僅存半葉。首云：“《中興館閣錄》十卷，淳熙四年秋天台陳騤叔晉與其僚所共編集也。”

此二十六字《通考》未載。序云："彼狡焉，棄滅典藉，縱意自如，幸能行。"此十四字與《通考》所載"六龍駐蹕"云云大異。惜宋刻缺殘，不能定其是非也。宋刻有原刻、補刻，字迹迥別。《絳雲樓書目》有二本，一無倦圃序，不附《靜惕堂書目》，詮次亦多不同，似所注宋元板字樣較多。兩本皆鈔本。江陰李氏《得月樓書目》鈔本一卷，多罕有之書。陶九成《草莽私乘》，東澗所手錄者，謂借自江上李如一，并言如一好書獨專，甚至滅先人產收買圖籍。陳子準云東澗相好有李貫之，殆即其人乎？《傳是樓書目》一卷，題崑山徐氏，與延令季氏、江陰李氏書目合裝，題曰《三家宋板書目》。《新序》十卷，東城蔣氏有宋刻本，何校所據即此。其錯誤迭出，宋諱如殷、竟、完、構皆未缺筆。每葉上填大小字數，下注刻工姓名，皆與余本異。雖行款悉同，而字形活變不能斬方，始知宋刻本一翻雕而神氣已失，不必異代也。余本爲初刻，蔣本爲覆刻。

《説苑》，咸淳乙丑重刊本，每葉十八行，行十八字。遵王所校即據此本。《立節篇》有"尾生殺身以成其信"一句，《復恩篇》多"木門子高"一條。自明天順本以下皆無者，獨完好無缺。余得北宋本取校，咸淳本實多是正。如六卷"陽貨[三]得罪"條，多"非桃李也"四字。《羣書拾補》據《御覽》有此四字，豈知宋刻本固有之。其他佳處悉校諸程榮本。前所收《新序》係初刻，顧大有藏者係翻板，兹所收《説苑》係原板，遵王校者係重刊。彼此先後各有異同。拜經樓宋本第十九有"歲壬申秋琊山翁士白重修校正"一行，第二十有"咸淳乙丑九月迪功郎特差充鎮江府學教授李士忱命工重刊"一行。余得二十二行二十字本，較諸本爲勝。《鹽鐵論》有宋嘉泰壬戌刻本，明弘治辛酉涂楨重刊。攖寧齋抄本與太元書室刊本甚近，實勝活字本。《管子》二十四卷，南宋本。半葉十二行，行二十三字，注二十八字。卷一後有木記云

"瞿源蔡潛道宅墨寶堂新雕印"。末卷後木記云"蔡潛道宅板行，紹興壬申孟春朔題"。巨山張嶠云："紹興己未從人借得，舛脱甚衆，頗爲是正，抄藏於家。"孫淵如刻元板《唐律疏義》、《洗冤録》行世。太醫張子和先生《儒門事親》三卷，《直言治病百法》二卷，《十形三療》三卷，《提要圖》一卷，附《扁華訣病機論三法六門方》一卷，《世傳神效名方》一卷，《治法雜論》一卷，金刻本。向稱是書曰《儒門事親》十五卷，錢補《元史·藝文志》亦沿其誤。惟此各標目録，爲戴人原書。《墨子》無佳本，明藍印銅活字本出自内府，與華刻《道藏》本稍異。嘉靖癸丑陸穩序刻本差後一年。又有唐刻本，皆十五卷。《敏求記》抄本三卷，字句間有不同。陸其清《佳趣堂書目》有吴勉菴手録本，亦十五卷。《淮南子》世有二本，一爲二十一卷，出於宋本；一爲二十八卷，出於《道藏》。至二十卷者，述古所謂流俗本也。近時莊刻出於《道藏》，實多譌脱。五柳居陶藴輝思得善本《淮南》付梓，余借袁氏五硯樓所藏《道藏》本重校於宋抄本。《道藏》刻於正統十年十一月十一日，卷首碑牌可證。每葉十行，大小十七字。此本字小行密。張青父所藏楝亭宋刻本字亦小，且多破體。《衍極》以五卷者爲佳，元刻、明刻皆五卷。近傳二卷非原本也。《劉子新論》世無刻本，姓氏無的據，詞頗俗薄。五柳居有宋刻小字本，《漢魏叢書》本多脱誤。明本與《道藏》本不同，有活字本，有覆校《道藏》本。

《顔氏家訓》以廉臺田家印本爲最古，謂出於嘉興沈揆本。《續顔氏家訓》殘宋本，愛日精廬藏書也。晁曰董正功撰，馬《考》作政公，《敏求記》爲李正公。宋本無卷首，未知何者爲準。《白虎通》小字本，元刻之精妙者，半葉十二行，行二十三字，其細目上作圓圈者凡十。以爵號謚爲首，以嫁娶終焉。有毛晉印記。盧校未定何本。《白虎通》無宋刻，以大德本爲最先，余并藏之。

《西溪叢語〔四〕》十卷，明鵠鳴館刻本最佳，遵王抄本所自出也。高似孫諸略惟《子略》刻入《百川》中，餘不多見。《緯略》但見抄本。《論衡》，宋刻無逾此本。卷首至元七年仲春安陽韓氏書兩紙。第一卷多七下一葉，其他勝諸本者甚多。通津草堂本乃出此本，故勝程榮本。《夢溪筆談》于宋人說部中最爲賅備，而宋刻絕少。元刻小匡子本爲最古，此外則黑口本爲好。黑口本有二，一闊板，世以贋宋刻；一狹板，此其是也。《珩璜新論》一卷，七檜山房抄本。海盧楊夢羽藏書所曰"萬卷樓"，人皆知之，七檜山房人罕知矣。身後書歸莫廷韓雲卿，蓋五川之甥也。《續談助》五卷，宋刻本，真奇書也。卷首有遵王印，而《敏求記》不載，想亦秘之。《湘山野錄》，《津逮》本失宋刻元鈔之真，且有脫誤。

　　《歸潛志》十四卷，施北研校本。北研以老諸生不利舉業，積數十年精〔五〕力，究心於金源一代事蹟，有《金史詳校》、《遺山詩文箋》、《金源雜興》等著。"此鈔與鮑刻略同，惟《歸潛堂記》之'銅壺'向閱不解，擬改'鞮'字。此作'銅臺'，乃知舊本足貴。北研謹識。"

　　《酉陽雜俎》前集二十卷，後集十卷，張訒菴從內鄉李雲鵠校本補，趙琦美序。知出於宋刻，與新都本迥異，與汲古本亦殊。就所見本，此校勝矣。

　　《列子》八卷，校宋本。在殷敬順釋文以前。盧校有與宋本合者，尚誤釋文爲張注，坐藏書不多故也。《列子》以世德堂六子本爲最，余有影宋抄本，較此多歧異。近得宋刻本更佳。

　　錢杲之《離騷集傳》一卷，宋板之絕精者。余得汲古秘本，乃世間所無，來自金氏桐華館。又有一影鈔本，在小讀書堆。《嵇康集》十卷，叢書堂抄本。宛菴手校尤足貴，勝黃省曾刻本多矣。

　　《三謝詩》一卷，半葉十二行，行二十三字。卷首有"郭氏木葉齋鑒定宋本"九字，卷末有蔣篁亭墨迹。江左諸謝詩文見《文選》者六家，希逸無詩，宣遠、叔源有詩不工，今取靈運、惠連、玄暉詩合六十四篇爲《三謝詩》。是三人者詩，至玄暉語益工，然蕭散自得之趣亦復少減，漸有唐風矣。於此可以觀世變也。唐子西書，康熙壬辰九月蔣杲録。

賜書樓蔣氏有宋刻《三謝》、《通考》據《中興書目》云唐庚[六]子西所輯。朱竹君得宋刻，告五柳居陶君廷學曰："此宣城本也。"予從廷學子蘊輝得是言。卷末有"嘉泰甲子郡守譙令憲重修"一行。

> 文光案：向得五柳居重刊宋本，《太玄》勝於明本。後閲《覃溪集》，方知五柳居爲京廠書鋪。今得士禮居記，乃悉陶氏父子之名。書之不可不多見也如此，其他以漸而知者大端類是。黃跋多記得書之源流，而藏書之家賴此以傳，豈非幸事與？

《蔡中郎集》，明刻十卷。有"樸學齋"、"歸來草堂"二印，知爲葉石君物，與《鍾山札記》悉合，是徐子器刻，特未知抱經所見何本。予所藏抄本與此文理不同，以華氏活字本校，知抄本最佳。東漢人文集存於世者僅此一種，尚是宋以前人所編，與今文家之學有關涉，尤學者所不可廢。

金刻《李賀歌詩編》四卷，何校本，碣石趙衍刊。每葉二十二行，行二十字，後序龍山先生所藏，舊本乃司馬溫公物。義門記云："金劉尹有《龍山集》，李獻能，其外孫也。"《歌詩編》四卷，《集外詩》一卷，影宋本。《敏求記》所載此，殆近之明翻元刻本，較此敘次略異，字句亦間有不同。

宋本唐人文集有翰林國史院朱印者，予所見者劉賓客、劉隨州，係從陸西屏家得來。《水東日記》云："宋時所刻書，其匡廓中摺行，上下不留黑牌。首則刻工私記、木板字數。次書名，次卷第數目，其末刻工姓名以及字總數。予所見當時印本如此。浦宗源家有《傳家集》，行款皆然。又潔白厚紙所印，乃知古書雕印不苟也。"《梅花草堂筆談》云："有傳視宋刻者，其文鉤畫如繡，手摸之若窪窿然。"此二條西屏所寫，錄以備考。毛刻《碧雲集》出於元本，以宋本校之多闕文。其他刻亦多類此。

世行本以《傳家集》爲最古，今見紹興初刻，題曰《溫國文正司馬公文集》，則《傳家》之名，非其最初。舊抄本亦卷八十，而標題則曰《司馬太師溫國文正公傳家集》，卷末有"泉州公使庫印書局淳熙十年正月內印造到"，又有嘉定甲申金華應謙之并門生陳冠兩跋，皆云公裔孫出泉州本重刊，是《傳家》又重刊本矣。《困學紀聞》載《溫公集》字句，與初刻本合。《山谷大全集》，南宋刊本，惟《絳雲樓目》有之。每半葉十五行，行二十七字。目錄後有碑牌云："麻沙鎮水南劉仲吉宅近求到類編增廣黃先生大全文集五十卷，比之先印行者增三分之一，不欲私藏，庸鑱木以廣其傳，幸學士詳鑒焉。乾道端午識。"有查昇印，世無二本。

## 《拜經樓藏書題跋記》五卷　《附錄》一卷

國朝吳壽暘撰

原本。前有道光丁未甘泉鄉人錢泰吉序，後有蔣光煦、管廷芬二跋，附錄《古官印考》、古今體詩、吳之淳詩。是書之目，一曰羣經小學，六十一條；二曰正史載記，四十九條；三曰地理目錄，三十條；四曰諸子雜家，七十九條；五曰別集總集，百二條。各爲一卷。是書敘事多而考證少，不如漁洋、竹垞諸書題跋多得其實也。

錢氏序曰："兔牀先生生平得一異本，必傳示知交，共相抄校。其所題記正譌糾謬，益人神智。蔡生沐刻之，廣傳於世。"

蔣氏跋曰："三吳販書者皆苕人，來則持書。今計先後裒集者四五萬卷，而舊抄之中苕賈弊更百出，割首尾，易序目，剟畫以就諱，刓字以易名，染色以偽舊。卷有缺刓他板以雜之，本既亡録別以代之。反覆變幻，不可枚舉。故必假舊家藏本悉心校勘而後可安。吾邑藏書家近數陳簡莊徵君士鄉堂、吳兔牀明經拜經樓。余生也晚，不獲接其緒論。徵君没，書籍亦亡，惟吳氏猶世守之。洎與其孫鱸鄉茂才交，乃得假拜經樓善本以校所藏之缺失焉。是書爲鱸鄉尊人蘇閣先生所記，手録其稿見遺，因授之梓，而附其父子詩文於後。"

管氏跋曰："吾邑東南藏書家首推道古樓馬氏、得樹樓查氏，兩家多宋刻元鈔，而甲乙兩部積有異本。兔牀先生祖籍休寧，流寓尖山之陽百有餘年矣。值馬氏、查氏遺書散佈人間，先生得其殘帙，流連景慕，每繫跋語以寄其慨。迨後搜討益勤，兼於吳門、武林諸藏書家互相鈔校，并與同邑周松靄大令、陳簡莊徵君賞奇析疑，獲一秘册則共爲題識歌詩以紀其事。嘉慶癸酉，先生年八十一，下世。次君蘇閣明經彙録藏書跋語，析爲五卷。歲己亥，余客硤川蔣氏之別下齋，時明經没已數年，哲嗣鱸鄉茂才出示遺墨，其中辨誤析疑，兼及藏書印記、書板之行款、抄書之歲月，莫不詳識。海昌遺老之載籍世鮮傳本，并爲著録。其留心桑梓，不僅汲古之深心矣。生沐廣文抄藏其副，謂《拜經題跋》，實勝《敏求記》。乃屬庭芬偕許君光清校寫付余。嘗見寒中、初白二先生收藏之本，皆有跋尾，惜無人搜輯以傳。兔牀先生存此五帙，視道古、得樹二家爲無憾矣。"

魏冲叔子著《毛詩闡微》不分卷，有天啟四年冲序，乃叔子在琴川毛氏授學表、宸兄弟時所輯。歷數載苦功，取材富有，抄寫極精。宋牧仲嘗欲刻之，斧季秘而弗與。宋楊復《儀禮圖》，紹定戊子自序及陳普序。每葉二十行，行二十字。此圖二百有五，又旁通圖二十有五，較通志堂本則徐圖甚謬也。宋麻沙本《九經》，白文，每葉四十行，行二十七字。宋刻之最佳者即《居易録》所載倪雁園尚書家小本《九經》，錫山秦氏刻本之所祖也。字句較時本多不同，《春秋》前不列惠公元妃傳，豈不敢以傳先經之意至傳文？末有“《春秋左傳》一百九十八卷”一行，殊不可解。《四書經疑問對》，元刻八卷。後有建安同文堂刊書跋，云是書多所發明，相傳以爲進士董彙宗文所編。先君子云，宗文，樂平人。至正間領鄉薦，授慶元學正，洪武初爲國子學録[七]。《經義考》以此書爲成化進士常熟董彝撰，蓋以姓名偶同而誤。又別著元之董彝《經疑問對》十卷，蓋以未見此書而誤。陳乾初《大學辨》本《蕺山緒論》，斷以己意，實足解宋儒之惑，秘不以示人。《北海經學七録》八篇，古雋樓刻本。主人名繼涑，抱經校本誤以爲孔葒谷。吳均增修《復古編》二卷，汲古閣抄本。有“雲鶴錫山”、“龍亭華氏珍藏”、“世濟美堂”、“項氏圖籍”。錢廣伯精究小學，所校正《字鑑》、《汗簡》予曾借校。李氏《字鑑》，刻本多訛，廣伯多所是正。《嘯堂集古録》，世傳刊本序文缺二百四十餘言，筆劃之訛尤不勝計。陳仲魚得新安陳書崖昂抄藏本，與刊本有殊。翁覃溪有影抄宋本，未審何如。《復齋鐘鼎款識》，周叔姬鼎首一字舊疑作“唯”，何夢華審定作“孟”。“萬”字下應有“年”字，爲青緑[八]所蝕，故釋文未及。又漢元嘉刀銘“宜侯王”，“侯”字反書，漢甑文亦類是。《漢隸分韻》“敦”字缺筆，餘不避，蓋宋刻而元時翻雕者。楮墨既精，古香可愛。

　　文光案：此元人之書板本最佳，人多誤以爲宋刻。其韻
　　爲今韻，非宋韻也。是書有肥瘦兩本，瘦勁者頗具筆法。

《字通》一卷，宋李從周撰，黃氏鉞從四庫館毛氏影宋本録出。《游宦紀聞》謂李名肩吾，當作名從周，字肩吾。《九經》小字本，南宋本不如北宋，秦氏本又不如南宋本，翻秦本又不及焉。以是知舊本可貴也。盧云。《宋史全文》三十六卷，前爲長編，增入《名儒講義》。末又編入度宗、少帝事，不著撰人，惟列“豐城

游明大昇校正"一行，紙墨精好。前有刊書長墨印，元時坊刻之精者。《十六國春秋》十卷，明屠喬孫、項琳之重訂。是書有賀璨然序，此本無之。喬孫[九]等自謂輯錄陳編，未嘗作僞，然則崔鴻真本猶在人間耶。《讀史紀要》，梅村手抄本，與《綏寇紀略》筆迹無異。《遼史拾遺》，外間傳本多不全，惟《知不足齋》爲足本。樊榭著作等身，推是書爲冠。杭董浦《金史補闕》卷帙更鉅，散佚罕存。

　　　　文光案：《遼史拾遺》，予先得一抄本，板心下刻"知不足齋正本"六字，知爲鮑氏舊藏。爲友人所携去，竟不得與汪本一校。書去千里，至今未返，惜哉！

《吳越春秋》，元刻，有徐天祐補注九條并徐序，後有大德十年校刊姓名，《漢魏叢書》削去天祐之名，又并十卷爲六，盡失本來面目，可歎也。《通鑑》，陳氏刊本，朱墨黃三色，評點最爲精密。慈谿裘庶常璉深於史學，評點《通鑑》凡五次。萬季野《明史稿》，方望溪以爲四百六十卷，諸志未成。全謝山以爲五百卷。此本列傳二百六十七卷，蓋華亭開雕時尚有刪併也。周云此即查東山之《罪惟錄》，未見此《錄》，不敢懸斷。周在浚《南唐書注》十八卷，當時最有名。未有刊本，故流傳絕少。竹垞云具費苦心。宋劉一清《錢塘遺事》十卷，世無刻本。《説郛》僅數頁，文淵閣抄出者爲足本。《高麗圖經》，彼國刻本尚多。《金陀粹編》，元季重刊於杭州西湖書院，嘉靖壬寅修補者中多脱誤。《列女傳》，明有黃刻，吳中顧氏仿宋刻。宋朱長文《吳郡圖經續記》三卷，有宋刻，流傳絕少。《元大一統志》，南濠朱氏本，凡四百四十三番。《元混一方輿勝覽》三卷，無撰人，元本，書肆所刊。其文簡陋。《書錄解題》，聚珍本，盧學士借校，多所補正。《絳雲樓書目》，抄本，上下二册。《傳是樓宋元板書目》，有黃梨洲記。《傳是樓書目》，三册，上下旁行之注猶是東海手筆，勿易視之。《道古樓書畫目録》，此插花山馬寒中所輯，自三代迄有明，凡金石、書畫、真蹟、題跋靡不甄録，蓋《清河書畫舫》之流。此其草創，總目上下添注者猶是寒中手筆。《延令宋刻書目》，黃蕘圃刻於吳下。《汲古閣書目》，鈔本一冊，間有説，見各目下。《汲古閣刊書細目》，子晉所記，每部記頁數。簡莊又書《羣芳清玩》種數及頁數細目一紙。《汲古閣珍藏秘本書目》，斧季所記，每部皆記價值，蓋以書歸潘稼堂，此其細目也。與時本不同者，略記數條足資證據。末有從孫探題語。《元秘書監志》十一卷，竹垞序，有監字。而書題秘書志，監字似不可少。此志用國書，語多鄙俚，每卷立題尤荒謬不通，非王士點、商企翁手筆。或後人妄撰。此目竹垞、竹汀均未論及，此本舛錯甚多。訪之三吳藏書，率與此本無異。《千頃堂書目》三十二卷，道古堂藏書。杭跋云：“黃俞邰徵修《明史》，爲此書以備藝文志採用，橫雲山人删去宋、遼、金、元四朝，刺取其中十之六七爲史志。史館重修，仍而不改，失黃初指矣。元修三史獨闕藝文，全在《明史》羅網。如後漢、晉不列此志，《隋書》獨補其闕，不必定在一朝也。其中宋人著作係《宋志》所遺，非複出也。”盧云黃有《明史・經籍志》原稿，體例較好，今《千頃堂書目》乃從此出，雖增添甚多而雜亂無序。予先抄得書目，以黃志校補，增注甚多，書目所漏俱補全矣。

　　文光案：《明史稿》凡三家，一湯文正公，一季野先生，一橫雲山人。今惟橫雲之稿盛行，文正稿刻於全集中，季野之稿不可見矣。《千頃堂書目》傳本亦少，盧校本未刊。

　　《晏子春秋》八卷，首章“莊公矜勇力不顧行義，晏子諫第一”，明本作“諫矜勇力”，不書全題。又篇内按語俱作大字，加圓圍以别之。明本作小字，分注於下，與此不同。明抄本四卷，萬曆十六年吳懷保梓。《崇文目》、陳《録》俱十二卷，《四庫目》及余所藏作八卷，疑後人併合以符《漢志》八篇之數也。《古靈集》有宋本，有《使遼語録》一卷，乃諸本所無者。《嘉祐集》十四卷，與諸本卷數俱不合，不能定爲何本。《王梅溪集》、《百家注東坡先生詩集》，宋刻，每葉二十行，每行大字十九，小字二十五。前有“建安萬卷堂刊梓於家塾”長墨印。卷首有“慶元路提學副使曬理書籍”關防鈐記。近所行王注蘇詩皆後人妄行芟併，全失本真，與宋刻施注蘇詩無異。《唐音戊籤》八百十七卷，義門評本，從知不足齋借録，學詩者之津筏也。《戊籤餘》，稿本，八册。趙孟奎《分類唐歌詩》百卷，從宋本影抄者。前有淳熙改元自序，序後爲總目，分類凡七。都元敬《南濠文跋》四卷，抄本，無序目。《天啓宮詞》一百三十首，蔣之翹撰。有自序。《明詩綜》未選，殆未見耶？之翹，秀水布衣，甲申後隱於市，刻《楚詞》、《晉書》、《韓柳文集》。《擬故宮詞》四十首，唐宇昭撰。宇昭，字孔明，家富藏書。毛斧季聞其宋槧《分類唐詩》一百卷，借之未得。《明詩綜》初印本紙墨皆佳。張爲儒《蟲獲軒筆記》：“竹垞選明詩，喜删改前人之句，有大失作者之旨者。如亭林《禹陵〔一〇〕二十韻》中間删去十六句，致結句不知何指。竹垞選此意欲備一代文獻，宜其持擇謹嚴，況生平與亭林交好，録其遺文似不當鹵莽若此也。”爲儒，字承之，海寧貢生，生平湛深經學。《蟲獲筆記》四册，經解爲多。尚有所批《十三經文鈔》，亦人間不多得之書也。《雲林集》三卷，危吉永撰。太樸之父。

## 《經籍跋文》一卷

國朝陳鱣撰

《别下齋》本。前有吳騫序，後有道光十七年管廷芬跋、許洪喬跋。是書凡跋宋本十八篇，元本一篇，悉録於經部各目之下，皆十三經之疏本、注本。

吳氏序曰：“簡莊精敏果鋭，强於記誦，所撰諸經跋文鈎深索隱，凡古本之爲妄人竄亂芟併者，莫不審考其原來次第，而字之更改淆混者一一校正，令人得見本來面目，不其偉而！"

管氏跋曰："吾鄉陳簡莊徵君生平專心訓詁之學，閉戶勘經著述不倦。中年需次公車，與錢竹汀、翁覃溪、段懋堂抽甲庫之秘，質疑問難以爲樂。所校宋刻《周易本義》有朱考所未及者。晚客吳門，聞黃蕘圃百宋一廛九經三傳各藏異本，欣然定交，互携宋抄元刻往復易校。校畢，疏其異同，并誌刊板之歲月、册籍之款式、收藏之印記，莫不精審，俾經生家如見原書，不至爲俗刻所誤。暮年歸隱紫微講舍，手自抄成書，已見綴文者不錄，凡十九篇，署曰《經籍跋文》。未幾徵君下世，手校手著悉爲苫估所得，跋文手稿同門蔣君光煦刻入《別下齋叢書》，於是誌其緣起如此。"

許氏跋曰："徵君嘗注《說文》，未成而没，其稿散佚，不知所歸。"

文光案：仲魚長於音注，而其書難得。余所藏《華陽國志》有盧學士校語，乃仲魚所錄，端楷細書，可識其手蹟也。

## 《國朝經師經義目錄》一卷

國朝江藩撰

原本。嘉慶辛未曲阜東野隆吉敬修校刊。前無序，後有男鈞跋。取專論經術，一本漢學之書，仿陸氏《釋文》傳注之例作爲此目，使治實學者得所取資焉。

胡渭《易圖明辨》十卷，惠士奇《易說》六卷，惠定宇《周易述》二十三卷、《易漢學》八卷、《易例》二卷、《周易本義辨證》五卷，洪榜《易述贊》二卷，張惠言《周易虞氏義見》九卷、《虞氏消息》二卷。

閻若璩《古文尚書疏證》八卷，胡渭《禹貢錐指》二十卷、圖一卷，惠定宇《古文尚書考》二卷，宋鑒《尚書考辨》四卷，王鳴盛《尚書後案》三十卷，江艮庭《尚書集注音疏》十二卷、《尚書經師系表》一卷。

惠周惕《詩說》三卷，戴震《毛鄭詩考正》四卷，錢坫《詩音表》一卷。

沈彤《周官田禄考》三卷，惠定宇《禘祫說》二卷，江永《周禮疑義舉要》七卷，戴震《考工記圖》二卷，任大椿《弁服釋例》十卷，錢坫《車制考》一卷，張爾歧《儀禮鄭注句讀》十七卷，沈彤《儀禮小疏》一卷，江永《儀禮釋宮譜增注》一卷，褚寅亮《儀禮管見》四卷，金日追《儀禮正訛》十七卷，張惠言《儀禮圖》六卷，凌廷堪《禮經釋例》十三卷，黃宗羲《深衣》一卷，惠定宇《明堂大道錄》八卷，江永《禮記訓義釋言》八卷、《深衣考誤》一卷，任大椿《深衣釋例》三卷，惠士奇《禮說》十四卷，江永《禮經綱目》八十五卷，金榜《禮箋》十卷，顧炎武《左傳杜解補正》三卷，馬驌《左傳事緯》十二卷、附錄八卷，陳厚耀《春秋長歷》十卷、《春秋世族譜》一卷，惠定宇《左傳補注》六卷，沈彤《春秋左傳小疏》一卷，江永《春秋地理考實》四卷，惠士奇《春秋說》十五卷。

閻若璩《四書釋地》六卷、《餘論》一卷，江永《鄉黨圖考》十卷，戴震《孟子字義疏證》三卷，錢坫《論語後錄》五卷，劉台拱《論語駢枝》一卷。

顧炎武《九經誤字》一卷，惠定宇《九經古義》十六卷，江永《羣經補義》五卷，臧琳《經義雜記》三十卷，余古農《古經解鈎沈》三十卷，武億《經讀考異》，劉台拱《經傳小記》三卷，邵晉涵《爾雅正義》二十卷，戴震《方言疏證》十三卷，江艮庭《釋名疏證》八卷、《釋名補遺》一卷、《續釋名》一卷，任大椿《小學鈎沉》二十卷、《字林考逸》八卷，桂馥《說文義證》五十卷，吳玉搢《別雅》五卷，顧炎武《音學五書》，江永《古韻標準》四卷、《四聲切韻表》四卷、《音學辨微》一卷，戴震《聲韻考》四卷、《類表》十卷，洪榜《四聲均和表》五卷、《示兒切語》一卷，江永《律呂新論》二卷、《律呂闡微》十卷，錢塘《律呂考文》六卷，凌廷堪《燕樂考原》六卷。

文光案：江氏所採漢學之書純而不雜，其去取極為嚴謹。謂毛氏《易》反易、對易之外又增移易，牽合附會，不顧義理，務求詞勝。謂《春秋大事表》以宛斯之書為藍本，且不知著書之體，有不必表而表者，甚至以七言為歌括，二書皆在所棄。其於一家之學誠當矣，若以之讀全經則未為賅備。學者若守此數書，遂謂經說盡於此，則亦一偏之見矣。江氏亦據其所見者錄之，其未見而不及錄者，《學海堂經解》以外所遺尚多，且後出之書更有遠過前人者。如盧氏之校《儀禮》勝於《句讀》，郝氏之注《爾雅》勝於《正義》，阮氏之《車制考》更詳於錢，王氏之《說文注》更精於桂。有志漢學者尤宜推類以及其餘也。惠氏《禮說》專說《周禮》，其目自《天官》起至《考工記》終。江氏列之《三禮》總義類，莫明其故。

江氏曰：“萬斯大、蔡德晉、盛百二雖深於禮經，然或取古注，或參妄說，吾無取焉。方苞輩則更不足道矣。”

汪氏喜孫曰：“國朝漢學昌明，超軼前古。閻百詩駁偽孔，梅定九定歷算，胡朏明辨《易圖》，惠定宇述漢《易》，戴東原集諸儒之大成，裒然著述顯於當代，專門之學於斯為盛。至若經史、詞章、金石之學，貫穿勃穴，靡不通擅，則顧寧人導之於前，錢曉徵及先君子繼之於後，可謂千古一時也。若夫矯誣之學，震驚耳目，舉世沿習，罔識其非。如汪鈍翁私造典故，其他古文詞支離牴牾，體例破壞；方靈皋以時文為古文，三禮之學等之自鄶以下；毛西河肆意譏彈，譬如秦楚之無道；王白田根據漢宋，比諸春秋之調人。惡莠亂苗，似是而非，自非大儒，孰能辨之?"

方氏東樹曰："江藩《經義》，著録所謂專門漢學者也。新名林立，卷帙盈千，要其中實有超絶冠代，江河萬古，自不可廢。究之主張宗旨既偏，則邪説謬言實亦不少。苟或擇之不精，則疑誤後學；眼目匪細，故不敢輕以相假而弗慎而明辨之也。惠氏、江氏之言，門户習氣之私太甚，姑勿深論。只盡祛魏晉以來儒説，而獨宗漢《易》漢儒納甲、飛伏諸邪説，孔子十翼具在，無一語及之。漢儒之《易》，謂兼存一説則可，謂三聖之本義在此則不可。且孔子學《易》寡過，而孟喜背師，京房殺身，豈《易》之用哉? 荀、虞《易》即孟《易》。毛、鄭異同，昔人雖有專書，平心而論，毛傳得是者多，但語意渾涵，人多誤會耳。鄭箋時有牴牾，不如毛義爲長。諸儒於禮經誠爲盛業。《三禮》專主制度名物，此自漢學勝場。若能不拘注疏舊法，兼收博取，實是求是，固萬世之眼目矣。但任此者，不易其人耳。近人攻杜預，惜糜[一]信，輯賈、服，紛紛著述，志亦勤矣。迄不知於游、夏所莫贊者，果能通其恉乎? 小學、音韻是漢學諸公絶業，此自是其勝場，安可與爭鋒者? 平心而論，實爲唐宋以來所未有，然而阮氏謂顧、江、戴、段諸公韻學皆不能出陸法言之範圍也。"右録於《漢學商兌》。

文光案：方氏此書視漢學如洪水猛獸，殆因漢學家多輕桐城派，有所激而成之也。此擇其近理者録之，亦疏證、冤詞并列之意也。

## 《皇清經解提要》二卷　《續編》一卷

國朝沈豫撰

《漢讀齋》本。前有自序。

沈氏自序曰："經解刻於粤東，其板庋於學海堂之文瀾閣。暇日將各種略觀大意，并撮一書之精義或創解特識者薈而録之。"

《日知錄》中有稱太祖者，有稱本朝者，有稱明人者，微意見於十三卷《通鑑》條下。胡渭應徐崑山修《一統志》之聘，時局中有顧祖禹、黃儀、閻百詩，皆精於地理者。上下議論確有證據，抄輯三期而《錐指》告竣。

《解春集》辨《尚書》者兩卷，與疏證相出入而不肯隨附，亦極有識力者。《白田稿・孟子序說考》極爲精審。《儀禮章句》約而賅，當時參訂者皆名宿。《全謝[一二]山全集》，餘姚史竹房所刻，《外編》爲蕭山汪蘇潭所校刻。

《觀象授時》，不甚遵西法，所采梅氏、江氏、戴氏居多，共十四卷。齊氏於三傳，《左氏》多所可，《穀梁》棄去參半，《公羊》概以曲說謬訛屏之。《左傳小疏》，考證典章制度具足徵信。《周易述》，漢《易》之淵藪也，以李氏《集解》爲藍本。《左傳補注》證引謹嚴，棄取詳審，以服、賈爲柢本而羣說佐之，杜注多未滿也。《春秋正辭》本三傳之義而隱括其辭，成一家之言而雜綜其妙。《禮》曰“屬辭比事，《春秋》教也”，莊氏存與殆得之乎？盧學士精小學，工校勘。宋元善本暨海外舊策多摭拾排核，開阮相國校勘記之先聲。《元史藝文志補》蒐輯殆盡。《尚書集注音疏》，采緝逸文，牽扯傳記，未免繁冗。集末自道所見。《周禮軍賦說》皆心得之學，其精核不及《田祿考》，而爲經濟書則一也。錢竹汀於石經、宋元刊刻及海外珍藏各本俱能窮探源流，六經子史，剔障搜渺不出小學，一生心力大半在此。《瑤田集》，慎修、東原後可稱嗣響。孔氏《禮學經學卮言》精密謹嚴，的是漢學。

焦氏集《易》、《書》、《左傳》三疏敘，雪冤昭冥，甚有卓識，而《孟子正義》尤能集腋成裘，較舊疏遠已。《正義》始爲長編，卒定正義。其間證引繁富，不無韶鄭同虧、魚熊合釜之失。《正義》體最純，義最古，箋疏者以叢書、雜著六十餘家印證前聞，後之學者亦須裁剪矣。

　　高郵王尚書三世傳經，懷祖特爲精博。六經三史，章句古拙，無語助口氣，因緣聯絡，故文藝尠見，恉愫芒昧，伯申尚書所以有《經傳釋詞》之作也。原本雅馴，旁闚羣籍，如水銀之瀉地，無孔不入，夫而後可讀周秦以上之書矣。《五經異義疏證》，仿石渠奏議之體，先列衆説，次定一尊，得以考見家法。非如《白虎通義》，經班固删集，深没衆名，掩美襲取。夫《異義》叔重作之於前，康成駁之於後，今《疏證》發其遺恉，拓其餘蘊，許、鄭之替人也。《在海經辨文集》，根據確，議論宏，蓋漢之馬、鄭與？《鑑止水齋集》，上卷詳於禮，其於廟祧室數，援據明晢。讀《周禮》云職方，《孟子》王制、侯封，皆言其大略，其不合毋庸深辨。而儒者强分商制、周制，蓋失之矣。至命官或由商舊，或仍周初侯國之制。其時未有《周禮》，而官名、職掌固已皆定。及夫《周禮》之成，周公蓋將舉其不合者徐徐更之，以爲有周一代之定制。真知人論世才也。下卷述天文，於歲星、太歲、太陰亦深於西法者，而三江、六宗、月令諸説得其要領云。《爾雅義疏》，其采取時説與邵書相類，而徵引謹嚴，較邵氏取《本草》等書勝之。《公羊禮説》，列説於前，斷以己意。力闢母族、妻族之非，謂異姓不當在九族，其理甚確，證據亦明。《春秋大事表》，大致與程公説《春秋分紀》相出入，而體例較密。其中有不必作表而强立表者，亦以求密失之。刻入阮解者僅十卷，亦删繁就簡本也。而疆域、輿地二卷，精密明晢，尤讀《春秋》者之鴻寶也。續序云："竹薌何君司馬震《無咎齋書目》，經解各有論斷，予所未及者一二列焉，遂奉爲藍本。"杜氏《補正》，本傅氏《辨誤》而作。

　　《音論》因陳氏《古音考》而作。《易》音與《詩》音稍殊，此擇其所可通者。《詩本音》，明《毛詩》之音原作是讀，以發明陳氏之説。

《學禮質疑》，前人所聚訟者，甲乙證據，摧牙折角，軒豁呈露，此在當時顧人人所知者，於今則爲絕學矣。此南雷序。《尚書小疏》，失之好異。《左傳小疏》補杜注之遺，與惠氏書各有所得。惠士奇《易説》以象爲主，訓詁尤所加意。

《四書考異》，於先儒著述稍有一字之殊、一音之別，莫不援證，以明解詁、句讀之各有師承見解，亦王氏《詩考》之流亞也。

《尚書地理今釋》本於《史記正義》，《正義》以《括地志》爲主，而各家輿地之説證之。

《臧拜經集》云：“東原《毛鄭詩考》，正好逞臆説以奪舊學，謬誤頗多，益覺惠氏之遵守古義而發明之，其功爲不可及。而好用古字，頓改前人面目，亦非小失。高郵王尚書於近代諸儒多所排擠，獨於東原不十分訾議，豈震其名耶？”

《述古録》阮氏序曰：“教授所學，九經、小學、天文、地理，靡不綜覈，尤長樂律，蔡邕、荀勖庶其近之。”惠氏《左傳補注》較亭林爲詳備。

焦循《孟子正義》用趙氏注本，博采諸説，并援證亭林以下百餘家之説而爲之疏。《論語補疏》援據古訓，多所發明。《禮記補疏》考究訓詁名物爲多。《左傳補疏》以杜氏爲司馬氏私人，故所注《左傳》多紕繆。此論爲前人所未發。《易通釋》取經傳中互相發明者以類相從，會而通之。《圖略》則取旁通相錯，時行三圖而各爲之説。《易章句》發揮漢學。《周易鄭氏義》，從諸籍中采康成之説。《易》之言禮者，如錫馬、南狩、亨帝之類，各以虞氏義解之。馬宗連《左傳補注》足補惠氏之漏。

劉逢禄《左氏春秋考證》，上卷考證《春秋》之文，下卷援引諸家之説以明左氏之依託。《公羊何氏釋例》申明墨守之學，又析其條例，以申何氏之未著及、他説之可兼者爲《解詁箋》。《穀梁廢疾申何》，申何氏廢疾之説，難鄭君之所起。《論語述何》，何注久佚，追述何氏解詁之義，參以董子之説，以存古注之大凡。

《廣韻》最古，原分二百六部。唐初有同用、獨用之功，今《韻略》并同用之韻爲一，凡部一百有七，而古韻、今韻混淆矣。自宋以來各有分合，《六書音韻表》仍定爲二百六部，而爲十七部以清眉目。段注《説文》，辨小徐本之失誤而爲之詳注。

服禮深細，難於融貫。程氏《喪服足徵記》，考訂詳明，兼之表以清眉目。汪中《大戴禮正誤》援據各書，考訂最密。宋翔鳳《四書釋地辨證》於閻書頗多考證。洪震煊《夏小正疏義》取宋傅崧卿本，爲之考訂經傳，加以疏義，而以《音釋異字記》附於末。《潛丘札記》，其孫學林所編，不無雜糅之失。《經學卮言》多援據唐以前之説。

## 《羣書提要》一卷

國朝沈豫撰

蛾術堂本。前後無序跋。

漁仲言：《爾雅》只是一家之見，又多徇乎理而不達乎情狀。東原答江慎修書，指摘紕繆甚多。案：鄭注《爾正》有毛本，戴書見本集。《五禮通考》遠規朱子《通解》，近仿徐氏《通考》。朱子雖具軍、賓、嘉三禮，而未科別其條目；勉齋、信齋續以喪、祭，略備吉、凶二類，而又與前編體裁未能畫一，蓋亦未成之書也。徐氏《通考》止凶禮一門，餘皆闕如。是書徵引通博，考據精純，探心性之原，極發揮之妙，因革損益，曠若龜鑑，可不謂體用兼備與？《知不足齋叢書》刻鑴既工，校勘尤密。間或斗米立傳，關於請託，冀附琳瑯，亦志乘家丁集苦心也。先生謝世，庋閣鴻寶多入書賈，識者惜之。《孟子外書》不可信。

《全蜀藝文志》，嘉慶丁丑安岳譚静山重訂，樂山張汝傑重刊，板藏張氏小讀書樓。《四庫提要》作吳俊卿撰，此云楊慎，蓋俊卿聘升菴修，如《湖北志》本章氏實齋手筆，而云畢制府沅也。楊序云：“名宦遊士篇詠關於蜀者載之，若蜀人僅作一篇傳者，非關於蜀亦得載焉。用程篁墩《新安文獻志》例也。諸家全集，如杜與蘇盛行於世，祇載百一，從呂成公《文鑑》例也。同時年近諸大老之作皆不敢錄，以避去取之嫌，循海虞吳敏德《文章駢體》例也。”

黃氏《今水經》縮萬派於片襏，薈衆流於單詞，誠簡要之秘本也。小穀先生曰：“案語尚宜精審。”

朱氏《經義考》，逸經二字微嫌未妥，緣《詩》有逸《詩》，《書》有逸《書》，《禮》有逸《禮》，原據本文之散失者而言。今以漢唐蠹冊概以逸經目之，豈不混乎？南雷、三魏、儲氏、方氏皆以古文名家，而微文隸事，多有未盡。董浦杭先生天資卓絶，尤精經史，下筆如化工之肖物，各就本原而洋灑之。寒士得是書讀之，以當總集可也。

文光案：《道古堂集》當時盛稱之，無有議者。其序論諸篇全似詞學而不及深寧，凡所引證多出於抄輯，或有因誤致誤而不及知者。文內有《素問序》，《四庫提要》取其說以爲精確。愚細檢原書，殊不然也。讀是集者，宜析其條目覆審之，勿爲其所欺可也。

學人著書必有藍本，深寧用《通典》極有裁斷，《日知錄》多本於《元龜考索》并《勝國實錄》，間漢唐說經說史之集，而朝章典故咸備焉。非讀破萬卷者，不能測其涯涘矣。唐《李元賓集》，廣陵秦太史刻本，有《續編》一卷。鈍翁碑板之文尤重於世，記序小品真得柳州神髓，碑傳諸體隱者鮮之，略者詳之，足補志乘所未備。《惜抱軒集》亦近代作手也，經說筆記等集間有發鄭、孔所未發者，在百詩、西溟中差無愧云。呂氏《大事記》止有宋刻，王琴川携來是集，仿聚珍本，頗軒爽。每開十六行，每行二十一字。惜亥豕疊見，貽誤初學。然白鏹已需五兩矣。古者學童，教之數與方名及朔望六甲，蓋自末以窮本，由藝以達道，濫觴乎小學之源，涵泳乎大學之海。

**校勘記**

〔一〕“二”，原作“三”，據下文改。

〔二〕“役”，原作“後”，據《元史·丑閭傳》改。

〔三〕“貨”，原作“虎”，據《士禮居藏書題跋記》改。

〔四〕“語”，原作“話”，據同上書改。

〔五〕“精”，原作“心”，據同上書改。

〔六〕“庚”，原作“瘐”，據《文獻通考》卷二四八《經籍考》“三謝詩一卷”條改。

〔七〕“録”，原作“禄”，據《明史》卷七三《職官志》改。

〔八〕“緑”，原作“録”，據《拜經樓藏書題跋記》改。

〔九〕“孫”，據上文補。

〔一〇〕“陵”，原作“林”，據《亭林詩集》卷三改。

〔一一〕“糜”，原作“摩”，據《經典釋文》卷一改。

〔一二〕“謝”，原作“榭”，據《清史稿》卷四八一《全祖望傳》改。

# 史部十六
## 目録類六

## 《八史經籍志》 四十卷

不著編輯者名氏

高麗本。前無序言，末署文政八年刊。八史者，一曰《漢書・藝文志》，有班氏自注，本《七略》而修，間亦識其所未盡。其不列姓氏者皆班氏原文也。二曰《隋書・經籍志》，撰自鄭魏公，始定經史子集，末附道佛二藏，足爲程式。三曰《舊唐書・經籍志》，本毋煚等所修《古今書録》而意主簡略，多所删汰。四曰《新唐書・藝文志》，增損舊書，互相出入。五曰《宋史・藝文志》，不甚精要。六曰《宋史・藝文志補》、遼、金、元三史《藝文志補》，盧文弨編。七曰《三史藝文志補》，金門詔撰，《元史・藝文志補》，錢大昕撰。八曰《明史・藝文志》，張廷玉等奉敕纂修。

## 《隋經籍志考證》 十三卷

國朝章宗源撰

崇文書局本。 光緒三年刊，前有錢泰吉序，《章宗源傳》。録自孫星衍《五松園文集》。自正史起至雜傳止。序云僅有史部，三十年訪求全書無知之者。書名與王氏《漢書・藝文志》同，而編次則異。末卷列別傳一百八十四家，皆隋、唐《志》所不著録，無從考其卷數。諸書所見篇目《太平御覽》備彙其全，《文選注》、《初學記》、《北堂書鈔》等亦各互見。

《水經・清水注》稱孫綽別作登傳，此他書所未見。《藝文類聚》舟車部："孔子使子貢，久而不來，占之，遇鼎。顔回曰：'鼎無足，乘舟而來矣。'"此事引《衝波傳》，衝波二字未詳其義。《漢書》注引《蔡邕別傳》，言邕作《漢記十意》，有律歷意、禮意、樂意、郊祀意、天文意、車服意。是史志之新名，可補《史通・書志篇》之闕。

章宗源，字逢之，浙江山陰人。少聰穎，好輯亡佚古書，編次成帙，悉枕中秘本也。嘉慶五年卒於京師。

錢氏曰："《隋書・經籍志》：'《周易》二卷。《子夏傳》，殘缺。梁六卷。'按：梁者，阮孝緒《七録》也。《七録》撰於梁普通中。"　梁有魏司農卿董遇注《周易》十卷。按：漢魏至宋齊，九卿官名皆不繫以卿字，至梁乃有司農卿、少府卿之稱。此志所載卿之類，皆史臣不諳官制，以意增之。　《王氏史氏記》二十一篇，漢史作王史氏。王史，複姓也，此衍一"氏"字。　《志》中一書重出者甚多，皆史臣牾疏之失。唐宋而後志藝文者重複益甚矣。　孔子曰："必也正名乎？"名謂書字。按：正名謂正書字，此漢儒相承之詁訓。　諸書有唐初諸儒所見，并非無書，而《隋志》不載者，有見於《隋書》而《志》皆遺之者。或謂《志》所録者，僅唐初所收東都圖籍漂没之餘，固宜漏落。然史臣自言於舊録之外更有附入，則有附有否，難辭絓漏之咎矣。　《梁史》五十三卷，許亨撰。今以《許善心傳》考之，此書目録凡百卷，撰成上秘閣者僅六帙五十八卷，蓋未成之書，然卷數亦不合。《隋區宇圖志》一百二十九卷。按：《崔賾傳》："大業五年受詔，與諸儒撰《區宇圖志》二百五十卷奏之。帝不善之，更令虞世南、許善心衍爲六百卷。”是此書曾經再修，然皆非百廿九卷也。

凡經、史、子、集見於列傳，而《志》遺之者甚多。　《太公六韜》五卷，周文王師姜望撰。三代以前男子無稱姓者，稱太公望曰姜望，此魏晉以後俚俗之言。　《金韜》十卷，《志》不著撰人，蓋劉祐所撰。　《陰策》二十二卷，劉祐撰。《録軌象以頌其章》一卷，此不似書名，疑有譌。　《八會堪餘》一卷，按：《周禮疏》引堪輿大會有八，小會有八，即此書也。輿、餘音同。

《地動圖》一卷，《志》不著撰人。《藝術傳》：“臨孝恭著《地動銅儀經》一卷。”　《百賦音》十卷，宋御史褚詮之撰。按：宋子京校《漢書》揚雄三賦屢引諸詮音，蓋即此書。譌‘褚’爲‘諸’，又脱‘之’字耳。子京未必親見此書，蓋采[一]諸蕭該《漢書音義》也。《顔氏家訓·勉[二]學篇》云：“習賦誦者，信褚詮而忽吕忱”，亦指此書而言。録於《廿二史考異》。

## 《稽瑞樓書目》四卷

國朝陳揆編

《滂[三]喜齋》本。光緒三年吳縣潘氏校刊，有序。凡分四類，曰邑中著述，凡五百餘種，捐入興福寺；曰附記各櫥，凡四百八十餘種，分藏前後書室；曰近代地志，凡四百餘種，藏東樓；曰小櫥叢書，凡八百八十餘種，藏西樓後書室。所藏抄本、校本最多。目録俱記册數、書名、卷數，抄校以外別無考證，即撰人亦或有或無，其所云舊刻者，亦不知爲何本也。

潘氏序曰：“吾鄉藏書家以常熟爲最。常熟有二派，一專收宋槧，始於錢氏絳雲樓、毛氏汲古閣，而席玉照殿之；一專收精鈔，亦始於毛氏、錢氏遵王、陸孟鳧，而曹彬侯殿之。乾嘉年間滋蘭堂主人朱文游、白堤書賈錢聽默能視裝潢線訂即知爲某氏藏本。

嘉慶年間陳子準先生及張氏金吾并以藏書稱，張氏書及身歿而散，陳子準無子，歿後書亦盡散。吾師翁文端公與子準厚，既恤其身後，以重值收其藏本，僅得三四，散失者已不少矣。今《稽瑞樓書目》蔭從翁叔平假得刊之，庶可與張氏《愛日精廬藏書志》并傳。今常熟藏書家惟叔平及瞿君敬之，瞿氏所藏宋元槧尤富。叔平與蔭爲昆弟交，其銘心絕品恒得見之。而瞿氏之書遠隔三千里，未由一見也，能無神往也哉！"

《讀説文記》十五卷，席世昌，四冊。《汲古閣題跋》二卷、續集一卷，毛晉，二冊。《古今方輿書目》一卷，顧祖禹，一冊，抄。《天啓宮詞》一卷，陳悰，一冊。《崇禎宮詞》二卷，王譽昌，一冊。《漢書地理志稽疑》六卷，全祖望，二冊。《東晉南北朝輿地表》二十四卷，徐文范，四冊。《水經注箋刊誤》十二卷，趙一清，六冊。《水經釋地》八卷，孔繼涵，二冊。《水經注釋地》四十卷，張匡學，十冊。《直省水道考》十六卷，附《黄河運河考》，抄本，十冊。《七郡水利彙編》十卷，張伯行，四冊，殘。《新疆圖考》十四卷，十四冊。《史記釋疑》，《史記考證》，《漢書正誤》，《漢書注拾遺》，《兩漢書考證》，《三劉宋氏考證》，《三國志考證》，《三國志補注》，《三國志舉正》，又《辨誤》，《辨疑》。《新唐書證誤》，《元史本證》，《國史經籍志考證》，抄本，三冊。《國史經籍志》，抄本，五冊。《内閣書目》，抄本，三冊。《道藏目錄詳注》，二冊，又《釋藏目錄》、《醫藏目錄》各一冊。《徵刻書目》，《百川書志》，《述古堂書目》，《也是園書目》，《季滄葦書目》，《傳是樓書目》，《含經堂書目》，《培林堂書目》，《孝慈堂書目》，《古今書刻》，《藏書紀要》，孫從添。《校讎通義》，《百宋一廛賦》，黄丕烈撰，今刻入《士禮居叢書》。《金石文字辨異》五冊，《寒山金石林》三冊，《隸竹堂碑目》，《寰宇通志》一百十五卷，六十四冊。《輿地名勝》一百九十三卷，四十八冊。《禹貢匯疏》十二卷，茅瑞徵，附《圖經》，五冊。《禹貢古今合注》五卷，夏允彝，六冊。《經典釋文》三十卷，何小山校本，附考證。《平水韻略》五卷，影元鈔，二册。《隸韻》一卷，影鈔，殘本。《絳帖釋文》，元人鈔本。《鳳墅殘帖釋文》，《宋太宗實録》八卷，殘本，鈔。《嘉定玉牒初草》一卷，劉克莊鈔，一册。《宋季三朝政要》六卷，元刻本。《六朝通鑑博議》十卷，宋刻，二册。《三史質疑》一卷，元蘇天爵鈔本，附。《中興館閣録》十卷，《秘書監志》十一卷，《本草元命包》九卷，舊鈔，四册。《紹興續編四庫闕書目》二卷，《古今譯經圖記》四卷，《大唐内典録》十卷，《元大藏法寶標目》十卷，《漢晉印譜》一卷，《琴苑要録》一卷。以上録未見書與異本，以備採訪。

## 《藝芸書舍宋元本書目》二卷

國朝汪士鐘撰

《滂喜齋》本。前有同治十二年吴縣潘氏刊書跋、元和顧千里序。書目分兩截，每行上截爲書名，下截爲卷數，間注抄補，别無他説。凡宋板三百餘種、元板二百餘種。

顧氏序曰："汪君閬原藏書甚富，取宋本、元本别編其目，各成一册。以予於此向嘗究心，出以相示，且屬爲序。汪君宿具神解，凡有板以來官私刊刻、支流派别，遇則能名，而又嗜好在兹，仰取俯拾，兼收并蓄，揮斥多金，曾靡厭倦。以故郡中流傳有名秘笈搜求略遍，遠地風聞，挾册趨門，朝夕相繼。如是累稔，遂獲目中所列若干種，既精且博，希有大觀，海内好古敏求之士未能或之先也。間嘗思天水、蒙古兩朝，自秘閣興文以暨家塾、坊場、儒學、書院，雕精印造，四部咸備，往往可考，固無書無地無人不皆宋、元本。其距今日遠者甫八百餘年，近者且不足五百年，而天壤間已萬不存一。然則爲宋、元計，當奈何？曰舉斷不可少之，書覆而墨之，勿失其真，是縮今日爲宋、元也，是緩千百年爲今日也。汪君於宋、元本知之深，愛之篤，其欲爲之計者，當必有度越尋常之見，故詳述斯語，用爲序而弁諸。”

潘氏跋曰：“吾郡藏書家，自康雍之間碧鳳坊顧氏、賜書樓蔣氏，後嘉慶時以黃蕘圃百宋一廛、周錫瓚香嚴書屋、袁壽階五硯樓、顧抱沖小讀書堆爲最，所謂四藏書家也。後盡歸汪閬源觀察。蔭之姑歸觀察之子珠林比部德英，蔭少時至汪氏山塘所居，其堂宇軒敞，樹石蕭森。堂中懸楹聯‘種樹似培佳子弟，擁書權拜小諸侯’，阮文達隸書。阮與汪故有連，三十年來如在目前也。咸豐庚申以前，其書已散失，經史佳本往往爲楊致堂丈所得。兵燹以後遂一本不存。今從其家得宋元書目鈔本，皆蕘圃、澗薲諸老爲之評定，故絕無僞刻，因付諸梓。”

《尚書注疏》二十卷，注：金板。《左傳集解》，小字本，大字本，岳板又小字重言重意本。《羣經音解》七卷，《史記索隱》，耿板，殘。《前漢書》百卷，景祐本。《單吳志》，陸唐老《通鑑》百二十卷，《政和本草》，注：金板。杜光庭《玉函經》，《三續千字文》，《夷堅志》八十卷，甲乙丙丁四集。《人天寶鑑》二卷。以上宋板。《朱子本義》十卷，《詩經朱子集傳》十卷，《齊魯韓三家詩考》六卷，《左傳單林注》七十卷，《南渡十將傳》，《百將傳》，影抄《素王事記》，《通制孔子廟祀》，不分卷。《惠民御藥院方》，《六子全書》，《列子》八卷、《老子》二卷、《莊子》十卷、《荀子》二十卷、《楊子》十卷、《文中子》十卷。袖珍本《事文類聚翰墨大全》，甲乙丙丁戊己庚壬共八十六卷，似非足本。《啓劄青錢》五十卷，《釋氏通鑑》十二卷。以上元板。

## 《愛日精廬藏書志》四十卷

國朝張金吾撰

原本。嘉慶庚辰年刊，前有黃氏廷鑑序。金吾字愼旃，別字月霄，常熟人。爲考據學，嘗從季父海鵬校刊《御覽》諸書。廿二補博士弟子員，省試不售，即棄去。與同里陳揆購訪古籍，欲以著述名。嘗謂金源氏一朝著作散佚，討論史傳，網羅圖經碑刻，殫十二年之力成《金文最》百廿卷。因《通志堂經解》於宋元經說放失尚多，出其家藏秘帙，復傳抄文瀾閣本，得八十餘種，寫定《詒經堂續經解》千四百三十六卷，自是先儒說經之書彙萃無遺矣。月霄不善治生，家中落，書目成而書皆散佚，說者謂干造物之忌云。此《志》取宋元槧本暨新舊鈔之爲世罕見者，詳載鏤板時代、校藏姓氏，備録序跋以著一書原委，較孫氏《平津館藏書記》詳核多矣。當時行本甚少，近稱難得，因詳著之。

黃氏序曰：“吾邑自明五川楊氏以藏書聞，厥後秦西巖、趙清常繼起，至絳雲而集其成。刦燒之後，尚有汲古毛氏、述古錢氏兩家鼎峙，有葉石君、馮己蒼、陸勅先諸君子互相搜訪，有亡通假，故當時數儲藏家莫不以海虞爲首。迨兩家陵替，諸書散佚。今得月霄張子而其風復振。月霄少耽縹素，小大彙收，今古并蓄，而以宋元以上人撰述有神經史者爲之主，或繕抄秘閣，或假録相知，彙前後所得合之舊藏有八萬餘卷。於金元遺集加意搜訪，中如王朋壽之《類林》、孔元措之《祖庭廣記》，蔡松年之《明秀集注》與吳宏道之《中州啓劄》，皆當世絶無僅有之書，尤藝林所欲快睹者。今夏取罕見之本凡三百八十種，計一萬二千卷，一切卮言小說不與其數，寫爲《藏書志》。其傳本久絶佚而復出者，仿晁、陳兩家之例略爲解題，意在存佚繼絶。初不欲示人也，因力縱臾之。工竣，爲弁數語於首云。”

## 《愛日精廬藏書志》三十六卷 《續志》四卷

國朝張金吾撰

靈芬閣本。光緒十三年吳縣徐氏用集字板校印。前有道光丁亥顧千里序、道光丙戌張金吾自跋、又嘉慶庚辰金吾自序、例言八條、目録一篇。此志經、史兩門所録較備，別集爲古人精神所寄，其卓然可傳者兼收并采，不名一格。其餘九流小説以及二氏之書，擇其稍古近理者略存數種，以備一家，不以爲重也。其解題仿晁、陳兩家之例，以識流别。其收采序、跋仿馬氏《通考》之例，皆録於鈔帙，斷自元止，其見於刻本者不録，是可貴也。其體先標書名、卷數，旁注某本，次某代某人撰，次録序、跋。其解題在序、跋之前，或有或無，所解甚少。其不録序者於撰人次行標某人序、某人跋，或圖、或綱領、或進呈劄，皆另行分題，亦甚豁目。故陸氏藏書志即依此例也。

顧氏序曰："書之難聚而易散，自古云然矣。以予目驗，前者先從兄抱沖小讀書堆、我友袁壽皆五硯樓，秘笈不少，方欲一傳而片紙不能守。滋蘭堂主人朱文游晚失厥嗣，手斥萬籤，較販鬻家一出一入，詭得詭失，遂覺同歸於盡。後者有常熟陳子準、張月霄二君於書好同、聚同、能讀同，十年以來名在人口。予頻歲出遊，不及與之賞奇析疑，而僂指識面，所以深期之者未有艾。幾何，聞子準夭，無子，半生心血所積，徒供族人一賣。月霄家落，責負者傾囊倒篋捆載以去。於是屬望之素，方且謂之嗒然矣。忽一日，月霄迹予里中，出巨册盈尺置几上，謂曰：'此所刻書目、續目也。刻纔成而書散，書散可惜，刻成可喜，願爲我序之。'予曰唯唯。今夫書之有目，其塗每殊。凡流傳共見者固無待論，若夫月霄之目乃非猶人夫之目也。觀其某書必列某本舊新之優劣，鈔刻之異同，展卷具在，若指諸掌，其開聚書之門徑也歟？備載各家之序跋，原委粲然，復略就自敍、校讎、考證、訓詁、簿録彙萃之，所得各發解題，其標讀書之脈絡也歟？世之欲藏書讀書者，苟循是而求焉，不事半功倍歟？然則此一目也，豈非插架所不可無，而予樂爲之序者哉？"

張氏自跋曰："人有愚智、賢不肖之異者，無他，學不學之所致也。然欲致力於學者必先讀書，欲讀書者必先藏書。藏書者誦讀之資，而學問之本也。漢唐以來書皆傳寫，後唐始有鏤板，自是厥後書目益多。至於今，輦數千金至市可立致萬卷，則當今日而言，藏書亦何足貴？然而藏書不易言矣。著録貴乎秘，秘笈不盡可珍；槧本寶乎宋，宋槧不盡可寶，要在乎審擇之而已。夫所謂審擇之者何也？宋元舊槧，有關經史實學而世鮮傳本者，上也；書雖習見，或宋元刊本，或舊寫本，或前賢手校本，可與今本考證異同者，次也；書不經見，而出於近時傳寫者，又其次也。而要以有裨學術治道者爲之斷，此金吾別擇之旨，不無少異於諸家者也。庚辰夏，編《藏書志》四卷，以活字印行。六七年來增益頗多，乃重加編次，附入原書序跋，釐爲三十六卷，仍其名曰《愛日精廬藏書志》。竊嘗論之，藏書而不知讀書，猶弗藏也；讀書而不知研精覃思，隨性分所近成專門絶業，猶弗讀也。金吾少學爲詩，稍長讀書照曠閣，與校《太平御覽》諸書，爲校讎之學者有年。其後汎濫六籍，爲考證之學者有年。又其後究心經術，尊漢學，申古義，爲聲音訓詁之學者又有年。繼而講求古籍，考核源流，則雜以簿録之學；纂集經説，采輯金文，則雜以薈萃之學。迄今年垂四十，學問無聞，蓋藏而不讀、讀而不專之過也。然尊聞行知，含英咀實，廣以觀萬，約以守一，視世之玩物喪志者似有間矣。宋黄庭堅有言曰，士大夫家子弟不可令讀書種子絶斷，有才氣者出便名世。丁顗有言曰，吾聚書多矣，必有好學者出爲吾子孫。是則金吾藏書之意也夫！"

張氏自序曰："目録之名自康成始，其有序釋則《七略》、《別録》所由昉也。然目録之存於今者，自晁、陳兩家外，惟《讀書敏求記》略述源流，故儲藏家每豔稱之。然卮言小説、術數方技居其大半。下至食經臥法、鵪譜鴿論，以及象戲之局、少林之棍、種樹之書，與夫雷神紀事之荒誕，孟姜女集之無稽，兼收博采，并登簿録。雖小道可觀，恐難語乎擇焉而精矣。若傳注之羽翼經訓，史籍之紀載朝章，及有關學術政治之大者，則寥寥數種，半屬習見，心竊惑之。金吾年二十始有志儲藏，更十年合舊藏新得以卷計之不下八萬。今夏略加詮次，爲目錄一十卷。繼又擇傳本較稀及宋元明初刊本暨傳寫文瀾閣本另爲一編，凡萬二千卷，非有禆學問、藉資考鏡者不與焉。若有明及時賢著述，時代既近，搜羅較易，故亦從略。其前此逸在名山，爲世所不經見，則間附數言以識流別。至採錄之旨，別擇之意，視《敏求記》義例不無少殊。孰得孰失，必有能辨之者。若夫矜宋刻之精，標鈔帙之富，則吾豈敢。”

　　文光案：宋元舊本書惟藝芸書舍所藏爲最富，愛日精廬、䁈宋樓皆不之及也。其精鈔本則以汲古閣所藏爲獨絕。藏書家以宋板爲貴，然宋本不易得，偶然得之亦多殘缺。三十年前僞宋板尚多，今則僞本亦難覯矣。近代所刻佳本甚多，所著亦多考證之書，苟有益於學問，皆可採訪以備考核。然必窮年累月以此爲事，方肖積蓄。又必四處求之，庶幾有得，否則異本難見也。

## 《宋元舊本書經眼錄》三卷　《附錄》二卷

國朝莫友芝撰

原本。寫刻頗工，每葉二十行，行二十一字。凡書一百有三十種，附錄書衣筆識共五十三種，碑刻五十一種。目錄後有同治癸酉第二男繩孫跋，書內題“獨山莫友芝子偲”。

莫氏跋曰：“右宋、金、元、明槧本暨舊抄本、稿本凡百三十種，悉同治乙丑迄己巳數歲中先君客遊所見者，或解題，或考其槧鈔善劣，或僅記每葉行字數目，或并錄其序跋及經藏家跋語印記，皆經眼時隨筆志之，以備循覽。今年春，姑夫黎蓴齋先生自吳門來金陵，謂足備目錄家之一，亟欲壽梓。繩孫謹次爲三卷，更集他書表及碑帖題語爲二卷附焉。吾家影山草堂遠在黔南，舊藏粗備，尤多先人手澤。遭亂後散佚略盡，不可復得。今卷中僅存一二先君少時所校也，念之泫然。謹志於江寧旅舍。"

《百川學海》百種，宋本，每半葉十四行，行二十八字。《仕學規範》四十卷，淳熙三年張氏自刻初印本，紙墨精潔可愛。《源流至論》，宋本，半葉十五行，行二十五字。《揮塵前録》四卷，宋本，半葉十一行，行二十字。每條第二行後皆依一字，首有"汪士鐘印"、"三十五峰園主人"印，末有"平陽汪氏藏書"印。《篆圖附釋文重言互注老子道德經》二卷，巾箱本，十三行，行二十三字。《指南録》五卷。宋《文天祥詩集》，景炎巾箱大字本，八行，行十六字。書名處皆刓空，元時所爲也。第二卷有數題皆墨釘，蓋有所避。《文苑英華纂要》四卷，宋本，高似孫纂，汪閬源舊藏。每半葉十行，行十七字。其書按卷次摘句摘段録之。有嘉定十六年似孫跋。延祐甲寅趙迄後序，乃摹寫者。略云："高公手抄《文苑纂要》四集，計八十四卷。復又撰《辨證考異》十卷，凡古今名賢諸作有一聯一句至奇至妙者，博采無遺。"《萬寶詩山》三十八卷，宋巾箱本。每卷題"選編省監新奇萬寶詩山卷之幾，書林葉氏廣勤堂新刊"。悉取宋代省監所試五言六韻詩，分類編録，如今坊刻試律大觀之比。每葉三十行，行二十三字，共詩萬六千餘首，惜不載作者姓名。其板廣五寸許，高三寸半，細行密字，寫刻亦精。知藏書家所不尚，然《四庫》未著録，不能不以爲秘函也。末有余性初序。《書法鈎玄》四卷，元本，《四庫》存其目。明趙宧光寒山精舍藏本，有印曰"梁鴻墓下凡夫"。聞梁方伯治吳，訪求鴻墓不得，曷不依寒山故趾尋之？記內有蝴蜨寢閣，皆趙凡夫手蹟。《劉子》，張注，元人彙刻六子之一，有"愛日精廬藏書"、"季振宜印"。《宛陵先生文集》六十卷，元本，半葉十行，行十九字。有"葉氏綠竹堂藏書"、"九華山人繡佛齋"諸印。

《樂府詩集》，元本，半葉十一行，行二十字。絳雲樓舊藏。《中州集》，元本，半葉十五行，行二十八字，印亦中等。《雲臺編》，唐鄭谷撰，嚴嵩序，後有義門題字，葉氏藏書印。迂齋先生《崇古文訣》，覆宋板，半葉九行，行十九字，弇州題籤。《爾雅新義》，宋陸佃撰，寫本。此書《四庫》未著錄。《禮經本義》十七卷，寫本。國朝梁溪蔡德晉敬齋輯。朱右甫先生《吉金古文釋》四册，其喆〔四〕嗣建卿以手稿裝存者也。《積古齋款識初稿》，此本從故紙搜出，散逸已三之一。《建康實録》二十卷，影宋抄本。末有校正銜名。附記云"江寧府嘉祐三年十一月開造"。案：《三國志》、東、西《晉書》并南、北《史》校勘至嘉祐四年五月畢工，所依者紹興本也。《元秘書監志》十一卷，寫本，甚工。《鄭堂讀書日記》，周中孚稿本。讀一書必爲解題一篇，條其得失，議論頗能持平。亡佚十之二三，約存七十卷。别有《亭林年譜》等書未刻，《詁經精舍文集》録中孚文數十首。

戊辰秋，予於金陵蒐得蕭梁碑刻七八事，在《話碑録》外，擬彙爲《梁石記》以傳。有重刻舊館壇碑，亦從翁叔均雙鉤本抄入。叔均之子次孺謂其先公於此碑用功最深，備采宋至今言是碑者四十餘家，附以論説，爲《舊館壇碑考》一卷。予録其考，以元本歸之。《太白陰經》八卷，孫淵如手校本，有序。是書與杜佑所引文往往符合。古兵書亡佚甚多，《周禮注》引孫子萃車之陣，傳注引《太公陰符》，今皆不可得。東坡先生《物類相感志》十八卷，明姚咨抄本，《四庫存目》以爲僞託。陳鱣謂僧贊寧在蘇氏前，安知不號東坡？其撰此書疏證詳明，不似僞作，爲跋詳之。《秘笈》所刻止半部，此乃足本。贊寧，浙之名僧，出渤海高氏，見《十國春秋》。著述甚富，今惟《高僧傳》及《筍譜》尚存。《朝野簽載》，《四庫》六卷，此十卷。據宋本抄，未其同異。目首有"笠澤"、"曹炎之印"、"彬侯"三印。《醉翁談録》，抄本，八卷。阮文達公進呈是書，裁去三卷，如直齋斥《教坊記》之意。
《桂苑筆耕集》二十卷，抄本。高麗崔致遠，事見《唐志》。據其
奏狀，年十二入中國，又六年成進士；居中山，有詩賦等三卷；
調水尉，有《中山覆簣集》五卷；從事高駢軍幕，有《桂苑集》
二十卷。集中《討黃巢檄》最爲傑出，他亦淵雅可觀。中和四年
歸國。其人自唐、宋《志》、《六朝事蹟》以外未有言及者，故全
唐詩文并未收采。海夫爲彼國人文鼻祖，是集其國亦罕見。道光
間有活字本傳入中國，此本依以過録。《滹南遺老集》四十五卷，
續附一卷，金王若虛撰，文珍樓抄藏之本。《滋溪文稿》三十卷，
元蘇天爵撰，寫本。明人《樂通》三卷，有"敬業堂"、"醖舫"、
"稽古閣書籍記"三印，知查初白、朱竹垞皆經藏而《經義考》不
載。《明史》、《千頃堂書目》俱未收。胡文忠《讀史兵略》，五代
以前已刊行，爲四十六卷。此宋、元、明三代稿本，未及分卷刪
定而文忠殁矣。前段板成時爲之校誤，謹裝附昔者校樣之後。戊
申伏中。《孤忠小史》，皆道家言。《周禮注疏》，明正德時修補宋
十行本，宋刻存十分之四，補葉錯誤無完篇。《禮記釋文》，通志
堂仿宋本，在經解之外。嘉慶丙寅陽城張氏省訓堂併仿刻以行。
經注以丙寅初印爲佳，釋文則庚辰校修乃善也。李中谿按閩時刻
十三經，每卷首葉第三行并署云"明御史李元陽、提學僉事江以
達校刊"，世謂之閩本。南、北監，毛本皆從此出。初印本皆有刊
校一行，修板者削去，非翻刻也。吳稷堂所藏《復古編》抄本，
校安邑葛氏本互有得失，而吳本足正葛本。《禮部韻》，常熟錢孫
保家有影抄宋刻，視曹本特爲精善。《通鑑注商》十八卷，涇縣趙
紹祖撰。陳景雲《胡注舉正》，凡六十餘事，最爲精覈。琴士所商
至七百餘事，考訂更精，其功尤巨云。《吳越春秋》，元大德三年
徐天祐刊。又有明萬曆丙戌武林馮念祖卧龍山房翻刻本，亦佳。
李元陽，雲南太和人，升菴之畏友，學者稱中谿先生。所刻《通

典》卷尾附家人議論，低一格。蓋據南宋本重雕，非據《詳節》本録入也。《普濟方》殘本十二册，《千頃堂書目》一百六十八卷，明周定王著；《明志》脱"一百"二字，未見刻本。案：《四庫》著此書甚詳，方書未有富於此者。《太玄范注》，有宋萬玉堂本，明江都郝梁翻刻宋本亦佳，有此本是而萬玉誤者，知非萬玉本矣。又有黃石齋本，即用萬玉本覆刻，而削去板心"萬玉堂"字，勝此本多矣。檀默齋《穆天子傳注疏》，極力開荒，爲宋于庭所推服，惜未剪去蕪衍。《陶集》十卷，楊子烈編，旌德縮刻宋本，板多漫漶。毛扆《秘本書目》宋板《陶集·桃源記》中"聞之欣然規往"，今本誤作"親"，謬甚。《五柳先生贊》一本有"之妻"二字。按《列女傳》是其妻之言。他如此類甚多。《四八目》比時本多八十餘字，"本一作云云"多十餘字。按此本與毛本合，毛刻楊休之本有吳仁傑所編年譜。世行《陸宣公奏議》十二卷，無注。此十五卷有注，皆宋樣明嘉靖時翻刻，遺其注人。《愛日精廬藏書志》載至正刊本，宋郎曄注，有紹興二年郎進書表，後有"至元甲午仲夏翠巖精舍〔五〕重刊"木記。《脉望館書目》著録。此則是本翻元刻郎本而失載進書表。其注略具史事，吳文正公《增注序》曰"因郎注加詳"。《孟東野集》，宋敏求編，嘉靖丙辰無錫秦禾依宋景定本重刊。敏求所删聯句十首，此仍附十卷末。《傳家集》，夏縣刻本與宋編不合。此明抄宋本，可校陳文恭本。《辛稼軒集》久亡，此嘉慶中萬載辛敬甫綴拾爲之，共九卷。疏義、劄子、文啓三卷，詩一卷，詞五卷，附辛啓泰所編年譜一卷。此其族裔敬甫所刊，較毛本增多三十六闋，故詞是足本，詩文不過十之一。明沁水李瀚弘治戊午巡按河南，四月序刻《元遺山詩》曹益甫編二十卷本於汝州。閏十一月，又序刻《遺山文集》四十卷於開封。此耕釣堂影抄舊本，較全集詩多八十餘首。毛刻《元十家詩》，遺山一家即用曹編改寫上木。此鈔細行密字，據至元本也。施研北注元詩，

歷舉康熙時華刻全集之誤，以開封本正之。此本一一不誤，是可
寶也。《潛溪集》八卷，皆景濂元時所作，多全集所不載。近福建
有宋學士諸集彙編，此至正刊本，收以備考。林佶手寫名集付梓
者三：《精華錄》、《午亭集》、《堯峰文鈔》，精印本尤世所珍。
《蓮洋詩》有漁洋所不及處，使學能稱才，太白、東坡一間耳。
《宋文鑑》不如《唐文粹》之善，然北宋名家有本集不存考見一二
者，有本集存可補一二者，甚有資於文苑。此明晉藩翻刻宋本，
亦尚不惡。《回溪史韻》五冊，三冊影宋抄，僅十七卷，當即竹垞
跋所謂從琴川毛氏、長洲何氏所藏合之寫存才十七卷者。又別抄
二冊六卷，合爲二十三，與孾經室進書提要合。然則此書之存於
世者，僅此弱半而已。以上節錄要語，餘詳各目下，習見者不及。

## 《皕宋樓藏書志》一百二十卷

國朝陸心源撰

原本。光緒八年壬午冬月十萬卷樓藏板，前有李宗蓮序、例
言八條。目錄分經、史、子、集，門類悉遵《四庫全書》之例。
書內首行《藏書志》，下有“存齋雜纂之六”六字。光緒十四年五
月予遊津門僅得此書，其他種俱未之見。昨閱邸抄，歸安陸心源
進呈宋元板書二百種，現藏國子監。藏書之富，近甚稱之。

李氏序曰：“潛園先生得書十五萬卷，而坊刻不與焉。其宋元
刊及名人手抄手校者，儲之皕宋樓中。若守先閣，則皆明以後刊
及尋常鈔帙。按《四庫書目》編序，而以近人著述之善者附益之。
今春奏記大府，以守先閣所儲歸之於公，而以皕宋寶藏舊刻精鈔
爲世所罕見者輯源委成《藏書志》。吾鄉富於典籍者，梁沈約聚書
二萬卷。宋元之際，月河莫氏、齊齋倪氏，寓公若資中三李、陵
陽牟氏皆不下數萬卷。周草窗三世積累，有書四萬卷。石林葉氏
有十萬卷。陳氏《解題》可考者五萬一千餘卷。明代白華樓茅氏

其卷數不可考，然九學十部之編，以制藝爲一部，則其取盈於緗帙者亦僅矣。乾嘉間石塚嚴氏芳茮堂、南潯劉氏眠琴山館皆以藏書名，與杭州振綺堂汪氏、蘇州滂喜園黃氏埒，爲阮文達、錢竹汀兩公所稱。余見二家書目，著錄寥寥，豈足與先生比哉？四明天一閣視先生所藏其不如有五：天一書目卷祇五萬，皕宋則兩倍之，一也；天一宋刊不過十數種，元刊僅百餘種，皕宋宋刊至二百餘種，元刊四百餘種，二也；天一所藏丹經、道籙、陰陽、卜筮不經之書著錄甚多，皕宋則非聖之書不敢濫儲，三也；范氏封扃甚嚴，皕宋則讀者不禁，四也；范氏所藏本之豐學士萬卷樓，承平時舉而有之猶易，若皕宋則掇拾於兵火幸存，搜羅於蟫斷螙朽[六]，精粗既別，難易懸殊，五也。然則是志之成，雖古人《元徽四部》、《祕書七志》殆無復過之。”

陸氏自例曰：“是編仿張氏《愛日精廬藏書志》例，載舊槧舊鈔之流傳罕見者。惟張氏以元爲斷，自明初以後亡佚更多，不得不略寬其例。其習見之書概不登載。書出較後，爲阮氏所續進、張氏所收錄者，均采其説。有阮氏、張氏所未見者，略附解題以識流別。書目載序跋自馬《考》始。是編凡世有刊本暨作者有專集通行如二范、三蘇之類，其序跋已載集中，及經部之見於《通志堂經解》，唐文之見於《全唐文》并書已刊入《十萬卷樓叢書》者，均不更錄。餘則備載全文，俾一書原委燦然俱陳。所載序跋自元人止，明初人間錄一二。先輩時賢手迹題識校讎歲月，皆古書源流所係，悉爲登錄。其收藏姓氏、印記間錄一二，不能備載。手跋以‘某氏手跋曰’五字冠之，愚考加‘愚案’字別之。宋元板備載行款缺筆，以備考核。標題一依原書舊式，所增時代及撰著等字以陰文別之。一書兩本俱勝者，仿《遂初堂書目》例并存之。”

文光案：此志首行列書名數卷，旁注某刻本、某抄本、某校本，次行題某代某人撰，其結銜爲原書之式，故所題不能一律。自此行以下皆降二格。次某序、某跋，皆單行平列，旁注時代。以下録序跋全文。間附案語，記宋元板本所有及每行數位數。其案語雖無甚發明，然可以考見板本體例，亦甚嚴整。視天一書目差強人意，較《愛日藏書志》則增廣多矣。又所載多舊抄本，竹垞藏本亦夥。

《崇文總目》六十二卷，竹垞藏抄本，有康熙庚辰朱氏跋。《秘書省續編到四庫闕書目》二卷，抄本，有張金吾跋。陳《録》一卷，紹興改定，注“闕”字於逐書之下。昭德先生《郡齋讀書志》二十卷，抄本，門人姚應績編。有紹興二十一年公武自序，淳熙己酉游鈞跋。《遂初堂書目》一卷，抄本，勞季言校，毛幵序，魏了翁跋，陸友仁跋。

## 《日本見在書目》一卷

佐世編

影抄卷子本。《古逸叢書》之十九，前後無序跋。有目曰《易》、曰《書》、曰《詩》、曰《禮》、曰《樂》、曰《春秋》、曰《孝經》、曰《論語》、曰異説、曰小學、曰正史、曰古史、曰雜史、曰霸史、曰起居注、曰舊事、曰職官、曰儀注、曰刑法、曰雜傳、曰土地、曰譜系、曰簿録、曰儒、曰道、曰法、曰名、曰墨、曰縱橫、曰雜、曰農、曰小説、曰兵、曰天文、曰歷數、曰五行、曰醫方、曰楚詞、曰別集、曰總集，凡四十家。各標家字。所著皆唐本及唐以前之本。其中如崔鴻《十六國春秋》百卷，其本久佚而日本猶存，《文選》李善注六十卷，定是原本，希世之珍也。餘多訛字，不暇備録。

黎氏《敘目》曰：“此記從唐代齎來日本之書，皆卷子本也。原抄出自大和國室生寺，訛字甚多。國人曾刻入《羣書類從》中，點畫與此悉同。題云七八百年前之物，蟲蝕數字，餘亦多可疑者。然一從原文，不敢妄改，疑以傳疑之義也。又有近人飲肥安井衡書後，云'右書目中所收爲部千五百七十九，爲卷一萬六千七百九十，分爲四十家'。《七緯》不著卷數。又據頭銜，蓋寬平中佐在奧所輯，距九百六十餘年。按史，先是貞觀乙未冷泉院火，圖書蕩然，蓋此目所因而作也。所以有見在之稱也。據此則唐以前之書卷帙分明，原委俱在，初無所謂古文逸書。好古者當亦灼然知歐陽公百篇尚存之說其爲寓言無疑矣。"注，寬平中始唐昭宗龍紀元年〔七〕，訖乾寧四年。貞觀乙未，唐僖宗乾符二年。

《歸藏》四卷，晉太尉參軍薩貞注。《韓詩外傳》十卷。

《爾雅》三卷，孫氏注。《爾雅圖》十卷，郭璞撰。《小爾雅》一卷，李軌略撰。

《異説家河圖龍文》，一卷。《易緯》十卷，鄭玄注。《詩緯》十卷，魏博士宋均注。《禮禮》三卷，鄭玄注。又宋均注。《樂樂》三卷，同注。《春秋緯》三十卷，同注。《孝經勾命訣》六卷，《援神契》七卷，宋均注。《孝經雄圖》三卷，《雌圖》三卷，《雄雌圖》一卷。

《三蒼》三卷，郭璞注。《蒼頡篇》一卷。《字林》二卷，呂忱撰。《入聲》一卷。《石經尚書》一卷。《切韻》五卷，陸法言撰。

《漢書》百十五卷，應劭集解。《東觀漢記》百三十三卷，起光武訖靈帝，長水校尉劉珍等撰。目錄注云："此書凡二本，一本百二十七卷，與集賢院見在書合。一本百三十卷，與見書不合。又得零落四卷，又與兩本目錄不合，竟不得其具本。"《三十國春秋》三十卷，梁蕭方等撰。《梁典》三十卷，陳何之元撰。《梁後略》十卷，姚最撰。《周書》八卷，汲冢書。

《帝王世紀》三十卷，皇甫謐撰，起三皇訖漢魏。《續帝王記》十卷，何茂林撰。《建康實錄》二十卷，馬驄撰。

《漢官職》十卷，漢應劭撰。《職官要錄》三十卷，陶勉撰。《山海經》二十一卷，郭璞注，見十八卷。《七錄》十二卷，阮孝緒撰。《四部書目錄》。

右目錄類

目錄之學乃學中第一要事。不知此則書之面目且不能識，安問其他？歷代書目傳者甚罕，近世藏書之家雖多而簿錄亦少，故目錄一門最爲寥落。今所錄者凡三十五家，共六卷。前代公私撰述分爲二卷，皇朝官書爲一卷，私家所藏終以外國分爲三卷。目錄之書未有富於此者矣。歷代書目載於各史藝文志、經籍志者，皆有錄無説。其有説而最傳者，晁、陳二家之書，世盛稱之，然亦粗陳其大略而未能極盡其精微也。恭讀《欽定四庫全書總目》，於學問之授受，詩文之支派，靡不窮究源流，指陳得失，實從來未有之目錄，永宜奉爲典要者也矣。至於孫、黃諸家，或辨板之精粗，或別本之真僞，使讀書者知書，編目者知目，學者由是而入，依目訪書，以書印目，庶不爲俗本所誤，而可臻絶學。

**校勘記**

〔一〕“采”，原作“宋”，據清錢大昕《廿二史考異》卷三四改。

〔二〕“勉”，原作“勸”，據《顏氏家訓》卷上、清錢大昕《廿二史考異》卷三四改。

〔三〕“滂”，原作“八”，據清潘祖蔭《滂喜齋叢書》改。

〔四〕“喆”，原作“吉”，據清莫友芝《宋元舊本書經眼錄》改。

〔五〕“舍”，據同上書補。

〔六〕“炱”，原作“怠”，據《皕宋樓藏書志·李宗蓮序》改。

〔七〕此下原又有“元年”二字，據文意刪。

# 史部十七
## 史評類

### 《史通》二十卷

唐劉知幾撰

抄本。是書諸家著録者甚少，注家亦互有得失，明以前無注之本更不易見。此本正文從浦本，次降一格録紀氏評語、盧氏校語，次録王、黄、浦三家之注，次録李氏《通詁》以爲讀本，而諸本之序皆弁於首。是書乃載筆之法家，著書之監史也，宜三復之。王西莊《十七史商榷》即用《史通》之例，宜并讀之，以考史法。《通詁》二卷，李調元撰，詁《史通》所難解之語，刻入《函海》。

紀文達公《削繁敍》曰："說經不可有例，而撰史不可無例。劉氏之書誠載筆之圭臬也。顧其自信太勇，而其立言又好盡，故其抉擇精當之處足使龍門失步，蘭臺變色，而偏駁太甚，支蔓弗翦者，亦往往有之。浦氏輕改舊文是所短，而詮釋較爲明備，因即其本細加評閱，命曰《史通削繁》，核其精華亦大略備於是矣。"

### 《史通訓詁》二十卷

明王維儉撰

明本。是編因郭孔延所釋漏略實甚，重爲釐正。又以張之象藏本參校，所注較詳。是書内篇十卷三十九篇，其《體統》、《紕繆》、《弛張》三篇，唐時已亡。外篇十卷十三篇，或與内篇重出。舊刻有蜀本、吳本，萬曆中有張氏刻本。李維楨因張本略爲評論，郭孔延續爲評釋，即所傳之《史通評釋》也。王損仲又糾正之，是爲《訓詁》，皆明本也。陸深有《史通會要》三卷，明本未見。

《史通訓詁補》二十卷，黃叔琳撰，乾隆丁卯年刊。養素堂本。補王維儉注所未及，評點如時文之式。浦本亦然。

## 《史通通釋》二十卷

國朝浦起龍撰

梁溪浦氏求放心齋定本。乾隆十七年刊，凡歷八年數易稿而成。《養新録》有《史通》跋，稱其疑古惑今，狂易侮聖，言非由衷，志在避禍，千載之下必有知其意而莫逆者。歐陽《新唐書》多采《史通》之緒論。此本首列本序三首，次浦序并記，次唐劉知幾原序，次原目，次舉要，次舉例，門人蔡焞編。卷末附劉氏本傳，增注書後。

《羣書拾補》，唐劉知幾著。内篇十卷，外篇十卷。舊刻舛訛，經陸儼山、王損仲并爲訓故，近時黃崑圃又爲補板行於世，洶稱善本矣。文弨又得馮己蒼、何義門、錢遵王三家校本，其體例較爲古雅，今具著之。而字句之異同疑誤亦悉辨焉。何氏堂以影宋本校張之象本，知張本無大乖舛者，在郭本之上。顧《曲筆篇》中一段，誤入《鑒識篇》中，得郭本始正其違錯。余於張本、郭本皆未蓄，故但勘於黃本上。凡宋本多可從，然時有別字，自是唐人所習用。篇中偶載一二，不能詳也。余校勘此書訖，始見浦氏本，歎其精覈，雖并不言宋本，凡其作正字大書者皆宋本也。在前諸刻殆可廢矣。第間有管見欲商者，并繫於後。卷十四《惑經篇》，浦改“齊茶”作“齊乞楚”，“靈”作“比”，語甚不順。

其改"常壽"作"觀從",尚可通。至移《春秋》"捐其首謀捨其親弒[一]"下小注於前,頗失劉氏本意。注謂齊陳乞楚公子比也,正指《春秋》所書者言耳,尋《春秋》所書,實乖斯意。二語誠亂道。今遽削其八字,與下文亦不合。十八通多此失,下注脱黄注,字訛。

## 《讀史管見》三十卷

宋胡安國撰

古并居本。康熙五十三年刊,書成於紹興乙亥。前有嘉定年猶子大壯序。其孫德興刊者爲初刻,寳祐甲寅渤海劉震孫跋曰:"假守宛陵,細加讎校,寘諸郡齋。"

陳氏世隆曰:"唐劉晏領度支,死之日,籍[二]録其家,惟雜書二乘、米麥數斛而已。史稱其理財以養民爲先,因平準法,幹山海,排商賈,制百物低昂,操天下贏貨以佐軍興,雖用兵數十年,斂不及民而用度足。唐中僨而復振,晏有勞焉。是幹國之臣也。特以功名日盛,眷遇日隆,故媢嫉之人如常衮輩者忌之。至其誅死,則因昔勘元載,鞫獄伏誅,而其黨楊炎坐貶。后炎專政,衒私恨爲載報仇,遂誣搆以死,而天下冤之。使晏不勘載事,雖理財,固不死也,勘載事,即不理財固亦死也。胡致堂乃謂晏以理財而死,遂謂是言利背義之爲害,若天道報惡者。然將使司國計者不以足國爲務,而徒以不言利爲高,則國亦何利焉?嗟乎!兵以平亂,乃不論丈人之師、弟子之師,而徒曰兵者老氏之所忌,是天下無兵也。刑以詰奸,乃不論出於哀矜,出於苛刻,而徒曰皋陶之無後爲主刑也。而遂有縱盜賊以爲陰騭者,是使天下無刑也,而可乎?龍逢、比干之死,亦未必言利背義之爲害。甚矣!胡氏之説,不當事情,不可以爲訓也。"録於《北軒筆記》。

文光案:胡氏此書多可議之處,此其一端也。彦高此論甚爲有見，故録之。

## 《四明尊堯録》十一卷

宋陳讜撰

沙邑陳氏本。康熙乙未年刊。是書又見於本集。羅從彥亦著《尊堯録》，萬曆間裔孫應斗重刊，皆沙縣人。了翁以紹聖史官據王安石《日録》改修《神宗實録》，因作此書，力斥安石之誣。

## 《歷代名賢確論》一百卷

不著編輯者姓名

明本。前有弘治十年吳寬序。是書所採諸論迄於北宋，莨弘作莨洪，避宋宣祖廟諱，蓋南宋人所作也。明刻題錢福者，誤甚。

吳氏序曰：“《名賢確論》一百卷，皆唐宋人所著也。其說散見於文集中，或病其不歸於一，輯成此以便觀覽。其所論遠自三皇，近至五季，或論其世，或論其人，或論其事，或專論，或通論，上下數百年，皆具於此。錫山錢孟浚，出江南大族，好爲義舉。以此編不能家有，因刻傳世。”

是書上下所載，毋慮數千百年。其論説多至數千萬言，持論者亦且數十百家。不知集者爲誰，其用心勞矣。錢孟浚氏得之，以爲姓名無聞，又并其書不傳不可也，乃取而刻之。

## 《唐書直筆》四卷

宋呂夏卿撰

福本。是書聚珍本之外未見別本。其《兵志》三卷，當時秘之不欲示人，蓋其器識較深，不似吳書之顯攻也。晁公武得之，今亦無傳。

晁氏曰：“是書乃其在書局時所建明。前二卷論紀傳志，第三卷論舊史繁文闕誤，第四卷爲新例須知，即所擬發凡也。"錄於《讀書志》。

彭氏曰："按本傳，夏卿與修《新唐書》最爲有功，世系諸表皆其手定。直齋謂其別撰唐《兵志》三卷，秘之不傳。此書乃其修史時發凡，斷制精確，足爲古今通例。其文仿《公》、《穀》，奧峭有法。北宋人猶近古，若沿入胡寅、尹起莘手，則迂庸不足觀已。"錄於《知聖道齋讀書跋尾》。

錢氏曰："夏卿於仁宗朝預修《唐書》，故作此例。今以新書考之，殊不相應。蓋夏卿雖有此例，而歐、宋兩公未之許也。歐公本紀頗慕《春秋》褒貶之法，而其病即在此。夏卿新例益復煩碎非體。史家紀事唯在不虛美，不隱惡，據事直書，是非自見。若各出新意，掉弄一兩字以爲褒貶，是治絲而棼之也。"錄於《養新錄》。

# 《唐鑑》二十四卷

宋范祖禹撰　呂祖謙注

成都局本。首自序，次元祐元年進書表二篇，次唐代紀元圖、傳世圖。

范氏自序曰："臣祖禹受詔與臣光修《資治通鑑》，臣祖禹分職唐史，得以考其興廢治亂之所由。昔隋氏窮兵暴斂，害虐生民，其民不忍，共起而亡之。唐高祖以一旅之衆取關中，不半歲而有天下，其成功如此之速者，因[三]隋大壞故也。以治易亂，以寬易暴，天下之人歸往而安息之。方其君明臣忠，外包四荒，下遂萬物，此其所由興也。及其子孫，忘前人之勤勞，天厭於上，人離於下，宇內圮裂，尺地不保，此其所由廢也。其治未嘗不由君子，其亂未嘗不由小人，皆布在方策，顯不可掩。然則今所宜監莫近於唐。臣謹采唐得失之迹，善惡之效，上起高祖，下終昭宣，凡三百六篇，爲十二卷，名曰《唐鑑》。唐之事雖不能徧舉，而其大略可睹矣。"

老子之父，書傳無見焉。取方士附會之説而追尊加謚，不亦誣乎？皋陶作士而作史者以爲大，理既不經矣。又以爲李氏出而尊之，尤非其族類也。唐之先祖出於隴西狄道，非有世次可考，而必託之上古以耀於民，非禮之禮，適所以爲後世笑也。

唐自高祖取隋，五年而四方底平，九年而太宗立。貞觀之始，幾於三代，然一傳而有武氏之篡[四]，國命中絶二十餘年。中、睿宗享國日淺，朝廷濁亂，明皇以兵取而後得之。開元之治幾於貞觀，而終之以天寶大亂，唐室遂微。肅宗以後無稱者，惟憲宗元和之政號爲中興。凡唐之世，治日如此之少，亂日如彼其多也。昔三代之君，莫不修身齊家以正天下。而唐之人主起兵而誅其親者，謂之定內難；偪父而奪其位者，謂之受內禪。此其閨門無法，不足以正天下，亂之大者也。或變生於內，或亂作於外，未有承平百年者也。

王氏曰："元祐中，客有見伊[五]川先生者，几案[六]間惟印行《唐鑒》一部。先生曰[七]近方見此書，三代以後無此議論。尹和靖嘗問此書何如，先生曰足以傳世。蓋范淳[八]夫曾與先生論唐事，即爲此書，多用先生之説。先生謂門人曰：淳夫能相信如此。□□□有刻本□□□，多刻正學書，不增減一字，亦不輕著評點，有功後學不淺。"<sub>錄於《山志》。</sub>

文光案：明人刻書多著評點，最爲陋習。是書有明弘治本，呂鋥校刊。

## 《唐史論斷》三卷　　《附録》一卷

<sub>宋孫甫撰</sub>

《珠塵》本。前有自序，紹興丁丑南劍州州學教授新安張敦頤校刊序，末有司馬溫公跋。

孫氏自序曰："《唐書》繁冗遺略，多失體。諸事或大而不具，或小而悉記，或一事別出而意不相照，怪異猥俗無所不有，治亂之迹散於紀傳中雜而不顯，此固不足以彰明貞觀功德、制法之本、一代興衰之由也。觀高祖至文宗實錄，敘事詳備，差勝於他書，其間文理明白者尤勝焉。遂據實錄與書，兼采諸家著錄，參驗不差足以傳信者，修爲《唐史記》。用編年之體，所以次序君臣之事。所書之法雖宗二經文意，其體略與實錄相類者，以唐之一代有治有亂，不可全法《尚書》、《春秋》之體，又不敢僭作經之名也。自康定元年修是書，逮嘉祐元年，七十五卷，才力不盛，不無疏略。然於勸戒之意謹之矣，勸戒之切而意遠者著論以明焉。論九十二首，觀者無忽，不止唐之安危，常爲世鑒矣。"

張氏序曰："《史記》全書自公歿后取留禁中，世所可得而見者《論斷》而已。予家藏是本久矣，會朝廷寬鏤書之禁，本朝名士文集皆許流傳，乃出此書與學錄鄭待聘參考舊史，重加審定，鋟本於頖宮，以與學者共焉。"

司馬氏跋曰："孫公著此書甚自重惜，每公私少間，則增損改易，未嘗去手。"

孫公博學强記，貫穿經史。其家未嘗蓄書，蓋既讀之，終身多不忘也。

## 《舊聞證誤》四卷

宋李心傳撰

《函海》本。前有李調元序并跋。

李氏序曰："宋代史學自司馬君實而外，吾蜀李氏最稱傑出。李仁父《長編》五百二十卷，《舉要》六十卷，李微之《建炎以來繫年要錄》二百卷，陳振孫稱其與巽巖《長編》相續。余皆有家藏寫本，無力付梓。兹刻其《舊聞證誤》，辨駁詳明，根據鑿鑿。如蘇叔黨赴倅真定，抗賊以死，非卷中表出，人將無知之者。朱勝非《秀水閒居録》載李綱私藏過於國帑，自奉泰侈，及以私貨賕張浚之行，非其知人論世之識，逐加辨正，遂令賢者蒙垢不淺。欲不謂良史才得乎？”

李氏跋曰：“微之在宋有良史之目。《證誤》一書，雜採宋初以來各家説部所載不關朝章典制者，加以辨論，證其訛誤，而凡軼聞瑣事，有所聞者亦并載焉。其引用書有未注出原書者，爲補注於下。雖案頭之校本，亦史學之緒餘也。”

彭氏跋曰：“宋人雜記傳説最多，而《宋史》繁冗，以此書證之，則年月事詞牴牾者夥矣。揚善之言不嫌從長，已非信史。若惡直醜正如王孝先之求復，張尚賢之干謁，宋子京之反覆，趙元直之狠佷，烏可以不辨？此書從《永樂大典》輯出，原書先舉舊聞，後申證誤，惜抄胥不知體例，間有脱處。今逐條校注，信爲言宋史者萬不可少之書。朱竹垞嘗有志重修宋史，曾舉宋人著述足資史事者數十家，亦列李心傳名，蓋指《朝野雜記》。若《繫年要録》及此書，則竹垞所未見也。”録於《知聖道齋讀書跋尾》。

胡寅者，凶憸躁進之士也。趙鼎薦之詞披，朝士皆畏之。以行詞乖謬，衆論不容，乃稱父安國老疾，遠在湖湘，乞歸省。於是差知永州。寅攜妾居婺州，久之不去。有朝士范伯奮貽書責之，寅以妾臨蓐爲辭。伯奮復曰：“妾産與父疾孰重？”寅訴於鼎，改知嚴州。鼎旋罷，累月復相，欲召寅，議者以不省父止之。

## 《學史》十三卷

明邵寶撰

容春精舍本。前有弘治十八年邵寶自序并自記，次浦瑾跋，次目録。自寅至丑十二卷，閏一卷，末有男勳跋。此決大疑斷大事之書，文詞簡峭。自周迄元。提學江西時所作。此本刊於嘉靖甲辰，書末題"自序文至末一百八十九板"。

邵氏自序曰："視學而校文，事之冗且勞者也。予在江西，歷諸郡縣山與水舫，亦有時乎暇焉。暇則不能無思，思出經書史傳，展轉於心久矣，而介然若或起之，古人所謂欣然意會者於是乎在。然懼其或失也，故日記而投諸櫝，月啟而載諸簡。惟君子格物之義，是故謂之學；抑載筆記言若有類焉，是故謂之史。史乎，史乎，一日無述則學將落矣，可不儆諸？可不勉諸？此得於史傳者也，其經書所得別有簡端。錄書起於日，故日而不序。"

邵氏自記曰："始予爲《學史》，歷四〔九〕三年，凡得千有餘章，篋而藏之久矣。東歸病起，複閱而損益之，爲章如左。夫義求於疑，則精是焉存；事擬於變，則允是焉出。泛泛爾則淺，悠悠爾則荒，君子惟物之格，其遑暇乎？乃若章附所見，蓋將藉手以正有道焉爾。若曰事止於斯，義止於斯，則吾豈敢？或謂義無恒居，□□以求；事無恒主，孰主以擬。夫臣必有君也，夫子必有親也。臣爲君謀，子爲親謀，禮也。爲君子謀，取諸《春秋》，其餘準是。越十四年而書。"

浦氏跋曰："此吾錫邵公格物載記之書也。爲卷十有二以象月，餘其一以象閏。卷三十章或空其一以象日，而目之曰日格，言日有所格也。取程子今日格一物，明日格一物之義。其所格者，頤理遠猷，凡天下所難處焉者也。"

文光案：是書先列本事一段，末注出典，次論，冠以日格，子曰降一格，大書。司馬貞補《史記》序云："本紀十二，象歲星一周，八書法天時八節，十表仿剛柔十日，三十世家比月有三旬，七十列傳取懸車之著齒，百三十篇象閏餘成歲。"張守節《論史例》襲之，惟改列傳七十象一行七十二日，言七十，舉全數，餘二日象閏。子長本無此語，穿鑿附會，不免於妄。二泉經術湛深，是書議論平正，惟襲司馬貞說，似可不必。是書又見於邵氏《經史全書》，亦明刻也。

邵勳跋曰："右《學史》凡十三卷，我文莊先公精思獨斷之書，海內學者宗尚其說久矣。原板爲公門人虞山陳都憲携拓浙藩，遂毀於火。勳圖重梓而力未贍也。公之館甥秦齊南汶乃取舊藏初本復訂舛訛，刻庋容春精舍。"

## 《讀史然疑》一卷

國朝杭世駿撰

《知不足齋》本。前有杭世駿自序。是書寥寥數紙，全史亦有所未備，恐是未完之書。而自序云"業止於是，吾衰不能復進"，似亦無所缺佚。書中所列間有前人所已論者，亦有全錄舊文者，共五十三條。

杭氏自序曰："余年二十五始有志於史學，貧無全史，且購且讀，一日率盡一卷。人事膠擾，道途奔走，祁寒盛暑，未嘗一日輟也。風雨閉門，深居無俚，則又倍之。閱五年而始畢功。又一年而以《通鑑》參校，史外又益以舊聞，三千年之行事較然矣。於諸史中以意穿穴，有得則標舉其旨趣。前人所論不復論，前人所糾者亦不復糾也。《史漢考證》業有成書，斷自後漢，以迄六代。唐宋以還，論之不勝其論，糾之亦不勝其糾也。劉昫《唐書》重複錯繆，遠遜歐、宋，間一論列，不勝其繁。沈東甫合鈔未見，恐有雷同，未敢示人。《日知錄》中刊正《漢書》，尚有數條與三劉闇合者，知其未見《刊誤》也。全祖望、張熷貫穿史事，爲余畏友，以是相質，不以爲非，遂決意存之。"

文光案：讀全史必如杭序所云，方有完畢之日，否則終身不能了也。凡讀書作文全在立志，立志未有不終不成者。今勸人讀書，或云家貧不能購，或云事煩不能讀，皆不立志之故，非事與家之累也。信如序，可謂不自棄矣。至於後人著書偶與前人暗合，亭林之外不勝枚舉。詩文偶合者更復不少，惟不可矜爲獨得。如來氏《易序》所云，則所見隘矣。杭氏惟恐與人相複，故序云前人已論者不復論。而開首第一條爲陳寔死，會葬者三萬人，可見東漢隨聲附和，非風俗之善。此説已爲前人所有，非杭氏一人之言也。後人著書，欲語未經人道亦誠難矣。即自己著書，前後複沓，一意之語，彼此互見者皆所不保。詩文用己語，有人指出而己不知者，其爲暗合一也。但暗合之中有此詳彼略、此優彼絀，正不妨[一〇]互存也。

《杜篤傳》：“遠救於已亡，不若近而存存也”。章懷注引《易》“成性存存”，是未知《易》者。

唐子西《文録》云：“龐德公以孔明爲卧龍，以士元爲鳳雛，則士元之齒當少於孔明。孔明卒時年五十四，而士元先二十有二年，則士元物故尚未三十也。”此説魏鶴山採入《經外雜鈔》，蓋未嘗讀統傳也。傳明云統死時年三十六，先主拜統父議郎，諸葛亮親爲拜之，則亮實以兄事之。

《宋書》，《張暢傳》在五十九卷，《張敷傳》在六十二卷，《張劭傳》後又重出二人傳。暢傳“孝武宴朝賢，暢在坐”一段，則五十九卷所無。敷傳“宗少文談擊象”及“查梨之對”，則六十二卷所無。《北齊書》，張景仁了無學術，厠於儒林可乎？《顏氏家訓·省事篇》云“近世有兩人朗悟士也，性多營綜，略無成名”云云，愚謂此指徐之才、祖珽。芒山一捷，神武根基始定，本書敍芒山戰寥寂，彭樂又不立傳，遂至其事不顯。後主敗亡，不盡由馮小憐。據《北史》則晉州之陷實其所致。全書無一字及之，何也？

深寧王先生云：“陳無淮、無荆襄、無蜀，而立國三十二年，江左尚有人也。夷考陳世，高宗百戰而百克，後主一戰而即擒，岂異人任，廟算失也。隋軍濟江，魯廣達、蕭摩訶、任忠、樊毅諸人南北支離，未戰輒潰，使賀、韓之衆不血刃而入臺，有僥倖焉，固非其戰之力矣。陳廷之上，居槐袞者無納牖之忠，秉麾鉞者鮮結纓之節，上書極諫，迺一二冗散之傅縡、章華，然猶不免悻悻焉。力戰而死，又僅僅一隊主之楊孝辯父子。主憂臣辱，主辱臣死，陳之所謂柄臣、世臣者，不聞有一人可挂於忠義之傳。嗚呼！陳可謂無人矣。"深寧之論，原其始造也。《史通》云《陳書・姚察傳》著《辨茗酪記》一卷，今本察傳及《隋書・經籍志》皆無此記。意者知幾所云其傅縡所撰耶？

## 《廿二史劄記》三十六卷

國朝趙翼撰

湛貽堂本。乾隆六十年刊。前有趙翼自序、錢大昕序、李保泰序、目錄。

趙氏自序曰："史書事顯而義淺，便於流覽，爰取爲日課。有所得輒劄記別紙，積久遂多。一代修史時，稗[一]乘脞説無不蒐入史局，其所棄而不取者，必有難以徵信之處。今或反據以駁正史之訛，不免貽譏有識。是以此編多就正史紀傳表志中參互勘校，其有牴牾處自見，輒摘出以俟訂正。至古今風會之遞變，政事之屢更，有關於治亂興衰之故者，亦隨所見附著之。或以比《日知錄》，則吾豈敢？"

文光案：熊方《補後漢書年表》，專據正史，不采他説，可稱卓識。而趙氏之見正與熊同。錢序謂師古以後未有見及此者，因表出之。

錢氏序曰："甌北先生早登館閣，出入承明，碩學淹貫，通達古今，當時咸以公輔期之。中年以後引疾辭榮，優游山水間，以著書自樂。近刻《劄記》見示，歎其記誦之博，義例之精，論議之平和，識見之宏達，洵〔一二〕儒者有體有用之學，可坐而言，可體而行者也。"

古者左史記言，右史記事，言爲《尚書》，事爲《春秋》，其後沿爲編年、記事二種。記事者，以一篇記一事，而不能統貫一代之全。編年者，又不能即一人而各見其本末。司馬遷參酌古今，發凡起例，創爲全史。本紀以序帝王，世家以記侯國，十表以繫時事，八書以詳制度，列傳以志人物，然後一代君臣政事賢否得失總匯一編之中。自此例一定，歷代作史者遂不能出其範圍，信史家之極則也。至篇目之類，不妨隨時增損改換。今列二十二史篇目異同于左。古有《禹本紀》、《尚書世紀》等書，遷用其體以敘述帝王。三國惟有《魏紀》，以魏爲正統也。范書又立《皇后紀》，蓋仿《史》、《漢》《吕后紀》之例，而不知史遷以政由后出，故立是紀。《新唐書》武后已改唐爲周，故朝政則編入后紀，宮闈瑣屑事仍立后傳，較有斟酌。《宋史》度宗本紀後附瀛國公及二王，以其正統緒餘，不没其實也。至馬、陸《南唐書》作《李氏本紀》，吴任臣《十國春秋》皆作紀，殊太濫矣。其時已有梁、唐、晉、漢、周稱紀，諸國皆偏隅，何得亦稱紀耶？《金史》於《太祖本紀》之前先立世紀，以敘其先世，此又仿《尚書》世紀之名，最爲典切。《史記·衛世家贊》"余讀世家言"云云，是古來本有世家一體。王侯開國，子孫世襲，故稱世家。《漢書》盡改爲列傳，究非體矣。傳者，傳一人之事也，然自《漢書》定例，歷代因之。《史記》作十表，昉於周之譜牒。大臣無功無過者，不容盡没，則於表載之。作史體裁，莫大於是，故《漢書》因之。

八書乃史遷所創，以紀朝章國典，《漢書》因之作十志。古書凡記事立論及解經者皆謂之傳，非專記一人事蹟也。其專記一人爲傳者，則自遷始。又於傳之中分公卿、將相爲列傳，其儒林、循吏、酷吏、刺客、游俠、佞幸、滑稽、日者、龜策、貨殖等又別立名目，以類相從。自後作史者各就一朝所有人物傳之，固不必盡拘遷史舊名也。《史記》列傳次序，蓋成一篇即編入一篇，成書後不復排比，故次第皆無意義。

錢氏曰："班、馬二史以后妃爲外戚，列於諸呂之後。蔚宗爲《后妃紀》，繼帝紀之末。《三國》、《晉史》別出《后妃傳》。《五代史》《家人傳》合后妃、諸王爲一。《元史》《儒學傳》合儒林、文苑爲一。《唐書》列外戚於列女之後，列隱逸於循史之前。《宋史》列方技於列女之後，列外戚於方技之後。《唐書》，宋、明《史》俱有《公主傳》，應列於《宗室傳》之後。《唐書》，宋、元、明《史》俱有《姦臣》、《叛臣》、《逆臣傳》，應列於《四夷傳》之後。明有閹黨、流賊、土司，皆前史所無，閹黨可附姦臣之末，流賊當列逆臣之後，《土司傳》體例與《四夷傳》略同，似宜列於四夷之前。皇太子、皇子、諸王例入宗室，其追尊帝號者，舊史俱不爲區別，魏收以景、穆入帝紀，爲後人所譏。遼、金至明，追尊之典有加於古，立廟稱宗於諸帝無異，史皆列於《宗室傳》之前，宜以爲式。《金史》則稱世紀，補列於帝紀之後，終屬非體，不可爲法。《後漢書》有《黨錮傳》，它史無之。《唐書》之《藩鎮傳》、《五代史》之《義兒傳》，宜與同時諸臣列傳相次。《五代史》歐公自立新意，諸傳名目多與列史異。《元史》有《釋老傳》，它史亦無。前史皆入《方技傳》。有一人而兩史并爲立傳者，如裴炬、李密、王世充，已見《隋書》，而《唐書》亦載之。王倫、宇文虛中、張邦昌、劉豫，宋、金兩史俱有傳。張特立，金、元兩史俱有傳。又兩史褒貶時有不同。史家之病在乎多立名目，名目既多，則去取之間必有不得其平者。"

文光案：讀書以篇目爲要，所謂目録之學也。書之大體全在於是。錢、趙二家所記篇目即史體也。凡書惟立體爲難，大綱既舉，雖小有罅漏，不足爲病。作史者先立其體，而後可以行文；讀史者先知其體，而後漸而考事。太史公首創此體，歷代相繼，雖小有變通，而大端因之，且紀傳可以包編年，編年不可以包紀傳，故《隋志》列紀傳爲正史，而編年次之。非其體之至精至當，豈能傳之二千年，經歷數百家而卒莫能改易耶？至於紀、表、志、傳爲人所議者，時或有之。如項羽不當爲紀，龜筴不當立傳，此史公之小失也。《古今人表》與漢無涉，符瑞一志實爲贅疣，此則隨意增添而於義未長者也。《宋史》《道學傳》多分一門，歐《史》《家人傳》混合五代，此則意有偏主而啓人以爭端者也。錢竹汀云“名目既多，必有不得其平者”，誠至言也。歐《史》名目多而人數少，其病正在好出新意，惟史筆特佳，故讀者好之。昔韓文公自云不敢撰史，歐公則勇於爲之，二公所見不同如此。

# 《二十二史考異》一百卷

國朝錢大昕撰

《潛研堂》本。前有庚子五月嘉定錢大昕自序。

錢氏自序曰：“予弱冠時好讀乙部書，通籍以後尤專斯業。自《史》、《漢》迄金元，作者二十有二家，反覆校勘，雖寒暑疾疢未嘗少輟。偶有所得，寫於別紙。丁亥歲乞假歸里，稍編次之，歲有增益，卷帙滋多。戊戌設教鍾山，講肄之暇，復加討論，間與前人闇合，削而去之。或得於同學啓示，亦必標其姓名，郭象、何法盛之事蓋深恥之也。夫史之難讀久矣，司馬溫公撰《資治通鑑》成，惟王勝之借一讀，它人讀未盡十紙，已欠伸思睡矣。況二十二家之書，文字煩多，義例紛糾。輿地則今昔異名，僑置殊所；職官則沿革迭代，冗要逐時。欲其條理貫串，瞭如指掌，良非易事。以予儜劣，敢云有得？但涉獵既久，啓悟遂多，著之鉛槧，賢於博弈云爾。且夫史非一家之書，實千載之書，袪其疑乃能堅其信，指其瑕疵以見其美，拾遺規過，匪爲齮齕前人，實以開導後學。而世之考古者，拾班、范之一言，摘蕭、沈之數簡，兼有竹素爛脱，豕虎傳訛，易斗分作升分，更子琳爲惠琳，乃出校書之陋，本非作者之譽。而皆文致小疵，目爲大創，馳騁筆墨，夸曜凡庸，予所不能效也。更有空疏措大，輒以褒貶自任，强作聰明，妄生瘢痏，不卟年代，不揆時勢，强人以所難行，責人以所難受，陳義甚高，居心過刻，予尤不敢效也。桑榆景迫，學植無成，惟有實是求是，護惜古人之苦心，可與海内共白。自知爇燭之光，必多罅漏，所冀有道君子理而董之。"

《史記》五卷。卷首題"宋中郎外兵曹參軍裴駰集解"。按《索隱序》稱外兵參軍，《後序》稱外兵郎，互有不同。考《隋志》及《宋書》、《南史》本傳，俱云南中郎，蓋龍駒爲南中郎府之外兵參軍。宋、齊之世，四中郎將皆以皇子爲之，得開府置官屬，外兵其一曹也。南中郎者，所仕府之名。外兵者，所署曹之名，參軍則其職也。中郎之上當有"南"字。《索隱後序》稱外兵郎則誤甚矣。"幼而徇齊"，《索隱》云："《大戴禮》作'叡齊'，一本作'慧齊'。"按今《大戴禮》作"彗〔一三〕"，蓋"慧"之省。

文光案：《素問》作"狗齊"。

古人稱父母爲親戚。《大戴記》"親戚既没，雖欲孝誰爲孝"，《孟子》"亡親戚君臣上下"。《楚世家》"如悲親戚"，猶言如喪考妣也。《孟嘗君列傳》"使使存問，獻遺其親戚"，亦謂其父母也。堯二女不敢以貴驕事舜親戚，《正義》兼弟妹言之，非史公之旨。"得定陶戚姬"，注如淳曰："姬音怡。"予謂姬從臣，聲姬。姜字讀如怡，乃是正音。六朝人稱妾母爲姨，字易而音不易，於姬姓讀如基者有別。《孝武本紀》，張晏云此紀褚先生補作。予謂少孫補史皆取史公所闕，意雖淺近，詞無雷同，未有移甲以當乙者也。或魏晉以後，少孫補篇亦亡，鄉里妄人取此以足其數爾。《始皇紀》末有“漢明帝十七年”云云，《平津侯傳》末有“太皇太后詔大司徒、大司空”云云，《司馬相如傳》贊有“揚雄以爲”云云，皆魏晉以後人竄入。

〖文光案：《史記志疑》武紀末辨褚補甚詳，補《史記》者原非一人。〗

《十二諸侯年表》始於共和，共和以前則《三代世表》紀之，終於周敬王四十三年。其時惟陳、曹先亡耳。史公以《六國表》繼之，晉、衛附於魏，鄭附於韓，魯、蔡附於楚，宋附於齊，各述其後事以續前表，文簡而法密矣。三家分晉，魏得晉之故都，故魏人自稱晉國，而韓、趙則否。史公以晉附魏，蓋以此。

〖文光案：此條與《志疑》參看，詳而益明。〗

《書·立政》有三亳，説者以爲湯始居南亳，在宋州穀熟縣西南；後徙西亳，即河南偃師縣；而景亳，湯所盟地，則宋州北五十里大蒙城是也。三亳非一地，要非京兆之亳亭明矣。京兆之亳，乃西戎國王號湯者之邑。徐廣以爲殷湯所起，其不然乎？然此篇稱作事者必於東南，收功實者常於西北，乃述禹興西羌，周始豐鎬，而及於湯之起亳，則史公固以關中之亳爲湯之亳矣。

〖文光案：此條宜與《四書釋地·湯居亳》并《解春集·殷七遷辨》參看。〗

子長書每篇稱太史公，皆自稱其官，非他人所加。《酷吏傳》“傳爰書”，蘇林曰：“傳爲傳因也。”予謂“傳”蓋“傅”字之譌，“傅”讀曰附，謂附于爰書。《大宛傳》“藏命作姦”，藏命猶言匿名。自史公有《自序》一篇，而班孟堅、司馬彪、華嶠、沈約、魏收、李延壽之徒各爲《敘傳》。司馬彪稱《敘傳》，華嶠稱《譜敘》。承祚先世，仕蜀不顯，蔚宗與漢年代隔越，故不立此篇。蕭子顯齊〔一四〕，豫章王嶷之子，其傳贊云烈考，云我王，與它篇異，但傳中竟不列己名，則又矯枉過直矣。姚思廉《陳書》于父傳末略述己修史事，而不及唐以後事，最爲得體。唐宋以來設立官局，史非一人一家之書，故無敘傳之名矣。太史公書不稱《史記》，本紀、表、傳所引《史記》皆前代之史。《後漢書‧班彪傳》有司馬遷著《史記》之語，此范蔚宗增益，非《東觀》舊文。班《志》太史公百三十篇，班叔皮亦稱爲太史公。書《史記》之名，疑出魏晉以後。《史記》惟自序前半稱太史公，及《封禪書》兩稱太史公，指其父，餘皆遷自稱之詞。小司馬、小顏以爲尊其父者，非矣。《索隱》長於駁辨，《正義》長於地理，皆龍門功臣，難以偏廢。

《漢書》四卷。《王子侯表》下號謚姓名。按宗室例不書姓，"姓"字衍文。然北宋本已然。蘇明允謂王莽僞[一五]襃宗室，故從異姓例，以示天子不得有其同姓。昭、宣、元、成、哀五朝之侯，與王莽何與？惟承鄉侯以下二十二人出於僞襃居攝所封。班氏未嘗列於表，何故一例譏之乎？《律歷志》三十斤爲鈞，節孟康說，非也。一鈞重萬一千五百二十銖，以《易》六十四卦之數除之，得一十有八，合於《易》之十八變而成卦也。大戴删古禮二百四篇爲八十五篇，小戴又删爲四十九篇，其說始於晉陳邵，而陸德明引之，《隋志》又附益之。然《漢書》無其事，不足信也。大、小戴各傳其學，鄭氏《六藝論》言之當矣。《項籍傳》瑕丘公申陽者，孟康曰老人也。予謂春秋之世，楚縣令皆僭稱公。楚漢之際，官名多沿楚制，故漢王起沛稱沛公，楚有蕭公、薛公，漢有滕公、戚公，皆縣令之稱。此公亦是瑕丘令，孟說非也。《揚雄傳》，自雄之自序云爾以下至篇終，皆傳文，非贊也。《司馬遷傳》亦稱自序云爾，與此正同。遷有贊而雄無贊，篇中褒貶已見。此"贊曰"二字，後人妄增，非班史本文。漢制列侯所食邑爲侯國。第四卷有《侯國考》。西京侯者分戶有多少，所食或盡一縣，或止一鄉一亭，皆以侯國稱之。恩有降殺，秩無尊卑也。後漢始定爲都鄉侯、鄉侯、都亭侯、亭侯之差，於是有侯而不爲國者矣。志稱侯國二百四十一，今數之止百九十有四。予證以諸表，各標其始封之姓名，又補志之失注者二十五人，讀班史者庶有取焉。

《後漢書》三卷。晉華嶠作《後漢書》，以皇后紀次帝紀之下，乃嶠自出新意，范《書》因之。世譏蔚宗創爲《皇后紀》，非也。華志今已失傳，其名目可考者，五行、天文志見《蔡邕傳》，禮樂、輿服志見《東平王蒼傳》，百官志見《皇后紀》。《漢志》有刑德，其書不傳。王者忌子卯，即子卯相刑之謂也。《郭太傳》，“初太始至南州”至“名聞天下”七十四字，本章懷注引謝承《書》之文，今本羼入正文，惟閩本不失其舊。閩本係嘉靖己酉按察使周采等校刊，其源出於宋刻，較它本爲善。如左原以下十人附書《林宗傳》末，今本各自跳行，閩本獨否。漢人稱太守爲府君。

　　　　文光案：晉魏縣令以下皆稱府君。自是以後，敘家世遂
　　爲通稱。

《費長房傳》，多采鄙俗小說。

《續漢書》二卷。古法百三十五月有二十三食，即宗誠術也。馮恂術五千六百四十月有九百六十一食，較古法稍强。劉洪《乾象術》萬一千四十六月有千八百八十二食，又强於恂術。《天文志》下此卷注全闕。

《三國志》三卷，裴松之注所引書，凡百四十餘種，與史家無涉者不在數内。《虞翻傳》“康王執瑁”。按今本《尚書》同、瑁連文，同爲爵名，瑁爲天子所執，各是一物。仲翔謂古“瑁”似“同”，鄭氏從誤作“同”，又訓爲酒杯，以此譏鄭之失。則古本只有“瑁”字，古文則作“冃”，而鄭作“同”也。今文兼取二文，其和合鄭、虞之義乎？漢魏人引《論語》“舉善而教”，以教字斷句。

《晉書》五卷。第二卷爲《地理志》，多所考辨，可與《太康志》參看。今世所傳《竹書紀年》起黄帝，而《束皙傳》云夏以來，則黄帝至唐虞事出於後人附益。《紀年》附注相傳出於沈約，歷考之，史無明文，亦非休文所作也。今俗傳圓光之術出於佛圖澄，見《藝術傳》。

《宋書》二卷。紀傳書帝皆稱廟號，獨《少帝紀》書武帝者四，而仍有稱高祖者，蓋此篇久亡，後人雜采它書以補之，故義例乖舛，其非休文書顯然。《論語》"郁郁乎文哉"，按《説文》本當作"黻"，後人省去"有"旁，隸變爲"彧"。荀彧字文若，王彧字景文，皆取斯意。讀《王景文傳》知六朝《論語》本爲"彧"字，今以"郁夷"字代之，音同而義别矣。司馬休之、魯軌忠於晉室，奈[一六]何稱爲晉賊，使與桓、譙同科？徐爰《宋書》今已失傳，據此表知列傳託始桓玄，兼及譙縱諸人，而沈約非之。自後南北八史列傳只述開國功臣，胥用沈法。至新、舊《唐書》乃復遵兩漢之例，以李密、王世充等列於《功臣傳》之前矣。又考《恩倖傳》，爰初議本欲以桓玄比新莽，入之《晉書》，孝武詔引項籍、聖公之例，令入宋典，而休文自序稱臧[一七]質、魯爽、王僧達諸傳皆孝武所造，然則唐人修《晉書》題云御撰，亦有前例也。

《南齊書》一卷。梁武帝父名順之，故子顯修史多易爲"從"字。六朝呼僧爲道人，《南史·陶貞白傳》"道人、道士皆在門下，道人左，道士右"，則道人、道士之别較然矣。子顯書當有序録一篇，劉知幾猶及見之，而今失其傳矣。《晉書》亦有序例一篇，今本皆無之。

《梁書》一卷。《武帝紀》稱魏帝自率大衆，下又稱主，例不畫一。

《陳書》一卷。《高祖紀》："永定二年正月，北徐州刺史唱義之初首爲此職。"按"唱"當作"昌"。昌義之，梁時爲北徐州刺史，蓋嘗任左右驍騎者。校書者不知昌義之爲人姓名，妄於昌旁加口，又增一初字，淺陋可笑。謝貞以母憂去職，父已先亡，而自稱孤子。可證溫公《書儀》母亡稱哀子，唐以後始有之。"因〔一八〕不失親，古人所重"，按此以"因"作婚姻解，與《論語》孔安國異。

《魏書》三卷。魏宗室多同名者。魏初有晉兵將軍、吳兵將軍，又正直將軍、功勞將軍等號，皆前代所未有也。《韋閬傳》"又有武功蘇湛"。按：《韋閬傳》末附見武功蘇湛、天水姜儉二人。刊本誤以蘇湛提行，而"又有武功"四字贅於前文之下，不可通矣。魏初得徐、兗諸州，其郡縣大率因宋舊，後來郡縣有併省，又多析置之州，名目紛然，考證益難矣。魏歆仕於漢成帝朝，而其子悅乃仕於元魏太武之世，此理之所必無者。良由《魏史》自序久亡，後人節取《北史》補之，而《北史》亦有脫簡，無從校正矣。《禮志》稱孔安國爲孔安，六朝割截名字以取偶儷，此類是也。嫡孫持重之服，主有宗廟者而言，非謂庶人祭於寢也。《樂志》"湯武所以"下缺一頁。宋本後有目錄序，劉攽、劉恕、李燾、范祖禹皆長於史學，故此書考證較它史爲精密。

《北齊書》一卷。《邢邵傳》本出《北史》，而《北史》亦脫誤，以《李〔一九〕崇傳》雜入。其實子才初無請立明堂事也。按太昌之世，靈太后死已久矣，而邢傳有"靈后令曰"。

《周書》一卷。蘇湛終於魏世，未嘗仕周，且其事迹已見《魏書》，不當入《周史》。

　　　　文光案：此卷多考證地理。

《隋書》二卷。《五行志》尉迥即尉遲迥也。魏尉遲氏改爲尉氏，後又復其舊。

《南史》三卷。六朝人重門第。

《北史》三卷。南北史删改八書，凡詔、牋、賦、頌之類，多所芟落。然尚有當删而不删者，如顧歡、袁粲佛老之辯、徐勉戒子之書、劉峻之廣絕交、王劭之表符命、衛操之立碑、蘇綽之大誥是也。《孝文六王傳》脫漏甚多。漢人稱刺史爲使君，以奉使刺舉而言。六朝稱刺史爲史君，以官名有史字故也。予家藏東魏碑額，題敬史君，與《高涎傳》正同。涎爲刺史，亦在東魏，故傳云史君在滄州。監本改史爲使，少所見也。"你"字古書所無，《北史》屢見。

《唐書》十六卷。舊史以安禄山、史思明、朱泚[二〇]、黃巢、秦宗權五人殿卷末，而不題逆臣之目，蓋仿漢王莽、晉王敦、桓玄、梁侯景之例也。新史本紀以簡要勝，獨僖、昭二篇與它卷迥別，蓋刊修諸公誇其采訪之富，欲求勝於舊史，而不知其繁冗無當也。志凡稱某州某郡者，謂本是州，中間曾改爲某郡耳，非州郡之名同時并立也。乾元以後新置之州未經改郡，故無郡名。宋承唐制，以州領縣，而仍留郡名以備王公封號之用，故《地理志》每州亦有郡名。然有名無實，較之《唐志》似同而實異。

文光案：此《考》内有《宰相世系表》，可與沈氏合鈔本所刻參看。此《考》尤詳。第十六卷附修《唐書》史臣表。

《舊唐書》四卷。舊史本紀前後繁簡不均。

《五代史》六卷。歐《史》元目衹有家人、梁臣、唐臣、晉臣、漢臣、周臣、死節、死事、一行、唐六臣、義兒、伶官、宦者、雜傳之名，後之讀史者增注姓名於目録之下，以便檢尋，非歐《史》本文也。有不當列入目録者，有目録有而傳缺者。方技二人列雜傳之末，列女二人在諸傳之中。

文光案：錢氏於新、舊《唐書》多考同異，於歐《五代史》多言某事見於某處可省，《會要》作某，《通鑑》作某。

《宋史》十六卷。《孝宗紀》"七年十二月四川制置司應"，監本此下脱一葉，誤以第三十三卷之第十一葉攙入。案：凡書之脱葉錯簡有出於裝訂者，不必部部皆然。郭守敬暗寫統天法，但諱而不言。史家紀日例書干支，從無以一二數者。惟《宋史·禮志》則否。

　　文光案：此《考》詳紀、表、志之失載者。而表之脱漏尤多，有前後互見冗複可省者，有一卷之中不相檢照者，有應書而反闕者，有諱而不書者。列傳有合併之誤、錯入之誤，字句有原本之誤、翻刻之誤，皆一一著之。大抵此《考》於歷象、地理、官制最爲詳核，乃其學之所長，非他考可及。而又富於金石，熟於史法，故能以碑證史，據例刊誤也。

　　《遼史》一卷。壽隆元年，按壽隆乃壽昌之僞，《泉志》與石刻可證。遼人謹於避諱，如光禄改爲崇禄，女真改爲女直，天祚名延禧，追改重熙年號爲重和。嫌名猶避，道宗乃聖宗之孫，而以壽隆紀年，此理所必無者。遼有兩中京，一爲領州，一爲大定府。《遼史》所稱中京皆大定府也。後半卷爲《宋奉使諸臣年表》，有注，有案語。

　　《金史》二卷。《地理志》"豐潤，泰和間置"，按：朱彝尊據《清類天文分野書》云："洪武元年改'閏'爲'潤'。"今金、元《史》雕本"閏"旁皆著水，非也。張邦昌《宋史》有傳，不必更爲立傳。且邦昌事與宗弼無涉，乃與劉豫并附於宗弼之後，殊非其次。太祖、太宗、世宗諸子傳皆各爲卷，宗室宗弼以功大別立傳，不附於太祖諸子之次，允合史法。若以熙宗、海陵諸子續於太宗諸子之末，豈不有條有理乎？而編次終覺非法。

　　《元史》十五卷。太祖四朝紀大率疏舛。有實録之誤，史臣不能刊正者。"孟州，宋隸河北道"。按：十道之名立於唐世。宋分天下爲十五路，後又析爲十八路，又析爲二十三路，無諸道之名。當云隸京西北路。樂章擬而未用，例不當書。《后妃表》但當列氏族、名號、册諡年月而已，乃事見本傳，復出於此，去此存彼可也。《選舉志》，凡師〔二一〕儒之命於朝廷者曰教授。考儒學設官之制已載《百官志》，此段百三十餘言以史例言之，皆可省也。元時唐兀畏吾人往往有兩名。《文宗紀》「張思明稔惡不悛，竟以罪廢」，本傳多曲筆，未足深信。本紀所旌貞節皆列女傳所謂不能盡書者，然詳於紀而略於傳，更非體矣。

## 《三史拾遺》五卷　　《諸史拾遺》五卷

國朝錢大昕撰

《潛研堂》本。嘉慶十二年門人李賡芸刊於嘉興郡齋。有序。是書所採多人所未見。

李氏序曰：「先師積數十年之力，撰《廿二史考異》百卷，以乾隆庚子歲五月刊成，自為序。嗣後續有所得，又撰《史記》、兩《漢書》為《三史拾遺》。先師存日，曾以副墨寄示。捐館後又得見所撰《諸史拾遺》，則自《三國志》以隸《元史》咸具，皆以補《考異》之未備。郡政之暇，略加校勘，板而行之。」

小司馬《史記》兩序不載撰述年月。《高祖本紀》索隱云：「貞時打得班固泗水亭長古碑文，與賈膺復、徐彥伯、魏奉古等執對，反覆沉歎。」以此注驗之，其與賈、徐諸公談論，當在中、睿之世。司馬貞、張守節二人俱無傳，計其年輩，馬在張之前也。

漢儒皆以孔子生在襄二十一年。是年經書十月庚辰朔，則十一月無庚子日。予以三統術推之，襄公廿一年十月己卯朔，庚子月廿二日也。是為宣尼生之日。年從《公羊》，月從《穀梁》，與賈、服說亦合。自是年己酉至哀十六年壬戌，實年七十有四。狄氏《孔子編年》：「何休《公羊傳》注云，時歲在己卯。」閩、毛本又有作乙卯者。錢氏大昕曰：「於三統術，時歲在乙巳，乙卯乃乙巳之誤。注作己卯，亦非。」此與舊說迥異，故存以俟考。

　　文光案：此條不但與舊說異，與自說亦異。狄氏蓋未見

《拾遺》也。《拾遺》與狄所記生年干支正同，惟卒年爲七十三。又有誤爲七十二者，則自襄公二十二年算之也。經傳生年不定，使夫子壽數不明。

《古今人表》所拾約二百條，可補梁氏《人表考》之遺。

《藝文志》《春秋》古經十二篇。此左氏經也。下云經十一卷，則公、穀二家之經也。漢儒傳《春秋》者，以左氏爲〔二〕古文，以公羊、穀梁爲今文，稱古經則共知其爲左氏矣。左氏經、傳本各單行，故別有《左氏傳》。《尚書古文經》四十六卷，不注孔氏，而別出經二十九卷。注大小夏侯二家，與此不同。

《公羊外傳》五十篇，《穀梁外傳》二十篇。漢時公、穀二家皆有外傳，其書不傳，大約似《韓詩外傳》。今人稱《國語》爲外傳，《漢志》卻無此名目。

《小雅》一篇，宋祁曰：“‘小’字下邵本有‘爾’字。”《文選》李注引《小爾雅》皆作《小雅》，此書依附《爾雅》而作，本名《小雅》，後人僞造《孔叢》，以此篇竄入，因有《小爾雅》之名，失其舊矣。宋景文所引邵本亦俗儒增入，不可據。《方言》亦稱《別字》。《董子》一篇，名無心，難墨子。董無心，蓋六國時人。《風俗通》、《論衡》俱引董無心説。

張衡、晉灼、顏師古諸人皆譏子雲自序譜牒爲疏謬。以予考之，揚氏之先出自有周伯僑，初非出於羊舌。且羊舌食采之楊從木，此文從手，其云揚侯者，非五等之侯，如邢侯、張侯之類耳。六卿争權之時，安知不別有揚侯畏偪而奔楚者乎？案：錢説見於集者又見於《養新録》，或又見於《史考》，而詳略微有不同，宜互觀之。

《後漢書》附宋本牒一通：“孫奭奏，劉昭注補《後漢志》三十卷，欲望聖慈許令校勘雕印。奉勅，宜令國子監依孫奭所奏施行。乾興元年十一月十四日牒。”末列銜四行。

《五音奇胲用兵》二十三卷。師古曰：“許慎云，胲，軍中約也。按《説文》作該。”以上録於《三史拾遺》。

貞觀二十年閏二月，修《晉書》。詔曰：“十八家雖存記注，而才非良史，書虧實録〔二三〕。洎乎干、陸、曹、鄧，略記帝王；鸞、盛、廣、松〔二四〕，纔編載記。其文既野，其事罕傳，宜令修國史所更撰《晉書》，銓次舊聞，裁成義類。其所須可依修五代史故事，若少學士，亦量事追取。”《謝靈運傳》注“不樂預公卿大事”，缺“遂與弟子別於山阿終身不返”十二字。一本“大事”下有“病免，家居茂陵。鄭子真耕隱谷口，大將軍王鳳禮聘不屈”二十二字。《唐志》：“《道藏音義》今已不傳，惟存《妙門由起》六篇，見於正統《道藏》。”以上録於《諸史拾遺》，所據爲龍氏重刊家藏《潛研堂全集》足本。

## 《十七史商榷》一百卷

國朝王鳴盛撰

洞涇草堂本。乾隆丁未年刊。前有自序、目録，末二卷爲《綴言》，雜論《通鑑》諸書。

王氏自序曰：“十七史者，上起《史記》，下迄《五代史》，宋時嘗彙而刻之者也。商榷者，商度而揚榷之也。海虞毛晉汲古閣所刻行世已久，而從未有全校之一周者。予爲改訛文，補脱文，去衍文，又舉其中典制事蹟，詮解蒙滯，審覈蹐駁，以成是書，故名曰《商榷》也。《舊唐書》、《舊五代史》，毛刻所無，而云十七者，統言之，仍故名也。若遼、宋等《史》，則予未暇及焉。大抵史家所記典制有得有失，讀史者不必橫生意見，馳騁議論，以明法戒也。但當考其典制之實，俾數千年建置沿革瞭如指掌，而或宜法，或宜戒，待人之自擇焉可矣。其事蹟則有美有惡，讀史者亦不必强立文法，擅加與奪，以爲褒貶也。但當考其事蹟之實，俾年經事緯，部居州次，紀載之異同，見聞之離合，一一條析無疑，而若者可褒，若者可貶，聽諸天下之公論焉可矣。書生胸臆，每患迂愚，即使考之已詳，而議論褒貶猶未恐當，況其考之未確者哉！蓋學問之道求於虛不若求於實，議論褒貶皆虛文耳。作史者之所記錄，讀史者之所考核，總期於能得其實焉而已矣，外此又何多求耶？予束髮好談史學，將壯輟史而治經。經既竣，乃重理史業，摩研排攢二紀餘年，始悟讀史之法與讀經稍異而大同。何以言之？經以明道，而求道者不必空執義理以求之也，但當正文字，辨音讀，釋訓詁，通傳注，則義理自見而道在其中矣。譬如人欲食甘，操錢入市，問物有名甘者乎，無有也。買飴食之甘在焉。人欲食鹹，問物有名鹹者乎，無有也。買鹽食之鹹在焉。讀史者不必以議論求法戒，而當考其典制之實；不必以褒貶爲與奪，而但當考其事蹟之實，亦猶是也，故曰同也。若夫異者則有矣，治經斷不敢駁經，而史則雖子長、孟堅句有所失，無妨箴而砭之，此其異也。抑治經豈特不敢駁經而已，經文艱奧難通，若於古傳注憑己意擇取融貫，猶未能免於僭越。但當墨守漢人家法，定從一師而不敢他從。至於史，則正文有失尚加箴砭，何論裴駰、顏師古一輩乎？其當擇善而從，無庸偏徇，固不待言矣，故曰異也。要之二者雖有小異，其總歸于務求實之意則一也。予識暗才懦，一切行能舉無克堪，惟讀書校書頗自用力。嘗謂好著書不如多讀書，欲讀書必先精校書。校之未精而遽讀，恐讀亦多誤矣；讀之不勤而輕著，恐著且多妄矣。二紀以來，恒獨處一室，覃思史事，既校始讀，亦隨讀隨校，購借善本，再三讎勘。又搜羅諸子百家文集、碑幢，互相檢覆，所謂考其典制事蹟之實也。偶有所得，輒識於簡眉牘尾。字如黑蟻，久之無可復容，乃記別帙而寫成淨本，都爲一編。計《史記》六卷，《漢書》二十二卷，《後漢書》十卷，《三國志》四卷，《晉書》十卷，《南史》合宋、齊、梁、陳《書》十二卷，《北史》合魏、齊、周、隋《書》四卷，

《新唐書》二十四卷，新、舊《五代史》六卷，凡九十八卷。別論史家義例崖略爲《綴言》二卷終焉。學者每苦正史繁塞難讀，或遇典制茫昧、事蹟樛葛，地理職官，目眯心瞀，試以予書爲孤竹之老馬，置於其旁而參閱之，疏通而證明之，不覺如關開節解，筋轉脈搖，殆或不無小助也與。書既成，而平生不喜爲人作序，故亦不求序於人，聊復自道其區區務實之微意，弁之卷端。序所不足者，《綴言》具之云。”

《漢志》無《禮記》之名，然《說文》自序說壁中書即有《禮記》。《河間獻王傳》序“王所得書中有《禮》，又有《禮記》”，是前漢本有此稱，非鄭氏作注時所題。但二王所得篇數與大、小戴所刪未必同。何義門云：“《後漢》傳刻脫誤，較《前書》多且倍之。觀劉氏刊誤諸條，知北宋時已無善本。至李賢注，嘉靖中南監刻者已刪削，毛本猶是完書。”翟公巽重修范《書》，王氏《紀聞》妄載之，無識甚矣。袁宏《後漢紀》在范《書》之前，凡所采者范皆采之。

熊方補范《書》表，一據范、劉，不取它說，誠爲固陋。然讀史宜專心正史，稗官雜說必學精識卓方能裁擇參訂，否則涍訛汩亂。熊氏在宋人中實矯然出羣者。宦者封侯之濫，後漢爲甚，前漢未之有也。熊《表》概名異姓諸侯，太覺不倫，殊非族類，宜別出宦者侯一門。熊《表》幸存，惜未板行。王應麟《漢制考》取材太簡，此制宜分門編次。今乃以原書所出爲次，蓋隨手抄撮未成之書。陳壽《史》皆實録。壽，巴西安漢人，少師同郡譙周，仕蜀爲觀閣令史。蜀亡之歲，年三十一，舊君故國之思最爲真切，具見篇中。

《弇州山人續稿》有《漢前將軍漢壽亭侯廟記》，前將軍是劉先主所授，漢壽亭侯是曹操所封，連稱非是。《續[二五]漢郡國志》：武陵郡屬縣漢壽，刺史治。此關公所封也。漢郡葭明縣，蜀先主始改名漢壽，晉又改名晉壽，此與武陵縣漢壽非一地。當操表封關公時，先主尚未入蜀，蜀地未有此名也。《唐詩鼓吹》劉夢得《漢壽城春望》詩，廖注既云今四川，又云古荆州，不知名同地異也。《魏志》劉放封魏壽亭侯，裴亦無注，疑亦武陵漢壽，與蜀之漢壽無涉。蜀之漢壽即漢廣。《晉書》作者八家，唐人改修，諸家盡廢。南監本《晉書》有何超《音義》三卷，汲古本無之。所引《文字集略》、周遷《輿服雜[二六]事》、柳顧言説、《珠叢》、《風土記》等書，今皆亡矣。又引《風俗通》僻姓“賣甫”、“呑景”，予所藏元大德刻比俗刻多兩倍，亦無此一條。何在唐初尚見足本《音義》，有天寶六年其内兄楊齊宣字正衡序，《通鑑》胡注及《宋志》遂誤以爲楊撰。是書引吕忱《字林》頗多。《晉書》記干支，以景爲丙，避唐諱。《晉書》全載九錫勸進，猥冗甚矣。吳興爲南吳，丹陽爲西吳，蘇州爲東吳，是爲三吳。《晉地志》與《漢志》異，説秦三十六郡名有誤。《張華傳》載識海鳧毛諸雜事，《墨客揮犀》全抄之。宋人小説筆記率皆此類，有學識者必看此等書。《後漢書·班固傳》，固述公孫述等僭僞事爲載記，《晉書》載記之名蓋本於此。延壽以家爲限斷，此國史，非家乘也，何必以一家貫數代乎？薛《史》、《五代》各斷是也，而新《史》變爲錯綜，穿插類敘，總因薄班固而欲上法馬遷，故致斯弊。《南史》以諸謝諸王聚於一處。江左最重門閥，或四代卿相多出兩家。《南史》竟以兩家貫四代，而四代似變爲一代矣。《宋書·謝靈運傳》載其《居山賦》并自注，此尤例之特殊者。《南史》僅存十之二。唐許嵩《建康實録》二卷，嘉祐四年梅摯等刊於江寧。紹興十八年，劉長等又刻於荆湖北路安撫司。予所藏凡“構”字皆注“今上御名”，乃從紹興本鈔出者。此書載《宋志》，末識云“吳大帝黄武元年壬寅至唐至德元年丙申五百三十五年”。又識晉元帝太興元年至至德年數，此當是其成書之歲。此書取吳、晉、宋、齊、梁、陳爲一書，其粗疏紕漏不可勝摘，惟多見古書，注中援引多亡佚已久者，此則大可寶貴。《六朝事迹類編》十四卷，宋新安張敦頤撰。蓋因康王構嘗駐此而爲之。明吳琯刻入《古今逸史》。予所藏乾道板《唐柳先生[二七]集》有敦頤音辯，亦一好事者。貞觀十年，北齊、周、隋、梁、陳五史并告成，然皆無志。十五年又詔于志寧等同修《五代史志》，凡十志三十卷。後又編入《隋書》，其實別行，亦呼《五代史志》，見《隋書》後跋。同撰《隋書》有顏師古、孔穎達、許恭宗三人，李百藥獨主北齊，姚思廉獨主陳、梁，餘無獨撰者。天文、律曆、五行三志獨出李淳風筆。《五行志序》相傳是褚遂良作。《唐書》新紀減舊書十之七，文當隨時變通。紀唐而以班、陳、范之筆行之，於情事必有所不盡，其尤不滿人意者，盡削詔令不登。依毛氏汲古閣十七史爲讀本。

右史評類

全史有論贊，即史評也。他如荀悦《漢紀》、溫公《通鑑》、子由《古史》，皆有議論附於本書。其勒爲一書者則自《史通》始。其文沿六朝排偶之習而識見高卓，後有作者莫之及也。今所録者凡十家，自《史通》以下取者寥寥，而殿以趙氏《劄記》、錢氏《考異》、王氏《商榷》。三家之書或研究數十年，或翻閱數十次，思之至深，考之至當，故愚以此爲史評之正則，可以上接《史通》，下開法門也。至於鍾惺之《史懷》、程之善之《史砭》，或爲偏論，或屬迂談，凡如此類者一概棄之。蓋讀史宜博覽精考，非掉弄聰明之事也。


校勘記

〔一〕“弒”，原作“殺”，據《史通》卷十四改。

〔二〕“籍”，原作“藉”，據《北軒筆記》改。

〔三〕“因”，原作“故”，據《范太史集》卷三六《唐鑑序》改。

〔四〕"纂"，原作"纂"，據《歷代名賢確論》卷九五改。

〔五〕"伊"，原作"尹"，據《晁氏客語》改。

〔六〕"案"，原作"席"，據同上書改。

〔七〕"曰"，據同上書補。

〔八〕"淳"，原作"純"，據《總目》改。

〔九〕"四"，疑爲"十"之誤。

〔一〇〕"妨"，原作"坊"，據文意改。

〔一一〕"稗"，原作"裨"，據《廿二史劄記小引》改。

〔一二〕"洵"，原作"詢"，據清趙翼《廿二史劄記》錢大昕序改。

〔一三〕"彗"，原作"慧"，據清錢大昕《廿二史考異》卷一改。

〔一四〕"齊"後原衍一"書"字，據同上書卷五删。

〔一五〕"傔"，原作"訛"，據同上書卷六改。

〔一六〕"奈"，原作"隸"，據同上書卷二四改。

〔一七〕"臧"，原作"藏"，據同上書卷二四改。

〔一八〕"因"，原作"姻"，據同上書卷二七改。

〔一九〕"李"，原作"季"，據同上書卷三一改。

〔二〇〕"泚"，原作"沘"，據《新唐書·朱泚傳》改。

〔二一〕"師"後衍一"凡"字，據清錢大昕《廿二史考異》卷九〇删。

〔二二〕"爲"，原作"有"，據《三史拾遺》卷三改。

〔二三〕"才非良史，書虧實録"，原作"才非良事，史虧實録"，據《唐太宗修晉書詔》改正。

〔二四〕"松"，原作"訟"，據同上書改。

〔二五〕"續"，據清王鳴盛《十七史商榷》卷四一補。

〔二六〕"雜"，原作"姓"，據同上書卷四三改。

〔二七〕"生"，據同上書卷六四補。

# 子部一
## 儒家類一

## 《孔子家語》十卷

魏王肅注

汲古閣本。李氏重刊。謹案：《天禄琳琅書目·影宋鈔子部》："《孔子家語》，一函，三册。魏王肅注，十卷。《漢志》載《家語》二十七卷。師古曰：'非今所有《家語》也。'《唐志》：'王肅注，十卷。'陳《録》亦云十卷。何孟春補注前載漢博士孔衍上言：'臣祖故臨淮太守安國撰次《孔子家語》既畢，會值巫蠱事起，遂廢不行。近世小儒以《曲禮》不足，而乃取《孔子家語》雜亂者，及子思、孟軻、荀卿之書以裨益之，總名曰《禮記》。今見其在《禮記》者，則便除《家語》之本篇，是謂滅其原而存其末也，不亦難乎？'何孟春序曰：'如孔衍言，是壁藏之餘實孔安國為之，而王肅序未始及焉，不知何謂。肅之所注，非安國所撰次及劉向所校者明矣。肅之注，愚不獲見，今世相傳殆非肅本。謹即他書有明著《家語》而今本缺略者以補綴之，為八卷。'按：春序作於正德二年，其時求宋本不得。今以是書考之，係為十卷，與《唐志》、陳《録》相合，且較之孟春刊本，篇中或有多十之三四并十之六七者，則為肅舊本無疑。影抄之為功，豈淺鮮哉？"王肅本，孔猛所傳。猛學於肅，故後人以《家語》爲肅所著。孔氏補注《大戴禮記》，所采甚富，惟不取《家語》，以其非古本也。前明有金蟠定本、吳勉學校本、何孟春補注本。

孔氏曰："《家語》者，先儒馬昭之徒以爲王肅增加。肅詆鄭君，自爲《聖證論》。其説不見經據，皆借證於《家語》。大抵抄撮二《記》，採集諸子，而古文奥解悉潤色之，使易通俗讀。唯《郊問》[一]、《五帝》之等傳記所[二]無者，斯與肅説若合符券，其爲依託，不言已明。《公冠》篇[三]述《孝昭冠辭》，云'陛下'者，謂昭帝也；'文、武'者，謂漢文帝、武帝也。而肅竊其文，遂并列爲《成王冠頌》。是尚不能尋章摘句。舉此一隅，謬陋彌顯。"

## 《孔子家語》四卷

魏王肅注

通行本。前後無序跋。

周氏曰："《震澤長語》云：'《家語》今本，爲近世妄庸所删削。惟有王肅注者，今本所無多具焉。《漢志》載《家語》二十七卷，顏師古注云："非今所有《家語》也。"'閩徐興公家有王肅注者，中缺二十餘板。何孟春注《家語》行世，自云未見王肅本。毛子晉家亦有宋刻王肅注者，與興公藏本稍異。憾不能合徐、毛本對校鐫行。"錄於《書影》。

文光案：《漢白水碑》"琴張、琴牢"，判爲二人。《家語》："弟子琴張，一名牢。"誤牽合爲一人。

## 《家語疏證》六卷

國朝孫志祖撰

原本。此本或舉某節，或舉某句，加以案語，證王注之僞託，非《家語》全文也。後有陳鱣跋、梁玉繩跋。

陳氏跋曰："《家語》，肅以前儒者絶不引及。肅詭以孔子二十二世孫猛家有其書，取以爲解。觀其僞安國後序，云'以意增損其言'，則已自供罪狀。然而肅之自叙，首即以鄭氏學爲義理不安、違錯者多，是以奪而易之。夫叙孔子之書而先言奪鄭氏之學，則是傅會古説、攻駁前儒可知矣。馬昭去肅未遠，乃於《家語》一則曰'王肅增加'，再則曰'王肅私定'，斯言可爲篤論。"

梁氏跋曰："孫頤谷疏證，討本尋源，剗訛辨謬，發昔人未發之覆。余向所搜出，皆眉列無遺。亟毁前稿，并慫恿付梓，以告世之讀《家語》者。"

# 《荀子》二十卷

周荀况撰，唐楊倞注

安雅堂本。乾隆丙午嘉善謝氏校刊。首謝鏞序，序後有記二則。次錢大昕跋，次校勘補遺，次所據舊本并參訂名氏，次倞序，次新目錄。楊倞所定末有三十二篇目，乃劉向所定。二目次第不同。舊目後有劉向校書序，卷終有校書銜名，蓋照宋本刻之。是本所據凡五本：一、影鈔大字宋本。一、元刻纂圖互注本，注云："此當時坊間所梓，脱誤甚多。然未經校改，本真未失，書中多採用。"一、明虞氏、王氏合校刻本。一、明世德堂本。一、明鍾人傑本，注云："有評點，注删節。"校是書者，前有趙曦明、段玉裁、吳騫、朱奐、汪中、盧文弨六家。謝氏輯諸家之説，并附所見，增一圓圍以别楊注。《荀子》解詁無善本，楊注最古，亦有舛誤。東墅得盧抱經手校本，歎其精審，復與往復討論，正楊注之者〔四〕若干條，而此書始有善本矣。是書與二戴《記》相出入，有《記》所有而本書反佚者，可以互證。古書之傳於今者其少，楊注、謝注可證諸經今本之誤者更復不少，則此書深堪寶貴矣。

謝氏序曰："荀卿又稱孫卿，蓋音同語移。如荆軻，衛稱慶卿，燕稱荆卿。又如張良爲韓信都，《潛夫論》云：'信都者，司徒也。俗音不正，曰信都，或曰申徒，或勝屠，然其本一司徒耳。'荀之爲孫正如此。自司馬貞、顏師古以來，相承以爲避宣帝諱，當不其然。"

錢氏跋曰："宋儒言性，雖主孟氏，然必分義理與氣質而二之，則已兼取孟、荀二義。至其教人以變化氣質爲先，實暗用荀子化性之説。古書'僞'與'爲'通。荀子所云'人之性惡，其善者僞也'，此'僞'字即'作爲'之'爲'，非'詐僞'之'僞'。故又申其義云：'不可學、不可事而在人者，謂之性。可學而能、可事而成之在人者，謂之僞。'《堯典》'平秩南訛'，《史記》作'南爲'，《漢書·王莽傳》作'南僞'，此'僞'即'爲'之證也。"

楊氏序曰："《荀子》未有注解，亦復編簡爛脱，傳寫謬誤，輒用申抒鄙思，敷尋義理。其所徵據，則博求諸書，蓋以自備省覽，非敢傳之將來。以文字繁多，故分舊十二卷三十二篇爲二十卷。又改《孫卿新書》爲《荀卿子》。其篇第亦頗有移易，使以類相從云。"

文光案：劉向所校爲《孫卿新書》，楊倞所注爲《荀卿子》，今稱《荀子》。《漢志》："《孫卿子》，三十二篇。"《隋志》："十二卷"。今本《漢書》作"三十三篇"，誤也。

孫卿不用於世，老於蘭陵，著數萬言。而趙亦有公孫龍，爲堅白、同異之辨，處子之言；魏有李悝，盡地力之教；楚有尸子、長盧子、竿子，皆著書：然非先王之法也，皆不循孔子之術。唯孟子、孫卿爲能尊仲尼。蘭陵多善爲學，蓋以孫卿也。長老至今稱之，曰蘭陵人喜字爲"卿"，蓋以法孫卿也。

王氏曰："李廣射虎，没石飲羽。《荀子·解蔽篇》已云：'冥冥而行者，見寢石，以爲伏虎也。'唐詩'山風吹空林，颯颯如有人'，《荀子》已云：'見寘林，以爲後人也。'"錄於《池北偶談》。

荀子生孟子之後，最爲戰國老師，其言足以羽翼六經。史公孟、荀并論，餘子附孟、荀之下。

文光案：謝本校勘最精，故不著盧本。

## 《荀子》二十卷

周荀況撰，唐楊倞注

《抱經堂》本。此影抄宋大字本。前有楊倞序，末有目錄并向序、校書人銜名二行。謝氏所刻即盧本，故此本前有謝序并記，及參訂名氏、新編目錄，非宋本之舊矣。盧氏有跋在文集內，本書不載。

盧氏跋曰："宋本當在英宗時奉敕校定者，寫極工楷，而訛錯不少。但校俗本則未經改竄。王氏《詩考》引《荀子》與今本不合，蓋所見即此本。宋本分章處皆提行，於《大略篇》獨否。"

《直齋書錄》："荀況，《漢志》作'孫'，避宣帝諱也。楊倞始改爲'荀卿'。劉向校中書三百二十二篇，除複重二百九十篇，定著三十二篇。淳熙中，錢佃耕道用元豐監本參校，刊之江西漕司，其異同著之篇末，視他本爲完善。"

《震川集·荀子序錄》曰："《荀子》三十二篇，唐大理評事楊倞嘗移易其篇第，而今篇中亦多有失倫次者。余欲重加釐整，而憚於紛更，第別其章條，或句爲之斷，長短皆有意焉。而時有蕪謬，取韓子削其不合者附於聖人之籍之意，與其他脫文、衍字并爲識別，讀者可以一覽而知也。當戰國時，諸子紛紛著書，惑亂天下。荀子獨能明仲尼之道，與孟子并馳。顧其爲書者之體，務富於文辭，引物連類，蔓衍夸多，故其間不能無疵。至其精造，則孟子不能過也。自揚雄、韓愈皆推尊之，以配孟子。迨宋儒頗加詆黜，今世遂不復知有荀氏矣。悲夫！學者之於古人之書，能不惑於流俗而求自得於心者，蓋少也。”

《荀子》篇目：勸學、修身、不苟、榮辱、非相、非十二子、仲尼、成相、儒效、王制、富國、王霸、君道、臣道、致仕、議兵、強國、天論、正論、樂論、解蔽、正名、禮論、宥坐、子道、性惡、法行、哀公、大略、堯問、君子、賦。此舊目録，謝氏所刻爲新目録。

## 《荀子》二十卷

周荀況撰，唐楊倞注

影宋台州本。《古逸叢書》之七。每葉十八行，每行大字十六，小字二十五。前有元和十三年楊倞序并新目録。後有劉向校定《孫卿書》三十二篇目録一篇；王子韶同校、呂夏卿重校銜名二行；熙寧二年國子監印造《荀子》書劄子，後列校勘官七人；尚書曾公亮等八人；淳熙八年台州軍州事唐仲友後序；光緒甲申楊守敬跋。

黎氏《叙目》曰：“朱子按唐仲友爲一重大公案，其第四狀云：‘仲友以官錢開荀、楊、文中子、韓文四書’，貼黃云：‘仲友所印“四子”，曾送一本與臣。臣不合收受，已行估計價值，還納本州軍資庫訖。’此即四種之一，蓋淳熙八年繙雕熙寧官本。板心所題姓名，即第六狀云蔣輝供共王定等十八人在局開雕者。是仲友雖爲朱子所劾，而此書校勘實精，錢曾稱爲字大悅目，信然。”

唐氏序曰：“閩本文字舛異，仲友於三館睹舊文，大懼湮没，訪得善本，假守餘隙，迺以公帑鋟木，悉視熙寧之故。向序卿事，大抵本史遷書，然多不合。”

《經籍訪古志》：“《荀子》二十卷，宋槧大字本，求古樓藏。每卷題‘登仕郎、守大理評事楊倞注’。每行字數不整，注雙行。

界長七寸六分，幅五寸七分半，左右雙邊。每卷有金澤文庫印。”○狩谷望之手跋曰：“右《荀子》，唐仲友所刻。字大如錢，書法全撫歐陽。余始讀《朱子集》，得詳仲友刻《荀子》事，謂不可以其罪廢其人也。後讀《齊東野語》，知其詆排之非至論。今又得《四庫全書總目》二則，足爲仲友吐氣。近年船來盧文弨校本《荀子》，云以影宋本校。今以是本比之，失校之字甚多，則彼所校猶未精歟？北宋刻本傳世無幾，予所見不過小字御注《孝經》、《文中子》、《通典》、《聖惠方》諸書。而是本翻雕熙寧官板，實與北宋本無異，真希世之寶典也。”

洪氏曰：“唐楊倞注《荀子》，乃元和十三年。然《臣道》篇所引《書》曰‘從命而不拂，微諫而不倦；爲上則明，爲下則遜’，注以爲《伊訓》篇，今元無此語；《致士》篇所引曰‘義刑義殺勿庸，以即汝，惟曰未有順事’，注以爲《康誥》，而不言其有不同者。”録於《容齋續筆》。

## 《孔叢子》二卷

漢孔鮒撰

《漢魏叢書》本。《孔叢子》凡二十篇，而《詰墨》一篇有目無書。是本另刊《詰墨》一卷，不與本書合，不知何故。前有大梁李𤷍序，後有汝上王謨跋。

李氏序曰：“孔鮒，一名甲，魏相子順之子也。秦并六國，召鮒爲魯國文通君，拜少傅。始皇燔書，乃與其弟子襄歸，藏書壁中，隱居嵩山之陽。無何，陳涉起，爲楚王，聘鮒爲博士。鮒以目疾辭退，而著是書，乃搜輯仲尼而下，子思伋、子上白、子高穿、子順慎之言行，列爲六卷。至漢孝武朝，太常孔臧又以所著賦與書合爲一卷附焉。曰《孔叢子》云，蓋言有善而叢聚之也。按：《漢志》無《孔叢子》，而“儒家”有《孔臧》十篇，“雜家”

有‘孔甲《盤盂》’二十六篇。晁氏謂《孔叢子》疑即《漢志》所謂‘孔甲《盤盂》’者也。然考顏監注云：‘甲，黃帝史，或曰夏帝孔甲，疑皆非。’又《史》稱田蚡學《盤盂》書，注亦云‘黃帝史’。謂鮒著《盤盂》，豈徵信哉？朱子云：‘其文軟弱，不類西京，多似東漢人語。’愚謂或子豐、季彥輩集先世遺文而成之，故其書東京始行。謂爲《盤盂》書則不可，知其自孔子則無疑也。乃去孔臧所贅而刻之。”

王氏跋曰：“右《孔叢子》上、下二卷，《通考》作‘七卷’，晁氏、陳氏又牽合《盤盂》、《孔甲》、《孔臧》、《連叢子》，紛紛辨詰，可不具錄。惟《記問篇》載子思與孔子問答，明孔子在時子思年已長矣。高氏《子略》乃據《孔子世家》，言子思年止六十二，固常爲穆公師。孔子殁於哀公十六年，距穆公立時七十年矣。當時子思未生，安得有是問答？而竟不顧上文已言伯魚年五十，先孔子卒，真謬説也。至《雜訓篇》所載‘孟子車〔五〕尚幼，請見子思。子思甚悦其志，命子上侍坐，禮敬甚崇。子上以孟孺〔六〕子無介而見爲疑。子思告以昔從夫子於郯，遇程子於塗，傾蓋而談，命子路贈以束帛’故事，此又當辨。按《左傳》，孔子見子郯在昭公十七年。孔子時年二十八，伯魚尚幼，子思安得隨從夫子於郯耶？而高氏指摘，乃未及此，亦見其疏也。要其歷叙聖裔言行事迹，不可誣也。《隋志》以《家語》、《孔叢》并孔氏所傳仲尼之旨附《論語》後，今亦以冠諸子云。”

陳氏曰：“《孔叢子》七卷，孔氏子孫記其先世系、言行之書也。《小爾雅》一篇，亦出於此。《中興書目》稱‘孔鮒，一名盤宇’，不知何據。《晁志》：“《邯鄲書目》云：‘一名“盤盂”，取事雜也。’”按《孔光傳》，鮒爲涉博士，死陳下，則固不得爲漢人，《儒林傳》所稱爲博士者。”又曰：“孔甲，顏注曰：‘將名鮒而字甲也。’今考此書，稱子魚名鮒，陳人或謂之子鮒，或稱孔甲，然則顏監未嘗見此書耶？《藝文》有孔甲《盤盂》，其書蓋田蚡所學者，與孔鮒初不相涉也。”<sub></sub>錄於《直齋書録》。

黃氏曰：“《孔叢子》，殆《家語》之後繼。其文雖類諸子，而守論堅確，更戰國、秦漢，流俗無所淫浸，真足言孔氏之書矣。”又曰：“記孔子之言，於《詩》、《書》爲詳，無一語及於高遠。”錄於《日抄》。

文光案：宋本并《連叢子》爲七卷，今二卷之本殆明人所合。黃氏所見有注。

洪氏曰：“前漢枚乘《與吳王濞書》曰：‘夫以一縷之任，係千鈞之重，上懸無極之高，下垂不測之淵，雖甚愚之人，猶知哀其將絶也。馬方駭，鼓而驚之；係方絶，又重鎮之。係絶於天，不可復結；墜入深淵，難以復出。’《孔叢子·嘉言篇》載子貢之言曰：‘夫以一縷之任，係千鈞之重，上懸之於無極之高，下垂之於不測之深，旁人皆哀其絶，而造之者不知其危。馬方駭，鼓而驚之；係方絶，重而鎮之。係絶於高，墮入於深，其危必矣。’枚叙全用此語。《漢書》注諸家皆不引證，唯李善注《文選》有之。予按：《孔叢子》一書，《漢藝文志》不載，蓋劉向父子所未見；但於‘儒家’有太常蓼侯《孔臧》十篇。今此書之末有《連叢子》上、下二卷，云孔臧著書十篇，無疑即是已。然所謂‘叢子’者，本陳涉博士孔鮒子魚所論集，凡二十一篇，爲六卷，唐以前不爲人所稱。至嘉祐四年，宋咸始爲注釋以進，遂傳於世。今讀其文，略無楚、漢間氣骨，豈非齊、梁以來好事者所作乎？”錄於《容齋三筆》。

戴氏曰：“《孔叢子》六卷，《連叢子》一卷，通二十三篇。嘉祐中有宋大夫咸爲之注釋，今所傳蜀本是矣。乾道中王君藺稍又釐補其訛闕，是爲舒家本。然取兩家本閲之，蓋皆以爲孔子八世孫鮒子魚叢聚成書，而《連叢》續於漢太常孔臧，其實不然。

子魚生於戰國之末，一爲陳涉出，知難而退，遺言隱行，不傳於世者必多，安在獵取一二，自暴其美，侈然上附於先君之列而謂之著書耶？張耳、陳餘二人者，漢初謂之賢士；又或以叔孫通爲聖人，今書數引其名。此後人所推託，若房玄齡、杜如晦之於《文中子》耳。《連叢》亦非孔臧所爲，其四賦尤猥劣，無西都人語氣。二書依傍故實，僅僅不失，余故讀而疑之。然諸子書自《列 "列"訛作"裂"。禦寇》以下，多非正文。君子之於書，爲其可以正人心、息邪説也，則存之《孔叢子》者，矯矯然守其經生之學。試讀而行之，其心之於貧賤患難也，不苟辭之矣。此非孔氏子孫若其徒，孰能爲哉？"録於《剡源集》。

## 《新書》十卷

漢賈誼撰

《抱經堂》本。首明正德八年李夢陽校刊序；次黄寶序；次《校刻賈子董子序》，錢唐撰；次盧氏《重刊新書序》；次目録。共五十八篇，闕《問孝》并《禮容語上》二篇。宋淳熙潭州本已舛缺。弘治間有喬刻盧本，上自宋本，下迄今人之説，無不備録，以爲校正之助。今世本《過秦論》三篇，唯載上、下兩篇；《禮容語》不分上、下：故視《漢志》缺二篇。盧氏有《校本新書跋》在集中，本書不載。

## 《楊子法言》十卷

漢楊雄撰，晉李軌、唐柳宗元注，宋宋咸、吳祕、司馬光重添注

明世德堂本。每卷前題"新纂門目五臣音注《楊子法言》"，後題"監本五臣音注《楊子法言》"，蓋宋時坊刻標題如此。每葉十六行，每行大、小字均十七字。首景祐三年二月著作佐郎、知

龍溪縣事宋咸序；次景祐四年宋咸《進重廣注楊子法言表》；次元豐四年司馬光序；次目，凡十三篇；次《説渾天儀》一則。板心刻"楊子圖"三字。無圖。

宋氏序曰："李軌注略，柳宗元雖釋二三，而不能盡補其亡誤。予裨其闕，糾其失五百餘條，且署'咸曰'以別舊貫。觀夫《詩》、《書》，小序并冠諸篇之前，蓋所以見作者之意也。《法言》每篇之序，皆子雲親旨，反列於卷末，甚非聖賢之法。今升之於章首，取合經義。次第之由，隨篇具析。其有難字音切來[七]理，盡譜於後。仍條其舊以爲十卷。"

溫公序曰："孟子之文直而顯，荀子之文富而麗，楊子之文簡而奥。唯其簡而奥也，故難知，學者多以爲諸子而忽之。晉李軌始爲之注，唐柳宗元補其闕。景祐四年，詔國子監校《楊子法言》。嘉祐二年七月，始校畢上之。又詔祕閣呂夏卿校定。治平元年，上之。又詔內外制看詳。二年，上之。然後命國子監鏤板印行，故著作郎宋咸、司封員外郎吳祕皆注《法言》。光少好此書，研精竭慮，歷年已久。今老矣，輒采諸家所長，附以己意，名曰'集注'。凡觀書者，當先正其文、辨其音，然後可以求其義。故相宋公庠家有李祠部注本及《音義》，最爲精詳。《音義》多引天復本，未知'天復'何謂也，諸公校《法言》皆據以爲正。宋著作、吳司封亦據李本，而其文多異同，音義皆非，説之以爲俗本。今獨以國子監所行者爲李本、宋本、吳本，各以其姓別之。或參以《漢書》，存其通者，以爲定本。先審其音，乃解其義。然此特余心所安，未必其是，冀來者擇焉。"

渾天儀、銅渾儀之外，又有渾天象，凡三器也。古人候天，具此三器乃能盡妙。見《新儀象法要》。

《太史公記》是非頗謬於經。人有問雄者，用法應之，撰爲十[八]三卷，象《論語》，號曰"法言"。

段氏曰："《漢書》記雄之卒葬，皆於贊中補載，而不繫諸傳，與他傳體例不同，則傳文錄雄自序不增改一字無疑。唐初，自序已無單行之本。《容齋隨筆》謂雄所爲文盡見於自序及《漢志》，初無所謂《方言》。其謂《方言》非子雲書，非也；其直稱班傳爲自序，則是也。劉貢父《漢書注》云：'楊氏兩族，赤泉氏從木，子雲自叙其受氏從"扌"。'貢父所見自序，必是唐以後偽作。唐以前并無此論，至宋而後有之。《廣韻》從手'揚'字之下不言姓，從木'楊'字注云：'姓出弘農、天水二望，本自周宣王子尚父。幽王邑諸楊，號曰楊侯。後并於晉，因爲氏。'近時字書又以此語係之從手'揚'字之下，目爲揚雄自序，是又非貢父所見之偽自序矣。貢父所見自序不知存否，而班傳之外別無自序，其謂雄姓從'扌'者，偽説也。"錄於《經韻樓集》。

## 《重刻治平監本揚子法言》十三卷　《音義》一卷

漢揚雄撰，晉李軌注

秦氏石研齋本。秦氏購得宋槧，稍有修板，又以何義門校本對勘，影摹開雕。每葉二十行，行十八字。首嘉慶二十四年江都秦恩復序，序後附校勘記二十四條。次音義，多引天復本。天復，爲唐昭宗紀元，王建在蜀稱之，蓋蜀本也。撰人當出五代、宋初間。次列銜名二十二人。無目錄，其篇名題於卷內。第一卷題曰"《揚子法言·學行》卷第一"，第二行題曰"李軌注"。其十三小序，在十三卷之末。五臣本有總序，此本無之。宋本《揚子》"揚"字皆從手。

五臣本注皆删節，此本李注特完。軌所學右道左儒，每違子雲本指。溫公於李注多所訂正。而《集注》十三卷之本，今已難得。

# 《鹽鐵論》十卷

漢桓寬撰

明本。弘治十四年，涂氏刊於江陰。後有吳郡都穆序、新淦涂禎跋。

都氏序曰：“《鹽鐵論》十卷，凡六十篇，漢廬江太守丞、汝南桓寬次公撰。鹽鐵之議，起昭帝之始元中，召問賢良、文學，皆對願罷郡國鹽鐵，與御史大夫桑弘羊相詰難，而鹽鐵卒不果罷。至宣帝時，寬推衍增廣，設爲問答，以成一家之言。其書在宋嘗有板刻，世久失傳，人亦少有知者。新淦涂君知江陰之明年，手校是書，捐俸刻之。涂君名禎，字賓賢，予同年進士。”

涂氏跋曰：“禎游學宮時，得《鹽鐵論》讀之，愛其辭博、其論覈，可以施之天下、國家，非空言也。惜所抄紙墨歲久漫漶，或不能句，有遺恨焉。乃者承乏江陰，始得宋嘉泰壬戌刻本於薦紳家，如獲拱璧，因命工刻梓，嘉與四方大夫士共之。”

# 《新論》十七卷

漢桓譚撰

明本。前有桓譚本傳。原書十六篇，其篇目見於本傳之注。案：注分爲上、下者十二篇，四篇未分，祇得二十八篇，當有序一篇。《唐志》“儒家”：“桓子《新論》十七卷”。《隋志》同。《崇文目》不載此書，《簡明目》有《新書》、《新序》而不及《新論》，知其散佚久矣。此本不知爲何人所刻，而卷數與《唐志》合，姑存之以備一家之言。《高帝紀》“陳平祕計”注：“師古曰：‘應劭之説出《新論》。’”又夏侯湛有《新論》十卷，華譚亦有《新論》十卷，《漢魏叢書》有劉劭《新論》十卷。

傳曰：“譚博學多通，遍習五經。尤好古學，從劉歆、楊雄辨析疑異。著書言當世行事二十九篇，號曰‘新論’，上書獻之。世祖善焉。《琴道》一篇未成，蕭宗使班固續成之。”《東觀記》曰："《琴道》未畢，但有‘發首’一章。”又曰："光武讀之，敕書‘卷大’，令[九]皆别爲上、下，凡二十九篇。”

《新論》曰："雄作《甘泉賦》一首始成，夢腸出，收而内之，明日遂卒。”何義門曰："據班書，似《新論》爲誤。《甘泉》作於成帝時，安得有腸出遂卒之事？楊子雲、桓君山同時，不應作此語，然則爲妄人附益者多矣，非《新論》本書然也。”金云："按《文賦》‘思乙乙其若抽’，注所引《新論》無明日遂卒之説。”孫曰："《意林》引《新論》云：‘及覺，氣病一年。’"

## 《潛夫論箋》十卷

漢王符撰，國朝汪繼培箋

《湖海樓》本。嘉慶丁丑蕭山陳氏校刊。前有嘉慶己卯王紹蘭序、附考證二則。甲戌汪繼培序。第一卷五篇，曰《贊學》，曰《務本》，曰《遏利》，曰《論榮》，曰《賢難》；第二卷五篇，曰《明暗》，曰《考績》，曰《思賢》，曰《本政》，曰《潛歎》；第三卷四篇，曰《忠貴》，曰《浮侈》，曰《慎微》，曰《實貢》；第四卷四篇，曰《班禄》，曰《述赦》，曰《三式》，曰《愛日》；第五卷六篇，曰《斷訟》，曰《衰制》，曰《勸將》，曰《救邊》，曰《邊議》，曰《實邊》；第六卷三篇，曰《卜列》，曰《巫列》，曰《相列》；第七卷二篇，曰《夢列》，曰《釋難》；第八卷五篇，曰《交際》，曰《明忠》，曰《本訓》，曰《德化》，曰《五[一〇]德志》；第九卷一篇，曰《志氏姓》；第十卷一篇，曰《叙録》。凡三十六篇。

王氏序曰："《潛夫論》三十五篇，行世本訛奪錯簡，棼如散絲。范史所載僅五篇，又經蔚宗删改。《元和姓纂》、《太平御覽》、《路史》諸書，每有徵引，淆别滋多。唐、宋以來，久無善本，求是去非，蓋其難也。昔者吾友汪主事因可，績學超奇，通心而敏，會萃舊刻，網羅佚聞，草創於嘉慶己巳、庚午間。紹蘭以《鹽鐵論》託其校勘，答言繡就是書，續行屬草。一日，陳子東爲以因可書久成，已爲代謀剞劂，因眎之書而屬之序。”

汪氏序曰：“王符《潛夫論》行於今者，有明程榮本、何鏜本。何本出於程，不爲異同。別有舊本，與《白虎通德論》、《風俗通義》合刻。《風俗通義》卷首題云‘大德新刊’。三書出於同時，蓋元刻也。元刻文字視程本爲勝，諸篇脫亂不如程本，以意屬讀，得其端緒。因復是正文字，疏證事辭，依採經書，爲之箋注。案王氏精習經術，而達於當世之務，不爲卓絶詭激之論。其學折中孔子，而復涉獵於申商[一]刑名、韓子雜説，未爲醇儒。”

文光案：漢人書如陸賈《新語》、賈誼《新書》、劉向《新序》并《説苑》、荀悦《申鑒》、徐幹《中論》，皆儒家類之書也。《新語》、《説苑》、《申鑒》已著於《目録學》。《新書》有明正德本，前有淳熙辛丑潭州教授南昌胡价序，蓋出於宋本。此本陸氏修於正德九年，黄寶序，楊節跋。吉府本即從此出，改頭換面，無大殊異。胡序謂《過秦論》、《治安策》雖繁簡與是書不同，要皆椎輪於斯，是《新書》之作乃傅長沙時所爲也。又吴元恭校宋本，目後有“建寧府陳八郎書鋪印”一行。《新序》有明覆宋本，曾鞏序。《新書》、《新序》，盧氏刻入《抱經堂叢書》。《新書》名“賈子中論”，有明弘治本，紹興二十八年石邦哲題識，至治三年陸友跋，又都穆重刊跋。

## 《中説》十卷

隋王通撰，宋阮逸注

并門六山閻氏本。道光二年閻士驤重刊，有序。前有目録并阮逸序。書凡十篇：《王道》一，《天地》二，《事君》三，《周公》四，《問易》五，《禮樂》六，《述史》七，《魏相》八，《立命》九，《關朗》十。後附《叙篇》、《世家》、《唐太宗與房魏論禮樂事》、《東皋子答陳尚書書》、《關子明事》、《王氏家書雜録》。舊本以附録爲前、後序，在十卷之内，非也。龔鼎臣注，自甲至癸爲十卷，而所謂前、後序者，在十卷之外，亦頗有所删取。《中說》，或以爲通之子福郊、福畤等所依託，或謂阮逸僞作，或謂後人有所附益。《唐志》"五卷"，或作"十卷"。

閻氏序曰："太平龍門書院，文中子講學地也。邑東南萬王村，即古萬春鄉。其地有先生墳墓。或曰先生本河津人，而設教於此。予於嘉慶壬申司鐸斯邑，入祠瞻禮。退求《中說》，雖巨室舊家，鮮有存者。壬午春，及門高孝廉持以來謁，云得之舊書坊中。急取繙閱，見其紙色蒼黃，字形漶漫，爰出俸貲所餘，屬邑紳士郭君毓霞、王君鑄校讎，重付剞劂，以廣其傳。"目後記曰："是書原板每葉大字八行，今從近式。原板不分章句，今爲分別圈出。餘俱仍舊。間有訛字，爲訂正焉。"

阮氏序曰："《中說》者，子之門人對問之書也，按：晁公武曰："王通之門人共集其師之語爲是書。"薛收、姚義集而明之。唐太宗貞觀初精修治具，文經武略，高出近古。若房、杜、李、魏、二温、王、陳輩迭爲將相，實永三百年之業，斯門人之功過半矣。李覯曰："文中子教授河汾間，迹未甚顯。歿後，門人欲尊寵之，故扳太宗時公卿以欺後世耳。"貞觀二年，御史大夫杜淹始序《中說》及《文中子世家》，未及進用，爲長孫無忌所抑，而淹尋卒，故王氏經書散在諸孤之家，代莫得聞焉。二十三年，太宗歿，子之門人盡矣，惟福畤兄弟傳授《中說》於仲父凝，始爲十篇。今世所傳本文多殘闕，誤以杜淹所撰《世家》爲《中說》之序。又福畤於仲父凝得《關子明傳》，凝因言關氏卜筮之驗，且記房、魏與太宗論道之美，亦非《中說》

後序也。蓋同藏緗帙，卷目相亂，遂誤爲序焉。逸家藏古編，尤得精備，亦列十篇，實無二序。以意[一二]詳測，《文中子世家》乃杜淹授與尚書陳叔達編諸《隋書》而亡矣。關子明事具於裴晞《先賢傳》，今亦無存。故王氏諸孤痛其將墜也，因附於《中說》兩間。逸才微志勤，曷究其極！中存疑闕，庸俟後賢。仍其舊篇，分爲十卷。"

宋咸曰："文中乃後人所假託，實無其人。"鄭獬曰："《中說》'李德林請見援琴鼓蕩之什'，又'問禮於關子明'，是二者，其妄不疑。"晁公武曰："通生於開皇四年，而德林卒以十一年，通適八歲，固未有門人。通仁壽四年嘗一到長安，時德林卒已九載矣。其書乃有'子在長安，德林請見，歸援琴鼓蕩之什，門人皆沾襟'。關朗在太和中見魏孝文，自太和丁巳，至通生之年甲辰，蓋一百七年矣，而其書有'問禮於關子明'。"案：《考古質疑》有"問禮"一條，更詳。

洪邁曰："王氏《中說》所載門人，多貞觀知名卿相，而無一人能振師之道者，故議者往往致疑。吳師道曰："《文中子》書强引唐初文武名臣以爲弟子，然其歲月、事實牴牾乖剌，終不足以掩後世之耳目也。"其最稱高弟曰程、仇、董、薛，考其行事，程元、仇璋、董常無所見，獨薛收在《唐史》有列傳，踪迹甚爲明白。收以父道衡不得其死，不肯仕於隋。聞唐高祖興，將應義舉。郡通守堯君素覺之，不得去。及君素東連王世充，遂挺身歸國，正在丁丑、戊寅歲中。丁丑爲大業十三年，又爲義寧元年。戊寅爲武德元年，是年三月煬帝遇害於江都，蓋大業十四年也。而杜淹所作《文中子世家》云：'十三年，江都難作。子有疾，召薛收謂曰："吾夢顏回稱孔子歸休之命。"乃寢疾而終。'殊與收事不合，歲年亦不同，晁公武曰："《隋書》稱道衡子收，初生即出繼族父儒，養於儒家，至於長成，不識本生。其書有'內史薛公見於長安，語子收曰："汝往事之。"'"葉大慶曰："杜淹所撰《世家》，年世既已牴牾，且或疏略自戾。《世家》云：'開皇四年，文中子始生。'又曰：'開皇九年，江東平。銅川府君歎曰："王道無叙，天下何爲而一乎？"文中子侍側，十歲矣。'

大慶按：開皇四年，文中子始生。至九年，方六歲，何爲而言十歲乎？此其疏略也。"
是大可疑者也。又稱'李靖受《詩》及問聖人之道'。靖既云
'丈夫當以功名取富貴'，何至作章句儒？恐必無此也。今《中說》
之後，載文中子次子福畤所錄云：'杜淹爲御史大夫，與長孫太尉
有隙。'按：淹以貞觀二年卒，後二十一年高宗即位，長孫無忌始
拜太尉，其不合於史如此。故或者疑爲阮逸所作，王明清曰："唐李習
之嘗有《讀文中子》，而劉禹錫作《王華卿墓誌序》，載其家世、行事最詳，云門多偉
人，則與書所言合矣，何疑之有？又皮日休有《文中子碑》，見於《文粹》。"葉大慶
曰："司空圖謂文中子'致聖人之用房、魏數公，皆爲其徒，恢文武之道，以濟貞觀治
平之盛'；劉蕡讀《文中子》，又以'六籍奴婢'譏之。是雖當世儒者，好惡不同，推
尊之或過，毀損之失真。要知自唐已有此書，決非阮逸所作明矣。"如所謂薛收
《元經傳》，亦非也。"晁公武曰："通行事於史無考，獨《隋唐通錄》稱其有穢
行，爲史臣所削。"

　　林希逸曰："通之《中說》，模仿《論語》之文，仿規爲圓，
模矩作方，而無一出於胸臆，徒掇聖人之句法以爲能，將以求其
工，適足以露其拙耳。"楊廉曰："孔子何人，乃敢擬之，宜朱子有小兒瓦屋之
譏也。"羅欽順曰："文中子議論，先儒蓋多取之。至於大本大原，殊未有見。觀其稱
佛爲西方之聖人，可以知其學術矣。"

　　胡應麟曰："王仲淹著《中說》，唐、宋以還，知之者十而三，
罪之者十而七，疑之者十而九。仲淹生隋季世，遁迹閭巖，一時
與游，董常數子而外，毋論房、李、王、魏若風馬牛不相及，即
薛收、杜淹，識者亦疑焉。李密、李靖皆英雄，氣吞一代。劉炫
生徒遍[一三]四方。薛道衡、李德林之才名，楊處道、賀若弼之幹
略，當時聲譽俱遠出河汾上。矧《詩》、《書》、《禮》、《樂》，概
非六朝所急，一處士談周公、仲尼，諸人日僕僕候其門乎？仲尼
大聖，微生畝直斥其名；葉公、太宰之問，率孫辭以對。以炫之
矜、弼之愎、素之鉅奸、道衡之輕薄，彼其於文中奚有甚矣？阮
逸輩之過勞其心也。"以上諸說錄於朱《考》。

朱氏曰："王氏《中說》，證之隋、唐國史，無不紕繆。黃巖
戴氏著有《中說辨妄》一編，惜其失傳，莫有繼之者。顧講學諸
公，讀書不論其世，專尚言辭，遂據無稽之言，以子虛、無是公
巋然配食孔氏之廡，而典禮家未有敢議焉者，何歟？"房、杜、李、魏
皆長於文中子，李、魏并長十六歲，房長九歲，杜長四歲。孔門七十子，未有長於夫
子者。

邵遠平曰："王通擬經，宋儒譏其僭。然正學蓁蕪，通崛起河
汾，毅然自任，就其所至，豈出陸德明、顏師古、孔穎達下？乃
《隋史》既逸其傳，《唐書》又不補入，殊屬闕然。"愚謂通，隋
人，《唐書》本不當有專傳，然新、舊《隱逸傳》於通之弟績傳中
已附見通事，非全不見也。而舊《書》乃云'通自有傳'，則史之
駁文耳。且以通之浮虛無實，原未足比德明諸人。而今所傳文中
子，在唐已多尊信之者，如陸龜蒙、《笠澤叢書》卷一《送豆盧處士謁宋丞
相序》。皮日休、《文藪》第四卷《文中子碑》。司空圖、《一鳴集》第五卷《文
中子碑》，又第九卷《三賢贊》。皆未免於誕。至趙宋，妄人阮逸爲《中
說》注，又多增竄，非盡出通手也。假如房、杜輩皆出通門下，
平日講道論德，佩服訓言，而《隋書》皆出諸公手，爲立一傳何
難？乃亦靳之，有是理乎？錄於《十七史商榷》第八十四卷。

陳亮曰："《中說》凡一百餘紙，無篇目、卷第，藏王氏家。
文中子亞弟凝晚始以授福郊、福時，遂次爲十篇，各舉其端二字
以冠篇首。又爲之序篇焉，惟阮逸所著本有之。鼎臣本分篇始末
皆不同，又本文多與逸異，然則分篇、序篇未必皆福郊、福時之
舊也。此書序次無條目，故讀者多厭倦。予參取阮氏、龔氏本，
正其本文，以類相從，次爲十六篇。其無條目可尋，與凡可略者，
往往不錄，以爲《王氏正書》。"錄於《經義考》。

俞氏曰："文中子王通，必有其人。作書者，蓋王凝父子，夸
誕可憐人也。其云'子之家廟，坐必東南向，不忘先人之國'，似
非情理。又云'子之家，朝服、祭器不假'，又云'子躬耕，庶人

之職也’，何嘗有朝服？蓋虛造語言，隨意所之耳。”録於《癸巳存稿》。

　　文光案：《中説》字字句句摹範《論語》，實不知其何謂。又如“問禮於關子明”，是仿問禮於老聃。如此者亦不一，故後人疑之。《雲谷雜記》云：“河南薛氏，其人曠而肅。文中子述《元經》，收爲之傳，未就而殁，而諸公多惜其亡。收蓋不遇而殁，與河東道衡之子，固判然爲二人矣。阮逸所云，乃道衡之子也。擬此，則唐時有兩薛收。”此條《容齋續筆》亦引之。朱氏《經義考》歷引諸家之説文中而不及此條，蓋未檢及也。因表出之。

## 《帝範》四卷

唐太宗皇帝御撰

浙江重刊聚珍本。凡十二篇：《君體》第一，《建親》第二，《求賢》第三，《審官》第四，《納諫》第五，《去讒》第六，《誡盈》第七，《崇儉》第八，《賞罰》第九，《務農》第十，《閲武》第十一，《崇文》第十二。陳《録》云：“以賜高宗。”是本注甚詳，惟不免於贅。亦不詳注者名氏。

　　貞觀十二年御製序曰：“汝以幼年，偏鍾慈愛，義方多闕，庭訓有乖。朕每思此爲憂，未嘗不廢寢忘食。自軒昊以降，迄至周、隋，披鏡前蹤，博覽史籍，聚其要言以爲近誡云耳。”

## 《續孟子》二卷

唐林慎思撰

《知不足齋》本。枚菴漫士古歡堂祕册。前有咸淳癸酉劉希仁序、延祐改元程鉅夫序，又吴鑑、陳英觀序，黄堯臣跋。上卷七篇，下卷七篇，共十四篇。

林氏自序曰："《孟子》書，先自其徒記言而著。予所以復著者，蓋以孟子久行教化，言不在其徒盡矣，故演作《續孟》。"

本朝歐陽修《崇文總目》云："《續孟子》二卷，唐林慎思撰。慎思以謂《孟子》七篇非孟子自著書，而弟子共記其言，不能盡孟子意，因傳其說，演而續之。"

劉氏曰："《孟子章句》略而多闕。今水部公出其仁義之言，而善於敷演，亦長於譬喻。如曰'堯之比屋可封，不有四凶乎？紂之比屋可誅，不有三仁乎？以其大而舉之，不以其小而廢之。斯言蓋得之矣。'克齋林公稱爲吾閩千載不朽之士，豈吾欺哉？"

吳氏序曰："堯、舜、周、孔之道，至孟子斬焉不傳。伸蒙子作書《續孟》，此其自任者豈淺淺哉？然生值唐亂，官不過令長，才志不見知於時，斥罵逆巢，抗首白刃，孟氏可作，顧不謂之豪傑大丈夫哉？所恨事不載史，徒得故老傳說，四五百年不休。《續孟》、《伸蒙》雖具《藝文志》，今世所傳者，殆放失其本真矣。史書果可盡信哉？可傳者不錄，所錄者又將泯泯而無傳，伸蒙子何爲其生死不遇也哉？元統三年，南康曹侯明源來宰長樂，始訪其子孫，爲之築室立祠，表其大節而暴之天下耳目。余既悲伸蒙之志，又嘉曹侯之爲政有所建明，故爲之叙贊。"

## 《伸蒙子》三卷

唐林慎思撰

《知不足齋》本。前有自序，後有家傳，林永撰。又元復誌，元復爲慎思十四世孫，咸淳間爲奉議郎，知泉州南安縣事。又咸淳九年林元復跋，劉希仁、方應發後序，萬曆辛丑徐㶓二跋，乾隆庚子吳鳳翟跋。此本序跋完全，勝《珠塵》本。《續孟》、《伸蒙》二書，自宋人著錄外，藏書家罕有。

# 《伸蒙子》三卷

唐林慎思撰

《珠塵》本。前有自序，後有家傳，并元復誌。

林氏自序曰："予沽名未售，退棲槐里，著《儒範》七篇，辭艱理僻，不爲時人所知。復研精覃思，一旦齋沐，禱心靈，是宵夢有異焉。明日召蓍祝之，得蒙之觀，曰：'伸蒙入觀，通明之象也。'因感而有所述焉，自號'伸蒙子'。嘗與二三子辨論興亡，敷陳古今也。或引事以明理，或摛才以潤詞，錄近萬言，編成上、中、下三卷。上卷《槐里辨》三篇，象三才，叙天、地、人之事；中卷《澤國紀》三篇，象三人，叙君、臣、民之事；下卷《時喻》二篇，象二教，叙文、武之事。予所學周公、仲尼之道，所言堯、舜、禹、湯、文、武之行事也。如有用我者，吾言其施，吾學其行乎？"

《林氏家傳》曰："伸蒙子姓林氏，諱慎思，字虔中，福州長樂人也。少有大志，力學好修，與昆仲五人築室讀書。咸通五年，首薦禮部，不第。退居，著書三篇，指喻明切，自成一家言。又以公孫丑、萬章記孟子之言不能盡其師意，作《續孟子》二卷，凡十四篇。咸通十年，中進士第。十一年，中宏詞、拔萃魁，敕改所居崇賢鄉欽平里爲'芳桂鄉大宏里'以表之，授祕書省校書郎、興平尉。在官舉案有法，豪右憚其威令。尋除尚書水部郎中，守萬年縣令，賜緋。治邑有最聲，民懷其惠。黃巢寇長安，逼以僞官，不受，罵賊不絶口而死。所著二書及《外篇》、《宏詞》五篇，《儒範》七篇，皆藏於家，世莫傳焉。今稠巖讀書石室遺址尚存。《新唐志》載《伸蒙子》三卷，《崇文總目》載《續孟子》二卷，《通志略》亦載此二書。克齋林公執善銘蔣居士墓，其言伸蒙死節不屈之事，具述《閩中記》所載爲據，且稱之爲吾閩千載不朽之高士。故叙次其概，爲家傳以昭吾子孫。"

　《伸蒙子家傳》，先君茂林翁所撰次也。元復誌。

## 校勘記

　〔一〕"郊問"，原作"問郊"，據《孔子家語》乙正。

　〔二〕"所"後原衍一"無"字，據清孔廣森《大戴禮記補注》刪。

　〔三〕"篇"，原作"等"，據同上書改。

　〔四〕"者"，據下文，上似脱一"誤"字。

　〔五〕"車"，據《孔叢子》補。

　〔六〕"孺"，原作"儒"，據同上書改。

　〔七〕"來"，據文意似當作"未"。

　〔八〕"爲十"，原作"十爲"，據《漢書・揚雄傳》乙正。

　〔九〕"令"，原作"今"，據《後漢書》李賢注改。

　〔一〇〕"五"，據《潛夫論》補。

　〔一一〕"商"，原作"韓"，據清汪繼培《潛夫論箋序》改。

　〔一二〕"意"，原作"章"，據宋阮逸《文中子中説序》改。

　〔一三〕"遍"，原作"通"，據明胡應麟《少室山房筆叢》改。

# 子部一
## 儒家類二

### 《家範》十卷

宋司馬光撰

朱氏藏本。前有康熙五十八年高安朱軾序。

朱氏序曰：“人知朱子集濂、洛、關四子之成，不知涑水文正公亦朱子之所取法。朱子志在《綱目》，行在《小學》。《資治通鑑》實《綱目》胚胎，《小學》與《家範》又相發明者也。顧《通鑑》、《綱目》二書并行，何《小學》列學官，而《家範》不傳於世與？文正公嘗謂盡心行己之要在立誠，而其功自不妄語始。《家範》所載皆謹言慎行、日用切要之事，公一生得力於是，而其有裨於世道人心非淺焉。予偶得舊本，讀而珍之，爲校正重刻以公同志。”

### 《周子全書》二十二卷

宋周子撰

董氏本。江西吉南贛寧道董榕編輯。首載列聖論旨及御製評論、詩文；次列《太極圖説》、《通書》，附以諸儒發明；次遺文、遺事、交游、贈述、年譜、褒崇。即今通行坊本也。謹案：《周子文集》七卷，見於陳《録》。遺文一卷，餘皆附録。今所行《元公集》，不知何人所編。前四卷爲遺書、雜著、圖譜，後五卷皆諸儒評論及誌傳、祭文，與宋本七卷不合。明嘉靖間漳浦王會曾爲刊行，國朝康熙初其裔孫沈珂復校正重刊，此九卷之本也。周沈珂又編《周元公集》十卷，附録後人詩文。周子著書最少，而諸儒辨論最多，故歷代編集者多所附益，始克成帙，然不若吕氏《抄釋》之爲得實也。集中《愛蓮説》，江昱以爲出於依託，然別無顯證。周子之書惟《抄釋》得其精要，餘多不能簡潔。至於《周子年譜》及《濂溪集》，屢經增翻，板本益劣。又如《通書問》、《太極辨》，他人各自爲書者，更不可勝紀。其能上接周子之傳與否，吾不能知也。

陸氏《通書跋》曰："濂溪之生也，世但以佳士許之耳。既死，蒲左轄作誌，黃太史作詩，其稱述亦不過如此。向使無二程先生，後世豈知濂溪爲大儒、傳聖人之道者耶？以此知士之埋没無聞者，何可勝計？"録於《渭南集》。

文光案：《周張全書》二十二卷，明徐必達編。周子之書七卷。又案：周子以"愛蓮"名其室，而刻説於石。其曾孫以墨本贈朱子，朱子爲書其後。見《朱子大全集》。江昱以爲依託，恐不然也。

## 《張子全書》十四卷　《附録》一卷

宋張子撰

朱氏藏本。康熙五十八年高安朱軾校刊，有序。段志熙同校此本，不知何人所編。《西銘》一卷，《正蒙》二卷，俱題"朱子注"，內又有"朱子曰"，似非朱子原注本。《經學理窟》五卷，《易説》三卷，《語録抄》一卷，《文集抄》一卷。既稱曰"抄"，明係後人選録，非其完帙。又《拾遺》一卷，附録諸論及行狀之類爲一卷，俱非宋本之舊。然明時徐必達所刻《張子全書》即此本。《宋志》所載及吳文正公所校之本，今俱未見。呂氏《抄釋序》曰“文集未完，止得二卷於馬伯循氏”，是明時已難見完書也。案《宋志》，《易説》三卷，《正蒙》十卷，《經學理窟》十卷，《文集》十卷，皆各自爲書，非今之《全書》也。

朱氏序曰：“歲乙丑，巡學陝右，博士繩武示余《橫渠全集》，且曰：‘是書多錯簡，欲重刻未逮也。’集中《經學理窟》諸篇，於《禮》、《樂》、《詩》、《書》、井田、學校、宗法、喪祭討論精確，實可見之施行。薛思菴曰：‘張子以禮爲教，不言理而言禮，即約禮、復禮的傳也。’用校正而梓之。”

## 《正蒙會稿》四卷

明劉璣撰

《惜陰軒》本。前有正德十五年何景明序、嘉靖十一年韓邦奇序并自序。

何氏序曰：“余讀張子《正蒙》，知其詳説之功；至於《西銘》，乃識其返約之旨。《正蒙》書多難解，學者讀之或不卒業而廢。比見近山劉先生《會稿》，明正通達，不爲曲説隱語，而事理無不得者。其平日窮理之學，不有徵哉！”

韓氏序曰：“正德中，吾友何子仲默以近山先生《正蒙會稿》寄示。弘治中，余嘗著《正蒙解結》，大抵先其難者。繼見蘭江章式之之《發微》，大抵詳於易者。及見先生《會稿》，則難易兼舉，詳而不遺矣，於是取《解結》而焚之。夫余既焚《解結》矣，使式之見之，將亦焚其《發微》乎？”

劉氏自序曰：“《易》有‘蒙以養正’之文，故張子取之以名其書。篇内‘東銘’、‘西銘’、‘初曰’、‘愚砭’、‘訂頑’，皆‘正蒙’之謂也。是書也，出入乎《語》、《孟》、六經及《莊》、

《老》諸書，凡造化、人事，‘自始學以至成德’，《大學》之所謂‘格物致知’，《孟子》之所謂‘盡心知性’，無不備於此矣。故朱子謂其規模廣大，范氏稱其有六經之所未載、聖人之所未言，而張子亦自謂如晬盤示兒，百物俱在，顧取者何如耳。惜乎！先儒論注雖多，而或散見於各傳；況張子多斷章取義，又有與本注不同者。初學之士未及旁搜，不能不爲之開卷思睡也。因與同志會講成稿，中間所引經傳，舊有注者，固不敢妄爲之說；其有非本文所當注而注者，則欲學者因此識彼，而且易於考證也。雖尚多郢說燕書之誤，然而君子爲高爲下，則敢望以此爲措手之地云。”

　　文光案：是注多敷衍之文，或失書之本旨。間有書本明而注反晦者，是注下又須注也。大凡學問深者，雖淺語亦深；學問淺者，雖深語亦淺。理須通到十二分，方能解得明白；至二十四分，則活潑潑地。《孟子》全部是《易》，而不見《易》，所謂大而化之也。知乎此，可與言理矣。

# 《二程全書》六十七卷

宋程子撰

呂氏寶詩堂本。此本編次有法，板式雅潔，全非明人刻書之體，勝於祠本遠矣。凡《遺書》二十五卷、附錄一卷、《外書》十二卷、<sub>朱子序次。</sub>《明道先生文集》五卷、《伊川先生文集》八卷、附錄二卷、《周易傳》四卷、《雜說》八卷、《粹言》二卷。《遺書》、《外書》，首爲朱子所編之目，目後各有朱子記。《遺書》附錄凡八篇，内有《伊川先生年譜》，朱子所編，有記。《明道先生文集》，首目錄，凡詩一卷、文四卷，内有《邵康節先生墓誌銘》。《伊川先生文集》，首目錄：奏疏二卷；學制一卷；雜著一卷，内有詩三首；書啓一卷；禮一卷，皆言婚、葬、祭，惟目有《程氏世系之圖》，而書則無之；行狀、墓誌、家傳、祭文二卷。二程子

《文集》附録，第一卷爲《遺文遺事》，譚善心所蒐輯，有至治三年跋；第二卷爲朱子《辨論胡本錯誤書》六首、《書明道先生遺文後》一首、後序五首。謹案：《二程文集》十三卷，其本出於胡安國家。胡氏改削原文，且顚倒次第。劉琪、張栻即以改本刻之長沙。朱子以爲不可，屢以書抵之，而二人不用其説。迨元時，譚善心始與蜀人虞盤往復討論，以復乎朱子所改之舊，且注劉、張本異同於其下。今所傳本是也。至治二年，臨川鄒次陳序之甚詳。

谷氏曰：“今通行《二程全書》坊本書内各記云：‘宋淳祐丙午，古汴趙師耕以舊刻《遺書》、《外書》、《文集》易以大字，刻之明教堂。又淳祐六年，東川李襲之因五羊本《遺書》較長沙本校精而字大，乃摹録於春陵郡庠，并取長沙《外書》刊本附刻焉。迨元至治二年，譚善心又因胡氏所刊文集多渾本，更取朱子校改者重刊之。’各原委俱詳，是此三種，在宋、元間即屢易板。《四庫》皆二代分存舊本，至明徐必達始編爲全書。然其書原有《孟子解》、《中庸解》，共三卷，而今坊間徐氏本卻於《孟子解》辨爲後人纂輯，而止存其目；於《中庸解》亦言‘明道不及爲此書，伊川雖成此書，亦以不滿意火去。此存者，即朱子所辨藍田吕大臨改本無疑，姑仍其舊，以俟參考’云云。則今通行之《二程全書》，又後人重刻，而非徐氏舊鐫矣。”録於《大儒詩鈔》。

文光案：晁《志》“《明道中庸解》一卷，《程氏易》十卷，《書説》一卷，《詩説》兩卷，《論語説》十卷，《孟子解》十四卷，《伊川集》二十卷，《程氏雜説》十卷”，與今本不合。今本《易傳》止上、下二經，前有自序并上、下篇義。《經説》八卷，第七卷爲《孟子解》，有目無書，故《簡明目》作七卷。《二程粹言》前有乾道丙戌南軒張栻序，内題“楊時訂定，張栻編次”，書凡十篇。今所通行之本，谷氏以爲非徐本，信然。然谷氏所舉宋本，亦與晁《志》不同，則刻非一刻矣。因備録序跋，使有所考。

右《程氏遺書》二十五篇，二先生門人記其所見聞、答問之書也。家有舊藏數篇，皆著當時記録主名，語意相承，首尾通貫，蓋未更後人之手，故其書最爲精善。後益以類訪，求得二十五篇，因稍以所聞歲月先後第爲此書。乾道四年朱子記。

右《程氏外書》十二篇，某所序次，可繕寫。始某序次《程氏遺書》二十五篇，皆諸門人當時記録之全書，足以正俗本紛更之謬，而於二先生之語則不能無所遺也。於是取諸集録，參伍相除，得此十有二篇，以爲《外書》。"外書"云者，特以取之之雜，或不能審其所自來。其視前書，尤當精擇審取。乾道癸巳朱子書。

文光案：《伊川先生文》八卷，政和二年壬辰七月孤端中序，使姪昺編次。序末自注，云先生有《易傳》六卷，《繫辭》、《説書》、《説詩》、《説春秋傳》、《改正大學》、《論孟説》各一卷，別行。此與晁《志》所載又不同。

《提要》曰："《伊川文集》，詩僅三章，而《河南府志》又載其《陸渾樂游》詩一首。蓋地志多假借名人以誇盛蹟，殆作志者依託，出於善心之後歟！"

文光案：谷氏云："此詩載《歐陽文忠公全集》內《居士集》卷一，《伊川獨游》詩也。八句皆同，止'舟縈野渡時'，歐本係'梅繁野渡晴'；'水落'，歐本係'泉落'耳。"谷氏此條所考甚詳，足補《提要》所未及。蓋歐集之"伊川"爲地，採詩者誤以爲人，遂以歐公之詩爲程子之詩，而入之《河南府志》也。其改易題目，又改詩數字，實不知其何謂矣。

右《程子遺文遺事》一卷，善心所搜輯。始慮世傳胡氏本猶未盡善，而朱子改本惜不可考，從今內翰吳先生得家藏別本，遂與同志校正，用鋟諸梓。外有《經説》八卷，尚當嗣刻以傳永久云。至治三年臨川譚善心書。

> 文光案：此跋在附録第一卷，内第二卷有南軒《書明道先生遺文後》一則、麻沙本後序一首、春陵本後序一首。

右《遺書》、《外書》，世所刊本，無不同者。獨二先生文集出胡文定公家，頗有改削。臨川譚善心元之耑讀二書，慮其傳本寖少，悉爲刻棗。而於文集復加詳審，與蜀郡虞槃叔[一]常往復討論，以復乎考亭所改之舊，且注劉、張本異同於其下。其餘遺文，凡集所未録者，各以類附焉。至治二年臨川鄒次陳識。

宜黄譚善心，同邑傅君友諒之門人也。取二程《遺書》、《文集》刻之，且將考訂《程氏經説》，以次鋟木。槃託中表之好，乃得預聞其説，故題其後。蜀郡虞槃跋。

"粹言"者，河南夫子書變語録而文之者也。予得諸子高、子其家傳，以爲是書成於龜山先生。龜山，河南之門高第也，必得夫心傳之妙。予始見之，卷次不分，編類不别，因離爲十篇，篇標以目。乾道丙戌南軒張栻序。

## 《二程遺書》二十五卷　《外書》十二卷

程子門人所記，朱子編次

河南程氏本。二書今在《全書》中。《全書》刊於康熙二十五年，湯潛庵校正，附拾遺。《二程遺書》爲問答之語，附行狀、年譜一卷。《外書》有朱子記："既定《遺書》，又得此十二篇，取之雜，故曰'外書'。"謹案：稱名，史例也。周、程、張、朱獨稱"子"者，聖祖仁皇帝所定。凡詔、誥、奏章俱然，於以見我朝尊尚正學、卓越前代焉。

吳氏跋《外書》曰："昔大程夫子仕上元縣，故建康有明道書院以祠二程子。近年，行臺治書侍御史郭侯嘗命山長趙普之重刊《程氏遺書》於既毀之後。今錢唐沈天錫嗣長書院，而曰有《遺書》，無《外書》，是二程夫子之遺訓猶未完也，乃續刻《外書》十二卷，以備一家之言。余嘉其知崇先哲以啓後覺也，再爲識《外書》之左方。"録於《文正公集》。

## 《公是先生弟子記》一卷

宋劉敞撰

《知不足齋》本。前無序文，有謝諤、江溥、趙不黯三跋，又乾隆乙未鮑廷博跋。

鮑氏跋曰："右劉原父先生所著，題曰'弟子記'者，殆託於及門所記録歟？按先生墓誌及《宋史》本傳，俱云五卷，今本祇一卷，與晁《志》合，當屬足本無疑也。是書一開於乾道，再版於淳熙。此承淳熙校本之舊，尤稱完善。雖輾轉傳鈔，不無小誤，要勝乾道初刻也。西江近刻《劉子全書》，獨遺此帙，因爲補刊以傳。"

聖人有所不言而無不知也，賢人有所不言而亦有所不知，衆人有所不知而無不言。　志近者聞遠則悲，志小者見大則疑。知性者不可惑以善惡，知道者不可動以富貴，知命者不可貳以死生。　制度不定，雖殫天下之富，其求不給。　太上無文，其次有而不恃，其次恃之而治，其次治之而不足恃。

## 《袁氏世範》三卷　附《集事詩鑒》一卷

宋袁采撰。《詩鑒》，方昕撰

《知不足齋》本。是書爲吴郡袁氏傳經堂家乘本。初名《訓俗》，劉振作序，更爲《世範》。前有淳熙戊戌劉鎮序，序後有紹熙改元長至三衢梧坡袁采記，末有自跋。又明正德間袁表、袁裦二跋，又乾隆庚戌袁廷檮跋、乾隆戊申楊復吉序。《世範》，《通考》作一卷，家本三卷，附《詩鑒》。其刻於《眉公秘笈》及

《訓俗遺規》者，皆非足本。又楊序所謂“陶齋”、“謝湖”即表與裘也。《詩鑒》前有自序，後有自跋。每段先引古事，次繫以詩。其標目如“子之於父當鑒顧愷”、“子之於母當鑒陳遺”，凡三十條，皆匹夫匹婦可與知能行者。方昕，字[二]景明，莆田人。

袁氏序曰：“近世老師宿儒多以其言集爲語録，傳示學者，蓋欲以所得者與天下共之也。然皆議論精微，學者所造未至，雖深思不悟。至於小説、詩話之流，特賢於己，非有裨於名教。亦有作爲家訓，戒示子孫，或不該詳，傳焉未廣。采朴鄙，好論世俗事而性多忘，人有能誦其前言而已。或不記憶，續以所言私筆之，久而成編。假而録之者頗多，不能遍應，乃鋟木以傳。昔子思論中庸之道，其始也，夫婦之愚，皆可與知；夫婦之不肖，皆可能行；極其至妙，則雖聖人亦不能知、不能行而察乎天地。今若以察乎天地者而語諸人，前輩之語録固已連篇累牘。姑以夫婦之所與知能行者語諸世俗，使田夫野老、幽閨婦女皆曉然於心目之間，庶幾息争省刑，俗還醇厚。聖人復起，不吾廢也。”

楊氏序曰：“《世範》一書，凡以睦親以處己以治家者，靡不明白切要，使人易知易從。吳門袁子又愷新修家譜，近獲陶齋、謝湖兩先生珍藏《世範》，附梓於後。此書曾刊於《説郛》及《唐宋叢書》，類多訛缺。今屬宋雕善本，校讎精審，頓還舊觀，是誠作者之厚幸也。”

## 《延平答問》一卷　　《續録》一卷

宋朱子撰

平川鍾氏本。是本刊於乾隆己未，題曰“延平李先生師弟子答問”。前有鍾紫幃序：“西河谷際歧記此書甚詳。因從《大儒詩抄》中録出，使觀者詳焉。”

谷氏曰：“謹案：今本二卷，上卷即原本；下卷則明弘治間琴川周木所補輯，故名曰‘補錄’，非原本所有也。備考今本所載，有宋嘉定甲戌趙師夏序，稱‘北海王耕道攝郡姑孰，刻之郡齋’。又周木序，稱‘求得嘉定間刻本校正，比近本既多後錄，而復僭爲補錄’。附刻又載康熙丙戌知延平府周文文〔三〕序、乾隆己未南平儒學鍾紫幃序、乾隆十三年知延平縣滇南蘇渭生序，各皆著其板缺補刻之。由是此書之刻始於宋嘉定間，但有正編與後錄，今校諸翰院所藏底本即此，其補錄則明時始著而合梓之。歷明至今，屢次補刻，即此本也。而今本又附刻楊、羅、李、朱四先生年譜，乃康熙丙午社臺晉陵毛氏念恃所手輯，而裔孫騰輝梓之者也。至《延平文集》一卷，係其裔孫葆初拾掇而成。與《延平答問》同題，爲朱子所編，殊失其舊。《四庫》止存其目，世亦未見其本，惟《宋詩紀事》載詩一首，采自《延平府志》。其他詩文未有聞焉。”

文光案：《延平答問》又見於《朱子遺書》。余家所藏凡三本，一《遺書》本，一明本，一鍾本。而鍾本爲佳，故著之。《四庫全書提要》曰：“程子之學，一傳爲楊時，再傳爲羅從彥，又再傳爲李侗。侗於朱子爲父執。紹興二十三年，朱子年二十四歲，將赴同安主簿任，往見侗於延平，始從授學。紹興三十年冬，同安任滿，再見侗，僅留月餘。又閱四載，而侗歿。前後相從，不過數月，故書札往來問答爲多。後朱子輯而錄之，又載其與劉平甫二條，以成是書。朱子門人又取朱子平昔論延平語及祭文、行狀，別爲一卷，題曰“附錄”，非原書所有也。

## 《近思錄》十四卷

宋朱子、呂東萊同編

《朱子遺書》本。朱子與東萊呂子會於寒泉精舍，相與讀周子、程子、張子之書，歎其廣大閎博，若無津涯，而懼初學者不知所入，因共掇其要爲此編，總六百二十二條。有淳熙三年五月五日朱子識、四月四日東萊識。坊本多從周公恕分類，割裂舛錯，盡失其初。此本采自《文集》、《文衡》、《語類》及《性理大全》諸書，與原本不同。

## 《近思錄集解》十四卷

宋葉采撰

邵氏重刊宋本。是本仿宋刻之舊，刊於吳門。板心題“近思錄”，内題“近思錄集解，新安朱子原編，建安葉采集解”。每葉十九行，每行大字十九字，小字二十四字。首爲淳祐十二年朝奉郎、監登聞鼓院、兼景獻府教授葉采進書表。次葉采序。次《近思錄》前引，朱子撰；後引，吕成公撰。次集解姓氏、吳郡邵仁泓跋。葉氏取朱子、張南軒、吕東萊、黄勉齋、蔡節齋、李果齋六家之説，參以周、程、張子之言而成此注，蓋朱子與吕成公同撰是書之後，至此始表上之。《簡明目》所著《近思錄》十四卷，即此本也。節齋名淵，果齋名方。

葉氏序曰：“采年在志學，受讀是書，字求其訓，句採其旨，研思積久，因成集解。其諸綱要悉本朱子舊注，參以《升堂紀聞》及諸儒辨論，擇其精純，刊除繁雜，復以次編入。有闕略者，乃出臆説。朝删暮輯，逾三十年，義稍明備，以授家庭訓習。”

邵氏跋曰：“《近思錄》坊本甚多，或有依明賢本增入紫陽者，或有分門別類、體製乖錯者，或有遵原本并全删葉注者，或有存葉注而妄加去取者，凡此俱非善本。泓於汲古後人師鄭架上得宋刻朱子原本并葉氏原注，請歸讀之。因歎原本之美備，實足以該四子之精微；而葉注之詳明，又足以闡《近思》之實理。因亟刊之，以公同志。”

## 《朱子近思録》十四卷

國朝〔四〕湯顯祖重編

通行本。採《文集》、《性理》諸書，與原本不同。自宋以來，注《近思録》者數家，唯葉氏《集解》至今盛行。國朝烏程茅氏病其粗率膚淺，別撰《近思録集注》十四卷。其注參校諸本，薈萃衆説，支分節解，考證尤詳，而傳本未廣。葉解無所竄亂，明代周公恕妄加分析，江氏《集注》出，始正其謬。

## 《五子近思録發明》十四卷

國朝施璜撰

合河孫氏本。雍正五年孫嘉淦校刊，有序。周子、二程子、張子、朱子爲五子，汪佑補朱子之書增入各卷之後，是爲五子合編。《發明》又類聚薛、胡、羅、高之粹言，分附五子之末，凡五百四十八條。

孫氏序曰："張子之書，間有出入。二程之語，多出於門人所記。朱子早年所著，有晚而更之者。因即舊編，更審擇之。惟期言愈簡而意愈明，庶學者不迷於所趨焉。"

## 《朱子語類》一百四十卷

宋黎靖德編

通行本。此本不知何人所刊，序目皆完，款式、次第悉如宋刻之舊。首葉題"朱子語類大全"。《語録》凡五本：池州所刊《語録》四十三卷，續增張洽録一卷，饒州所刊《語續録》四十六卷，饒州所刊《語後録》二十六卷，池、饒三録最好，然不免誤字。建寧新刊《别録》二十卷。《語類》二本：蜀中所刊《語類》一百四十卷，徽州所刊《語續類》四十卷。《池州語録》嘉定乙亥門人黄幹序，《饒州續錄》嘉熙戊戌李性傳後序，《後錄》淳祐己酉門人蔡抗後序，《建安別錄》咸淳初元吳堅後序，《朱子語類》黃士毅序并跋，《眉州語類》嘉定十三年魏了翁序，《徽州語類》淳祐壬子蔡抗後序，《續類》王佖後序。姓氏，自廖德明至不知何氏，各記某年所聞所錄，下標“池”、“饒”等“錄”。目錄：曰理氣；曰鬼神；曰性理；曰性情；曰學；曰四書；曰《易》、《書》、《詩》、《孝經》、《春秋》、《三禮》；曰《樂》；曰孔、孟、周、程、張子；曰周子書；曰程子書；曰張子書；曰邵子書；曰程子門人；曰楊氏、尹氏門人；曰羅氏、胡氏門人；曰朱子，前爲諸論，後爲訓門人；曰呂伯恭、陳、葉、陸氏；曰老、莊、釋氏；曰本朝，自實錄、法制、人物至盜賊、夷狄；曰歷代；曰戰國、漢、唐諸子；曰雜類；曰作文；曰拾遺。目後有黎氏二跋并考訂七條。次門目，黃氏解鬼神、性理之類。凡四書語類五十卷，經類三十六卷。謹案：《天禄琳琅書目》所著宋本，與此悉同，惟前序一首，此本無之。姓氏注所謂“池錄”、“饒錄”、“饒後錄”、“蜀類”、“徽續類”、“建別錄”者，即靖德所輯諸本，故前皆列其序。門目，乃黃士毅編，靖德用之。次卷目，綴以景定癸亥靖德纂書序，又咸淳庚午靖德行旴江郡事刻之郡齋再序。次考訂，乃刪增校改之例。宋人尊信朱子，單文隻語皆爲著錄，至此書而集大全矣。諸錄中語有可疑者，此本輒刪之。

# 《朱子節要》十四卷

明高攀龍編

明本。此本清朗豁目，前有題辭，不知何人所撰。次萬曆壬寅高攀龍自序，序後有按。

高氏自序曰：“朱子之書，自傳注而外見於文集、語録者，浩渺無涯。三復之餘，節其要言，仿朱子《近思録》例，分爲十四卷，名曰‘朱子節要’。”

高氏按曰：“《近思錄》：一卷，《論道體》；二卷，《論學》；三卷，《致知》；四卷，《存養》；五卷，《克治》；六卷，《家道》；七卷，《出處》；八卷，《治體》；九卷，《治法》；十卷，《居官處事》；十一卷，《教人之法》；十二卷，《警戒改過》；十三卷，《辨別異端》；十四卷，《總論聖賢》。東萊謂一卷所論非初學所能領會，朱子曰：‘且令識個頭腦，須自二、三、四卷而入。’”

## 《明本釋》三卷

宋劉荀撰

浙江重刊聚珍本。是書每條先立一綱，如“窮理者，進學之本”、“寡欲者，養心之本”。次行低一格，多引六經、《語》、《孟》及宋儒言行，旁採史鑒以證明之，融會貫通，自注尤詳。此乃儒書之最佳者，學當家置一部，勝觀諸家之語錄多矣。語錄多明體，此則致意於達用。“求實用者，窮經之本”一條，尤當細玩。惜其書宋世不顯，晁《志》、陳《錄》、馬《考》皆不著錄。今則此本之外，亦未見別本也。

予觀《論語》記“林放問禮[五]之本”，孔子有“大哉問”之對；有子論孝弟而有“君子務本”之言：始知學者進德修業必先明乎本。夫事物莫不有本，知其本則所由之戶不差，循序而進，然後德業可得而成矣。姑舉其關於大體、切於日用者，凡三十三條。詳是書，則一貫之理，亦可以默識矣。此段在書之前。

文光案：《文淵閣書目》、焦氏《經籍志》皆作“明本”，自序亦曰“明本”。此本乃標曰“明本釋”，疑後人因其注而增題之也。

常病初學從意於末而昧乎本，鮮克有成，作《明本》，書諸座右以自警云。本、末初無二致，明乎一貫之理，尚何先後云哉？

然初學不先知其本，則末必紊。《明本》蓋有不得已而作也，非敢語成德而淑諸人，姑以自訓遺之子孫。若同志之士，亦所不隱也。至於先儒接人之端，學者進德之門，治道爲政之要，莅事行己之方，至王、霸之別，釋、老之辨，諸學之源，末學之弊，大略粗見。子注盡其詳者，亦有不得已焉爾。此段在書之後。

昔趙元考與溫公論著述之禮，當以正文舉其要，子注盡其詳。又溫公與范太史論《長編》，云"寧失於繁，無失於略"。況是書將欲曉初學歟？書中所紀聖賢言行，悉以意義爲序，初無先後之別。或有意義同而詳略異，或意雖不屬而意難略者，具載子注云。此卷終之注。

## 《大學衍義》四十三卷

宋真德秀撰

明本。謹案：《天祿琳琅書目》云"明官刻本"。考嘉靖六年五月，諭大學士等，以經筵盛暑輟講，宜命講官以《大學衍義》進講。自四月十三日始，五日一輪，二人講書。又以是書板在內局，寫刻未精，乃定新式，命司禮監重刻以傳。明世宗御製序冠首，大學士楊一清[六]作後序。泰興季氏藏本有季振宜"謙牧堂藏書"等印。

晁氏曰："《大學衍義》四十三卷，真文忠公爲户部尚書日所進也，因《大學》條目而附以經史。首之以帝王爲治之序，次之以帝王爲學之本，是之謂綱。首之以明道術、辨人才、審治體、察民情，次之以崇敬畏、戒逸欲，又次之以謹言動、正威儀，又次之以重妃匹、嚴內治、定國本、教戚屬，是之謂目。每條之中，首之以聖賢之典訓，次之以古今之事迹。諸儒之釋經論史有發明者錄之，而公之説亦附見焉。"錄於《郡齋讀書附志拾遺》。

孫氏曰："《衍義》前有《西山先生經進大學衍義》一卷、真德秀《進大學衍義表》、中書端平元年門下〔七〕省時政記房申狀、尚書省劄子，又有德秀自序。每卷後有校正人姓名，細審爲元仿宋刻本。亦有明人補刊葉而無題識。《天祿琳琅》所收即此本也。黑口，巾箱本，每葉廿二行，行廿一字。"録於《平津館書籍記》。

  文光謹案：《天祿琳琅書目》所收即明刻之官本，詳見"明板子部"内。敬查"宋元板"内并無是書，孫氏所記恐未確。

  王氏曰："真西山負一時重望，端平更化，人傒其來，若元祐之涑水翁也。是時楮輕物貴，民生頗艱，意謂真儒一用，轉移之間，立可致治，於是民間爲之語曰：'若欲百物賤，直待真直院。'及至，首以尊崇道學、正心誠意爲言，復以〔八〕《大學衍義》進。民以其不切時務，復以俚言足前句云：'吃了西湖水，打作一鍋面。'未幾真卒。"録於《蘇海識餘》。

## 《大學衍義補》一百六十卷

  明丘浚撰

  經廠本。目一卷，補前書一卷。《大學衍義》、《衍義補》有陳仁錫合刊本，今所通行者是也。其評語不佳。此本以白宣紙刻之，猶是初印，但廠本不足貴。原本未見。

  《燕都游覽志》："司禮監大藏經廠，按碑記，皇城内西北隅有大藏經廠，隸司禮監，寫印上用書籍及造制敕龍箋等處，内有廨宇、庫藏、作房及管庫、監工等處官員所居。藏庫，則堆貯歷代經史，文籍，三教、番漢經典，及國朝列聖御製御書詩賦、文翰印板、石刻於内。作房，乃匠作刷印成造之所。其印板用久模糊，則入池刷洗復用。建自正統甲子。"

  高氏曰："大藏經廠在玉熙宮遺址之西，即司禮監經廠也。貯經書典籍及釋藏諸經。"録於《金鰲退食筆記》。

文光案：《經廠書目》一卷，提要曰："明内府所刊書目也。經廠即内翻經廠，明世以宦官主之。所列書一百十四部，大抵皆習見之書，甚至《神童詩》、《百家姓》亦厠其中，殊爲猥雜。今印行之本尚有流傳，往往舛錯，疑誤後生，蓋天禄、石渠之任而以寺人領之，此與唐魚朝恩判國子監何異？明政不綱，此亦一端，而當時未有論及之者。宜馮保刻私印，其文曰'内翰之章'也。"《金鰲退食筆記》，吳震方刻入《説鈴》。馮保印文見所作《經書輯音序》文末。

王氏曰："丘文莊，名臣也。所撰《大學衍義補》爲先朝第一著作。人謂其中絶不指斥内臣，以將進呈御覽，欲得近侍之歡耳。予按：内臣預政之禍，已見於真氏之書。公於'正官'條中丁寧及之固善，即不然，亦不害其爲全書也。至陰主劉文泰詰奏王端毅，又令人作傳汙之與閣老餅事，果有之，則失大臣之義。前輩多謂公心術不能知，又謂不脱海蠻氣習。《雙槐歲抄》極稱公言行爲不可及，謂文泰事公實不知。但公嘗言范文正生事、岳武穆未必能恢復、秦檜於宋有再造之功，皆極詭異。"録於《山志》。

## 《大學續衍精義删補要覽》 十八卷

明劉洪謨撰

抄本。是書於真氏、丘氏二書大有所删益，故曰"删補"。於二書所述之經，精爲衔繹，不相沿襲；於二書所述諸史、諸臣之言，第撮其要；於真書所未詳之宋事，略爲補入；於丘書所未及正、嘉以後諸大事，亦略爲補入。丘書不指斥内臣，人多議之。此則因魏璫而作，故序云"驚聞魏璫肆毒，戕害天[九]，上及主德，念之如割，因合真、丘二書，詳加續衍"，是可傳已。其大旨發明天子身爲道主，天子之學宜有大明、有大行，方顯此學之大。與丘氏分真書爲體，己補衍爲用之説，迥乎不同。時在天啓三年，致仕之後，年七十七矣。前有進書序，極爲詳明。首目録一卷，發明其大綱。命能書者楷録成帙，親定字句，共一千三十四葉，裝成十二本，彙爲一套。併有副本一套，意在正本留内，副本發外施行。其後二年，瑞毒更慘，未見其言之用也。此底本亦十二册，未見刊行，因著録之。

劉氏自序曰：“臣於天啓三年九月恭進《冏署葵輪》六篇，荷蒙留覽。即於此時讀庶吉士王啓元《經談》，以爲深有當於天子之學也。臣《續衍精義》，凡啓元《經談》所應入者，悉分門編入。臣書所分五要，各標‘帝王’二字，本帝王爲治之序、爲學之本而言，信以爲帝王之學，不獨與韋布異，更與閣臣而下大有不同也。衍帝王格物致知之要，則有明天道、察人倫、一正學、尊王道、辨人才五大目；衍帝王誠意正心之要，則有崇敬畏、戒逸欲、審幾微、全仁德四大目；衍帝王修身之要，則有謹言行、正威儀、慎王居、廣皇極四大目；衍帝王齊家之要，則有重妃匹、嚴内治、定國本、教戚屬、清君側五大目；衍帝王治國平天下之要，則有正朝廷、正百官、固邦本、制國用、明禮樂、秩祭祀、崇教化、備規制、慎刑憲、嚴武備、馭夷狄、成功化十二大目。臣殫一年心力，成帙十八，視二臣少什之七，義精什之七，蓋合萬民、百官之心與天地、帝王之心爲一心，以此盡《大學》之道也。”

## 《讀書記》四十卷

宋真德秀撰

真氏祠堂本。前有開慶改元門人番陽湯漢序、乾隆四年裔孫鼎元序，次《綱目》一篇。末有門人湯漢再識，專明此書之次第，有條不紊。

湯氏序曰：“是記惟甲、乙、丁爲成書。甲、丁二記，近年三山學宫已刊行。乙記，上則《大學衍義》，其下卷未及繕寫而先生殁，稿藏於家。漢請於先生之嗣子仁夫，傳抄以來，手自校定，釐爲二十二卷。綱目迄於五季，而稿本僅至李文饒止，今不敢補。"

真氏序曰："《衍義》廣朱子《大學集注》，《讀書記》則綜括四書、五經、子史，用張、程、朱諸儒論説，區門別類，參以己見，勒而成編。未及進呈，逾年而卒，門人刻之。自宋迄明，書已散佚。元游吳越，疊購古本二，其一爲湯刻，其一爲咸淳乙丑陳氏所梓。第湯鋟蟲晦，陳刷脱簡。商之李君蕚等，採集書目，互相磨校，有證者補，無文仍闕，釐爲四十卷。"

板經兵燹，久已無存。李文貞多方購求，始得二部，一進呈，一家藏。《簡明目》"六十一卷"。《天禄琳琅書目》曰："《讀書記》五十九卷，甲記三十七卷，前有綱領，論天命之性至鬼神，標目百有二；乙記二十二卷，前有綱目、綱領，論虞、夏大臣事業至有唐輔臣事業，標目十，末刻監雕銜名。陳《録》記分甲、乙、丙、丁。今但有甲三十七卷、丁二卷，乙、丙未見。此本甲、乙二記，卷數與《通考》相合，而校刻銜名皆福建職官，蓋即漢刻之福州者，似本無丁記。現在盛行祠板，乃以丁記二卷屬入甲記，爲第三十三、三十四卷，又匀甲記爲三十八卷，以足四十之數，而乙記下不刊，顛倒遺漏，益知舊籍可珍。"録於舊稿。

《西山全集》内有《心經》、《政經》。《天禄琳琅書目》："《心經附注》一函，四册，明程敏政注。"是書《心經》爲綱，採程、朱以下大儒之言，互有發明者附之於後，故名曰"附注"。《明志》僅載敏政《道一編》五卷，《附注》失載。

## 《先聖大訓》六卷

宋楊簡撰

刊本。此本不知何人所刊。每葉二十行，行二十一字。前有自序。正文中間有夾注。自注大書低一格。凡五十五篇，所採多大、小戴二《記》，《家語》之文，參酌字句之同異，而定其一是。如《蜡賓篇》注曰："喟然而歎，歎道之不行也。後雖言魯之郊禘非禮，亦所以明道也。爲道而歎，非爲魯而歎。小戴不知聖人之心，今無取，取《家語》所載。"

《簡明目錄》曰："蒐輯孔子遺言，排纂爲五十五篇，而各爲之注。簡出陸九淵之門，故所注多牽合聖言，抒發心學。然秦、漢以來，百家詭誕之談，往往依託孔子。簡能刊削僞妄，歸於淳正，異同舛互亦多所釐訂，其搜羅澄汰之功，亦未可没焉。"

## 《項氏家説》十卷　《附録》二卷

宋項安世撰

福建重刊聚珍本。此考究經史之書，其中如三正説，如納甲、飛伏，如《尚書》古文，如姓氏，如論鬼神，如《離騷》、《戰國策》、詩賦、《史記》諸説，俱有可採。安世，字平甫，松陽人。淳熙二年，同進士出身。紹熙五年，除校書郎。慶元元年，添差通判池州。終太府卿。事蹟具《宋史》本傳。所著《周易玩詞》，今有通志堂本。王氏《白田雜著》詆之甚力，亦未足爲定論。是書《宋志》十卷，附録四卷。今本爲館臣所排纂，非原書也。

《簡明目錄》曰："原本久佚，今從《永樂大典》録出，蓋其讀書札記也。凡《説經篇》七卷，《説事篇》、《説政篇》、《説學篇》各一卷。附録二卷，一爲《孝經説》，一爲《中庸臆説》。原本所附，尚有《詩篇次》一卷、《丘乘圖》一卷，今則佚矣。"

周丞相云："禁中有舊本《文苑英華》一千卷，淳熙中爲近習校讎，改易國諱，盡害舊本。其甚害理者，如押'殷'字韻詩改'殷'爲'商'，遂併一詩之韻，字字改之，令盡協'商'字。蓋禁中既委近習，近習又自募後生舉子輩爲門客，競以能改避爲工，殊可痛惋。"丞相因此遂自校一本藏之於家，恨未能刊行，不然他時禁中本一出，流布人間，遂皆以近御府所藏爲正，則不可復救矣。又歌者多因諱避輒改古詞本文，如蘇詞"亂石崩空"，因諱"崩"字改爲"穿"字；秦詞"杜鵑聲裏斜陽樹"，因諱"樹"字改爲"斜陽暮"：遂不成文。近年因爲慈福太皇家諱"近"字，凡"近拍"者皆改爲"傍拍"，他時必不能曉"傍拍"之義也。

　　文光案：此條可取今行本對勘。

# 《黃氏日抄》九十七卷

宋黃震撰

　　仿宋本。乾隆三十二年新安汪岱光校刊，沈起元序。前有至元三年廬江沈遠序、凡百卷，諸孫禮之搜輯補刻。分類目録。讀經，三十一卷；《孝經》、《論》、《孟》、《詩》、《書》、《易》、《春秋》、《禮記》、《周禮》、三《傳》。讀孔氏書，一卷；《家語》、《孔叢子》、《闕里譜系》。讀諸儒書，十三卷；自濂溪至安定，凡十九家。讀史，五卷；《史》、《漢》、《三國》、《唐書》、《五代史》、《名臣言行録》。讀雜史，四卷；自古史至《大事記》，凡九家。讀諸子，四卷；自《老子》至《陰符》，凡四十八家，古子書略備。讀文集，十卷；韓、柳、歐、東坡、南豐、荆公、涪翁、浮溪、石湖、水心。自著奏札，一卷；申明，八卷；公移，三卷；八十一空，不標。講義，一卷；策問，一卷；書，二卷；記，三卷；八十九空。序，一卷；題跋，一卷；九十二空。啓，一卷；祝文，一卷；祭文，一卷；行狀，一卷；墓誌銘，一卷。凡《日抄》六十八卷、文集二十九卷，合刻《古今紀要》，入別史類。皆躬行自得之言也。

　　沈氏序曰："余讀《黃氏日抄》，而歎黃氏之學深於道矣。聖道存於六經，而説經者紛挐。闡於宋儒而儒家多同異，非有定識而空成見，未有能得道之中而學之正者。當紫陽與象山論道不合，從游者角立門户，有入主出奴之習。黃子固專崇朱子者，乃於象山既摘其過激之非，而仍標其篤實之論；於朱子之說《詩》、說《易》，苟有未安，必詳其得失，惟聖道之歸而不爲苟同，斯誠紫陽之功臣矣。他如讀《春秋》，則盡斥褒貶凡例之支離穿鑿；讀《周禮》，則直謂非周公之作：何其信道之勇歟！至讀諸史及諸子百家，於其本末纖鉅，靡不研究，一衷於道，以爲評隲，不爲弔詭之論。讀書論道之功若黃子者，可以爲法矣。蓋黃子之讀書主於自淑，主於踐履，而不主於豎議，故其詞婉而深，和而確。其心虛，故入理者細；其氣平，故所持者允。轉覺諸儒之氣象，有不免於過剛者耳。生當宋末，服官所至有實政，惜遭讒，未竟其用。遺書刻於至元，年遠板失，原本多舛訛，讀者苦之。汪君廣購諸本，校讎二載，重付剞劂。予弁其端，讀是書者當以余言爲不誣云。”

“里仁爲美”章，注以“焉得智”爲失，其是非之本心，理固如此。但本文自明白，此語恐覺微重耳。

四子侍坐，而夫子啓以“如或知爾，則何以哉”，蓋試言其用於世當何如也。三子皆言爲國之事，皆答問之正也。曾晳，孔門之狂者也，無意於世者也，故自言其瀟灑之趣，此非答問之正也。夫子以行道救世爲心，而時不我予，方與二三子私相講明於寂寞之濱，乃忽聞曾晳“浴沂詠歸”之言，若有得其“浮海居夷”之云者，故不覺喟然而歎，蓋意之所感者深矣。所與雖點，而所以歎者豈惟與點哉？繼答三子之問，則力道三子之美。夫子豈以忘世自樂爲賢，獨與點而不與三子者哉？後世談虛好高之習勝，不原夫子喟歎之本旨，不詳本章所載之始末，單撫與點數語而張皇之，遺落世事，指爲道妙。甚至謝上蔡以曾晳想象之言爲實有暮春浴沂之事，云三子爲曾晳獨對春風，冷眼看破，但欲推之使高，而不知陷於談禪。是蓋學於程子而失之者也。程子曰：“子路、冉有、公西華言志，自是實事，此正論也。”又曰：“孔子與點，蓋與聖人之志同，便是堯舜氣象。”此語微過於形容，上蔡因之而遂失也。曾皙豈能與堯舜易地皆然哉？至若謂曾皙狂者也，未必能爲聖人之事，而能知夫子之志，遂以“浴沂詠歸”之樂指爲老安少懷之志。曾皙與夫子，又豈若是其班哉？竊意他日使二三子盍各言爾志，此泛言所志，非指出仕之事也。今此四子侍坐，而告以“如或知爾，則何以哉”，此專指出仕之事，而非泛使之言志也。老安少懷之志，天覆地載之心也，適人之適者也。浴沂詠歸之樂，吟風弄月之趣也，自適其適者也。曾皙固未得與堯舜比，豈得與夫子比？而形容之過如此，亦合[一〇]於其分量審之矣。文光案：狂者志大言大，一說便到聖人地位，故程子云“是聖人氣象，然必不能爲聖人之事”，故孟子云“夷考其行，而不掩焉者也”。

“惜乎，夫子之説君子也。”注謂棘子成之言，乃君子之意。愚按：上文棘子成曰：“君子質而已矣”，故子貢指其説君子，非別有君子之意也。合審。文光案：“説君子也”當連讀。

“假哉天命，有商孫子。”晦庵《詩傳》曰：“文王不已，其敬如此，是以天命集焉以有商孫子，觀之則可見矣。”愚按：此二句之説，於上下文語脉微有未順。蓋“穆穆文王，於緝熙敬止”，此二句一意，言文王之德也。“假哉天命，有商孫子”，此二句一意，言天命初本商之有也。下文再言“商之孫子，其麗不億[一一]。上帝既命，侯於周服”，此四句一意，言商之孫子雖多，今天既命周德，殷之後反皆臣於周也。一章八句，語脉相生，而其間條理次第，絲毫不紊。今云“觀之則可見”，似添語補足，而本文未必有此意也，更在學者詳之。

“九五，以杞包瓜，含章，有隕自天。”程《傳》以爲求賢而天降之賢，於爻象未見其的然者。朱《本義》以杞爲五之陽，而包下初生之瓜，以防其潰，含章以俟，可回造化，亦未知其於爻象果何如。緣此爻乃憑[一二]空設象，人各以意求之耳。其餘紛紛，尤更各出。惟蔡節齋謂五與初無相遇之道，猶以高大之杞包在地之瓜，惟當自蓄其德以待之。其有隕墜，乃出於天，非人所能爲也。雖未必然，於爻義差近，姑錄之，以俟知者。文光案：此爻説者紛紛，百無一是。蔡氏説亦與爻象無涉。惟《周易訂詁》説尚近似，而亦未暢。予思之數十年，以碩果生陽，包瓜生陰，復與垢對觀之，頗有意義，因集諸説之近似者合爲一篇，其詳著於《目錄學》。而爻象之不明者亦不止此，諸家之各以意解者，十之九不能精切也。

　　文光案：東發黃氏，學朱子者也，而於朱子之書多所補正，絶不苟同，是大有功於朱子也。後之尊朱子者，至一字不敢移易；其駁朱子者又立異以鳴高：皆非也。予甚愛黃氏之書，各類中所採不少。後之學朱子者，宜奉是書爲先路也。

《東發學案》："四明之專宗朱子者，東發爲最，淵源出於輔氏。晦翁生平不喜浙學，而端平以後閩中、江右諸弟子，支離、舛戾、固陋無不有之。其能中振之者，北山師弟爲一支，東發爲一支，皆浙産也。其亦足以報先正惓惓浙學之意也夫。"案：中採黃氏《講義》三章、《日抄》十三條。

謝山《東發先生史稿跋》曰："《日抄》後一半，即文集也。別有理、度二朝《政要》。近又得其《戊辰史稿》，乃其爲史館檢閱時所作列傳：一、杜範，一、真德秀，一、洪咨夔，一、袁甫，一、徐元傑，一、李心傳，凡六篇，疑即《日抄》中所闕二卷是也。先生所極稱者，杜丞相。其於真文忠公傳，謂晚節阿附鄭清之，大有微辭，與理、度兩朝《政要》所言互相證明。《政要》最推袁正肅公，而傳中稍不滿其論學。今《宋史》真文忠公傳，頗采公文以爲藍本。"

黃震，字東發，慈溪人。嘗師王文貫。其語人曰："非聖賢之書不可觀，無益之詩文不作可也。"著《日抄》百卷。宋亡，餓於寶幢而卒。門人私謚曰"文潔先生"。先生本貫定海，後徙慈溪。晚年自官歸，復居定海之澤山。元至正中，學者建澤山書院以祀之。全祖望爲之記曰："予嘗謂婺中四先生從祀而獨遺東發，儒林之月旦有未當者，抑不獨從祀之典有闕。《宋史·儒林》所作傳，本之剡源墓表，其於先生之學無所發明；清容則但稱先生清節。嗚呼！聖人所以歎知德之鮮也。"

## 《北溪字義》二卷　附《嚴陵講義》一卷

宋陳淳撰

《惜陰軒》本。首弘治三年胡榮序，次莆田陳宓序，次目錄，次李錫齡跋。《字義》後有林同、周季麟二跋。《講義》四篇：一曰《道學體統》，二曰《師友淵源》，三曰《用功節目》，四曰《讀書次第》。是書已刻入《北溪大全集》，此爲單行之本。

胡氏序曰："北溪先生爲朱門高第，下學上達，貫徹本末。所著《字義》上、下二卷，凡二十五門，究極根源，推明物理，由一本而萬殊，合萬殊而一本，毫分縷析，脉絡分明。其於'性'、'道'、'仁'、'義'、'誠'、'敬'、'忠'、'恕'等字咸確有定論，不爲謬説異言所參雜，而道之體用、學之始終因是而可明也。學者誠能熟繹其義，溯流尋源，由本達支，則孔子之一貫、顏子之博約、曾子之忠恕，《中庸》之性教，'七篇'之仁義，皆總括於是書矣。"

文光案：是書上卷十四門，下卷十二門，實二十六門。序云二十五門，"五"是訛字。

陳氏序曰："先生合周、程、張、朱之論而爲此書，決擇精確，貫串浹洽。吾黨下學工夫已到，得此書而玩味焉，則上達由斯而進矣。"

李氏跋曰："《字義》爲先生門人清源王雋所錄。初刻於永嘉趙氏，再刻於九峰葉氏，皆宋本也，世遠散失。至明弘治庚戌，廣西參議林同進卿始取趙氏本重刻之，而其書復傳。迨後又有四明豐慶本。國朝顧氏、施氏、江氏遞相傳刻，詳略互異，而顧本最善。此帙爲前明周季麟所校，即從林本開雕者，成於弘治壬子，猶沿趙氏祖本，差爲近古。《講義》亦北溪先生作也，仍附刻之。"

文光案：學所以求放心也，讀性理書則放心自收。初學入門，日講《字義》一二條，終則復始，最爲有益。蓋此書説理不障，非如涇野之説晦塞難通。坊間刻《性理字訓》，何不易以《字義》？童子入門，即宜洗去一切惡陋之本，毋使相近，則聰明自開，進步亦速，否則爲俗所囿，而苟簡迷謬之病作矣。

## 《孔子集語》二卷

宋薛據撰

曲阜本。乾隆二年孔廣榮校刊，有序。又淳祐丙午薛據自序，次中書省狀，次目録。《集語》所引書：《乾鑿度》，《尸子》、《申子》、《尹文子》、《慎子》、《金樓子》、《魯語》、《韓詩外傳》、《孔子》、《三朝記》、《説文》、《史記》、《説苑》[一三]、《吕氏春秋》、《大戴記》、《春秋繁露》、《典略》、《搜神記》、《古禮記》、《新序》、《漢記》。

孔氏序曰："宋永嘉薛先生窮搜傳史，廣以韓、劉、何、慎之紀述，分篇彙説，歸於大雅，一切蒙列，剿竊荒唐，汰而弗録。僅得宋本，爰加讎校，亟登梨棗。"

薛氏自序曰："取諸書所載，裒而聚之，日累月積，寖成篇帙。而見於《曾子》、《大戴記》、《孔叢子》、《家語》四全書，與夫載於左氏、莊周、列禦寇、荀卿者皆不與；而錯見於漢儒諸書者録之。"

狀曰："孔氏之言滿天下。薛據采摭夫子之語不載於《家語》，與夫莊、列、荀所未録，或散見於諸子百家之書者，集爲二十篇，名曰'集語'，有益學者，委可嘉尚。"

　　文光案：《先聖大訓》多大義微言，又考諸本之異同，多
所折衷。《集語》雜采子史，無所是正。惟條下各著所引之
書，中所采者，《説苑》最多，所見多古本，可爲考古之資。

## 《孔子集語》十七卷

國朝孫星衍撰

　　冶城山館本。嘉慶二十年刊。前有進書表、嚴可均序、目録、
自記。曰《勸學》，曰《孝本》，曰《五性》，曰《六藝》，曰《主
德》，曰《臣術》，曰《交道》，曰《論人》，曰《論政》，曰《博
物》，曰《事譜》，曰《雜事》，曰《遺讖》，曰《寓言》，凡十四
篇。《六藝》、《事譜》、《寓言》各分上、下，爲十七卷。每條冠
以所引之書，以陰文别之。其三五見者降一格書之。

　　孫氏自記曰："星衍自嘉慶辛未歲九月歸田，卧痾多暇，輒理
舊業。因屬族弟星海、姪塤龔慶檢閲子史，採録宣聖遺言，比之
宋人薛據、近人曹廷棟所輯，計且三倍。乃取劉向編列《説苑》、
《新序》之例，各爲篇目，以類相從。又以莊、列小説近於依託之
詞，别爲《雜事》、《遺讖》、《寓言》，附於末卷。質之吾友顧文
學廣圻、嚴孝廉可均，頗有增改，閲六年而始成書。將寄曲阜孔
上公慶鎔，俟時呈御擬表冠諸簡端。嘗見宋、明人格言，世多輯
録刊刻者，先聖遺訓，豈可任其放失？所列篇目皆儒者立身行政
之要義，不敢雜以墨家、釋氏之旨也。願與學者勉之。"

　　嚴氏序曰："孔子修百王之道，以詔來者。六經而外，傳記百
家，所載微言大義，足以羽翼經業、導揚儒風者，往往而有。其
纂輯成書者，梁武帝《孔子正言》二十卷、王勃《次論語》十卷
皆不存；見存楊簡《先聖大訓》十卷、薛據《孔子集語》二卷、
潘士達《論語外篇》二十卷，而薛書最顯，不免罣漏；近人曹廷

棟又爲《孔子逸語》十卷，援稽失實，不足論。觀察博蒐羣籍，綜覆異同，增多薛書六七而仍名之爲‘孔子集語’者，識所緣起也。其纂輯大例，舉世誦習不載，有成書專行不載，其餘羣經傳注、祕緯、諸史、諸子以及唐、宋人類書鉅篇隻句畢登，無所去取，皆明言出處、篇卷。或疑文脱句，酌加案語；或一事而彼此互見，且五六見，得失短長可互證。乃雕板於金陵，公諸後世。”

## 《浩齋語録》二卷

舊題宋過源撰

抄本。上卷爲其門人龍圖所録，下卷爲其門人章偉所録，末有源行實一篇。

王氏曰：“先儒語録，不可不讀者，在審問明辨；而其不可不改者，在鄉音俗字，如‘這’字、‘的’字之類，非徒不文，實不明字義也。宋人用‘底’字，不知何時竟作‘的’字。宰相相沿，援入聖旨，天子考文之謂何？而絲綸苟簡如斯耶？予謂此類皆宜改正。語録中方言俚語，揆厥所由，實始於禪，轉相沿習，曾不之覺，雖大儒不免此苟簡之道，不敬之一端也。《易》曰‘修辭立其誠’，曰‘凝之而後言’，曰‘其旨遠，其辭文’，何弗省耶？”

録於《山志》。

## 《管窺外篇》二卷

元史伯璿撰

抄本。首自序，末有吕宏誥、王靈二跋。上、下卷皆題曰“雜輯”。上卷論太極、渾天、朔閏、淫祀、佛老，下卷皆朋友問及，隨答隨録，故無倫次。此本脱誤處甚多。凡抄本，書法工整者，尚可依據；字迹惡劣者，多脱誤，不可不辨。下卷《四書説》、《書説》、《易説》、《綱目説》、《皇極納音》、《楚辭·天問》，多考辨之文。

史氏自序曰："始愚既述《管窺》於四書，亦欲以是施於他書，未果也。至正丁亥春，始因朋友有所問辨，輒錄之以備遺忘。歲日既久，積累成册，名曰'管窺外篇'，蓋欲與所述於四書者有別耳。但其所辨或大或小，或泛或切，雜然而成，未必有可觀也。"

吕氏跋曰："吾鄉文璣史先生爲一代大儒，所著《四書管窺大意》及《管窺外篇》，發聖賢之奥，探造化之賾。其書久失，其散見於《四書大全》、《性理大全》者，不過存十一於千百。康熙癸酉，得洪琪瑶函手抄《外篇》，徵金校梓，或引據改正，仍注明原本字於下，蓋其慎也。"

王氏跋曰："雍正壬子，敕建先生祠。邑尊桐城張公訪先生遺書，取《外篇》原板歸諸同好。上、下兩卷各失十二幅，存者亦多破損，因補刻以傳。"

日月星辰，是就氣中運行。地外是水，水外是氣。地浮於水之上，水束乎動氣之中。地屬形，天屬氣。水雖亦屬形，而流動洋溢無定體，介乎形氣、虛實之間。内爲地所載，外爲天所依，半虛半實，此是天地相依附之關捩活絡處。注〔一四〕：自内而視外，則水是漸虛，故曰半虛；自外而視内，則水是漸實，故曰半實。《晉志》論渾天，以爲天外是水，所以浮天而載地。先儒云"日月星辰運行從水中過"者，即《晉志》之意。其説非是。

康節曰："天何依？曰：依乎地。地何附？曰：附乎天。天地何所依附？曰：自相依附。天依形，地依氣，其形也有限，其氣也無涯。"按：康節此論，朱子深有取焉。但俗儒猶以爲形實氣虛，虛何如載得實。不知形小氣大，形亦是氣之所凝結。氣雖運乎形之外，而實未嘗不行乎形之中。若非氣之至健，則形雖實，豈能以自立哉？所以朱子曰："使天之運有一息之停，則地便陷下。"以此觀之，何嘗不是虛載實？且如人一身所以能運動奔走者，莫非氣之所載？及此氣一絕，形斯仆矣。又如鳥之翔、魚之躍、諸獸之騰驤，以至於螻蟻之蠢動，莫不皆然。虛能載實，何疑之有？

康節又曰："地與水，水與氣，只是一個物事，猶人之一身，血氣骨肉合而成形，方能活動。今但以土塊置水上而疑其不浮，亦猶割人身一處骨肉而責其能動。殊不知器中之水，死水；一塊之土，死土。無氣以舉之，安得而浮？必大地全成，方是活動事，方能浮而不沉。以一塊土方之，不亦左乎？"

渾天說曰："天之形狀似鳥卵，地居其中，天包地外，故曰'渾天'，言其形體渾渾然也。佛氏以爲有須彌山，山之四畔有四大部洲，總名娑婆界，日月星辰皆繞山腰。如須彌之說，則地大於天，不知四部洲至大極廣，當於何處安放。蓋佛氏竊蓋天、周髀之說而小變之，欺誑愚世，豈特此一事哉！"

以形體言之謂之天，以主宰言之謂之帝，聖賢言天與帝，大意不過如此。二氏卑天自尊，妄誕無所不至，以爲天猶屋也，帝猶屋之主也。其所謂帝，不過具人之形，但主管在天之事耳。如此則帝與天爲二，豈理也哉？天之形體如人之有身，天之有帝如身之有心，如此則帝與天一而非二矣。

人物之生，只是自無而有，所謂"氣化"者然也。夫子所謂"絪緼化醇"，周子所謂"交感生化"是已。雖則形化其實，依舊是天地、生物之氣，各從其類中流行生出，非人物自相生也。就其根源極其盛大者言，所謂大德之敦化；就其生多不雜亂乏絕者言，所謂小德之川流也。以此觀之，則天地、人物只是一氣之流通。人物生生化化，皆天地之能事，非人物之所自能也。

《武成》"惟一月壬辰"，蔡傳曰："一月建寅之月。"按：二孔、林氏皆以一月爲子月，《前漢・律歷志》曰："周師初發，以殷十一月戊子後三日得周正辛卯朔。"一月，便是子月，無可疑者。

《性理字訓》有白本，有注本，二本文多不同。今人多以注本爲定本。予嘗合二本參考，似乎注本不如白本之精。今標出二本不同處，以愚意妄論其優劣於後，以俟知者。

《孟子》"博學詳説"章，輔氏曰："'博學詳説'則是深造之意，'反説約'是自得之意也。但上章以行言，此章以知言，知與行互相發也。《叢説》上章主於行，而知在其中。孟子意主於行，尤重也。程子則尚[一五]主於知，故在圈外。"按：上章"以道"，《集注》謂道爲進爲之方。《語録》又曰道是造道之方法，如博學、審問、慎思、明辨之次序，即是造道之方法。然則上章"深造"，固兼知、行而言；此章則承其意，專以知言，正以見知之亦當如此爾。輔説此章以知言，是矣；謂上章以行言，恐説未盡，當以《叢説》之言爲斷。

      文光案：《外篇》中説四書者，只此一條，宜入《孟子管窺》中。《四書管窺》今已散佚難得，録此一條，尚可知辨別同異、酌歸一是之概。許氏《叢説》，頃在京師見一抄本，七卷，較《簡明目》所著尚多三卷，未之得也。

許益之《尚書叢説》有七政，疑謂天轉如磨者，非日月右行者，是謂古法，比蔡傳爲密。大抵皆訾左旋之説，有所未信，而以歷家右轉之説爲可信也。其言似亦有理，愚亦不能無疑於先儒之説。天文自是一家之傳，恐歷家所言自有源流，未可以先儒所學之大而謬言之也。

啓明、長庚，金、水二星之通稱。金、水皆附日而行，行皆有順有逆。順則日之東而夕見西方，是爲長庚；逆則日之西而晨見東方，是爲啓明。文公分配金水，與《大東》詩注異。

## 《居業録》十二卷

明胡居仁撰

《全集》本。江右餘干梅港裔孫祀生道任、道儀重刊。後有乾隆二十二年丁丑同邑後學公識。

　　是書肇輯於明弘治甲子門人余祐之手。正德丁卯，張古城摘其切要之語梓之，名曰“要語”。正德七年，吳廷舉有序，又撮其中六千二百九十字梓之，名曰“粹言”。萬曆壬辰陳文衡跋。北地李楨始梓其全書於楚。萬曆庚子，本邑中丞李懋檜及泉復梓之於三輔。崇禎癸酉，本邑有王、嚴二人者，將其書分門別類，呈之學使陳公，公屬刻於饒郡。本朝康熙壬子年，邑侯江公南齡重刻於本邑。康熙戊子，儀封張公伯行復刻之於榕城。至雍正二年，本邑後學公刻時，董事者以分門類爲非，復遵萬曆時二李先生原本，不分門類，但不便於學者誦讀。去年五月，火焚其板。本年二月，先生八世孫祀生諱道儀、字儀仕者，屬數人倡首重刻。始於三月丙辰，成於六月甲戌，凡七十九日而告竣。仍分門類，悉遵《近思錄》之例，逐條詳爲編次，與王、嚴之本分類不同。《文集》爲邑侯楊公諱綸者所刻，其本甚善，悉依原本，另作一編。

## 《宋四子抄釋》二十一卷

明呂柟撰

　　《惜陰軒》本。是書成於嘉靖十五年，爲國子監祭酒時，諸生汪克儉輩刻之。先是，先生判解州時，嘗抄釋周、程、張三子書，刻諸解梁書院。至是重爲校寫，并以《朱子抄釋》加諸梓，總題曰《宋四子抄釋》。前有總序三首。編次有法，推爲善本。注皆冠以“釋”字，雖着語無多而簡切不浮，非深思不能達也。

　　《周子抄釋》三卷，嘉靖五年自序，門人程爵跋，次胡宏通〔一六〕書序，次像贊。第一卷爲《太極圖通書》，後有朱子并前人五序。第二卷爲遺文、遺詩，而附以雜記并子所撰《行實錄》。第三卷爲本傳、墓碣、事狀、行錄。自序云：“全書編次失序，雅俗不倫。嘗第其先後，因釋其義於下，分爲內、外二篇。周子精義具在此書，蓋入孔、顏之門户也。"

《張子抄釋》六卷，前有嘉靖五年自序，又葛澗序。首《西銘》、《東銘》；次《正蒙》十九篇；次《經學理窟》十一篇；次語録；次文集，注"外篇"二字；末爲行狀。自序云："張子書甚多，今其存者止此，而文集未完，止得二卷。然諸書皆言簡意實，出於精思力得之後。至論仁孝、治化、政教、禮樂，蓋自孔、孟後未有能如是切者也。顧其書散見漫行，涣無統記；而一義重出，亦容有之。暇嘗粹抄成帙，注釋數言，略發大旨，以便初學。"

《二程子抄釋》十卷，自序云："初得《二程全書》於崔銑，以其中解説六經、四書之語與門弟子問答、行事之言統爲一書，浩大繁博，初學難於觀覽，因抄出心所好者，集爲八卷，凡二十九篇。"按：此本體例與《全書》同，惟削繁就簡，得其精要。序云八卷，而此刻十卷，蓋又增詩文二卷，注曰"外篇"。

《朱子抄釋》二卷，自序云："余守太學，乃取《朱子語録》，遺其重複，取其切近，抄出一帙。學者苟於是編少加意焉，然後以觀朱子之《全書》，自當知所從矣。"

## 《孝經衍義》一百卷

康熙二十九年敕撰

殿本。首二卷《衍義》，凡八大綱，五十六子目。凡例："《衍義》之作，旁通發揮，所以推廣先儒注釋之所未盡也。是書以'衍義'爲名，一用《大學衍義》之例，提絜綱領，附麗條目，故無取乎章句訓詁。"卷首上，衍經之序；卷首下，述經之旨；一卷，衍至德之義；七卷，衍要道之義；十三，衍教所由生之義；二十一，天子之孝；七十六，諸侯之孝；八十，卿大夫之孝；九十，士之孝；九十六，庶人之孝；九十九，大順之徵。"仁"、"義"、"禮"、"智"、"信"各字。

## 《讀朱隨筆》四卷

國朝陸隴其撰

《正誼堂》本。康熙四十七年張伯行校刊，有記。

張氏記曰：“丁亥之夏，求先生未刻書。別駕項君從先生之壻曹君名宗柱者，盡搜其家藏，乃得是編，因亟刊而行之。”

曹氏跋曰：“《讀朱隨筆》，先內父讀《朱子全書》時，隨筆登記之書也。自一卷至二十九卷，係詩、賦、劄子，未及訂定；自三十卷至一百卷，及續集、別集，皆隨閱隨錄，後附‘愚按’一條，以備參考。其他已刻、未刻等書，悉宗朱子，辨別同異。自居家、出仕時，晨夕手錄，無敢稍暇也。惟《困勉錄》一書，或爲少年劄記，或出一時意見，坊人訛傳，實未定之書也。宗柱識。”

## 《榕村語録》三十卷

國朝李光地撰

《全集》本。是編爲李文貞公門人徐用錫及文貞之孫清植所輯，有文貞所自記者，有子弟門人所記者，各注於諸條之後。是書論經史、諸子、性命、理氣、治道、詩文，附以韻學，真紫陽之學也。

今人讀程、朱書，於道理全不理會。至於地名、人名、制度，偶然疏舛，便當作天來大事。狂呼大叫，累幅不休，雖說得是，亦令人厭。

文章隨世運，孟子不免雜戰國之談鋒，朱子不能脫南宋之衰弱。

右儒家類。

明道立言，儒家尚矣。漢學雖各守師承，究於經義爲近。

宋學多依附門墙，其去儒宗益遠。今所録者凡五十家，分爲二卷。自唐以前爲一卷，無所謂門户之競也。自宋至今爲一卷，即所稱道學之傳也。大旨以濂、關、閩、洛爲宗，數大儒之説皆可與經史相參。其餘藉詞衛道之辯論、無關痛癢之語録，概不及焉。通天、地、人謂之儒，未有束書高閣，空談道德，遂可謂之通儒也。

## 校勘記

〔一〕“叔”，原作“叙”，據《二陳文集·附録》改。

〔二〕“字”，原作“宋”，據《千頃堂書目》卷一二改。

〔三〕“周文文”，原文如此，存疑備考。

〔四〕“國朝”，據理當作“明”。

〔五〕“禮”，原作“題”，據《明本釋》改。

〔六〕“清”，據《天禄琳琅書目》卷七補。

〔七〕“下”，原作“人”，據宋李燾《續資治通鑑長編》改。

〔八〕“以”，據宋周密《癸辛雜志》補。

〔九〕“天”，下似脱一“下”字。

〔一〇〕“合”，原作“各”，據《黃氏日抄》改。

〔一一〕“億”，原作“一”，據《詩經》改。

〔一二〕“憑”，《黃氏日抄》一作“懸”。

〔一三〕《説苑》後原有“韓詩外傳”四字，與上文重，刪。

〔一四〕“注”後原衍一“注”字，刪。

〔一五〕“尚”，原作“皆”，據《管窺外編》改。

〔一六〕“通”，據《周子抄釋》似衍，當刪。

# 萬卷精華樓藏書記卷七十五

# 子部二
## 兵家類

## 《握機經》一卷

舊題風后撰

明本。前後無序跋。

陳氏《書録》："永嘉薛士龍季宣校定，自晉馬隆三百八十四字，續圖三百十五字，合標題七百字。又有馬隆贊述，多所發明，并寫陣圖於後。馬隆本'奇'作'機'。"

《黃帝傳》："玄女傳《陰符經》三百言，帝觀之十旬。"又云"帝著兵法五篇"，又云"玄女教帝三宮祕略、五音權謀"。注云："兵法謂玄女戰術也，李靖用九天玄女法是矣。"又云"《河圖出軍訣》，稱黃帝得王母兵符。又有《出軍大帥》、《年[一]立成》各一卷，《太一兵歷》一卷，《黃帝出軍新用訣》一十二卷，《黃帝夏氏占兵氣》六卷"。注云："此書至夏后時重修之也。"又云"《黃帝十八陣圖》二卷"，注云："諸葛亮重修爲八陣之圖。"又"《黃帝問玄女之訣[二]》三卷、《武[三]后孤虛訣》二十卷、《務成子兵占》十四卷"。

文光案：《孫氏書目》，《握奇經》在外編。又《武經直解》二十五卷，明劉寅校宋朱本。服讀法、凡例、陣圖、國名各一卷，附録一卷。共六〔四〕種，《孫武子》三卷，《吳子》二卷，《司馬法》三卷，《唐太宗李衞公問對》三卷，《尉繚子》五卷，《黃石公三略》三卷，《六韜》六卷。按：此書諸家多不著録，宋本更爲難得。《孫目》又有《武經總要》，前集二十卷，後集二十一卷，宋曾公亮撰，明刊本。按：陳《録》"四十卷"，注云："制度、故事各十五卷，邊防、占候各五卷，昭陵御製序，慶曆四年也。"不知《孫目》何以多一卷也。又案：陳氏《書録》："《陰符玄機》一卷，即《陰符經》也。監察御史新安朱安國注。舊志皆列于道家，安國以爲兵書之祖，要之非古書也。"

## 《握奇經》一卷

舊題風后撰，漢公孫弘解

汲古閣本。此本先經，次續圖，次晉馬隆述贊，首、末有高似孫說。案：注中有"解曰"，有"公孫弘曰"，非弘之原注明矣，而亦不知爲何人增注。

高似孫曰："馬隆本作'握機'。叙云：'風后，軒轅臣也。握者，帳也，大將所居。言其事不可妄示人，故云"握機"。人稱諸子。'總有三本：其一本三百六十字。一本三百八十字，蓋吕尚增字以發明之。其一行間有公孫弘等語，或云武帝令霍光等習之於平樂館，以輔少主，備天下之不虞。今本衍四字。"又曰："風后《握奇經》三百八十四字，其妙本乎奇正相生，變化不測，蓋潛乎伏羲氏之畫，所謂'天、地、風、雲、龍、鳥、蛇、虎'，則其爲八卦之象明矣。蓋注'奇'讀如'奇耦'之'奇'，則尤可與《易》準。諸儒多稱武侯八陣、李衞公六花皆出乎此。唐裴緒之論，又以爲六十四卦之變，其出也無窮。若此，則所謂'八陣'者，特八陣之統耳。焦氏《易》學，卦變至乎四千七十有六，奇正相錯，變化無窮，是可以名數該之乎？然觀太公《武韜》，且言牧野之師有天陣，有地陣，此固出於《握奇》；而又有人陣焉，此又出於天、地陣之外者，非八陣、六花所能盡也。獨孤及作《風后八陣圖記》，有曰：'黃帝順煞氣以作兵法，文昌以命將，風后握機制勝，作爲陣圖。故八陣所以定位，衡抗於外，軸布於內，風、雲負其四維，所以備物也；虎張翼以進，蛇向敵而蟠，飛龍、翔鳥上下其勢，所以致用也。至若疑兵以固其餘地，游軍以案其後列，門具將發，然後合戰。弛張則二廣迭舉，掎角則四奇皆出。圖成樽俎，帝用經略，北逐獯鬻，南平蚩尤，遺風冥冥，神機未昧。項籍得之霸西楚，黥布得之奄九江，孝武得之攘匈奴。唐天寶中，客有得其遺制於黃帝書之外篇，裂素而圖之。'按：魚復之圖，全本《握機》。頤其妙、窮其神者，武侯而已。獨孤及以爲項、黥、武帝得之，未之思歟？"

文光案："頤其妙"，《漢魏叢書》作"得其妙"，"獨孤及以爲"作"乃以爲"。

《漢魏叢書》本與毛本同。王謨跋曰："《漢志》'陰陽家'有《風后》十三篇、圖一卷。班固云：'黃帝臣依託也。'又'五行家'有《風后孤虛》二十卷。此《握奇經》當在十三篇中。而隋、唐志并無風后諸篇目，《通考·兵書門》始載此經。陳氏云'永嘉薛士龍季宣校定，自晉馬隆三百八十四字，續圖三百十五字，合標題七百字。又有馬隆贊述，多所發明，并寫陣圖於後。'謨謂經文固屬依託，弘解亦無考證，以此援入漢魏，亦如太公《陰符經》之有張良、諸葛亮等注也。"

《簡明目錄》曰："《宋志》始著。詳考其文，蓋因唐獨孤及《八陣記》而依託爲之。然其言具有條理，爲談兵者所祖。今仍錄之冠首焉。"

《握機經傳圖説》三卷，明曹胤[五]儒集注。《陰符經解》一卷，諸家解。《孫子》十三卷，諸家注。《吳子》二卷，劉寅注。《素書》一卷，宋張商英注。明唐琳快閣藏書本《古握機經》一篇，王世貞序。《孫子》十三篇，《吳子》六篇，以二子爲《握機緯》。《陰符經》，有唐琳序。

## 《六韜》六卷　附《逸文》一卷

舊題周呂望撰。《逸文》，國朝孫同元輯

《平津館》本。前有嘉慶五年孫星衍序。明刻本互有脫誤，孫本最善。

孫氏序曰："《六韜》六篇，列在《藝文志》'儒家'，稱'《周史六弢》六篇'，注云：'惠、襄之間，或曰顯王時，或曰孔子問焉。'班固以爲或者史臣所述武王、太公之言；又疑周史述此答孔子問，是適周問禮所得書也。師古注云：'即今之《六韜》也，蓋言取天下及軍旅之事。"弢"字與"韜"同也。'考之《莊子·徐無鬼篇》，女商稱《金版六韜》。陸氏《音義》引司馬崔云：'《金版六弢》，皆《周書》篇名。或曰祕讖也。一本又作"六韜"，謂太公《六韜》文、武、虎、豹、龍、犬也。'《六弢》出於周顯王之前，宜魏武侯時女商見之。《六韜》自《文師第一》至《三疑十七》，多言仁義道德、愛民之道，居臣之禮，敬衆合親、舉賢信能、賞罰之事。又言'兵爲凶器，不得已而用之'。凡古人所引'敬勝怠則吉，怠勝敬則滅'等語皆在焉。《論將》、《選[六]將》二篇，義與文王觀人相出入。《五音》、《兵徵》篇通陰陽五行，其餘諸篇詞亦古質，且多見唐以前書傳徵引，真古書也。班史列之儒家至當，猶《司馬法》之入禮家。軍爲五禮之一，儒者宜知。《隋志》改《六韜》入兵家，謬矣。阮孝緒不察《藝文志》周史爲顯王時人，妄題'姜望撰'，以滋後人疑惑，尤謬之甚者。宋人無識，不深究古書，并不解班固自注之意。晁公武誤以爲權謀之言，劉恕《外紀》直斥其言鄙俚煩雜。陳振孫亦言其詞鄙俚，世俗依託。《玉海》引唐氏，謂春秋以前中國未有騎戰，當出於孫、吳之後謀臣所託。案：《六韜》文應古韻，非後所能僞託。《禮記》云：‘前有車騎。’《説文》：‘騎，跨馬也。’以爲中國無之，亦無明證。歲在庚申，主講蕺山，以笈中所録本及明刻各本校勘付梓。”

## 《孫子》十三卷　附《遺説》一卷　《叙録》一卷

周孫武撰，魏武十家注。《遺説》，鄭友賢撰。《叙録》，畢以珣撰

《平津館》本。嘉慶二年以《道藏》本校刊於兗州觀察署。内題“《孫子》十家注，孫星衍、吳人驥同校。”前有孫星衍序，卷末有孫子本傳。

孫氏序曰：“黄帝《李法》、周公《司馬法》已佚，太公《六韜》原本今不傳，兵家言惟《孫子》十三篇最古。其書通三才五行，本之仁義，佐以權謀，其説甚正。孫子爲吳將兵，以三萬破楚二十萬，入郢，威齊、晉之功歸之子胥，故《春秋傳》不載其名，蓋功成不受官。《越絶書》稱‘巫門外大冢，吳王客孫武冢’，是其證也。其著兵書八十二篇、圖九卷，見《藝文志》。其圖《八陣》有蘋車之陣，見《周官》鄭注。有《算經》，今存。有《雜占》、《六甲兵法》，見《隋志》。其與吳王問答，見《吳越春秋》諸書者甚多。或即八十二篇之文。今惟傳此十三篇者。《史記》稱闔閭有‘十三篇吾盡觀之’之語。《七録》：‘《孫子兵法》三卷。’《史記正義》云：‘十三篇爲上卷，又有中、下二卷。’則上卷是孫子手定，獻於吳王，故歷代傳之勿失也。秦、漢以來用兵皆用其法，魏武始爲之注。此本十五卷，爲宋吉天保所集，見《宋志》。

稱'十家會注'，十家者，一魏武，二梁孟氏，三唐李筌，四杜牧，五陳皞，六賈林，七宋梅聖俞，八王哲，九何延錫，十張預也。書中或改'曹公'爲'曹操'，或以孟氏置唐人之後，或不知何延錫之名稱爲'何氏'，或多出杜佑而置在其孫杜牧之後，吉天保之不深究此書可知。今皆校刊更正。杜佑實未注《孫子》，其文即《通典》也，多與曹注同，而文較備。佑用曹公、王凌、孟氏諸人古注，故有'王了曰'，即凌也。今或有非全注本《孫了》，有王凌、張子尚、賈詡、沈友，鄭本所採不足，今失矣。予游關中，讀華岳廟道藏，見有此書，後有鄭友賢《遺說》一卷。友賢亦見《通志》，蓋宋人。又見明刻本，餘則世無傳者。國家令甲以《孫子》校士，傳本多錯謬，當用古本是正，遂刊一編以課武士。孫子蓋陳書之後。陳書見《春秋傳》，稱'孫書'。《姓氏書》以爲景公賜姓，言非無本。又泰山新出《孫夫人碑》，亦云與齊同姓。史遷未及深考。吾家出樂安，真孫子之後。"

鄭友賢序曰："頃因餘暇，撫武之微旨，而出於十家之不解者，略有數十事。託或者之問，具有應對之義，名曰'十注遺說'。"

晁《志》："李筌以魏武所解多誤，約歷代史，依遁甲注，成三卷。"又曰："陳皞以曹公注隱微，杜牧注疏闊，重爲之注。"

歐氏曰："三家注，皞最後，時時攻牧之短。"

《古今偽書考》："此書凡有二疑：一則名之不見《左傳》也。《史記》載：'孫武，齊人，而用於吳。在闔閭時，破楚入郢，有大功。'左氏於吳事最詳，其功灼灼然如是，不應遺之也。葉正則曰：'自周初至春秋，凡將兵者必與聞國政，未有特將兵於外者。六國時此制始改。孫武[七]於吳爲大將，乃不爲命卿，而左氏無傳焉，可乎？'其言尤是。一則篇數之不侔也。史遷稱《孫子》十三篇，而《漢志》有八十二篇，後應少於前，何以反多於前乎？杜牧注所傳者十三篇，後少於前矣，然何以又適符於前之前耶？杜牧謂武書數十萬言，魏武削其繁剩，筆其精粹，以成此書。然此仍是《漢志》之八十二篇，而非遷傳之十三篇矣，故曰可疑也。梅聖俞亦曾注是書，曰‘此戰國相傾之説也’。葉正則祖述之爲説，曰春秋末、戰國初山林處士所爲，其言得用於吳者，其徒夸大之説也。其言闔廬試以婦人，尤爲奇險，不足信。今姑存梅、葉二君之説以釋《左傳》不載之疑可也。然則孫武者，其有耶？其無耶？抑其後之徒爲之耶？皆不可得而知也。若夫篇數其果爲史遷之傳，而非曹瞞之删，《漢志》八十二篇，或反爲後人附益，劉歆、任弘輩不察而收之耶？則亦不可得而知也。”

文光案：《六韜》、《司馬法》、《孫子》、《吳子》、《黄石公三略》、《尉繚子》、《李衛公問對》，是爲《武經七書》。宋元豐中所定，以此取士，至今仍之。

陳氏《書録》：“今武舉[八]以《七書》試士，謂之武經。何薳春《春渚紀聞》，言其父去非爲武學博士，受詔校《七書》，以《六韜》、《問對》爲疑，白司業朱服。服言：‘此書行之已久，未易遽廢。’遂止。後爲徐州教授，與陳師道爲代。師道言：‘聞之東坡，世傳王通《元經》、關朗《易傳》及李靖《問對》，皆阮逸僞撰。逸嘗以草示奉常公。’云奉常公者，老蘇也。”姚際恒曰：“今世所傳《問對》，當是神宗時所定本。若阮逸所撰，當不爾。或逸書不行。總之，僞書也。’”

## 《孫子》三卷　　《吳子》二卷　　《司馬法》三卷

《孫子》，魏武注。《吳子》，周吳[九]起撰。《司馬法》，舊題齊司馬穰苴撰

《平津館》本。嘉慶庚申年，蘭陵孫氏重刊。小讀書堆藏宋本，顧千里手摹上板。每葉二十二行，行二十字。前有孫星衍序。

孫氏序曰：“阮孝緒作《七録》時，《孫子》上、中、下三

卷，見《史記正義》。《隋志》載《孫子兵法》一卷，魏武帝注；《吳起兵法》一卷，賈詡注；《司馬法》三卷，齊將司馬穰苴撰，即今本也。賈注已佚。《司馬法》爲齊威王時大夫追論撰述之書，《隋志》題'穰苴'，誤也。兵家言，自漢張良、韓信、任弘序次定著之後，魏武、諸葛亮各爲寫錄，列代名將行用，流傳不絕。宋元豐時，此三書并《六韜》、《三略》、《尉繚子》、《李靖兵法》爲《武經七書》，列於學官，不得由後人妄自增損。如後世所存《三墳》、《子夏傳》諸書所造之本，今坊刻講章，鄙俚淺陋，無一可取。余錄《道藏》本《孫子》，刻於歷下。又得明初進士劉寅《直解武經三書》校此本，大略相同，亦宋本也。寅又據舊本增訂數處。此本影寫上板，皆如其舊，板心注明補葉，不惑後人。”

　　文光案：《長恩叢書》本《六韜》、《孫子》、《吳子》、《司馬法》，皆陽湖孫觀察曾梓入《平津館叢書》者，少脫文訛字，惟非宋板舊式。咸豐甲寅莊肇麟重刊。

## 《素書》一卷

　　舊題漢黃石公撰，張商英注

　　《漢魏叢書》本。凡六章。此本不題注者名氏。王謨跋曰：“隋、唐志及《通考》俱載《黃石公三略》，而無《素書》。晁氏謂其書論用兵機權之妙，可以死易生，以存易亡。真西山亦謂其言治國、養民法度，與儒者指意不悖；而斂藏退守、不爲物先之意，則黃老遺言也。通載呂惠卿注，是當爲惠卿注無疑。”《崇文目》曰：“《素書》一卷，九章，恐是依託。”謹案：《簡明目》曰張商英注，實即商英所僞託。

## 《太白陰經》十卷

　　唐李筌撰

　　《長恩叢書》本。咸豐四年，木生居士莊肇麟校刊。木生託迹書賈，藏書極富，鑒別甚精，得未見書尤繕録不倦，且極留意於當世事。林文忠公爲書“長恩書室”以顔其居。南昌有二士，木生其一也。此本序後列銜名五人，并李筌爲六人。序撰於唐永〔一〇〕泰四年。第八以下爲雜占，内有遁甲、龜卜、易筮。是書較《四庫》所收、出自天一閣者增多首篇及第九、第十兩卷。南昌二士，其一爲李寶之。《守山閣》本亦十卷。

史氏跋尾曰：“《神機制敵太白陰經》共十卷，唐河東節度使李筌所撰。進入内府祕藏，不傳於世。瑞南宋公先世有傳，而得之者建立大勳，實惟是書有賴。以後子孫，慎勿妄傳。”

莊氏跋曰：“右經從影宋本抄本録出。前有李筌原序，後史氏跋三行。卷數與唐、宋志合，當即《敏求記》所稱‘宋朝内府抄本’。但《敏求記》‘卷末六行祕閣’云云，此本卻少次行錢承灝勘一條，豈鈔時佚脱歟？”

## 《何博士備論》一卷

宋何去非撰

長恩書室本。前有蘇軾奏狀、歸有光跋、嘉慶庚午祖之望跋。《宋文鑑》有《秦論》、《西晉論》二篇。

蘇氏奏狀曰：“嘗見其所著述，材力有餘，識度高遠。其論歷代所以廢興成敗，皆出人意表，有補於世。又其他文章無適不宜。”又狀曰：“何去非文章議論，實有過人，筆力雄健，得秦、漢間風力。所著《備論》二十八篇，附遞進上。”

歸氏跋曰：“《備論》二十八篇，今缺二篇，而《苻秦論》頗有脱誤。又編寫失次，未得善本校之。”

祖氏跋曰：“此吾邑何正通正通，浦城人。先生所撰《備論》，即蘇文忠公奏進之本也。其他著述固不止此，即此本傳世已稀。客歲，從翰林院所藏《四庫》副本借鈔付梓。其脱誤自前明已然，無從校補矣。"

## 《武經總要前集》二十二卷　《後集》二十一卷 《行軍須知》二卷

宋曾公亮等撰

明本。黑口板。每葉二十行，行二十一字。前有宋仁宗序，後有紹定四年趙休國跋、紹定辛卯鄭魏挺跋。舊說共勒成四十卷，內《制度》十五卷、《邊防》五卷、《故事》十五卷、《占候》五卷，目曰"武經總要"。晁《志》、陳《録》卷數俱同此本。前集二十二卷，目録作二十卷，蓋十六卷、十八卷各分上下，尚是原本之舊。趙休國跋稱《武經總要》條目、《故事》凡四十四卷，此本共四十三卷，分爲前、後集，則又非宋本之舊矣。《行軍須知》，不知何人所撰，有正統四年李進前、後二序，稱是書永樂初李公元凱已壽諸梓。是亦舊人所作，俟再考之。

陳氏曰："《制度》、《故事》各十五卷，《邊防》、《占候》各五卷。昭陵御製序，慶曆四年也。"録於《直齋書録》。

晁氏曰："康定中，朝廷恐羣帥昧古今之學，命公亮等採古兵法及本朝計謀方略。凡五年，奏御。"録於《讀書志》。

文光案：宋代武備之書，存者惟此，足備一朝之制度。唐荆川之《武編》，大略相同。雖其書皆出於纂輯，然有資於考證，未可竟廢也。晁《志》、陳《録》俱載《三朝經武聖略》十五卷，乃寶元中西邊用兵，詔王洙編祖宗任將用兵邊防事迹，爲十七門，後五卷爲奏議。其書已佚，其餘存者亦少，則是書可貴矣。

## 《虎鈐經》二十卷

宋許洞撰

通行本。首《簡明目録》，次進書表，次自序，次總目。凡二百十篇。每卷之首皆有目，著第幾篇，不題姓名。書内多輯舊文，惟第九卷《四陣統論》爲其自創之新意。四陣者，飛鶚第一，長虹第二，重覆第三，八卦第四。因辨古陣之法，別爲四陣之施。四陣之外，又有飛轅陣。凡此五陣，各有圖説，皆非古法也。按：《孫氏書目》有此書目，不著何本，想與此同。《中吳紀聞》："洞平生以文章自負，所著詩篇甚多。"

## 《虎鈐經》二十卷

宋許洞撰

通行本。是本不知爲何人所刊。前有許洞進書表一篇、自序一篇。間有夾注，有"或作"之字。所採《太白陰經》最多。《治馬篇》中有闕文。

許氏自序曰："自古兵法多矣，然孫子之法奧而精，使學者難於曉用；諸家之法膚而淺，或用者散於師律。淺深長短，迭爲表裏，酌中之理，誠難得焉。又觀李筌所著《太白陰經》，論心術則祕而不言，談陰陽則散而不備，以是觀之，誠非具美。臣今上採孫子、李筌之要，明演其術；下撮天時、人事之變，備舉其占。或作于己見，或述於古人，名曰'虎鈐經'。然則奇謀詭道，或不合於六經，既爲兵家要用，故必貫穿條縷，以備載之。六壬遁甲，星辰日月，風云氣候，風角鳥情，雖遠於人事，亦不敢遺漏焉。至於宣文、設奠、醫藥之用，人馬之相得，有補於軍中者，莫不具載，自爲一家之言。創意於辛酉之初，成文於甲辰之末。其書二百一十篇，分爲二十卷。其年，書就於吳郡鳳皇里。臣洞頓首謹序。"

文光案：序言宣文、設奠，謂祭禱之屬。二十卷有誓文、禡文。是書增多於《太白陰經》。

# 《守城録》四卷

宋陳規、湯璹撰

《長恩叢書》本。是書爲《四庫全書》原本，恭録宸翰冠於篇端。第一卷爲《靖康朝野僉言後序》，陳規撰，因金人攻汴之具而追論捍敵之法。第二卷爲《守城機要》，亦規所撰，皆論備禦之術。第三、四卷爲《德安守禦録》，上、下二卷，湯璹撰，追録規守城軼事。伏讀《四庫全書提要》，曰：“《朝野僉言》本夏少曾作，備載靖康時金人攻汴始末。規在順昌見之，痛當日大臣、將帥捍禦失策，因條列應變之術，附於各條下，謂之‘後序’。徐夢莘嘗採入《北盟會編》一百三十九卷中。然其文與此大同小異，疑傳録者有所删潤也。是書本三種，不知何人合爲一編。”

右陳規守城法，用於倉猝無備之中。九攻九拒，應敵無窮；十萬百萬，靡不退卻。程式具存，剖析尤備。凡沿邊守宰細繹此書，思過半矣。

陳規，字元則，密州安丘人。建炎元年，知德安府。湯璹，字君寶，潭州瀏陽人，德安府教授。先是，建炎間陳規守德安，屢經大寇，皆應以閒暇。於城上築鵲臺，城外築羊馬城，又於羊馬城外設木棚，賊至輒敗。後知順昌府，多儲粟。計議司來起粟赴河上，規請代以金帛。已而金人圍城，竟賴其粟以充軍食，卒以破敵。璹訪尋其事，編爲《建炎德安守禦録》。紹熙四年，璹除太學，録表上其書。

《澗泉日記》：“東光張預作《百將傳》，甚有旨趣。文落落不拘窮，殊得太史公筆法。但太史公篇篇有主意，而張預或有泛而無統者也。然記載甚可法。”

文光案：《百將傳》，余求之未得，因録韓淲之説於此。

## 《三雲籌俎考》四卷

明王士琦撰

原本。《安攘考》一卷，《封貢考》一卷，《險隘考》一卷，《軍實考》一卷，四考皆有自序。

《安攘考》自序曰："景泰、天順而後，雲中、應、朔之區，時時備虜。至嘉靖，則無歲不蹂踐爲戰場矣。及胡雛内附，受封納貢，許之互市者，四十餘年。歲久玩愒，虜漸縱恣。嘗竊籌之，人皆謂貢市久則邊衰，不知邊備修而後貢市久；皆謂虜情叵測，或有乘間而跳梁，不知虜懼閉關，甚於争雄而對壘。故自今不當問夷情之順逆，惟宜得制馭之機宜；勿畏驕夷之强悍，而濫給褻惠以淫其欲；勿狃久款之熟夷，而頓减峻威以失其情。恭順酬勞，雖大不吝；攘竊啓釁，雖小必懲。以恩威作戈鋌，以口舌當斧鉞。久之，夷知我神氣日壯，則驕蹇自消；作用既殊，則心膽自折。不動聲色而安攘在握，百年無事矣。"

## 《武經直解》二十五卷

明劉寅撰

明本。萬曆九年刊。何起鳴序。板甚闊大，紙墨皆佳。前有成化二十二年李敏序、洪武戊寅自序、目録、引書目、《讀兵書法》。寅，崞縣人。自題"前辛卯〔一〕科進士、太原劉寅"。此即通行之《武經七書》，而勝於諸本。《孫子》三卷，《吳子》二卷，《司馬法》三卷，《唐太宗李衛公問對》三卷，《尉繚子》五卷，《黄石公三略》三卷，《六韜》六卷。自宋本次序如此，太公《六韜》在後，不知何故。此宣紙本與成化東昌本，皆官刻之本，而流傳絶少。天一閣有《三略直解》三卷，即此中之一種。《四庫全書目》已著録之。《司馬法直解》一卷，見於《挐經室外集》，亦其一種。張綸《林泉隨筆》云"太原劉寅作《六書直解》，謹據經史，辨析舛謬"，《提要》曰"寅所注者，凡六書"，《挈經室外集》曰"寅作《直解》，凡六種"，是皆未見全書也。伏讀《四庫全書提要》，曰："《三略》，《漢志》不著。張商英僞作《素書》，託盜者得之張良冢中，而以稱《三略》出黃石公者爲誤。寅辨其雜取子書中語，更換字樣聯屬之，詆商英言出虛無，其言當矣。《三略》大旨出於黃老，務在沉幾觀變，先立於不敗以求敵之可勝。寅注頗能發明此意，又能參校諸本，注其異同，較他家所刻特爲詳贍。中有缺字，無可考補。"

劉氏自序曰："洪武初，詔世襲者讀兵書，因作此解。"

阮氏《外集》："《司馬法直解》寅自序曰：'是書言辭古簡而義深，中間有缺文誤字，儒家多不經意，學者由是不得其說。今姑爲之直解。'其言非無所見，而又能不妄改古書舊字，如《仁本篇》'會之以發禁者九'，注云：'"發"當作"法"，即《周禮》大司馬九伐之法。'《定爵篇》'變嫌推疑'，注云：'"變"當作"辨"，辨別人之所嫌也。'又'是謂兩之'，注云：'"之"當作"支"，謂兩相支持之道。'又注《仁本篇》'正不獲意則權'，云'正者，萬世之常；權者，一時之用。湯武仁義之兵，而濟之以權者'，尤切實近理。"

孫氏曰："《武經直解》二十五卷：《孫武子》三卷，《吳子》二卷，《司馬法》三卷，《唐太宗李衛公問對》三卷，《尉繚子》五卷，《黃石公三略》三卷，《六韜》六卷。題'前辛亥科進士、太原劉寅解'。前有成化二十二年李敏序；洪武壬午序，無撰人姓名；洪武戊寅劉寅自序。又有《讀法》一卷，《凡例》一卷，《陣圖》一卷，《國名》一卷，附錄一卷。《武經七書》世無善本，此本從宋國子司業朱服本校定，寅復加訂正，故經文訛舛最少。黑口板，每葉二十行，行二十字。末有成化丙午知保定府趙映跋，後有‘嘉靖十六年三月，知保定府旌德汪堅重修’十七字。”

文光案：孫氏所著爲嘉靖本，余所録者爲成化本，行款悉同。是書不易得，因詳著之。孫氏所記較諸家書目爲詳，惜乎汲古、天一二閣未能著一佳目，遂使宋板、元鈔湮没無聞，誠恨事也。孫氏所著黑口板多係明本。宋本亦有黑口者，較今爲少。孫氏所鑒亦有未審之處，字之脱落舛誤亦所不免，皆隨手正之。《李衛公問對》詞旨淺陋猥俗，兵家最無足采者。舊以爲阮逸撰，亦恐不然。

## 《武編》十二卷

明唐順之撰

曼山館本。琅琊焦竑校，錢塘徐象橒刊行。分前、後二編。前編六卷，後編六卷，每卷各有目録。前編自《將》、《士》起，至《軍需雜術》止；後編自《料敵》、《撫士》起，至《夜託》止。夜，爲夜戰；託者，託於鬼神也。前五十四門皆録舊説，後九十七門多述古事，於兵家諸書及唐、宋奏議無不搜集，可謂博矣。前有吳用先、姚文蔚、郭一鶚、郎文暎四序。書內題“唐荆川先生纂輯《武編》”，蓋已非原本矣。伏讀《四庫全書提要》，曰：“順之於學無所不窺，凡兵法、孤矢、壬奇、禽乙〔一二〕皆能究極原委，故言之俱有本末。其應詔起爲淮陽巡撫，剿倭也，負其宿望，虛憍恃氣，一戰而幾爲倭困。賴胡宗憲料其必敗，伏兵豫救，得免，殆爲宗憲玩諸股掌之上。然其後部署既定，亦頗能轉戰蹙賊，捍禦得宜，著有成效，究非房琯、劉秩迂謬僨轅者可比。是編雖紙上之談，亦多由閱歷而得，固未可概以書生之見目之矣。”

吳氏序曰：“《武編》一書，一切命將馭士之道，天時地利之宜，攻戰守禦之法，虛實强弱之形，進退作止之度，間諜疑詭之權，營陣行伍之次，舟車火器之需，靡不畢具，誠韜鈐之武庫、征伐之津梁也。”

姚氏序曰：“昔唐荆川著述甚富，其大者爲四編，曰左，曰右，曰文，曰稗，而不知其又有《武編》。焦澹園出所藏以畀徐象檋氏，付之剞劂，余因得窺其崖略。通古今，該細大，其可以無刻哉？象檋爲吾亡友徐三雅子，鬻書爲業。焦先生憐而振之，每出祕藏以資匱乏，所施不倦。復惠此編，使繼荆川先生之志，雲天之誼，非今所有。”

郭氏序曰：“先生所輯左、右等編不下十種，業已盛行海内，獨《武編》未睹。其繕本藏於秣陵焦先生家，時有索藏本授梓。先生曰：‘非其時也，姑什襲敬藏。’迄於戊午夏，東夷奴酋匪茹，一旦與中國衡，破軍殺將，所不忍言。士大夫方緩文而急武，徐子請梓。焦先生始授之曰：‘此一時也，可以傳矣。’余莊誦之，凡若干目，而總名之曰‘武編’。”

文光案：《荆川五編》，《四庫》皆著録。《武編》在兵家類，《稗編》在類書類，《文編》在總集類，《右編》在《存目》詔令奏議類，《左編》在《存目》史鈔類。《五編》傳本皆少，余所藏者祇《文編》，其三編雖見之，未及收也。《存目》有姚文蔚《右編補》十卷，其書未見。郭云十種，其五種不傳。

周氏曰：“吳憲副論唐荆川撫浙時事。先是，有倭警，荆川以才名起自田間。其時，督臣爲胡梅林少保，以荆川有時名，使人逆於淮安，持五百金爲勞軍費。荆川怒，繫人於獄，貯金於庫。少保聞之曰：‘此腐儒也，安能辦此？’荆川軍於周山，少保以兩將軍馳鐵騎七千，挾勁弩、火器，伏周山左右，敕之曰：‘開府不到危急，不許出。’未幾，倭千人圍周山三匝，逼而前，勢且擒矣。鐵騎直衝，弩火競發。荆川潰圍出，問：‘若等何部？’曰：

'少保遣使援周山，待公於此者三日矣。'荆川思前事，馳一力於淮，取還人若金。而少保已令此被繫之將携前五百金至軍前賞周山之圍者。荆川自慚不能出少保彀中，憤懣成疾云。腐儒不可治兵〔一三〕。荆川以經濟自命，尚不能孤行一意，爲人愚弄若此，餘子紛紛可知矣。"錄於《書影》。

## 《登壇必究》四十卷

明王鳴鶴撰

明本。此姑蘇袁世忠所校正者。前有曹于汴、徐鑾鳴、黄克纘、馬從聘、張朝瑞序，萬曆戊戌自序，凡例六條，目錄。《天文》、《玉歷》、《太乙》、《奇門》、《六壬》各一卷，《地理》四卷，《各省事宜》一卷，此前十卷也。自《兵柄》、《將權》至《祭禱》、《醫藥》，凡二十二卷；《陣圖》四卷；奏疏四卷。所輯皆出自舊籍，凡有關於兵事者，隨見隨錄，不參己見。漢卿由武弁上達，與文士著書立意不同，其無裨實用者，皆能真知，固有所別擇矣。

## 《紀效新書》十八卷

明戚繼光撰

《敏果齋》本。道光二十三年，許乃釗校刊。首提要，次原序、目錄，次許氏序并刻書凡例，次《明史》本傳。首卷爲《公移或問》、《公移申請》、《訓練或問》，發明作書之旨。卷一，《束伍篇》，爲訓示鄉愚初入伍者言之，詞淺意精，公所謂"初下手工夫，百萬之綱領"也。二，《號令》；三，《軍法》；四，《禁令》；五，《禁約》；六，《比較》；七，《行營》；八，《操練》；九，《出征》：凡初編入伍及久在行間者皆當遵行也。十，《長槍〔一四〕》；十一，《牌筅〔一五〕》；十二，《劍經〔一六〕》；十三，《射法》；十四，

《拳經》：專就一藝分習之。十五，《器圖》；十六，旗鼓。以上皆攻戰之事。十七，《守哨》，專詳守城事宜；十八，《水兵》，專言水師訓練。題曰“紀效新書”，紀效，明其實用有效，非口耳空言；新書，明其出於法而不泥於法，合時措之宜也。

許氏曰：“語語可爲孫、吳注脚，而不襲《韜》、《鈐》一字。至其説理精微，可與《陽明語録》并傳。”

例曰：“是書明白曉暢，原無深文曲筆。其訛錯脱落，文理顯然可見者，改正數處；疑似者仍之。明本已不可得，照曠閣張氏、來鹿堂張氏諸刻難以句讀。惟來鹿本有考證，今仍之。”

## 《練兵實紀》九卷　《雜集》六卷

明戚繼光撰

《敏果齋》本。首提要；次公移；次目録、許乃釗序；次分給教習次第，凡十五條。一、《練伍法》，二、《練膽氣》，三、《練耳目》，四、《練手足》，各一卷；五、《練營陣》，凡四卷；六、《練將》，一卷：共二百六十四條。《雜集》：一、《儲將通論》，二卷；二、《將官到任》，三、《登壇口授》，四、《軍器制解》，五、《車步騎解》，各一卷。

許氏序曰：“《新書》之作，在浙江官參將時，名位尚卑，有不能暢所欲言者。是書爲官薊鎮總兵時所作，三邊訓練之事，一以委之，故得發抒胸臆，爲所欲爲。陣勢以形措圖，隨敵轉化，踵其成法，猶數十年無事，可謂大將才矣。”

## 《草廬經略》十二卷

不著撰人名氏

《粵雅堂》本。是書明人所著，有目無序。後有道光庚戌南海伍崇曜跋。

伍氏跋曰：“是書爲曾冕士廣文所藏鈔本，未知撰者何人。以書中有‘國初兩淮郡縣，多爲張士誠所據，高皇帝欲取之’云云，殆勝國人矣。卷中各分子目，其議論亦頗精審；末各援古事以證之，亦慎於持擇。其署曰‘草廬’，亦殆以諸葛自命者歟？夫爲將運用，存乎一心，霍去病且謂‘顧方略何如，不至學孫吳古法’。後人僞撰《將苑心書》各種，其爲贋鼎，顯然易見。前明如唐順之一代偉儒，於學無所不窺，大則天文、樂律、地理、兵法，小則弧矢、勾股、壬奇、禽乙、刺槍、拳棍，莫不精心叩擊，究極原委，以資其經濟，毅然自任天下之重。倭人搆患，志在捍牧圉以保鄉曲，僇力行間，轉戰淮海，積勞而殞。周櫟園《書影》紀其佚事，且貽千古笑端，而況房琯、劉秩之輩迂謬債輈哉？顧狄武襄良將材，范文正且授以《左氏春秋》，曰：‘將不知古今，匹夫勇耳。’武襄折節讀書，悉通秦、漢以來將帥兵法，故即紙上之談，亦必閎攬百家，靡不融會，乃稱開濟之才，庶不致以白面書生相誚耳。昔茅元儀《武備志》成，曾經明神宗乙夜之覽，天語稱其該博，即以顏其堂。此書視元儀所著，詳略迥殊，而目以該博，亦洵無愧色。爰付梓人，俾談兵者各有所考焉。”

## 《兵鏡備考》十三卷　附《孫子集注》一卷
## 　《兵鏡或問》一卷

國朝鄧廷羅撰

通行本。張鵬飛校刊。是書棄《孫子》十家注，獨標新穎，爲“或問”以暢其旨；又取經史戰勝、攻取之迹與孫子奇謀相印者，分門詳錄，以備考鏡。《孫子集注》明白易曉。

明季草茅知兵者，如黃淳耀、潘游龍、陳瑚、顧炎武、陸士儀、吳從謙、揭重熙、劉道貞、王徵、王弘撰，皆經文緯武之才。

## 《訓兵輯要》二卷

國朝薛大烈撰

原本。寫刻甚佳。凡六十七目，分上、下二卷。每葉二十四行，行二十六字。前有嘉慶甲戌年自序。其書先訓練，次演炮，凡弓箭、藤牌、槍刀、營陣之製，無不悉備。末爲諸防。每門有論，有圖。訓練之法多本之《紀效新書》。

薛氏自序曰："予自入伍，從征十年，仰蒙聖祖授以乾清門侍衛健勇巴圖魯，歷任提鎮，皆遵古法，使兵爲有用之兵。以身所經歷摘録成書，名曰'訓兵輯要'。"

## 《武備輯要》六卷

不著撰人名氏

《敏果齋》本。道光十二年刻於廣州。前後無序跋，各卷有目録。一、《城守方略》；二、《城守甲令》；三、《城守設防》；四、《城守清野》；五、《制勝要策》；六、《行軍要策》。前節《金湯十二籌》，後二卷參《紀效新書》。

## 《武備輯要續編》十卷

國朝許乃釗撰

《敏果齋》本。前有道光己酉年自序。前編皆城守，此所續者，皆鄉守大旨，不外保甲、團練兩端。所採皆前賢行有成效之事，無一空談浮語，言淺義明，鄉愚皆能通曉。非鄉間所宜，不泛及也。

右兵家類。

軍禮爲五禮之一，聖王設教治之典至鉅矣。古有此專門之學，故秦、漢兵書最富，見於《漢志》者猶七百餘篇，而散佚幾盡。今所錄者凡十七家。黃帝、風后、太公、黃石、諸葛、李靖等，率皆依託。然詞不害理，明知爲僞而取備一家，亦略存之。孫武以將才著書，故其言千古莫外，且文章妙絕古今，非魏、晉所能潤削。《吳子》不必爲吳起所著，當是戰國時書。自《尉繚》、《孫子》而下，他莫與匹，戰國人所著無疑。總之皆權謀形勢，以擬三代之師，無一近似。其明白正大，廓然王者之規，與《周官》相出入者，《司馬法》一書而已。雖附以穰苴縱橫詭誕之説，其文義閎深肅達者，皎如日星，固非策士所能亂。班氏入之禮類，不使與兵家之權謀形勢、陰陽伎巧相雜糅，其識卓矣。後世守城練兵諸書，皆已見諸施行，實有其效，非空談者可比。其他儒生所纂，或拘牽而不適於用，或迂滯而遠於事情，爲敵所困，宜矣。明代所輯兵書半雜術數，或近兒戲，皆棄不録。

**校勘記**

〔一〕“年”，《雲笈上籤》卷一〇〇《軒轅本紀》此字後有“命”字。

〔二〕“訣”，同上書作“法”。

〔三〕“武”，同上書作“風”。

〔四〕“六”，據下文當作“七”。

〔五〕“胤”，原避清世祖胤禎名諱作“允”。

〔六〕“選”後原衍一“兵”字，據《六韜》刪。

〔七〕“武”，原作“問”，據清姚際恒《古今僞書考》改。

〔八〕“擧”，原作“學”，據宋陳振孫《直齋書録解題》改。

〔九〕“吳”，據《吳子》補。

〔一〇〕“永”後原衍一“嘉”字，據新、舊《唐書》刪。

〔一一〕“卯”，據《四庫全書總目》當作“亥”。

〔一二〕“乙”，原作“一”，據《四庫全書總目》改。

〔一三〕"兵"，原作"病"，據清周亮工《書影》改。

〔一四〕"槍"，《四庫書》本《紀效新書》作"兵"。

〔一五〕"牌筅"，同上書作"藤牌"。

〔一六〕"劍經"，同上書作"短兵"。

# 萬卷精華樓藏書記卷七十六

# 子部三

## 法家類

## 《管子》二十四卷

舊題周管仲撰，唐房玄齡注

明本。萬曆壬子年刊，朱長春校。凡八十一篇。是本首朱長春序二首，次張維樞、趙用賢序，次劉向校書序，次宋楊忱序，次舊例十二條，次新例六條，次評語，次目錄。

朱氏序曰：“《列子》晚出，與《莊子》、《管子》皆偽，多不可信。尹注蕪陋，劉績所定多舛，校而標之，約十得五。《輕重篇》全偽，弗論。”

張氏序曰：“朱大復先生成《管子榷》，其例有三：曰通，曰評，曰演。抉元刊誤會，故標‘新《管子》’，遂爲全書。”

　　文光案：原注爲雙行夾注。朱注各標“通”字、“評”字、“演”字，如古注，字微小於正文，單行書之。從來無是體，大抵明人校書，不出坊刻習氣。

趙氏序曰：“《管子》舊書凡三百八十九篇，漢劉向校除複重，定著八十六篇，今亡十篇。近世所傳，往往淆亂，至不可讀。余行求古本幾二十年，始得之友人秦汝立家，句字復多糺錯。乃爲正其脫誤者，逾三萬言，而闕其疑，不可考者尚十之二，然後

《管子》幾爲全書。"

楊氏序曰："《管子》論高文奇,雖有作者,不可復加一辭。"

例曰："唐注無善本,舊有山東刻,半不成義。今世所行,乃趙侍郎管、韓二子評本也,賴其考訂,始得成誦。其《王言》、《正言》、《言昭》、《修身》、《問霸》、《牧民解》、《問乘馬》、《輕重丙》、《輕重庚》,共亡十篇,列爲二十四卷。其吳兢《書目》'三十卷',今不可考。尹注多訛,劉績補定,多所發明,而宋本不載。今録其最切當者列之篇首,冠以'按'字。《管子》文辭古奧,既不易讀,近本更錯亂。今按宋本更正比次,不下數千餘處。其間尚有闕文誤字,不可解、不可句者,俟善本重訂。按:張巨山紹興己未寫本,云'從人借得,讀者累月,始頗窺其義訓,然舛脱甚衆,其所未解尚十二三',則是書之訛謬難讀,其來久矣。"

劉勰曰:"管、晏屬篇,事覈而言練。"

《傅子》曰:"《管子》半是好事者所加,《輕重篇》尤鄙俗。"

葉水心曰:"管氏書獨鹽筴爲後人所遵,言其利者無不祖管仲,使之蒙垢萬世,甚可恨也。"

陳氏曰:"《漢志》列於'道家',隋、唐志著之'法家'。"録於《書録解題》。

張氏曰:"《史記·管仲贊》曰:'吾讀管氏《山高》、《乘馬》、《輕重》、《九府》,詳哉!其言之也。'索隱曰:'皆管氏著書篇名。九府,蓋錢之府藏。其書論鑄錢之輕重,故云"輕重九府"。'予按:'輕重'與'九府',自是兩篇名,合'輕重'與'九府',非也。《九府》篇,劉向時已亡,而《輕重》篇今固存也。貞略不致審,何其疏之如是耶?"録於《雲谷雜記》。

袁氏曰:"《管子》非一人之筆,亦非一時之書,莫知誰所爲。以其言毛嬙、西施、吳王好劍推之,當是春秋末年。又'持滿定傾'、'不爲人客'等語,亦種、蠡所尊用也。其時固有師傳,而

漢初學者講習尤著，賈誼、晁錯以爲經本，故司馬遷謂讀《管子》
'詳哉！其言之也'。篇目次第最齊整，此乃漢世行書。至成、哀
間，向、歆論定羣籍，古文日盛，學者雖疑信未明，而管氏、申、
韓由此稍紬矣。然自昔相承，直云此是齊桓、管仲相與謀議唯諾
之辭。余每惜晉人集諸葛亮事而今不存，使《管子》設施果傳於
世，淺識之士既不能至周、孔之津涯，隨其才分，亦足與立，則
管仲所親嘗經紀者，豈不爲之標指哉？惟夫山林處士，妄意窺測，
借以自名，王術始變。而後世信之，轉相疏剔，幽谿曲徑，遂與
道絶。而此書方爲申、韓之先驅，鞅、斯之初覺，民罹其禍而不
蒙其福也，哀哉！"錄於《絜齋集》。其論管仲，曰"智多而心不正"。

　　黄氏曰："《管子》之書，不知誰所集，乃龐雜重復，似不出
一人之手。然諸子惟荀卿、揚雄、王通知宗尚孔子，而不知其儻
用於世果何如。餘皆處士橫議，高者誤誕，下者刻深，戲侮聖言，
壞亂風俗，蓋無一非孔門之罪人。其間發用於世而卓然有功，爲
孔子所稱者，管子一人而已，余故讀其書而不敢忽。大抵管子之
書，其別有五。《心術》、《内業》等篇，皆影附道家以爲高；《侈
靡》、《宙合》等篇，皆刻斫隱語以爲怪。管子責實之政，安有虚
浮之語？使果出於管子，則亦謬爲之以欺世，殆權術之施於文字
間者爾，非管子之情也。管子之情見於《牧民》、《大匡》、《輕
重》之篇。然《牧民》之篇最簡明，《大匡》之篇頗粉飾，《輕
重》之篇殆附會。楊忱序：'管子論高文奇，雖有作者，不可復加
一辭矣。'張巨山謂其《心術》、《内業》等篇爲管氏功業所本。
意巨山好道家學，故云爾。本書既雜，注者多牴牾。"錄於《日抄》。

　　　文光案：黄氏辨《管子》字句甚詳，是真能讀《管
　子》者。

　　楊氏曰："《管子》故有楊忱序，旨高説奇，惜今亡。傳注者
尹知章，題冒房玄齡，遺誤如此，且無篇第。"錄於《升庵集》。

黄氏曰："小字宋本，半葉十二行，行二十三字，注二十八字。卷一後有長方木記，云'瞿源蔡潛道宅墨寶堂新雕印'。此本刻於紹興壬申，蓋據張巨山抄藏之本。"楊紹和案："此本在今日爲最古，其中佳處足正各本之謬者實多。如《形勢》篇'虎豹託幽'，未誤作'得幽'；'邪氣襲内'，未誤作'入内'；'莫知其澤之'，未誤作'釋之'；'其功逆天者，天圍之'，未誤作'違之'。《乘馬》篇'大山之下'，未誤作'太山'；'藪，鎌、繯得入焉'，未誤作'纏得'。《版法》篇'象地無親'，未誤作'象法'。《幼官》篇'必得文威，武官習，勝'，下未衍'之'字；'則其攻不待權輿'，未誤作'權與'。《宙合》篇'内縱於美好音聲'，未誤作'美色淫聲'。《樞言》篇'賢大夫不恃宗室'，未誤作'宗至'。《八觀》篇'觀左右本朝之臣'，'右'下未衍'求'字。《法法》篇'矜物之人'，未誤作'務'；'物内亂自是起矣'，未脱'矣'字。《小匡》篇'管仲詘纓捷衽'，未作'插衽'；'維順端愨，以待時使'注'待時，待可用之時也'，'也'上未衍'而使之'三字。《霸言》篇'驥之材，百馬代之'，又'疆最一代'，均未誤作'伐'。《戒篇》'東郭有狗嘩嘩'注'枷謂以木連狗'，未誤作'猳'；'臣下墮而不忠'，未誤作'隨'；'不以其理'，下未衍'動者'二字；'不任聖人智'，未誤作'衆人'；'使人有理，遇人有禮'，'理'、'禮'二字未互倒。《版法》'解往事必登'，未誤作'畢登'。《海王》篇'人數開口千萬'，未誤作'問口'。《山國軌》篇'有道乎'，未誤作'道[一]'。餘皆與王懷祖《讀書雜志》所引相合，其他類是者尚不能一二數，信知此本之可寶矣。""《管子》世鮮善本，小字宋本與陸校本多不同。余得大宋甲申秋楊忱序本，板寬而口黑，亦小字者，其刻在南宋初，附張巨山《讀管子》一則。嘉興影宋本與此正同。取對顧氏小字本，高出一籌，當是敕先所據以校劉績之本者也。士禮居重裝并記。"

　　文光案：寶墨堂[二]本刻於紹興壬申，有巨山跋。又十三
年爲甲申，則楊序本在後，且恐以蔡刻爲祖本。黄氏以甲申
本爲勝，未敢信其然也。又案：方靈皋有《删定管子》一卷，
見《全集》。

　　師古注以《周官》太府、玉府、内府、外府，泉府、天府、
職内、職金、職幣爲九府。張淏深以爲非，言："天府掌寶器，寶
春官之屬，初無預於貨財之事；而職内、職歲、職幣、職金四者，
在《周官》皆於[三]掌財之官。今師古乃略去職歲，以三者附太府
等爲九，牽強特甚。况太公立法之時，周官尚未建也。師古之不
審亦甚矣。《爾雅》有‘九府，東方之美者’云云，予意太公所謂
‘九府’者，恐即此爾。"此説於理頗近。

　　房注謬陋，或云出唐尹知章，劉績間爲補定，多所發明。第
宋本不載，劉績，明人，宋本何得有劉注？而近刻舛錯，至不可句。今據
宋本校定，而劉注最切當者，列之篇首。

　　《管子》多古字，宋本舛脱甚衆，半是好事者所加，《輕重篇》
尤鄙俗。以上三條不記録於何書。

## 《管子》二十四卷

舊題周管仲撰，唐房玄齡注

　　影宋本。光緒五年校刊。此本前有總目，各卷有分目。總目
後旁注"内十篇三編"，下當有"亡"字，想是脱落。《輕重》
乙、丙、丁、戊、己、庚凡六篇。《輕重庚第八十六》，目下注
"亡"字。其餘闕篇目下，或注或不注，無定。劉向校書，皆以
中、外兩本互證。所謂"中書"者，中祕書也；"外書"者，外間
書也。前注云《管子》三百餘篇，乃中書也，合外書則五百餘篇。
除複重四百八十四，定著八十六篇。向序甚明，某未細審，故不
及外書。凡讀書，篇目爲要，古書更不可忽。今按宋本《管子》：

《經言》九篇。《外言》八篇。《内言》九篇，第四、第八缺。《短語》十九篇，第八缺。《區言》五篇。《雜篇》十三篇，第一爲《封禪》，原書亡，以《史記·封禪書》所載管子言補之；第十爲《弟子職》；末四篇亡。《管子解》五篇，一篇亡。《管子輕重》十八篇，末篇亡。八十六篇爲劉向所定，其《外言》、《内言》等目刻於每篇小題之下，不知爲何人所定。《封禪》一篇，亦不知爲何人所補，録之以俟博雅。向讀《管子》，苦無佳本。今得影宋刻并瞿、黄二家校語，勝明本遠矣。

瞿氏《書目》：“此書首列《管子序》，楊忱撰。接總目録，又劉向進書序，連接《管子》卷第一，題‘唐司空房玄齡注’。又列卷一之目，後接本文。以後每卷同。末後有張嵲巨山《讀管子》，不詳歲月。文中有‘紹興己未從人借得，改正訛謬，抄藏於家’。楊序作於大宋甲申九月。按：己未爲紹興九年；甲申爲隆興二年，孝宗初立時也，大約刻即在其時。每半葉十二行，行二十四字。宋諱[四]‘敬’、‘竟’、‘鏡’、‘殷’、‘匡’、‘貞’字有缺筆。明萬曆間趙文毅刻本，即從此出。校讎亦慎，然尚有訛字，亦有意爲校正而實訛者。今除宋本本訛、趙本校正不訛外，舉其異於趙本而可訂正者如干條。按，王氏、孫氏、洪氏、宋氏所云宋本，皆影抄紹熙壬申瞿源、蔡潛道刻本，影抄亦有訛舛，與是本間有不合處，故所舉與《讀書雜識》、《管子義證》、《管子識誤》三書亦不盡同。冀附諸家所記後，以供好古者參證之助云。”

文光案：瞿氏《書目》有自注，所校異同字多於《士禮居題跋記》。又此本大字二十三四字不等，小字每行二十九字，板心刻一“管”字，下有刻工姓名。瞿云二十四字，黄云二十三字，皆未細審。此本有“嘉慶丙寅立冬後一日士禮居重裝并記”一則，與予所録者亦微有不同。

巨山曰：“予讀《管子》，然後知莊生、鼂錯、董生之語時出於《管子》也。凡《漢書》語之雅馴者，多本《管子》。《管子》，天下之大文也。《管子》書多古字，如‘專’作‘搏’，‘貳’作‘貣’，‘宥’作‘侑’，此類甚衆。《大匡》召忽語曰‘兄與我齊國之政也’，古字‘况’作‘兄’，而注乃以謂召忽呼管仲爲兄；‘曰澤命不渝’，古字‘釋’作‘澤’，而注乃以爲恩澤之命：甚陋，不可遍舉。書既雅奧難句，而爲之注者復謬爲訓故，使人疑惑不能究知。世傳房玄齡注，恐非是。”

文光案：《管子》不獨有古字，兼有古韻，細讀自知。巨山所舉《大匡篇》注，此本亦然。

戊辰正月，從瞿氏假得此本，與海寧唐尚甫、常熟張純卿同校一過，於趙刻本上并記此。戴望志於冶城山書局。

陸[五]氏手跋曰：“毛斧季以善價購得錫山華氏家藏宋刻《管子》，錢遵王貽余此本，竭十日之力校勘一過，頗多是正。康熙五年四月二十有六日，常熟陸貽典識。”

又曰：“古今書籍，宋板不必盡是，時板不必盡非。然較是非以爲常，宋刻之非者居二三，時刻之是者無六七，則寧從其舊也。予校此書，一遵宋本，再勘一過，復多改正。後之覽者，其毋以刻舟目之。敕先典再識。”

文光案：此二跋録於陸氏《書目》。敕先所校宋本，恨未之見。所謂“時刻是者無六七”，真至言也。古本所益甚大，惟慣讀者知之。又按：《管子》有元刻細字本，明成化刊本有劉績補注。

## 乾道本《韓非子》二十卷　附《識誤》三卷

周韓非撰

顧氏校正本。此本出於高麗。前有弘化乙巳江户朝川鼎序，又舊史氏吳鼒序，序後有記；又《韓非子序》，序後有“乾道改元〔六〕日黄三八郎印”。次目録。凡五十五篇。校語在上欄，以黑絲圍之。每半葉十三行，行二十四字。間有舊注，不知何人所作。末葉有“片山格、朝川鷹校讀”八字，蓋兩人所校。又一行題“弘化二年乙巳十一月”。此本爲吳氏所刊，傳本甚少，余求之數十年始得。并顧氏《識誤》爲六册。

吳氏序曰：“夏邑李書年先生好藏古書精槧，而乾道刻本《韓非子》尤其善。嘉慶丙子，余手抄一本。丁丑，孫淵如前輩慫恿付梓。又明年戊寅，刻成。是本爲明趙文毅刻本所自出，卻有以他本改易處。元和顧千里爲余校。千里十四年前已見此册，抉摘標舉，具道此槧之善。宋槧誠至寶，得千里而益顯矣。千里別有《識誤》三卷，出以贈予，附刻書後。”

《識誤序》曰：“宋本與述古堂影抄本同，第十四卷失二葉，以影抄本補之。前人多稱《道藏》本，其實差有長於趙用賢本，遠不如宋槧也。宋本亦有誤，由於未嘗校改，故誤之迹往往可尋也。予讎勘數過，推求彌年，乃條列而識之。不可解者，未敢妄説。吳山尊學士重刊以行。嘉慶二十一年廣圻序。”末有千里跋。刻成，各本之誤又得二事，補識於後。

陳氏曰：“《韓子》二十卷，韓諸公子韓非撰。《漢志》‘五十五篇’，今同，所謂《孤憤》、《説難》之屬皆在焉。”錄於《直齋書錄》。

　　　　文光案：馬《考》無陳説。

晁氏曰：“韓非喜刑名、法術之學，作《孤憤》、《五蠹》、《説林》、《説難》十餘萬言。秦王見其書，歎曰：‘得此人與之游，死不恨矣。’急攻韓，得非。復用李斯之説，下吏使自殺。書凡五十五篇，其極刻覈，無誠悃，謂夫婦、父子舉不足相信，而有《解老》、《喻老》篇，故太史公以爲大要皆原於道德之意。夫老子之言高矣，世皆怪其流裔何至於是。殊不知老子之書有‘將欲歙之，必固張之；將欲弱之，必固强之；將欲廢之，必固興之；

將欲奪之，必固與之'，及'欲上人者，必以其言下之；欲先人者，必以其身後之'之言，乃詐也。此所以一傳而爲非歟？"錄於《讀書志》。

高氏曰："今讀其書，往往尚法以神其用，薄仁義，勵刑名，背《詩》、《書》，課名實，心術、辭旨皆商鞅、李斯治秦之法，而非又欲凌跨之。此始皇之所投合而李斯之所忌者，非迄坐是爲斯所殺，而秦即以亡，固不待始皇之用其言也。《說難》一篇，殊爲切於事情者。惟其切切於求售，是以先爲之說，而後說於人，亦庶幾萬一焉耳。太史公以其說之難也，固常悲之。太史公之所以悲之者，抑亦有所感慨焉而後發歟？嗚呼！士之不遇，視時以趨。使其盡遇，固無足道，而況《說難》、《孤憤》之作，有如非之不遇者乎？揚雄氏曰'秦之士賤而拘'，信哉！"錄於《子略》。

孫氏曰："《韓非子》二十卷，一明趙用賢刊本，一明吳勉學刊本，一明葛鼎刊本，一明十行本，一依宋刻校本。"錄於《孫氏祠堂書目》。

黃氏曰："《韓非子》，別有顧千里爲余手臨諸家校本在趙本上。然諸家所校宋刻及藏本，余取以勘余親見之宋刻與藏本，皆不同，予故云手校真本乃可信也。""張鼎文本雖明刻，然頗近古，已屬予友顧澗蘋臨校於趙本矣。去年購得此刻，取所校張本核之，多合。此本出自《道藏》，故大段尚好，惟字句間有不同，想是校改重梓所致。""余所獲影宋本出自述古，此外又借宋刻本手校於影宋本上，異同尚多，不暇臨校。《道藏》本與宋刻本互有出入，當參考而酌之。""趙本出自宋本。"錄於《士禮居題跋記》。

文光案：韓非盡斥堯、舜、湯、武、孔子，故慈溪黃氏以爲"何物惡氣鍾此醜類"，又謂"當時處士橫議，無稽寓言，流俗信以爲真。而韓非之辨具在，足警後世，因取數條以告惑者"。詳見於《日抄》第五十五卷。又案：趙用賢本與《管子》合刻，校梓極精。

# 《棠陰比事》一卷

宋桂萬榮撰

上元朱氏影宋本。道光二十九年朱緒曾校刊。前有朱序、桂序、端平改元桂記及《比事》標題，後有嘉定辛未張虙跋、嘉慶戊辰黃丕烈跋、朱緒曾二跋。每葉二十行，行十八字。板心下有校書人名。

朱氏序曰："比事屬辭，《春秋》之教。漢人以經決獄，董江都著《決事比》，《崇文目》載之。桂書蓋取此義。其書采和魯公父子《疑獄集》、鄭氏克《折獄龜鑑》，聯成七十二韻，一百四十四條，使事必相比，易於觸類引伸，斯桂氏之義例所以有異於和、鄭之書也。嘉定辛未，官建康司理右掾，撰成此書，鋟梓星江。端平改元，以尚右郎官陛對，理宗褒嘉是書，用是重刊流布。《宋史》竟失其名，然知爲循吏。今得黃蕘圃所藏宋本，首有'趙宧光'、'崑山徐氏'兩印，誠爲難得之册，重爲鋟木以傳。"

黃氏跋曰："宋刻《棠陰比事》，向藏試飲堂，顧氏傳是樓故物也。顧氏名珊，號聽玉，余素與之好，其所藏間亦歸余。此本散出，予以番餅十四枚得之，誠快之至也。世所傳本，經吳訥删定，加以附錄，非其原書。孫觀察覆刻元板《唐律疏義》、《洗冤錄》二書於山東，擬慫慂并刻之，豈不快乎？"

朱氏曰："明吳文恪公以此書叙次無義，删其相類複出者，僅存八十條，別以刑獄輕重爲先後。首五條引《大明律》，末二條增入己論。補遺二十四事，附錄四事。自吳本出而桂之原書遂晦。吳以相類者爲複出，甚失比事之義。《學海類編》所刻亦吳氏删本。因求原書刻，較之和、鄭二書，尤足益人神智。"

萬榮，字夢錫，四明人。慶元二年進士。累官直祕閣，選尚書右郎。奉祠以歸，築室東山之麓，曰石坡書院，讀書其中。嘗問道於楊簡，見《慈湖遺書》。所著《論語精義》已毀，惟是書僅存。桂氏爲慈溪著姓，事迹詳《慈溪縣志・循吏傳》。

## 《洗冤録》五卷

宋宋慈撰

吳氏本。此顧千里所藏宋本，嘉慶十七年吳鼒重刊，有序。題"朝散大夫、新除直秘閣、湖南提刑充大使行府參議官宋慈惠父編"。此《宋元檢驗三録》之一。宋元《內恕録》、《結案式》今皆不傳。此與無名氏《平冤録》一卷、元王與《無冤録》二卷同刊。

《吳文正公集・平冤集録序》曰："邑人姜斯立業吏學而通儒書，以《洗冤録》、《折獄集》參互考證，抄類成編，名曰'平冤集録'。"

文光案：據文正序，則《平冤録》爲元姜斯立所撰。而此本以爲無名氏，蓋未見文正序也。

錢氏曰："慈不知何郡人，其書《宋志》不載，至今官司檢驗奉爲金科玉律。但屢經增改，失其本來面目，唯初刻可貴。《輟耕録》勘釘事以爲創聞，然此録已先有之矣。"又曰："內有元人增入之文移。"

文光案：書內所論人身之骨，業醫者宜知之。

## 《重刊補注洗冤録集證》四卷　《補編》一卷
## 《續編》一卷

國朝王又槐輯，李觀瀾補，阮其新補注，李璋立續

朱墨本。此爲重定《洗冤録》，六卷，標題冗俗，不知誰合。內有張錫蕃評。道光二十四年重校刊。近所行者，以此本爲佳，較之舊刻，益加詳焉。《集證》：《檢驗》二卷，《雜説》及《論

毒》一卷，《急救方》一卷。《補編》附《檢骨圖》、《格寶鑑編》、《石香祕録》三種。《續編》分上、中、下三子卷，一爲《洗冤録辨正》，瞿中溶撰；一爲《檢驗合參》，郎錦麒輯；一爲《洗冤録解》，姚德豫撰。李璋立就其原本重爲訂正，合爲一卷。

阮氏序曰："《洗冤録》一書，宋淳祐間宋惠父博採諸書，薈萃而成。王明德所云'十餘卷，求之四十年不獲者'是也。王肯堂箋釋僅載三十餘條，嗣增爲四卷。今王又槐又增一卷。予於是書詳加研究，坊本之訛逐一更正，各條之下附以經驗成案，以備參覽。閱二寒暑，而注始成。"

《宋提刑洗冤録》五卷，校元本。黄氏曰："《洗冤録》，宋刻不多見，得見覆刻本已鮮，世傳者非其本書矣。予所藏有'聖朝頒降新例，載大德'云云，故定是元刻。胡文焕本文理略同，殊多脱誤，且改易卷第。因手校之，庶可讀也。明人喜刻書而不肯守舊，故所刻往往戾於古。如此書必欲改其卷第，添設條目，何耶？《也是園書目》'律令門'有《洗冤》、《無冤》、《平冤録》各一卷，蓋書分上、下，猶是一卷。胡刻三《録》，余并得之。"<sub>録於《士禮居題跋記》。</sub>

《平津館書籍記》："《洗冤録》一卷，前有淳熙丁未宋慈序，稱四明<sub>謹案：《四庫提要》"四明"誤作"四權"。</sub>臬司<sub>案：《孫氏書目》"司"訛作"奇"。</sub>博採近世所傳諸書，自《内恕録》以下凡數家，薈萃釐正，增以己見，總爲一編，名曰'洗冤集録'，刊於湖南憲治。自《條令》至《驗狀説》，凡五十四條。前有頒降新例五條，後有《續無冤録》六條，皆元時刑司所附。又《新刻平冤録》一卷，題錢唐胡文焕德甫校，前後無序跋，自《檢復》至《發冢》四十三類。《四庫全書》不著録。又《新刻無冤録》一卷，胡文焕校。前有洪武十七年羊角山叟序，稱東甌王氏作。《四庫全書》所收本是王與撰。《大典》有自序，題'至大改元之歲'，此本無之。庫本二卷，此本并作一卷。”

　　文光案：《孫氏書目》：“《洗冤録》一卷，宋慈編。元人增附，一影抄本，一星衍重刊本。《平冤録》一卷，宋人撰，不題名氏。《無冤録》一卷，元王與撰。”又案：朱墨本《洗冤録》，銜名在目録前，題“惠父編”。據慈序，非其所自撰也。

　　右法家類。

　　法家之意，明刑弼教，而其流爲刻薄寡恩，故刑名之學，聖世弗尚。《漢志》“法家”不列《管子》，隋、唐志始列《管子》於“法家”，至今因之。兹所録者，凡四家。因古刻甚少，詳爲考究，其現行諸本概弗之及。

**校勘記**

〔一〕“道”，據清楊紹和《楹書偶録》，下當脱一“予”字。

〔二〕“寶墨堂”，據上文當作“墨寶堂”。

〔三〕“於”，據宋張淏《雲谷雜記》，當作“爲”。

〔四〕“諱”，原作“韓”，據清瞿鏞《鐵琴銅劍樓藏書目録》改。

〔五〕“陸”，原作“隆”，據下文改。

〔六〕據宋乾道本《韓非子》，“改元”後有“中元”二字。

# 子部四

## 農家類

### 《齊民要術》十卷

後魏賈思勰撰

汲古閣本。前有自序并雜説，後有紹興甲子葛祐之後序、嘉靖甲申王廷相序，又沈士龍、胡震亨跋。

賈氏自序曰："今采捃經傳，爰及歌謡；詢之老成，驗之行事；起自耕農，終於醯醢，資生之業靡不畢書。號曰'齊民要術'，凡九十二篇，分爲十卷。卷首皆有目録，於文雖煩，尋覓差易。其有五穀、果蓏非中國所植者，存其名目而已，種植之法，蓋無聞焉。舍本逐末，賢哲所非，故商賈之事闕而不録。花草之流，可以悦目，徒有春華而無秋實，匹諸浮僞，蓋不足存。鄙意曉示家童，未敢聞之有識，故丁寧周〔一〕至，言提其耳，每事指斥，不尚浮辭，覽者無或嗤焉。"

葛氏序曰："此書乃天聖中崇文院板本，非朝廷要人不可得。張使君轔，字彥升，濟南佳士也。嘗爲越之上虞令，自九江郡丞擢守龍舒，得善本於向伯恭，刊於州治。"

王氏序曰："是書播殖五種，畜字六擾，區灌蓏蔬，栽樹果實，條貫時宜，靡不該載。侍御鈞陽馬公直卿按治湖湘，獲古善本，乃命刻梓。”

沈氏跋曰：“此北俗之法，南方非宜。第其所引，如《氾勝之書》、崔寔《四時月令》、《雜五行》、《占候》、《食經》等書，皆世所罕覯；其他記傳，亦多與今本不同，可互相考證：蓋操觚家所不能廢也。”

胡氏跋曰：“宋孫祕丞有《音義釋解》，今已失傳。王元美《卮言》所載，謂無音切，則亦未見注本矣。此特農家書耳。又身是北傖，乃援引史傳、雜記不下百餘種，方言、奇字難復盡通。原本第二卷脫去二幅，假得善本足之。”

文光案：此本正文自注中皆有闕字，以墨覆之。

## 《農書》三卷

宋陳旉撰

《知不足齋》本。依仁和趙氏小山堂鈔本開雕。上卷十四篇，曰《財力之宜》，曰《地勢之宜》，曰《耕耨之宜》，曰《天時之宜》，曰《六種之宜》，曰《居處之宜》，曰《糞田之宜》，曰《薅耘之宜》，曰《節用之宜》，曰《稽功之宜》，曰《器用之宜》，曰《念慮之宜》，曰《祈報篇》，曰《善其根苗篇》；中卷三篇，曰《牛説》，曰《牧養役用之宜》，曰《醫治之宜》；下卷五篇，曰《種桑之法》，曰《收蠶種之法》，曰《育蠶之法》，曰《用火採桑之法》，曰《簇箔藏繭之法》。是書言簡意明，文詞暢茂，皆取材於經、子，非野老之謾辭。觀其前、後序并自題，甚自矜貴。又有丹陽洪興祖序、新安汪綱跋。

陳氏自序曰：“耕桑之事爲細民之業。旉躬耕西山，心知其故，撰爲《農書》三卷，區分篇目，條陳件別而論次之。是書也，非苟知之，蓋嘗尤蹈之，確乎能其事，乃敢著其説以示人。若葛抱朴之論《神仙》，陶[二]隱居之疏《本草》，其謬悠之説、荒唐之論，取誚後世，不可勝紀矣。此蓋叙述先聖王撙節愛物之志，固非騰口空言，誇張盜名，如《齊民要術》、《四時纂要》迂疏不適用之比也，實有補於來世云爾。”

陳氏後序曰：“農事備載方册，農夫野叟不能周知。余故纂述其源流，叙論其法式，詮次其先後，首尾貫穿，俾覽者有條而易見，用者有序而易循，知聖王務農重穀，勤勤在此。”

此書成於紹興十九年。真州雖曾刊行，而當時傳者失真，首尾顛錯，意義不貫者甚多。又爲或人不曉旨趣，妄自删改，徒事緟章繪句，而理致乖越。僕誠憂之，故取家藏副本繕寫成帙，以待當世君子採取以獻於上，然後鋟板流布，必使天下之民咸究其利，則區區之志願畢矣。後五年甲戌元日，如是庵全真子自題。

洪氏序曰：“西山陳居士，於六經、諸子、百家之書，釋老氏、黃帝、神農氏之學，貫穿出入，下至術數小道，亦精其能。其尤精者，《易》也。平生讀書，不求仕進，所至即種藥治圃以自給。紹興己巳，自西山來訪予於儀真，時年七十四，出所著《農書》。余讀之三復，因以《儀真〔三〕勸農文》附其後，俾屬邑刻而傳之。”

汪氏跋曰：“余得《農書》一帙，凡耕桑、種植之法，纖悉無遺。嫡來守高沙，視事之初，急鋟諸木以爲邦人勸。”

## 《蠶書》一卷

宋秦觀撰

《知不足齋》本。是書見於《淮海集》，此乃單行之本。前有秦觀自序，後有嘉定甲戌雙溪孫鏞跋。

秦氏自序曰：“予閒居，婦善蠶，從婦論蠶，作《蠶書》。”

孫氏跋曰：“郡守汪公取秦淮海《蠶書》示予，乃命鋟木，俾與《農書》并傳焉。”

# 《耕織圖詩》一卷

宋樓璹撰

《知不足齋》本。首題"於潛令樓公進耕織二圖詩"，後有乾隆三年荆溪萬作霖甘來氏跋。

萬氏跋曰："樓公孫洪跋語未載公名。按：樓大防鑰《耕織圖後序》云：'高宗皇帝紹開中興，備知民瘼。伯父璹時爲於潛令，念農夫蠶婦之作苦，究訪始末，爲耕、織二圖。耕自浸種以至入倉，凡二十一事；織自浴蠶以至翦帛，凡二十四事。事爲之圖，繫以五言詩。賜對之日，遂以進呈。玉音嘉獎，宣示後宮。'又按：宋濂題《耕織圖》卷後云：'宋高宗時，四明樓璹作《耕織圖》上進。'今觀此卷，蓋所謂'織圖'也，逐段之下有憲聖慈烈皇后題字。皇后姓吳，配高宗，其書絕相類。豈璹進圖之後，或命翰林待詔重摹，高后題之耶？向以此書世所罕覯，或有疑爲大防作者。同寓張子崑喬考訂確據，故并識之。"

萬氏又跋曰："聖祖仁皇帝南巡時，江南人士出其藏書進獻者甚多。內有《農書》、《蠶書》、《耕織圖詩》三書，皆宋板也。奉敕合爲一編，付內庭收貯。按：三書，積書家罕有著錄者。《耕織圖詩》，《說郛》止載其目，其文闕焉。"

樓公行狀曰："公之伯父、故揚州太守璹爲於潛令時，圖耕織之勞，因事爲詩，嘗以進御。公重繪二圖，仍書舊詩而跋其後，獻之東宮，請時時省閱，知民事之艱難。太子斂衽聽受，且致謝焉。"

文光案：此狀錄於《絜齋集》，據此則進御者爲璹之圖，有大防後序；進東宮者，爲大防之圖，有自跋：圖有二而詩則一也。今聚珍本《攻媿集》有《跋伯父耕織圖詩》一篇，而無自跋，豈佚之歟？璹藏書畫甚多，亦好事者。

## 《農桑輯要》七卷

元世祖朝司農司撰

浙江重刊聚珍本。是書凡分十門，一曰典訓，言農桑之本并經史法言、先賢農務；二曰耕墾，凡三事；三曰播種，凡十九事；四曰栽桑，凡十五事；五曰養蠶，凡四十事；六曰瓜菜，凡三十一事；七曰果實，凡十七事；八曰竹木，凡二十一事；九曰藥草，凡二十六事；十曰孳畜，凡十事，此類爲養馬、牛、魚、蜂之法，終以歲時雜事：皆博采羣書，益以試驗，故可貴也。

原序曰："聖天子臨御天下，欲使斯民生業富樂而永無饑寒之憂，詔立大司農司，不治他事，而專以勸課農桑爲務。行之五六年，功效大著，民間墾闢、種藝之業，增前數倍。農司諸公又慮夫田里之人，雖能勤身從事，而播殖之宜、蠶繰之節，或未得其術，則力勞而功寡、獲約而不豐矣。於是遍求古今所有農家之書，披閱參考，別其繁重，摭其切要，纂成一書，目曰'農桑輯要'，凡七卷。鏤爲板本，進呈畢，將以頒布天下，屬余題其卷首。至元癸酉，翰林學士王磐題。"

　　文光案：此序質而無致，後半更砌凑，亦可見元世之文教矣。凡農桑、歷象、醫卜諸術，非經歷驗試，無補於用。棄書不可，泥書亦不可也。戊寅大祲之秋，吾邑初試區田，苗肥葉茂，粒則空虛，蓋習之未熟，疏密不合，故徒勞而枉費。其時亦按法行之，非無書也。

延祐五年四月廿七日，上御嘉禧殿。集賢大學士臣邦寧、大司農臣源進呈《農桑圖》。上披覽再三，問："作詩者何人？"對曰："翰林承旨臣趙孟頫。""作圖者何人？"對曰："諸邑人匠提舉臣楊叔謙。"上嘉賞久之，人賜文綺一段、絹一段，又命臣孟頫序其端。欽惟皇上以賢士、豐年爲上瑞，嘗命作《七月圖》以賜東宮；又屢降旨，設勸農之官：其於王業之艱難，蓋已深知所本矣。此圖實臣源建意，令臣叔謙因大都風俗，隨十有二月，分農、桑爲廿有四圖，因其圖像作廿有四詩，正《豳風》因時紀事之義。又俾翰林承旨臣阿憐帖木兒用畏吾兒文字譯於左方，以便御覽。臣學術荒陋，乃過蒙聖獎，且拜綺帛之賜。臣既叙其事，無任榮幸，感恩之至。

　　文光案：此《農桑圖序》，録於《松雪齋外集》，乃明本所無。其題《耕織圖》二十有四首，爲五言古詩，在本集第二卷内。

戴植曰："今所傳《齊民要術》，可想農圃之梗概。《管子·地員》一篇，載土地所宜，比《禹貢》尤詳悉。《亢倉子》説農道大有意義，其説禾、黍、稻、麻、菽、麥得時失時尤詳，且悉與《吕氏春秋》大概略同。《漢志》：《神農》二十篇，《野老》十七篇，《宰氏》十七篇〔四〕，《董安國》十六篇，《尹都尉》十四篇，《趙氏》五篇，《氾勝之》十八篇，《王氏》六篇，《蔡癸》一篇。九家，百十四篇。要之各有傳授，不可例以夫子鄙須遂謂無此學也。"

玄扈先生曰："《書》不删《無逸》，《詩》不删《豳風》。夫子告須之辭，亦猶孟子不欲并耕之意耳。"

酈廷瑞《便民圖纂》，凡三卷，于永清序。分類十一，列條八百六十六，自樹藝、占法以及祈涓之事、起居調攝之節、芻牧之宜、微瑣製造之事，捆攎該備。大要以衣食生人爲本，故繪圖篇首而附纂其後，誠便民也。"

## 《農書》二十二卷

元王禎〔五〕撰

聚珍本。《提要》曰："《農書》二十二卷，《永樂大典》所載并爲八卷，割裂綴合，已非其舊。今依原序條目，以類區別，編爲二十二卷。其書典贍而有法，蓋《齊民要術》之流。圖譜中所載水器，尤於實用有稗。又每圖之末必系以銘贊、詩賦，亦風雅可誦。今外間所有王禎《農務集》，即從是書摘抄者也。唐中和節所進《農書》，世無傳本。宋人《農書》，惟陳旉所作存。元人農書存於今者三本，《農桑輯要》、《農桑衣食撮要》二書，一辨物産，一明時令，皆取其通俗易行；惟禎此書，引據賅洽，文章爾雅，繪畫亦皆工緻，可謂華實兼資。明人刊本，舛訛漏落，疑誤弘多，諸圖尤失其真。《永樂大典》所載猶元時舊本，今據以繕寫校勘，以還其舊觀焉。"謹案：《天禄琳琅書目》："《農書》一函，五册。《農桑通訣》五卷，《農桑〔六〕圖譜》二十卷，《穀譜》十卷，共三十五卷。前有禎序，後有山東巡撫準刊文移，卷末有'大明萬曆二載甲戌濟南府章丘縣刊行'木記。"據此則元本爲三十五卷，而《孫氏書目》合三十七卷，不可詳矣。

錢氏曰："王氏《農書》十卷，《農桑通訣》六、《農器圖譜》二十、《穀譜》十，總名曰《農書》。元豐城縣尹東魯王禎撰。所載《牛耕》、《蠶事起本》及圖譜之類，詳而有法。民事不可緩，其學識定乎平日，非聊爾成書者也。"錄於《敏求記》。

莫氏曰："《農書》二十二卷，凡《農桑通訣》六卷、《穀譜》四卷、《農器圖譜》十二卷。每卷題'集之一'、'集之二'。附説云：'古之文字皆用竹帛，後漢始紙，乃成卷軸，以其可以舒卷也。至五代板行於世，俱作集册。今宜改卷爲集。'首載嘉靖庚寅臨清閻閎序，蓋山東巡撫邵錫、布政使顧應祥始刊，而左布政使李緋成之。板心頗大。至萬曆末鄧溪刊本刪并爲十卷。《四庫》本依《大典》用王氏元注重編，恐未能悉還其舊，惜未見此本耳。"錄於《經眼録》。

文光案：《農書》有戴表元序，此本無之。又《農桑通訣》有刻本，未見。閻閎序云："首以《通訣》，繼以《器譜》，而終以諸種民事，通諸上下者益備矣。是書據六經，該羣史，旁兼諸子百家，以及殊方異俗咸著。邵公刊布之盛心惠遍吾人，豈有窮乎?"

## 《中外水法》一卷

明西洋熊三拔撰，王徵述

原本。此薛氏《算學全書》之一種，可與席氏本參看。席本說詳，此本圖備。《泰西水法》著於《四庫書目》，收入《農政全書》，又有席氏單行本流傳於世。此本知者甚少，余故表而出之。

薛氏序曰："兹數器者，急流與緩流，山泉與平蕪，無不皆宜於以救火捍患、生物養民。神哉! 技至此，何以加焉!"

薛氏又序曰："水有爲氣之所生者，有爲氣之所升者。雨雪，山澤氣之所生者。泉有伏流，乘氣上升，故山上有泉，成潭數里，流爲江河。如人顛頂髓海，督脉所起，血乘上行同。是爲氣法，是爲水理。西法大抵以氣爲之權輿，雖用器具，不過以爲束水導引之具，不全恃也。諸法力省功多，最切世用。"

中法有水鞴〔七〕，見《後漢書》。今冶鐵者用之，即水法之恒升；有水筒，見《蘇文忠公集》。蘇子曰："蜀去海遠，取鹽於井〔八〕。陵州井最古，渮井、富順監亦久矣。惟邛州浦江縣井，乃祥符中民王鸞〔九〕所開，利入至厚。自慶曆、皇祐以來，始創筒井。用圜刀鑿如碗大，深者數十丈。以巨竹去節，牝牡相銜爲井，以〔一〇〕隔橫入淡水，則咸〔一一〕泉自上。又以竹之差小者出入井中爲筒，無底而竅，其上懸熟皮數寸，出入水中，氣自呼吸而啓閉之，一筒致水數斗。凡筒井皆用機械，利之所在，人無不知。"即水法另爲小井之恒升。

四法種數甚多，取簡要可用者。全不用人力者三種，曰自升，曰高升，曰虹吸，各一圖。自升、高升出《天步真原》，穆尼閣譯。虹吸出《奇器圖》，王徵傳。稍用人力而出水甚多，以他機發之，亦可不用人力者三種：曰龍尾，凡六圖；曰恒升，凡四圖；曰玉衡，凡四圖。出《泰西水法》，熊三拔譯。曰水櫃，凡四圖，山居必用，亦熊所譯。

　　文光案：席本無龍尾第六圖，其餘十七皆同。凡圖皆有說。水櫃，亦曰"水庫"。

## 《泰西水法》六卷

明熊三拔撰

掃葉山房〔一二〕本。首萬曆壬子徐光啓序；次鄭以偉序；次《水法本論》，熊撰。第一卷，用江河之水，爲器一種；第二卷，用井泉之水，爲器二種；第三卷，用雨雪之水，爲法一種；第四卷，《水法附餘》；第五卷，《水法或問》；第六卷，《水法圖》。

陳臥子曰："泰西之學，翰墨遜其巧矣。《水法》數卷，其文則駸駸乎《考工》之亞哉？豈曰'禮失而求諸夷'？"

　　文光案：《泰西水法》採入《農政全書》。初，徐光啓之著《農政全書》也，臥子謂其有得即書，非有條貫，別著凡例數十條，刪其十之三，增其十之二。其例具載集中，其書未見。

## 《農政全書》六十卷

明徐光啓撰

明本。前有方岳貢序。是書《農本》三卷，曰《經史典故》，曰《諸家雜論》，曰《重農考》；《田制》二卷，曰《井田考》，曰《田制篇》；《農事》六卷，曰《營治》，曰《開墾》，曰《授時》，曰《占候》；《水利》九卷，曰《總論》，曰《西北水利》，曰《東南水利》，曰《水利策》，曰《水利疏》，曰《灌溉圖譜》，曰《利用圖譜》，曰《太西水法》；《農器》四卷，皆圖譜；《樹藝》六卷，曰《穀部》，曰《蓏部》，曰《蔬部》，曰《果部》；《蠶桑》四卷，曰《總論》，曰《養蠶法》，曰《栽桑法》，曰《蠶事圖譜》，曰《桑事圖譜》，曰《織紝圖譜》；《蠶桑廣類》二卷，曰《木棉》，曰《麻》；《種植》四卷，曰《總論》，曰《木部》，曰《雜種》；《牧養》一卷，曰《六畜》；《制造》一卷，曰《食物》；《荒政》十八卷，曰《備荒總論》，曰《備荒考》，曰《荒政本草》，曰《野菜譜》。

方氏序曰："從臥子先生處得徐文定公所輯《農書》數十卷，既悉其事，復列其圖，農事備矣。蠶桑、六畜，皆農所有事，故次之；水旱何常？故以《備荒》終焉。"

文光案：此本《泰西水法》三卷，《救荒本草》十四卷。

僉事李濂序曰："《救荒本草》二卷，永樂間周憲王集而刻之，今亡其板。濂訪求善本，巡撫畢公重爲刊布。是書有圖有說，按圖採食，隨地皆有，可以活命。"

## 《授時通考》七十八卷

乾隆二年敕撰

江西本。首御製序、上諭，次凡例、奏摺、經理諸臣銜名、目錄。凡八門，曰《天時》，曰《土宜》，曰《穀種》，曰《功作》，曰《勸課》，曰《蓄聚》，曰《耕餘》，曰《蠶桑》。每門各分子目，《天時》冠以總論，餘七門各冠以彙考，而詔諭、御製詩文并隨類恭録焉。謹案：八卷爲《方輿圖說》，十三、十四爲《田制圖說》，五十二三爲《耕織圖》，五十七爲《社義倉圖式》。乾隆七年江西巡撫陳宏謀校刊。又案：《田家五行》、《農家諺語》，至今猶驗。

例曰："是編采摭經史，俱取其切於實用及名物根據所自，詩文藻麗之詞概置〔一三〕弗録。惟歷代詔令章奏有關農事者，詳悉採入。""百穀、九穀、五穀，注家詮解不一，且南北異宜，即老農亦未能悉辨。今取其廣種而利溥者，羅列於前，而附以直省土産、瑞穀、佳禾，冠於《穀種》之首。""歷代以常平倉爲要，《農書》所載甚略，今益加增輯。救荒諸條，今已刊行《康濟録》一書，是編不復採入。又《救荒本草》多至四百餘種，固仁者之用心，然延喘須臾，何暇按圖考傳？今曰性味若何，烹芼若何，是鳴和鸞於救焚拯溺之時而論殽蔵於羅雀掘鼠之日也，亦從删省。"

右農家類。

《漢志》著《神農》二十篇，如醫家之依託黃帝，而其書不傳。《唐志》雜以歲時、月令及相牛馬諸書，至於錢譜、相貝之屬，觸類蔓延。直齋譏之，誠當矣。然《書録》所載《桐譜》、《橘録》、《糖霜》、《蟹略》之類，亦與農務無涉。今所録者九家，皆農務本業，有神實用者，其餘悉爲删退。明人刻《便民圖纂》十六卷，首列《農務》、《女紅圖》二卷，凡有便於民者，莫不具列，其意可佳，而書不易得。愚謂農書宜取其便，他非所急也。

**校勘記**

〔一〕"周"，原作"用"，據《四庫全書》本《農政全書》卷一改。

〔二〕"陶"，據《農書》補。

〔三〕"真"，原作"徵"，據上書改。

〔四〕"《宰氏》十七篇"，據《農政全書》補。

〔五〕"元王禎"，原作"王元禎"，據理乙正。

〔六〕"桑"，據《農書》當作"器"。

〔七〕"鞴"，原作"韝"，據《東坡全集》改。

〔八〕"井"，原作"叔"，據同上書改。

〔九〕"鷺",原作"樂",據同上書改。

〔一〇〕"以"後原衍一"幅"字,據同上書刪。

〔一一〕"咸",原作"鹽",據同上書改。

〔一二〕"山房",原作"房山",明萬曆年間蘇州席氏有掃葉山房,據以乙正。

〔一三〕"置",原作"致",據《授時通考》改。

# 子部五

## 醫家類一

### 《重廣補注黃帝内經素問》二十四卷

唐王冰注

明本。此仿宋刻，無刊書年月，款式悉依宋本之舊。第一行題"重廣補注黃帝内經素問"，第二行題"啓玄子次注，林億、孫奇、高保衡等奉敕校正，孫兆重改誤"。首目録，次校書表，次王冰序。每葉二十行，每行正文二十字，小注三十字。板口刻"内經"二字，下刻校書人名。案：《漢志》"《内經》十八卷"，別有《外經》三十七卷，久佚，人無知者。《隋志》"《素問》九卷"，注云："梁八卷。"《宋志》"《素問》二十四〔一〕卷，唐王冰注"，今所行者即此本。又《素問》八卷，隋全元起注，此本今不可得。林億所校，多采元起之説，故書内標"全元起注第幾"。《唐志》："全元起著《素問》九卷。"《崇文總目》、《通考》所載皆二十四卷。《素問》之名，或云以素帛書所問，或云黃帝與岐伯素所問答。王冰，宋槧本作"冰"，晁《志》作"砅"，自號啓玄子。《唐書・宰相世系表》稱冰爲京兆參軍，《人物志》稱太僕令，校本引之，故醫家皆稱王太僕。岐黃之書，或視爲無要，或茫然不解，諸家書目尤不經意。余深通斯理，故所著特詳。《素問》不必爲黃帝所著，然其微言奧義，必有所受，與他書之僞託者迥別。其中古言古字，尤資考證，是真漢學之書也。此本紙墨皆佳，世所盛稱。余以重價得之，真堪寶貴。恭讀《天祿琳琅書目》所著宋本，與此本同。寶應元年冰序、校正銜名、每卷末附《音義》亦同。一本爲長洲顧氏所藏，有"秀野草堂顧氏藏書印"、"顧嗣立印"。一本爲陳選所藏，有"戲墨樓"三字印、"克庵印"、"方壺山人"四字印。一本爲太倉王氏所藏，有"婁東"二字印、"掃花菴鑒賞"五字印、"王時敏印"。三本皆一板所印，不著《靈樞》。又一本板心有"紹定重刊"四字，松江朱氏藏本，有"文石朱氏家藏圖書印"。一本《素問》、《靈樞》并著，有史崧序，亦每卷附《音義》。崧序云"家藏舊本《靈樞》"，是此書至南宋始出也。

陳氏曰："《漢志》'十八卷'，《素問》即其中之九卷。《靈樞》九卷，乃其數焉。先時第七卷亡逸，砅時始獲，乃詮次注釋，凡八十一篇，分二十四卷。今又亡《刺法》、《本論》二篇。"錄於《直齋書錄解題》。

文光案：《素問》與《靈樞》各八十一篇，其言《素問》八十篇者，誤也。《刺法論》七十二，《本病論》七十三，今本目下注"亡"字。《明志》："趙簡王補刊《素問遺篇》一卷。世傳《素問》王冰注本中有缺篇，簡王得全本補之。"其書未見。《素問》九卷兼《靈樞》九卷，是爲《內經》十八卷，本於皇甫士安《甲乙經序》。亡其第七一卷，故梁《七略》作八卷，全元起注本亦八卷。宋校本每卷之首各標"全本第幾"，《唐志》："全元起注《素問》九卷。"可知全本爲《素問》舊第。今本目錄爲王冰所定，然則王注本非《內經》原書，宋校本《重廣補注》又非王氏原書矣。但補注以"新校正云"四字別之，使不與王注相混，此例最佳。天一閣有明吳梯校本十卷，與此不合。冰序云："別撰《玄珠》，以陳其道。"新校正云："《玄珠》世無傳者。今《玄珠》十卷、《昭明隱旨》三卷，蓋後人依託之文。"晁《志》"《玄珠密語》十六卷"，《通志》作十卷，焦《志》同《敏求記》作十七卷。《拜經樓藏書記》云："《玄珠》，宋板以外無二刻，其書微渺難測，是以所傳不廣。"不知吳氏所藏之本，至今尚在人間否。冰又有《天元玉策》三十卷，亦無傳本。

《玉海》："天聖四年，校定《内經素問》。五年，國子監印行。景祐二年，校正《素問》。嘉祐二年，置校正醫書局於編修院，命掌禹錫等五人司其事，從韓琦之言也。政和八年，詔刊正《内經》。"

文光案：天聖本、景祐本、政和本今俱不傳。此本無刊書年月。表云"嘉祐中承乏典校"，蓋仁宗時開局，至神宗時方告成鋟梓也。《玉海》王注有釋文一卷，今散見於各卷之後。《中興書目》"王注十四卷"，蓋誤"二十"爲"十"。

## 《黄帝内經靈樞》二十四卷

是書《宋志》九卷，與《素問》并行。

明本。仿宋刻，每葉二十行，正文二十字。無注。前有目錄，凡八十一篇。宋紹興乙亥錦官史崧序。首行題"新刊黄帝内經靈樞"。每卷末附《音釋》。第一篇内有缺葉。按：《靈樞經》始見《宋志》，與《素問》同稱"内經"，故合刻之而無單行之本。《隋志》："《黄帝鍼經》九卷。"王叔和《脉經》、皇甫謐《甲乙經》，凡引《靈樞》直稱九卷。王燾《外臺祕要》亦然。林億云："《隋志》謂之《九靈》，王冰名爲《靈樞》。"今《隋志》無《九靈》，是誤記也。《甲乙經》引《靈樞》之文，是名亦不始於王冰也。《甲乙經序》云："《鍼經》九卷、《素問》九卷，共十八卷，即《内經》也。"楊玄操云："《黄帝内經》二帙，帙各九卷。"《唐

志》："《鍼經》十卷，靈寶注《黃帝九靈經》十二卷。"《九靈經》
即《靈樞經》。《宋志》："《靈樞》九卷，《鍼經》九卷。"冰注引
《靈樞經》，又引《鍼經》，其爲二書無疑。《館閣書目》云"《黃
帝靈樞經》九卷，隋楊上善序，凡八十一篇。《鍼經》九卷，大抵
同，亦八十一篇。《鍼經》以《九鍼十二原》爲首，《靈樞》以精
氣爲首，又間有詳略"云云，更可爲二書之證。且親見其本，非
同泛説。今《靈樞》則以《九鍼十二原》爲首，所謂"精氣"
者，無其篇名，蓋《靈樞》至宋已無完帙，故林億等無從校正。
史崧所得，亦非全書，釐析增益，復爲八十一篇，又非館閣所存
林億所見之本矣。唯今本之文多出於《甲乙經》，用以互勘，裨益
良多。予撰《紫玉函書目》，於醫家類考訂頗精。此其中之案語
也，今移於此。

史氏序曰："家藏舊本《靈樞》九卷，共八十一篇。增修《音
釋》，附於卷末。"

文光案：《靈樞》原本九卷，史崧分爲二十四卷。熊宗立
重刊史本，合併爲十二卷。此本二十四卷，爲史崧原書，音
甚疏略。

杭氏《靈樞經跋》曰："《隋志》'《鍼經》九卷，《黃帝九靈》
十二卷'，是《九靈》自《九靈》，《鍼經》自《鍼經》，不可合而
爲一也。王冰以《九靈》名《靈樞》，不知其何所本。余觀其文義
淺短，與《素問》之言不類，又似竊取《素問》而鋪張之，其爲
王冰所僞託可知。此書至宋中世始出，未經高保衡、林億等校定
也。其中'十二經水'一篇，黃帝時無此名，冰特據所見而妄臆
度之。"錄於《道古堂集》。

文光案：杭氏此跋考證多疏。《隋志》無《九靈》，誤以
《唐志》爲《隋志》，是承林億等之訛也。《九靈》與《鍼經》
不可合而爲一，其言固是，特未見《館閣書目》，不知二書大

略相同也。《甲乙經》顯有《靈樞》之文，王注引之，是冰未嘗以"九靈"名《靈樞》也。愚嘗謂《靈樞》與《素問》互相發明，謂不出於一人之手則可，謂冰所偽託實無確證。且今之《靈樞》與《鍼經》相混，又與《甲乙經》相類，既非王冰所見之本，何由知其偽撰之迹？杭又云"後人莫傳其書，紹興中史崧具狀始出，未經林億等校正"，此更未之深考也。按：《宋會要》："嘉祐二年，韓琦言：'《靈樞》、《太素》、《甲乙經》、《廣濟》、《千金》、《外臺祕要》之類多訛舛，《本草》編載尚有所亡。'於是選官校正，從琦之言也。"當時實有《靈樞》，故韓琦言之。《素問》新校正云："王氏引《鍼經》，多《靈樞》之文，但《靈樞》今不全，未得盡知。"據此，則林億等親見《靈樞》，特以其不完，無從校正；非至紹興中始出，林億等未經寓目也。歷觀杭氏之論，所引皆舊説，未曾覆檢原書；所言多臆斷，大半不足依據。館臣稱是跋考證明晰，殊不然也。前亦甚愛其説，今校《靈樞》，方知其謬，遂詳辨之。因遍閱《道古堂集》諸序跋，大半抄撮類典，不究原書，詞學家之習派也。其鴻博不及《玉海》，而訛謬甚於深寧。讀是集者，切不可震其名而據為定論也。其校書者尤宜遍檢原書，不可人云亦云，漫不加察也。又案：《靈樞》自古無注釋，明馬蒔始有注九卷，以本經為照應，與《素問》相同者則援引之，差便循覽。其自序云："《素問》隨問而答，頭緒頗多。《靈樞》大體渾全，細目畢具，如儒家之有《大學》。學者視此書止為用鍼，棄而不習，深可痛恨。"此説較杭氏為得實，蓋研究本書，深通其理，與採取舊文、妄肆譏評者固有異也。序又謂"士安以'鍼經'名《靈樞》"，尤足證杭氏之訛。惟馬注與張介賓注，雖尊信此書，而好以意改竄，亦明人之陋習也。又案：《宋史·哲宗本紀》"元祐八年春正月庚子，詔頒高麗所獻《鍼經》於天下",則《鍼經》猶有傳本也。

## 《重廣補注黃帝素問》二十四卷　《靈樞經》十二卷

唐王冰注,宋林億等補注

明本。此《醫統正脉》之首部,萬曆辛丑吳勉學校刊。板式與前本悉同,唯翻刻顧本,不如前本精善。板口內"經"字或在上,或在中。《靈樞》十二卷,與前本不同,無史崧序,蓋失之矣。天一閣所著即此本,有史序。吳校本無史音,前有嘉靖庚戌顧經德校刊序。

顧氏序曰:"家大人供奉內廷,時以宋刻善本見授,曰:'今世所傳《內經》,即黃帝之《脉書》,廣衍於秦越人、陽慶、淳于意諸長老,其文遂似漢人語,而旨意遠矣。'遂翻之以見承訓之私云。"

文光案:日本書目載《黃帝素問》十六卷,全元起注。是全注猶有傳本而中國未見。又案:《內經》言解㑊者凡五,"解㑊"二字不見他書,亦非病名。"解"即"懈","㑊"音亦,倦而支節不能振聳,懘而精氣不能檢攝,筋不束腎,脉不從理,解解㑊㑊,不可指名,非百病中有此一症也。夫人之所恃以生者,精、氣、神也。精不足則解解㑊㑊,氣不足則厭厭息息,其狀難名,其苦楚有不堪言者。有精有氣而無神,雖不病亦殆矣哉。故《內經》之首,先言調攝,所謂"不治已病,治未病"也。人之氣與天地相通,苟得四時之宜,病從何入?吾故謂致病之原,由於不慎。

## 《黃帝素問》二十四卷　《靈樞經》二十四卷

《素問》,王冰注。《靈樞》,史崧音釋

守山閣本。咸豐二年錢熙祚校刊。此單行之本,不在叢書內。

同人校正精審，便於誦讀，惟非宋本舊式，人不之貴。後有錢傑、錢蓀跋。

錢氏跋曰：「先君子校正此書，既寫定矣，以未見宋本爲歉。壬寅冬，借玄妙觀《道藏》本校閱，間有異同，絕無勝處，遂置之。不肖兄弟補刊《指海》既竣，因商之張君嘯山，覆校付梓。」

文光案：《道藏》本未見，據跋「絕無勝處」，則亦不必計念矣。予得此本已四十餘年，今如晨星。《指海》傳本亦少。錢氏所校《內經》實有過人之處，其詳著於《目錄學》。業醫者宜訪此本讀之，庶不致誤。

## 《黃帝內經素問注》九卷　《內經靈樞注》九卷

明馬蒔注

古歙慎餘堂本。嘉慶十年鮑漱芳重刊，有序。篇目與宋本同，末附補遺，即《刺法》、《本病》二論，目錄注「亡」字者，另本《素問遺篇》有此，因補刻之。《素》、《靈》二書各有引。此馬元臺官太醫院正文時所撰也。今坊行者即此本。

鮑氏序曰：「元臺先生分《素》、《靈》各九卷，復還舊觀。合二書詳加詮注，參互貫穿，洞足發《內經》微旨。原刻絕少，即舒載陽重刻之本亦不可多得。余因以家藏舊本重校付梓。」

## 《黃帝內經素問集注》九卷

國朝張志聰撰

侶山堂本。康熙庚戌門人朱景韓校正。前有自序、目錄、凡例七條。此注就經解經，不尚詞藻，餘意未盡，標於格外。以《運氣》七篇折論而統參之，天時、民病，可以預推，其應若桴鼓，而人不致意，因詳著之，間引諸說，故名「集注」。是書傳本甚少，亦無翻刻。予所得者板甚工整，因其切實，朝夕玩焉。志聰字隱庵，錢塘人，名醫也。

張氏自序曰："自庚子五載注仲祖《傷寒論》及《金匱要略》二書刊布問世，今復自甲辰五載注釋《內經素問》九卷。以晝夜之悟思，印黃岐之精義；前人咳唾概所勿襲，古論糟粕悉所勿存；惟與同學高良共深參究之祕，及門諸弟時任校正之嚴。剖劂告成，顏曰'集注'，蓋以集共事參校者什之二三，先輩議論相符者什之一二，非有棄置也。亦曰前所已言者，何煩余言？唯未言者，亟言之以俟後學耳。雖然，人憚啓闢，世樂因仍，維《詩》有云：'如彼飛蟲，時亦弋獲。'然則天下後世之譽我或於此書，天下後世之毀我亦或於此書，余何敢置喙？夫亦以見志之有在，惡容矜慎哉！"

## 《素問校義》一卷

國朝胡澍撰

《滂喜齋》本。潘氏校刊，前後無序跋。

宋校本按："王氏不解《素問》之義。全元起云：'素者，本也；問者，黃帝問岐伯也。'義未甚明。按：《乾鑿度》有太素之名。太素者，質之始也。氣形質具，疴瘵由是生萌，故黃帝問此。"俞氏理初曰："《素問》名義，如素王之'素'。古人刑名'八索'、'九丘'，'素'、'索'、'丘'皆空也。刑皆空設，欲人不犯法，不害性。"澍案：全說固未甚明，林說亦迂曲難通。俞氏以"索"證"素"是矣；《書序》"八索"、《左傳》"八索"，釋文并曰："索，本作'素'。"《中庸》索隱正作"素"。而云"素、索、丘皆空也"，雖本《釋名》及《左傳正義》，實亦未安。今案：素者，法也。鄭注《士喪禮》曰"形法定爲素"、《左傳》"不愆于素"、《孔彪碑》"遵王之素"，"素"皆謂"法"字，通作"索"。《左傳》"疆以周索"，杜注："索，法也。"賈逵曰："八索，三王之法。"黃帝問治病之法於岐伯，故其書曰“素問”。素問者，法問也，如揚雄之《法言》。若俞說，則是“八索”爲“八空”，“九丘”爲“九空”，“素問”爲“空問”，不詞孰甚焉，故特辨之。

文光案：績谿以“素問”爲“法問”，亦可備一說。然名書之義，究不能知，後人各以意爲定，不能指其孰是也。漢學家考訂名義，實有功於後人，然治病之法不在此也。

## 《難經本義》二卷

周秦越人撰，元滑壽注

《醫統》本。首例，次闕誤總類，次引書、姓名，次彙考，次圖說。卷末有案語。滑注融會諸家之說而成，所引諸本今俱未見。提要云：“首列彙考，知佚序例。”此本彙考前有凡例、闕誤，有考證十九條。

例曰：“周仲立、李子埜筆削，不從。楊‘十三類’亦不從。錯簡衍文，辨見各篇下。越人取《素問》、《靈樞》之言，設爲問答，今一一考出。”

吳廣《難經注解》。楊玄操《注釋》。丁德用《補注》。虞庶《注》。周與權《難經辨正釋疑》。王宗正《注義》。紀天錫《注》。張元素《藥注》。袁坤厚《本旨》。謝縉孫《難經說》。陳瑞孫與其子宅之著《難經辨疑》。以上引書目凡十一家。

考曰：“《史記》無著《難經》之說。《正義》，《扁鵲倉公傳》全引《難經》文以釋其義。古傳以爲越人作，不誣也。其稱經言者，出於《靈》、《素》，在《靈樞》尤多。有二經不見者，豈別摭古書，或自設爲回答？”

丁注題云“華佗燼其文於獄”，則《難經》爲燼餘之文。　諸家經解，馮氏、丁氏傷於鑿，虞氏傷於巧，李氏、周氏傷於任，王、呂晦而舛，楊氏、紀氏大純而小疵，唯近世謝氏殊有理致源委。袁氏《本旨》佳處甚多，未免蹈前人之非，且失之泥。 潔古《藥注》，疑其未及成書，且無文理，豈託名耶？ 《難經》辭甚簡，而榮衛度數、尺寸位置、陰陽王相、臟腑內外、脉法病能，與夫經絡流注、鍼刺俞穴，莫不該[二]盡，不可以十三類統之。

案曰："越人當先秦戰國時，與《內經》、《靈樞》之出不遠，必有得於口授面命者，故見之明而言之詳，不但如史所載長桑君之遇也。"

東坡曰："句句皆理，字字皆法。後世達者神而明之，如盤走珠，如珠走盤，無不可者。"

歐陽圭齋曰："《難經》，先秦古文，漢以來《答客難》等作皆出其後，文字相質難之祖也。"以上皆錄於本書。

文光案：《漢志》："《扁鵲內經》九卷，《外經》十二卷。《扁鵲俞拊方》二十三[三]卷，應劭[四]曰：黃帝時醫也。"《隋志》"《難經》二卷"，不題秦越人注，云："梁有《黃帝衆難經》一卷，呂博望注，亡。"《唐志》："《黃帝八十一難經》二卷，全元起注。"《舊唐志》"一卷"。愚所稱漢、隋、唐、宋四志爲北監本，《舊唐志》爲閩人本。舊志最豁目，新志與《宋志》不便省覽。《宋志》"二卷"。又有《難經疏》十三卷，不知何人所撰。晁《志》有丁德用注，五卷；又虞庶注，五卷。

晁氏曰："丁注以楊玄操所注甚失大義，因改正之。經文隱奧者繪爲圖。"錄於《讀書志》。

文光案：丁德用，宋人。嘉祐末其注始成，應與林億等同時。圖自丁注始，元本未見。今俗本有《圖注難經》，非丁圖也。

晁氏曰："庶少習儒，已而棄業習醫，爲此書以補呂、楊所未盡。"錄於《讀書志》。

文光案：虞庶，宋人，其注單行本未見。

陳氏曰："《難經》首篇言診候最詳，凡二十四難，蓋脉學自扁鵲始也。"錄於《書錄解題》。

王氏曰："黃帝與岐伯更相問難，雷公之倫，授業傳之，而《內經》作矣。秦和述六氣之論，越人演述《難經》，倉公傳其舊學，仲景撰其遺論，晉皇甫謐刺爲《甲乙》，隋楊上善纂爲《太素》。唐王冰篤好之，爲次注。王勃序曰：'《八十一難經》，醫經之祕錄也。岐伯授黃帝，黃帝歷九師以授伊尹；伊尹授湯，湯歷六師以授太公；太公授文王，文王歷六師以授醫和；醫和歷六師以授秦越人；越人始定立章句，歷九師以授華佗；華佗歷六師以授黃公；黃公以授曹夫子元〔五〕。'"錄於《玉海》。

文光案：陳《錄》、《漢志》但有《扁鵲內外經》，《隋志》始有《難經》，《唐志》遂屬之越人，皆不可考。如王序元元本本，不可謂無考，然究不知其何所據也。或唐人尚見古書，故言之親切如此。

《通考》："《吕楊注》五卷。晁曰：'吳吕廣注，唐楊玄操演。越人授桑君祕術，明洞醫道，世以其與黃帝時扁鵲相類，乃號之爲"扁鵲"。采《黃帝內經》精要之説凡八十一章，以其爲趣深遠未易了，故名"難經"。玄操編次爲十三類。'"錄於本書。

文光案：《崇文目》以"十三類"爲越人所編，恐誤。餘與晁説大同小異。《崇文目》又有《難經疏》十三卷，侯自然撰，可補《宋志》姓名之缺。"難"字，晁作平聲讀，陳作去聲讀。吕廣注爲重編本，非越人之舊。

陸孟鳧云："《難經》從未見宋槧本。"錄於《敏求記》。

## 《難經解》二十四卷

金張元素撰

元本。前有至元十七年王惲序。此序又見於《秋澗集》，又見於《中州名賢文表》。

王氏序曰："潔古張先生，醫師之大學也。以《難經》注釋雖博，未免有仁智殊見、體用不同之間，於是研思凝神，探索玄奧，發遣意於太素之初，出妙理於諸家之表，使體用一源，得失兩判。復隨其應證，附以禁忌方、論述、經解。先生高弟東垣老人以其書授羅君謙甫。兵後，文多墜簡，及得田氏口傳易水遺旨百餘條，茸補脫漏，遂爲完書。醫術精微，主司萬命，非一世之所能備、一人之所能窮。故軒、岐開天，如《大易》之畫其卦；越人撮要，猶三《傳》之贊其經。迨潔古講解，古今之善傳注之能事畢矣。謙甫將板行以壽其傳，求題諸篇端。予嘉其學術及物之外，能光昭師道如是，可謂知本也已。"

文光案：潔古老人書每與劉完素書相混，蓋完素或作"元素"，同爲金時人、同業醫故也。是書傳本甚少，《四庫》未收。據王序，此本爲東垣所補訂，非原書矣。潔古，易水人，故曰"易水遺旨"。

## 《難經集注》五卷

明王九思等撰

《佚存叢書》本。首行題"王翰林集注"。九思字敬夫，鄠縣人。弘治"十才子"之一。官至郎中。坐劉瑾黨，降同知，勒致仕。事迹附《明史・李夢陽傳》。是書集呂廣、丁德用、楊玄操、虞素[六]、楊康侯五家注解，并附音釋。同校正者王鼎象、石友諒、王惟一。前有歙縣尉楊玄操序，次目録。分十三類，曰經脉診候，曰經絡大數，曰奇經八脉，曰榮衛三焦，曰藏府配像，曰藏府度數，曰虛實邪正，曰藏府傳病，曰藏府積聚，曰五泄傷寒，曰神聖工巧，曰藏府井俞，曰用鍼補瀉。後有天瀑跋。日本人排字板所印五家注本，今已不傳，獨賴此書以存其概。九思等止抄録原文，并無校正。注降一格，以“呂曰”、“楊曰”別之，復隔以圈。間附以圖，與滑注本圖異。晁《志》云“丁注有圖”，當即是也。楊注有音釋，今每卷末所附之音當是楊音。此書僅見於《挈經室外集》，殷仲春《醫藏目録》亦遺之。金紀天錫《難經注》五卷，滑氏引之，王圻誤題爲“難經集注”，非是編也。

楊氏序曰：“扁鵲家於盧國，因曰‘盧醫’。世或以盧、扁爲二人，謬矣。呂注多闕，今條貫編次，使類相從，凡十三篇。呂注未盡者，伸之。別爲音義以彰厥旨。”

文光案：滑氏本義固屬精賅，此五家注亦甚詳博，又爲唐、宋人著述，宜兩讀之。楊氏所分十三類，仍依八十一章之次，非如《類經》之割裂經文也。滑氏譏之，別按經文之意，重分爲七，亦各以意爲限斷，而章次自若，非若《大學》改本之別爲次第也。古注難得，今以五家注本反覆觀之，始知滑氏融會之意。

## 《傷寒論注》十卷

漢張機撰，晉王叔和編次，金成無己注

《醫統》本。前有洛陽嚴器之序，次《傷寒卒病論集》，次論圖，次目録。

嚴氏序曰：“自炎黄以至神之妙始興經方，繼而伊尹以元聖之才撰成《湯液》，後漢張仲景又廣《湯液》爲《傷寒卒病論》十數卷，然後醫方大備。晉太醫令王叔和以仲景之書撰次成叙，得爲完帙。昔人以仲景方一部爲衆方之祖，蓋能繼述先聖之所作，迄今千有餘年不墜於地者，又得王氏闡明之力也。《傷寒論》十卷，其言精而奥，其法簡而詳，學者各自名家，未見發明。僕忝醫業，耽味仲景之書五十餘年矣。昨者邂逅聊攝成公，議論該博，術業精通而有家學，注成《傷寒》十卷，出以示僕。其三百九十七法之内，分析異同，彰明隱奧，調成脉理，區別陰陽，使表裏昭然，汗下灼見。百一十二方之後，通明名號之由，彰顯藥性之主，十劑輕重之攸分，七精制用之所見，別氣味之所宜，明補瀉之所適，又皆引《内經》，旁牽衆説，方法之辨，莫不允當，是得仲景之深意也。不揆荒蕪，聊序其略。"

## 《金匱玉函要略方論》三卷

漢張機撰，晉王叔和集，宋林億等詮次，明徐鎔校

《醫統》本。前有林億等序，萬曆戊戌徐鎔跋。《玉函經》元時已無，林億等所校，亦不免重複脱誤。此刻悉依舊本，較今時俗間所傳差善。

林氏等序曰："張仲景爲《傷寒雜病論》，合十六卷。今世但傳《傷寒論》十卷，雜病未具，其書或於諸家方中載其一二矣。翰林學士王洙在館閣日，於蠹簡中得仲景《金匱玉函要略方》三卷，上則辨傷寒，中則論雜病，下則載其方并療婦人，乃録而傳之士流，才數家耳。嘗以證對方，證對者，施之於人，其效若神。然而或有證而無方，或有方而無證，救疾治病，其有未備。國家詔儒臣校正醫書，臣奇先校定《傷寒論》，次校定《金匱玉函經》。今又校成此書，仍以逐方次於證候之下，使倉卒之際便於檢用也。又採散在諸家之方附於逐篇之末，以廣其法。以其傷寒文多節略，故斷自雜病以下，終於飲食禁忌，凡二十五篇，除重複，合二百六十二方，勒成上、中、下三卷，依舊名曰'金匱方論'。"

徐氏跋曰："《金匱玉函經》八卷，仲景祖書名也。《金匱方論》三卷、《傷寒論》十卷，似王叔和選集撰次後俗傳書名也。若《金匱玉函要略方》，五代及宋相沿書名也。今單名'金匱要略'而去其'玉函'二字，愈遠而愈失其真矣。又《甲乙》云：'王叔和撰次《仲景選論》，即今俗所分《傷寒論》、《金匱要略》是

也。'《千金》云:'江南諸師祕仲景傷寒方法不傳,是叔和選論,思邈亦未曾研也。'惟文潞公《藥準》云:'仲景爲羣方之祖。'朱奉議《活人書》云:'古人治傷寒有法,治雜病有方。葛稚川作《肘後》。孫真人,醫之良者,引例推類,可謂無窮之應用。借令略有加減修合,終難逾越矩度。'又曰:'圓機活法,《内經》具舉,與經意合者,仲景書也。仲景因病以制方,局方製藥以俟病。'據數家説,是元末及我國初,醫家方分傷寒、雜病爲二家也。今時衆口一辭,謂仲景能治傷寒而不能療雜證,冤哉!"

厚朴三物湯、厚朴大黄湯、小承氣湯,方名雖異,藥味并同,分兩參差,神妙莫測,非世醫所能窺也。

東坡書《左傳》醫和語曰:"女爲蠱惑,世知之矣;且爲陽物而内熱,雖良醫未之言也。五勞七傷,皆熱中而蒸。晦淫者不爲蠱,則中風,皆熱之所生。醫和之語,吾當表而出之。"

文光案:晦淫者妄動相火,使水耗於内而復溢於外,水無以濟火則火亢,火愈亢而淫愈熾,心思耳目爲火所亂,故昏迷而不振。女本陰而謂爲陽物,如男本陽而謂之陰道。《漢志》所載陰道數家,可覆按也。凡物極必反,其理如是。

## 《華氏中藏經》三卷

漢華佗撰

《平津館》本。嘉慶十三年孫星衍校刊,有序。是書有鄧處中序,乃趙本書所無。孫氏以爲後人僞作,姑附存之。上卷自人法於天地至論大腸,中卷自論腎藏至察聲色形證決死法,共四十九篇。下卷諸方六十通。其決死法最驗,餘多不傳之祕。

孫氏序曰:"是書《通志》'一卷',陳《錄》同,云漢譙郡華佗元化撰。《宋志》華氏作'黄',誤。今世傳本有八卷,吳勉學刊在《古今醫統》中。余在都見趙文敏手寫本,卷上自第十篇

'性急則脉急'以下起至第二十九篇爲一卷，卷下自'萬應圓藥方'至末爲一卷，失其中卷，審是真迹。後歸張太史錦芳，其弟録稿贈余。後在吳門見周氏所藏元人寫本，亦稱趙書，具有上、中、下三卷而缺四十八、四十九兩篇。合前、後二本校勘，明本每篇脫落舛誤凡有數百字，其方藥、名件、次序、分量俱經後人改易，或有删去其方者。今以趙寫兩本爲定。此書文義古奧，似是六朝人所撰，非後世所能假託。考《隋志》有華佗《觀形察色并三部脉經》一卷，疑即是中卷，故不在趙寫本中，未敢定之。鄧處中之名不見書傳，自言爲華先生外孫，稱此書因夢得於石函，莫可考也。序末稱'甲寅秋九月序'，古人亦無以干支紀歲不著'歲'字者，疑其序僞作。至一卷、三卷、八卷分合之異，則後人所改。趙寫本旁注有高宗、孝宗廟諱，又稱有庫本、陸本異同，是依宋本手録，元代不避宋諱而不更其字，可見古人審慎闕疑之意。此書《四庫》未録存，又兩見趙寫善本，急刊以公同好。古人配合藥物分量，案五藏五味，配以五行生成之數，外科丸散率用古方分量，故其效過於内科。此即古方不可增減之明證。余所得宋本醫學書甚多，皆足證明人改亂古書之謬，惜無深通醫理者與共證之。"

## 《中藏經》二卷

漢華佗撰

掃葉山房本。嘉慶庚申席氏校刊。前有鄧處中序、乾隆五十七年茂苑周錫瓚跋。華佗字元化，喜方書，好遊名山幽洞，往往有所遇。處中爲元化外孫。序云獲石函，得書一帙，故後人疑非元化之書。席本後附《劉涓子鬼遺方》五卷，專治外科，方亦不驗。

樓氏跋曰："予少讀《華佗傳》，駭其醫之神奇，而惜其書之火於獄。使之尚存，若剖腹斷臂之妙，又非紙上語所能道也。古汴陸從老，近世之良醫也。嘗與之論脉，云無如華佗之論最切，曰性急者，脉亦急；性緩者，脉亦緩；長人脉長，短人脉短。究其術，未暇也。一日，得閩中倉司所刊《中藏經》讀之，其説具在，蓋貳卿姜公誤爲使者時所刻，而余始得之。序引之説頗涉神怪，難於盡信。然其議論卓然，精深高遠，視脉察色以決死生，雖不敢以爲真是元化之書，若行於世，使醫者得以習讀之，所濟多矣。惜乎差舛難據，遂携至姚江以叩從老。從老笑曰：‘此吾家所祕，不謂板行已久。’因出其書見假。取而校之，乃知閩中之本未善，至一板或改定數十百字。前有目録，後有後序，藥方增三之二。閩本間亦有佳處，可以證陸本之失。其不同而不可輕改者，兩存焉，始得爲善本。老不能繕寫，俾從子溉手録之。蕲春王使君成父聞之，欣然欲於治所大書録本以惠後學，且以成余之志，因以溉所録面授而記其始末於左。藥方凡六十道，亦有今世所用者。其間難曉者有之，恐非凡識所及。佗傳稱‘處齊不過數種’，又未知此爲是否。好事者能以閩本校之，始知此本之爲可傳也。”録於《攻媿集》。

文光案：樓校本未見，此本無樓跋，因録之。

周氏序曰：“《書録解題》‘一卷’，《宋志》同。佗書已焚，其弟子吴普皆傳其説。普撰《華佗方》十卷、《華佗内事》五卷、《觀形察色并三部脉經》一卷、《枕中鍼刺經》一卷。《隋志》、《唐志》皆載。想北宋時尚有流播，名醫綴輯而成此書，雖非元化之書，其説之精者必有自也。一刻於宋之閩中，爲倉司本；一爲樓鑰校本。余得舊鈔本，取新安吴氏刊本補其缺，而用一‘案’字注於下，以別原本云。”

## 《神農本草經》三卷

魏吴普述

《平津館》本。此單行之本，不入叢書。刊於嘉慶四年。前有

邵晉涵、張炯、孫星衍三序。吳普《本草》,《唐志》尚存六卷,
宋時已佚,今其文見於《藝文類聚》、《初學記》、《後漢書注》、
《事類賦》諸書,《太平御覽》所引尤多。孫氏廣搜博采,以成是
書,足補《大觀本草》之缺。每藥先經文;次吳普《本草》,皆注
所出;次名醫曰;次案語。其注皆降一格,末有本經序例、本經
佚文,附吳氏《本草》十二條及諸藥制使。板本甚佳,未見翻刻。
書內上題"吳普等述",下題"孫星衍、馮翼同輯"。馮翼字鳳卿,
淵如之從子也。

邵氏序曰:"《漢書》引《本草方術》,而《志》不載。《中經
簿》有子儀《本草經》一卷,不言出於神農。《隋志》始載《神
農本草經》三卷,與今分上、中、下三品者相合,當屬漢以來舊
本。《隋志》又載《雷公本草集注》四卷、蔡邕《本草》七卷,
今俱不傳。自《別錄》以後,累有損益升降,隨時條記,或傅合
本文,不相別白。據釋所引經文,與名醫附益者已併爲一,其來
舊矣。孫君伯淵偕其從子,因《大觀本草》黑白字書釐正《神農
本經》三卷,又據《御覽》所引生山谷、生川澤者定爲本文。其
有常山、朱崖郡縣名者,定爲後人屠入。釋《本草》者,以吳普
本爲最古,徵引綴集以補未備,疏通古義係以考證,未易爲也。
普所釋自《神農》以下,名醫之説靡不備載,其考驗甚密,故多
所全濟也。世所傳黃帝、扁鵲之書,多爲後人竄易,安得博物者
一一正之!"

文光案:孫氏所據者爲《政和本草》。按其藏書目知之,
非《大觀本草》也。其所引《嘉祐本草序》,亦録於政和本
中,非親見《嘉祐本草》也。三序皆能述《本草》源流,而
於大觀、政和二本俱莫能辨,益可知考證之難矣。《本經》有
郡縣者,爲後人所增。説本《顏氏家訓》。其所云黑白字,今
重刊政和本猶然。陶氏《別錄》以朱字別經文,《政和本草》

以白字別經文，其墨字則名醫之説也。但傳本既遠，屢經翻刻，不能無誤矣。

張氏序曰："是書於吳普名醫外，益以《説文》、《爾雅》、《廣雅》、《淮南》、《抱朴》諸書，燦如列眉，實儒家之書也，其遠勝於繆、盧諸人也固宜。神農嘗百草，始有醫藥，見於《三皇紀》。因三百六十五種，注釋爲七卷，見於陶隱居《別錄》。其後累有增益，而希雍有疏，之頤有《乘雅半偈》，解愈紛，義愈晦。是書考核精審，折衷於至是。吾獨怪本經中無治書癖者，安得起神農而問之？"

孫氏序曰："《漢志》有《神農黃帝食藥》七卷，今本訛爲'食禁'。宋人不考《周禮》賈疏，遂疑《本草》非《七錄》中書。此書與《素問》同類，大抵述作有本。《博物志》云：'太古書今見存有《神農經》。'今本作黑字而數有不符，或出後人分合。李時珍作《本草綱目》，其名已愚，僅取大觀本割裂舊文，妄加增駁，有誤後學。予集成是書，輔翼完經。古以玉石、草、木，上、中、下分卷，而序錄別爲一卷，故舊本云'亦作四卷'。其辨析物類，引據諸書，則鳳卿之力居多云。"

文光案：是書多存古義，用功甚深，以爲儒家書，則考證精矣。然考證不可以治病也。醫書如制度之沿革，雖源流具備，而今古異宜，故惟時代近者差可遵用。井田之法雖考之至精，恐亦未是。予嘗品嘗藥味，歷驗形狀，求之古本，十不中其五六。今執《神農經》，以爲所辨者即今市之藥；執相臺本，以爲所刻者即孔壁之文：豈不謬哉？凡古書，可師其意而不可徒泥其詞。泥古不通，用藥必誤。夫運用之妙，權衡在心，靈機所至，神化莫測。今推歷而不合，占事而不驗，醫病而不愈，治兵而不勝，皆拘泥古法而不能變通者也，故子夏恐焉。

## 《神農本草經疏》三十卷

明繆希雍撰

綠君亭本。明天啓五年刊。前有自序二首、凡例十一條。《續序例》二卷，《本草》二十八卷。先列經文，注其畏惡；次疏，依經釋之；次主治參互，爲所集之方；次簡誤，辨其宜不宜。經文外皆降一格，以大字書之，全失古本面目，且多以意改易，明人著書多如此。惟希雍本精於醫，其說多由於心得，而又善於變通，非拘守古說者所可比，亦非不知醫理者所能識，故雖有"《經疏》出而《本草》亡"之語，其書究不可廢也。

繆氏自序曰："外孫毛鳳苞請呕登梓，乃悉檢疏稿付之。"

文光案：鳳苞即子晉。是書應有汲古閣本而未之見。新安吳氏刻之金陵者，未竟而遺。西吳朱氏所刻者不及其半。此本尚爲完帙，而流傳亦罕。予所藏綠君亭本尚有數種，皆繆所自刻也。《經疏》成於晚年，一生之精力皆萃於此。本經未有發其所以然者，是書多推本立言之旨。藥類則簡其近地所產得於睹記者，斯詳疏之，餘則存而不論。所採方藥，大抵酌其利用之宜，而防其誤用之失，可知其適於用矣。吾於醫家書甚取其適於用，此可爲知者道也。

## 《神農本草經三家合注》三卷

國朝郭汝聰輯

原本。李佐堯校。書前有元和陸羲序，書內無刊刻年月。板甚工整，異於俗刻。較繆《疏》簡而易明，便於循覽。今人用藥多違經旨，宜舉是注正之。三家者，張隱庵、葉天士、陳修園也。三注於經旨雖各有所發明，而不甚相遠。間有"愚案"字，當是郭說。前兩卷各分上、下，實則五卷也。分上、中、下三品。凡有附者注"附"字，皆常用之藥也。

陸氏序曰："臨汾郭小陶輯《本草三注》，首别氣味，次辨陰陽，一依本經爲主。而於俗師粗工耳食傳訛之説，不憚反覆詳論，以糾正其失。本經所略者，則據仲祖《傷寒論》方中所用，疏通而證明之。而後知芍藥無酸收之性，貝母非治痰之味，柴胡非少陽經主藥，栀子非炒用，麥冬不當去心。不辨氣味，妄施炮製，皆足害人。郭子成此書，亦神農氏之功臣也。"

## 《神農本草經贊》三卷 附《月令七十二候贊》一卷

國朝葉志詵撰

原本。道光三十年刊於粵東撫署。板甚精工，紙墨皆佳。前有鄞縣王楚材序。是書先列本經，次贊，次注。所採極博，又皆善本。《七十二候贊》，每候有注，最爲詳明。《月令》與諸書同者悉標之，贊後亦有注。

王氏序曰："漢陽葉大中丞封翁東鄉先生，就養於粵東節署，老而好學，考古不衰。因取孫氏所編《神農本草經》，物物而爲之贊，各四言四韻，音節之古，不可名言。又自爲之注，簡而且明，使讀《本草》者流覽諷誦不能釋手，而藥之本性、治用了然於目，自有會心，不尤爲《神農》功臣乎？"

葉氏《七十二候贊序》曰："古帝王研覈陰陽，順動四時，由四時分八節，由八節分二十四氣，由二十四氣分七十二候，立法漸爲周密矣。載籍之紀，莫古於《夏小正》，《明堂》、《月令》、《易通卦驗》、《吕氏春秋》、《淮南子》遞相祖述，互有異同。北魏始以七十二候頒爲時令。隋馬顯之《景寅元術》、唐初傅仁均之《戊寅術》、李淳風之《麟德術》，皆沿習踵行。至開元時，一行之《大衍術》出，不用魏、隋相承之節候，專取《汲冢周書》，以爲改從古義。《宋志》因之。《金志》改小滿末候‘小暑至’爲‘麥秋’。《至元志》復改立春末候‘魚上冰’爲‘魚涉負冰’，小暑末候‘鷹乃學習’爲‘鷹始摯’，皆參取《夏小正》者也；又改雨水次候‘鴻雁來’爲‘候雁北’，則參取《通卦驗》、《呂氏春秋》、《淮南子》而互用者也。至仲冬‘麋角解’，經我朝高宗純皇帝目驗，更定爲‘塵角解’，時憲書遵紀之，是爲今定七十二候。戊申秋，余就養來粵，端已多暇，因每候各爲一贊，以紀天時，序人事，調氣物，遂王政，備太和翔洽云爾。"

　　文光謹案：高宗純皇帝幾暇格物，目驗鹿麋皆解角於夏，塵麋屬，似鹿而大，其尾避塵，古之談者揮焉。解角於冬，親加改定，以析從來載籍之疑。詳見《滿洲源流考》。漢陽葉氏富於收藏，惜今散佚無存，所著僅得此本。金石拓本尤佳。

# 《甲乙經》十二卷

晉皇甫謐撰

　　《醫統》本。首林億等新校正序，次自序，次序例。各卷有目。《五藏十二原諸論》一卷，《經絡》一卷，《穴孔》一卷，《脉》一卷，《鍼灸》二卷，《諸病》六卷。《簡明目録》序此書於漢張機書前，不知何故。

　　林氏序曰："晉皇甫謐得風痹，因而學醫，習覽經方，遂臻至妙。取《黃帝素問》、《鍼經》、《明堂》三部之書撰爲《鍼灸經》十二卷，歷古儒者之不能及也。惜簡編脱落者已多，是使文字錯亂，義理顛倒，世失其傳，學之者鮮矣。唐甄權但修《明堂圖》，孫思邈從而和之，其餘篇第亦不能盡言之。國家詔儒臣校正醫書，令取《素問》、《九墟》、《靈樞》、《太素經》、《千金方》及《翼》、《外臺秘要》諸家善書校對[七]，玉成繕寫備覽，茲亦助人靈、順陰陽、明教化之一端云。"

皇甫氏自序曰："按《七略》、《藝文志》，《黃帝內經》十八卷。今有《鍼經》九卷、《素問》九卷，二九十八卷，即《內經》也，亦有所亡失。其論遐遠，然稱述多而切事少。按《倉公傳》，其學皆出於《素問》，論病精微。九卷是原本。《經脉》其義深奧，不易覺也。又有《明堂》、《孔穴》、《鍼灸治要》，皆黃帝、岐伯選事也，三部同歸，文多重複，錯互非一。甘露中，吾病風，加苦聾，百日方治。要皆淺近，乃撰集三部，使事類相從，刪其浮詞，除其重複，論其精要，爲十二卷。夫受先人之體，有八尺之軀而不知醫事，此所謂'游魂'耳。若不精通於醫道，雖有忠孝之心、仁慈之性，君父危困，赤子塗地，無以濟之。此固聖賢所以精思極論盡其理也。由此言之，焉可忽乎？其本論其文有理，雖不切於近事，不甚刪也。"

五子夜半，五丑鷄鳴，五寅平旦，五卯日出，五辰食時，五巳禺中，五午日中，五未日昳，五申晡時，五酉日入，五戌黃昏，五亥人定。以上此時得疾者皆不起。

## 《脉經》十卷

晉王叔和撰

《醫統》本。明吳勉學翻刻宋板。林億等編次。各卷有目。自高陽生僞《脉訣》盛行於時，《脉經》遂微。此本猶是宋板舊式。近有陝西宏道書院本，與《濟陽綱目》合爲一部；又有京廠本：予并藏之。前有自序。

王氏自序曰："今撰集岐伯以來、逮於華佗經論要訣，合爲十卷。百病根原，各以類例相從，聲色證候，靡不該備。其王、阮、傅、戴、吳、葛、吕、張所傳異同，咸悉載錄。誠能留心研窮，究其微賾，則可以比蹤古賢，代無夭横矣。"

吳氏《脉訣刊誤集解序》曰："醫流鮮讀王氏《脉經》，而偏

熟於《脉訣》，蓋庸下人所撰，其疏謬也，奚怪焉？戴同父，儒者
也，而究心於醫書，刊《脉訣》之誤，又集古醫經及諸家說爲之
解。予謂：'此兒童之謠、俚俗之諺，何足以辱通人點竄之筆？'
同父曰：'此歌誠淺近，然醫流僅知習此，竊慮因其書之誤遂以誤
人也。行而見迷途之人，其能免於一呼哉？'仁人用心如是，著書
其可也。"

　　文光案：王氏云："脉理精微，其體難辨。弦、緊、浮、
芤，展轉相類，在心易了，指下難明。謂沉爲浮，則方治永
乖；以緩爲遲，則違殆立至。況有數候俱見，異病同脉者
乎？"據此，則脉之名義涉於影響，仿仿佛佛，得其近似，雖
心通其意而不可名狀，則脉之爲體微矣。夫沉近於有，伏近
於無，緩則微遲，遲則甚緩，此尚易知。若夫性緩慢者脉亦
緩，性沉靜者脉亦沉，常人之沉緩與病人之沉緩決不相同，
況脉有與病相反者，又當何以辨之哉？故治病者，必合聲色
形狀觀之，而後可得脉之真。吾於脉之二十四字，先辨其明
白易知者，而後漸及於難知者。由粗及精，凡學皆當如此，
醫亦何嘗不然也？

　　林氏曰："叔和，西晉高平人，洞識修養之道，其行事具唐伯
宗《名醫傳》中。其書叙陰陽表裏，辨三部九候，分人迎、氣口、
神門，條十二經、二十四氣、奇經八脉，以舉五藏六腑、三焦四
時之疴。若綱在目，有條不紊，使人由外以知内，視死以別生，
爲至詳悉，咸可按用。其文約，其事詳。其爲書一本《内經》，間
有疏略未盡處，又輔以扁鵲、仲景、元化之法，其餘奇怪異端不
經之說，一切不取。其大較以脉理精微，其體難辨，乃廣述形證
虛實，詳明聲色王相，以此參伍，故得十全。然自晉至今僅有傳
者，而承疑習非，將喪道真。臣等備求衆本，據經爲斷。世之傳
授不一，其別有二，有以巢元方《時行病源》爲第十卷者，有以

第五分上、下卷而撮諸篇之文別增篇目者，推其本文，義無取稽。今除去重複，補其脱漏，其篇第亦頗爲改易，使以類相從，仍舊爲一十卷，總九十七篇。”

袁氏跋曰："末篇傳疑已久，億但補正其文，而所謂'手檢圖二十一部'云者，直存舊目，無從考證，豈叔和有圖久不復傳耶？是編出宋祕閣，歷元世已三授刻，世終鮮用，書亦不傳。表得古本，漫漶不可讀；又其經文、訓解，往往參差不分。久之，稍爲釐正，試諸方脉輒驗。間以語醫，都不省也。參伯徐公出是本命校，訂繁正訛，以所舊聞間爲補注。逾月而成，公命餘俸刊布寰中。"

黃氏跋曰："《脉經》十卷，隋、唐志并同。自僞訣出，遂無有究心者。家藏鈔本，亥豕難讀，不知何人所校。戊戌歲，借閱毛君生甫家元泰定本，卷帙不全，字句多舛。從弟次歐購得明刻本二，一袁表校本，與藏本互有不同；一趙府居敬堂刊本，脱訛尤多。就中顯誤者易之，其有異同處存疑，加案語一二。按：是書林億等奉敕校正刊行。嘉定間，陳孔碩又校刊之。元泰定四年，柳贇、謝縉翁校刊於宗濂書院，略加辨正。就中有'一作某字'及'疑有闕誤'，似不盡林億原文，而無可區別。袁表注有標識。今據泰定本，居敬本所無者爲袁氏補注，而別以'袁校'、'袁氏'云云，不没前哲苦心，而古書真面目亦不至失而愈遠矣。諸子悉心校勘，并考諸書以訂其訛，爰付諸梓。"

文光案：林億校本已非原書，屢經翻刻，愈去愈遠。但微言妙義，賴此僅存；診家之巧，以此爲備。而袁校、黃校精心不苟，究與俗本不同，是可貴也。

## 《脉訣》四卷

舊題王叔和撰

通行本。此五代高陽生所撰之僞訣也。想其時《脉經》罕傳，故依託叔和以行此訣，爲賦爲歌，以便粗工。立七表、八裏、九道之目，即内外陰陽，已大戾厥旨。自朱子論定後，屢爲諸家攻駁。元戴啓宗作《刊誤》，明李瀕湖出《脉學》，此訣遂廢。今四明張世賢復取僞訣，增以圖注，附以七表、八裏之方，與所著《圖注難經》合刊以行，是亦不可以已乎？是書本不足録，使人知其僞而已。然張注亦非高陽之訣也，則僞而又僞矣。

杭氏曰："朱子曰：'俗傳《脉訣》辭最鄙淺，非叔和本書，乃能指高骨爲關。'柳貫曰：'朱子"指高骨爲關"之説，不知政出叔和《脉經》。《脉訣》乃宋中世人僞託，或曰五代高陽生所著。'吕復曰：'六朝高陽生謬立七表、八裏、九道之目以誤學者。'高陽生不知何許人，柳以爲五代，吕以爲六朝，而唐、宋志無之，疑是宋世庸醫枕中之祕，非通所習也。吕又云：'通真子劉元賓爲之注，且續歌括附其後，詞既鄙俚，意亦滋晦。今世俗乃以歌括爲《脉訣》，輾轉迷謬，貽誤不淺矣。"録於《道古堂集》。

文光案：脉家專書以《脉經》爲最詳，然其文詞古奥，非淺學所易窺。宋崔嘉彦因仲景平脉法衍爲四言《脉訣》，見《道書全集》。明李時珍删補之，見於《瀕湖脉學》。國朝李中梓又删補之，加以注釋，見於《士材〔八〕三書》。《醫宗金鑑》删其與經義不合者，而補所未備，爲四診心法之一。今謹録《金鑑》中正文、注文爲大字，而以諸家之論脉者分注於各類之下，以便誦讀。分爲二卷，又録望、聞、問爲一卷。古云："能合色脉，可以萬全。"誠哉！是言也。士材謂營行脉中，則脉非血也；衛行脉外，則脉非氣也。人所賴以生者，精、氣、神，脉即神也。士材以"脉"字自古無解，思之又思，乃得"神"字，以爲當矣。愚謂不然。脉非氣也而不離於氣，脉非血也而不離於血，蓋氣、血之動者爲脉，氣、血之貫者爲脉。脉者，血、氣之靈也。人在氣中，如魚在水中，其呼息定息，息息與天地相通。是故上古聖人調陰陽，和四時，使吾身之氣不逆於天地之氣，而與天地同其體者，即與天地同其用。夫脉者，血、氣之良能也；血、氣者，萬病之根本也。血、氣不病，則脉不病；脉不病，則年過百歲而不衰。故必知天地之運行，然後知人身之運行；知平人之脉，然後知病人之脉；和聖人之脉，然後知衆人之脉。聖人之脉，無過不及者是也。蓋一中而無不中，一和而無不和，其中和之氣，上下與天地同流，夫是以參贊化育也。起聖人而診之，不易吾言矣。士材脉書言多未至，因暢發經旨以俟知者。

## 《脉訣彙辨》十卷

國朝李延是撰

嚴緑居本。康熙丙午武原劉光夏校刊，有序。又彭孫貽序、李延是自序。次凡例八條，引書目六十九種。第一卷論十三篇，開首爲多書，可知其旨矣。第二卷爲四言脉訣。第三、四卷爲二十八脉，有歌括，有案語。第五卷爲脉之宜忌。第六卷爲奇經脉。第七卷爲望、聞、問之訣。第八卷爲運氣，有圖，有説。以上皆有歌括。第九卷爲醫案。第十卷爲經絡藏象圖。各有小序。

孫氏序曰："趙郡李辰山期叔撰《脉訣彙辨》，益暢念莪未盡之旨，凡二十餘年，七易稿而始定。凡叔和、伯仁諸家之誤，無不刊正，其書不可廢也。"

李氏自序曰："高陽儌訣陰操入室之戈，予思有以拯之，乃彙古今之論脉者若干人，參以家學，釐剔成編。"

例曰："《瀕湖脉法》辨晰最精，家先生取而推廣之，著《脉家正眼》。惜原刻未及校訂。今刻中二十八脉，一遵《正眼》，細加簡閲，并附先生晚年未盡之祕，故卷帙倍之。西昌喻嘉言，武林張卿子盧、子繇皆稱莫逆，教益弘多。潘鄧林之《醫燈續焰》

良備采掇，博雅者當自知之也。"

　　文光案：《脉〔九〕家正眼》，即《士材三書》之一種。其論脉曰："脉即神之別名也。"是書宗之。愚竊疑焉。夫指爲脉，而辨其有神無神可也；名爲神，而謂其有神無神則礙難通矣。人之動静語默皆可驗其有神無神。神者，主乎中而發見昭著於四體者也。故望色者，視其有神無神；聞聲者，聽其有神無神而已。今以脉爲神，則神爲脉矣。然則地之脉即地神，山之脉即山神，水之脉即水神乎？所謂神而明之者，即脉而明之；所謂神以知來者，即脉以知來乎？凡所謂別名者，皆可替代呼之，如小辛即細辛，秦紅即秦艽之類是也。今呼芤脉、澀脉爲芤神、澀神可乎？改寸口動脉爲寸口動神可乎？身體髮膚，受之父母，自高曾以至子子孫孫，俗語謂一脉相傳，可易爲一神相傳乎？念莪以脉爲人之神，思之至深而開端即錯。今以"神"字代"脉"字，無一合者。蓋神自神而脉自脉，絶不能相合者也。東垣曰"脉貴有神"，其言當矣。又案："脈"字從血從肉，皆是從辰，象水之斜行也。俗從"永"，取便書寫，於義不合。字書"脈"字或以氣言，或以血言，總不如氣、血并言爲是。有以幕絡解者亦好，惟無流動之意。然合氣、血、絡三解，於脉之義方全。念莪以從"永"爲永其天年，乃不通六書者也。營行脉中，中者，裏也；衛行脉外，外者，表也。居乎表裏之間者，脉也，如絮綿然。凡言正中者，乃當中也；中外對待者，表裏之謂也。若謂血行於脉之空中，則誤甚矣。

## 《肘後備急方》八卷

晉葛洪撰

於然堂本。《六醴齋醫書》之二。前有萬曆二年李栻刊書序、至元丙子段成己序、葛洪自序、陶弘景補闕序、目録。卷一至卷五有“第幾”字，<small>第一至第四十二。</small>卷六以下無“第幾”字。按：陶隱居目，上卷三十五，首治内病；中卷三十五，首治外發病；下卷三十一，首治爲物所苦病。蓋原爲三卷，不知何時分爲八卷，於附方之外又有所增益，非原本矣。書末有鹿鳴山續古序，言古今分兩不同，分寸各異。皇統四年楊用道序，言摘録《證類本草》所附之方附於《肘後》隨症之下，目之曰“附廣肘後方”，刊而行之。萬曆三年陳嘉猷重刊序，言其兄督學荆楚時重刊李本。是書亦名《肘後卒救方》，隱居又名《百一方》。按：原目一百五首，今目止七十首，是又有所佚矣。此本出於武當《道藏》，其方諸家多引之，而傳本甚少。葛氏著此書，陶氏補之。二君皆積以年歲，一方一論，試而後録之，尤簡易，可以應卒，其用心亦勤矣。元有烏本，段序云：“此方湮没幾絶，間有存者，祕不示人。連帥烏侯得此方於平鄉郭氏，命工刻之。”明有李本、陳本，與武當《道藏》爲一本。其他處《道藏》中亦當有是書，惜無人檢及，與此本互勘。皇統本名《附廣肘後方》，當與此異。今本爲陳永培所校，間有一二訛字，俟暇日正之。

文光案：通行本本不足録，然吾爲讀書計，取其實用，非若錢遵王、吳尺鳧之誇耀板本，專以宋刻爲貴也。凡書之必須讀者，雖不得宋本，亦宜究心。或集諸本對勘之，其益更多，改其訛舛，補其缺略，兼正其語之是非，只求有益於讀書而已，非矜博辨也。凡書不必句句皆疵，知其疵而純者見矣。如《士材三書》，可取者正多，不可因誤解“脉”字遂廢置也。坊間俗本亦可看，然必洞明著書之源，深知其俗而後可，否則引入俗派矣。醫家書俗本更多，吾於其中或取其一二焉，木屑、竹頭皆有用之物，此則深解讀書者之所知也。凡書之高下，全視其人之學問何如。同一鈔録，出於顧《日知録》。則美，出於王《知新録》。則不美，學者宜深通其故也。此志俗本已掃净，惟爲世所重而不知其非者，仍著明之，無非爲讀書計也。

## 校勘記

〔一〕"四"，據《宋史》卷二〇七《藝文志》補。

〔二〕"該"，原作"説"，據《難經本義》改。

〔三〕"十三"，據《漢書》補。

〔四〕"劭"，原作"邵"，據《黄漢》卷三〇《藝文志》改。

〔五〕"元"後原有一"據"字，據《玉海》卷六三、唐王勃《王子安集》刪。

〔六〕"素"，據《難經集注》當作"庶"。

〔七〕"對"，據《甲乙經》補。

〔八〕"材"，原作"才"，據《四庫全書總目》卷一〇五改。下同改。

〔九〕"脉"，據《士材三書》當作"診"。

# 子部五
## 醫家類二

### 《褚氏遺書》一卷

*齊褚澄撰*

《六醴齋》本。前有衛國釋義堪序、清泰二年古楊蕭淵序，後有嘉泰元年丁介跋、正德元年馬金後序并跋、陳永培刊書跋。是書無目録，凡十篇，曰受形，曰本氣，曰平脉，曰津潤，曰分體，曰精血，曰除疾，曰審微，曰辨書，曰問子。所論悉皆洞微，問子一法尤得玄奥。

蕭氏序曰："黃巢造變，羣盜發冢。遇大穴方丈餘，中環石十有八片，形制如椁，其蓋六石，題曰'有齊褚澄所歸"。啓蓋，棺骨已蛇蟻所穴。環石內向，文字曉然。盜疑兵書，移置穴外，棄之去。先人具舟載歸，遺命'以褚石爲吾椁'，募能者調墨治刻百本散之。"

馬氏序曰："史稱澄善醫術，褚氏子孫以其書入石殉葬，爲不朽計。雖其墓不幸爲盜所發，遺書則因盜以傳也。自是蕭廣載其石，廣子淵復以納壙。釋義堪[一]録諸策，劉繼先又以入梓。更三數人之手，始克流布。乃以原本刊，置之景賢亭，并附重刻之由如此。"

文光案：程氏所刻即馬本。是書傳本甚少，程本之外未見別本。

## 《巢氏諸病源候[二]總論》五十卷

隋巢元方撰

通行本。嘉慶己巳年刊。是書有論無方。各門有導引法，乃諸書所無，宜取諸此。凡導引勝於服藥。是書每病有法，附於論後。其論，《外臺秘要》多採之。

朱氏跋曰：“右《諸病源候論》五十卷。隋太醫博士奉敕與諸醫共論痰疾所起之源及九候之要。大業六年，書成，進於朝。論凡一千七百二十篇，言之詳矣。隋、唐志不著，而《宋志》有之。蓋太平興國中命王懷隱等集《聖惠方》，每部取元方之論冠其首，神宗以之課試醫士，是書始大顯於時。《書錄》謂《千金方》諸論多本此書。考《宋志》，醫以巢氏論與《千金翼方》目爲小經，而《千金方》不與，則今所傳孫真人書，殆未足深信矣。”錄於《曝書亭集》。

文光案；朱氏先世精於醫，故其論有本。是書宋本未見。傳本多訛，幾不可讀，當取諸書互證之。

## 《千金方》九十三卷

唐孫思邈撰

臨江本。是書刊於康熙二十八年，金川喻正菴官臨江時所刊。前有吳正治序，喻成龍序，黃芳穀序，萬曆戊子陳文燭序，癸卯方中聲跋，嘉靖甲辰馬理、喬世寧序，宋高保衡等校正序，《唐書》本傳，小像并贊，凡例，目錄。原書三十卷，明刻依《道藏》本分爲九十三卷。宋校本云總三十卷，目錄一通，二百三十二門，合方論五千三百首，是宋以前無九十三卷之本也。孫氏祖述黃、農，探集扁鵲、倉公諸家之祕要，訖於隋世，蓋所謂集大成者也。

其用藥之法度，尤宜三致意焉。龍宮祕方散見此書，人不能知，小說家言也。今有翻宋本，在京廠見之，勝於此本，未及收云。

吳氏序曰：“華州石拓《千金寶要》，僅十之一二。建寧本其方雖全，字句脫誤。明嘉靖間，耀州喬君世寧出官南中，力爲重梓，板亦寢廢，世無善本。茲得喻君與南昌守張君鰲正受梓以廣厥傳。”

方氏跋曰：“真人家華原，書藏關中，原刻豫章藩邸，流而未洽，且多脫漏。藩伯吳公慨然命工刊正，歸尋宋本，亟成德意。時廉憲公刻《本草綱目》於臬邸，校竣，因綴數語。”

馬氏序曰：“其方先療婦人，次活幼，次男子。凡鍼灸、導引、養性、攝生之方無不備焉。每卷有救急單方，用之尤便。孫子之徒刻於華表石上，豎之鑑山之下。今石存而方失，幸錄於《道藏》中者尚無恙焉。”

　　文光案：《千金寶要》，孫氏刻入《平津館叢書》。

黃氏記曰：“錢述古鈔本云從宋閣本出，今得宋刻勘之，無一合者。檢《通考》，知晁所見者爲《千金方》三十卷，陳所見者爲《千金備急要方》三十卷。其本有類例數條，爲林億等所增減，與宋刻原本多所不同。林億以前之宋刻，昔人無有見及者，所見皆《備急要方》，而五柳主人反以明刻爲勝。古書難識，於今益信云。予收得宋刻《千金方》殘本，又得元刻全本，知從宋閣本出，述古所抄據此也。”錄於《士禮居題跋記》。

## 《銀海精微》四卷

唐孫思邈撰

通行本。道光戊子年刊，周亮節校正。前有齊一經序，言“《銀海精微》二卷，不知何人所著”，卷數與此不同，又一本也。此本有圖，有論，有方，有答問，條析分明，眼科之第一義也。

## 《外臺秘要》四十卷

唐王燾撰

經餘居本。明新安程衍道校刊，有序。又方逢年、金聲二序，宋皇祐三年林億等校正序，目録。首爲傷寒十二門，末爲蟲獸傷觸及六畜疾三十二門。宋有孫氏刊本。程云"予購得寫本，訛缺頗多，殫力校讎，十載始竣"，可知其不苟矣。其板式雖不依宋本之舊，尚爲工整。間有校語刻於眉間。板心右有"經餘居"三字。

宋校本序曰："夫外臺者，刺史之任也；秘要者，秘密樞要之謂也。唐王燾臺閣二十餘年，久知弘文館，得古今方，上自神農，下及唐世，無不採摭，集成經方四十卷，皆諸方秘密樞要也。以出守於外，故號曰"外臺秘要"。凡一千一百單四門，以《巢氏病源》、諸家論辨各冠其篇首，一家之學不爲不詳。王氏爲儒者，醫道雖未及孫思邈，而採取諸家之方，頗得其要者，亦崔氏、孟詵之流也。且古之如張仲景《集驗》、《小品方》最爲名家，今多亡逸，雖載諸方中，亦不能別白。王氏編次，各題名號，使後之學者皆知所出，此其所長也。又謂鍼能殺生人，不能起死人，其法云亡且久，故取灸而不取鍼，亦醫家之蔽也。此方撰集之時，或得缺落之書，因其闕文，義理不完者多矣。今修正之，總四十卷，并目録一卷。"

文光案：是書成於天寶十一載。有王[三]燾自序。原本"秘要"下有"方"字，宋本刪去。《巢氏病源》傳本多訛，《外臺》所採甚多，宜互證之。《四庫》所收即程本。

## 《元和紀用經》一卷

唐王冰撰

《六醴齋》本。前有許寂序并傳。首總論三章；次六氣用藥增損，上章六法；次五味具備服餌，中章九法；次後章，八十一方今古效驗。是書當消息施行。上章處用，運氣了然；中章補益，洞明偏勝；後章療治，利衆資功。末有瘄樵刊書跋。

程氏跋曰："《宋志》載此書，世傳絶少。李時珍《本草綱目》引用方書，無所不採，而獨遺此卷，或未嘗寓目耶？王肯堂《準繩》曾引其説，以後諸家絶未見有用其方者。今按：此卷乃傳自越之許寂。寂本四明山道士，後至蜀，官至尚書。蜀降唐，遂家於洛。寂於蜀、洛兩郡治人病，無不愈。予偶得之，如獲至寶，執方療病，輒應手愈。第本有闕字，木亦不刊。予據啓玄子《素問》補之。尚有不及補者，仍留木以俟。并録《十國春秋·許寂傳》，附刻以備考焉。"

## 《玄珠密語》十六卷

唐王冰撰

鈔本。是書宋本僅存，此出於影宋寫本。每葉十六行，行十六字。前有王冰自序，後有滬城成孚氏跋。其自序妄誕不經，旴江張三錫《運氣格》[四]以爲託名，誠亦不誣。考冰注《内經》，序云"別撰《玄珠》以陳其道"。"新校正"云："詳王氏《玄珠》，世無傳者。今有《玄珠》十卷、《昭明隱旨》三卷，蓋後人附託之文。"是唐時實有《玄珠》一書，而宋時所傳已非真本。晁《志》有《天元玉册》三十卷，推五運六氣之變，與《隱旨》正相表裏。《玄珠》不著於新、舊《唐志》，惟《通志》、焦《志》、《敏求記》載之，雖非王氏原書，於《素問》頗有發明，則亦不可廢矣。

成孚氏跋曰："《玄珠密語》，宋板外更無二刻；又其書微渺難測，世醫不欲深究：故所傳不廣，今已絶無而僅有矣。偶於茸城張氏得見宋刻本，命子弟力疾鈔之，爰識其始末如此。張本今歸天上矣。"

## 《顱顖經》一卷

不著撰人名氏

《函海》本。是書出於《永樂大典》，宜與聚珍本互校。李氏所刻諸本多出於抄胥之手，未曾精勘，故《函海》中雖有祕本，人不之重。《宋志》有師巫《顱顖經》二卷，當即是書。其序文雖自神其說，似出於僞，然奇方妙論，極中肯綮，實非後世俗醫所能及。《錢氏兒科》實出於此，則古書宜存也。

## 《蘇沈內翰良方》十卷

宋沈括撰

於然堂本。程永培校刊，有跋。首序，不知何人所作。次林靈素序，次沈括自序，次目錄。是書有說，有記，有論，有方，終以雜錄。聚珍本以外惟見此本。林序云："此方經驗有據，始敢鏤行。"

程氏跋曰："沈氏《良方》，後人益以蘇氏之說，遂名之曰'蘇沈良方'，非當時合著之書也。今藏舊刻印本書十卷，不列存中氏原序，而載有林靈素一序，亦止論沈，未及蘇。其卷首一序兼及蘇、沈，文頗拙塞，不著作者姓名，蓋俗筆也。按《永樂大典》中有此方，蓋從《宋志》來者。今日之本，約略宋人所合。又考《宋志》，《沈氏良方》十卷，《蘇沈良方》十五卷，豈在當時已散佚不全耶？其中誤字甚多，爲之訂正。然內症、外症、婦人、小兒以至雜說，依稀略備，似非不全之本。此書卷帙未符《宋志》，其間分合多寡不可考矣。內中諸方，間見之《博濟》、《靈苑》諸書，即其餘亦莫不應驗，至有不可以理測者。今爲授梓，并補刻原序，熟讀'五難'，大有裨益。"

文光案：沈序極佳，專論治病有五難：一辨疾，二治疾，三飲藥，四處方，五別藥。

## 《聖濟總錄》二百卷

宋政和間詔修

燕遠堂本。乾隆五十年，汪鳴珂、鳴鳳，程郎同校刊。原缺三卷。前有政和原序、大德重校序，後列職官六人；乾隆五十年汪氏序，沈初、王鳴盛、陳蘭生、何裕成四序。所錄皆內府禁方。宋本無存，再刻於金大定，三刻於元大德，其板亦佚。汪氏博求是書，閉戶數載，彙加考訂，鋟成行世。《四庫》所錄之本僅二十六卷，此刻增多七八倍，真可寶也。

汪氏序曰：“明秀州殷氏方叔作《醫藏目考》，列是書於聲聞函中，不詳篇目，殆亦未之見也。潭溪黃氏重鋟未竟，散失幾半，且多遺誤。余購得其板片，缺二十七卷。訪江浙藏書家，僅有數卷。從鄭虹橋、鮑以文兩君處補得二十四卷，其第九十五卷符禁、百九十九卷及二百卷服餌、鍼灸中，漫漶百有三行，卒不可得。是書集十三科之大成，爲醫家之總持。目錄、運氣、叙例、補遺、治法，以下分病症六十七門，各門有分目。”

## 《史載之方》二卷

宋史堪撰

《十萬卷樓》本。依宋本校刊。《宋史新編》作《史戬之方》，蓋因形近而誤。

《孿經室外集》：“是書傳本甚稀，所作爲醫總論，闡發甚明，各推其因證立治之法，精核無遺，與空談醫理者固有別也。”

文光案：古所傳奇方秘法，有彼用之而效，此用之而不效者，必其術之有精有不精；甲服之而驗，乙服之而不驗者，必其病之有合有不合。予所藏方書，汗牛充棟，未嘗輕試也。
夫必審定虛實寒熱，而後可以立方，方與病符則驗矣。古人
立一方必有一病，方由病起，如兵以戎興，其臨時變化之妙，
未可預決也。故凡云按方無施治不應驗者，皆妄也。不識病
源而妄擬一方，不知敵情而妄生一計，求其幸中，百無一當。
吾嘗謂讀盡《本草》，無對症之藥；翻遍《韻府》，無切題之
典。欲中欲切，一視乎人；用運[五]之妙，存乎一心。

## 《本草衍義》二十卷

宋寇宗奭撰

《十萬卷樓》本。是書久無傳本，《四庫》亦未著録，惟《政
和證類本草》中金、元刻本皆爲增入，他書亦間有引之者，原本
則未之見也。此從宋本録入，使數百年沉埋之書大顯於世，何幸
如之！《本草》以經文爲重，注《本草》者多參己意，未曾字字句
句推衍其所以然，則此書尤可貴也。

## 《重修政和經史證類備用本草》三十卷　　目録
### 一卷

宋唐慎微撰，寇宗奭衍義，金張存惠編

明本。天啓五年刊。每葉廿四行，行廿三字。板心中截刻
"本草幾"，卷數也；下截刻"甲"至"癸"，册數也。凡分十册。
再下爲葉數。再下右旁爲字數。板甚寬大。前有嘉靖壬子馬三才
序、成化四年商輅序、嘉靖癸未陳鳳梧序、己酉麻草序、政和六
年曹孝忠序、嘉靖壬子王積序、項廷吉序。次引書目三葉，凡二
百四十七家。張存惠牌式木記一葉，凡楷書十二行，上有"重修
本草之記"篆文六字。次目録一卷，末有木記三行："《嘉祐補注
本草》藥品一千一百一十八種，《證類本草》新增藥品六百二十八

種，總一千七百四十六種。"次序例二卷，在三十卷内。序例上，
蘇頌《嘉祐補注本草總序》及《本草圖經序》。按：《魏公集》本
序末二十七字，此本無之。總序不題名，人遂不知爲魏公所作。
開寶重定序，唐本孔約序，梁陶隱居序例。徐之才《藥對》、孫思
邈《千金方》、陳藏器《本草拾遺》，序例、補注所引書凡十六家，
非《本草》不存。林希《重廣本草圖經序》，《雷公炮炙論序》，
《新添本草衍義》序例上、下，此第一卷也。序例下，自療風至解
毒，依證類藥，使人易解。次爲服藥食忌例及凡藥不宜入湯酒者，
而終以藥之畏惡使，此第二卷也。第三至三十，圖繪藥品，詳注
藥性、道地、炮製、方劑。凡白字者爲《神農》本經。凡標"《圖
經》曰"者，因圖而釋其義。《圖經》久亡，此嘉祐所新修者。凡
墨蓋子以下爲唐慎微所續，墨蓋子，其式如今刻工所稱之魚尾。其張存惠
所增則標以'衍義曰'，分別甚爲明晰。末有嘉祐二年補注《本
草》奏敕、嘉祐三年《圖經本草》奏敕。次列政和六年《證類本
草》校勘官八人。次宇文虛中跋、劉祁跋。次成化四年重刊官三
人、十一人。天啓五年校勘官，自山東左、右布政使以下，共十
八人。此即濟南本也。時書屢經修改，翻刻不一，已非宋本之舊。
惟《圖經》出自宋本，差可依據。唐氏所引之書，今所傳者甚少，
其板刻猶存舊式，頗見慎重，異於俗本。序跋完備，原委可考，
因詳著之。慎微書本名"經史證類備用本草"，合《嘉祐補注本
草》及《圖經本草》爲一書。其曰"經史證類"者，《本草》之
外衍以證治，又類藥於各證之下，載於序例，旁及經史、百家之
說而著其所出，斯亦備矣。徽宗政和六年，詔醫官曹孝忠勘正
《本草》，鏤板以行。凡改定者數千處，因目以"政和新修經史證
類備用本草"。今書中第一行書名爲張存惠所題，故上標"重修"
二字，下注"己酉新增衍義"六字。第二行題"成都唐慎微續證
類"，其曰"續證類"者，因嘉祐《本草》二書而續以證類也。

第三行題"中衛大夫、提舉太醫學臣曹孝忠奉敕校勘"，則政和官本之舊式也。是書行於中州者，有解人龐氏本，兵燹罕存。金張存惠因龐氏本附以寇宗奭《衍義》，而目之曰"重修"。其詳見於《晦明軒記》。記末題"泰和甲子下己酉冬"。按：金章宗泰和四年爲甲子，其下己酉，則金亡已十六年矣。麻革序但書己酉，存惠記上溯泰和，蓋皆金源遺老隱寓不忘故國之意。己酉，爲宋理宗淳祐九年，金亡於理宗端平元年。元穆宗后稱制之年也。是時尚稱蒙古，元世祖始改國號曰元。《平津館書目》以是書爲泰和甲子年刊本，則誤甚，蓋未解"下己酉"三字也。此板既行，雖屢有翻刻，而書則無所增益矣。

《簡明目錄》曰："《證類本草》有宋、金兩刻，刻於宋者名《大觀本草》，刻於金者名《政和本草》。其增附《本草衍義》，則金刻也。此本從金刻翻雕，較爲清釐。其書採摭繁富而條理詳明，故南北并有刊板云。"

文光案：是書一名《大觀本草》，以書成於大觀二年也。私家之書不宜冠以年號，其稱爲"大觀本草"者，以別於政和之本也，而疑誤從此生矣。陳《錄》著《大觀本草》，馬《考》則《大觀本草》、《證類本草》兩列之，《宋志》又題爲《大觀證類本草》，而政和之本失矣。刊板者或更"備用"爲"備急"，又或改"備用"爲"大全"，或又於"大觀本草"之上加"經史證類"四字，任人題識，遂致混淆。是一是二，莫之能辨，實則唐慎微之一書也。錢氏《養新錄》、孫氏《藏書記》，一元本，一明大字本，一明正德本，一明嘉靖本，一明萬曆本，一明歸仁齋刊本。各據所見之本兩列之，不復置辨，蓋醫家一類考之者少也。《大觀本草》始見陳《錄》，至今稱之，其原不知爲誰氏所題，實非唐慎微之原書名也。《玉海》載王繼先上校定《大觀本草》三十二卷、《釋音》一卷，有紹興二年官本。王繼先所校《本草》成於紹興二十九年，"二年"是誤字，是書當以陳《録》爲據。今諸家不見著録，失傳久矣。成化間，山東巡撫原傑刊本有商輅序。嘉靖間，山東臬使周玸刊本有王積、項廷吉、馬三才三序。萬曆間，蜀府承奉正陳瑛刊本有周倣序。明刻并此本凡四刻，此第三刻也。《本草》之名始見《漢書・樓護傳》。陶隱居因《神農本經》三卷注釋爲七卷，是爲《名醫别録》。唐蘇恭、李勣等重廣爲二十卷，圖藥形以爲經，世謂之"唐本草"。僞蜀韓保昇等取唐《本草》并圖經，删定補注爲十卷，孟昶自序之，世謂之"蜀本草"。宋太祖開寶六年，詔尚藥奉御劉翰等詳校諸本，刊正增益，道士馬志爲之注，凡二十卷，鏤板於國子監，號爲"開寶本草"。開寶七年，重定《本草神農經》，以白字别之，并目録爲二十一卷。仁宗嘉祐初，又使蘇頌等爲之補注，因唐《圖經》别爲繪畫，書著其説，圖見其形。陳子承又合二書爲一，附以古今論説與己所見聞，列爲二十三卷，名曰"重廣補注神農本草并圖經"。元祐七年，林希序之，此本不傳。陶隱居《别録》之先，魏吴普修《神農本草》，《唐志》尚存六卷，至宋遂亡。諸子書多有引者，言藥性寒温五味最悉。凡此諸本，具收於《證類本草》。予嘗依病而檢其藥類，知是藥之宜是病；又按藥而檢其圖説，知是病之宜是藥。蓋序例與本書互相經緯，故名曰"證類"，而知之者鮮，予故表而出之。諸序惟蘇魏公兩序最佳，予於本集已讀之。魏公於醫，蓋三折肱矣。丙戌秋八月望後一日，月明如畫，氣静神閑，因取是書而詳説之，以爲醫家之助云。

## 《太平惠民和劑局方》十卷　　《用藥總論》三卷

宋陳師文等奉敕撰

《續知不足齋》本。渤海高承勳校刊。前有原序。膃肭臍圓，爲他書所未有，《本草綱目》亦不載。

序曰：“自開局以來，所有之方，或取於鬻藥之家，或得於陳獻之士，未經參訂，不無舛訛。雖嘗鏤板頒行，未免傳疑承誤。頃因被命刊正公私衆本，搜獵靡遺，佚者補之，複者削之，未閱載而書成。”

文光案：此《大觀》本也。因神宗時舊本重修，凡十四門，七百八十八方。目録有紹興續添方、寶祐新增方、淳祐新添方、吳直閣增諸家名方、續添諸局經驗祕方，蓋屢有所增，非《大觀》之舊矣。所附《用藥總論》，乃《本草圖經》上、中、下三品，亦不知爲何人所加。因其爲宋代醫書，姑存之。其方宜慎簡也。攻此書者，有朱丹溪《局方發揮》，宜互參之。

周氏曰：“和劑‘惠民’藥局，當時制藥有官，監造有官，監門又有官。藥成，分之内外，凡七局。監官皆以選人經任者爲之，謂之京局官，皆爲異時朝士之儲，悉屬之本府寺。其藥價比之時值損三之一，每歲廩戶部緡錢數十萬，朝廷舉以償之，祖宗初制可謂仁矣。然弊出百端，往往爲諸吏、藥生盜竊。凡一劑成，則又皆爲朝士及有力者所得。所謂‘惠民’者，元未嘗分毫及民也。若夫和劑局方，乃當時精集諸家名方，凡經幾名醫之手，至提領以從官、内臣參校，可謂精矣。然其間差舛者亦似不少。且以牛黃清心丸一方言之，凡用藥二十九味，其間寒熱訛雜，殊不可曉。嘗見一名醫云：‘此方止是前八味，至蒲黃而止，自乾山藥以後凡二十一味，乃補虛門中山芋丸。當時不知緣故，誤寫在此方之後，因循不曾改正。’予因其説而考之，信然。凡此之類，當必多有之。信乎！誤注《本草》非細故也。”

文光案：此本前有原序，列陳承、裴宗元、陳師道三人銜名。其牛黃清心丸爲第五方，蒲黃在十九，山藥在末，是又非當時之舊第矣。製藥者當何所適從哉？弁陽老人之說又見於岳珂《桯史》。宋朝說部諸書，展轉相販，固非一端也。清心丸，近日高麗人尚修此丸，未知是此方否。大抵成方不必不驗，亦不必盡驗。再造丸治中風、半身不遂等症，其製造極費工，價且甚昂，予見服之者十無一驗也。又嘗取祕方自製服之，亦無甚效。龍宮祕方，孫真人用之則驗，他人用之不驗也，知此可與談醫矣。宋人好集方書，當時或驗，後人用之或驗或不驗，無準的也。黃氏士禮居刻洪氏方，堅守宋本，一字不敢移易，而驗不驗亦不在此也。

膃肭劑圓，補虛壯氣，暖腎祛邪；益精髓，和脾胃，進飲食，悅顏色。治五勞七傷、真氣虛憊、臍腹冷痛、肢體酸疼、腰背拘急、腳膝緩弱、面色黧黑、肌肉消瘦、目暗耳鳴、口苦舌乾、腹中虛鳴、肋下刺痛、飲食無味、心常慘戚、夜多異夢、晝少精神、小便滑數、時有餘瀝、房室不舉或夢交，及一切風虛痼冷，并宜服之。

膃肭臍，一對，慢火酒炙令熟。沉香，神麯，炒，各四兩。精羊肉，一斤，熟，細切碎爛研。羊髓，取汁一斤。硇砂，二兩，飛過。無灰酒。一斗，同上六味於銀器內慢火熬成膏，放冷，入下藥。巴戟，去心。肉蔻，炮。木香，丁香，人參，補骨脂，酒炒。天麻，川芎，枳殼，炒。胡蘆巴，鍾乳，煉粉。青皮，去白。茴香，炒。蘇子，陽起石，漿水煮一日，細研飛焙乾。蓽澄茄，各二兩。山藥，一兩。蓯蓉，四兩。肉桂，沙苑子，炒。大腹子，檳榔，炒，各二兩。白蔻，一兩。大附子半斤。青鹽半斤，漿水一斗五升，煮水令盡焙乾。右為細末，入前膏內搗千餘杵，為圓，如梧桐子大。每服二十圓，空心溫酒送下，鹽湯亦得。

## 《醫說》十卷

宋張杲撰

明本。王肯堂續輯。凡分二十七門。前有嘉定甲申星江彭方跋，又李以治跋、開禧丁卯建安江疇跋、寶慶丁亥東陽徐果跋。

彭氏跋曰："張君季明《醫説》，無非濟人救物之事，而將之以至誠，三世授受，相傳一脉，是可嘉尚也已。"

文光案：杲師其父彥仁，彥仁師其父子發，故曰三世。
三世之醫固多，如季明者少矣。

李氏跋曰："季明示予醫書一篇，載古今事迹至纖悉，蓋其生平目覽耳聽，凡涉於醫者必録，録必以其類。今老矣，搜訪尚不輟。季明有子，字九萬，隸鄞郡庠，性敏而能文，其能大門户可知也。"

江氏跋曰："季明之伯祖子充，受知於忠宣范公，名滿京洛，諸公待之如神人。"

徐氏跋曰："子充生於元符間，嘗從蜀王朴學《太素》，能知人貴賤禍福，受其衣領，祕藏素書甚詳。後以此活人，不可勝計。季明其傳也。"

文光案：子充名擴，子發之兄，師龐安。

## 《三因極一病證方論》十八卷

宋陳言撰

青蓮華館本。道光二十三年石門蔡載鼎校刊，有序。第一卷論脉，第二卷以下每門先論後方，詳列三因。有陳言自序。

陳氏自序曰："淳熙甲午，與友人論及醫事之要，無出三因。因編集應用諸方，類分一百八十門，得方一千五十餘道，辨論前人所不了義。"

蔡氏序曰："人迎候六淫爲外因，氣口候七情爲內因，不與人迎、氣口相應候，勞逸作强，爲不內外。因其間摭拾遺經，分門別類，有條不紊。原文久湮，世傳鈔本不無舛誤。客歲復得舊鈔善本數部，互相校讎，或折衷於軒、岐、仲聖《千金》等書，或參考於後人。誤者正之，疑者闕之，不敢妄參臆見。閱是書者，當切脉以分因，推因以辨證，按證以施治，以意逆志，是爲得之。"

醫者之經，《素問》、《靈樞》是也；史書，則諸家《本草》是也；諸子，則《難經》、《甲乙》、《太素》、《中藏》是也；百家，則《鬼遺》、《龍樹》、《金鏃刺要》、《銅人明堂》、《幼幼新書》、《産科寶慶》等書是也。

文光案：此舉其大略言之，皆醫家所不可不熟玩者。予家所藏醫書甚多，因輯一醫學書目，以類相從，古方今症，開卷了然。

## 《傷寒類證活人書》二十二卷　附《音釋》一卷　　《藥性》一卷

宋朱肱撰

《醫統》本。首大觀元年自序、政和八年自跋，次目録，次武夷張蕆序，次朱撰青詞并進表、謝啓。書内題"增注類證活人書注"，不知爲何人所增。二十二卷題"無閡居士李子建撰"，當即作注之人也。

朱氏自序曰："病家曾留意方書，稍別陰陽，知其熱證，則召某人，以某人善醫陽病；知其冷證，則召某人，以其人善醫陰病：往往隨手全活。若病家素不曉者，道聽泛請，委而聽之。近世士人如高若訥、林億、孫奇、龐安常皆惓惓於此，未必章句之徒不笑且駭也。僕因閑居，作爲此書，雖未能盡窺伊尹之萬一，庶使天下之大，人無夭伐，老不哭幼，士大夫易曉而喜讀，漸浸積習，人人尊生，豈曰小補之哉？"

朱氏自記曰："同年范内翰云《活人書》詳矣，比《百問》十倍，然證與方分爲數卷，倉卒難檢耳。及至洛陽，又見王先生

《活人書》，京師、京都、湖南、福建、兩浙，凡五處印行，惜其不曾校勘，錯誤頗多。遂取繕本重爲參詳，改一百餘處，命工於杭州大隱坊鏤板，作中字印行。庶幾緩急易以檢閱，不爲俗醫妄投藥餌，其爲功德，獲福無量。”

　　文光案：朱氏所稱《活人書》，即仲景《傷寒論》；所稱王先生《活人書》，即叔和所編之本。華佗指《傷寒論》爲《活人書》，昔人又以“金匱”、“玉函”名之。朱氏《活人書》，一名《無求子傷寒百問》。此本自一卷至十一卷爲傷寒百問；自十二卷至二十一卷爲一百一十三方，各方具證治；二十二卷爲傷寒十勸。按張序并進表，皆云二十卷，此本二十一卷，不知何人所分。又有所增附，實非朱氏原本。然此本之外未見別本，坊行《活人指掌》乃俗工所爲，不足觀也。

　　張氏序曰：“張長沙，南陽人也。其言雖詳，其法難知。奉議公祖述其説，神而明之，以遺惠天下後世。余因揭其名爲‘南陽活人書’云。”

　　吴氏《活人書辨序》曰：“予嘗歎東漢之文氣不如西都，獨醫家此書淵奥典雅，焕然三代之文，心一怪之。及觀仲景於序，卑弱殊甚，然後知序乃仲景所自作，而《傷寒論》即《古湯液論》，蓋上世遺書，仲景特編纂云爾，非其自撰之言也。晉王叔和重加論次，而傳録者誤以叔和之語參錯其間，莫之別白。宋朱肱《活人書》，一本仲景之論，書成之初，已有糾彈數十條者。承用既久，世醫執爲傷寒律令，夫孰更議其非？龍興路儒學教授戴啓宗同父，讀書餘暇兼訂醫書，朱氏《百問》，一一辨正。凡悖於《傷寒論》之旨者，摘抉靡遺，如法吏獄辭，隻字必覈，可謂精也已。”

　　文光案：今所傳各本《傷寒論》并無仲景之序，文正所謂“卑弱”，恐誤以叔和序例爲仲景之自序，不然則後人所僞託，然亦未見。其謂誤錯叔和語則是，謂非仲景自撰則非。古書有法無方，仲景因方立論，其爲自撰無疑。又以《傷寒論》即古《湯液論》，更無確證。文正好疑古，又好改移古書篇第，其説未可爲定論也。《傷寒論》一誤於王叔和之編次，再誤於成己之注解。文正直以爲非仲景所撰，則誤益甚矣。今范書《方技傳》無仲景，若執是疑之，豈漢代無是人耶？

余爲童子時，傷寒證尚多，醫家以分陰陽、辨表裏爲難事。後十餘年而此病鮮矣。所謂外感者皆瘟疫，大半熱多寒少。據予所驗，所謂真傷寒者，百無一二，誤服麻黄桂枝湯，必成壞症。然六經見證，以本經藥治之，無不應手而愈，可知六經之説確不可易。惟瘟病宜凉，大忌温熱，宜自汗，不可發汗，總以清凉解散爲要。肆中通行發汗散，即九味羌活湯，其方不可輕用。瘟疫專門之書近年益備，邇來更多。痧症與瘟症微異，實亦疫癘之氣也。明乎六經而思過半矣。

元本許叔微《傷寒百證歌》五卷，《傷寒發微論》二卷，每葉十六行，行十七字。述古堂所藏，後歸惠松崖。《百歲堂書目》有松崖注語可證。陳《録》所著《許學士傷寒》諸書，此外尚有五種，俱未見。

## 《傷寒補亡論》二十卷

宋郭雍撰

心太平軒本。道光元年長川徐錦校刊，有序并凡例、目録。前有淳熙八年河南郭雍自序、明萬曆甲戌芝田劉世延序、慶元元年鴻慶外史新安朱子跋。

郭氏自序曰：“雍初得仲景書，未甚領略。及老，篤好之，歎已晚矣。雖學識疏略，無高人之見，而一言一事，上必有所本，中必得於心，而後敢筆之於書，蓋去世俗妄論、欺惑之術。後世復有揚子雲，始知雍言之不謬也。今所論次，自岐、黄以及近代諸書，凡論辨、問答、證治，合一千五百餘條，總五萬言，分七十餘門，集成論說二十卷、方藥五卷。"

劉氏序曰："宋代中州郭白云兄弟，三復仲景之書，而歎其亡失，乃作《補亡論》以全其義。其於兩感、陰陽交、陰陽易及痓痙等論尤爲詳切精博，發前人所未發。惟宋本至元，兵火之間，又復亡其第十六卷數十條，其間妙義精論盡皆湮没。其所存者不壽之梓，安知其不再亡失耶？"

朱子跋曰："其說雖若一出古經而無益損，然古經之深遠浩博難尋，而此書之分別部居易見也。安得廣其流布，使世之學爲方者家藏而人誦之，以知古昔聖賢醫道之源委，而不病其難耶？"

凡例："此書悉以仲景本論爲主。然仲景之書殘缺已久，其《傷寒》中所有之證及他證之類傷寒者，本論未備，則取《千金》、《活人》及龐氏、常氏之說合於仲景者補之，故曰'補亡'。""常器之書，世無傳本，賴此可知其略。龐安常書刻本已少，家藏抄本亦多缺誤。原本歸員嶠黄氏，近將梓之。""此書分條別類，欲便初學，故重出不厭。原本有方藥五卷，今傳寫已失，然易於查考，故不復補入。原序言七十餘門，一千五百餘條，今共得六十四門，一千四百餘條，內缺一卷故也。郭氏以理學名家，所述醫書皆歷代相傳之正法，故可珍也。"

## 《錢氏小兒直訣》三卷　　附《閻氏方》一卷　　《董氏方》一卷

宋錢乙撰

仿宋本。此本不知何人所刻。前有己亥弟汝楫跋，次目錄。上卷脉證治法，中卷記所治二十三證，下卷一百二十方。次閻孝忠方并論，次錢仲陽傳，劉跂撰。次錢乙後序，次董汲《小兒斑疹備急方論》、東平十柳居士孫準序、董汲自序。三書猶是宋本舊式，寫刻甚佳。每葉十八行，行十六字。

錢乙字仲陽，上世錢塘人，後家於郫。父顥善鍼，遊海上不返。隨母嫁呂醫。呂歿，告以家世。尋父，五六返，乃迎以歸。鄉人多詠其事。性喜酒，好寒食。手足左攣，不能用，日啖茯苓，氣骨堅悍如無疾者。年八十二，終於家。著《傷寒論指微》五卷、《嬰孺論》百篇。

閻氏跋曰："予家幼稚多疾，率用錢氏方訣，取效如神。因復研究諸法，有得於心。如驚疳等仲陽未悉者，今見於下，并以仲陽傳附卷末。"

刊書跋曰："《小兒藥症直訣》三卷，宋太醫丞錢仲陽所著，同時宣教郎閻孝忠所次也。治小兒之難與仲陽之術之工，閻序詳矣。吾兄懷三精通禁方，嘗論仲景爲醫之聖，而仲陽乃幼科祖。然錢非實有謬巧也，蓋亦熟張文而神明之者。八味金匱方也，去桂附以治小兒，後世不能難焉。然其書自元以還，多亡失竄易。既得《玉函經》刻之，而此又求之三十年，近始獲焉。手自讐正，還其舊貫，次第開行。"

文光案：右汝楫刊書跋，不知何氏。序前當有序，故署曰"弟"，俟訪別本稽之。所云《玉函經》應亦是仿宋本，惜未之見。六味丸以山藥爲君，棗丸桐子大小，兒服此丸數十斤，定然健壯，勝肥兒丸多多矣。滋善堂《瞭然集》有服本身臍帶方，亦能健兒。此皆醫家所當留心者也。

小兒急、慢驚，古書無之，惟曰陰陽癇急驚方。掊時但扶持，不可擒捉，蓋風氣方盛，恐流入筋脉，或致手足拘攣。

凡小兒吐瀉，當溫補之。予用理中圓溫其中，以五苓散導其逆，兼用異功等溫藥調理之，便愈。五苓最治小兒吐，若已虛損，當速生其胃氣。宜與附子理中圓研金液丹末煎生姜米飲調灌之，多服乃效。候胃氣已生，手足漸暖，陰退陽回，然猶瘈瘲，即減金液丹一二分，增青州白丸子一二分，以意詳之，漸減漸加。兼用異功散、羌活膏、溫白圓、鈎藤飲子之類，調理至安，仍頻與粥，往往十救八九。

文光案：此段字字有法，治虛損已極、吐瀉至危者，宜細玩之。五苓散治霍亂、吐瀉最妙。凡瀉多水，瀉水者，小便必不利，利水則瀉止。導其逆上之氣，使之下行，則吐止。凡症虛者宜補，寒者宜溫，無虛症不可溫補，全在臨時細酌。凡熱症有用熱藥而熱退，有用涼藥而熱不退者，宜細參之。小兒之熱有清涼而止者，有升陽散火而止者，有溫補脾胃而止者，不可拘於一律。

斑疹之候，始覺多嗽身溫，面色四肢俱赤，頭痛腰疼，睛黃多睡，瘈瘲，手足厥，耳尖及尻冷，小便赤，大便秘，三部脉洪數，絕大不定，是其候。乳下兒，令乳母服藥。證未明者，但以升麻散解之；已明者，即用大黃、青黛等涼藥下之，次與白虎湯，秋、冬加棗煎最妙。已出不可下，出足即宜。利大、小便未快者，紫草散；攻喉者，可與少紫雪；熱不解，甘露飲，無不效也。常平肝藏，恐熱衝目，當風即成瘡痂，燒黑丑糞灰貼之，則速愈而無瘢也。左右不可闕胡荽，能辟惡氣；與少葡萄，能利小便。

斑疹之候，與傷寒、二癇大同，而用藥甚異。廣川及之出一帙示予，予深嘉及之少年藝術之精而又愜所願以授人者，於是輒書卷尾焉。元祐癸酉錢乙題。

小兒脉亂不治。肝病：哭叫，目直，呵欠，煩悶，項急。心病：多叫哭，驚悸，手足動搖，發熱，飲水。脾病：困睡，泄瀉，不思飲食。肺病：悶亂，哽氣，長出氣，氣短喘急。腎病：目無精光，畏明，體骨重，腎虛無實。惟斑疹腎實則黑陷，視其睡，口中氣溫，或合面睡及上竄咬牙，皆心熱也，導赤散主之。心氣熱則心胸亦熱，欲言不能而有就冷之意，故合面睡。心氣實，喜仰臥，瀉心湯主之。目赤者心熱，淡紅者心虛熱，青者肝熱，淺淡者補之，黃者脾熱。吐乳瀉黃，傷熱乳也；吐乳瀉青，傷冷乳也：皆當下。口中吐沫水者，必蟲痛腹脹，下之。不喘者，不可下。

　　　　文光案：此條視小兒法，極驗，因錄之。

## 《類證普濟本事方》十卷

　　宋許叔微撰

　　雲間本。王陳梁校刊，有序并目錄，不記刻書年月。寫刻甚佳，無原序。

　　王氏序曰：“昔蘇子瞻有云：‘藥雖進於醫手，方多傳於古人。若已經效於世間，不必皆從乎己出。’醫有方書尚矣。許白沙所著《本事方》，其用意直探長沙之奧，而其採方較《千金》爲簡約。即如神效散、溫脾湯、玉真丸、退陰散等方，識精理到，更足補前人之未及。其餘類證探方，方簡而法備；因方附案，案確而治明。後學神而明之，不啻若自己出也。顧其書宋刻無傳，抄本多訛，予甚惜之。因取家藏善本校定釐正，鏤板以傳。”

## 《雞峰普濟方》三十卷

　　宋張鋭撰

　　影宋本。道光八年汪士鐘校刊，有序。次顧千里序，次總目，次總論，次各門類方，後載丹訣并金石毒發方。第三十卷爲單方。宋人好集醫方，多知醫術。此書猶是宋本之式，是可貴也。

　　汪氏序曰：“此書每卷署馮翊賈兼重校定，南宋槧本也。共缺四卷，其餘缺葉尚多。有‘檇李項氏’圖章。今歸予插架，梓以行世。收藏家各目并未著錄。《宋志》有張鋭《雞峰備急方》一卷。《通考》同引：'陳氏曰：太[六]醫教授張銳撰，紹興三年序。大抵皆單方也。'《書錄》作'太醫局教授'，餘同。然此一卷乃全書之第三十，其曰'備急'者，特分門子目之一而已。《本草綱目》列《雞峰備急方》於引據，似猶見及之，然亦未見他卷也。予意'雞峰普濟'者當是銳自題。首一卷諸論即銳所撰，分門正出其手，三十卷亦其自定，無疑也。視其中有處方一論，詳言古方治療之妙，戒學者以不可忽，斯作書之本旨，實足爲通部序例。自宋以來，流傳已鮮，爰影葉開雕，述其梗概如此。"

凡丹以辰砂爲主，取其色赤入心，靈精補火，金石之力大於草本。古方神妙，非神聖莫能製，非通儒莫能知，知而後試，試而後知。

## 《洪氏集驗方》 五卷

宋洪遵撰

《士禮居》本。嘉慶己卯黄丕烈從宋本録副重刊。每葉十八行，行十六字。前有石韞玉序、黄丕烈後序，後有乾道庚寅洪氏跋，墨迹八行。《延令宋板書目》云："鮮于樞詩跋，諒必有本，然有脱文。"又蕘翁跋，又顧廣圻跋。

洪氏跋曰："予平生用之有著驗，或未及用而傳聞之審者刻之。"

石氏序曰："今世外科每奏奇功，而内科不能者，不用古方故也。予刻新安《程氏易簡方論》，亦欲世人稍知古方本義。"

## 《扁鵲心書》 三卷　附方一卷

宋竇材撰

《醫林指月》本。前有紹興十六年材自序。序後有青詞，又名其方爲"神方"，未免依託。其但[七]中炙法可采，又如戒寒涼、看虛實諸論亦皆平實。曾用其法，極有效驗，是可存也。後有王琦刊書跋。

寶氏序曰：“此書從古至今未得通行。予業醫四世，皆得此法之力。反覆參詳，與《內經》合旨，由茲問世，百發百中。”

> 文光案：序首言仲景、叔和不師《內經》，實爲謬論。中言業醫四世，皆得此法；又言‘遇關中老醫，以法授我’：矛盾顯然。序後結衔爲武翼郎、前開州巡檢。又有進書表一通，其意與序相同。言湯液理小疾則生，治大病則百無一活，恐與序皆爲偽作。但其書雖不必出於扁鵲，必有所傳授，以爲心法，亦不妄也。

王氏跋曰：“此書已鋟板行世，歲久湮沒，人間少有見者。古月老人得之，詫爲奇書。嗣後治人痼疾，益多奇驗。其孫紀雲出其祖手録副本，上有參論百餘條。爰加校勘，附其注於條下，梓以行世。”

> 文光案：錢塘胡珏，號古月老人，精於醫理，剖析此書，多所糾正。書內採元、明人語，決非寶氏原本。其以灼艾爲第一，餌丹藥爲第二，用附子爲第三，以爲保命真訣，洵千古不磨之法。然予以按摩爲第一，灼艾爲第二，餌丹爲第三，亦甚有理。附子有毒，未可久服，非寒極亦不受，未可輕試也。坊行有《易筋經》一冊，其中有捶打法，較之按摩，尤有奇效。因表出之，未可以俗本而棄之也。

## 《瘡瘍經驗全書》十三卷

宋寶漢卿撰

浩然樓本。康熙丁酉洪氏校刊，悉依五桂堂原本，兼以宋刻祕本訂正之。明本爲隆慶中寶夢麟所刻，申時行序，有圖。《存目》《寶太師外科》即此書。

陳無擇曰：“二十四銖爲兩。每兩古文六銖，錢四個，開元錢三個。至趙宋廣科以開元錢十個爲兩。今之三兩得漢、唐十兩，明矣。《千金》、《本草》皆以古三兩爲今一兩，古三升爲今一升。”

　　文光案：古方分兩不可拘執，南方宜輕，北方宜重。宋代醫書傳本甚少，當時必不止此數種，其爲散佚無疑。林億、高保衡等校正醫書，絶〔八〕功甚偉。其他專門名家，著作亦罕求。如漢之張、唐之孫，亦鮮其人。故世稱四大家，張仲景、劉河間、李東垣、朱丹溪。不及於宋也。所集方書甚多，惟《全生指迷方》能推論其所以然，不似他家之有方無論也。今刻入《長恩叢書》。

**校勘記**

　　〔一〕“堪”，原作“深”，據《褚氏遺書》改。

　　〔二〕“候”，據下文跋語及《中國叢書綜錄》補。

　　〔三〕“王”，原作“李”，據本條上文改。

　　〔四〕“格”，當作“略”。張三錫，明代醫學家，字叔承，號嗣泉。著有《醫學六要》，其中有《運氣略》。

　　〔五〕“用運”，據理當作“運用”。

　　〔六〕“太”，原作“産”，據《文獻通考》改。

　　〔七〕“其但”，據理當作“但其”。

　　〔八〕“絶”，據理當作“厥”。

# 子部五

## 醫家類三

### 《河間六書》二十六卷

金劉完素撰

《醫統》本。坊行《河間六書》，一曰《素問玄機原病式》一卷，二曰《素問宣明方論》十五卷，三曰《素問病機氣宜保命集》三卷，《簡明目》以爲張元素所撰。四曰《傷寒標本心法》二卷，《簡明目》"心法"下有"類萃"二字。五曰《傷寒直格論》三卷，六曰《傷寒心要》一卷。《四庫》未收。附《傷寒醫鑑》一卷。《四庫》未收。六書皆收入《醫統》。《原病式》、《保命集》俱有自序。《直格論》爲臨川葛雍所編，前序不知誰作，甚拙。序云："朱肱《活人書》失仲景本意，陰陽寒熱，失之千里，不可不知。"又云："此書爲太原書坊劉生録稿。"《醫鑑總目》題"劉河間先生"，篇中有"守真云"，又題"馬宗素"。明人刻書，於書之源流、本之先後，略無考究。所謂"六書"，亦坊間所合，而元本難得。《保命集》，《元志》"張元素撰"。二人之書，往往因名而誤。志藝文者，於醫家一類更多驕駁，蓋不習此學故也。

劉完素《傷寒直格》三卷、《後集》一卷、《續集》一卷、《別集》一卷，《運氣要旨論》一卷，《精要宣明論》三卷，《治病心印》一卷，《河間劉先生十八劑》一卷，《素問要旨》八卷，《原病式》二卷，《宣明方論》十五卷，《傷寒標本心法類萃》二卷，《傷寒直格論方》三卷，《傷寒醫鑑》一卷。録於《潛研堂全集》。

文光案：錢氏《補元史藝文志》，劉書凡十一種，共四十三卷，與今本不同。倪《補遼金元史藝文志》所列劉書共十種，三十七卷，又與錢《志》不同。二家各據所見之目言之。流傳至今，十已散其五六，其存者或非完書，或非原本，甚可惜也。近代如此，古書豈可問哉！近日真傷寒甚少，劉書傳習久絶，然其説自不可廢也。金、元醫家各有師傳，且皆學問之士，故其書可法。吾於諸名家各取所長，初未嘗沾沾一書，亦未嘗偏廢一家也。蓋必集數十人之心思而後可以明一病，某病宜用某人之法，某法不可施於某病，心知其意則變通出焉。歷驗既久，斯無書可讀。

## 《儒門事親》十五卷

金張從正撰

明本。吴勉學校刊。前有嘉靖辛丑復元道人邵輔序、聞忠跋，次目録。前三卷爲論。五卷，自火至瘡疱，列症一百條。六、七、八卷，爲十形、三療。十形者，曰風，曰暑，曰火，曰熱，曰濕，曰燥，曰寒，曰内傷，曰外傷，曰内積，曰外積，凡一百三十九章。九、十卷，爲雜記九門。十一卷，爲治法雜論。十二卷，爲三法、六門。三法爲汗、吐、下。六門，止火、燥、寒三門以下曰兼治於内者、兼治於外者、獨治於内者、獨治於外者四目，又調治一目。此卷皆集諸方。十三卷，爲《河間三消論》并方。十四卷，爲扁、華察聲色、定死生訣并病機。十五卷，爲世傳神效諸方十八首。

邵氏序曰：“是書也，戴人張子和專爲事親者撰。論議淵微，調攝有法，其術與東垣、丹溪并傳。名書之義，蓋以醫家奥旨，非儒不能明；藥品、酒食，非孝不能備也。予得是書，如獲寶璐。惜其板久失，傳本多亥豕。因付儒醫聞忠校訂鋟梓，與世之事親者共云。"

文光案：是書刻入《醫統》，流傳極少。此爲步月樓單行之本，舛訛不可卒讀。其中汗、吐、下三法，用之得當，取水極速。吐法，人鮮知之。風寒、暑濕、瘟毒皆可因吐而散，所謂"吐中有散意"也。喉症未有無痰者，覺如核大者，吐之可出碗許，登時即快，痛亦立止，屢試有效，因表出之。予有宿痰，醫不能治，平如星、夏，猛如礬、皂，遍服罔效。因頻頻吐之，使喉間道路常通，探之自易。若驟然試之，諸多苦狀，且有探之不出者。此法宜於肥人，蓋肥人多痰，又易招風。半身不遂等症，多屬肥人，表虛痰盛故也。尋常宜多服補中益氣湯，以助其氣。稍覺壅滯即吐之，此妙法也，而全賴氣盛。大抵汗、吐、下三法，皆非虛人所宜。嘗治一人，日服參著而大汗不止；又遇外感，當汗而不能散：此不治之證也。老人及婦人產後當下而虛者，以硝黃加補中方中去白术、甘草二味，亦嘗奏效。凡病以氣爲主，視其正氣不衰，攻下自愈；若厭厭息息，無生人氣，不病亦死，豈可妄與方藥耶？

## 《脾胃論》二卷　《蘭臺[一]秘藏》三卷　《内外傷辨惑論》三卷

金李杲撰

《醫統》本。《醫統》前數書多據舊本，尚有古致。自宋以後皆俗本，不足重已。《東垣十書》，不知何人所題，自著者惟此三種，因標出之；餘七種皆非東垣所著。坊間因一家之學，妄合爲十。前有王肯堂序，亦是僞作。王氏不應有此序，《醫統》亦不當收此本。然東垣之書僅見於此，則亦不可廢矣。脾胃論發自東垣，培補後天者主之。《蘭臺秘藏》，方書也，各門有論。《辨惑論》證世人用藥之誤。自序曰："崑崙范尊師獎勸而成。師，文正公之後也。"

李杲《辨惑論》三卷，《蘭臺秘藏》六卷，《脾胃論》三卷，《東垣試效方》九卷，《內外傷寒辨》三卷，《用藥法象》一卷，《醫學發明》九卷，《傷寒會要》。録於《潛研堂全集》。

文光案：此東垣之八書也，共三十四卷，一種無卷數。錢《補元史藝文志》所載如此，與坊行《十書》不同。《辨惑論》三卷、《內外傷寒辨》三卷，恐是一書而誤分爲二。"內外傷辨惑"乃辨內症、外症之不同，妄人增一"寒"字，竹汀不察，依樣録之。醫家書人不經意，往往如此。東垣書以《脾胃論》爲主，是其獨開生面處。補中益氣湯治氣虛百發百中，其不應者，必是痰滯，或爲火鬱，即於本方加清痰降火之藥，隨病之輕重而增減之。中宮氣旺，則四面八方皆通快矣。今人視參、术爲畏途，勉強服之，必然不受，蓋氣愈虛則痰愈滯，下愈寒則上愈熱，所謂"火水未濟"是也。清氣不運，則濁氣妄行；中脘不通，則九竅不利。是以終日昏昏，怠惰嗜臥，皆氣陷不升之故，悉宜以東垣法治之。惟臨時調治，全在醫者以意爲之，未可定爲死法也。予嘗治一虛脱症，終始只此一方，始加芩、連，終加桂、附，大劑百餘，如重換一身骨也。又東垣有升陽散火之法，其理甚妙，人鮮知之，特爲拈出。以東垣法治內傷，以河間法治外感，庶爲兩得，於今尤宜。

## 《此事難知》二卷

元王好古撰

《醫統》本。此《東垣十書》之一。前有至大改元王好古序，又成化甲辰荆南一人序。蓋好古發明東垣之緒論,故誤題爲李杲撰。是書於傷寒症治尤詳。東垣《傷寒會要》久已散佚,獨賴此書存其梗概。好古受業於東垣老人,東垣受業於潔古老人。潔古,張元素也,所著有《本草》二卷、《脉經注》十卷、《醫學啓蒙》三卷,今皆未見。好古所著有《湯液本草》三卷,《簡明目録》以爲都從試驗而來,不甚泥本經舊文。今此書亦刻入《東垣十書》中,故《東垣十書》不盡爲東垣所著也。

## 《醫壘元戎》十二卷

元王好古撰

明本。萬曆癸巳四明屠本畯重刊。前有王好古自序,明顧遂、綦才二序。是書刻於《醫統》者,祇二卷,與坊刻《東垣十書》本相同。十二卷之本最爲難得,予求之有年。癸亥春試畢,得於廠中書肆。紙墨精好,首尾完具,誠可寶也。其書祖仲景之法,以傷寒書治雜症,無論何症,總屬之十二經絡。其治法分隸六經,瞭如指掌,真醫家之獨步,能用法而不爲法用者也。其曰"醫壘元戎"者,用藥如用兵也。予嘗以六經之法治時行熱症,所云某經見某病、某病宜引以某藥者,千古不易。惟凉散、温散、熱散貴於臨時斟酌,苟得其當,百不失一。是書表彰漢學之功,蓋不淺矣。好古字進之,其結銜爲趙州教授兼提舉管內醫學。書末有浙姚嚴昌世跋。

嚴氏跋曰:"予同官屠君出其藏本,刻於嘉靖癸卯,吾姚秋山居士序之。纔數十載,板遂脱落。公餘之暇,細加考訂,因屠君請之綦公,乃付之梓。"

文光案:用藥如用兵,其審機度勢只在片時。醫家臨證,兵家臨陣,俄頃之間而死生存亡係焉,紙上談醫與紙上談兵均無當也。填然鼓之,兵刃既接,當此之時,所見者非所學,所學者不能備緩急之用，則亦殆矣。書名"元戎"，意深哉！不爲良相，必爲良醫，皆求有益於人也。俗工略記數方，妄投藥餌，非徒無益，損莫大焉，故世以勿藥爲中醫也。

## 《十藥神書》一卷

元葛可久撰

《六醴齋》本。程永培校刊，有跋。前有至正乙酉可久序，又至正戊子自序。

葛氏自序曰："予師用藥治癆，無不中的。予以用藥次第開列於後，如神之妙，雖岐、扁再世，不過於此。師授此書，未嘗傳人。今恐泯失，次序一新，名曰'十藥神書'，留遺子孫，以廣其傳。"

葛氏又序曰："予遇至人，授奇方一册，或羣隊者，或三四味者，至吳中一用一捷，無不刻驗，信可鋟梓。予以暇日類成一帙，效者録之。"

文光案：只此一卷。書前序以爲師授，後序以爲至人所授，其中必有一誤，恐後序者又一書也。十藥者，十方也，治癆病者宜知之。

程氏跋曰："葉天士治吐血，皆祖葛可久書，參以人之情性、病之淺深，治無不愈。書中僅列十方，世皆少之，故復採周氏之說，使人粗曉。"

## 《衛生寶鑑》二十四卷　《補遺》一卷

元羅天益撰

《惜陰軒》本。前有永樂十五年太醫院院判淮南蔣用文序。又胡廣、楊榮二序。書自可傳，不必以胡、楊爲重，胡、楊又非知醫者。楊序勉強塞責，故不録。元刻本有至元癸未中議大夫、治書侍御史汲郡王惲序，又至元辛巳郾城硯堅序，又謙甫上東垣啓一通，俱在目録前。《藥誤永鑑》三卷，有論有案。《名方類集》十七卷，有方有論有案，有鍼法七條。《藥類法象》一卷，前爲修治法，後爲用藥法。《醫驗紀述》三卷，方、論、案俱備。其論皆出自心裁，其方皆傳其親驗，與分門別類采論集方者不同。其用藥、用鍼皆有法度，不違古亦不泥古，良工斟酌之妙，隱然見於言外。古方多用剽悍之品，至宋猶然，奏效雖捷，而尅伐殆甚。自東垣發脾胃之論，承其學者皆不敢以峻藥傷胃，實醫學之一大轉關也。元代去古已遠，其方與今相宜，學者家置一編，細玩其移古變今之意，與天時人事之遷流，庶乎立方製藥皆有紀律，不失先生衛生之意。若束之高閣，倉卒檢閱以求其合，失之遠矣。《補遺》不署名姓，疑是韓氏刻書時所增，因《寶鑑》傷寒之法不全，故粗述仲景諸家治外感驗方并署方，附刻卷末。所補亦精審有條理。末有韓夷後序。

蔣氏序曰："東垣啓前聖不傳之祕，焕然爲後學之模範。然當時學者，惟真定羅謙甫氏獨得李氏之正傳，故所輯《衛生寶鑑》一書，論病則本於《素》、《難》，必求其因。其爲説也詳而明，制方則隨機應變，動不虛發。其爲法也，簡而當，大抵皆採李氏之精確者而括以己意，旁及於諸家者也。江左舊有刻本，兵燹不存，士夫家罕有其書。吾友院判韓公公達，命醫士錢垣繕寫，捐俸鋟木，與衆共之。"

胡氏序曰："是書惟吳郡韓氏家藏爲善本，蓋復齋恒補其缺略，正其訛誤，未及鋟梓而卒，遺命屬其子公達。公達既刻東垣《脾胃論》及《内外傷辨》、《用藥珍珠囊》三書，又刻完是書，卒成其先人之志。是書斟酌古方，參以己意，且一一經試用之，無不神應。公達名夷，爲太醫院判，小心慎密，尤爲上所知遇云。"

韓氏跋曰：“李、羅二公所著諸書，皆補前人之未備，分門辨誤，不執於一偏，以至鍼法、《本草》，無不詳盡，誠醫家切要而不可缺者。或乃論其用藥不施攻法而多補，迂緩難用，此不能深究其旨而妄爲之説也。究心於此，大有所益。”

　　文光案：是書有《流注指迷賦》一篇，專論鍼法。鍼可助藥之所不及，奏效尤捷。謙甫偏於補又神於鍼，當瀉者以鍼行之，定勝於服藥。若鍼不能救，則藥亦不能救矣。後人臟府脆弱，攻伐非其所宜。然大毒治病，十去其九，其得天獨厚、壯健異常者，不可謂竟無其人。故東垣之法有宜有不宜，是在醫者神而明之。古方傳自神聖，實有不可知者，然可知者亦正不少。學者於其可知者而致力焉，其於用藥之道其庶幾乎！《絳雪[二]園古方選注》、《千金方衍義》皆能明立方之意者也。

取寸法，男左女右，手中指第二節內度兩橫紋相去爲一寸。自取此寸法治病多愈，今已爲定矣。

## 《丹溪全書》二十七卷

元朱震亨撰

宜德堂本。重刊明本，凡七種：《丹溪心法》五卷，題朱震亨。《脉訣指掌》一卷，題朱震亨。自此以下爲附餘六種。《金匱鈎玄》三卷，題門人戴元禮録。《醫學發明》一卷，自此以下皆元禮所述。《活法機要》一卷，附《證治要訣》十二卷、《類方》四卷。此與《東垣十書》皆編次無法，與元刻不同，俗本也。震亨詳《元史·文學傳》，精於醫理而傳中不言，蓋録其大者，醫爲小道，不足數也，然竟没其所長矣。丹溪書之可考者，《醫案》一卷，《纂要》八卷，《治法語録》三卷，《手鏡》二卷，《心法附餘》二十四卷，《治痘要法》一卷，凡六種，各冠以“丹溪”字。又《格致餘論》一卷，

《四庫》著録。《活幼便覽》二卷，《局方發揮》一卷，《四庫》著録。《金匱鈎玄》三卷，《四庫》著録。《平治薈萃方》三卷，《傷寒摘宜》一卷，共五十卷。又《傷寒辨疑》、《本草衍義補遺》、《外科精要新論》，此三種無卷數。共十五種，俱見錢《補元史藝文志》"醫家類"，與今刻《全書》不符，而元本難見。坊行《脉因證治》二卷，題"朱震亨撰"，乾隆四十年湯望久校刊本。丹溪書多門人所記録，此則出於僞託。厥後又有《證因脉治》一書，要皆庸手所爲，不足辨論也。

## 《原機啓微》二卷

元倪維德撰

明德堂本。乾隆二十二年施世德校刊，有序。又嘉靖壬辰王庭序，次墓誌。洪武十年宋濂撰。是書亦名《眼科正宗》，與坊行之《正宗》不同，與薛氏所校微別。

王氏序曰："是書上卷論病，下卷論方，析理精明，法制具備，文詞爾雅，成一家言。予舊藏寫本，薛公見之，請梓焉。"

施氏序曰："王主事云'此書傳絶且百餘年'，薛院判亦云'予求此書久，今幸見之'。世德於《薛氏醫案》中録出，論末附以按語，復命兒子編纂歌括百首殿書後。"

倪元[三]德，字仲賢，吳縣人。受《尚書》於碧山湯公。時元季崩剥，不願仕亂世。病大觀以來遵用和劑局方，故方、新病，多不相值。泰定中得金劉完素、張從正、李杲三家之書讀之，知其與《内經》合，自以所見不謬，用藥如神，聲震浙河之西。性嗜文籍，預置金於書肆，有刻輒購，積五千餘卷，構重屋以藏。晚年建別墅於敕山下，號敕山老人，壽七十五卒。於洪武十年著《原[四]機啓微》，校定李杲《試效方》。

文光案：敕山老人，元代之遺老也。《薛氏醫案》題爲元人，甚當，今因之。眼科自《銀海精微》而外，專書甚少。此作出自名家，知者亦鮮，是可存也。

## 《奇效良方》六十九卷

明方賢編

明本。前有成化六年商輅、萬安、姚夔、陳鑑四序。總目自風寒至諸毒，凡分六十四門。每門先冠以論，次集諸方。所採既博，校正亦精，而傳本甚少。《四庫》未收。書內不題編輯者名氏。按序，爲方賢官太醫院判時，取前院使董宿所輯未成之書，與御醫楊文翰重加訂正，又博採古書所載及世所未傳與嘗試用有效者，手錄成帙，共爲一書，具表進呈，難得之本也。明初有《普濟方》一百六十八卷，見於《簡明目錄》。其書分門別類，有論有法有方并圖，自古經方未有賅備於是書者，而其本難得。此本雖不及《普濟》之備，略及其半。考方者於此求之，所助良多，因著錄之。

## 《醫方選要》十卷

明睿宗獻皇帝御撰

明本。此官判之本。前有純一道人跋、嘉靖二十三年通政使司右通政顧可學進書表一通，又刻書表四通，後列禮部尚書費案等銜名。按：表有御製前、後序。此本無總目，凡分四十四門。此當時通行之本而傳刻甚少，因著錄之。

進書表曰："謹奏爲恭進先皇御製醫書以光聖孝事。臣父工部主事先臣顧懋，時年三十無子，禱於武當，獲應生臣。長成，臣於弘治十八年幸登進士。臣父前往本山進香酬恩，恭捧睿宗獻皇帝御製《醫方選要》一部共十卷回家，皆經先皇躬爲校閱，精通神妙。臣父依方施藥，多所全活，濟人益己，壽至八十八歲。臣承先臣遺澤，亦賴此書通醫攝養。其書諸虛門内有秋石一方，臣試服有效，暮年多子。因推演其法，廣詢博采，以合延長之道。荷蒙聖訪，櫛沐殊恩，謂臣精曉醫道，善於攝生。臣初無知識，實由聖啓，豈敢忘本？臣竊意此書既經刊行，必已流布，以此未敢奏聞。今訪之太醫院，未有知者，經今五十餘年。臣昨自家恭捧來京，謹將原本裝帙，奏進御覽。敕諭禮部修輯梓行，仍頒兩京、各省翻刻傳播。臣不勝祝頌之至，謹親賷隨本奏進以聞。"

## 《推求師意》二卷

明汪機編

明本。門人陳桷校刊。其板式甚有古意。每葉廿二行，行廿三字。每條首以一二字提綱，如"癉"、如"咳嗽"之類是也，其餘皆降一格。前有嘉靖甲午汪機序，又王諷序。

汪氏序曰："夫師者，指引之功也。必須學者隨事精察，真積力久，而於師之引而不發者，始得見其躍如者焉。苟或不然，師者未必能引進，學者未必能起予，二者遂失之也，夫何益之有哉？予於歙之名家獲睹是編，觀其中之所語，皆本丹溪先生之意。門人弟子推求其意而發其所未發者，此所謂引而不發而得其躍如者焉。予深喜之，遂録以歸項君恬、陳子桷共梓之，因題之曰'推求師意'。"

文光案：是書題"新安祁門朴里汪機省之編輯"，而不署撰人名氏。《四庫全書總目》題"明戴原禮撰"。《提要》曰："李濂《醫史》稱原禮訂正丹溪《金匱鈎玄》三卷，間以己意附於後。又有《證治要訣》、《證治類方》、《類證用藥》，總若干卷，皆櫽括丹溪之書而爲之。然則此二卷者，其三書中之一歟"云云。今考原禮所著不止三書，而三書中實無一語與此本同者。且是書與戴書不類，亦非從戴書中抄集而成。

愚意石山所爲，而託名丹溪弟子，蓋欲補丹溪之偏，兼發丹溪之蘊，故曰“推求師意”，一則無寒凉殺人之意，一則有深密未傳之意也。不然戴氏所著，石山豈有不知者？且已成之帙，豈待後人題名耶？若以爲原禮所著，實無左證。戴氏所著凡六種，皆附於丹溪書後，現有行本可覆按也。《石山醫案》亦陳桷所編刊，其文與此書相類。雖主丹溪之法而戒人過用寒凉，宜其隨試輒效也。《明史·方技傳》稱張頤、汪機、李可大、繆希雍皆精通醫術，治病多奇中。石山，機之别號也。

## 《鍼灸問對》三卷

明汪機撰

明本。門人陳桷校刊。前有嘉靖壬辰程鑛序、汪機自序。上、中二卷論鍼法，下卷論灸法及經絡穴道，皆取諸書條析其説，設爲問答，以發其義。虛人不宜鍼灸，石山深知其害。

程氏序曰：“石山居士校集方書於朴墅精舍南澗，予過之，出示《鍼灸問答》一册，是可刻也。”

汪氏自序曰：“客有過予者，語及鍼灸，盛稱姑蘇之凌漢章、六合之李千户，皆能馳名兩京，延譽數郡，舍此他無聞焉。予曰：‘《素》、《難》所論鍼灸，必須察脉以審其病之在經在絡，又須候氣以察其邪之已至未來，不知二家之術亦皆本於《素》、《難》否乎？’客曰：‘皆非吾之所知也。’予因有感，乃取《靈樞》、《素》、《難》及諸家鍼灸之書，窮搜博覽，遇有論及鍼灸者，日逐筆録。積之盈篋，不忍廢棄，因復叙次其説，設爲問難以著明之，或有補於鍼灸之萬一也。”

# 《運氣易覽》三卷

明汪機撰

明本。嘉靖癸巳陳桷校刊，前有程鑌序、汪機自序并目録，後有門人程鑰跋。運氣之説始於《素問》，歷代醫家皆宗之，而詳説者甚少。自馬宗素、程德齋發爲穿鑿之論，悖亂經旨，丹溪譏之，而庸愚之流又罕有通其意者，運氣遂廢而不講。是書論以明其理，圖以揭其要，歌括以便於記誦，兼及治法，間附以方。治病雖不必偏主運氣，而其説不可不知。丹溪治瘟疫，亦言當推運氣以勝之，則是書可存也。石山所著有《素問鈔》、《素問補注》、《脉訣刊誤》、《本草會編》、《痘疹理辨》，今皆未見。《四庫》所著惟《鍼灸問對》、《外科理例》、《石山醫案》、《運氣易覽》四種，今其傳本已稀，予所見者僅三種。鍼灸之説，終以石山所論爲篤實，而運氣之説亦以石山爲第一義，大抵皆本《靈》、《素》而切究其理，非若他家之放言高論，毫無當於事情也。張隱庵注《素問》，以運氣七篇析論，統參天時民病，應若桴鼓。其書尚有傳本，可與汪書互觀也。

# 《玉機微義》五十卷

明徐用誠撰，劉純續增

明本。前有楊士奇序。是本不著徐、劉之名，惟題“新城康宇王象晉發刊”。凡三十三門，先論後方，附以按語，分别虚實寒熱。徐書本名《醫學折衷》，劉純增其未備，改題此名。

楊氏序曰：“是書折衷裁掇，方例攸備。吴陵劉宗厚續有增益，門分類列，尤爲粲然。是編主《素》、《難》、《金匱》及元素一派之旨，若諸家治法不倍此者，亦旁采而附益之。雖中醫，執此施治可以成功；如病者有能知之，必不爲庸醫所誤；其所濟利豈小補哉?"

文光案:是書有延平黃煒本,嘉靖庚寅刻於永州。原目有"續添"字。此本不佳。徐本分中風、痿躄、傷風、痰飲、滯下、泄瀉、瘧、頭痛、頭眩、咳逆、痞滿、吐酸、痓、癧、風癇、破傷風、損傷十七類,純以其條例未備,廣爲三十三類,加原書一倍,較之《普濟方》二千二百七十五類則缺陷多矣。惟徐、劉皆在明初,去元代不遠,其醫學必有傳授,不可忽視也。夫按症檢方,是爲鈍賊;若因病而歷觀諸家之論,細察病情,尚爲有益。然一病有與數十論不合者,至變症百出,有非古人所及見者,皆不可不知,故必以《素》、《難》、仲景之書爲根柢,斯神明變化,皆由此出。其分門類證,按病立方,皆後起之事,所謂"迹象"也。然必由此求之,始可窺《靈》、《素》之蘊。正如九經既解,再讀四書,更覺親切有味。若好高騖遠,舍近今而説黃、農,離本身而論陰陽,其去益遠。用藥之法,高下在手,權衡在心,其妙在於臨時斟酌,其理在於静坐默參。善作文者,雖不切之典亦能使之切;善用藥者,非專門之藥亦能使之愈:知乎此而思過半矣。予嘗病痺而風火兼包,寒濕并注,遍閱諸家方論,皆分疏而無有賅舉者。凡藥皆所以補偏,而醫不可以執一。若楊序所云,吾恐其執也,故詳論之。

## 《薛氏醫案》一百二卷

明薛己撰

明本。吳琯校刊,有序。薛案中,外科最精。

吳氏序曰:"薛氏號稱國手,自《圖經》、《素》、《難》以下,多所校正,併以己嘗治驗方、案、雜論附之。余購其全書,分請校刻,合爲一部,離爲四科,凡爲經論内科者,爲嬰兒科者,爲婦人科者，爲外科者，各若干種。付之剞劂，易歲告成。"

《十四經發揮》三卷，元滑伯仁撰。明盛應陽序，薛鎧校。伯仁書傳本甚少，藉此可見。

《難經本義》二卷，元滑壽注，薛己校。此本卷帙最爲完好。前有揭泆、張翥、劉仁本三序，元至正間所撰。次例，次闕誤總類，次注家姓名，次《難經考》并圖。《醫統》本，自凡例起，無元刻三序。

《本草發揮》四卷，元徐彥純集海藏、潔古、東垣、丹溪之論爲一書。明顧夢圭序，薛鎧校。

《平治會萃》三卷，元朱震亨撰，薛己校。有論有方。此與徐氏《本草》於用藥製方之法極爲詳盡，且合於時，宜熟玩也。未見單行本。

《內科摘要》二卷，薛己撰。

《明醫雜著》六卷，王綸集，薛己注。嘉靖己酉錢薇序。是書屢試屢驗。

《傷寒鈐法》一卷，張機撰，薛己注。

《傷寒金鏡錄》一卷，薛己校，有序。是書爲《敖氏傷寒》"三十六舌"附方，今有《傷寒舌鑑》，宜互參。

《原機啓微》二卷，附錄一卷。元倪元德撰，薛己校。《提要》以爲薛己所撰，蓋未細審也。"元德"，施本作"維德"，字仲賢，吳縣人，元之遺老，用藥如神。

《保嬰撮要》二十卷，薛鎧集，林懋舉序。鎧，長川[五]人，有子曰己，以外科名。

《小兒直訣》一卷，錢乙撰，薛己校注。仿宋本，無注。錢方太峻，不可輕用。

《陳氏小兒痘疹方論》一卷，薛己注。

《保嬰金鏡錄》一卷，不知何人所撰，薛己注。

《婦人良方》二十四卷，臨川陳自明編，薛己注。沈謐序云："取良方爲之補注，附以治驗。"

《女科撮要》二卷，薛己撰。嘉靖戊申江存所序，又范慶序。

《外科發揮[六]》八卷，薛己撰，張淮序。

《外科心法》七卷，脉病方案皆具，薛己撰。

《外科樞要》四卷，薛己撰。先論後案。沈啓源[七]序。

《外科經驗方》一卷，薛己撰。

《正體類要》二卷，薛己撰，陸師道序。

《外科精要》三卷，宋陳自明撰，薛己注，王詣序。後附驗方。己長於外科，故其方多驗，言症亦詳。

《口齒類要》一卷，薛己撰。

《癧瘍機[八]要》三卷，薛己撰，沈起[九]原序。

文光案：薛氏書，鎧撰一種，鎧校二種，己撰九種，己注七種，己校五種，共二十四種。吳琯收其遺書，分爲四類，一類一函，有序可考，與《東垣十書》、《河間六書》泛收他作者迥別。《提要》謂世所行者，坊賈濫爲增入，蓋未細審也。今坊間所行，有嘉慶十四年重刊本，亦二十四種，與吳本次第不同。因按原目著之如右，使人知其爲校爲注爲撰，皆有關於薛氏者，非妄爲合也。是書見於《天一閣書目》，題曰"《薛氏醫案》，四十冊，薛己撰，薛鎧校"，子撰父校，誤甚。蓋編目者不細審，見首卷爲薛鎧校，遂以爲全書皆然，所謂"看前不看後"是也。種類既多，又不暇稽其卷數，統曰四十冊而已。此目猶是《文選樓》本，而鹵莽如是，偶舉其一，不止此也。

## 《名醫類案》十二卷

明江瓘撰

知不足齋正本。乾隆三十五年魏之琇、沈焮、余集、鮑廷博重校刊。注中間有校語。前有杭世駿、余集序，又萬曆丙戌許國、張一桂二序，嘉靖己酉男應宿序，并凡例、目録。附録《江山人傳》，汪道昆撰，男應宿跋。瑾，歙人，世家篁南，字民瑩。是書上自諸子列傳，下及神官、私譜并古禁方，有會心者，輒手録之，積久成帙，分爲二百餘類，網羅極富，而庸常者不録。子應元、應宿足成之。實醫學入門之階梯也。

余氏序曰："是書條析病狀，援據方書，臚列治法，斧藻羣言，蔚成大國。惜原本考訂疏漏，間脱特多。吾友魏君玉衡、鮑君以文，精加讎比，網羅史氏，研搜家集，畢力補綴，始稱完好。宋張季明作《醫説》，首述軒、岐，以發其宗；次列證治，以窮其變：又此編之鼻祖也。至於分門別類，間有未精審者，不復爲之更定。向有無名氏硃筆點定，玩其評乙，知其於是道三折肱矣，故并存於簡端云。"

　　　　文光案：是書原本未見。鮑本校正既精，刊板亦工，不在《叢書》内，難得之本也。

# 《赤水玄珠》三十卷

明孫一奎撰

明本。古歙黄鼎校刊。前有萬曆丙申祝世禄、汪道昆、丁元薦諸序并自序十餘首。明人刻書多列序文，是其習氣。然無關於書旨，亦不知刊板年月，雖多亦奚以爲？嘗見《四書大全辨》，亦明人所刻，前列序文數十篇，校閱姓氏百餘人，實從來所未有。是書凡例十條，目録分七十門，專以明證爲主。各門之中條分縷析，於寒熱、虛實、表裏、氣血辨之最真最切。其一證之中首引經文，無經文者采取百家之説以補之，而折衷於至當，不以偏私之見誤後人而惑來世，此其所以善也。引書二百六十五種，皆列其目。一部中採數條，一門中採數法、數方，以爲嚆矢。其要在於先識《内景》，博考羣書，剖析源委，洞明宗旨，使百家之説與經文相貫徹，非抄撮方書者可同日語也。一奎字文垣，號東宿，又號生生子，休人也。

## 《醫方考》六卷

明吴崑撰

明本。前有萬曆十二年吴崑自序并目録。自中風至延年，凡分七十二門。每門先論後方，各方有解，最便初學，宜廣爲流布，使醫者皆明立方之意。

吴氏自序曰："古方七百餘首，考其方藥，考其見證，考其名義，考其事迹，考其變通，考其得失，考其所以然之故，非徒苟然志方而已。"

## 《證治準繩》一百二十卷

明王肯堂撰

修敬堂本。乾隆五十八年程永培校刊，有序。萬曆三十年念西居士王肯堂宇泰自序。是書分雜病、傷寒、外科、幼科、女科五類，各類有序。念西讀中祕書，收采極富。勞門中所繪六代勞蟲，他書未見。《上清紫庭追勞方》載三尸、九蟲。九蟲之内，三蟲不傳。

程氏序曰："《準繩》一書，有謂其瘍科、痘科未甚詳備者，要不得以此輕視之。戊戌歲立志刊木，積十餘年而告成，反覆校勘，已數四矣。"

王氏自序曰："嘉善高生從予游，因採取古今方論，參以鄙見，次第録之。先成雜病論方，各八巨帙。"

《女科》自序曰："史稱扁鵲過邯鄲，聞貴婦人，即爲帶下醫。然帶下只婦人一病耳。世傳張長沙《雜病方論》三卷，'婦人'居一焉，其方用之奇驗。孫真人著《千金方》，特以‘婦人’爲首，其說曰：‘教子女習此三卷，倉卒何憂?’而精於醫者，未之深許也。唐大中初，白敏中守成都，得昝殷《備集驗方》三百七十八首以獻，是爲《産寶》。宋時濮陽李師聖得《産論》二十一篇，有說無方。醫學教授郭稽中以方附焉，而陳言無擇於《三因方》評其得失確矣。婺醫杜荿又附益之，是爲《産育寶慶集》。臨川陳自明良甫采諸家之善，附以家傳驗方，編葺成編，凡八門，門數十餘體，總二百六十餘論，論後列方，是爲《大全良方》。然其論多採《巢氏病源》，什九歸諸風冷，藥偏獷熱。近代薛己新甫取良方增注，其立論酌寒熱之中，大抵依於養脾胃、補氣血，不以去病爲事。第陳氏所葺多上古專科禁方，具有源流本末，不可昧也。而薛氏一切以己意删除，使古方湮没，予重惜之。是編務存陳氏之舊而删其偏駁者，薛說則盡收之，簡而易守，雖子女學習無難也。若易水、灊水師弟，則後長沙而精於醫者，一方一論具掇是中，迨他書所無有。”

文光案：此序於婦科源流言之最悉，因錄之。今世所行《濟陰綱目》即從《準繩》中錄出。後又有《濟陽綱目》，卷帙甚富，與王書不同，板存關中弘道書院。婦科惟經期、崩帶、胎前、産後宜别立門類，餘病與男子悉同，則濟陽者何嘗不濟陰也?今《傅氏女科》外又有《傅氏男科》，男科與“濟陽”皆無所本，而妄立名義者也。

## 《韓氏醫通》二卷

明韓㦬撰

於然堂本。前有嘉靖壬辰錦屏山人黎容序、飛霞子自序、目錄。上卷凡五章，曰《緒論》，曰《六法》，曰《脉訣》，曰《處方》，曰《家庭醫案》；下卷凡四章，曰《懸壺醫案》，曰《藥性》，曰《方訣》，曰《勿藥》。後有嘉靖壬辰李坦跋，又程永培刊書跋。

韓氏自序曰：“先君序集有效方，手澤豈容無傳？乃補葺，分九章，凡九十五則。”

李氏序[一〇]曰：“《醫通》本不多見，命工重鋟以廣其傳。”

程氏序曰：“天爵以武職之子而究醫術，自云禀受極弱，賴方藥以生，故所得於醫理者良深。既而變名挾術以游，疑症痼疾，投藥立愈，而白飛霞之名滿天下。自製諸方，雖甚簡，其精妙有出於意表者。霞天膏觸類旁通，諸病無不治。惜今人惟以治痰，餘不之及。‘六法兼施’章尤見學問。”

問情狀：何處苦楚，何因而致，何日爲始，晝夜孰甚，寒熱孰多，喜惡何物，曾服何藥，曾經何地。

初學切脉，覆藥羅，畫三部於絹上，襯以琴弦驗弦，以小粟驗滑，以刮竹痕驗澀，以截葱管驗芤，以敗絮驗濡。令學者輕重按之，消息尋取，久之自真。

## 《本草綱目》五十二卷　《本草圖》三卷　附《萬方鍼線》八卷

明李時珍撰

通行本。是書原本難得，坊行巾箱本舛訛更甚。此本前有順治乙未吳太冲、吳毓昌二序，次凡例，次崇禎庚辰錢蔚起序，次萬曆二十四年李建元進書表。建元，時珍之子也。次總目。凡序例二卷，百病主治二卷，水部至人部四十八卷。次藥品目，共十六部，六十二類，一千八百七十一種。《圖序》云：“詳考互訂，擬肖逼真。”《萬方鍼線》，蔡烈先編，前有序并例。曰通治部，曰外科，曰女科，曰兒科，曰上部、中部、下部，共一百三門。每門列其病名，下注某卷，使人按症檢方。然數目字多誤，每每求之不得，是欲便而反多不便也。今有《本草附方》依症列方，無事檢尋，則是書可廢矣。

吳氏序曰："家玉函氏良於醫，求善本校而梓之。"

吳玉函序曰："是書歲列三十書，采八百餘家，稿三易而後成。其圖象繪形，芟複補闕，繩訛解惑，勤且詳矣。仁廟間一刻再刻，皆有未工，因重訂梓之。"

錢氏序曰："茲刻重加讎校，糾舛訂訛，圖繪盡神，雕鏤入巧，八月而成。"

文光案：是書取《神農》以下，《本草》爲綱，如水部、火部是也。六十類爲目，如水分雨水、泉水，火分艾火、燈火之類是也。每品首釋名，次集解，次辨疑正誤，次修治，次氣味，次主治，次發明，終以附方，最爲詳析。原本有王世貞序，此本無之。《綱目》之名，前人曾議之，究有未合，非人之好爲譏評也。

張氏曰："《本草》著糯米爲稻米，累朝釋略數千言，無一字言堪爲酒。正如《白氏六帖》錄禽遺大鵬也。"錄於《晝墁錄》。

文光案：凡穀實不出油者，皆出酒，果木亦然。如棗酒、柿酒、葡萄酒之類，其名不一，土人能自爲之。間有載於邑乘者，而《本草》則未之及也。

## 《奇經八脉考》一卷

明李時珍撰

通行本。與《本草綱目》合刊，未見單行本。前有張鼎思序，引書目六十五種，後有釋音。

張氏序曰："李君心力盡在此書。予奉夏公命，既刻《本草》，因并刻之爲全書。"

《簡明目錄》曰："時珍以人身十二經脉，醫家所共知；惟陰維、陽維、陰蹻、陽蹻、衝、任、督、帶爲奇經八脉，醫所易忽，因各詳其證治，併附氣口九道脉圖，闡發《内經》之旨。"

## 《瀕湖脉學》一卷

明李時珍撰

通行本。與《本草綱目》合刊，前有自序。是書辨宋人高堂生僞訣之誤，附以《崔真人四言脉訣》及諸家考證之説，分脉爲二十七種，辨別極細，最便初學。《八脉考》尤能發前人所未發。

## 《痘疹傳心録》十六卷　附《慈幼心傳》二卷 《種痘法》一卷

明朱惠明撰

於然堂本。乾隆丙午程永培校刊，有序并跋。前有萬曆甲午潘季訓、朱鳳翔、沈子木三序；《朱濟川小傳》，臧懋中撰；目録。前十卷爲論，自痘原以及雜見形症、看法、治法，悉在其中。第十一卷爲痘後禁忌并雜症，第十二卷爲婦人痘疹，第十三卷爲疹瘢，第十四卷爲藥性，第十五卷爲諸方，第十六卷爲雜論。《慈幼心傳[一]》，書内不署名。《種痘法》，即《朱氏痘疹定論》，程氏刻入此録。統爲十九卷。濟川爲朱子十四世孫。是書雖本之魏氏《博愛心鑑》，實集諸家所長，誠秘笈也。種痘法近日盛行，雖種後有復出者，究竟亦少使小兒免痘疹之慘，爲父母者無熬煎之慮，誠慈幼之妙法也。

## 《先醒齋廣筆記》四卷

明繆希雍撰

涵古堂本。道光辛卯重刊。前有崇禎壬午李枝序、曲肱道人丁元薦序、天啓二年希雍自序、目録。列病十五門，末有炮炙法、用藥例。是書傳本不一，有分卷者，有不分卷者，大旨以劉、朱爲宗。

李氏序曰："古鄣丁長孺好醫，獨服吾師仲淳先生，一方一案，必輯而録之，以公海内，是謂《筆記》。金沙好事者復廣之，增所未備。予簡閲故本，删其餘論，附以臆説，重刊此記。"

丁氏序曰："仲淳好遊，故蒐羅祕方甚富。然惟仲淳能衷之，曰：'我以脉與症試方，不以方嘗病也。'予彙三十餘年所積方，裁之仲淳，并録醫案以傳。"

繆氏自序曰："丁客部手輯余方，命之曰'先醒齋筆記'。板留嚴邑。金沙莊敏之請增羣方，兼采《本草》四百餘品，詳其修事，又增入寒、傷、時疫治法要旨，并屬其季君鏤板流行。"

## 《類經》三十二卷　附《圖翼》十一卷　《附翼》四卷

明張介賓編

橘園本。道光二十年涇南楊開泰等重刊。前有天啓四年介賓自序，又葉秉敬序。是書分《素問》、《靈樞》爲十二類，加以注釋，間有案語。凡歷三歲，數易稿而成。議者謂其割裂古書，然門目分明，初學易檢。羅、李皆有是作，惜未之見。《圖翼》有自序，分運氣、經絡，末卷爲《鍼灸要覽》。《附翼》爲《醫易》一卷、《律原》一卷、《求正録》一卷，附《鍼灸諸賦》一卷，無序跋。

葉氏序曰："景岳名介賓，字會卿，爲會稽之傑士。幼禀明慧，自六經以及諸子百家，無不考鏡。而從其尊人壽峰公之教，得觀《内經》，確然深信，遂著爲《類經》。一曰攝生，二曰陰陽，三曰藏象，四曰脉色，五曰經絡，六曰標本，七曰氣味，八曰論治，九曰疾病，十曰鍼刺，十一曰運氣，十二曰會通，釐爲三百九十條，更益以《圖翼》、《附翼》，其有功於軒、岐大矣。將付之梓，遂爲序之。"

　　文光案：《簡明目錄》合《圖翼》、《附翼》爲三十二卷，以《類經》爲十七卷，蓋未細檢也。

## 《瘟疫論》二卷　《補遺》一卷

明吳有性撰

　　粵東本。此《醒醫六書》之一，刊於雍正三年。前有年希堯序、山陰余邦昭跋、康熙乙未補敬堂主人刊書跋，并釋序、醫案、崇禎壬午吳又可自序、目錄。此本刊板甚佳。坊行本前無案，後無《補遺》。

　　吳氏自序曰："瘟疫之病，自古迄今未有發明者。仲景雖有《傷寒論》，與瘟疫迥別。其後論者紛紛，皆以傷寒爲辭。崇禎辛巳，疫氣流行，而致死比比。余静心窮理，格其所感之氣、所入之門、所受之處，及其傳變之體，平日所用歷驗方法，詳述於左。"

　　年氏序曰："余子燮庵得是書，讀之心折，有仲景諸公所未及者，即爲捐俸授梓，印本普行。"

　　文光案：此本流傳甚少，《醒醫六書》亦難全得。

## 《瘟疫論補注》四卷

國朝洪天錫撰

　　江陵鄧氏本。道光壬寅重刊。前有葉志詵序、周人驥原序。鄧傳馨校刊。板甚精工，眉間有語。

　　葉氏序曰："宋龐安常有《天行温病論》、《温病治法》、《辟疫方論》、《温病死生候》等篇，治法簡略，未暢厥旨。自明吳又可著《瘟疫論》，不惟闡安常未盡之秘，且上窺《靈》、《素》之奧旨矣。後百餘年，鴛湖洪君吉人加之補注，於原書各條內有妙義未經抉發者，疏證之；有意見鄰於固執者，折衷之；有方藥未能周備者，附益之；有論危症而未擬治法者，博集諸賢論治以匡助之；又增入大頭瘟等症十五條：於又可之書可謂毫髮無遺憾矣。吾邑史鶯坡侍御，精於醫理，參酌此編，試之輒效。惜板刊西蜀，莫由行遠。江陵鄧鵠臣比部，捐資重刻，以廣其傳，其功豈淺鮮哉！"

洪天錫，字吉人，別號尚友山人。補注以"尚友山人曰"別之。

文光案：《瘟疫論》以補注本爲佳。近日此症更多，庸手以傷寒法治之，立見其斃。有略觀又可書者，惟記達原飲一方，始終依之；其傳變、應下、應補諸法，全未着意，所以無效。此症初起二三日，解表疏裏即愈。解表用仲景六經法，無不應手。惟麻黃、桂枝決不可用。疏裏，惟胸寬者可以竣下；胸高宜陷胸，湯加大黃；胸滯有夾食、夾血、夾氣、夾水之不同，先去其滯而後下之，自然通利。否則重用硝、黃，如勿服然，延至七八日，非明手不能速愈。"勿藥"爲中醫最爲要語。至半月以後，俗名"慢時炎"，非百日不愈。其飲食自倍、神氣不衰者，靜養自佳。惟老人、虛人、產婦屢反屢覆，決非佳兆。予十年中患此症二次，絕不相同，而一意在不臥床，不服藥，日日導痰，使氣無礙，舌無胎，口齒清利爲度。必不得已，服藥一二煎，溫涼寒熱，隨時調劑，不敢專據一書，亦不敢專主一味。參、附、芩、連、硝、黃、姜、柴，或同用，或獨用，隨時制宜，亦無定例。如是百日，元氣始復。而所延之醫，略無一當意者。偶試其方，亦不應驗。病中不能事筆墨，親驗此症，知之最真。火盛時心神瞀亂，涼藥最佳。然中病即止，不可過劑。夜間不可食涼物，晝服涼藥亦不可遽睡，此是要法。自又可以後，論瘟疫者五六家，皆足補所未備，其範圍則不出乎此。近年又多痧症，同是疫氣流行，而與瘟疫治法究不能同，其要全在刮痧、鍼刺最妙。吳書以外，《痧脹》、《玉衡》等書又不可不互觀也。

## 《瘟疫論類編》五卷　附《松峰説疫》六卷

國朝劉奎撰

原本。此即吳氏之書而重爲訂正者也。凡分五類，曰諸論，曰統治，曰雜症，曰撮要，曰正誤。前後有所移易，加以評釋，爲讀吳書之助。《説疫》成於乾隆五十一年，前有自序并凡例。凡六門，分爲六卷，曰《述古》，曰《論治》，曰《雜疫》，曰《辨疑》，曰《諸方》，曰《運氣》。松峰所著醫書多未脱稿，今所傳者惟此二種。醫家文詞多不工，又可書字句亦拙。李士材、汪訒菴、劉松峰等筆墨稍覺可觀，因著之。疫方多可備用，葱熨法最效，人多忽之，亦見於他書。此説就其經歷者言之，故於吳氏方論一概不録，自紓所見，多中病情。余於是書蓋有取焉。其他如《瘟疫明辨》，表裏最清，簡而有法，且多篤論。《溫病條辨》，文法仲景，專尚簡要，歷取諸賢精妙，參以心得，其方法多本之葉天士，而味則加重。《寒瘟條辨》説呃逆最詳。大抵瘟疫一門，用河間法十不失一，用景岳法爲害最巨。多觀疫書，庶少錯誤。

僅讀傷寒書不足以治瘟疫，不讀傷寒書亦不足以治瘟疫。瘟疫變現，雜症之多，幾與傷寒等。吳論中僅有數條，《傷寒》中之方論，瘟疫中可以裁取而用之者正復不少，然必斟酌盡善而後可。是總在人之學力、見解，不獨醫家爲然也。

　　文光案：松峰此論甚當，無論何學，皆宜聚諸家説，思之辨之，自有見解，而學力即從此出。不獨醫家爲然，而醫家尤宜斟酌。

## 《痎〔一二〕瘧論疏》一卷　附方一卷

明盧之頤撰

《醫林指月》本。乾隆甲申王琦校刊，有跋。痎瘧總名曰痁。瘧，即日作日休者是也；痎，即間日發或間數日發者是也。《素問》瘧論及刺瘧法最詳。後世訛謬相承，致經義蒙晦。常法既迷，因證靡辨，以寒爲熱，以熱爲寒，虛作實，實作虛，展轉連綿，年月不已，其死生存亡莫之能測也。子繇因人問及，作爲此書，深切顯明。又録方三十八首，《簡明目録》不著方，一卷。以備隨證之用。雖抄撮陳言，采取舊方，而久瘧未愈者，按其六經藏府所屬而治之，應手取效。治瘧之法，莫備於此。其因常達變，神而明之，存乎其人。

## 《學古診則》四卷

明盧之頤撰

《醫林指月》本。前有王琦刊書序。

王氏序曰："晉、唐以後，脉學之書互有短長。子繇先生獨采《内經》之微言，參以越人、仲景之説，薈萃成書，分爲四帙。小序中不紀歲月，大抵爲未成之書，頭緒紛錯，讀難終卷。予乃詳加考訂，補其遺漏，正其訛謬，不使有殘缺失次之嫌，非敢於先哲妄起同異也。"

盧氏遵其父遺命，著《本草乘雅》。《乘雅》成，注《傷寒金錍》。又注《金匱》。自言參核《本草》畢而右目眇，疏鈔《金錍》終而左目又眩，大抵由心勞血耗所致。至五十六，兩目遂矇。於是論疏《金匱》，甫及其半，不能親書，時從晏坐中摩索其義，口授子壻陳曾篁録出之，遂以"摩索"名其書。年届六十，始克成編。

脊山老人跋曰："聞之耆老，自順治至康熙之初，四十年間，外郡人稱武林爲醫藪，蓋其時盧君晉公以禪理參證醫理，治奇疾輒效，名動一時。張君隱庵繼之而起，名與相埒，構侶山堂，講論其中，參考同異而辨其是非。學者咸向往於兩君之門，稱極盛焉。"

文光案：盧之頤，《簡明目録》題爲明人，據此跋當爲明末國初人。《本草》、《傷寒》二書俱未見。

## 《折肱漫録》七卷

明黃承昊撰

於然堂本。程永培校刊。前有陸圻、金麗兼二序，崇禎[一三]乙亥樂白道人自序。無目録。按自序，書凡三篇，一曰《養神》，二曰《養形》，三曰《醫藥》。此本《醫藥》三卷，《養形》二卷，《續養形》一卷，《續醫藥》一卷。《四庫附存目》作"六卷"，與此本不同。

程氏跋曰："黃履素，前明萬曆丙辰進士。賦質虛弱，年至七十餘歲，自云藥品十嘗四五，則無日不在病中矣。有妄投峻劑爲醫誤者，有調理不善而自誤者，歷驗親切，遂著此書。其意戒病者，原非爲醫家立説也。曾收入《杏林法海書目》中，蓋欲醫與病者皆不可粗忽也。《養神篇》所採頗雜，故不刊木。"

文光案：古云："三折肱，謂之良醫。"是書皆親歷之言，故有可取。予於醫書無所不讀，苟有一長可取，無不採以備用，不必書之足傳也。朱注云："舜之所以爲大知者，以其不自用而取諸人也。"此言大宜玩味。但必先讀大家之書及精校之本，以立其根基，而後可及零星散帙，以廣其見聞。否則，雜論迷心，衆方亂目，中無所主，即不能別擇也。

# 《加減靈秘十八方》一卷

明胡嗣廉編

於然堂本。前後無序跋，不知何人所撰，胡特編之而已。其方：一、防風通聖散；二、小續命湯；三、平胃散；四、理中湯；五、甘桔湯；六、柴胡湯；七、不換金正氣散；八、香蘇散；九、生料五積散；十、參蘇飲；十一、十神湯；十二、經驗對金飲子；十三、加減玄武湯；十四、五苓散；十五、四君子湯；十六、烏藥順氣散；十七、四物湯；十八、二陳湯。凡此諸方，皆醫所恒用，而得其當者或寡。通聖散、參蘇飲、正氣散與今時表症不甚相宜，服之亦無大效。其他諸方非對症而施，亦不知其靈妙也。是書本不足録，因是於然堂本，故著之。

**校勘記**

〔一〕"臺"，據《四庫全書總目》卷一〇四當作"室"。

〔二〕"雪"，原作"古"，據《四庫全書總目》卷一〇四改。

〔三〕"元"，原文如此，參本卷後文"《薛氏醫案》一百二卷"之《原機啓微》條。

〔四〕"原"，原作"元"，據本條標題改。

〔五〕"川"，據《保嬰撮要》當作"洲"。

〔六〕"發揮"，原作"揮發"，據《本草綱目》卷一上改。

〔七〕"源"，據《外科樞要》當作"原"。

〔八〕"機"，原作"樞"，據《四庫全書總目》卷一〇四《薛氏醫案》提要改。

〔九〕"起"，據《癧瘍機要》當作"啓"。

〔一〇〕"序"，當作"跋"。下段"序"字同。

〔一一〕"傳"，原作"法"，據本條標題改。

〔一二〕"痎"，原作"痔"，據《四庫全書總目》卷一〇四改。

〔一三〕"禎"，原避清世祖胤禛名諱作"正"。

# 萬卷精華樓藏書記卷八十一

# 子部五
## 醫家類四

### 《醫宗金鑑》九十卷

乾隆四年敕撰

保定本。首卷奏疏、表文、諸臣職名、凡例、目録。《訂正傷寒論注》十七卷，《訂正金匱要略注》八卷，《删補名醫方論》八卷，《四診要訣》一卷，《運氣要訣》一卷，《傷寒心法要訣》三卷，《雜病心法要訣》五卷，《婦科心法要訣》六卷，《幼科心法要訣》六卷，《痘疹心法要訣》四卷，《種痘心法要旨》一卷，《外科心法要訣》十六卷，《眼科心法要訣》二卷，《刺灸心法要訣》八卷，《正骨心法要旨》四卷。凡分十一科。

凡例："《傷寒論》、《金匱要略》二書，實一脉相承；但義理淵深，方法微奥，領會不易，且多訛錯，舊注隨文附會，難以傳信。今悉爲訂正，逐條詳注；更集諸注之足發微義者，以備參考。""古人之方，即古人之法。不求其精意，而徒執其方，是執方而昧法也。舊有《醫方考》、《醫方解》等書，尚未能暢發前人之精意。今於各書中能透發古方之精意者萃而集之，不當者删之，未備者補之。""婦科惟經帶、崩漏、胎産、癥瘕不同，兹集詳加探討，悉歸正當。""眼科自《靈樞·大惑篇》，數語已足該後世五輪、八廓之義。《千金》、《外臺》又演其旨。《銀海精微》列證百餘條，《龍本論》分爲五輪、八廓、內障、外障七十二證。宋、金、元、明諸賢各有發明，詳且盡矣。然八廓憑臆立論，三因病情未見精切，兹特據經訂正，採輯精藴，棄其駁雜。"

## 《尚論篇》四卷

國朝喻昌撰

嵩秀堂本。乾隆三十年重刊。前有順治戊子喻昌自序。重編傷寒三百九十七法。嘉言諸書俱可觀。

仲景著《卒病傷寒論》十六卷、《卒病論》六卷，至晉已亡。《傷寒論》十卷，篇目差錯，賴有三百九十七法、一百一十三方之目，可爲校正。

蒸臍之法，名"彭祖接命法"，有損無益。若蒸動真氣，擾亂不寧，則速斃。

　　文光案：蒸臍方見於《東醫寶鑒》，他書亦載之，方或不同。今人亦有行之者，甚見精壯。但其火氣不宜太過。喻氏意在防微，可備一說。《醫門法律》六卷，爲喻氏晚年定論，大旨在鍼砭庸醫。每門先冠以論，次爲法，次爲律。有錫環堂本。又《寓意草》一卷，皆喻氏一家之言也。

## 《難經經釋[一]》二卷

國朝徐大椿撰

半松齋本。此靈胎《醫學六書》之一，刊於雍正五年。前有大椿自序。是書於《靈》、《素》微言引端未發者設爲問答以明之。

徐氏自序曰："《內經》之學，自漢而分。倉公以診勝，仲景以方勝，華氏以鍼灸[二]、雜法勝，雖皆主《內經》，而師承各別。晉、唐以後，去聖遠矣。惟《難經》悉本《內經》之語而敷暢其義，聖學之傳，惟此獨得其宗。然二千餘年，注者不下數十家，有大可疑者，多曲爲之辭。予以經證經，而是非顯然矣。其曰秦越人者，見於《唐志》，雖不可定，實兩漢以前之書。"

文光案：《難經注》惟滑氏《本義》最有條理，簡首有圖，於宋之丁德用不盡合。

## 《神農本草經百種録》一卷

國朝徐大椿撰

半松齋本。《本草經》舊無單行之本。洄溪於三品中取其百種，辨明藥性，使知其所以然，則方可自製。箋注多有精意。惟天性好奇，服食延年之類尊信太過，是其所短，不必諱也。大椿字靈胎，號洄溪，吳江人。

乩方有極淺陋者，必持乩之術不精；有極高極古極奇穩者，人心之靈，有感斯應，事雖奇而理則不誣。

文光案：乩，與"稽"同。録此一則，亦其好奇之一證。降乩之説，陳氏《北溪字義》所論最當，即體物不遺之義。神依人而行，人巧則巧，人拙則拙。一切詩文、書畫皆然，不獨方藥也。其術有精粗，亦有傳授。其理雖不誣，然亦如服食延年之方，未可悉據也。乩詩載於《全唐詩》及諸家詩話、説部中者甚多，録之亦可成帙，予未暇及也。

藥之治病，有可解有不可解者。

## 《醫貫砭》二卷

國朝徐大椿撰

原本。明趙獻可作《醫貫》，發明《薛氏醫案》之説，以命門真火爲主，以八味丸、六味丸統治諸病。其書余家藏之，其説亦不盛行。徐氏以其偏駁，作此書闢之，而詞氣過激，不如其五書之平允近情也。

邵氏曰："《醫貫》割裂《素問》，不顧上下文義，以自伸其偏見。《續名醫類案》不當存其醫案。"錄於《南江札記》。

## 《傷寒類方》一卷

國朝徐大椿撰

原本。徐氏以仲景之方本無定序，於是删去六經門目，方以類從。每類先立主方，即以同類方附之，一一注明，語多精到，使人按證求方，開卷了然，在傷寒方中別爲一體。雖不必果符古意，然仲景傷寒方即所以治雜證，得此條分縷析，原委可尋，固非粗工之所能爲也。凡分十二類，一百一十三方。末附六經脉法。又論正證之外，有別證、變證，附以刺法。自言七年之中五易稿而成云。

## 《醫學源流論》二卷

國朝徐大椿撰

原本。前有自序。大綱凡七，曰經絡臟腑，曰脉，曰病，曰藥，曰治法，曰書論，曰古今。分子目九十又三。論最精當，多可依據。

徐氏自序曰："唐宋以來，無儒者振興斯道，視爲下業，逡巡失傳，因爲尋源之論。"

宋之教授，嚴考諸醫，試法分爲六科，曰鍼灸，曰大方，曰婦科，曰幼科兼痘科，曰眼科，曰外科。試題，一曰論題，出《靈》、《素》；二曰解題，出《本草》、《傷寒》、《金匱》；三曰案，自述平日治驗。取則挂牌行道，謬誤者飭使改業。

朱肱《活人書》全本經文，無一字混入己意，有功仲景，足以繼往開來。近代《前條辨》、《尚論》等書，各逞意見，日就支離。《難經》爲讀《内經》之津梁。

《千金方》有效有不效，重在用藥。而古聖製方之法不傳，此醫道之一大變也。然用意之奇，用法之巧，自成一家，不可磨滅。《外臺》本非專家之學，無所審擇，乃醫方之類書也。然唐以前之方賴此以存，其功亦不可泯。　吐血不死，兼嗽必死。

《脉經》條分縷析，原本《內經》，而漢以後之說一無所遺，使後世有所考，亦不可少之作也。某病當見某脉，某脉當見某病，《內經》間亦有之，不如是之拘泥繁瑣也。蓋病有與脉相合者，有與脉不相合者，更有與脉相反者，所以古今論脉，彼此互異。《太素脉》能知某年得某官，最爲荒唐。有幸中者，必別有他術。

膏藥，古人謂之“薄貼”，一以治表，宜輕薄而日換；一以治裏，宜重厚而久貼。　鼓脹百無一生。

杭氏曰：“明人有四大家之說，指仲景、河間、東垣、丹溪四人。此實妄說，仲景集大成，非三家可及。”

## 《蘭臺軌範》八卷

國朝徐大椿撰

原本。前有乾隆二十九年大椿自序并凡例。所錄諸方，至《外臺》而止，宋以後方，采其效者，去取最爲謹嚴。每方之下，注配合之旨與施用之宜，爲諸家所不及，學者宜奉爲圭臬也。

徐氏自序曰：“治病先識病名，然後求其病之所由生，辨其所由生與病狀之異，然後考其治之之法。一病必有主方，一方必有主藥。仲景以後，此道漸微；六朝以降，傳書絕少。《外臺》、《千金》，不過裒集古方；然病名尚能確指，藥性猶多精切。自宋以還，論多膚廓，如雲月霧花，仿佛想象而已。近世惟記通套之方數首、藥名數十以治萬病，隨心所憶，姑且一試。予深憾焉。此書之所以作也，原本《內經》，次《難經》及《金匱》、《傷寒論》；有未備者，取六朝、唐人以廣其法；宋以後諸家及丹方、異訣，擇而附焉。古法尚可復睹。"

《金匱》諸方，非仲景所自造，乃上古聖人相傳之方，所謂"經方"是也。此乃羣方之祖，不可思議。

文光案：靈胎之書，素所嗜好，以其不違古又切於近今也。其學問識見迥非凡輩所及，大抵以仲景爲主，雖東垣、丹溪，皆遭擯斥，而持論精切不磨。如病有萬狀，脉止數十種，宜以望、聞、問參之，以及病同人異、鍼灸失傳諸論，皆宜詳究也。

## 《絳雪園古方選注》三卷　附《得宜本草》一卷

國朝王子接撰

原本。雍正十年刊。前有自序、目録。凡分十三科，曰傷寒科，曰内科，曰女科，曰外科，曰幼科，曰痘疹科，曰眼科，曰咽喉科，曰折傷科，曰金簇科，曰祝由科，曰符禁科。祇十二科，而題"十三科"，不知何故。傷寒分和、寒、温、汗、吐、下六門。前有條目一篇，言祖方有六變，成一百一十三方，井井有條，標而出之。其餘各科，方後附論，較諸家爲簡當。蓋心有所得，非泛泛立論也。

王氏自序曰："名醫方論備矣，獨於方之有矩，法之有規，鮮有旁推交通之者。余選古方之合於三方、四制、十劑者爲之，顯微闡幽，所謂'運用之妙，存於一心'，皆古人未發之蘊，而不敢參以臆説也。上卷獨明仲景之法，下二卷發明各科之方，末附雜方、藥性。古人之書，本可以不朽。余得疏通推闡於後，則質之古人，或不以余言爲謬。"

## 《金匱心典》三卷

國朝尤怡撰

遂初堂本。雍正己酉年刊。前有尤怡自序、徐大椿序。依仲景原文爲之注，十年而成。

徐氏序曰："湯液之法，至商而盛。觀《內經》所載數方，非自伊尹始也。扁、倉皆長於禁方，而其書不傳。惟仲景獨祖經方，集其大成。其存者《金匱》、《傷寒》兩書，當宋以前，本合爲一。自林億等校，後遂分爲二百十三方，皆自雜病中檢入，故《傷寒》之方無不可以治雜病。仲景書具在，燎如也。《金匱要略》，乃歷聖相傳之經方，仲景匯集成書，以己意出入焉耳。古聖方法，惟此兩書可與《靈》、《素》并垂。"

尤氏自序曰："《金匱》一書，唐、宋以來注釋闕如，明興始有論之者，迄今不下數十家。集成，顏曰'心典'，以吾心求古人之心，得其要典云。"

## 《金匱翼》八卷

國朝尤怡撰

《心太平軒》本。嘉慶癸酉徐錦校刊。前有乾隆三十三年尤世輔序，拙吾家傳，徐柏、徐錦二序，參校姓氏，目録。在涇所著《金匱心典》久行於世，此八卷皆治雜證，祖述仲景遺意，薈萃羣言，參以論斷，附以方法，精意所存，宜其神妙也。是書向無刻本，徐氏取抄本重加校正，名曰"金匱翼"，與郭氏《傷寒論補亡》并刻之，以傳於世。在涇所注《傷寒論》，名曰"貫珠集"，其本久佚，未之見也。

## 《醫學真傳》一卷

國朝高世栻撰

《醫林指月》本。王琦校刊，有跋。前有康熙己卯王嘉嗣、姚遠二序，目録。凡四十篇，此其門人等所述。浙中精於醫者有二高子，居錢塘者曰士宗，居四明者曰鼓峰。此書即士宗所著。鼓峰有《醫家心法》一卷，有論有方，王氏刻之，甚有妙論。

王氏序曰："士宗夫子集羣弟子往復論難，及門手録，顏曰'醫學真傳'。凡前聖所孕含未剖、諸書所表章未備者，闡著靡遺。嗣等彙集成帙，摘其要者，梓以問世。"

分門別類之方書，皆醫家糟粕也。即如《薛氏醫案》、《趙氏醫貫》、《醫宗必讀》、《裴子言醫》等書，亦皆方技之穎悟變通，非神農、軒、岐、仲景一脈相傳之大道也。方書有云："不知十二經絡，開口舉手便錯；不明五運六氣，讀盡方書無濟病"，"有標復有本，求得標只取本，治千人無一損"。此言甚善。

## 《侶山〔三〕堂類辯》二卷

國朝張志聰撰

《醫林指月》本。前有康熙庚戌志聰自序并目録。上卷論病，下卷論《本草》藥性。末有王琦刊書跋。

張氏自序曰："余家胥山之陰，峨嵋之麓，坐臥軒中幾三十年，凡所著述，悉於此中得之。去冬《素問》成，漸次問世，爰錯綜盡蘊，參伍考詳，隨類而辨起焉。"

王氏跋曰："張氏書甫及百年，流傳日少，其《鍼灸祕傳》已難購得。《類辯》一種，足爲後學準繩，亟爲重梓，以廣其傳。"

寒熱補瀉兼用，乃仲景之妙用，而不在道者笑之。　醫以力學爲先，苦志讀書，細心參究，庶免庸醫之責。

> 文光案：平日取《靈》、《素》、仲景之文，一字一句，反復玩味，務求其立言之旨，而推廣其未盡之意。其中千條萬變，靡不包孕。但文詞古奧，猝不易解。予因採諸注之精當者，分條繫之；又集諸説之合於本條者，互相證明，以爲讀本；而删去一切俗説及妄作聰明之論。此道智者過之，愚者不及，亦惟中庸爲難能也。究之無他妙法，熟則生巧。

# 《本草崇原》三卷

國朝張志聰撰

《醫林指月》本。前有志聰自序，後有乾隆丁亥王琦跋。此高士宗纂輯未成之書，隱庵取而注之。《本草》三家合注所採隱庵之說，即此本也。

張氏自序曰："後人不明本經，祇言其治，是藥用也，非藥性也。知其性而用之，則用之有本，神變無方。予故詮釋本經，闡明藥性，俾上古之言瞭如指掌，運氣之理炳如日星，爲格物致知、三才合一之道。其後人之不經臆説、逐末忘本者，概置弗録。"

王氏跋曰："盧不遠作《本草博議》，其子晉公廣爲《乘雅》，皆以本經爲宗，而文語晦澀，多不能讀。《崇原》明晰，宜於初學。予得其影寫副本，間有缺訛，爰訂正而授之梓，以公於世。"

自《別録》以下，增補雖繁，皆有當然之理。

# 《洞天奥旨》十六卷

國朝陳士鐸撰

原本。康熙甲戌年刊。前有自序。此外科之祕録也，内多效方。外科書宜以《金鑒》爲宗，其他則《瘍醫大全》收採極備。吾邑有三世瘍醫，妙處在使人不痛。其所遵者爲《瞭然集》，一抄本，一刻本，予以重價得之。與其平日所論者相同，而他書或有未及，因表出之。

祝由科治瘡瘍頗驗，然必有所傳授，亦古法也。其書尚有傳本，又見於《絳雪園》十三科中。其術今有傳之者，治小病亦驗。岐伯曰："先巫知百病之勝，先知其病所從生者，可祝而已也。"又曰："古恬憺之世，邪不能深入，故可移精，祝由而已。"任大椿曰："病之輕者，或有感應之理。若果病機深重，亦不能有效也。"古法今已不傳，近世傳符呪之術，間有小效，而病之大者全不見功。岐伯之時已然，存而不論可也。

　　文光案：符呪尚不害人。今之女巫不知孔穴，妄以鍼刺人。予所見有傷其脉絡，頓縮手足者；有傷其臟腑，號痛不已者；甚至鍼孔成瘡，膿血不已，遂至於斃。大可痛恨，因書之以示戒。

## 《鍼灸大全》六卷　附《銅人鍼灸圖經》三卷

國朝徐鳳撰

原本。《鍼灸圖經》，宋天聖中所創，有夏竦序。宋仁宗詔王維德考次鍼灸之法，鑄銅爲式，刊板行世，較《靈樞》爲繁雜。近所通行者，爲《鍼灸大成》。其書十卷，明楊繼洲撰，前有萬曆辛丑趙文炳序。章延珪重修，附銅人四圖。余所藏《鍼灸祕奥》趙文炳手抄本，序云"都門楊醫出其家傳祕書，重爲校勘"云云。此即《鍼灸大成》之原稿，分元、亨、利、貞四集。予尚有抄本，與今坊間所行刻本不同。

　　潘氏耒曰："今海内鍼灸家，獨推雙林凌氏。其先授鍼法於異人，以治病，無不立瘥。數世子孫多世其業，而貞信最爲工妙。客京師，召入禁中，爲貴戚治病，可謂至榮。述先世所傳爲《鍼灸集要》，余爲序之。"

## 《千金方衍義》三十卷

國朝張璐撰

掃葉山房本。嘉慶辛酉年席世臣校刊，有跋。前有《孫真人列傳》并原序、宋高保衡等校書序、明嘉靖二十年馬理序、康熙戊寅石頑老人自序、目録。凡三十一門，二百二十三類。每方之後降一格爲衍義。《千金方》有明仿宋刻，萬石喬氏所刊本，惜未之見。

馬氏序曰："耀州，古華原地。昔有孫子思邈者，古逸民之儔也。乃避亂於周，徵召於隋、唐間，皆不仕，但以方藥濟人。其所謂'不爲良相，則爲良醫'者歟？乃後道流目之爲真人，醫家宗之爲名醫，史家列於《唐書・方技傳》中。嗚呼！豈真知孫子者哉？觀孫子言天必質之於人，言人必本之於天，及以臨深履薄爲小心，以不爲利回義疚爲行方，以見幾而作爲智圖，方技之學諒不及此。至論聖人，和以至德，輔以人事，則天地之災可消。學者取之，以注於《虞書》'水、火、金、木、土、穀惟修'、《中庸》'天地位育'之文之下，斯精粹不易之言。考之漢、宋諸儒釋經，率未及是，是可以方技言耶？孫子著有《千金方》三十卷。其方首療婦人無子，次妊娠，次轉女爲男，次生產，次活幼，次男子、老人諸方。凡鍼灸、導引、養性、攝生之方，無不備焉。其間每卷有救急單方，窮鄉下邑，藥物鮮有之所，倉卒用之尤便。孫方之流傳者，命曰'海上仙方'。餘方湮晦，所幸道家者流乃録於《道藏》書中，尚無恙焉。今萬石喬氏乃梓而傳之。夫喬氏積穀數萬石，歲薄取其息以賑饑人，故遠邇歸德，以'萬石君'稱。孫子有故居在鑒山畔，有洞在麓，今皆爲奉祀所矣，俱道士主之。鑒山香火於關中爲盛。萬石君獲是方，捐三百金刊之，而送於神所，俾道士以方藥施人。神人胥悦，其感應又可勝言也耶？"

張氏自序曰："伏讀三十卷中，法良意美。其辨治之條分縷析，製方之反激逆從，非神而明之，其孰能與於斯乎？因彙舊刻善本，參互考訂，逐一發明。其中反用、激用之法，貫串而昭揭之。其鍼灸一門闕，以俟專家補之。俾學者開卷了然，胸無窒礙。照宋刻本仍隸三十卷，仿趙以德敷衍《金匱》之義，名曰'千金方衍義'，授之剞劂，亦斯書之幸甚。"

## 《張氏醫通》十六卷　附《本經[四]逢原》四卷

國朝張璐撰

原本。前有康熙四十八年朱彝尊序、張大受序、張璐自序、進《醫通》疏、引用書目、凡例六則、石頑老人《醫門十戒》、目録。前十卷爲論，後六卷爲方。首列《靈》、《素》病機，次則《金匱》治例，詳加釋義。其證類次第悉如王氏《準繩》，而所輯方論更迭出入。歲逾五甲，稿凡十易而後成書。路玉，近代之名醫也。所著《千金方衍義》，其書後出，《四庫》未收。《醫通》見於《存目》，傳本既少，亦不盛行。別有《傷寒纘論》、《緒論》、《傷寒兼證析義》、《傷寒舌鑒》諸書，余皆藏之。

## 《金匱玉函經二注》二十二卷　附《十藥神書》一卷

國朝周揚俊撰

養恬齋本。元和李清俊重刊。前有道光十二年葉萬青序、陳文述序，康熙二十六年周揚俊自序、又序，次補方，次目録。是書因趙以德《衍義》爲之補注，暢所未備，大半採喻嘉言之議融會成之。其《衍義》所有者不復加注。蓋趙書久無傳本，周氏所得多所脱漏故，於是作《衍義》補注，合而爲一，故名之曰“二注”。各以“衍”、“補”名別之，亦不混淆。《十藥神書》，葛可久所撰，前有至正戊子可久自序。其十方以甲至癸爲號，治癆血最效。方内有周氏論，故附刻之。揚俊，字禹載，吳人。趙以德或稱宋人，或曰“未確”。《金匱》有程雲來、徐忠可注，行世已久，俱未之見。

## 《臨證指南醫案》十卷

國朝葉桂撰

原本。乾隆三十一年華岫雲校刊。前有李治運、嵇璜、李國

華三序，又華岫雲、高梅序，并凡例、目録。天士不好著書。華
子奇以數年之力採輯成書，稍分門類，校而刻之。其方皆因證而
立，主於滋陰。

李氏序曰："葉君天士《醫案》與方膾炙人口，華君岫雲輯而
成帙，別類分門，將付剞劂，請序於余。"

稽氏序曰："先生天分絕人，於書無所不讀。今所存《醫案》，
皆門弟子所録。"

華氏序曰："晚年《醫案》，辭簡理明，悟超象外。案中評證
與方吻合，惜遺佚無多。"

此案隨見隨録，每門之後，因治法頭緒頗繁，附論一篇，稍
爲叙述，不必高古，使人易覽。凡治諸證，俱有初、中、末三法。
此案治中、末者十之七八，蓋先生延請匪易，故始治之案甚少。
是書先後層次不可紊亂。

## 《臨證指南醫案》十卷　《續醫案》四卷

國朝葉桂撰

蘇門經鉏堂朱墨本。道光丙午苕溪漫士重校刊。此即華氏之
本，而增以評語。前有乾隆四十年四川按察使杜玉林序。較前書
多四卷，其餘悉同。《續案》首爲《溫熱論》、《辨齒之法》，實疫
書所未及；次醫案；次各門驗方。其方屢奏奇效。後有種福堂公
選序一首。

杜氏序曰："華君岫雲精通岐黃術，選刻葉氏《醫案》，已遍
行海内。壬申，又將其《續補醫案》與平生所集各種驗方付梓。
忽於癸丑秋謝世，其方止刻其十之二三。華君好友岳君延璋，力
勸徽、蘇義商程、葉兩君子授梓，完璧以公同志。"

文光案：選方屢奏奇效，惟升降數方不免大痛。吾聞之
故老云，靈藥九升，百發百中。收功既速，且免痛楚。惟九

升之後，所餘無多，人不肯爲。又桃至九接，名曰“靈桃”，出於山東。其桃大如盤，肉厚而甘。樹至九接，百不活一。三接之後，非高手不生。想靈藥九升亦如此矣。吾邑鄭醫，老於治瘍。其藥三瓶，一外塗，一生肌，一收口。皆小升三次，埋土中年餘，取出火氣盡，自然不痛。凡生藥痛，熟則不痛。多升一次，多熟一次，試之良然。但其説不載於方書，是爲祕傳，因記於此。

## 《醫效秘傳》三卷

國朝葉桂撰

駐春仙館本。道光辛卯年吳金壽校刊，有序。

吳氏序曰：“訪求天士遺編已二十餘年，此本爲翁春巖所抄。前二卷辨別傷寒，後一卷申明脉法。葉氏之書平易近人，非學問深純，未易臻此。大抵醫家一門，無學問者語多鄙拙；有學問者又好逞口辯，殊難盡信。”

文光案：醫以救人爲急，每因爭辯而誤。文士好逞口辯，誤在學問。醫家好逞口辯，誤在性命，尤不可不慎也。天士之説歸於平淡，故不以口辯爲奇。惟其方皆平淡之品，宜於南，不宜於北，蓋亦相地爲之。觀葉氏書者，師其意焉可也。

## 《温熱贅言》一卷

國朝葉桂撰

雪鶴山房本。吳金壽校刊，題曰“江左寄瓢子述”。末有吳氏門人凌銘跋。

凌氏跋曰：“師命校《三家醫案》。近日又取徐靈胎所批《臨證指南》，重爲删訂。因華氏所刻門類雖分，精粗交錯，爰復掃除繁蕪，務歸的當。”

## 《傷寒論注》四卷　《附翼》二卷　《論翼》二卷

國朝柯琴撰

博古堂本。乾隆乙亥馬中驥校刊。

柯氏《論注》自序曰："校正仲景書而注疏之，分篇彙論，挈其大綱，詳其細目，證因類聚，方隨附之。倒句訛字，悉爲改正；異端邪説，一切辨明。岐伯、仲景之隱旨，發揮於各條之下。"

柯氏《論翼》自序曰："仲景著《傷寒雜病論》，合十六卷，良法大備。王叔和分《傷寒雜病》爲兩書，於本論削去雜病而留者尚多。世謂治傷寒即能治雜病，豈知仲景《雜病論》即在《傷寒論》中。且傷寒中夾雜最多，故傷寒與雜病合論，則傷寒、雜病之證治井然。後人專爲傷寒著書，條分愈新，古法愈亂。仲景之六經爲百病立法，傷寒、雜病，治無二理。今治傷寒者不究雜病，治雜病者視《傷寒論》爲無關，愚甚憂之。略陳固陋，名曰'傷寒論翼'。"

一百三方，除解表之劑，其餘諸方主治雜病，故其書曰"傷寒雜病論"。

文光案：凡病不雜他證者甚少，非獨傷寒也。惟《傷寒》傳經，其雜愈甚。人謂能治傷寒即能治雜病，愚謂能治雜病然後能治傷寒。雜病者，百病也。傷寒者，百病中之一病也。

## 《慎齋醫案》三卷

國朝周之幹撰

鈔本。慎齋亦近代名醫也，其書無刻本，此其手稿。中有塗改之處，前後無序跋，蓋未成之書。三卷，分上、中，下，各有目錄。分門類證，有論有方，間附以案。首卷有《用藥心法》，最宜細玩。眉間所書亦俱要語。予求此書數十年，乙酉歲得於故家，如獲至寶。於此中得益不少，因著錄之。惜無好事者爲之刊行也。

## 《瘍醫大全》四十卷

國朝顧世澄撰

藝古堂本。乾隆癸巳年刊。前有汪立德序、凡例、目錄。是書首輯《內經》；次論診候形狀；次運氣；次經絡穴道；次輯諸家治法；次論寒熱、泄瀉、祕結、煩渴諸證，以別陰陽、虛實；次列初起、內消、鍼砭，潰後、補託三十八法；次列癰疽名目，逐類分門，上自頂，下至泉，每證一圖，首標名論，補所未備，并列各方以待采擇，凡諸奇祕悉爲載入；終以外傷驗法、傷寒捷徑。習是科者，咸以爲標準焉。

## 《慎柔五書》五卷

國朝顧元交編

於然堂本。前有顧元交序、《慎柔小傳》并題辭，後有乾隆丙午陳梁跋。慎柔，胡姓，毗陵人。本儒家子，寄育僧舍。長尋薙髮，法名住想，字慎柔。從查了吾習醫，盡得其學。五書者，《虛損》一，《勞瘵》二，《札記》三，《病例》四，《醫案》五。其法治勞甚善。

石震曰："周慎齋出了吾生平驗案及禁方示予，予自此盡窺了吾之學。予雅慕慎柔，忽以手札招予，授生平所著書，竟脫然去。予將以其書付梓，因爲之傳。"

## 《沈氏遵生書》七十二卷

國朝沈金鰲撰

原本。乾隆四十九年安徽布政使、門人奇豐額校刊，有序。

《脉統類》一卷，《諸脉主病詩》一卷，《雜病源流犀燭》三十卷，《傷寒論綱目》十八卷，《婦科玉尺》六卷，《幼科釋謎》六卷，《要藥分劑》十卷。安立名目以取新異，然陳陳相因，究竟尋常。

奇氏序曰：“凡證形脉象之疑似、丸散主治之異同，皆有指南數語。”

沈氏自序曰：“古人著書，詳此略彼，神明變化，紛見雜出於殘編剩簡中。今以庸陋之資、膠執之見、貪鄙之心相與從事，雖淺近之語，謬解訛傳。余甚憫之，因統會平日所積方書，參互考證，輯爲此書。”

## 《林氏活人彙編》十六卷

國朝林開燧撰

天衣草堂本。張在浚重刊，有序。

張氏序曰：“原板爲公之子林祖成所刻。祖成以一等侍衛掌太醫院事。”

林氏自序曰：“茲編已更數手，皆明於醫理者所爲。予得《石鏡錄》一帙，問答精詳，絕無影響，遂爲校正而損益之。中間證各一門，門各爲治，更其名曰‘彙編’。”

周慎齋學貫天人，弟子數百人，其高足查了吾獨得其全。了吾傳諸胡慎柔。慎柔，石瑞章之師也。瑞章刻《慎齋三書》、了吾一書并慎柔參校之語，更刻己所著作十數種、生平奇聆醫案六七帙。

> 文光案：余有慎齋手稿十册，今方知其有刻本。然所謂“三書”者亦未之見，不知與手稿同否。

> 高斗魁，號鼓峰，國初之名醫也。其所著《醫學心法》刻於《醫林指月》，《四明醫案》刻於《己任編》，而皆不著其名，蓋失之也。《心法》，前人有評本，謂其偏執醫案，當

時譏其以醫貿販，無異庸醫點綴欺人。《續名醫類案》分載之，可謂不慎持擇。《己任編》爲楊乘六所輯，吳氏拜經樓有評本，而不言其所以，蓋賞鑒家原不問書旨也。予恐人震鼓峰之名，又炫尺鳧所藏之本，因著其説於此。

## 《醫經津渡》四卷

國朝范在文撰

安懷堂本。嘉慶戊寅年自刊，有序。是書無門類，亦無方藥，所説皆入門之要。雖搜採悉出於古書，而條分縷析，易於循覽。吾嘗謂先識不病之人，而後可治人之病，亦此意也。但余所輯者，上自首，下至足，外自皮，内至骨，一關一節，一部一位，一一根究其所以然，較此書更爲詳盡。且所録皆善本，悉可依據。其説多出於是書之外，而方與藥亦并及焉。蓋必積年累月，肢肢節節而爲之，而後可以詳明曲盡，慎不可鹵莽從事也。凡讀書皆宜如此，醫猶小道也。

## 《傷科補要》四卷　附《醫方切要》二卷

國朝錢秀昌撰

竹蔭堂本。嘉慶戊寅年刊。因傷科無專書，故作此補之，曰穴部，曰器具，曰名位，曰骨度，曰脉訣，曰治法，曰驗方，凡七門。《金鑒》有《正骨心法》，此則專門之書。外科之外别爲一種，不可不備，不可不知。

## 《醫門棒喝》四卷

國朝章楠撰

原本。道光九年海寧應澍、河間紀樹馥同校刊，板藏廣東省城大生藥局。是書前有紀氏序，田鼎祚、田晉元、韓鳳修、史善長序，并章楠自序、條例八則，後有門人孫鉦跋、虛谷小像并自贊。書中有論及案，無方。論瘟疫甚詳，治痢有法。

章氏自序曰："自古稱大家者，人莫不信，而鮮知其弊。兹以管窺所及，表其一二。以大家之論尚不可固執，其餘諸書豈可盡信？明者當知所擇矣。"

## 《傷寒論淺注》六卷　附《長沙方》六卷

國朝陳念祖撰

《南雅堂》本。前有韓鼎晉序、目録、凡例、讀法、仲景原序。

陳氏自序曰："向讀《傷寒論》，偶得悟機，必注其旁。甲寅、乙卯又總録之，分爲二種，一曰《傷寒論讀》，一曰《長沙心法》，尚未付梓。己巳歲，又著《淺注》十二卷，則去《傷寒序例》、《平脉》及可與不可與等篇，斷爲叔和所增。即《痙濕暍》篇，亦是叔和從《金匱》移入。予考仲師原論，始於《太陽》篇，至於《陰陽易》等篇，共計三百九十七節，字字是法。叔和所附亦大有深意。"

仲景書本於《内經》，法於伊尹，《漢志》及皇甫謐之言可據。但其文義高古，往往意在文字之外，注家不得其解，疑爲叔和變亂。不知叔和晉人，去仲景未遠，何至原書無存耶？不知叔和所增欲補其未備，非有意變亂也。今皆削之。

成無己注後，諸家皆有移易。若陶節庵、張景岳、程山齡輩無論矣，而方中行、喻嘉言、程郊債、程扶生、魏念庭、柯韻伯皆有學問有識見，而擅改聖經，皆由前人謂《傷寒論》非仲景原文，先入爲主，遂於深奧不能解之處竟歸於叔和編次之非，遂割章分句以成一篇，如集李、集杜，究非李、杜詩也。予從原文細心體認，方知諸家之互相詆駁者，終無一當也。

文光案：集李、集杜別有題目，詞則李、杜之詞，而意非李、杜之意也。《傷寒論》改本大致與《大學》改本相似，雖前後有所移易，總不出傷寒一事也。擬以集句，似未允當。

成注不敢增删、移易。張隱庵、張令韶二家俱從原文注釋。今以二家爲主，間有未愜心者，以方注、喻注慎擇補之，期於明暢而後已。

《傷寒論》，百病皆在其中，治法萬變，統於六經，即吾道一以貫之之義。

陳氏附方自序曰："命男蔚細注之，於人略我詳處得一捷便之法。"

文光案：幼讀《傷寒論》，以《金鑒》爲主，輔以此本，頗得要領。方注、程辨皆以攻擊爲主，雖詞采可觀，而割截成文，不顧其安，予甚不取也。王氏著《醫壘元戎》，一以仲景爲法。其後尤氏在涇、陳氏修園，皆深於仲景書者。若黄氏《懸解》諸書，所得淺矣。

## 《金匱要略淺注》十卷　附《金匱方》六卷

國朝陳念祖撰

《南雅堂》本。前有道光十年林則徐序，後有林禮豐跋。其句中問、注，意在便於初學，然不脱講章習氣，非大家之著作也。每節後皆有論説，或引前言，或加案語，眉目甚清，可取者亦多。附方前有江鴻升序，後有葉亨會跋。其方皆以歌括爲名，雖便記誦，不免於俗。諸序與本書毫無關涉，祇獎著書而已。醫家一門，所謂有學識者，亦不過於本業中勝人一籌，不必皆窮經考史、博物洽聞之士也。故其著作或經歷有驗而文詞支拙，或專務行文而真實不足；或拘泥而鮮通，或偏駁而難信。去此諸病而醫書之可採者，寡矣。好古敏求之士，研究經史之餘，間一及之，憑心結撰，終隔一層。正如文士言兵，雖井井有條，毫無補於實用。臨證正如臨陣，計須對敵而施，方宜因證而立，變化在心，不在書。平日所記所聞，不定其有用無用也。予嘗按證檢書，其不合者十之七八，蓋未有據本患病者也。苟深明乎陰陽、虛實、藏府、經絡之故，以之治病，庶乎近之。故《内經》無分門類方之説，而字字精當，無所不包，求之於此，思過半矣。

## 《醫學實在易》八卷

國朝陳念祖撰

《南雅堂》本。前有道光二十四年廖鴻藻、徐又庶序，凡例，目錄。是書舉浮、沉、遲、數、細、大、短、長爲脉之提綱，而以同類諸脉附之；舉表、裏、寒、熱、虛、實、衰、盛爲證之提綱，而以所屬諸證附之：第一明晰之書也。所採皆《靈》、《素》、《金匱》、《千金》、《外臺》、《聖濟》、《活人》及元、明諸家各書之精華，而以淺語出之，使人易曉。前四卷爲論，後四卷爲方并外備諸方，附以女科。論證後，加詩一首，取便誦習，不皆工穩。

## 《醫學從衆録》八卷

國朝陳念祖撰

《南雅堂》本。前有自序。分門類證，先論後方，兼採薛立齋、王宇泰、趙養葵、張景岳、張石頑、李時珍、李士材、喻嘉言八家之書，以世醫所知者惟此。雖不必盡合經旨，獨得之妙亦復不少。

## 《女科要旨》四卷

國朝陳念祖撰

《南雅堂》本。前有長孫心典跋。凡分六門，曰調經，曰種子，曰胎前，曰產後，曰雜病，曰外科。每門設爲問答，後附以方，間采諸家之説。卷末有門人數跋，俱無所發明，不足采録。

## 《神農本草經讀》四卷　附《救急方》四卷

國朝陳念祖撰

《南雅堂》本。前有嘉慶八年蔣慶齡、林霍雨序，凡例，目録。所採皆時用之藥，只百餘種，其不常用與不可得者闕之。注解透發其所以然，務與《内經》、《金匱》之旨吻合，非若《藥性賦》、《本草綱目》并《備要》雜收衆説，反掩經旨也。救急諸方爲林清標所輯，宜時置案頭，以便檢尋。余欲另刻之，廣爲流傳，尚未暇也。

張隱庵《本草崇原》專言運氣，立論多失於蹈虛。葉天士《本草經解》囿於時好，立論多失於膚淺。然二書究出羣書之上，故兹刻多附其注。

本經字字精確，遵法用之，其效如神。最陋是《綱目》，泛引無當。

## 《醫學三字經》四卷

國朝陳念祖撰

《南雅堂》本。前有嘉慶九年自序。學醫始基在於入門。是書闡明古法，爲入門之準。坊刻《萬病回春》、《嵩崖遵生》、《沈氏尊生》、《東醫寶鑒》等書非不詳備，而臨時查對，絕少符合，蓋逐末而忘本也。

## 《時方妙用》三卷　附《歌括》一卷

國朝陳念祖撰

《南雅堂》本。前有小引、目録。首以四診，以下分門類證，先論後方。雖用時方，而以古法行之，故見其妙。修園於此道可謂三折肱矣。習醫者守此全書，勝於訒庵書多矣，故備錄之以爲先路。

## 《植物名實圖考》三十八卷

國朝吳其濬撰

原本。道光二十八年陸應穀校刊於太原府署，有序。吾鄉人稱爲“吳本草”。各種有圖，故曰“圖考”。

陸氏序曰：“植物之名，昭於《周禮》，其實載在本經，三百六十品，殆非虛列。嗣是《別錄》、《圖經》，代有增益。《綱目》晚出，稱引尤繁；然旁及五材，兼收十劑，求其專狀草本，成一家言，殊不易得。瀹齋先生有見於茲，思愈民瘼，所讀四部書，苟有涉於草木者，靡不緝之，名曰‘長編’。然後出其生平所耳治目驗者以印證古今，就其形色，別其性味，看詳論定，摹繪成書。此《圖考》所以包孕萬有，獨出冠時，爲《本草》特開生面也。若夫登草木、削昆蟲，仿貞白《千金翼方》之作，爲微生請命，尤至仁也。予故序刻之，以廣其傳。”

王氏曰：“寒山趙凡夫子婦文淑，字端容，妙於丹青，自畫《本草》一部。楚詞《九歌》、《天問》等皆有圖，曲臻其妙。江上女子周禧得其《本草》臨仿，亦入妙品。禧弟子姚亦江陰人，美而艷，作畫得淑遺意。《癸辛雜識》云：‘至元斥賣內府故書於廣濟庫，有《出相彩畫本草》一部，極奇。’”錄於《池北偶談》。

《侯鯖錄》：“滕元發云：‘一善醫者惟取《本草》白字藥用之，多驗。’蘇子容云：‘黑字者，是後漢人益之。’”

《醫經本草》見范《書》哀帝元始五年。《七略》不載，故班《志》無《本草》。

## 《三家醫案》三卷

國朝吳金壽編

原本。"三家"爲葉桂、薛雪、繆遵義，皆吳中往哲。金壽字子音，工詩，善書法，通醫，爲吳郡張文燮入室弟子。文燮字蓉庭，繼"三家"而起。

凡例："葉案，毛氏、邱氏本最善，故採取獨多。薛案爲朱氏抄本，又有沈蓮溪本。繆氏善用異類有情之品療治虛勞，足補前哲所未發，其案爲張友樵手録。"

## 《筆花醫鏡》四卷

國朝江涵曒撰

原本。前有道光四年自序并目録。卷一爲四診、内外傷諸治，卷二爲藏府部位，卷三爲兒科，卷四爲女科。專爲淺近説法，採仲景、東垣諸家之論，聯其病類，藥歸同路，總不外虛實、寒熱，現何病象，係何藏府，作何治法，綱舉目張，開卷了然，故曰"醫鏡"。筆花，其自號也。

## 《仁端録》七卷

國朝梁嵩撰

卷石山房本。道光十年靈石楊履復校刊。此治痘之書也。前四卷自放點至出齊，形證俱備，有方有論；五卷爲藥性；六卷爲諸論；七卷爲經歷辨，設爲問答以明之。嵩字予望，安吉人。痘科五傳，應手輒效。《經驗》諸書，藏者甚多。楊氏擇其尤精者刻之，題曰"仁端録"，與《簡明目録》所著徐謙十六卷之本不同。

## 《治蠱新方》一卷

國朝路順德撰

粤西本。道光三年重刊，較初刻爲加詳。皿蟲爲蠱，鼓之如鼓，亦爲鼓。鼓症百無一生；蠱則有專門名家治之，多生。是書專治蠱，有方有案。余變通其方，以之治鼓，間有生者，然亦百中之一二。大凡專門之書，歷驗既久，用心亦至。在明如《痎瘧疏》、《瘟疫論》，在今如《霍亂論》、《痢症》、《喉症》、《痧脹》諸書，雖不必出於名家，而闡發病源，考覈方法，皆能推廣盡致。吾嘗棄短取長，求其有益於人，勿問其他，蓋廣集衆長則無處非益，自作聰明則所得無幾矣。

"皿蟲爲蠱"，見於《周官》，由來久矣。予得南塘傅榮抄本，載梁侯景時盡將天下業蠱者殲之，是故蠱一術起於中土，謂獨在閩廣者，考之未詳也。　方書所載金蠶蠱、大麻風、癘風，即痒蠱也。　食麵之鄉并吃蒜吃芋之鄉，蠱毒頗少。

文光案：蠱毒載於《廣東新語》，其他見於諸地志、諸説部者甚多，而治法惟是書爲賅備。惜其於畜蠱之家與蠱之種類尚有未盡，予欲以所見諸書補之，姑記於此。范石湖曰："蠱毒在上，則服升麻吐之；在腹，鬱金下之；或合升麻、鬱金，不吐則下。李燾鞫獄得此方，活人甚多。"見《石湖集》。

## 《重樓玉鑰》二卷

不著撰人名氏

謙吉堂本。道光戊戌年桐鄉孫學詩校刊。此喉症之祕傳也。上卷論十篇，後附以方，又附録六則；下卷專論鍼法。原序不題姓名，謂作者爲鄭梅澗先生，亦不知何許人。其辨證施治，各具神妙。若未解鍼法，按方投藥，亦甚應驗。程瘦樵《喉科經驗祕傳》，人悉宗之。此可補其所不及。

## 《醫方易簡新編》六卷

國朝黃統撰

京本。咸豐元年刊。前有自序，内多單方，用之亦驗，須善擇之。

黃氏自序曰："癸卯病痔，不能行，爰取各醫書朝夕尋玩。其中簡便易行者，隨手録出，共得七百餘方，質之仁和龔月川茂才。月川家多自輯醫書及經驗良方，因出其所纂，與予所録合成一編，釐爲六卷，更浼陳穎泉諸君反覆參訂，鋟版以公諸世。"

## 《東醫寶鑒》二十卷

許俊撰

高麗國本。順德左翰文重刊。前有凌魚序。凡目録二卷，内景篇四卷，外形篇四卷，雜病篇十卷，湯液篇二卷。内題"御醫、忠勤貞亮扈聖功臣、崇禄大夫、陽平君臣許俊敕教撰"。此刻當在明時。

朝鮮俗，知文字，喜讀書。許又世族，萬曆間筍、篋、筠兄弟三人俱以文鳴。女弟景樊才名出厥兄之右，九邊諸國最爲傑出。其言東醫者，國在東也。中所引書八十餘種，率吾中土之書，東國所撰者不過三種。書藏祕閣，世罕得睹。

## 《濟衆新編》八卷

康命吉撰

京本。嘉慶丁丑年重刊。前有李秉模序、康命吉跋。凡引書二十一種。

李氏序曰："命太醫康命吉就古今諸方芟繁補漏，分門彙類，開卷瞭然。書成，廣布中外。以臣提舉内局，命序之。"

康氏跋曰："許俊《寶鑒》雖稱詳悉，然文或繁冗，語或重疊，應用之方多有不録。廣取諸方，芟煩取要，别作方書以進。"

右醫家類。

醫家者流，子夏指爲小道，朱子斥爲賤役，似不足重輕矣。然其關係甚大，故《記》云："醫不三世，不服其藥。"或解"不三世"爲不讀三世之書，其説差長。而書無定論，愚以伏羲之《易》、神農之《本草》、黄帝之《素問》當之，似爲近是。醫師之法，載於《周官》而惠注最詳；和、緩之言，見於《左傳》而專書不顯。然其片語單詞，尊爲經典，宜熟玩也。其他專門之書，今所録者凡百十五家，分爲四卷。羣經音義古本多佚，唯醫家自周迄今，代有作者，流傳不絶。雖師門之授受，宋、元以後不免紛爭，而各自成家者具有見解，所以能信今而傳後也。明人著述愜心者甚少，而醫門諸部差强人意。此學宜觀近代之書，而參以古義，勿泥成方，勿執己見。書無論其漢、晉、宋、元，師意爲要；藥無論其温、涼、寒、熱，中病而止。非變動不拘，神而明之，未易窺斯道也。古云："醫者，意也。"愚以爲醫者，《易》也，明於《易》而思過半矣。因備列諸家，而俗本不及。

**校勘記**

〔一〕"釋"，原作"辨"，據《四庫全書總目》卷一〇五改。

〔二〕"灸"，原作"炙"，據《三國志》卷二九《華佗傳》改。

〔三〕"山"，《中國叢書綜録》作"仙"。

〔四〕"經"，原作"草"，據《四庫全書總目》卷一〇五改。

# 子部六
## 天文算法類一

### 《周髀算經》二卷

不著撰人名氏

鈔本。經文爲周公問商高之語，凡二百八十二字，具見《疇人傳》。予依汲古閣本録其正文并注，又依《九數通考》録屈氏《周髀經解》及胡氏《勾股算術》之説，仍分爲二卷。又採諸家之言《周髀》者，爲附録一卷，以便誦讀，蓋算學之原在此也。

阮氏曰：“商高，賢大夫也。論曰：方圓者，天地之德。方出於圓，圓出於矩〔一〕。半其一矩，是謂勾股。庖犧立周天，度數從此出。禹治天下，數之所生。蓋極勾股之用，天地莫能外矣。言天者三家，以蓋天爲最古。笠以寫天，所謂蓋天是也。劉智謂顓頊造渾天，黃帝爲蓋天，蓋先於渾，是其證已。武進臧玉林謂此篇文句簡質，義奧精深，當是先秦古書，非後人所能託撰，可謂先得我心矣。”又曰：“黃帝使羲和占日，常儀占月，臾區占星氣，伶倫造律呂，大撓作甲子，隸首作算數。容成綜斯六術而著《調歷》。論曰：《世本・作篇》，并言創造。羲和、常儀之倫，乃占天之元始，算事之厥初也。”録於《疇人傳》。

毛氏扆曰：“予從太倉王氏得《孫子》、《五曹》、《張丘建》、

《夏侯陽》四種，從章丘李氏得《周髀》、《緝古》二種，後從黃俞邰又得《九章》，皆元豐七年秘書省刊板，字畫端楷，雕鏤精工，真希世之寶也。每卷後有秘書省官銜姓名一幅，又一幅宰輔大臣，當時珍重若此。因求善書者刻畫影摹，不爽毫末，襲而藏之。"

文光案：太倉王氏乃世貞家。章丘李氏則李開先，號中麓。黃俞邰乃虞〔二〕稷字。

## 《周髀算經》二卷　《音義》一卷

漢趙君卿注，北周甄鸞重述，唐李淳風等奉敕注釋，李籍音義

汲古閣《津逮》本。前有沈士龍、胡震亨二序，又嘉定六年鮑澣之序，後有毛晉跋。毛本附《算學源流》。

沈氏序曰："始讀《周髀》，輒駭其艱怪，及再一尋討，不過乘方圓參兩以生勾股，遂至於算數所不可及，蓋亦因天地自然之數耳。故其書稱榮方學于陳子，至畢思鶩神，卒無所用其智，乃知謂天蓋高固可坐而定者不誣也。然有不可盡據者，故蔡邕謂'《周髀》術數存具，驗天多所違失'。又云：'《周髀》者，即蓋天之說也。'是以王任仲據蓋天之說以駁渾儀，爲桓君山所屈，則《周髀》之〔三〕術可睹矣。又，淳風別引《宋書·曆志》二十四表影，與今《宋書》相較，則互有不同。近刻《宋書》爲友人姚叔祥所校，稱善本，因舉此段問之。叔祥云：'于時政以不得《周髀》，故貽足下今日之問耳。'併識於此，以俟刊定。"

胡氏序曰："《周髀》之說，奪於渾天。如揚子雲'八難'，卒無有能破之者。惟梁武帝於長春殿講義，別擬天體，全同《周髀》，以排渾天之論，其後遂不復顯。凡以世乏善算，遂令真秘湮屈。余讀《魏書》，有仙人成公興傭賃寇謙之家，謙之算《周髀》

不合，興曰：'先生試隨興語布之。'俄然便決。謙之歎服不測，請師事之。興後入嵩山石室尸解。乃知《周髀》非仙真有道，算難遽合，彼桓、鄭、蔡、陸者，恐未易以聲附子雲也。"

鮑氏序曰："《周髀算經》二卷，古蓋天之學也。以勾股之法度天地之高厚，推日月之運行，而得其度數。其書出於商、周之間。《隋志》：'《周髀》一卷，趙嬰注；《周髀》一卷，甄鸞重述。'《唐志》天文類有趙嬰注《周髀》一卷，甄鸞注《周髀》一卷。本朝《崇文總目》、《中興館閣書目》皆有《周髀算經》二卷，云趙君卿述，甄鸞重述，李淳風等注釋。是在唐以前有趙嬰之注，本朝以來則趙爽之本，意者止是一人，以隋、唐書爲正可也。"

　　文光案：毛本共四序。後一序云依經爲圖，序與圖不知誰作。書內有榮方、陳子之說，非《周髀》本文，後人謂之"章句"。夾注有"唐寅曰"，辨別經文、注文。三家注俱大字，低一格。毛晉依舊本補刊，疑處俟析。有跋。

毛氏跋曰："或云周公受之商君高，周人志之，故曰'周'。或云髀者，股也。伸圓之周而爲勾，展方之周而爲股，故曰'周髀'。或曰天行健，地體不動而天周其上，故曰'周'。其說不一。"

《戴譜》："此經爲《算學十書》之首，而三千年來學者昧其旨趣。先生謂此古蓋天之注。自漢以迄元、明，皆主渾天。明時歐羅巴人入中國，始稱別立新法。然其言地圜，即所謂'地法覆槃，滂沱四隤而下'也；其言南北里差，即所謂'北極左右，夏有不釋之冰；中衡左右，冬有不死之草：是爲寒暑推移，隨南北不同之故'也；其言東西里差，即所謂'東方日中，西方夜半；西方日中，東方夜半。晝夜易處，如四時相反。是爲節氣合朔，加時早晚隨東西不同之故'也；《新法曆書》述第谷以前西法，

'三百六十五日者三，三百六十六日者一'也。西法出於《周髀》，所謂'天子失官，學在四夷'者歟？而刻本脫誤，多不可通。古本五圖，而失傳者三，訛舛者一，凡皆正之補之。學者可以從事，如導河積石，源流正矣。有提要一首。"錄於《經韻樓集》。

文光案：先生校定之書，有進呈文淵閣本，有聚珍板本，有杭州文瀾閣寫本，而微波榭本未刻《算學十書》。

阮氏曰："後漢趙爽，字君卿，一曰名嬰，注《周髀算經》。論曰：《勾股方圓圖注》五百餘言耳，而後人數千言所不能詳者，皆包蘊無遺，精深簡括，誠算氏之最也。李籍音義謂爽不知何代人，今本題云'漢趙君卿注'，故係於漢代云。"錄於《疇人傳》。

文光案：甄鸞，司隸校尉也，武帝時造《天和歷》。好學精思，富於論撰，數學之大家。

## 《星經》四卷

不著撰人名氏

汲古閣本。題曰"通占大象歷星經"。原缺文一張。每星先圖後說。上卷自四輔、四星至宗正二星，凡七十四圖。下卷自屠肆二星至天痕十星，凡九十圖。前後無序跋。

錢氏跋曰："甘、石書不見於班史。《七錄》云：'甘公有《天文星占》八卷，石申有《天文》八卷。'今皆不見。世所傳《星經》乃後人訛託，采晉、隋二志之文成之，詞意淺近，非先秦書也。予嘗謂史公《天官書》古奧，自成一種文字，此必出於甘、石之傳，非龍門所能自造。明人刻《漢魏叢書》，題云'漢甘公、石申撰'，尤爲謬妄。《史記》'齊有甘公，魏有石申'，皆在戰國時，非漢人也。"錄於《十駕齊養新錄》。

文光案：是書采晉、隋二志成之，《漢書·天文志》注引《星經》五六百言，今本皆無。

# 《宋寶祐四年會天曆》一卷

宋荆執禮等撰

鈔本。此崑山徐氏藏本，朱竹垞録其副，後人又傳鈔者也。前有中書省劄子，後有竹垞跋。首列是歲節氣時刻，每月每日下，具注吉星、凶星及人神在某處等類，與今時憲書大略相同。

朱氏跋曰："寶祐四年，歲在丙辰，元日立春，田家諺所云百年罕遇者也。《會天曆》初名《顯天》，見《宋史·律曆志》。寶祐改元，定名曰'會天'。於是，尤學士焴被命作序。原授時之典，歲頒曆於萬國，鏤板印行，莫數計，然歲既更，無復存焉者。南渡以後，自《統元》至《會天曆》，凡七易，惟《會天》史稱闕。馬氏《經籍志》載金人《大明曆》，正以其不易得也。"

梅氏毂成曰："黃帝迄秦，曆凡六改。漢凡四改，魏迄隋十五改，唐迄五代十五改，宋十七改，金迄元五改。惟明之《大統曆》，實即元之《授時》，承用二百七十餘年，未嘗改憲。成化以後，交食往往不驗，議改曆者紛紛。如俞正己、冷守忠，不知妄作者勿論矣；而華湘、周濂、李之藻、邢雲路之倫，頗有所見。鄭世子撰《律曆融通》，進《聖壽萬年曆》，其說本之南都御史何塘，深得《授時》之意而能補其不逮。臺官泥於舊聞，當時憚於改作，并格而不行。崇禎間，議用西洋新法，命閣臣徐光啓、光禄卿李天卿先後董其事，成《曆書》一百三十餘卷，多發古人所未發。時布衣魏文魁上疏排之，詔立兩局推驗，新法獨密，然亦未及頒行。"

《大唐新語》："沙門一行，俗姓張，名遂，郯公公[四]謹之曾孫。年少出家，以聰敏學行見重於代。玄宗詔於光文殿改撰《曆經》。後又移就麗正殿，與學士參校《曆經》。一行乃撰《開元大衍曆》一卷、《曆[五]議》十卷、《曆立成》十三卷、《曆書》二十

四卷、《七政長曆》三卷，凡五部五十卷，未及奏上而卒。張說奏
上，請令行用。初，一行造《黃道游儀》以進，玄宗親爲之序，
御製《游儀銘》，付太史監，將向靈臺上用以測候。分遣太史官，
馳往安南及蔚州測候日影，經年乃定。一行用勾股法算之，云：
‘大約南北極相去纔八萬餘里。’修歷人陳玄景亦善算術，歎曰：
‘古人云“以管窺〔六〕天，以蠡測海”，以爲不可得而致也。今以丈
尺之術而測天地之大，豈可得哉？若依此而言，則天地豈得爲大
也？’其後參校一行《歷經》，并精密，迄今行用。”

文光案：《歷書》自《史記·天官書》以下，參考歷代史
志，可以知其大略。若論其精，非專門名家不能知也，故志
中錯誤最多。《玉海》所載《歷書》原原本本，最爲詳備，業
是術者宜取而觀之。錢氏《補元史藝文志》歷算類，自金
《大明歷》至朱世傑《四元玉鑒》，凡二十五種，俱無傳本。
《天文會元占》不知何人所著，原書卷數亦無考，今存二十
卷，有抄本，無刻本。《天一閣書目》有《天文會元》十二
册，未知即此書否。中引《景祐新書》、《乾象通鑒》、《增廣
天文考異》。宋天文書惟《乾象通鑒》尚有傳本，餘多散佚，
藉此得考見。

## 《聖壽萬年歷》二卷　《備考》三卷　附《律歷 融通》四卷　《附録》一卷

明朱載堉撰

明本。是書與《樂律全書》合刻，總名《歷學新說》，亦曰
《歷書》。

《回回歷法》，西域默狄納〔七〕國王馬哈麻所作。其歷元用隋
開〔八〕皇己未，即其建國之年也。洪武初，得其書於元都。十五年
秋，太祖謂西域推測天象最精，其五星緯度又中國所無，命翰林

李翀、吳伯宗同回回大師馬沙亦黑等譯其書。其法不用閏月，以三百六十五日爲一歲，歲十二宮，宮有閏日，此其大概也。按：西域歷術見於史者，在唐有《九執歷》，元有札馬魯丁之《萬年歷》。《九執歷》最疏，《萬年歷》行之未久。惟《回回歷》設科，隸欽天監，與《大統》參用二百七十餘年。雖於交食之有無、深淺時有出入，然勝於《九執》、《萬年》遠矣。但其書多脫誤，蓋其人之隸籍臺官者，類以土盤布算，仍用其本國之書；而明之習其術者，如唐順之、陳壤、袁黃輩之所論著，又自成一家言：以故翻譯之本不行於世，其殘缺宜也。

西洋人之來中土者，皆自稱歐羅巴人。其歷法與回回同而加精密。歐羅巴在回回西，其風俗相同，而好奇喜新競勝之習過之。故其歷法與回回同源，而世世增修，遂非回回所及，亦其好勝之俗爲之也。羲和既失其守，古籍之可見者僅有《周髀》。而西人渾蓋通憲之器、寒熱五代之說，地圓之理、正方之法，皆不能出《周髀》範圍，亦可知其源流所自矣。遠國之言歷法者，多在西域，而東、南、北無聞。

杭氏曰：“明藩獻之著述，獨鄭世子學得其正。《歷學新說》，朱仲福節録其書，爲《折中歷法》。梅定九改爲《歷學新說抄》。陸平湖得其書，爲板行之。《玉海》自漢譜十八家以迄兩宋更造之次第，較是說所引不啻倍屣[九]，則是書大密而小疏也。天官之與太史氏，古出於一，今出於二。推步之術，史官自馬遷、李淳風而外，皆非專門名家。後漢、後魏以及《元史》，尤不免於剽襲。司馬彪臚陳張衡諸家之歷，於造歷之原本疏。魏收《歷志》二卷，上卷[一〇]《河西歷》則本之趙歜，下卷《永安歷》則本之孫僧化，已不能置一喙焉。《元史》成於迫猝，而《歷法》頗精，然止全寫郭守敬《授時歷》而已。史官所謂秉筆者安在乎？《明史·歷志》成於湯文正公，改於黃梨州，頗載世子歷議數則，梅徵君以爲稍見大意。夫《立成》、《細草》有其法而無其書；日躔月離，知其術而難爲狀。能通天官之學，其於作史庶幾乎爾？"録於《道古堂集》。

梅氏曰："此書能言《授時》、《大統》之同異得失，明三百年，一人而已。"此勿庵之説，録於《歷算叢書》。

梅氏曰："明制，歷官皆世業。其非歷官而知歷者，鄭世子而外，唐順之、周述學、陳壤、袁黄、雷宗皆有著述。唐順之未有成書，其議論散見周述學《歷宗通議》、《歷宗中經》。袁黄著《歷法新書》，其天、地、人三元則本之陳壤。而雷宗亦著《合璧聯珠歷法》，皆會通《回回歷》以入《授時》，雖不能如鄭世子之精微，其於中、西歷理亦有所發明。邢雲路《古今律歷考》或言出魏文魁手。文魁學本膚淺，無怪其所疏《授時》皆不得其旨也。"此毅成之説，録於《歷算叢書》。

阮氏曰："歲實之有消長，創於楊德之，而郭若思因之，然加減之差猶爲平率。載堉易爲相減相乘之術，令差積有倫，視楊、郭兩家尤爲詳密矣。《律術融通》以律呂、爻象爲推步之本原，其説固出傅會，而《術議》諸篇援引贍博，持論明辨，於《授時》立法疏密之故，一一抉發無遺，方之《革象新書》，有過之無不及也。""何塘字粹夫，載堉舅氏也，明曉天文算術。載堉從之游，遂精其學。進書疏曰：'臣取《大統》與《授時》二術較之，考古則氣差三日，推今則時差九刻。因和會兩家，折取中數，立爲新率，編撰成書。大旨出於許衡，而與衡術不同。黄鍾乃律歷本原，而舊術罕言之。新法則以步律呂、爻象爲首，其餘詳見《歷議》。'其《聖壽萬年歷法》，一曰步發斂，二曰步朔閏，三曰步日躔，四曰步晷漏，五曰步月離，六曰步交道，七曰步交食，八曰步五緯。書上禮部，尚書范謙奏：'歲差之法，自虞喜以來，代有差法之議，竟無畫一之規。世子所謂"氣差三日，時差九刻"者，今似未至此也。'由是《萬年術》遂不行。《晷景篇》曰：'自漢太初至於劉宋元嘉，上下數百年，冬至皆後天三日。何承天立表測景，始知其誤。《授時》亦憑晷景，而《歷》缺載推術步晷之術。'"錄於《疇人傳》。

## 《歷學會通》五十卷

國朝薛鳳祚撰

原本。前有康熙元年總序。首卷爲《天學會通·日食諸法異同》并《月食》一篇，又圖四葉，"古今歷法、中西歷法條議"十二事，"李天經歷法條議"二十六則，"西法會通參訂"十一則。正集十二卷，法數部：一曰正弦，有序，有圖，有説，有注；二曰四綫表，正綫、餘綫、正切、餘切，有引；三曰太陽、太陰經緯法原；四曰五星經緯法原；五曰交食法原，有表；六曰中歷；七曰太陽、太陰并四餘；八曰五星立成；九曰交食立成表；十曰經星經緯性情；十一曰辨諸法異同；十二曰比例對數表，各爲一對數表，穆尼閣撰，有薛序。致用部十一卷：一曰三角算法，一卷，穆尼閣撰。二曰律呂，一卷。三曰醫藥，内題"天學會通，運氣精微"，一卷。四曰占驗，凡三種，《古法占驗》一卷，薛輯；《中法占驗》一卷，魏文魁輯；《天元玉歷》一卷，朱子輯。五曰選擇，《中法選擇》二卷，《天步真原選擇》一卷。六曰命理，《琴堂五星》一卷，《十干化曜》一卷，林翹撰。七曰水法，八曰火法，九曰重學，十曰師學，四種皆注"闕"字。餘六種皆有序。又有致用總序。又《天步真原命理》三卷，穆尼閣口譯，薛編，有序。《中外水法》一卷，明熊三拔撰，王徵選，薛編，有序。《中外重學》一卷，王徵、金四表、薛鳳祚同撰，有序。重學者，制器也。二法皆有圖。此三種皆在致用部。前十一卷皆中法，此五卷有西法，共十六卷。歷原部：《舊中法選要》六卷，有序，又《考驗序》。《新西法選要》一卷，魏南岡撰，有薛序。《監本西域回回歷》一卷,《表》一卷,有序。《今西法選要太陽太陰日食》一卷,《表》一卷。歷法共十一卷。《天步真原》五卷,《表》五卷。曰太陽太陰部,曰五星經緯部,曰七政性情部,曰世界部,曰歷法部,曰經星部,曰日食部。穆尼閣撰,薛鳳祚編。

薛氏自序曰:"天道有定數而無恒數,可以步算而知者,不可以途而執。中歷修改多次,至元郭守敬而大備。其所參訂,自太和以來七十餘家,測候盡交、廣、沙漠、日本、流沙,亦稱博洽。至以《新歷》校之,猶然一隅之觀。李藩伯列當訂者二十六則,指陳其所不備,不能代爲諱也。而《新歷》有未善者,因中西文義各別,易成乖忤。且地谷立法歷年已久,後起之秀多青出於藍。愚昔有《新歷》當訂者十餘則,其失亦不能代爲諱也。中土文明禮樂之邦,詎遜外洋?然非可强詞飾說也,必自立於無過之地而後吾道始尊,此《會通》之不可緩也。斯集殫精三十年,始克成帙,可因可革,不泥成見。其立義取於《授時》及《天步真原》者十之八九,而西域、西洋間亦附焉。詳内亦以及外,輯異所以同文,事有兼美耳。"

《疇人傳》:"薛鳳祚,字儀甫,淄川人也。少從魏文魁游,主持舊法。順治中,與西洋人穆尼閣談算,始改從西學,盡傳其術。因著《天學會通》十餘種,曰《對數比例》,曰《中法四綫》。其推步諸書,曰《太陽太陰諸行法原》,曰《木火土三星經行法原》,曰《交食法原》,曰《歷年甲子》,曰《求歲實》,曰《五星高行》,曰《交食表》,曰《經星中星》,曰《西域回回術》,曰《西域表》,曰《今西法選要》,曰《今法表》,皆會中西以立法。梅文鼎謂其書詳於法,而無快論以發其趣,蓋其時新法初行,中西文字輾轉相通,故詞旨未能盡暢也。""論曰:國初算學名家,南王北薛幷稱。然王非薛之所能及也。曉庵貫通中西之術,而又頻年實測,得之目驗,故於湯、羅《新法》諸書能取其精華而去其糟粕。儀甫謹守穆尼閣成法，依數推衍，隨人步趨而已，未能有深得也。"

　　文光案：《傳》所録非其全書，然大要具矣。《四庫書目》"《天學會通》一卷"，與此同。"《天步真原》一卷"，即日食部也。是書龐雜紛紜，不如《梅氏叢書》編次有法。吾於平陽書肆得此書四函，題"元"、"亨"、"利"、"貞"，蓋坊賈欺人。恐此書不止五十卷，然不可考矣。

## 《歷學疑問補》二卷

國朝梅文鼎撰

《珠塵》本。前後無序跋。

西歷源流本出中土，即《周髀》之學。蓋天，即渾天也。《周髀》所傳之説，必在唐虞以前。地體實圓而有背面。歷法，《回回》、《泰西》大同小異，而皆本於蓋天。正月自是建寅，非關斗柄。其以初昏斗柄建寅者，注釋家未深考也。《堯典》、《月令》皆不言斗柄指寅爲孟春。歷法中宜忌之説起於近代，吉凶禍福之説深於人心。黠者乘之，各立異説。歷代言歷者無一字及於選擇。

## 《二儀銘補注》一卷

國朝梅文鼎撰

《珠塵》本。儀製詳《元史》。兹約舉爲銘，文章爾雅，與史相備。

　　按《元史・天文志》，簡儀之後繼以仰儀。然簡儀紀載明析而弗録銘辭，仰儀則僅存銘辭而弗詳制度，蓋以銘中弗啻詳之也。庚寅暮春，真州友人以二銘見寄，屬疏其義。余受而讀之，《簡儀銘》既足以補史志之闕，《仰儀銘》與史亦多異同而異者較勝，豈牧庵作銘後復有定本耶？爰據其本，以爲之釋，仍附史志原文以資考證焉。

## 《歷學答問》一卷

國朝梅文鼎撰

《珠塵》本。前後無序跋。

古人治歷必先立元，元正然後定日法，法立然後度周天。其法皆據當時實測以驗諸前史所傳，又推而上之。至於古初之時，取其歲月日時皆會甲子，又在朔旦，而日月五星皆同一度，以此爲起算之端，是謂歷元。自歷元順數至今造歷之時，凡歷幾何歲，用是爲積年。既有積年，即有積日。而此積日若用整數，則遇畸零難以入算，而不能使歷元無餘分，故必析此一日爲若干分，使七曜可以通行，而上可以合歷元，下不違於實測，是謂日法。日法者，即一日之細分也。用此細分，自一日積之，至於三百六十五日又四分日之一弱，使一歲之日盡化爲分，是爲歲實。古歷，太陽每日行一度，則日法即度法。於是仍用此細分，自一度積之，至於三百六十五度又四分度之一弱，使其度亦盡化爲分，是爲周天。數者相因，乃作歷之根本。自漢《太初歷》以後，歷晉、唐、五代、宋、遼、金，諸家歷法，代有改憲，然其規模次第皆大同而小異。惟元《授時歷》不然，其說不用積年之法，而斷自至元十七年，辛巳歲前天正冬至爲元，上考往古，下驗將來，皆自此起算。棄虛立之元，用實測之度，順天求合，一無遷就，可謂開拓萬古之心胸者矣。至於《大統》，則以洪武十七年甲子爲元。然特易其名而已，一切布算皆本《授時》。

歷家之法，莫難於交食，其理甚精，其法甚備。知交食，則諸法盡知矣。

閏月之議，紛紛聚訟，大旨不出兩端：其一爲無中氣爲閏月，此按左氏"舉正於中"爲說，乃歷家之法也；其一爲古閏月俱在歲終，此據左氏"歸餘於終"爲論,乃經學家之詁也。自今日言歷,則以無中氣置閏爲安;而論《春秋》閏月,則以歸餘之説爲長。何則?治《春秋》者,當主經文。今考本經,書閏月俱在年終,此其據也。

律、歷本爲二事,其理相同,其用各別。觀於唐虞命官,羲和治歷,夔典樂,各有專司。太史公本重黎之後,深知其理,故分爲二書。班《書》合之,非也。獨是歷書所載乃殷歷,非漢歷也。而漢《太初》八十一分日法反載於班《志》,意者孟堅以其起數鐘律,遂從而合之歟?後世言歷者,率祖班《志》,故史亦因之。厥後漸覺其非,而不能改。直至元許衡、郭守敬,乃始斷然以測驗爲憑,不復以鐘律、卦氣言歷,一洗諸家之傅會,故其法特精。此律、歷分合之由也。

漢歷至洪《乾象歷》始精,《大衍》最疏。唐《大衍》本爲名歷,測算諸法至於此大備,特以《易》數言歷,反多牽附,其失與《太初》之起數鐘律同也。明水公云:"以律配歷可也,而以生歷則不可。"又云:"僧一行頗稱知歷,而竄入於《易》以眩衆。"此誠千古定論,而經生家所不能知矣。

以星推命,不知始於何時,亦在《九執》以後。每見推五星者,率用《溪口歷》,則於七政、躔度疏遠。若依《新法》,則宮、度之遷改不常,二者已枘鑿不相入,又安望其術之能驗乎?

歷法古疏今密,乃古今之通論。今自秦火以來,并無一書能言三代以上之歷法,所謂"殷、周六歷",率皆僞撰,不足爲據。

律歷、天官具載"二十一史",學者所當知也。史志僅載算法,無注釋。

## 《勿庵歷算書目》一卷

國朝梅文鼎撰

《知不足齋》本。前有康熙己卯同里施彥恪徵刻《歷算全書》

啓，并勿庵老人自序，時年七十。後有梅先生傳，毛際可撰，姪雪坪庚跋。凡歷學書六十二種，已刻者十七種；算學書二十六種，已刻者十六種。《歷算叢書》所刻，與此卷數不同。

梅氏自序曰："家世學《易》，亦頗旁及於諸家雜占及三式諸術，以爲皆太卜、筮人遺意，而《易》之餘也。然百氏言休咎，往往依託象緯以尊其旨，故惟詳徵之推步實理，其疑始斷。余之從事歷學也，餘四十年，性好苦思，時有所通於積疑之後，著撰遂復多種。將欲悉出其書，就正當世，而未之能也。稍爲臚列書名，各繫數語，發揮撰述本旨，庶以質諸同好，共明兹事云爾。"

《歷〔一〕學駢枝》二卷，發明《交食通軌》立法之故，并爲訂訛補缺。

《元史歷經補注》二卷。讀《元史》知許文正公、郭若思諸公測驗之精、製器之巧，歎《授時》歷法之善。但《歷經》簡古，作史者又缺載立成，因爲圖注以發其意。

《古今歷法通考》。馬氏《通考》無歷，作此以補其缺。邢雲路《古今律歷考》於古歷之源流、得失未能明也，無論西術矣。此書兼古術、西術，考其同異。原分五十八卷，今卷數未定。

《春秋以來冬至考》一卷。

《寧國府志·分野》稿一卷，已刻志中。《分野》本於《周禮》，史書所載初非一說，而諸家歷法分宮又別。因具錄歷代宿度、分宮之異同及各種分野之法，皆以諸史爲徵。

《宣城縣志·分野》稿一卷。

《歷法贅言》一卷，《明史·歷志》稿。

《江南通志·分野》擬稿一卷。

《明史·歷志》擬稿三卷。雖爲《大統》而作，實以闡明《授時》之奧，補《元史》之缺略也。

《郭太史歷草補注》二卷。據《元史》本傳，郭守敬著撰極富，并藏於官。厥後存亡不可問，僅存《歷草》。其書深諳者希，傳寫多誤。稍爲訂正，而於義之精微者特爲拈出。

《庚午元歷考》一卷。耶律楚材作歷，託始是年也，謂之"西征庚午元歷"。西征者，謂太祖庚辰也；庚午元者，上元起算之端也。今《歷志》訛"太祖庚辰"爲"太宗"，則太宗無庚辰也；又訛"上元"爲"庚子"，則於積年不合也：故特考而正之。元之歷法實始耶律，《授時》多本而用之。《崇禎歷書》乃謂《授時》陰用《回回》，非也。

《大統歷立成注》二卷。

《寫算步歷式》一卷。學歷苦於布算，此便初學。

《授時步交食式》一卷。

《步五星式》六卷，與《五星通軌》頗合。

《答李祠部問歷》一卷。李古愚諱煥斗。余有邢觀察《律歷考》，凡三册，先生皆手自抄畢，有疑必問，往復甚多，不止此也。

《回回歷補注》三卷。回歷刻於具琳。唐荆川論回歷之語載王宇泰《筆麈》中，頗有發明，殊勝《歷宗通議》。或云荆川歷學得之雲淵者，非定論也。回歷即西法之舊率，泰西本回歷而加精焉耳。故惟深知回歷，而後知泰西之學有根源；亦惟深知回歷，而後知《授時》之未嘗陰用其法也。

《西域天文書補注》二卷。此書與《回回歷》、《經緯度》及其算法共四卷，洪武時所譯，而天順時欽天監正具琳所刻也。今泰西《天文實用》又本此書，而加新意。或謂此即《天文實用》而回回冒竊，豈不陋哉？

《三十雜星考》一卷。西域天文中有雜星三十之占，然未譯中土星名。余考之，得二十餘。袁士龍、薛鳳祚并有斯考，不謀而同者十之七八。

《四省表景立成》一卷。四省者，陝西、河南、北直、江南也。今回回多禮拜之寺，不知何以只有此四處。

《周髀算經補注》一卷。周髀，即蓋天也。自漢人伸渾天而縮蓋天，書遂不傳。今惟此一經，又言之不詳。里差之法，即西人之說所自出也。

《答劉文學問天象》一卷。劉介錫，滄州老儒。

《分天度里》一卷，圖注各省直及蒙古各地南北東西之差。

《七政細草補注》三卷。《崇禎歷書》之有細草以便入算，猶《授時歷》之有通軌也。

《歷學疑問》三卷。

《交食蒙求訂補》二卷。歷書有《交食蒙求》、《七政蒙引》二目，今刻本皆逸。茲以諸家所用細草，考其異同，以便初學。

《交食蒙求附說》二卷。歷法可驗者，莫如交食；而最難者，亦莫如交食。古歷有法無說，惟歷書說之最詳，而義既淵微，文復曼衍，通其說者鮮矣。今附淺說，使知立法根源，庶可益致其精。

《交食作圖法訂誤》一卷。

《求赤道縮度法原》一卷，今收入《蒙求訂補》。

《交食管見》一卷。

《日差原理》一卷。

《火緯本法圖說》一卷。解地谷立法之根，以正歷書之誤。熒惑一星最為難算。地谷氏之圖火星，所謂“借象”也，非實指也。歷學以歷指為金科，余故為作此以極論之。

《七政前均簡法》一卷。西法用表，如古法之用立成。表或筆誤無訂改，故有表說以發明之。說有與表互異者，作者非一人也。其立表之法甚簡。

《上三星軌迹成繞日圖象》一卷。

《黄赤距緯圖辯》一卷。《天問略》、《距緯》皆不真，而列表從之誤，故具論之。

《太陰表影辯》一卷。月能掩日，日遠月近，其理明白易見，不在表影。按立表取影，所得者皆光體上邊之影。太陽光盛，故其光溢於邊之外而影瘦；太陰光微，故其光斂於邊之内而影肥：此亦易見易知之理。西人以太陽表影短、太陰表影長，爲月近於日之徵。竊疑其非，故爲之辯。

《渾蓋通憲圖説訂補》一卷。渾蓋之器，其製見於《元史》，法最奇，理最確，而於用最便。書中黄道分星之法，尚缺其半。兹完其缺，正其誤，可依法成造，用之不疑矣。

《西國日月考》一卷。

《七十二候太陽緯度》一卷。

《陸海鍼經》一卷，又謂之《里差捷法》。

《帝星勾陳經緯考異》一卷。歷書刊木多互異之處，恒星經緯改處尤多。二星似然，故爲之考。

《星晷真度》一卷。

《測器考》二卷。測器至今爲大備，渾天、渾地之理，遂如列眉。

《自鳴鐘説》一卷。小者無裨實用，稍大者用亦大。

《壺漏考》一卷。《周官》有挈壺氏，歷代用之。吾宣譙樓有宋製銅壺滴漏，天啓間尚存。而遠公在廬山有蓮華漏，《宛陵集》有“田家水漏”詩，故博考以存古義。

《日晷備考》三卷。日晷有唐製，非始西人。專書三種，互爲完缺，作法有似是而非之處。

《赤道提晷説》一卷。亦日晷之一，其製甚巧。

《思問編》一卷。難讀之書，手疏待問，歷算尤多。雖稍有所窺，如游名勝，入既深，益多欲探之奇。

《勿庵揆日器》一卷。

《諸方節氣加時日軌高度表》一卷。歷書目有《諸方晝夜晨昏論》及其分表，今軼不傳。今依弧三角法算定爲揆日之用。

《揆日淺説》一卷。

《測景捷法》一卷。

《璇璣尺解》一卷。

《測景定時簡法》一卷。

《勿庵測望儀式》一卷。

《勿庵仰觀儀式》一卷。

《勿庵渾蓋新式》一卷。

《勿庵月道儀式》一卷。儀以銅爲之，略如渾蓋。

《天步真原訂注》。是書與歷書有同有異，刻本多訛，故爲訂注。

《天學會通訂注》，薛鳳祚本《天步真原》而作。

《王寅旭書補注》。王錫闡深明歷術，著撰極富。近代歷學以寅旭爲最，識解在青州以上。

《平立定三差詳説》一卷。

《寫天新語抄存》一卷。廣昌揭暄深明西術，而又別有悟入，以《寫天新語》見寄，因錄存之。

《古歷列星距度考》一卷。以上歷書。

《中西算學通序例》一卷。算數作於隸首，見於《周官》。自利氏以西算鳴，於是有中、西之分。各有本末，而理實同歸。不極其趣，亦無以觀其通，因著書九種而爲序例。

《勿庵籌算》七卷。此書頗詳明。

《筆算》五卷。

《度算》二卷。

《比例數表解》四卷。比例數者，西算之別傳也。其法自一至萬，并設有他數相當，謂之對數。中土習用珠盤，西法用筆、用籌、用尺，各有所長，然并須布算而知。今則假對數以知本數，術之奇也。前此無知者，穆尼閣授薛儀甫，始有譯本。神速簡易，非《擬議》所及。

《三角法舉要》五卷。西法用三角，猶古法之用勾股也。而三角能通勾股之窮，要其理不出於勾股。至於弧三角，則於無勾股中尋出勾股，其法最奇，其理最確。八綫之用，於是而神，是故全部歷書皆弧三角之法也。不明三角，則歷書佳處必不能知，其有缺誤亦不能正矣。必先知平三角而後可以論弧三角，猶之必先知勾股而後可以論三角也。

《方程論》六卷。《九章》之第八曰方程，明算者稀能舉其名，諸書所存率多臆說。余疑之二十年，始得其解。算法之有方程，猶量法之有勾股，皆其最精者之事，因作論以明之。

《幾何摘要》三卷。《幾何原本》爲西算之根本，但取徑縈紆，行文古奥而峭險，學者畏之。今順其文句，芟繁補遺，而爲是書。

《勾股測量》二卷。測量至西術詳矣，然不能外勾股以立算，故三角即勾股之精理，八綫乃勾股之成立也。平三角、弧三角不離八綫，則皆勾股之術而已。

《九數存古》十卷。古算書惟劉徽《九章》尚有宋板。吳信民《九章比類》書可盈尺，周述學《歷宗算會》於開方、弧矢頗詳。二書皆在《統宗》前，而程氏未見。近代如李長茂之《算海說詳》亦有發明，惟不能具《九章》。惟方位伯《數度衍》於《九章》之外，搜羅甚富。杜端甫《數學鑰》、《圖注九章》頗中肯綮，可爲算家程式。以上《初編九書》，以下皆爲《續編》。

《少廣拾遺》一卷。古有一乘方至九乘方相生之圖，而莫詳其所用。《同文算指》演之，具七乘方，亦非了義。《西鏡錄》增有廉積立成，然訛亂不可讀。因人問四乘方、十乘方法，爲推演至十二乘方，亦有條而不紊。

《方田通法》一卷。

《幾何補編》四卷。《天學初函》内有《幾何原本》六卷，其七卷以後未譯。然歷書中往往引之，讀者未之詳也，乃補原書之未備。

《西鏡録訂注》一卷。不知誰作，當在《天學初函》之後，較《同文算指》尤覺簡便。但寫本多魯魚，因爲之訂。

《權度通幾》一卷。重學爲西術一種，然載於比例規解者，訛誤尤甚。今以南勛卿《儀象志》訂補，其數稍真。

《奇器補詮》二卷。《奇器圖説》有裨於民生日用，又本諸西人重學以明其意。因取書史所傳、睹記所及以補其遺，而圖與説有不相應者，爲之是正。

《正弦簡法補》一卷。

《弧三角舉要》五卷。

《環中黍尺》五卷。弧度之法已詳，更有簡妙之用，不可不知也。至於加減代乘除之用，歷書僅舉其名，不詳其説，數十年始得其條貫。

《塹堵測量》二卷。借土方之法以量天度也，其術以平圓御渾圓，以方體測圓體，以虛形準實形，故託其名於塹堵也。

《用勾股解幾何原本之根》一卷。幾何不言勾股，然其理并勾股也，故其最難解者，以勾股釋之則明。

《幾何增解數則》，就幾何各題而增，不入《補編》。

《仰觀覆矩》一卷。

《方圓冪積》二卷。

《麗澤珠璣》一卷。得力於友朋者，不敢忘也。

《古算器考》一卷。珠盤起元末明初，制度簡妙，天下習用之，遂忘古法，故爲之考。古用籌策，故曰持籌。作珠盤者甚巧，惜逸其名。

《數學星槎》一卷。以上算書。

古歷益密，人多知之，而西歷亦非一種也。唐《九執歷》爲西法之權輿，其後有《婆羅門十一曜經》及《都聿利斯經》。元有札馬魯丁《西域萬年歷》，明有馬沙亦黑、馬哈麻之《回回歷》。修回歷者，有陳壤，而袁了凡本之爲《歷法新書》。唐荆川亦深明西域之法，而加以論説，周述學因之爲《歷宗通議》、《歷宗中經》。雷宗又有《合璧連珠歷法》。以上皆會通回歷以入《授時》，并在西洋書未出之前，乃西域之舊法也。自利瑪竇著《天學初函》，湯若望等譯《崇禎歷書》百餘卷，本朝《時憲歷》用之，則西洋新法也，而湯説與利説不同。穆尼閣著《天步真原》，與《歷書》大異。薛鳳祚本之爲《天學會通》，又新法中之新法矣。王寅旭有精到之處，可謂後來居上。揭暄《寫天新語》、方中通《揭方問答》，并多西書所未發。南懷仁《義象志》、《康熙永年歷》，與《歷書》微有出入。

## 《梅氏叢書輯要》六十二卷

國朝梅文鼎撰

承學堂本。首題“宣城梅氏歷算叢書輯要”，次梅瑴成序二首，次潘耒序，次《歷算全書》魏序，次凡例六條，次助刊姓氏，次目錄。《筆算》五卷，附《方田通法》、《古算器考》；《籌算》二卷；《度算釋例》二卷；《少廣拾遺》一卷；《方程論》六卷；《勾股舉隅》一卷；《幾何通解》一卷；《平三角舉要》五卷；《方圓冪積》一卷；《幾何補編》四卷；《弧三角舉要》五卷；《環中黍尺》五卷；《塹堵測量》二卷；《歷學駢枝》五卷；《歷學疑問》三卷，補二卷；《交食》四卷；《七政》二卷；《五星管見》一卷；《揆日紀要》一卷；《恒星紀要》一卷；《歷學答問》一卷；《雜著》一卷；附録《赤水遺珍》一卷，《操縵卮言》一卷。

梅氏序曰："先徵君公之書，於算術之用筆、用筆〔一二〕用尺以及幾何、三角、八綫、七政、交食諸法，一一發明其所以然。因以見西法之不盡戾於古，實足補吾法之不逮。而於古法之少廣、方程、通軌、招差各術尤詳爲著論，疏決其根源，以明古人之精意。且謂勾股之精微廣大，實爲西法之所莫外，使吾儒家有其書，西人自無所炫其異。今釐爲六十卷，名曰'梅氏叢書輯要'，而以末學管窺數卷附焉。"

梅氏又序曰："徵君公殫精此學五十餘年，或搜古法之根而闡明之，或發西書之覆而訂補之，或即中、西兩家而考其異同，辨其得失，書非一種，亦非一時之筆。李文貞公暨金公鐵山等校刻十餘種。而魏公所刻《歷算全書》，惜其校讎編次不善，而名爲'全書'亦非實録，故另爲編次。"

《歲周地度合考》，係兼濟堂杜撰之名，今入《雜著》。

《火星本法》、《七政前均簡法》、《上三星軌迹成繞日圓象》，原係三書，兼濟堂彙爲一卷，總名"火星本法"，殊欠理會。

《五星管見》，魏本改爲《紀要》，今用原名。又《解割圜之根》一卷，係楊學山節略《大測》而爲之者也，原非先人之書，并去之。又《勾股闡微》四卷，"闡微"之名係楊學山所撰，其第一卷，楊書也，亦去之云。二卷至四卷，今編爲《勾股舉隅》及《幾何通解》，各一卷。

自一卷至四十卷，皆算書。自四十一卷至末，皆歷書。不明算數，則歷書不可得而讀，故稱名以"歷"居"算"前，而序書則歷居算後也。

算學必自乘除、開方始，故首《筆算》，而以《籌算》、《度算》次之，《少廣拾遺》又次之。籌算、度算者，算法之別派，而《少廣拾遺》又開方之通法也。既知乘除、開方，則方程、勾股可得而言矣，故又次之。《幾何通解》者，勾股之神妙也。《三角舉要》者，勾股之變通也，故次於勾股焉。是皆測面之術也。而《方圓冪積》及《幾何補編》，則皆測體之學，故又次於三角。算學之用於人事者畢矣。若夫《弧三角》及《環中黍尺》、《塹堵測量》，三者皆爲測天之用算也，而通於歷矣，故殿算書而爲歷書之先道焉。至於歷書，《歷學駢枝》爲《授時歷》法，先人從學之權輿也，故居首，而以論説、致用之書次之。《疑問》及《疑問補》皆論説之書也，《交食》、《七政》、《揆日》、《候星》皆致用之書也。若夫《答問》、《雜著》，則古今中西歷算之説，互見錯陳，不可類附，故另爲卷而終焉。

筆算之便與籌算同，然籌仍資筆，而筆則無假於籌，於文人之用尤便。

籌算見《漢書》，又《世説》言王戎持牙籌會計。籌可用竹，亦可用牙。

唐有《九執歷》，不用布算，唯以筆紀。史謂其繁重，其法不傳。今西儒筆算或其遺意。筆算之法詳見《同文算指》。中歷書出，乃有籌算，其法與舊傳“鋪地錦”相似，而加便捷。

度算用兩尺張翕以差多寡，爲製特簡。因爲之校注，稍發明之，屬弟文鼐爲之算例。按西士羅雅谷序言，此器，百種技藝無不賴之，功倍用捷。然則彼中藉此製器，如工師之用矩尺。尺上有綫，其十綫并如舊式。

## 《歷算全書》六十卷

國朝梅文鼎撰

兼濟堂本。前有雍正癸卯魏荔彤序，凡例八條。目有《割圓入綫之表》一卷，注云“續出”，未見。《歷學疑問》三卷，聖祖仁皇帝親加裁定，前有李安溪序二首。

魏氏序曰："戊戌延先生訂正所著，未卒事。閱二載，求存稿十餘種，録刻未成。善本復得未刻者將二十種，俱以付梓。"

凡例："三代以下治歷者七十餘家，惟郭太史《授時歷》爲至精。迄今西法入中國，測算之理尤備。今日言算法必兼中、西兩家。"

## 《中西經星同異考》一卷

國朝梅文鼎[一三]撰

原本。前有康熙甲戌梅文鼎序。是書先列星名，注曰"幾星"、"西幾星"、"西外增幾星"，或注曰"古無、西無、西名某星"；次古歌，即《步天歌》，最簡括。依《宋史》及《通考》於各垣各宿備採以志之；次西歌，其星序悉依古歌，先三垣，次二十八宿。南極諸星爲古所未及者，據湯若望《歷書》及南懷仁《儀象志》考證，補歌附之於末。

梅氏序曰："湯氏《歷書》、《圖表》與南氏《儀象志》互有得失，自其本法固多違異，不第與古傳殊也。因取其星名之同而數有多寡異於古人者別識之，以成此書。至其所爲辨正經緯之度者，尚存別卷，不盡於是，而吾弟之爲此則已勤矣。羲和舊術無復可稽，所僅遺者，巫咸、甘德、石申之殘編，而三家之傳各別。司馬子長世爲史官，而《天官》歷書殊爲闕略。迄於後漢，有張衡《靈憲》，而器與書并亡。自唐以後，觀象率祖淳風，晉、隋兩志及丹元子《步天歌》。今考其說，又與《天官書》不無參錯，不待西學之興而始多異同也。"

凡例："是編專以中、西兩家所傳之星數星名考其多寡同異，故曰'經星[一四]'。""志天文者，紛糅不一。漢張衡云：'中外之官常明者百又二十四，可名者三百二十，爲星二千五百，微星之數，蓋萬一千五百二十。'至三國時，太史令陳卓始列甘、石、巫咸三家所著《星圖》，總二百八十三官，一千四百八十四星。自唐以來，歷家以儀象考測，而《宋兩朝志》始能言某星去極若干度，入某宿若干度，爲説較詳。此中國之學者。西學遠有端緒，據歷書譯自周報王丙寅冬。依南懷仁志表，稽其大小，分爲六卷，總計一千八百七十八星，其微茫小星則不能以數計焉。此泰西之學也。中與西異，中與中亦自有異；西與中異，西與西亦自有異。今以兩説并存，標其同異，庶令仰觀者有所依據云。」

恒星在天，終古不變，原亦無名。自觀象者欲藉形以識星，因取其與物相似者，或一星或數十星，分別立名，聯綴成象，隨人標目，據爲測驗。曰經者，謂其不同緯星，南北行也。經亦有恒之義焉。

西歷言恒星之形，略無改移。又言王良之側有萬曆癸酉年新出之星，其説未能歸一。

倪氏元坦曰：「《步天歌》，術家祕之，名曰‘鬼料竅’。丹元子，姓名不傳，蓋隱者之流也。王希明纂漢、晉志以釋之，而《唐書》即以爲王希明所撰，誤矣。《通考》所載不列圖象，此本有之，尤便觀覽。《通志》‘二十八宿’，《三元歌》外尚有《五行吟》五篇，極論災祥，今皆不存。昔巫咸以黃燕紀星，甘德以黑燕紀星，石申以赤燕紀星，參差莫準，惟此約而能賅。予仰觀星象，識其大半。間有與圖不合者，或圖有錯謬，鄭氏所謂‘信圖難得’是也。王吏部汝璧所刻《中星圖》極合天象，可正此書之失。」

《養新録》：「丹元子，鄭樵以爲隋之隱者。歌詞淺陋，不似隋人文字，《隋志》亦無此書。」

梅氏曰：「《步天歌》句中有圖，言下見象[一五]。或豐或約，無餘無失。」

# 《璇璣遺述》七卷

國朝揭暄撰

原本。乾隆己酉年刊。萬年茂訂，末卷爲書。暄，國朝人。曾復父仇。本書有傳。

朱氏曰："元祐四年三月己卯，銅渾儀新成，蓋蘇子容所造也。古謂之渾天儀，歷代相傳，以爲羲和之舊器。漢洛下閎，東京張平子、蔡邕，吳王蕃，劉曜光初中孔定，後魏太史令晁崇，皆璣衡遺法，而所得有精粗。孔定、王蕃最號精密。所造既淪没於西戎，而蕃不著其器。獨子容因其家所藏小樣而悟於心，常恨未究算法，欲造其器而不果。晚年爲大宗伯，於令史中得一人，深通算，乃授以數令布算，參考古人，尤得其妙，凡數年而器成焉。大如人體，人居其中，有如籠象，因星鑿竅，依竅加星，以備激輪旋轉之勢，中星、昏曉，應時皆見於竅中。星官、歷翁，聚觀駭歎，蓋古未嘗有也。子容又圖其形制，著爲成書上之，詔藏於祕閣。至紹聖初，蔡卞以其出於元祐，議欲毁之。時晁美叔爲祕書少監，惜其精密，力爭之，不聽，乃求林子中爲助。子中爲言於章惇，乃得不廢。及蔡京兄弟用事，無一人敢與此器爲地矣。吁！可惜哉。"錄於《曲洧舊聞》。

梅氏曰："用渾儀以測天星，疇人子弟多能之。而用平儀以稽渾度，非精於理者不能也。"錄於《歷算叢書》。

# 《三統術衍》三卷　《鈐》一卷

國朝錢大昕撰

《潛研堂》本。門人李銳校，有跋。又錢唐跋。此書宜鈔於《漢書・律歷志》，以便觀省。

李氏跋曰："是書詞雖淺近，然循而習之，古今推步之原流不難會通。浙撫阮元刊於武陵節署。”

　　錢氏跋曰：“劉子駿作《三統歷》以説《春秋》。及班孟堅修《漢書》，資以成《律歷志》。而後之注《漢書》者，顧不注歷術。凡顏師古之所采録，服虔而下二十餘家，唯孟康、如淳二人能知陽九百六而已。族父竹汀先生取舊所不注及注而不詳者，鈎摘隱奥，剖剔舛訛，如與子駿面質然否而論定之者，而諸家訓釋經傳之説皆有以決其抵捂。蓋自班氏作傳，而後《三統》之歷傳，而其術不傳。先生述之，宜考正於是焉。”

　　錢氏曰：“古歷存於漢者有六家，黄帝、顓頊、夏、殷、周、魯是也。”録於《養新録》。

　　《嘉定縣志》：“漢《三統術》爲七十餘家之權輿，詭文奥義，無能正之者。大昕衍之，據班《志》以闡劉歆之説，正志文之僞。二千年已絶之學，昭然發蒙。”

## 《三統術衍補》一卷

國朝董祐誠撰

原本。此《方立遺書》之五。前有自序，後有其兄基誠跋。

　　董氏自序曰：“推步家實測日月星辰之行，以算術綴之，謂之‘綴術’。自漢以下無慮數十家，莫不先審天行，復綴算數，數不虚倚，則假物以爲用。《三統》之律吕、爻象，《大衍》之蓍策，《授時》之平差、立差，西人之小輪、橢圓，其用殊，其設數以求合於實則一也。《三統術》爲諸家權輿，錢詹事[一六]作《三統術衍》，頗稱詳覈，然於創術之原猶有未備。今輒依太初元年日月五步度數，比而列之，入以演撰之法，爲補《衍》一卷，後之學者庶無惑乎此也。”

　　董氏跋曰：“方立爲此書，未嘗示人。殁後檢得草稿十餘紙，其弟子錢保惠訂而録之。方立著《五十三家歷》十卷，再游西安，盡亡其稿，僅存其序。"

　　以上天文算法類推步之屬。

### 校勘記

　　〔一〕"方出於圓，圓出於矩"，《周髀算經》作"圓出於方，方出於矩"。

　　〔二〕"虞"，原作"俞"，據《四庫全書》"千頃堂書目提要"改。

　　〔三〕"之"後原有一"説"字，據《周髀算經》删。

　　〔四〕"公"，據唐劉肅《大唐新語》補。

　　〔五〕"歷"，據同上書補。

　　〔六〕"窺"，原作"窮"，據同上書改。

　　〔七〕"默狄納"，原作"狄默納"，據《明史》卷三七《歷志》乙正。

　　〔八〕"開"，據《明史·歷志》補。

　　〔九〕"扆"，原作"歷"，據清杭世駿《道古堂集·歷學新説跋》改。

　　〔一〇〕"上卷"，據同上書補。

　　〔一一〕"歷"，據《勿庵歷算書目》補。

　　〔一二〕"用筆"，此二字疑衍。

　　〔一三〕"羃"，原作"羃"，據《四庫全書總目》卷一〇六改。

　　〔一四〕"經星"，原作"星經"，據《中西經星同異考》乙正。

　　〔一五〕"象"，原作"家"，據同上書改。

　　〔一六〕"詹事"，原作"事詹"，據清阮元《疇人傳》乙正。

# 子部六

## 天文算法類二

### 《九章算術》九卷

不著撰人名氏

浙江重刊聚珍本。《周禮》保氏之遺法，晉劉徽注，唐李淳風注，附唐李籍《音義》。此《周髀》外最古之算經，戴東原所校《算學十書》之一。

鮑氏曰："《九章算術》，晉劉徽撰。先生以世人罕有其書，近時以算名者，如王寅旭、謝野臣、梅定九諸子咸未之見。先生附案語，其注中所指朱實、青實、黃實之類，皆按圖而言。圖既不存，則注猝不易曉。因推尋注意，爲之補圖，以成完帙。已而屈君魯傳刻於常熟，孔户部復刻於曲阜云。"

《戴譜序》："屈君魯傳刻《九章算術》云：'予訪求《九章》，二十餘年不可得。擬《永樂大典》或嘗録入，書在翰林院中。丁亥歲，因吾鄉曹編修文植往一觀，則離散錯出，思綴集之，未之能也。出都後，恒痡悢乎是。及癸巳夏，奉召入京師，預修《四庫全書》，躬逢盛典，乃得盡心纂次，訂其訛舛。'"録於《經韻樓集》。

阮氏曰："劉徽於三國之魏景元四年注《九章算術》，詳《晉書・律歷志論》。九章爲九數之流，然則九數與九章自別。賈公彦釋鄭氏《周禮注》云'今有重差、夕桀、勾股也者，此漢法增之'，非也。蓋方田、粟米、差分、少廣、商功、均輸、方程、贏不足、旁要、今有、重差、夕桀、勾股者，九章之目。'今有'別爲一術，不得以'今'爲指爲漢時也。周三徑一，於率尚粗。徽創以六觚之面割之又割以求周徑相與之率。厥後祖沖之更開密法，仍是割之又割耳，未能於徽法之外別立新術也。焦理堂謂劉徽注《九章》，與許叔重《説文解字》同有功於六藝，是豈尊崇之過當歟？"錄於《疇人傳》。

# 《孫子算經》三卷

不著撰人名氏

《知不足齋》本。依汲古閣影宋抄本重刊。毛本首孫子序，末題"祕書省孫子算經一部，上、中、下，共三册，元豐七年九月校定"，列葉祖洽以下六人銜名。《簡明目》曰："或以爲孫武作者，誤也。"孫氏星衍曰："《孫子》、《五曹》二經皆孫武子撰。"

《孫子叙錄》："考《孫子兵法·形篇》云：'兵法，一曰度，二曰量，三曰數，四曰稱，五曰勝。地生度，度生量，量生數，數生稱，稱生勝。'而《算經》則云：'度之所起，起於粟。凡大數之法，萬萬曰億。'篇首即以度、量、數、稱四事分爲四節，與他算書不同，則斷知其爲孫武之書無疑也。"

文光案：凡定爲孫武書者，所據皆孫武之言；斷爲非孫武書者，所舉必非孫武之言。蓋本爲孫武之書，後人妄有所增益，多一疑多一辨也。書有託名訛撰者，亦有以僞亂真、混入他人説者，更難辨別。

彭氏曰："考《唐六典》，明算試《九章》、《海島》、《孫子》、《五曹》、《張丘建》、《夏侯陽》、《周髀》、《五經》、《綴術》、《輯古》，謂之算學十經，予曾見海虞毛氏影宋鈔，凡七種，但闕《海島》、《五經》、《綴術》三種耳。斧季跋自詡刻畫影摹，不爽毫髮。每種末有校刊銜名。元豐七年九月二十八日進呈，奉御寶批：‘宜依已校定刊板。’後列韓治等九人銜名。是宋本乃經三省祕書監校定。其時衆正盈朝，一刊行書籍細事而精密若此。其實封數目皆用增筆字，與食邑不同，乃當時官文書式，亦識小之一也。按：呂大防、李清臣、韓維、呂公著、司馬光五人銜名，皆元祐元年所任之官，蓋刻成後始列者。”錄於《讀書跋尾》。

　　文光案：鮑氏所刻毛本，與彭氏所見毛本列名不同而年月無異，想是二本。鮑刻無毛跋。

　　《戴譜》：“唐之選舉算學，《孫子》、《五曹》，共限一歲習肄。舊本久佚，從《永樂大典》裒集，編次爲二卷。《朱竹垞文集》跋云：‘出於孫武子。’先生辨其非是。”錄於《經韻樓集》。

　　阮氏曰：“朱竹垞以《孫子算經》爲孫武作，戴東原以書中有‘長安、洛陽相去’及‘佛書二十九章’語，斷爲漢明帝以後人。然術數之書，類多附益。如末推孕婦所生男女，鄙陋荒誕，必非《孫子》正文，或恐傳習《孫子》者轉展增加，失其本真。今但題作‘孫子’，不稱‘孫武’，而附於周末以志闕疑。其書詳說乘除、開方，可以考見古人布算之式。下卷‘物不知數，三三數之，五五數之，七七數之’一問，爲《九章》所未及。宋秦道古《數學九章》‘大衍求一法’，蓋出於此也。”錄於《疇人傳》。

## 《術數記遺》一卷

漢徐岳撰，北周甄鸞注，明毛晉校

汲古閣本。是書前後無序跋。首似自序，與書相聯。其言曰：“余於太山見劉會稽，會稽曰：‘吾游天目山，見有隱者，號曰天目先生，言三不能比兩，乃云捐悶與四維。’”注曰：“會稽，官號，漢中人也。按《歷志》，靈帝光和中，劉洪造《乾象歷》。歷

自洪始。洪付《乾象歷》於東萊徐岳。又授吳中書令闞澤，澤爲
之注。洪後爲會稽太守。‘三不能兩’者，孔子所造也。‘捐悶’
者，周公作也。‘四維’，東萊子所造也。”是書有積算、太乙算、
兩儀算、三才算、五行算、八卦算、九宮算、運算、了知算、成
數算、把頭算、龜算、計算。《簡明目》曰：“疑出僞託。”

阮氏曰：“劉洪，字元卓，泰山蒙陰人，魯王之宗室也。終山
陽太守。詳《續漢・律歷志》及注引袁山松書。《晉書・律歷志》
論曰：‘洪創始遲疾、陰陽二術，歷來術家莫不遵用，其爲功步算
大矣。蔡伯喈稱洪密於用術。鄭康成論乾象，以爲窮幽極微，非
虛譽也。”

文光案：徐岳，字公河，東萊人也。著《術數記遺》一
卷。詳《晉書・律歷志》。《疇人傳》無論。唐代算學所肄有
此書。

## 《海島算經》一卷

晉劉徽撰，唐李淳風注

浙江重刊聚珍本。前後無序跋。

《戴譜》：“徽本以《周禮》九數中‘重差’命名，不名‘海
島’。後人因卷首以海島立表設問，遂改名之。其書惟散見《永樂
大典》中。先生與《九章》同爲表章，有提要一首。”錄於《經韻樓
集》。

## 《五曹算經》五卷

不著撰人名氏

《知不足齋》本。乾隆四十二年仿汲古閣影宋本重雕。前後無
序跋。元豐七年九月校定，列銜六人，與《孫子算經》同。

《戴譜》：“元明以來無刻本，散見《永樂大典》內，經文尚

逐條完善。先生參伍考校，俾還舊觀，遂爲絕無僅有之善本。"錄於《經韻樓集》。

《孫子叙錄》："《中興書目》云：'或云《五曹算經》出於孫武。'按：此說是也。五曹者，一爲田曹，地利爲先也；既有田疇，必資人力，故次兵曹；人衆必用食飲，次集曹；衆既會集，必務儲蓄，次倉曹；倉廩貨幣相交質，次金曹。而其意則以兵爲要，田、疇、食、幣皆爲兵用也。又按：《夏侯陽算經》曰：'田曹云度之所起，起於忽。倉曹云量之所起，起於粟。'以《孫子算經》之文，而謂之五曹，則固知其爲一人之書也。《書目》之言，信足徵已。"

文光案：汲古本有李淳風注，《永樂大典》佚去。

## 《夏侯陽算經》三卷

舊題夏侯陽撰

浙江重刊聚珍本。前後無序跋。

《戴譜》："傳本久佚。《永樂大典》內有之，逐條割裂，分附《九章算術》各類之下，幾不得其端緒。幸有原序、原目可考，先生尋繹編次，條貫其文。今裒集排比，又得元豐京監本，釐爲三卷。有提要一首。夏侯陽者，先生提要云：'隋人，蓋無可疑。'而跋孔體生所得影抄元豐監本云：'據《宋史‧禮志》載算學祀典，封晉張丘建成紀男，夏侯陽平陸男，定爲晉人。《新唐志》韓延《夏[一]侯陽算經》一卷，謂注本也，韓延傳其學而以己説纂入之，所定皆隋制。延蓋隋人，此本即延本，非甄鸞注本。'"錄於《經韻樓集》。

阮氏曰："從《大觀算學》，定爲晉人。論曰：其算術皆淺顯易知，切於日用。於官曹典故，其説尤詳，洵足爲考古之助矣。舊以張丘建爲夏侯陽以後人。以余考之，甄鸞在夏侯陽之前，張丘建更當在鸞之前，彼此互異，不可是正，蓋術數之書多經後人竄易，不可援據單詞定時代之先後也。"録於《疇人傳》。

## 《張丘建算經》三卷

晉張丘建撰，後周甄鸞注，唐李淳風注，唐劉孝孫撰《細草》

《知不足齋》本。乾隆四十五年依汲古閣影宋鈔本重雕。前有
張序，後列銜名，與《五曹算經》同。

《戴譜》："此書久佚，毛本猶北宋時本。先生詳加校勘，補舊
圖今佚者四，補脱字若干。有提要一首。"録於《經韻樓集》。

阮氏曰："是書蓋出入乎《九章》而得其精微者。"録於《疇人
傳》。

## 《五經算術》二卷

北周甄鸞撰，唐李淳風注

聚珍本。是書有目無序。舉《尚書》、《孝經》、《詩》、《易》、
《論語》、《三禮》、《春秋》之待算乃明者列之，而推算之術悉加
"甄鸞按"三字於上，故知是書甄鸞所撰也。於《永樂大典》中得
知東原作《策算》，舉經籍之資於算者，推衍成帙，正與古人用意
相同。但甄詳而戴略。按：《疇人傳》備述甄鸞所著，而無是書，
隋、唐志皆有是書而不言誰撰。戴校本成，始定爲甄鸞所著，採
摭多唐以前書，足資考證。

## 《緝古算經》一卷

唐王孝通撰并注

《知不足齋》本。乾隆四十五年仿汲古閣影宋鈔本重雕。前有
進書表，後有康熙甲子毛扆跋。《簡明目》曰："文辭隱奧，猝不
易讀。"

臣孝通言："昔周公制禮，有九數之名。九數，即九章也。其

理幽而微，其形祕而約，非宇宙之至精，其孰能與於此？漢代張倉刪補殘缺，校其條目，頗與古術不同。魏朝劉徽更爲之注。徽思極毫芒，觸類增長，乃造重差之法，列於終篇。雖未即爲司南，然亦一時獨步。自茲厥後，不繼前踪，賀循、徐岳之徒，王彪、甄鸞之輩，會通之數無聞焉耳。但舊經殘駁，尚有闕漏，自劉以下，更不足言。其祖暅之綴術，時人稱爲精妙，曾不覺方邑進行之術全錯不通、芻亭方亭之問於理未盡。臣今更作新術，於此附伸。臣爲太史丞，比年以來奉敕校勘傅仁均歷，凡駁正術錯三十餘通，即付太史施行。伏尋《九章·商功篇》有平地役功受袤之術，至於上廣下狹、前高後卑，正經之內闕而不論，致使今代之人不達深理。臣遂於平地之餘續狹斜之法，凡二十術，名曰‘緝古’。請訪能算之人考論得失，如有排其一字，臣欲謝以千金。”

毛氏跋曰：“數學爲六藝之一，唐以取士，共十經。《周髀》，家塾曾刊行之，餘則世有不能舉其名者。宬從太倉王氏得《孫子》、《五曹》、《張丘建》、《夏侯陽》四種，從章丘李氏得《周髀》、《緝古》二種，後從黄俞邰又得《九章》，皆元豐七年祕書省刊板，字畫端楷，雕鏤精工，真稀世之寶也。每卷後有祕書省官銜姓名一幅。又一幅宰輔大臣，自司馬相公而下，俱列名於後，用見當時鄭重若此。因求善書者刻畫影摹，不爽毫末。焉得《海島》、《五經算》、《綴術》三種，竟成完璧，并得好事者刊刻流布，俾數學不絕於世，所深願也。”

阮氏曰：“王孝通著《緝古算經》一卷，自爲之注。《緝古》以本朝之書得列於學官，而限習又三歲之久，其爲深妙可知矣。元和李尚之言：‘算學以《緝古》爲最深。“太史造仰觀臺”以下十九術，問數奇殘，入算繁賾，學之未易通曉，惟以立天元術御之，則其中條理秩然，無可疑惑。’尚之於立天元術用心甚專，著有《緝古算經衍》。蓋算術之理愈推愈密，孝通《緝古》實後來立

天元術之本也。"<sub>錄於《疇人傳》。</sub>

　　《唐書·選舉志》："凡算學，《孫子》、《五曹》共限一歲，《九章》、《海島》共三歲，《張丘建》、《夏侯陽》各一歲，《周髀》、《五經算》共一歲，《綴術》四歲，《緝古》三歲。《記遺》、《三等》皆兼習之。"

## 《緝古算經細草》三卷

　　唐王孝通撰并自注，張敦仁撰《細草》

　　《知不足齋》本。是書前有孝通進書表，後有嘉慶六年陽城張敦仁記、元和李銳算校跋。《函海》本有《緝古算經》一卷。

　　張氏記曰："古《算經》多有《細草》，《緝古》闕焉。辛酉仲夏，余有事於崇明海門，閑暇時無以自遣，適篋中攜是編，因為步算補草。計往返旬有四日而畢，錄而存之，亦言古學者所不廢也。"

　　李氏跋曰："《緝古》二十術，學者未易通曉。惟以立天元術解之，乃渙若冰釋，蓋金、元如積之法濫觴於斯已。今世為九九學者不乏其人，而通古義、達深理者卒鮮。古餘先生洞足發揮古人，箴砭俗學，非若劉孝孫之於《張丘建》，聊依術而衍其數也。壬戌記。"

## 《緝古算經》一卷　《音義》一卷　《圖解》三卷　《細草》一卷

　　國朝陳傑撰

　　敷文閣本。道光三年龍萬育校刊。前有烏程陳傑自序。經文依《微波榭》本抄錄，《細草》各標"第幾問"，與張古餘《細草》依經文者不同。後列銜名，并毛跋。例云："諸本互有異同，於《音義》內注明'一作某'，以俟考。"董方立甚推陳書，以為絕學。

陳氏自序曰："《緝古算經》二十術，其後三術頗有缺字，全者十七術耳。其書辭義奧祕，不可卒讀。梅定九、王寅旭、徐圃臣、薛儀甫、楊學山、江慎修皆未見此書，近世更有妄加駁斥者。余按以珠盤，録成一卷，曰《細草》；又爲之指畫形象，録成三卷，曰《圖解》；又爲之證引經傳，博採訓詁，是正其傳寫之舛訛，稽合其各本之同異，別爲一卷，曰《音義》。體例皆有所仿，示不敢作也。"

## 《數學九章》十八卷　附《札記》四卷

宋秦九韶撰

《宜稼堂》本。郁松年校刊，有序。明王應遴從閣本録出，趙琦美轉録，有前、後二序。又秦九韶自序，係贊。《九章》末附考二篇。原本每葉二十行，每行二十字。書内年號皆空格，可知此爲宋人舊本，未經改易。今悉仍其舊。《札記》，宋景昌撰。《養新録》考九韶頗詳，又見《疇人傳》。是書與古《九章》迥別。有聚珍本。

秦氏自序曰："今數術之書尚三十餘家，天象歷度謂之綴術，太乙壬甲謂之三式，皆曰內算，言其秘也。《九章》所載即《周官》九數繫於方圓者，爲專術，皆曰外算，對內而言也。其用相通，不可歧二。獨大衍[一]法不載《九章》，未有能推之者。歷家演法頗用之，以爲方程者，誤也。九韶早歲侍親中都，因得訪習於太史。又嘗從隱君子受數學，若有得焉，設爲問答，以擬於用。積多而惜其棄，因取八十一題，釐爲九類，立説具草，間以圖發之。"

文光案：秦序作於淳祐七年，序後又係以九贊，曰大衍，曰天時，曰田域，曰測望，曰賦役，曰錢穀，曰營建，曰軍旅，凡九類，每類二卷。趙氏前序，言此書原名"數書"，王應遴添入"九章"二字。今館本從《永樂大典》鈔出，已有"九章"二字，則"九章"之名不始於應遴也。又《大典》本謂之"數學"，則"數書"二字亦非原名。附考一辨李冶之說天元一非演九韶之法，一録《癸辛雜識》。秦道古，《宋史》無傳，始末僅見於《癸辛雜識》，而詞多詆毀，或失其平。江都焦氏循力辨其誤。周密以填詞、小説之才，實學非其所知，《雜識》中所毀謗、所醜詆者多不可信。然九韶之履歷賴此以傳，則謗之正所以著之耳。書前有目録，凡八十一題。趙氏後序云："原無目録，予爲增入。"

郁氏序曰："毛君生甫爲予言，秦道古《數書九章》思精學博，其中若大衍求一、正負開方兩術尤爲闡自古不傳之祕，第其書轉相抄録，訛脱滋多。張太守敦仁有趙琦美抄本，訂訛補脱，歷有年所。其弟子江陰宋君景昌能傳其學。余得其副於李太史兆洛家，毛君又出其家藏李茂才鋭所校四庫館本，并屬宋君爲之校。宋君又於廣文家得秦書刊誤殘稿數卷。於是以趙本爲主，參以各本，別爲札記，以資考證。"

## 《詳解九章算法》一卷　　《纂類》一卷　附《札記》一卷

宋楊輝撰

《宜稼堂》本。道光壬寅郁松年刊，有序。前有劉徽序，又紹興十八年汴陽學算榮棨序，又新興隆府靖安縣主簿括蒼鮑澣之仲祺序、景定二年楊輝序。

郁氏序曰："《詳解九章算法》者，宋錢塘楊謙光取古《九章》'商功'以下五章，録經注原文於前，而以其所撰題解、釋注、比類圖説分附各條之後者也。末附以《九章纂類》，則以當時俗傳算法爲綱，而分析《九章》題問，以類相從焉。據自序，詳解八十題，今乃九十七題；總十二卷，今不分卷。蓋非原書，故其中抄録經文亦多不循舊次，而世無傳本，無從校核。儀徵阮相國收藏算書最富，而正、續《疇人傳》俱云未見，餘可知矣。余按：《九章》爲算經之首，諸家立説皆自此出，而世傳《永樂大典》及孔氏《微波榭》二本均不免脱誤。鍾祥李尚書《細草圖説》多所改正，方可卒讀，而往往與此書暗合，則此書誠可貴也。且其《纂類》中所列名目，亦足與宋人算書互資考證。因屬宋君勉之取孔、李二本較其訛脱，別爲《札記》，而此書之長於孔刻者亦附見焉。是書爲毛君生甫家藏本，每葉有'石研齋鈔本'五字，卷末有'石研齋秦氏'印，未知秦氏爲何許人也。"

文光案：秦氏名恩復。

楊氏序曰："黄帝《九章》，備全奧妙，包括羣情。靖康以來，古本浸失，後人補續，不得其真，致有題重法闕，使學者難入其門，好者不得其旨。輝慕此書，聊爲編述，擇八十題以爲矜式。自餘一百六十六問，無出前意，不敢廢先賢之文，删留題次，習者可以聞一知十。恐問隱而添題解，見法隱而續釋注；刊大小字以明法草，僭比類題以通俗務。凡題法解不明白者，別圖而驗之。編乘除諸術以便入門，纂法問類次見之章末，總十有二卷。"

文光案：楊輝算書二十餘種，見《算法統宗》。今所存者無幾，散失多矣。

洪氏曰："大觀中置算學，如庠序之制。三年三月，詔以文宣王爲先師，兗、鄒、荊三國公配饗，十哲從祀，而列自昔著名算學之人，繪象於兩廊，加賜五等之爵。於是，中書舍人張邦昌定其名。風后、大撓、隸首、容成、箕子、商高、常僕、鬼臾、巫咸九人封公，史蘇、卜徒父、卜偃、梓慎、卜楚丘、史趙、史墨、裨竈、榮方、甘德、石申、鮮于妄人、耿壽昌、夏侯勝、京房、翼奉、李尋、張衡、周興、單颺、樊英、郭璞、何承天、宋景業、蕭吉、臨孝恭、張曾元、王朴二十八人封伯，鄧平、劉洪、管輅、趙達、祖沖之、殷紹信、都芳、許遵、耿詢、劉焯、劉炫、傅仁均、王孝通、瞿曇羅、李淳風、王希明、李鼎祚、邊岡、郎顗、襄楷二十人封子，司馬季主、洛下閎、嚴君平、劉徽、姜岌、張丘建、夏侯陽、甄鸞、盧太翼九人封男。考其所條具，固有於傳記無聞者，而高下等差，殊爲乖謬。如司馬季主、嚴君平止於男爵；鮮于妄人、洛下閎同定《太初歷》，而妄人封伯，下閎封男：尤可笑也。十一月，又改以黄帝爲先師云。"録於《容齋三筆》。

## 《楊輝算法》六卷　附《札記》一卷

宋楊輝撰

《宜稼堂》本。原寫本，每葉二十六行至三十二行不等，每行二十六字。道光二十二年上海郁松年重校刊，有跋。前有德祐改元楊輝自序、嘉慶甲戌李銳跋、道光庚子宋景昌跋。《田畝比類乘除捷法》二卷。《算法通變本末》卷上，《乘除通變算寶》卷中，《算法取用本末》卷下，此三種合爲三卷。下卷題"史仲榮編集，傳曰通變"。卷内有代乘代除各三百通，今市井俗人所謂"飛歸"者，正復相似。考《夏侯陽算經》，已有"以幾添之身外減幾"之語，蓋此種超徑、等接之術濫觴於唐以前矣。史仲榮未詳，當考。《續古摘奇算法》一卷。共積分身術，"共"誤"匠"，鮑本作"匱"。

楊氏自序曰："中山劉先生作《議古根源》，非索隱莫能知之。輝擇可作關鍵題問者，重爲詳悉著述，推廣劉君之意。《五曹算法》題術有未切當，僭爲删改，以便後學。"

阮氏曰："《重修議古》'截田'諸問，皆天元如積之術。其開方步法、縱横布算之式，與秦道古[三]《古數書》同，此即出於中山劉君者也。"錄於《疇人傳》。

　　郁氏跋曰："是書舊無總名，儀徵阮相國、元和李茂才俱目爲《楊輝算法》，今亦仍之。輝於算術，雖未可謂精通，而市肆間超徑、等接之術採摭略盡；且其中開方、衍段之法，又足與秦書相發明：故續刻於其所著《詳解九章》之後。特寫本多殘闕脫訛，屬江陰宋君勉之爲之校讐，可補者補之，訛者改之，并作《札記》。雖非有所匡正，以志校正之不苟云。"

　　宋氏跋曰："是書誤文頗少，而闕文、脫文甚多，《摘奇算法》勾股之下、直田之前竟脫去一葉。其餘板口上方多闕一角，蓋原書由散葉排比而成，破損在所不免，影鈔者依樣膽寫故也。今據《算術》逐條校算，疑者闕之，以俟君子。"

　　李氏跋曰："此書皆散葉。余至百宋一廛，排比整齊，首尾序目無缺失，裝成一册。"

## 《續古摘奇算法》一卷

宋楊輝撰

《知不足齋》本。前有德祐改元錢塘楊輝序。

　　楊氏自序曰："夫六藝之設，數居其一焉。昔黃帝時，大夫隸首創此藝。繼得周公署《九章》。戰國，則有魏劉徽撰《海島》。至漢，甄鸞注《周髀五經》。唐李淳風校正諸家算法。自昔歷代名賢，皆以此藝爲重。迄於我宋，設科取士，以《九章》爲算經之首。輝所以尊尚此書，留意詳解，或者有云無啓蒙之術，初學病之。又以乘除加爲法，稱斗尺田爲問，目之曰'日用算法'。而學者粗知加減歸借之法，而不知變通之用，遂易代乘代除之術，增新條目，曰'乘除通變本末'。及見中山劉先生益撰《議古根源》，演段鎖積，有超古入神之妙，其可不爲發揚以裨後學？遂集爲《田畝算法》，通前共刊四集，自謂斯願滿矣。一日，忽劉碧潤、丘虛谷携諸家算法奇題及舊列遺妄之文求成爲集，願助工板刊行，遂添撽諸家奇題與夫繕本及可以續古法草，總爲一集，目之曰'續古摘奇算法'，與好事者共之。觀之者幸勿罪其僭。"

　　文光案：《宜稼堂》本無此序，因全録之。鮑本與郁本次第不同，詳略互異。有鮑本所有而郁本無者，亦有郁本所有而鮑本無者，蓋所刻非一本也。鮑本有正斛法，有尺樣，有六十甲子、納音起例，又歲旦日甲積數圖，又求出積數取年内日甲圖，皆郁本所無。郁本有率分身、變换、活法、差分、盈不足諸名，而鮑本無之。郁氏刻書時，鮑書已出，惜未取而正之。郁序云："聞朝鮮國有傳本，見《重刊算學啓蒙序》。"鮑本無刻書序跋，亦不敢遽定爲朝鮮本也。鮑本十六術，郁本二十九術，自當以郁本爲詳。郁本有直田、圭田諸法，亦鮑本所無。第二題"今有羅七尺"，郁本無"今有"二字。匿積分身術，郁本"匿"作"共"。《札記》無説，知未見鮑本也。

## 《益古演[四]段》三卷

元李冶撰

《知不足齋》本。元和李鋭算校，錢塘厲鶚復校，桐鄉馬以艮再校。首提要，次至元壬午郇城硯堅序，次自序，末有嘉慶二年李鋭跋。《演段》六十四問，序言七十，舉成數也。所立諸法，文皆淺顯。《海鏡》一百七十問。

硯氏序曰："敬齋先生天資明敏，世間書凡所經見，靡不洞究，至於薄物細故亦不遺焉。近代有移補方圓，自成一家，號'益古集'者，大小七十問。先生一寓目，見其用心之勤，惜其祕而未盡剖露，翻圖式，繹條段，可移則移之，可補則補之，爲三卷，目曰'益古演段'。頗曉十百，披而覽之，如登坦途，前無滯礙，旁蹊曲徑，自可縱橫而通。先生又盡攄己見，輯爲《測圓海鏡》一編，二百問同出一源，緻密纖悉，備而不繁，參考互見，真學者之指南也。《海鏡》既命工刻梓，省掾李師徽，其親舊也，囑弟師珪請是編刊而行之，將與衆共。推善及人，良可尚已。"

李氏自序曰："著數書者，無慮百家，然皆以《九章》爲祖，而劉徽、李淳風又加注釋，而此道益明。近世有某者，以方圓補移成編，號'益古集'，真可與劉、李相頡頏。余猶恨其閟匿不盡發，遂再爲移補條段，細翻圖式，使粗知十百者，便得入室啖其文，顧不快哉！"

李氏跋曰："是書所稱某氏《益古集》，今已亡佚不傳。楊輝《摘奇》載元豐、紹興、淳熙以來刊刻算書，有《益古算書》一種，當即此書也。某書以方田、圓田爲問，於徑圍、方斜相與之率能反復變化，而爲術之意猶引而未發。敬齋先生恐學者難曉，於是有《演段》之作。所謂演者，演立天元；段者，以條段求之也。蓋敬齋晚年得洞淵九容之説，日夕玩繹，所得甚深，故所著《海鏡》、《演段》二書，并以立天元術爲根本。鋭受業嘉定錢少詹之門，究心數學，十年於今，於天元、如積之術，尤所篤好。以爲斯術者，算家至精之詣，縱使隸首、商高復生今日，亦當無以過之者也。唐王孝通《輯古算經》，世稱難讀，'太史造仰觀臺'以下十九問，術文隱祕，未易鑽尋。而以立天元一御之，則其中條理固自秩然，無可疑惑，由是愈歎立天元之術之妙。嘗仿《演段》之例，爲《輯古算經衍》一書，急欲刊以問世，匆匆猶未暇也。知不足齋主人刻《海鏡》既成，復以《演段》介何君夢華屬鋭算校而梓之。其表揚古人之心，真足尚已！"

## 《測圓海鏡細草》十二卷

元李冶撰

《知不足齋》本。阮氏舊抄本有序，鮑氏刻入叢書。李鋭《算校》有跋。

李氏序曰："予自幼喜算數，恒病夫考圓之術，例出於牽强，乖於自然。老大以來，得洞淵九容之説，日夕玩繹，而鄉之病我者始爆然落去而無遺餘。山中多暇，客有從余求其説者，於是乎又爲衍之，遂累一百七十問。既成編，客復目之'測圓海鏡'，蓋取夫天臨海鏡之義也。"

錢氏曰："是書載問百有四十，有問有答，有法有草，皆用立天元一布算。自序謂得洞淵九容之説而衍之。今洞淵書失傳，不知何人所作。王德淵後序云先生病且革，語其子：'此書吾嘗致力，後世必有知者。'其矜重如此。明儒無通算術者，長興顧應祥得其書而盡削其細草，殊不可解。"錄於《養新錄》。

阮氏曰："明顧應祥《測圓海鏡分類釋術》，詳衍開方諸法，然加減混淆，學者昧其原本。讀秦九韶書，而後知昔人開方除法固有一以貫之者，九數之士所宜研究也。"又曰："立天元術，算氏至精之詣也。明季數學名家乃不省爲何語，而其術幾亡矣。梅文穆公供奉内廷，我聖祖仁皇帝授以西洋借根方法，始知借根方即立天元術，於是其學復明於世。李冶二書貽鮑廷博刻入叢書，焦循又作《天元一釋》闡其奧義，洞淵遺法，庶幾千古永存矣。"錄於《疇人傳》。

## 《丁巨算法》一卷

元丁巨撰

《知不足齋》本。桐鄉馬以艮算校。前有至正十五年丁巨自記。是書凡六十二法，有釋。

丁氏自記曰："《九章》之學，由唐及宋，皆有專門。自後時尚浮辭，動言大綱，不計名物，其有通者，不過胥史。士類以科舉故，未暇篤實。獨余幼賤，不伍時流，經籍之餘事，法物度軌，則嘗用心。因於算術，上自《九章》，下至小法，數十百家，摘取要略，述《算法》八卷。以今俗稱寓之古法，其曰田畝，雖不啻百里當百二十一里，百畝當百四十六畝之步，亦方田之屬；粟布，交質變易；差分法，衰分；倉窖堆垛法，少廣；修築營運以見商功；雙頭交易，抽分答價以見均輸；折變相和，異乘同除，以知隱雜。諸分之通爲方程，可以通奇閏；《海島》望算爲勾股，可以通廣輪。凡綱，乘以聚之，除以散之，乘除已，斯可爲法。乘之積爲加，除之散爲減，加減爲乘除之變，故以乘除加減四法爲之首。爲數，始於一，終於十；積於一二，成於九九。大爲十百、十千、十萬、百萬、千萬、萬萬、億、兆、京、垓、秭、壤[五]、溝、澗、正、載、極；小則分、釐、絲、毫、忽、微、纖、沙、塵、埃、渺、漠、湖[六]、虛、澄[七]、清、淨、無、爲、盡。一、十、百、千、萬，互爲消長。由是而天高地厚，日月往來，律呂聲音，陰陽幽顯，因此察彼，精入鬼神，伊游於藝，玩物喪志。”

　　文光案：丁巨始末未詳。阮氏《疇人傳》、錢氏《元史藝文志》俱不著錄。元順帝至正十五年，以後又十三年而元亡，其人入明與否，亦未可知。鮑氏亦不言得書之由。自記云“略述《算法》八卷”，今止一卷，則有所散佚也。又案：《知不足齋叢書》有《透簾細草》一卷，前後無序跋，并佚撰人名氏。每答之後有“法曰”、“草曰”，凡五十四法。

　　權衡之數起於黍，十黍爲一參，十參爲一銖，六銖爲一分，四分爲一兩，十六兩爲斤，十五斤爲稱，二稱爲一鈞，四鈞爲一碩。

## 《算法統宗》十一卷　《勿庵歷算書目》一卷　《中星定時》一卷

　　明程大位撰，國朝梅瑴成增删

承學堂本。前有宣城柳下居士梅㲄成循齋甫序、萬曆癸巳吳繼綬序。

梅氏序曰："算學書籍，散佚略盡，今所有者，惟程大位汝思所集《統宗》一書，學者猶可得知《九章》名目。先徵君公曾著《九數存古》十卷，專爲發明《九章》。其書被友人借看，將稿本遺失。考《統宗》一書，刻自明萬曆癸巳，歲久板多漶漫，若不加修整，將不可讀。丁丑夏，重加校勘，刪其繁蕪，補其缺遺，正其訛謬，增其注解，名之曰'增刪統宗'，以廣其傳焉。"

吳氏序曰："汝思少游吳楚，歷大澤名山，老憩丘園。舉平生師友之所講求、咨詢之所獨得者，提綱挈要，縷析支分，著《統宗》十四卷。其中有先進言之未備，備矣而或未精者，悉爲闡明之。《方田》、《少廣》二章，方圓弧矢相求，皆徑一圍三方五斜七之術。古人立法，疏而不漏，傳之千古，不能出其範圍。"

《方田》章算錢田之法，本之吳信民《九章比類》，本自不誤。馬傑自逞私智，反以吳法爲非。程氏既知其誤，乃備錄其僞法，殊覺可厭，故并削。

宋元豐七年，刊十書入祕書省，又刻於汀州學。《黃帝九章》、《周髀算經》、《五經算術》、《海島算經》、《孫子算經》、《張丘建算經》、《五曹算法》、《緝古算法》、《夏侯算法》、《算術拾遺》。

《統宗》所載宋後刊刻古算書，惟劉徽《九章》尚有宋板，嘗於黃俞邰處見其《方田》一章。算書中，此爲最古。又吳信民《九章比類》，嘗從西域伍爾章借讀，書可盈尺，《統宗》不能及也。又山陰周述學著《歷宗算會》，於開方弧矢頗詳。書在《統宗》前，程氏未見。後作者如李茂長之《算海說詳》，亦有發明，但不能具《九章》。

方位伯《數度衍》於《九章》之外，搜羅甚富。

杜知耕《數學鑰》注《九章》，頗中肯綮。

赤金十六兩，紋銀九兩，水銀十二兩，紅銅七兩五錢，黄銅六兩八錢，生鐵六兩七錢，錫六兩三錢。

## 校勘記

〔一〕"夏"，據《新唐書》卷五九《藝文志》補。

〔二〕"衍"，原作"術"，據《數學九章》改。

〔三〕"秦道古"，原作"秦古道"，據《癸辛雜識續集》卷下乙正。

〔四〕"演"，原作"衍"，據《益古演段》改。

〔五〕"秭壤"，原作"神襄"，據宋王應麟《玉海》改。

〔六〕"湖"，原作"幽"，據清李光庭《鄉言解頤》改。

〔七〕"澄"，原作"空"，據同上書改。

# 子部六
## 天文算法類三

## 《數學鑰》六卷

國朝杜知耕撰

式好堂本。康熙二十年刊，同學諸子校訂。取《九章算法》訓詁疏通，初學易讀。西洋幾何家書百種，道藝取資於是。

《簡明目錄》曰："其書列古法《九章》，以今綫、面、體三部之法隸之，與方中通《數度衍》體例相同。而每章設例必標其凡於首，每問答有所旁通必附其說於下，每引證必著所出，條理尤詳。"

阮氏曰："杜知耕字端甫，號伯瞿，柘城舉人也。雜取諸家算法，參以西人之說，依古《九章》爲目，作《數學鑰》。言數非圖不明，圖非手指不明。圖用甲、乙等字作誌者，代指也，故其書於圖解尤詳。梅文鼎謂其圖注《九章》，頗中肯綮。"

端甫以利瑪竇、徐光啓所譯《幾何原本》復加刪削，作《幾何論約》七卷。後附十條，則端甫所作也。稱"後附"者，以別於丁氏、利氏之增題也。

# 《數度衍》二十六卷

國朝方中通撰

隨衍室本。首《四庫全書提要》，次目錄，李世熊、揭暄、吳雲三序，次藥地老人示有方慈跋，次弟中履序，次與梅定九書，次凡例九條。有自記，後有壻胡正宗跋、道光己丑年五世孫璋跋。首三卷，曰《數原》，明勾股出於河圖，加減乘除出於洛書；曰《律衍原》，黃鐘爲數之始；曰《幾何》，約綫、面、體之理盡於幾何，故約之。一卷至五卷爲珠算、筆算、籌算、尺算。九章取用，無逾加減乘除四法。四法備於四算，故列於九章之前。六卷至二十二卷爲九章，曰勾股，曰少廣，曰方田，曰商功，曰差分，曰均輸，曰盈朒，曰方程，曰粟布。其次第與古本不同。二十三卷爲九章外法，數盡於九章，不可屬於某章之下者曰"外法"。謹案：《四庫目》著二十四卷，蓋合首三卷爲一卷；又著附錄一卷，今本無之。與定九書屬爲序，而書中無梅序。泰西之筆算、籌算皆出九九。尺算即比例規，出三角書，凡十七類，各類有目。

提要曰："中通字位伯，桐城人，明檢討以智之子也。以智博極羣書，兼通算數。中通承其家學，著爲是書。條列古《九章》名目，引御製《數理精蘊》推闡其義。其《幾何約》本前明徐光啟譯本，其《珠算》仿程大位《算法統宗》，筆算、籌算、尺算採《同文算指》及《新法算書》，惟《數原律衍》未明所自，大抵裒集諸家之長，而增減潤色，勒爲一編者也。"

李氏序曰："合中西數學而歸於《易》，發明《九章》皆勾股所生。"

揭氏序曰："壬寅春，余抵桐江，留月餘，因出其《數度衍》以示，相與論難，別錄一帙，命之曰'揭方問答'。"

藥地老人曰："莊子云：'明於本數，係於末度。'吾謂數自有度。《易》曰：'制數度以議德行。'因其條理而付之中節，謂之度。"

胡氏跋曰："先生歎數學歸泰西，而中土久失傳，於是殫精研思，幾易寒暑而衍之。是書成於辛丑，近三十年。丁卯歲，宗獲侍先生於粵，請得重録，編次付梓。"

孫璋跋曰："公所著《數度衍》二十四卷，著録《四庫》。歲久板壞，璋購求紙本，重摹鋟板。《揭方問答》一卷，亦言新法，舊附刻於後，而藏本已失，俟訪求補之。揭，先檢討公弟子也。"

## 《策算》一卷

國朝戴震撰

《微波榭》本。前有乾隆甲子自序，次策式。

戴氏自序曰："《漢書·律歷志》：'算法用竹，徑一分，長六寸，二百七十一枚而成六觚，爲一握。'古算之大略，可考如是。其一枚謂之一算，亦謂之籌。《梅福傳》：'上書曰："臣聞齊桓之時有以九九見者"。'所謂九九，蓋始一至九，因而九之終於八十一。《周髀算經》'商高曰："數之法出於圓方，圓出於方，方出於矩，矩出於九九八十一"'是也。以九書於策，則盡乘除之用，是爲策算。策取可書。不曰'籌'而曰'策'，以別於古籌算，不使名稱相亂也。算法雖多，乘除盡之矣。開方亦除也。平方用廣，立方罕用，故策算專爲乘除、開平方。舉其例略，取經史資於算者，次成一卷。"

《戴譜》："二十二歲，成《籌算》一卷，首乘，次除，次命分，次開平方，次籌式。爲横籌，反對兩勾股。略舉經籍之資於算者，推衍成帙，爲治經之士觀覽。孔户部以附《九章算術》者是也。凡學《九章》者，必發軔於此。"録於《經韻樓集》。

## 《務民義齋算學》十三卷

國朝許有壬撰

《咫進齋》本。是書有總目，無序跋。目内未刻者，凡七種：《測圓密率》三卷，《橢圜正術》一卷，《截球解義》一卷，《弧三角拾遺》一卷，《朔食九服里差》三卷，《表算日食三差》一卷，《造各表簡法》一卷。又有《校正開元占經九執術》一卷。

東原謂李淳風《九章注》有脱誤，蓋未得其解。

## 《勾股算術》二卷

國朝胡煦撰

抄本。是書前後無序跋，有圖，多加減乘除之法。

"九章"皆勾股。説曰："《周髀》者，周之算經也。"陳子曰："髀者，股也；正晷者，勾也。以髀爲股，以勾爲首。"又曰："髀者，表也。"然《周髀》明勾股不及"九章"，何哉？數有可見者，有隱而不得見者，有互見者，有旁見者，其變無窮，藏於圓方。少廣，圓方所出也。方田、商功，皆少廣所出。一圓一方，其間不齊，始出差分，而均輸對差少之數。盈朒者，借差求均。又差分，均輸所出，而以方程濟其窮。度也，量也，衡也，原於黃鐘，粟布出焉。黃鐘出於方圓者也，三少益一，圓周變爲方周；四少周三，圓積變自方積：故勾股之容，圓方不同，方田、少廣出焉。折半以平粟布，均輸生焉。盈朒、方程生於諸和，商均、差分生於諸較，勾股豈非九數之原乎？設爲"九章"者，便用耳。田疇界域，或見於勾股、少廣，方田統之矣；交質變易，或見於差分、均輸，粟布統之矣。"九章"以用而分，不以數而分也。泰西立十八法，盈朒曰疊借互徵；方程曰雜和較乘；分少廣爲九，而開方諸法有其七，其二曰遞加、倍加，勾股有其略；差分仍爲

差少；粟布、商功見於三率；均輸見於重測：名異而理同也。加
減乘除出於洛，亦成於勾股。和者，勾股弦之相并也。較者，勾
股弦之相較也。并以成加，較以成減。勾股自之而爲弦積則乘成，
弦積開方而爲弦口則除乘。有河即有洛，有勾股即有加減乘，何
往非圖書引端哉？

## 《九數通考》十三卷

國朝屈曾發撰

豫簪堂本。是書成於乾隆壬辰，前有戴震序并自序、凡例、
目録。合首、末二卷爲十三卷。

戴氏序曰：“余讀《周官經》‘六書’、‘九數’之目，因尋求
《説文解字》，以爲古小學賴是以存。而前此北平侯張蒼傳古《九
章算術》，魏劉徽爲之注者，卒不可得。近有宣城梅氏，撰《中西
算術通》，獨九數存，古有録無書，蓋唐、宋立之學官，所謂‘算
學十書’，厪厪《周髀》有全文。梅氏所論述，《周髀》而外，絶
不見徵引，是以意欲存古而未能與！常熟屈君省園，嗜古，好深
湛之思，於書靡不披覽，尤加意實學，俾足以致用。既撰《萬言
肄雅》爲識字津涉，其治算數也，妙盡其能，亦兼中西而會通之，
乃舉而分隸‘九章’，則又梅氏所志焉未逮也。是編者方之古算
經，猶《説文》之後不可無《玉篇》、《廣韻》。以今之詳廣古之
略，以今之逐事加密盡抉古之奧，其在是歟？”

凡例：“是編專爲學者而輯，故仍以‘九章’分卷，俾學者知
九數之名義。”“舊本各種歌訣，便於學者記習，兹編仍俱載。間
有隱晦舛誤之處，重加删潤改正，俾讀者一覽了然。”“《九章》設
如坊本混淆雜出，兹編旷分條貫，皆有理義。”“難題昉於劉氏
《通明算法》，嗣後吳氏《比類》、程氏《統宗》遞相纂集，然其
法皆不離乎《九章》。明其法而善用之，題雖難，無難也，故分輯

於各條之中。”“數理本原肇於圖書，度量、權衡根於黃鐘，《周髀》爲算書之祖，《幾何》乃西法之宗。學算而不講求，非先河後海之旨也，故弁於卷首。”“是編所輯，大要本於《數理精蘊》。其間歌訣雜法，兼採舊本。”“《數理精蘊》有比例規一法，既可以尺代算，而於畫圖製器，尤所必需。故另編末卷，以備參考。至於外問所傳籌算、筆算等法，雖不學可也。”“孤三角算，係造歷者專家之業，故未編入。”

## 《數學精詳》十三卷

國朝屈曾發撰

學海堂本。同治十年重刊。前有順德伍仲贊跋。首卷爲圖書、黃鐘、《周髀》、《幾何》。第一卷爲《九章名義》，加減乘除諸法。二卷至十一卷爲《九章訣法》。末卷解《數理精蘊》比例規。

伍氏跋曰：“常熟屈省園所著算書，原名‘數學精詳’，東原爲序，改名‘九數通考’。此書大有功於學算。兵燹之後，粵中遂無此書。余所藏舊本，乃未改爲‘九數通考’者，末有戴序，此屈氏初印之書也。乃送學海堂覆刻之，并錄戴序。任校讎者，南海孔君繼藩，鄒君仲庸、鏡瀾。三君皆精算學，算得其誤處數條，雖仍而不改，不可不記也。圖亦稍有誤者，此刻工之誤，今已改正之矣。”

凡論度數，必始於一點。自點引之而爲綫，自綫廣之而爲面，自面積之而爲體，是名三大綱。是以有長而無闊者謂之綫，有長與闊而無厚者謂之面，長與闊、厚俱全者謂之體。

《周髀》爲算書之祖，《幾何》乃西法之宗，故首卷《周髀經解》後繼以《幾何原本》。

## 《星堂學算記》十八卷

國朝焦循撰

《雕菰樓》本，《加減乘除法》八卷，《天元一書》二卷，《釋弧》三卷,《釋略》三卷,《釋橢》二卷。

阮氏曰:"焦循,字理堂,號里堂,江都人。生而穎異。顧九苞以經學名世,循往問難,始用力於經。又因九苞子超宗貽以《梅氏叢書》,復用力於算經。性既專,兼善苦思,以故經史、歷算、聲音、訓詁諸學無所不精。嘉慶六年,舉於鄉。嗣患足疾,隱於北湖,築雕菰樓以終焉。卒年五十八。生平博聞强記,識力精卓。每遇一書,無論優劣難易,隱奧平衍,必悉心研究,務窮其源。曾以梅氏《弧三角舉要》、《環中黍尺》撰非一時,繁複無次;戴庶常《勾股割圜記》務為簡奧,變易舊名:因撰《釋弧》三卷。上篇釋六觚、八綫之義,中篇釋正弧、弦切及内外垂弧之用,下篇釋次形及矢較之術。錢詹事稱是書於正弧、斜弧、次形、矢較之用,理無不包,法無不備。循復上書詹事,論七政諸輪,謂輪之弗明,法無從附,因撰《釋輪》二卷。上篇言諸輪之異同,下篇言弧角之變化,以明立教之意。更謂康熙甲子元用諸輪法、雍正癸卯元用橢輪法,蓋實測隨時而差,則立法亦隨時而改。顧其義蘊深密,未易尋究,謹擇其精要,析而明之,庶便初學,為撰《釋橢》一卷。又謂九章不能盡加減乘除之用,而加減乘除可以通九章之窮。孫子、張丘建似得此意,而說之不詳。因本劉注《九章》,以加減乘除為綱,以九章分注而辨明之,撰《加減乘除釋》八卷。又與李尚之、汪孝嬰討論秦九韶《數學九章》及李冶《海鏡》、《演段》諸書,因知立天元一為算家至精之術,秦書雖有'立天元'一名,而術與李殊;尚之所校《海鏡》、《演段》專主辨天元、借根之殊,其於盈朒、和較之理,究未析其微芒之所分。乃復貫通其理,舉而明之,撰《天元一釋》二卷、《開方通釋》一卷,以述兩家之學。又謂勿庵以《少廣拾遺》明諸乘方,闕而未備,莫適於用;秦書有開方法,既精且簡,與冶書相表裏,實古《九章》之遺。開正負帶,從諸乘方,竭精敝神,未易了了,爰列爲十二式，設問以明之。"

## 《李氏遺書》十七卷

國朝李銳撰

原本。《召誥日名考》一卷，《漢三統術注》三卷，《四分術注》三卷，《乾象術注》二卷。以上三種見《漢書》，訂舊本之訛。《補修宋奉元術》一卷，《占天術》一卷，《日法朔餘强弱考》一卷。李潢曰："補宋、金六術，古法湮湮者復明。《日法考》并自序，尤爲抉盡閫奧。"《方程新術草》一卷。《弧矢算術細草》一卷，有自序。《開方説》三卷，下卷黎應南補，有跋。羅氏《續疇人傳》有李銳。

李銳，字尚之，一字四香。元和縣學生員，錢宮詹高第。深於天文算術，江以南第一人也。與焦理堂、凌次仲爲"談天三友"。爲阮太傅校李冶《測圓海鏡》，推算立天圓一細草，校《禮記正義》，商訂《疇人傳》。阮太傅爲之作傳，載本書前。詩文精湛，尤工制藝。

《李尚之傳》曰："梅氏囿於西術，《九章算經》諸書皆未之見，所見惟《周髀》勾股之法。李君力求古學。王孝通《輯古算經》無能通之者，君與張古餘共著《細草》，較若列眉。得《九章算經》，乃窮究天一術。於是郭守敬、李冶之説明，知唐順之、顧應祥之書甚無謂也。君嘗謂'歷學乃爲政之本，《通典》、《通考》置而不録，不亦僂乎'，因著《歷法通考》。予輯《疇人傳》，商榷之力爲多。《四元玉鑑》乃予藏本，惜乎李君《細草》未成，遂無能讀是書者。君潛心經史，以唐、宋人詩文爲雕蟲小技，不足觀也。"

## 《勾股算術細草》一卷

國朝李銳撰

原本。嘉慶丙寅冬十月尚之手寫，有記。時寓鳳梧道院。是書前有目録，後有張敦仁序。書中有圖，有解，有問答，有"術曰"、"草曰"。此爲單行本，未入《遺書》。

李氏自記曰："爲算之道，要須會通大義。枝枝節節而求之，雖合其數，不足爲法也。歲丙寅，許乃普、萬啓昀從余游，兼及勾股算事。講論之暇，作此卷示之，俾知隨問立術，有一以貫之者耳。"

張氏序曰："吾友李尚之精算法，所著《勾股細草》一卷，舉和較相求七十餘事，以廿五術御之，斯亦簡矣。至其圖解精深，鈎稽離合，窮極幻眇，使廣袤相形，虛法盡實義，非藏心於密、運術於神者，孰能言之若是其明且盡乎？蓋李敬齋《益古演段》，一洗術家溟涬之陋矣，而猶不免於疏略。好學深思之士得尚之書而讀之，古學之興，庶有冀也。因亟梓之，廣其傳焉。"

## 《衡齋算學》六卷

國朝汪萊撰

六九書榭本。此本分爲六册，每册冠以自序。第一、二册板口刻"六九書榭"，巴所刊也。以後爲汪延麟所刊，板口刻"嘉樹堂"。前有嘉慶三年巴樹穀序。第六册有李鋭跋、焦循記，末有門人汪延麟序、羅銓跋。

巴氏序曰："言算術者，古推《周髀》，近數《幾何》。《周髀》精在勾股，《幾何》妙以三角。勾股兆直角之體，三角通勾股之窮，術備蕃緻，厥用至廣，非極深思，罕能究悉。汪君孝嬰獨抒心得，著爲是册，迹堅驗幽，條疏層解，發古先之覆，釋宣城之惑，皆不得已於言，非好爲苟作者。"

李氏跋第五册曰："此卷窮幽極微，誠算氏之最也。"

焦氏記曰："予幼好九九之學，自交李尚之、汪孝嬰，於此學少有進。孝嬰書來，甚言秦、李兩家之非，而剖析其可知不可知，今第五册是也。尚之深歎爲精善，於是秦、李兩家之學益明。"

　　文光案：秦、李書謂《益古演段》、《測圓海鏡》，尚之疏之，孝嬰難之，皆深入其室者也。

　　汪延麟序曰："吾宗先生衡齋，著《算學》二册，巴君已叙而行之。其第三册補六宗三要之闕，第四册樹弧角堆垜之準，第五册釋秦、李之惑，第六册摘若往呐白爾之瑕。爰付梓人，質諸當世。"

## 《衡齋算學》六卷

國朝汪萊撰

　　抄本。凡分六册，每册爲一卷，每卷有自序。前二册爲六九書榭所刊，後四册爲嘉樹堂所刊。前二册有嘉慶三年巴樹穀序，後四册有門人汪延麟序。

　　汪廷麟序曰："吾宗先生衡齋，著《算學》二册，巴君孟嘉既叙而行之。辛酉秋，先生出續著相授。其第三册補六宗三要之闕，第四册樹弧角堆垜之準，第五册釋秦九韶、李冶之惑，第六册摘若往呐白爾之瑕。盥讀之餘，歎爲不朽之制。然秦、李二家久著於世，先生獨加訾議，無乃過乎？先生曰：'李氏《海鏡》"邊股"第五問圓城求徑，則二百四十步與五百七十六步兩數所共也，而偏以二百四十爲答。秦氏《九章》"田域"第二題尖田求積，則二百四十步與八百四十步兩形所同也，而專以八百四十爲答。若斯之類，不一而足，不加是正，何以示後？'伏譯其義，覺先生之言皆能發前人所未發，爰付梓人，質諸當世。"

　　汪氏自序第一册曰："吾友孟嘉屬擬五星，伏見通法，遂求黄赤之交變，尋弧角之比例。乃屏棄成言，渺慮静觀，始覺象數俱顯。因録爲條目，并通法定例、各種取向，所論次形數紙，合爲一册。"

汪氏自序第二册曰："吾友江兼浦以勾弦和與客中求諸數一題課。余考自來算書，有梅君循齋及丁君維烈二法，認題既誤，布算自乖，因別立正術，略言其趣。"

李氏序第五册曰："是卷窮幽極微，誠算學之最也。愚更以正負開方爲說，括爲三例。""論曰：尚之此例，足爲余書之凡。"

## 《少廣正負術內外篇》六卷

國朝孔廣森撰

原本。《內篇》上，有自序。《內篇》中，首自序，次從立方圖，次開法。《內篇》下，首自序，次從上廉圖、從方從下廉圖，次開法。《外篇》上，割圖弧矢十條，新設三角法六條，方田雜法二條，推秦氏方斜求圓算草一條，堆垛一條，各有圖，有術。《外篇》中，勾股和較難題十六條，勾股容方難題二十四條，勾股中長難題十條，勾股不同式難題一條，有圖，有術。《外篇》下，斛方補問。

孔氏自序《內篇》上曰："廣森備官翰林，與窺中秘，得見王、秦、李三家之書。覃思研究，通其義類，試諸籌計，得草若干。梅氏《少廣拾遺》亦但有平方、立方、廉隅圖，至三乘方以上則云不能爲圖。余輒構諸方廉隅圖書首。"

文光案：王孝通、秦九韶、李氏《海鏡》各書俱見前。孔氏表列平方、立方、三乘方，至十一乘。因三乘方施用最廣，特詳其法。四乘、五乘各備一圖，皆有開法。五乘以外非布算所急，則從略云。

趙君卿"勾股圖注法"已盡善，但文義簡古。梅氏推衍申暢，書復繁浩。廣森撮集其要，構例一篇以代講義。然《少廣正負》取等數之用，實不外乎此，故引而著之卷首。

斗斛方者，上下不等之立方，《九章》所謂"方亭"也。諸家算法，但有斛形求積，而無設積求邊之說。唯王氏《緝古算經》亭、倉二題，略舉和較之致。因復衍其緒餘，爲廿有六問焉。

汲古閣有影宋抄本《緝古算經》，卷尾殘缺。

少廣者，其理近於方程，而其用可以該商功、勾股之變。王氏、秦氏書已寓其術，李氏大申明之。至明而失其傳，遂有顧氏《測圓釋術》之編，不達敬齋所立天元一細草，盡舉而刪去，妄哉！西人入中國，見此法而更修之，謂之借根方，不復因天元以取定法。又開方不用古式，於是有數無法，非本少廣之意矣。

## 《勾股容三事拾遺》三卷　附《術》一卷

國朝羅士琳撰

原本。道光七年王氏助刊，板極精工。前有戴敦元、黎應南、鄭復光、徐有壬、王萱齡序并自序六首。卷首曰圖式，曰名義，口設率，曰識別，曰假令三問。卷中曰正率六題，曰雜糅十二題，曰副率十二題。卷末曰盡變三十題。附備例二十五術、凡六十五則。廣例二十五術。凡四十七則。目後、附卷後皆有自跋。書末有黎氏、徐氏校算木記。此《觀我生室彙稿》之第一種，北堂王氏萱齡寫刻別行者也。《彙稿》共二十四種，阮氏所刻十一種，傳本皆稀。茗香此作補繪亭名博啓，滿洲正白旗人。之闕。博書已失，藉此以傳。正如蔣周撰《益古》，李冶爲《演段》，李書傳而蔣名亦著。三事者，方邊、員徑、垂綫也。垂綫之名，仿於《幾何》。李樂城自言其學得諸洞淵九容，九容之名不可考矣。然李氏《海鏡》即以勾股容員立算意，洞淵之學，其神明於勾股者乎？

## 《勾股和較截積算術》二卷

國朝羅士琳撰

《連筠簃叢書》本。楊寶臣校。前有道光壬辰黎應南序。羅書後刻項名達《橢圜術》一卷。凡四術，求橢圜周爲本術，後三術爲求橢圜所由來。

黎氏序曰："《九章》勾股術有容方一問，大、小勾股同形者三，皆可以圖明之。因與茗香夜話論算，偶戲作勾股，容長方爲題，長闊互求，變化不可思議。吾勸其録成一冊，勿致磨滅，茗香獨愧近於算胥也。然通卷中無一問重複，具有精理。在明算者，固歎其謹嚴；在入門者，仍以爲隱祕，安得淺近目之乎？至於傳與不傳，固不暇計。"

右上册四題，二十四術，計附相等，十二術共設九十八式；下册四題，三十術，計附相等，十二術共設一百一式。上、下二册，八題，五十四術，計附相等，二十四術共設一百九十九式。而加減正負之變例，胥不出此範圍矣。

## 《比例匯通》四卷

國朝羅士琳撰

肄九書屋本。嘉慶戊寅年自校刊，有序。又秦恩復序。

羅氏自序曰："數之所恃者，加減乘除耳。奇偶對待則加減之，而巨細立成；奇偶縱橫則乘除之，而綱目不紊。推其原，不過以小比大，以寡比多，以虛比實，以假比真，以彼比此，以舊比新而已，此西人比例法之所以爲最上乘也。苟能明乎比例之率，無論一、十、百、千、萬，以至無量數，紛紜錯亂，皆可不旋踵而徹底澄清，又何尚乎九章哉？惟是九章之名最古，衆人不解九章乃備數而設，遂嘩九章爲牢不可破之格，膠柱鼓瑟，其謬甚矣。殊不知九章即度與數之二端，分而言之：度，量法也。最淺者爲方田，稍進而爲少廣，爲商功，以極於勾股。數，算術也。最淺者爲粟布，稍進而爲衰分，爲均輸，爲盈朒，以極於方程。合而言之，其名雖'九章'，其實則比例也。竊思勾股、少廣相表裏，而方田與商功無異，差分與均輸何殊？自九章之名立而滋人之惑甚夥，與其因比例之不同，分作九章而法轉淆，不若判九章之各別，統歸比例而致用畫一。爰按類相從，謹摘九章中之切於日用所必需者若干條，而爲比例十二種，以各定率比例冠諸首，以借根方比例載諸後，以諸乘方開法附諸末，共成四卷，曰《比例匯通》。庶學士、大夫以及賈人、胥吏，當權衡、度量時，可恍然數之一道無非比例以生，蓋亦聖人所謂一以貫之云爾。"

按："是書成於乙亥之冬，序作於丁丑十月。其比例十二法爲正比例、轉比例、合率比例、設色比例、雙套比例、和數比例、較數比例、和較比例、二色比例、三色比例、四色比例、三角比例，皆在前二卷內。後二卷爲借根方發凡并借根方加減乘除四法、借根方御諸比例法、開諸乘方法、借根方開方法。"

秦氏序曰："羅甥茗香從余執經，受舉子業，已乃盡棄其所爲俗學，周游淮海間。因得博覽疇人之書，日夕研求，心疲目倦，而所著之書成。一曰《憲法一隅》，言歷法也；一則是書而言算法者，曰《比例匯通》，就質於余。余嘗有事於鈞較，未遑卒業，茗香乃先我而尋絕學，後生可畏。"

《九章解》曰："自河圖、洛書出，而隸首作筭，商高著經，算數於是興焉。《周禮·地官》'保氏教國子以九數'，九數者，九章也。一曰方田。方，界域也；田，田疇也。以廣輪而求方直，以周徑而求圓環，即今之丈量法也。二曰粟布。粟，穀也；布，錢也。以嘉量而求量之多寡，以尋尺而求帛之短長，以銖兩而求物之輕重，即今之量倉簽稅及求斤求兩法也。三曰差分。差，等也。物之淆者，等而分之。以貨物多寡求出稅，以人户等第求徭役，以價值貴賤求良楛，即西洋之借衰互徵法也。四曰少廣。廣，橫也。截縱之多，益橫之少，以方法除積冪而求方，以圓法除方實而求圓，即今之開平方、立方法也。五曰商功。商，量也。以堅壤之率求穿地之實，以廣寬崇深求城塹溝渠之積，以車步往來求程途負載之功，即今之土方堆垛法也。六曰均輸。均，平也；輸，送也。以道里遠近而求舟車，以粟數高下而求傲直，以錢數幾何而求傭錢，即今之津貼水腳法也。七曰贏朒。贏，有餘；朒，不足也。設有餘、不足以求隱雜之實數。隱雜者，不見之數；顯者，可見之數。故以顯者推隱雜者，則雖隱雜者驟然難考，而就有餘、不足顯然之數求之，則人數、物價之隱雜者梨然可定，即西洋之比例法也。八曰方程。方，比方也；程，法程也，程課也。數有難知者，據見在之數比方而程課之，則不可知者可知矣。因設數齊其分，以比方之定爲已成之式，法雖有三種、四種以至多種，不過累乘累減，以歸於一法一實而已，即西洋之互乘減并法也。九曰勾股。積闊爲勾，直長爲股，兩隅斜去爲弦。以勾股求弦之斜，以勾弦求股之長，以股弦求勾之闊，以勾股中容方容圓求山水之高深、城塗之廣遠，樹表引矩，一望而知，即西洋之三角法也。夫勾股必藉開方，方田已包勾股。且同一法也，可以雜見於九章，而九章不能各自爲法，故比例通而九章無不通，此九章之名可擯廢而比例之法宜加詳也審矣。況西人另有借根之法，以假借根數方數而求實數，無論九章、三角、割圜皆可統御，益可徵九章實比例，而比例之可以匯通九章者即在矣。”

《借根方發凡》曰：“借根方者，假借根數、方數以求實數之法，即元學士李冶所立天元一是也。原名‘東來法’，西人謂之爲‘阿爾熱八達’，今名乃譯書者就其法而贊言之耳。根者，綫也，面之界也。借根而并言方者，根爲方之邊，若根乘根則成平方，根乘平方則成立方，以至累屢乘及多乘方俱所必用，故名之曰‘借根方’。凡布算者，先借一根爲所求之物，因之以加減乘除，務令與未知之數比例齊等，而所求之數乃出，大致與設色比例相似。然設[一]色比例可以御本類，此則一切算法無不可以御之，是誠比例之大全、數學之極妙者矣。茲僅就諸比例之所設各法用借根方法一一推演之，以明九章即比例之故。其全法容俟另撰借根方解，庶幾由淺及深，引人入勝爾。”

右圖九行，每行九格，始於一，終於九，誠算數之綱維。不拘乘除加減，皆不外乎此。其辭曰“一一如一，一二如二，二二如四”、“一三如三，二三如六，三三如九”，以次推之，至於“九九八十一”。按：商高《周髀經》云：“矩出於九九八十一。”是度圓、方遞歸於矩，而矩之形總不外乎二數相乘。九九者，數之終；一一者，數之始。言九九而不言他數者，以九九之內他數俱該也。

　　文光案：羅氏《觀我生室彙稿》，凡算書十一種，內無此書。秦序所云《憲法一隅》未見，《彙稿》亦不載。

## 《翠微山房數學》三十八卷

國朝張作楠撰

原本。前有嘉慶二十五年雲樵江臨泰序。書凡十五種：《量倉通法》五卷，《方田通法補例》六卷，《倉田通法續編》三卷，《八綫類編》三卷，《八綫對數類編》二卷，《弧角設如》三卷，《弧三角舉隅》一卷，《揣籥小錄》一卷，《揣籥續錄》三卷，《高弧細草》一卷，《新測恒星圖表》一卷[二]，《新測更漏中星表》三卷，《金華晷漏中星表》二卷，《交食細草》三卷。有總目，無總序。

江氏序曰：“右《倉田通法》十四卷，金華張丹邨先生教授括蒼時撰也。初阮少保撫浙時，製量倉尺，頒行各屬，不用斛率，即知穀數，法甚捷。丹邨因華亭徐華西延緒之問，推其立法之根，又以量倉田向無專書，而現丈量各訣立法未密，反覆推算，成《量倉通法》五卷、《方田通法補例》六卷，合爲一編，名曰‘倉

田通法'。寫定後，復因俞愛山俊問立天元一法，即取倉田諸題入
以天元之術，成《續編》三卷。以稿本寄范君景福校勘，未竟而
范君疾作，乃屬余竟其事，并屬補諸圖付梓。夫理之至者，中西
一轍；法之精者，先後同揆。自談西學者詆古法爲粗疏，而伸中
法者又或執古率以難新術，不知三角即勾股也，借根方即立天元
也，三率比例即今有術，重測即重今有術也，借衰即衰分之列，
衰疊借即盈朒之假令也。是書融會中西，貫徹爲一，而於各法之
殊塗同歸及隱奧難曉如立天元、借根方者，尤推闡曲暢，因端竟
委，厥功偉矣。"

《八綫表》自序曰："西人對數，以加減代乘除，最簡妙。阮
少保謂對數爲八綫設也。舊表不列割綫，《數理精蘊》用比例法增
補，尤爲完備。玆求簡便，分弦切爲二類，而列求割綫、矢綫法
如左。"

《弧三〔三〕角設如》江臨泰序曰："是編融會諸家，括以二十八
例，條分縷析，綱舉目張。其於弧角比例可謂毫髮無遺憾矣。輒
不自揣固陋，增衍對數於各例後。"

　　文光案：江序最佳，不及備録。稱慎修爲家慎修，宜其
　　精於算學也。

《弧三〔四〕角設如》齊彥槐序曰："江君云樵演弧角之算，而歎
西人對數之妙爲不思議。予疑汪衡齋總較法不便用對數之説。云
樵曰：'總較法非不可用對數，衡齋不解用耳。'因檢《赤水遺珍》
所載三弧求角開平方得半角、正弦二術，予煥然冰釋，知此二法，
西人特爲對數設，其至繁者乃其至捷者也。予嘗謂東原爲人不如
勿庵，梅書惟恐人不知，東原則惟恐人知。勿庵用西法，則曰此
西法也，用其法必闡其理；東原則用西法而避其名，且務爲簡奧，
令人猝不易了：此非由心術之不同乎？丹邠之言曰：'法取其密，
何分今古？算取其捷，何問中西？'通人之論也。是編弧三角形參

伍錯綜及諸家同異之説，悉具其中，既作釋何[五]以推作法之原，復列對數以便布算之用。東原所祕爲絶學者，一旦公之人人，非大快事哉？"

《弧三[六]角設如[七]》自序曰："梅徵君《弧三角舉要》及梅循齋、江慎修、戴東原、焦理堂諸家書，讀者目眩心迷，無從入手。因仿算經設如之例，各撰細草，以便初學。"

　　文光案：《設如》自序後附《弧三角舉隅》一卷，江臨泰雲樵撰。自序曰："與友人談弧三角術，輒[八]輒成小佚。丹村獨愛之，以爲簡明直捷，强索付梓。"又《揣籥小録》有趙懷玉序，有作日晷法、作時刻尺法、作分釐尺法。又《續録》自序曰："余既撰《小録》以備測時之用，復列此表以補所未備"云云。表前有算例，表後附與友人論《高厚蒙求》書，言徐氏學無本原，罅漏百出。

《高弧細草》自序曰："古人以高弧測景，求天於平面，其用甚鉅，其法甚繁。彼立表求地中，經生家紛紛聚訟無論已，即郭邢[九]臺行測四出，所得無幾。熊三拔創製各晷，視古法較捷，然多未確。馬德稱《四省表影立成》僅及午正，已爲勿庵所稱，非以此法未易操觚歟？爰列垂弧總較法於前，以溯其原；次以矢較、正弦及對數、總較諸法，以通其變；再列雲樵所創新術及各表於後，以妙其用，而附以所衍各草，彙爲一帙。"

《恒星圖表》自序曰："仰測之術，畫圖與製器相資。舊傳星圖依《步天歌》爲之，合南北爲一圖，北既太狹，南復太寬，仰觀難合。新法星圖雖分爲二，但用西測，數與《儀象志》未符。隨時消息，自能密合。執舊圖以驗今測，疑與垂象不符者有之。雲樵依乾隆甲子新測推衍至道光癸未，得其真度，製徑尺新球。"

　　文光案：凡二十三圖，其後爲表。星官名數，古今不同。

　　又案：《中星表》前有一圖。

胡氏《中星譜》以列宿爲主，所紀爲星座正中時刻。《中星更錄》則以更漏時刻爲主。是錄採入《五禮通考》，坊間亦有單行者。然據乾隆甲子以合今測，是不知有歲差矣；以京師漏刻移之江南，是不知有里差矣。因依《中星更錄》法衍爲《更漏中星表》。

依金華北極高度衍《晷景表》一卷，復依道光癸未天正度成《更漏中星表》一卷，合爲一編，名曰“金華晷漏中星表”。

歷算莫難於交食，因依欽天監求交食法，用西人對數之術，推甲申六月朔日食，各得細草一帙。　弧三角法全憑八綫，故類編表之。

## 《割圜連比例術圖解》三卷

國朝董祐誠撰

原本。此《方立遺書》之一。前有董其誠序、祐誠自序，又後序。

董氏序曰：“方立生五歲，曉九九數。年十八，與同里張彥惟共治算學，盡通諸家法。又十年，居京師，識秀水朱筠籠，學益進，逾年乃成是書。余不通算書，而筠籠、彥惟皆專門學也。二君於是書推許甚至，爰以冠羣書之首。”

董氏自序曰：“梅文穆公《赤水遺珍》載西土杜德美圜徑求周諸術，語焉不詳，罕通其故。朱先生鴻以杜氏《九術》相示，蓋張豸冠所寫者，九術以外別無圖説。聞陳氏際新嘗爲之注，爲某氏所秘，書已不傳。乃反尋繹，究其立法之原，蓋即圜容十八觚之術，引伸類長，求其累積，實兼差分之列衰，商功之堆垜，而會通以盡勾股之變。《周髀經》曰：‘圜出於方，方出於矩，矩出於九九八十一。’圜，弧也；方，弦矢也；九九八十一，遞加遞減遞乘遞除之差也。方圜者，天地之大體，奇耦相生，出於自然，今得此術而方圓之率通矣。分圖著解，冠以《九術》原文，并立弦矢互求四術，都爲三卷。辭取易明，有傷蕪冗，其所未瘥，俟有道正焉。嘉慶二十四年。”

董氏後序曰：“《割圜解》已成之二年，朱先生復得《割圜密率捷法》四卷，蓋乾隆初欽天監監正明圖所解，而門人陳際新所續成者。師弟相承，積三十餘年之久，推其用心可謂勤矣。陳氏序言‘圜徑求周及弧求弦矢三術爲杜德美氏所作，餘六術則明圖氏補之’，與張先生所傳互異。道光建元六月朔日。”

## 《橢圓求周術》一卷

國朝董祐誠撰

原本。此《方立遺書》之二。前有道光元年自序。書僅一葉半。

董氏自序曰：“橢圓求周，舊無其術。朱先生爲言，圜柱斜剖則成橢圓，是可以勾股形求之。因即先生之説稍爲發明，系以圖釋。”

## 《斜弧三邊求角補術》一卷

國朝董祐誠撰

原本。此《方立遺書》之三。前有自序。

董氏自序曰：“《赤水遺珍》有弧三角形，三邊求角，開平方得半角正弦法、解，與《天學會通》三邊求角，用對數術略同。其術視總較術稍繁，然用於對數，則此爲簡省矣。薛氏有法無解。梅氏以平行綫作同式三角形釋之，義亦未顯。暇日尋繹，別爲圖解，并補求又一角術。”

## 《堆垛求積術》一卷

國朝董祐誠撰

原本。此《方立遺書》之四。前有自序。

董氏自序曰："堆垜求積三乘以上，舊無其術。汪氏《衡齋算學》始創諸乘方三角堆求積術，以爲古所未發。予釋割圜捷法，更得求諸乘方所成之方錐堆術，繼復以縱方堆推之，得諸乘方所成之縱方堆術，亦謂此兩術又汪氏所未發也。近讀《四元玉鑑》'菱草形段'、'果垜疊藏'諸問，求其天元如積之原，則與諸術皆一一符合。爰取舊撰兩術，比而録之。"

以上天文算法類算書之屬。

# 《疇人傳》四十六卷

國朝阮元撰，羅士琳續補

琅嬛仙館本。嘉慶四年揚州阮氏校刊。前有阮氏自序、凡例，又羅士琳續補序。

阮氏自序曰："掇拾史書，薈萃羣籍，甄而録之，以爲列傳。自黄帝以至於今，凡二百四十三人，附西洋三十七人，大凡二〔一〇〕百八十人，爲四十六卷，名曰'疇人傳'。綜算氏之大名，紀步天之正軌，質之藝林，以驗來學。"

凡例："步算一途，深微廣大，非專家不能辨。《史記・歷書》'疇人子弟分散'，如淳注曰：'家業世世相傳爲疇，所謂專門之裔也。'是傳以疇人爲名，義取諸此。""是編專取步算一家，其以妖星云氣占驗吉凶及壬遁風角之流涉於内學者，一概不收。""言天者，古有《周髀》、'宣夜'、'渾天'三家。'宣夜'絶無師説。'渾'、'蓋'互相駁難，至崔靈恩而始合爲一。魏晉間又有'昕天'、'穹天'、'安天'之論，所執雖殊而各有旨趣。學者先了然於日月列星、天體運行之故，而後可以步算，故六天之説皆詳録焉。""是編於儀器制度摭録特詳，使知算造根本，當憑實測；實測所資，首重儀表。不務乎此，而附合於律於《易》，皆無當也。""凡議論行事，與推步無涉者不録，此專書之例也。""《開元占經》所列各術，足補史志之缺。""是編融會中西，歸於一是。其謬妄不經者，皆寓褒貶，評其得失。""校録者李鋭、周治平，其力居多。錢少詹大昕、凌教授廷堪、談教諭泰、焦明經循並爲印正，乃勒爲定本。"

阮氏續序曰："羅氏茗香補前傳所未收者，得補遺十二人，附見五人，續補十九人，附見七人，大凡四十三人，分爲六卷。次於前傳四十六卷之後，統前傳共成五十二卷。"

因時制宜，即《孟子》所謂"苟求其故"。枚乘曰："孟子持籌而算之，萬不失一。"此漢人之言，必有所本。

談泰《疇人解》曰："古者'農不去疇'，'農之子恒爲農'，農本有世世相傳之義，故封賞臣下詔疏多用'疇其爵邑'。""'疇'與'儔'通，即輩也。《齊語》'人與人相疇'，是爲疇人根據。""'疇'之言傳也，義本於農，而凡世世相傳之業，皆可目爲疇人。"

張蒼本秦人，其所傳必羲和、周公之遺。劉徽序《九章》云："張蒼、耿壽昌各稱删補。"

太史公首建正朔之議。

三代推步之書，秦火無餘，可考者自劉歆《三統術》始，班固稱爲"推法密要"。惟述統母之生，多傅合《易》卦鐘律。按以算理，實多未然。

文光案：《養新録》有《三統術注》。又案：《漢天文志》云："秦燔《詩》、《書》，星官之書，全而不毀。"《傳》云"推步之書，秦火無餘"，不知何本。

潘聖樟曰："西域諸歷有閏年閏日而無閏月，蓋中歷主日而西歷主度，不可强同也。今西洋悖其本法。"

蔡邕曰："今術之不能上通於古，猶古術之不能下通於今。"偉哉！斯言。使不效於今，即合於古，無益也；苟有效於今，即不合於古，無傷也。

康成在馬融門下三年，不得見。融聞其善算，乃召見樓上。鄭學有本，東京諸儒不逮也。

徐岳《數術記遺》一卷，即《算經十書》之一。

趙爽字君卿，注《周髀》。其《勾股方圓圖注》五百餘言，包蘊無遺。

杜預《春秋長術》於推步無當，其謂當順天以求合，非爲合以驗天，千古步算之要，該括無遺。

"渾"、"蓋"自古紛爭。崔以"渾"、"蓋"爲一，亦謂兩説可通究之。天體是一，不得既爲"渾"又爲"蓋"也。繪圖以象天，則"蓋天"之説便；造儀以驗天，則"渾天"之説長。觀葛洪之論，"蓋"不如"渾"之有驗於天也。

古無歲差之説，有之，自晉虞喜始。

王寅旭《遺書》，正古法之誤而存其是，取西説之長而去其短，據依圭表改立法數，識者無不稱善。

西人言蒙氣差能升卑爲高，映小爲大，與炭所稱正合。《論天》一篇，《隋志》以爲安炭之語，錢曰："當爲'姜岌'，字脱其半耳。"

何承天立強、弱二率，以調日法，由唐迄宋，不敢變易，可謂卓然名家矣。

祖沖之所著《綴術》，唐立於學官，限藏最久，其祕奧可知。自宋以來，是書不傳，重可惜已。

沖之子暅之造圭表，測景驗氣，用力深矣。

甄鸞著述最富，數學之大家。

劉焯推步日月之經，量度山海之術，莫不覈其根本，窮其祕奧。

唐《麟德術》大旨本於《皇極》。

九執術，西法之自出也。譯於唐時，其法尚疏，今爲更密。瞿曇悉達上言云："九執術法，梵天所造，五通仙人承習傳授。"

一行，俗姓張，名遂。開元九年，詔僧一行作新歷。十五年，草成，而一行卒。推步之法至《大衍術》備矣。《術議略例》援據經傳，旁采諸家，其學博，其詞辯，後來算造者未能及也。然推本《易》象，終爲傅合昔人，謂其以《易》炫衆，乃定論也。《大衍》最爲精密，後世治歷皆用其法。　《一行傳》三卷。

李淳風《麟德術》，後來術家皆效之。宋嘉祐末，詔周琮作新歷，小變其例。所著《義略》原原本本，可以考算造家以强弱方程推積年日法之故；《論術》一篇，列序古今評論，得失咸得其中。

沈括於步算之學深造自得，所上《三義議》并得要領。其"景表"一議尤有特見，所謂烟氣塵坌〔一〕、出濁入濁之節，日月不同，即西人蒙氣差所自出也。"積隙"、"會圓"二術補《九章》所未及，《授時術草》以三乘方取矢度，即寫會圓術也。惟以閏月爲贅疣，不合經義。

宋忠稱"奉元法"不存。李尚之據《元史》所載積年日法算補《氣朔》、《發斂》二篇，足補前史之缺。

史家編年之體，以日繫月，例書甲子。然不知其朔，則甲子爲可删。杜解《春秋》，所以有《長術》之作也。劉羲叟徧通前代步法，上起漢元，下迄五代，爲《長術》，於是氣朔及閏一二可考，其有功於史學甚鉅。錢少詹輯《宋遼金元四史朔閏考》，蓋以續羲叟《長術》也。

楊忠輔歷成，賜名"統天"。唐、宋諸家皆用積年日法，郭邢臺《授時》刊而去之，當時號爲最密。而以"統天"之法較之，乃往往相合。梅曰"宋術莫善於紀元，尤莫善於'統天'"，諒哉！

自元郭守敬《授時術》截用當時爲元，迄今五百年來無復加演紀之法者，獨《數學九章》猶存其說，可考古人推演積年日法之故。明顧應祥《測圓海鏡分類釋術》詳衍開方諸法，然加減混淆，學者昧其原本。讀九韶書，而後知昔人開方除法固有一以貫之者。

楊輝《算法統宗》所稱十八種算法，今無一存者。

郭守敬，字若思，順德邢臺人也。大父榮精於數學，使守敬從劉秉忠學。著書甚多，并藏之官，集古法之大成，爲將來之要典。自"三統"以來，言術者七十餘家，莫之倫比也。

李謙二卷，全錄《元史》本傳，無論。

趙友欽一卷，錄《革象新書》。算書難讀，友欽罕譬曲喻，出以平易，《小罅[一二]光景》、《乾象周髀》諸篇尤有深得。惟"地上天多，地下天少"之說於理不然。

劉基進《戊申大統歷》。

洪武三年，改司天監爲欽天監，以回回科隸焉。詔吳伯宗與李翀同譯《回回歷》。《九執》、《萬年》不行於當時，而《回回經緯度》乃得與《大統》始終參用，蓋其法屢變加精，漸合天象矣。

王禕《重修革象新書》二卷，篇目次第與原書小異。

唐順之習"回回法"而不知最高，讀《海鏡》而不知立天元術，凡所論述，祇得其淺。

明代算學，習之者鮮，雖好學深思如顧應祥，所造終未能深入奧室。

邢雲路《古今律歷考》，多援經史以張其說，宜梅徵君不滿之也。蓋文章繁富，本無當於實學，以之欺世，則亦何益哉？

程大位算學未能深造，故其爲術類多舛錯，然雜采諸家，往往有宋、元舊法。如仙人換影之等，非所能造也。卷末《算經源流》一篇，明代算家略具。　大位《算法統宗》以古《九章》爲目，後以難題附之。

西人書、器之行於中土也，李之藻薦之於前，徐光啓、李天經譯之於後，三家皆習於西人。是時《大統》之疏闊甚矣，數君子起而共正之，其有功於授時布化，豈淺小哉？

自利氏東來，得其傳者，光啓最深。所傳修《崇禎歷書》，凡一百二十六卷，反覆引伸，務使其理其法足以人人通曉而後已。今言甄明西學者，必稱光啓，蓋精於幾何，得之有本，其識見造詣非文魁、守忠輩所能幾及也。

王錫闡，字寅旭，吳江人也。兼通中西之學，著《曉庵新法》六卷，爲術深妙。王氏精而核，梅氏博而大，各造其極，難分軒輊也。今梅學盛行而王學尚微。寅旭無子，其業不傳，故知之者少。其遺書皆寫本，得之甚難。　傳二卷。

潘聖樟與寅旭善，同講算法，著《辛丑歷辨》。

楊光先著《不得已》二卷，專攻西法，見《池北偶談》。東原云：“西人以重價購不已，焚之，蓋深惡之也。”光先於步算之學本不甚深，事敗，論大辟，免死，卒於家。或云西人毒死者，非也。明人持中法以難西學者，有魏文魁，其造詣遠遜唐、宋術家，徒欲以意氣相勝，多見其不知量矣。

胡亶著《中星譜》、《周天現界圖》、《步天歌》行於世，其譜雖不足就正大雅，可爲始學津梁。自序云：“識星爲治歷根本。”

梅氏之高第曰劉湘煃，其遺書無一傳者，見《識學錄》。

邵子《元會運世》出於臆造，其所謂“數”亦非《周官》“保氏”之法。

　　文光案：《疇人傳》亦傳記類之書也。因所記者皆疇人，故入之算書類。如《印人傳》、《畫史彙傳》皆入之藝術類是也。或以人傳，或以事傳，固不同也。

　　右天文算法類。

　　算法自隸首以來，詳於《周官》，述於漢、晉，明於唐，精於元，至我朝而大盛。今所録者，凡四十家。自古步算、占候，分而爲二。《周禮》"馮相"、"保章"，所司各異；《漢志》天文、術譜，判然兩類。宋大觀算學合而一之，非也。然天文與算法實相表裏。謹案：《簡明目録》區分爲二，以便觀覽。《算學十書》，《綴述》久亡，止存其九。宋之秦、元之李，其最著者。明萬曆間，利瑪竇航海至廣東，此西法入中國之始也。穆尼閣新西法與舊説互異，薛氏所譯語焉不詳，故知其術者絶少。梅徵君爲國朝算學第一人，而法兼中西。江、戴囿於西法，文字艱深。惟錢宮詹集其大成，方之勿庵，未易軒輊也。李尚之、焦理堂、汪孝嬰爲"談天三友"，而李尤勝。董方立亦尚之之流亞，使永其天年，算學未可量也。其他書有未見及學有未至者，不詳述焉。

## 校勘記

〔一〕"設"，原作"飾"，據上文改。

〔二〕據《翠微山房數學》，此下當脱"《新測中星圖表》一卷"八字。

〔三〕"三"，據同上書當衍。

〔四〕同上。

〔五〕"何"字似訛，存疑備考。

〔六〕"三"，據《翠微山房數學》當衍。

〔七〕"如"，原作"其"，據上文改。

〔八〕"轍"，衍，當删。

〔九〕"邢"，原作"行"，據《元史》卷一六四《郭守敬傳》改。

〔一〇〕"二"，原作"三"，據上文改。

〔一一〕"坙"，原作"氛"，據《宋史·天文志》改。

〔一二〕"罅"，原作"隙"，據《革象新書》改。

# 子部七

## 術數類

## 《太玄》十卷

漢揚雄撰

明本。江都郝梁校刊，明刻之最佳者。所據雖是宋本，而不依舊式。前人以爲據萬玉堂本，恐不足憑。圖附後説六葉，又有溫公《集注序》及《説玄》集事。此本爲范望之注，不應搶入溫公序。愛日精廬所藏即此本，亦不易得也。雄著《太玄》，見《漢書》本傳。《隋志》：“《太玄經章句》九卷。”《章句》久佚。末有嘉靖甲申郝梁刊書跋。

《漢紀》：“雄好賦頌，晚節以爲無益而輒止，乃依《易》著《太玄經》。其文五十萬，筮之以三十策，關之以休咎，播之以人事，義合五經。而辭解剥玄體十一篇，復爲章句。”阮孝緒曰：“《太玄經》九卷，揚雄自作章句。”

桓譚曰：“揚雄作《玄書》，以爲玄者，天也，道也。言聖賢制法作事，皆引天道以爲本統，而因附續萬類、王政、人事、法度。故宓羲氏謂之‘易’，老子謂之‘道’，孔子謂之‘元’，而揚子謂之‘玄’。《太玄經》三篇，以紀天、地、人之道，立三體，有上、中、下，如《禹貢》之陳三品。三三而九，因以九九八十一，故爲八十一卦。以四爲數，數從一至四，重累變易，竟八十一而徧，不可損益，以三十五蓍揲之。《玄經》五千餘言，而傳十二篇。”又曰：“揚子雲才知開通[一]，卓絶於衆。所造《法言》、《太玄》，漢興以來，未有此也。”

宋維幹曰：“揚子欲贊明《易》道，乃大覃思渾天而作《太玄》。”

朱[二]或曰：“《易》有‘元、亨、利、貞’，《玄》有‘罔、直、蒙、酋’；《易》有‘彖’，《玄》有‘首’；《易》有‘爻’，《玄》有‘贊’；《易》有‘象’，《玄》有‘測’；《易》有《説卦》、《序卦》、《雜卦》，《玄》有‘數’，有‘衝’，有‘錯’。其他率多此類。”案：溫公亦有此説，謂《易》與《太玄》道同而法異，殊途而同歸。朱氏之意，不以爲然。

朱震曰：“歷元始於冬至，卦氣起於中孚。其書本於夏后氏之《連山》。子雲通達陰陽之數，故《太玄》之作，發明《連山》之旨，其大要則歷數也，律在其中也。”

晁公武曰：“《太玄經》十卷，當時誚其艱深，其後字讀多異。予嘗以諸家本參校，不同者疏於其上。”

陳淳曰：“《太玄》本爲擬《易》而作也，而又參之《易緯》，以序卦氣，準之《太初歷》，以考星度，蓋雜乎爲書而不純於《易》，密於數而道則未也。”

陳振孫曰：“初宋、陸二家各依舊本解釋，范望折衷長短，或加新意，既成此注，乃以《玄首》一篇加經贊之上，《玄測》一篇附贊之下，爲九篇，列爲四卷。《首》、《測》二序載之第一卷之首，蓋猶王弼離合古《易》之類也。卷首有陸績《述玄》一篇。”

趙汝梅曰：“揚子雲擬《易》以作《太玄》而主於歷，魏伯陽假爻象以作《參同契》而主於養生，他如《洞極》、《元包》皆依仿卜筮而作，又何害於《易》哉？”

鮑雲龍曰："《太玄》仿焦京卦氣而作，朱子已言之矣。若邵子學程子，嘗稱之曰'堯夫之學大抵似揚雄'，又曰'亦不盡如之'，則於揚子之學信乎其深有所得矣，故每取揚子之説。又云：'子雲既知歷法，又知歷理。'又云：'子雲作《太玄》，可謂知天地之心。其他默會處甚多，是經世之作。'於《太玄》不無所助也，而謂其學盡出於《玄》則不可。某非深於《玄》者也，亦粗識其梗概而不忍棄耳。"以上録於《經義考》。

文光案：朱氏《經義考》有"擬經"一門，以《太玄》爲首。王長元《通玄經》、見《晉書》。關朗《洞極經》、隋、唐志不載，朱氏以僞撰。衛元嵩《元包》、張志和《太易》，皆《太玄》類也。文軫《信書》、余稛《蓰書》、張慶之《測靈》，皆擬《太玄》者也。他如孔衍《漢尚書》，王通《續書》、《續詩》，孫思邈《千金月令》，劉孝恭《遁甲月令》，錢𥟖《續越絶書》，張遐《吳越春秋外紀》，崔良佐《三國春秋》，亡名氏《兵春秋》，王柏《續國語》，劉黻《濂洛論語》，符彦卿《兵書論語》，何孟春《家語傳》，綦師系〔三〕《玄道孝經》，劉炫《酒孝經》，王柏《大爾雅》，崔銑《小爾雅》，朱升《小四書》之類，朱氏皆以爲擬經，其於經義不已遠乎？故西河視之而瞿然，此則嗜博之過也。然吾於此得以考見史部、子部之書，則亦有可取者焉。子雲之著《太玄》也，張衡以爲與五經相擬，陸績以爲與聖人同趣，《大易》、《春秋》不能是過，其稱之也至矣。然在當時，張伯松不肯一觀，其後議者以爲屋上架屋，頭上安頭。袁準以爲幽虚少致；顔之推以爲今竟何用；楊時以爲最誑後學，未嘗知《易》；鄭東卿以爲泥於文字，後世忽之；陳淳謂其不免老、墨之指歸，於《易》無所發明；伊川、東坡皆非之。豈譽之者過其實，而毀之者失其真乎？平心而論，子雲多見古書，且識奇字，又通歷元，其書決非泛泛然作者。不然，大儒如溫公、邵子皆深嗜而篤好之，豈無見而然哉？朱子著《綱目》，雖書"莽大夫揚雄"，而於《玄》亦有取焉，固不以人廢言也。昔溫公以《玄》爲讀《易》之門，而以《潛虛》續之；邵子謂《玄》見天地心，而以《皇極》繼之：是真天下之奇書也。注《太玄》者，有宋衷、王肅、陸績、虞翻、陸凱、范望、王涯，凡十數家。別有《太玄圖說》、《玄翼》、《玄幽贊》、《發微》等書，皆見於朱《考》。而楊泉又有《太玄經七録》十四卷。梁元帝曰："桓譚有《新論》，華譚又有《新論》；揚雄有《太玄經》，楊泉又有《太玄經》。"或曰："桓譚有《新論》，何處復有華譚？揚子但有《太玄經》，何處復有《太玄經》也？"楊泉《太玄》，《通志》無"經"字。《意林》所抄，存百餘言。皆由不學使之然矣。

王氏曰："揚雄作《解嘲》，自述作《太玄》五千文，支葉扶疏，獨説十餘萬言。案：今《太玄經》具存。晉范望叔明所注共十卷，後附陸績《述玄》、王涯《談玄》，宋右迪功郎、充兩浙東路提舉茶鹽司幹辦公事張寔所校勘也。按其正文，大約與五千文之數合。至説十餘萬言，則當爲《法言》，非指《太玄》。然今《法言》亦具存，凡十三篇，分爲十卷。晉李軌，唐柳宗元，宋宋咸、吳祕、司馬光注。按其正文，大約不及萬言，而此云十餘萬言，則不可解。"錄於《十七史商榷》。

蔡氏新曰："大梁周亮工《書影》曰：'蜀秦宓與王商書："如揚子雲潛心著述，有補於世，泥蟠不滓，行參聖師"云云。'使《美新》果出子雲，宓何以云'行參聖師'耶？焦澹園爲子雲辨證甚明。《潛居録》亦云揚子雲恬澹寡營，不競時名，以賣文自贍，文不虛美，人多惡之。及卒，其怨家取《法言》，援筆益之曰'周公以來未有漢公之懿也，勤勞則過於阿衡'云云，繕寫行世，至今靡有白其心迹者。馮元成以《美新》爲劉棻作。棻，劉歆子。長洲汪琬跋《楊雄傳》云：'吾吳楊莊簡公嘗參政於四川，作《郫縣楊子雲祠堂記》，歷引郫人簡氏、吉人胡氏之説，辨子雲未嘗仕莽。而胡氏説尤詳，大略謂傳言雄作符命投閣，年七十一，天鳳五年卒。考雄至西京，年四十餘，自成帝建始改元至天鳳五年，計五十年，以五十合四十餘，不將百年乎？則傳言七十餘者，恐誤。據桓譚《新論》，雄作《甘泉賦》，夢腸出，收而納之，明日遂卒。成帝祠甘泉在永始四年，謂雄卒是時，恐亦未然。就《法言》考之，莽之號安漢公也，在平帝元始間。《法言》稱漢公，且云漢興二百一十載，自高帝至平帝，正值其數，則雄年七十一卒，當在平帝末。雄仕歷成、哀、平，故稱三世不徙官。若復仕莽，又豈止三世哉？由是知雄決無爲莽大夫及投閣、《美新》之事。其説可謂辨而核矣。但班孟堅去子雲時已遠，其傳訛固宜。桓譚親見子雲，何差謬乃爾？殆不可解也。王介甫諸家以年數考之，謂子雲與莽不相及，上符命、投閣恐係谷子雲事。案《漢書》，孝成帝時，客有薦雄文似相如者。上方祀甘泉，召雄待詔承明之庭。正月，從上甘泉還，奏《甘泉賦》。班固贊曰：'雄自序年四十餘，自蜀來京師，大司馬王音薦雄待詔。歲餘，奏《羽獵賦》。'幸甘泉爲永始四年事，長楊校獵爲元延二年事，則雄之待詔承明，當在永始三、四年。雄也年四十餘，官京師，亦烏知其爲四十九與四十一耶？若以四十一當永始四年，則天鳳五年適當七十歲，豈得以建始改元歷天鳳爲年近百歲乎？不得以是傳誤。又贊言'當成、哀、平間，莽、賢皆爲大夫，而雄三世不徙官'，亦非謂雄歷官止三世也。且當莽時，雄已稍遷爲大夫，豈得云不徙官乎？孟堅作史，去雄没纔四十餘年，不應錯謬如是。大抵文人學士愛子雲之文，必曲爲之護其失，雖昌黎猶推尊之，況其下者乎？紫陽千秋直筆，特書曰'莽大夫'，豈其以訛傳訛，漫不詳考，誣千秋之大儒？必不然矣。惟桓譚《新論》則誠無稽之言，不足信也。"
錄於《緝齋集》。

吳氏跋曰："宋本《太玄經》十卷，後附王涯《說玄》五篇、
《太玄經釋文》一卷，萬玉堂刊本。有'右迪功郎、充兩浙東路提
舉茶鹽司幹辦公事張實校勘'一行。每葉十六行，每行大小俱十
七字。中多缺筆避諱之處。有'太師趙氏世德堂'印、'長川吳
氏'諸圖記。盧學士借校。原缺三卷，學士影鈔補全，并記云
'釋文一卷'，注云：'此本自侯芭、虞翻、宋衷、陸績，互相增
損，傳行於世，非後人之所作也。'按：是書紙色甚舊，每卷署
'晉范望字叔明解贊'。卷末有云：'楊氏本自《玄首》以下至
《玄告》，凡十一篇，并是宋衷解詁、陸績釋文，共爲一注。范望
采二君之業，折衷長短，或加新意，就成此注，仍將《玄首》一
篇加經贊之上，《玄測》一篇附逐贊之末。餘自《玄衝》以下至
《玄告》九篇，列爲四卷。三家義訓互有得失，以待賢者詳而正
焉。'"錄於《拜經樓題跋記》。

文光案：吳氏所記者，即萬玉堂本。子偲以萬玉堂本校
郝本，補正千有餘字，可知郝本非萬玉堂本也。黃石齋本即
用萬玉堂覆刻而削去板心"萬玉堂"字。

# 《太玄》十卷

漢揚雄撰

明本。此王道焜、朱欽明所校。前有溫公序、天啓丙寅張元
徵序、鄭子龍序，次太玄圖，次凡例，次《說玄》。

例云："《太玄》注向稱晉范氏本、宋司馬氏本爲善，但范簡
而司馬繁。我明葉氏本亦多重複。茲刻互證諸家，句櫛字比，精
晰備列。"又云："向刻《韓非子》、《董子繁露》，續刻《太玄》、
《晏子春秋》，隨有數子，彙爲九種。"

文光案：此本爲趙世楷所刊，不如郝本，惟《太玄圖》爲諸本所無。撰圖者，宋有、章詧、孔旼林，共三家，俱佚。邵子有《太玄準易圖》，未見。今圖不知誰作。又案：晁《志》："《説玄》一卷，唐宰相王涯廣津撰。凡五篇，《明宗》一，《立例》二，《揲法》三，《占法》四，《辨首》五。"陳《録》同，蓋完書也。焦袁熹有《太玄解》一卷，刻入《藝海珠塵》，凡三十五條，宜參看。

## 《太玄集注》十卷

宋司馬光撰

五柳居仿宋本。前有元豐五年温公自序，次《説玄》，次《讀玄》。即集中《説玄》。末有温公識語并《太玄歷》，附徐楨卿三跋、嘉慶戊午五柳居主人陶氏跋。温公集七家之注，自慶曆至元豐，凡三十年始成。

温公自序曰："漢五業主事宋衷始爲《玄》作《解詁》，吳鬱林太守陸績作《釋正》，晉尚書郎范望作《解贊》，唐門下侍郎、平章事王涯注經及《首測》。宋興，都官郎中、直昭文館宋惟幹通爲之注，秦州天水尉陳漸作《演玄》，司封員外郎吳祕作《音義》。慶曆中，光始得《太玄》而讀之，作《讀玄》。自是求訪此數書，皆得之。又作《説玄》，疲精勞神三十餘年，訖不能造其藩籬。以其用心久，棄之似可惜，乃依《法言》爲之集注。誠不知量，庶幾來者或有取焉。其直云'宋'者，冲子也；'小宋'者，昭文郎中也。"

文光案：元豐五年壬戌，公居洛，時年六十四歲，提舉西京嵩山崇福宮。《傳家集》無此序，無《説玄》，又誤以《讀玄》爲《説玄》。此本十卷。《傳家集·年譜》作八卷；《山西通志》作六卷；公《行述》一本作八卷，一本作一卷：

皆誤，十卷爲是。

諸家皆謂之《太玄經》。按子雲《法言》、《解嘲》等書，止云《太玄》，然則“經”非子雲自稱。今從之。溫公注。

右許翰傳《太玄歷》出溫公手録，不著誰作。　弘治乙卯臘月，封溪邢參觀於皋橋唐伯虎家。　此本舊藏唐子畏家，後以贈錢君同愛，更無副本。丁巳徐禎卿識。

陶氏跋曰：“揚子雲《太玄經》今所行者，惟范望解而溫公注本。雖明嘉靖[四]間有刊本，然經文與注均作大字書，其間舛訛殊甚，且其本世亦不多見焉。余從秋塘張君處得影寫宋鈔本，乃前明唐子畏家藏本，因即付梓。行款悉照原書，復挽顧君澗蘋重校一過，遇有疑似之處，仍存其舊，蓋慎之也。自後讀子雲書者，得溫公注本而識取指歸矣。”

文光案：溫公注，《四庫》未收，最爲難得。趙世楷雖刻溫公注，而明人校書多所删潤。陶五柳爲京坊主人，多刻古書，此其仿宋刻之一種，誠佳本也。

張氏曰：“前輩讀書，所嗜各不同。司馬溫公酷好揚子雲《太玄》，而作《書疑》詆孟子，謂揚子真大儒，孟與荀殆不足擬。自云：‘少好其書，研精極慮，歷年已多，始敢爲注。每閲《太玄》，必屏絕人事，讀必數十過。’其嗜之也如是。而老蘇獨不喜揚子，云：‘雄之《法言》辯乎其不足問也，問乎其不足疑也，求聞於後世而不待其有得，君子無取焉耳。’又曰：‘雄於《太玄》，好奇而務深，故辭多夸大，而可觀者鮮。’又曰：‘使雄有孟子之書而肯爲《太玄》耶？’二公所見不侔如此。”録於《雲谷雜記》。

韓氏曰：“《太玄》其辭準《易》，其數可以起歷而已，蓋得於渾天儀者也。司馬君實爲《潛虛》，得其用意之所在矣。晁以道作《星譜》，可謂善發明矣。二家之書出，而《玄》之學備，欲觀之者當參考也。”又曰：“老蘇論《太玄》，最中其病者，揚雄之所以自附於夫子而無得於心者也。"錄於《澗泉日記》。

吳氏曰:"《易》自一而二,二而四,四而八,八而十六,十六而三十二,三十二而六十四。《太玄》則自一而三,三而九,九而二十七,二十七而八十一。《易》之數乃天地造化之自然,一毫知力無所與於其間也。異世而同符,惟邵子《皇極經世》一書而已。至若《易林》、《參同契》之屬,雖流入伎術,尚不能外乎《易》之爲數。《太玄》名爲擬《易》,而實則非《易》矣。其起數之法,既非天地之正,又强求合於歷之日。每首九贊,凡七百二十九,僅足以當三百六十四日有半。外增一踦贊,以當半日。又立一嬴贊,以當四分日之一。吁!亦勞且拙矣。子雲此書未能見重於當時,後世雖有好者,亦未可謂大行也。本經八十一首,分天玄、地玄、人玄三篇,蓋擬《易》之上、下經。經後十一篇,則擬夫子之《十翼》而爲《太玄》之傳。晉范望始依《周易·象傳》、《象傳》附經例,升《首》辭於經、贊之前,散《測》辭於各贊之下,《首》、《測》兩篇之總序無從而附,則合爲一,以置經端。其牽綴割裂,無復成文,殆有甚於《易經》者。今復其舊,而第其目如右,兼以讀者病其揲法不明,驟觀未易通曉,復爲之別白其辭,以著於後。按:《法言》序篇,監本[五]共爲一篇,繼十三篇之末。今本亦如《書》之小序,各冠篇首,併爲考正,於子雲之書,蓋不無小補云。"錄於《文正公集》。

文光案:張氏、韓氏、吳氏之説,皆朱《考》所未採,因錄之。文正公所序之本未見。

錢竹汀《與盧學士書》云:"讀閣下所校《太玄經》,云向傳得一舊本,似北宋本。大昕案:結銜有'幹辦'字,則是南宋刻。《宋史》遇'勾當'字多易爲'幹當'。此南宋史臣追改,非當時本文也。去冬於吳門見司馬溫公《集注太玄》六卷,後附許翰解四卷,抄本甚完善。溫公書亦收於《道藏》,許翰解則《道藏》并未收也。"

　　文光案：《許翰傳》："《太玄歷》，温公手録，不著
誰作。"

## 《翼玄》十二卷

宋張伯行[六]撰

《函海》本。原本久佚。朱氏《經義考》曰"未見"。李氏從
《永樂大典》録出，刻入《函海》。前有進書狀，《翼玄》爲所進
"七易"之一。

　　張氏進書狀曰："始得邵氏書，既得司馬氏書，潛思力索，久
乃貫通。考之於《易》，無所不合，因著《翼玄》十二卷以明揚雄
之《易》。"又曰："雄作《太玄》，義本《連山》。"

　　焦氏曰："《吳志》：'陸凱好《太玄》，論演其意，以筮輒
驗。'所謂後世有好而知之者，非妄語也。凱所論著今不傳。王涯
《太玄》案：今有明本。常取以卜，自言所中多於《易》筮。"録於《藝
海》。

## 《潛虛》一卷

宋司馬光撰

《知不足齋》本。鮑氏重刊。邵武本前有温公自序，附《潛虛
發微論》十篇，宋張敦實撰。詳見朱氏《經義考》。末有泉州教授
陳應行跋。

　　司馬氏自序曰："《玄》以準《易》，《虛》以擬《玄》，《玄》
且覆瓿，而況《虛》乎？其棄必矣。然子雲曰：'後世有揚子雲，
必知《玄》。'余於子雲雖未能知，固好之矣，安知後世復有司馬
君實乎？"

　　陳氏跋曰："嘗恨建陽書肆所刻脱略至多，幾不可讀。及得邵

武本，雖校正無差，而繇辭多闕。淳熙九載，親得公家傳善本，復以張氏《發微論》附之。應行願廣其傳，遂以邵武舊本參稽互考，刻之郡庠，使人人得見全書，抑何幸耶！"

晁公武曰："此書以五行爲本，五行相乘爲二十五，兩之得五十首，有氣、體、性、名、行、變、解七圖。然其辭有闕者，蓋未成也。其手寫草稿一通，今在子建姪房。"

朱子曰："范仲彪炳文家多藏司馬文公遺墨，嘗示予《潛虛》別本，則其所闕之文甚多。問之，云温公晚著此書，未竟而薨，故所傳止此。嘗以手稿屬晁景迂補之，而晁謝不敢也。近見泉州所刻，乃無一字之闕。始復驚疑，然讀至數行，乃釋然曰：'此贋本也。'"

陸游曰："學者必通《易》，乃能以其餘緒通《玄》；《玄》既通矣，又以其餘及《虛》：非可以一旦驟得也。"

陳淳曰："温公之自序曰：'萬物皆祖於虛，生於氣，氣以成體，體以受性，性以辨名，名以立行，行以俟命。'故其爲書也，有氣、體、性、名、行、命之別。其意蓋曰萬物之始，未有萌兆之謂虛，此即一元之未形，所以表是而出之，以爲物之祖，以爲玄之所以爲玄，而命其書曰'虛'。"

林希逸曰："《潛虛》未必出於温公，其辭亦可觀，視《太玄》則迴異矣。《太玄》猶有古意，《潛虛》只是後世文字。"

季本曰："《潛虛》擸法亦猶《太玄》之强排，《太玄》之擸既違《大衍》之義，而《虛》又蹈之。"以上錄於《經義考》。

文光案：《吳文正公集》有《潛虛後序》，朱氏採入《經義考》，而所校之本未見。謝諤《注釋》、張漢《辨虛》、張行成《衍義》、林希逸《精語》、吳霞舉《圖説》、朱德潤《潛虛易説》，俱見於朱《考》，而其本多佚。

樓氏跋[七]張德深《辨虛》云："儀真所刊《潛虛》多闕文，

不能遽解。新安張氏有《潛虛》全書。張氏德深邃於《易》、《玄》，著《辨虛》一篇。《通鑑》爲溫公之筆學，《潛虛》爲心學。"又曰："觀物先生窮象數之學，著《述衍》、《翼玄》、《元包總義》、《潛虛演義》、《經世索隱》、《外篇衍義》、《通變》七書，近百卷，世號精博。嘗取《演義》〔八〕讀之，爲卷十六。《潛虛》之書章分句析，尤爲詳盡。"録於《攻媿集》。

錢氏跋曰："汲古閣影鈔宋本，本書三十六葉，《發微論》二十葉。陳應行跋云：'此所據者，文正曾孫待制侍郎家傳善本，朱文公疑此刻爲贋本。'"録於《潛研堂集》。

盧氏曰："馮彦淵影鈔大字宋本，'無'字皆作'无'，且多古字，蓋溫公熟於小學故也。"又曰："體圖後半第七層至十層，宋本與范本全不符，宋本爲是。"録於《羣書拾補》。

## 《皇極經世》十二卷

宋邵雍撰

《邵子全書》本。前有吳澄《叙録》。

吳氏《叙録》曰："邵子書今所校定，謹第其目如右。其一，《皇極經世書》十二卷，爲書六十二篇，附之以《觀物外篇》二；其二，《漁樵問答》一卷，爲書二十二章，附之以遺文六；其三，《伊川擊壤集》二十卷，爲詩一千四百九十八首，附之以集外詩十三。後録一卷，曰《正音》者，先生之父大叟所作；曰《辨惑》者，先生之子伯溫所述。先生之學，窮理盡性至命者也，孔子以來，一人而已。吾友夏幼安蓋嘗味先生之言而有暢焉。是書嗜之者鮮，傳之者謬誤最多，乃爲整齊其篇章文字。幼安命工刻板，以與世之學者共觀是書。誠能因其言得其意，則象數皆備於我，贊化育、參天地可也。"

晁公武曰："堯夫隱居博學，尤精於《易》。世謂其能窮作

《易》之本原，前知來物。其始學之，睡不施枕者三十年。此書以元經會，以運經世，起於堯即位之二十一年甲辰，終於周顯德六年己未，編年紀興亡治亂之事以符其學。後又有《繫述叙篇》，其子伯温解。"

朱子曰："《易》是卜筮之書，《皇極經世》是推步之書。《經世》以十二辟卦管十二會，繃定時節，卻就中推吉凶消長。其書與《易》自不相干，只是加一倍推將云。"

蔡沈曰："以數爲象，則奇零而無用，《太玄》是也。以象爲數，則多耦而難通，《經世》是也。"

查伯復曰："康節《經世書》，本《先天方圓圖》。"

何瑭曰："邵子'元會'、'運世'之分無所依據，先儒已有議其失者。乃自謂其學出於伏羲之《先天圖》，吾不知其說也。"

王弘撰曰："邵子《經世》之書本於《易》。嘗欲傳程子，程子不學；而當時之欲學者，邵子又不許：蓋未易言也。"

王庭曰："程子言堯夫於儒術未見所得，上蔡亦言堯夫所學與聖門不同。《經世》一書大是牽強不合，然人不敢議者，以其占驗神也。"以上錄於《經義考》。

文光案：朱氏所採《經世》之屬凡三十二家，而蔡仁《衍數》多至一百五十四卷，凡古今證應皆備載焉。仁字和仲，元至元中饒州布衣。

《皇極經世》必從理數鈐入門，方有見解。此書有抄本，無刻本。收入《圖書集成》，恐有舛訛，不能校正。

## 《皇極經世書》八卷

國朝王植編

原本。乾隆丙子自序刊。前有凡例、邵子本傳、總論、臆說并諸圖，爲首卷。《元會運世》三卷，《律呂聲音》一卷，内篇二卷，外篇二卷。《邵子全書》有徐必達刊本，此從《全書》中録出別行。今《性理》所載，乃蔡西山《指要》，非其全也。《指要》最醒暢。

《曲洧舊聞》：“温公與堯夫水北閒步，見人家造屋。堯夫指曰：‘此三間某年某月當自倒。’又指曰：‘此三間某年某月爲水所壞。’温公歸，因筆此事於所著文稿之後。久而忘之。因過水北，忽省堯夫所説，視其屋則爲瓦礫之場矣。問於人，皆如堯夫言。歸考其事，亦同。此事洛中士大夫多能道之。”

沈大成曰：“道不囿於數，而數實該乎道。伏羲卦圖，《皇極》所本。邵子曰：‘上古聖人皆有《易》，而作用不同。’某亦曰：‘後世諸儒皆衍《易》，而作用亦不同。《皇極》之十六，四四相因之數也。《太玄》之八十一，九九相因之數也。《洞極》之二十七，三九相因之數也。《虛》之五十五，五五相因之數也。即《太乙》之十六，亦四象相因之數。要之皆圖書也。”<sub>以上録於本書。</sub>

## 《皇極經世緒言》九卷

國朝劉斯組撰

徐氏刊本。道光十九年錢塘徐邦屏重刊，有跋。前有乾隆丙寅西昌劉斯組自序。篇中引祝泌及朱隱老論説之詞，莫不精妙入微，互相發明，惟宗於理，不任乎數。隱老字子方，明大學士<sup>〔九〕</sup>朱善之父。著《經世書解》十八卷，朱《考》曰“存”。

劉氏自序曰：“邵伯温述父學，載《皇極》卷數、篇目甚詳。蔡西山節其《指要》，登《性理集》中，案：明初刻《指要》於《性理大全》。當時推重，本末俱全，其不以術學見卑久矣。史載至元元年遣使訪求通《皇極》數鄱陽祝泌子孫，其甥傳立持此書來上。前明黄公泰泉輯其父粤州手録《道藏・皇極經世》全本，并編次論列之。組不自揣，縷析而條引之，命爲‘緒言’。”案：泌字涇甫，自稱觀物老人。著《經世書鈐》十二卷，端平乙未序，多折衷於伯温。

徐氏跋曰：“劉斗田著爲《緒言》，廣其義蘊。包逸庵得是書，每於義之難明者，輒加注釋，或爲圖以詳之。予既梓其書，并刻逸庵之圖，更以逸庵所著《洛書配卦位圖》附說於後。”案：此跋作於嘉慶四年。逸庵名燿，錢塘人。

以上術數類數學之屬。

# 《開元占經》一百二十卷

唐瞿曇悉達等奉敕撰

巾箱本。此本不知何人所刊。首録《四庫全書提要》，次萬曆丁巳張一熙跋，次目録。曰天纏[一〇]渾宗，曰論天，曰天占，曰地占，曰日占，曰月占，曰五星占，曰歲星占，曰熒惑占，曰填星占，曰太白占，曰辰星占，曰二十八宿，曰分野略例，曰月所主國，曰日辰占邦，曰炎變應期，曰逆順略例，曰石氏中官，曰石氏外官，曰甘氏中官，曰甘氏外官，曰巫咸中、外官，曰流星占，曰雜星占，曰客星占，曰妖星占，曰彗星占，曰風占，曰雨占，曰候星善惡[一一]，曰雜氣雲[一二]占，曰雲氣犯二十八宿占，曰雲氣犯列星[一三]占，曰石氏中、外官占，曰猛將軍陣勝負雲氣占，曰虹霓占，曰山石冢光占，曰井泉自出河移水火占，曰霜雪雹冰寒霧露霾[一四]霰霽蒙占，曰雷霆占，曰歷法，曰《麟德歷經》，曰算法，曰天竺《九執歷經》，曰古今歷積年及章率，曰星圖，曰八穀占，曰竹木草菜占，曰人及鬼神占，曰器服休咎、城邑宮殿怪異占，曰禽占，曰獸占，曰牛占，曰馬占，曰羊犬豕占，曰鷄[一五]魚蟲蛇占，凡六十類。自天占至星圖五十類，皆占天象；自百[一六]穀至蟲蛇十類，皆占物異：而測驗炎祥，悉本諸此。雖不必歷歷皆應，而古法備於此矣。其中徵引古籍極爲浩博，今已亡其八九。所存緯書尤爲罕靚，而傳本又少，故可寶也。

張氏跋曰：“緯書之學，盛於西漢。自光武嚴禁不行，故歷代鴻儒未及盡睹。至唐，敕成《占經》，採集緯書七十餘種，可謂無遺珠矣。然歷來禁祕，不第宋、元，即我明名家巨公皆未之見，今南、北靈臺亦無藏本。吾弟好讀乾象，又喜佞佛裝金，而得此書於古佛腹中，但不知藏之何代何人。而今一旦泄露，其關係諒必非輕，後之覽者，可不知所重云？"

　　文光案：一熙字明哲，其弟亦不知何名。識語祇言得書之由而不及刊板，是未曾付梓也。考《孫氏書目》，一《四庫全書》本，一明程明善本，二本俱未之見，惜未能與此本對勘也。

　　以上術數類占候之屬。

## 《葬書集注》一卷

　　晉郭璞撰，元吳澄刪定，鄭謐注

　　元本。前有宋濂序，吳徵、趙汸跋。謐號元默生，金華人。《地理全書》中有《葬書》一卷，不如此本。趙因園刪潤《地學庭訓》，又著《地學解穢》，皆有序在集中。又謂《千金歌》文簡義奧，而舊注蒙昧，悉刊落而更注之。又謂《地理原真》詞穢理悖。俱詳《飴山集》。又有《改注葬書》。俱未之見，不知今有傳本否。

　　趙氏《改注葬書》序曰："堪輿之術，傳自漢青烏先生，至魏管公明、晉郭景純大著。《葬書》流傳至今，所引經文殆《青烏經》也。近世《青烏經》忽出，疑好事者偽託。《葬書》詞甚雅，旨甚奧，而其注庸陋。暇日取舊注刊落者十八九，更復精研其書，參互前後，務中其肯會，析其源流，以成是注。"

　　朱氏曰："奪神功，回天命，致力於人力之所不及，莫此為驗。"

　　王禕曰："堪輿之術，原於古陰陽家。《葬書》二十篇，後人增以謬妄之説，蔡元定去其十二而存其八。吴曰："元定所存八篇，猶不無顛倒混淆之失。"言地理者，此其祖矣。朱子與蔡氏尊信其術，固不可廢。後世分爲二宗：一曰宗廟之法，始於閩中，其源甚遠，至宋王伋乃大行，其説立五星八卦。其學浙江傳之，而用者甚鮮之。一曰江西之法，肇於贛人楊筠松，曾文辿及賴大有、謝世南輩尤精其學。其説主於形勢，拘忌在所不論。其學盛行於大江以南，無不遵之。二宗説雖不同，皆本於郭氏者也。"

錢氏大昕曰："《葬書》始於景純，漢、魏以前未之聞也。然郭書亦平易無奇。自楊、曾、廖、賴之書出，其言汪洋汗漫，詭奧難解。習其術者各尊師聞，互相攻擊。"

《讀書敏求記》："鄭彥淵得《葬書》於劉庶幾，云傳之於杜待制。繼又得王邦昌手録孫院刊本，標題下書'江東家藏善本'六字。二者俱有吳草廬題跋，而孫本尤爲精密。因加訂定，從而釋之。凡'經曰'云云，皆引《青烏經》中語也。彥淵又著《太極圖集義》、《窮神》等書，許存仁序而行者，余不得見之矣。"

《大唐新語》："開元十五年正月，集賢學士徐堅請假，往京兆葬其妻岑氏，問兆域之制於張説。説曰：'神龍之際有黄州僧泓者，能通鬼神之意而以事参之。僕嘗聞其言，猶觀其要。墓欲深而狹。深者，取其幽；狹者，取其固。平地之下一丈二尺爲土界，又一丈二尺爲水界，各有龍守之。土龍六年而一暴，水龍十二年而一暴，當其隧者，神道不安，故深二丈四尺之下可設窀穸。墓之四維，謂之析壁，欲下闊而上斂。其中頂謂之中樵，中樵欲俯斂而傍殺。墓中抹粉爲飾，以代石堊。不置瓴甋瓷瓦，以其近於火；不置黄金，以其久而爲怪；不置朱丹、雄黄、礬石，以其氣燥而烈，使墳上草木枯而不潤；不置毛羽，以其近於屍也。鑄鐵爲牛豕之狀像，可以禦二龍。玉潤而潔，能和百神，置之墓內，以助神道。僧泓之説如此，皆前賢所未達也。'"

## 《葬經注》一卷

金兀欽仄注

汲古閣本。《葬經》爲青烏先生所撰。序云："先生漢時人，精地理、陰陽之術，而史失其名。郭氏《葬書》引'經曰'爲證者，即此是也。先生之言，簡而嚴，約而當，誠後世陰陽之祖書也。郭氏引經不全，豈經年代久遠，脱落遺佚歟？亦未可得而知也。"

陸深論《葬經》曰："詞義淺於《葬書》，決非兩都之製。因《葬書》所引'經曰'者以傅會之，中雜以術士、巫師之説，而錯亂刊缺，亦非當時之舊。按：《葬書》所引'經曰'者凡三十，而此書無幾，所存反不如《葬書》之精奧，此後人竄竊之一證也。近代載籍質雅近古，惟《參同契》與《葬書》。然《參同》以艱深之詞文淺陋之術，《地理》則以繁難之術亂易簡之道，故論其所以，以俟君子。"

## 《葬經翼》六卷

明繆希雍撰

綠君亭本。前有丁元薦序并自序；次《葬圖》一卷，凡十二圖；次《難解》二十四篇，爲一卷；次《古本葬經内篇》一卷，郭璞撰；次《形勢》一卷，凡十一篇，又《葬旨》一篇；次《十二例杖圖》一卷，有總論；次《司馬頭陀論葬八法》一卷，有圖，有論。此繆氏原本，又刻入《津逮祕書》。

吳澄曰："少時書市所賣《地理全書》，書盈一車，靡有不備。兵火後，其書不全。吾里饒敬德家蓄地理書甚富，類其要，凡三帙，予向所藏咸具焉。加以近年新術，舊所未有者，亦載其中，約而足以該其博美矣哉。雖諸術異同，不貫於一，亦在乎擇而用之者何如爾。予遇一贛葬師而與之論，彼應曰：'吾不識字之愚夫，若問吾術，無一字可傳，無一語可説。' 余不能答。信乎！術家之有神秀，又有慧能也。"此《地理類要序》，見《文正集》。其書甚罕。吳文正嘗删定《葬書》，至精至純者爲内篇，純雜相半者爲外篇，粗駁當去而姑存者爲雜篇。其本亦未之見。《地理》中有《青囊書》。吳文正曰："《青囊》不如《黑囊》，《青囊》詳，《黑囊》巧。"未見《黑囊》。

《西河集》："《周官》"族師氏"有相墓之説，謂古有式，須視其封窆以合軌度，非謂此中有吉凶，當審擇也。自陶侃、羊祜相傳，有陰陽家言，指亡人坎坶以爲生者休咎之驗，因之地理一門，肇於東晉，而盛行於宋之南渡以後。蓋嗣是而在庭楄樹欲早安窆歲難矣。張子禹臣知其然，謂撥沙表竹，言人人殊，景純、仲祥，動多荒誕，於是著《地理心書》。蓋心有二義，一則俗師冥頑，心本不靈，焉能視土？一則心乃仁術，苟巧於依違，則外而徇人，内而徇己，皆足自壞其本心。讀是書者，亦會以心而已矣。"

蔡季通曰："先君子每謂爲人子者，不可不知醫藥、地理。父母有疾，不知醫藥，以方脉付之庸醫之手，誤殺父母，如己弑逆，其罪莫大。父母既殁，以親體付之俗師之手，使親體魂魄不安，禍至絶祀，無異委而棄之於壑，其罪尤甚。至於關生人之受陰，冀富貴於將來，特其末耳。"此《玉髓經》序。張洞玄，字子微。宋太祖將定都，微地師十七人議之，子微實定汴京之策。所著《玉髓》，朱子嘗篤信而辨論之。《敏求記》著三十卷，陸氏又得後二十一卷。學地理者宜由是而入。

## 《天玉經注》七卷　附《天玉經説》六卷

舊題唐楊筠松撰，國朝黃越注

黄氏本。康熙辛丑黄越注刊，有序。《天玉經内傳》三卷，《外編》一卷，附宋吳克誠教子景鸞四十八局三卷，并《教子書》。

黄氏自序曰："楊筠松精於地理，稱郭景純後一人。所著《撼龍經》、《疑龍經》、《黃囊經》、《倒杖》皆行於世，而不及其《天玉經》，或疑其僞作。予讀而珍之，推爲水法之大全，蓋啓《青囊》之鑰，倒景純之篋，盡出其秘以示人。惜乎人不知讀，讀之者止元一劉秉忠，而不無歧解。近稍稍見刻本，獨其注不善。因爲另注，更取經中肯綮爲五十四説，附於後。各有心眼，持此以讀《天玉》可也，併持此以讀《青囊》、《玉尺》，寧不迎刃立解哉？"

文光案：《天玉經》得《青囊》之骨髓，《玉尺經》皆括其中。天星水法只此一書爲的，諸家注皆不善，黃氏頗多訂正。其所據者，一抄本，一閩人注本。別有《穴法分受序》，見《退谷文集》。

黃氏跋曰："余得閩人注，梧岡劉先生言其大段之是非，復授我以手録注本，末附四十八局而無能卒解。偶憶朱子'須是定個題目入，思議始得'，因取其内篇上、中、下及外篇另紙録出，一字不及其注，即從疑處入思議，不解不休。偶有所悟，輒以紙率筆記之，然後再取所受注閲之，合者少，不合者多。即從不合處再入思議，而後敢攻昔注之短，伸己説之長。再取白文讀之，始昭昭然揭日月而行，不似向者之矮人觀場，隨人呼拜也。"録於《退谷文集》。

文光案：此跋本書不載，大有益於讀書，不獨讀《天玉經》宜然也，故録之。

黃氏曰："《玉尺經》六篇、三賦，總四千三百三十六字。其言理氣以《青囊》、《天玉》爲主，而撥沙、消水佐之。以納甲諸注多主張己意以誣前人，似是而非，予悉舉而空之，直書白文，用朱子讀韓文文從字順法讀之。予注《莊》亦書白文詠歎，猶此意也。"

### 《乾坤祕竅》三卷

國朝范宜賓編

原本。乾隆三十一年自序刊。各卷有序例。上卷曰《青囊經》，黃石公授赤松子。曰《葬書》，晉郭璞撰，范宜賓注。曰《青囊奧語》，唐楊筠松撰，蔣大鴻正訛。曰《天玉經》，楊筠松撰，蔣大鴻正訛。曰《都天寶照經》，楊筠松撰，蔣大鴻注。曰《青囊序》，唐曾求己撰，蔣大鴻正訛。曰《天元歌》，蔣大鴻撰。曰《歸厚錄》，失名，明冷謙注。曰《元空正運經》。范宜賓撰。以上《地學正經》，世美堂古本。中卷曰《撼龍經》，凡十二篇，楊筠松撰，范宜賓注。曰《疑龍經》。楊松筠撰，范宜賓注。以上《龍經辨正》，世美堂古本。下卷曰《羅經精一解》。凡三卷，范弘賓撰，乾隆二十三年自序。是書板本頗佳，范注文詞甚拙。

以上術數類相宅相墓之屬。

## 《龍首經》二卷　《金匱玉衡經》一卷　《授三子玄女經》一卷　《廣黃帝本行記》一卷　《軒轅黃帝傳》一卷

《黃帝五書》

《平津館》本。嘉慶丁卯年刊。前有洪頤煊序，又顧廣圻二序。《龍首經》有舊序并注，《金匱章》第一經至第十經、《玉衡章》第一經至第十經，皆言天乙、六壬發用。前有舊序，首言：“黃帝曰：‘吾授汝此圖，三子秘之。’今書雖無圖，可按法立也。”《玄女經》無序，凡十一條，亦壬法也。言嫁娶者八條，首言天乙所在，次期會，次失物。玄女教帝陰陽術，即六壬、太乙、遁甲運式法也。黃帝又著《十六神歷》，推太乙、六壬等法。書內題“唐閬州晉安縣主簿王瓘進書”。末云：“自黃帝己酉歲次至今大唐廣明二年辛丑歲，計三千四百七十二年矣。”

洪氏序曰："《龍首經》之名見於《抱朴子》,《隋志》'二卷'。《顏氏家訓》云'吾嘗學六壬式,亦值世間妙匠聚得《龍首》、《金匱》、《玉軨》、《玉變》、《玉歷》十許種書',則此書之傳世久矣。尋書中所占諸術,如功曹、廷掾、將軍、二千石、令長,皆漢時官制。漢時本有此占法。此書在漢時爲民間日用之書,故至六朝猶行於世。唐宋以後,傳寫始微,晁《志》、陳《錄》皆未及見。此本上、下二卷,占法七十二章。吾師淵如從《道藏》中錄出,頤煊見而愛之,因影抄此冊,并校勘一過。《五行大義》引'子齊青州,丑吳越揚州'一條,《虎鈐經》引'將欲出兵,初以木日聞事'一條,'諸欲陳兵,必伺向白虎'一條,'先起爲客,後起爲主'一條,今本皆無此文,疑有殘闕。又'午爲勝先',俗本皆作'光'。《五行大義》云'午勝先者,陽氣大威,陰氣時動,惟陽在先爲勝也',足證俗本'光'字之訛。序成,并以質諸觀察。"

文光案:舊序言黃帝將上天,召三子而授以《龍首經》。其言本不足信,但其中皆古法,與今所傳之六壬書不同。顏之推言其不驗,則守其法而不知變通故也。凡兵家、醫家、術家以及天文歷算皆有古法,未必悉驗,神而明之,存乎其人。蓋人,活物也;術,死語也。以人心之靈,變其死法爲活法,則不驗者皆驗矣。知此可與談術數。惜顏氏之學,未能見及此也。

顧氏序曰："《廣黃帝本行記》一卷,載《道藏》海字號,非完書也。《新唐志》'王瓘《廣軒轅本紀》三卷'即此,蓋其書備詳黃帝始末。今起於'黃帝以天下既理',乃所存。但下卷首題'修行道德',必每卷各以四字標識,而上、中二卷是黃帝生長及治天下等事,皆與道家無涉,故不爲《藏》所收,而遂佚去。本書帝吹律定姓者十二,注云'在中卷';又黃帝有子,各封一國,注云'具中卷'：尤可證矣。淵如先生得壹是堂舊抄本，屬校刊於江寧，因借朝天宮正統十年藏本對勘一過，凡訂正若干字。錢曾《敏求記》著録與此無異，故闕之以俟博見者。"

　顧氏又序曰："《敏求記》於《本行記》後即次以《黃帝傳》一卷，云'闕撰者名氏'。注引劉氏《外紀》，殆是宋人所著歟？今淵如先生所得壹是堂抄本，正合二種爲一册，必所得同源也。注又引《蜀檮杌》，乃宋英宗時張唐英所著，此書固在其後。考《道藏》'以'字號十、《雲笈七籤》卷一百所載《軒轅本紀》，即王欽若《聖祖事迹》，亦曰《先天紀》，有真宗御製序可證。大段頗同，而文句間有出入，蓋欽若撰《事迹》用王瓘《記》爲藍本，而此傳復用《事迹》爲藍本也。欽若經進之意，特在繁富，採摭羣籍，不無爛取；且沿舊本之誤，不無可議。然瓘《記》上、中二卷亡失，藉此尚見厓略。今既一并校刊於江寧，獨惜弗獲述古藏本對勘耳。其《先天紀》異同，不更列入，因張萱所刻《雲笈七籤》自行於世，無難并觀而參考也。"

　黃帝令風后演河圖爲式，創百八局，名曰"遁甲"。注云："周公時約爲七十二局，漢張子房共向映皆云四皓演成一十八局。"

　黃帝有子，各封一國。總三十三氏，出黃帝之後，子孫相承，凡一千二百五十年。

## 《六壬全書》十三卷

不著撰人名氏

懷慶楊衒本。此即今世所傳六壬之術。前有康熙甲申郭載來校集序。第一卷，曰入手法，曰總鈐，曰神煞，曰德煞，曰課目，曰貴神；第二卷，曰十二將神；第三卷，曰日辰，曰發用，曰真三光，曰中黃經，曰照膽秘訣，曰肘後經，曰玉成歌，曰心印賦；第四卷，曰括囊賦，曰雲霄賦，曰三才賦，曰百煉金，曰軍帳賦，曰金鳳歌，曰行軍占異；第五卷，曰兵占；第六卷至第九卷，曰課經；第十、第十一曰異法；第十二、十三曰分野。是本雖雜集諸家，實多術士之說，不如《龍首》、《玉衡》等之多存古意也。郭序亦敷衍成文，空無故實。惟其局爲古昔所傳，板刻尚工，差堪寓目。此書無起課之法。坊行《六壬示斯》最便初學。余手錄七百二十課全圖，而以諸術注於四旁，頗便尋省。按：《孫氏書目》術數類内編有《六壬全書》十卷，明宮應震撰；外編有《六壬兵占》十三冊，亦題“宮應震撰”。又《六壬八要》一卷、《六壬要書》一卷、《六壬陳軌内外篇》一卷，三書皆無撰人名氏。《六壬大全》十二卷，題“郭載來撰”。“撰”當爲“輯”，非郭所自著也。想宮書亦然。余家所藏《六壬書》抄本、刻本亦十數種，皆存其目，不遍詳也。此學亦宜精熟，熟則生巧，不熟則不能貫通。大抵古法之驗，由於人心之靈，心靈則機捷，神乎其神；心不靈則機滯，滯則不驗矣。又或別有傳授，不主故常，亦時有之。然總以多讀古書、擴充性靈爲要也。

《龍首經》：“占歲利道吉凶法：陽歲以大吉臨太歲，陰歲以小吉臨太歲，視天上甲庚所臨爲天道，丙壬所臨爲人道，魁罡所臨爲拘檢。架屋、起土、買賣田宅、入官舍，時在天道，百倍在人道，十倍在拘檢道，縣官大凶。”今本無。

## 《六壬金匱玉衡經》一卷　　《六壬達斷經》一卷
## 《六壬玉連環》一卷　　《六壬詳斷》一卷

不著撰人名氏

鈔本。此本亦名《六壬全書》，凡十種而存其四。曰《六壬火珠林》，曰《海底眼》，曰《玉堂大法》，曰《六壬祕授》，曰《六壬秘珠》，曰《奇門絜要》，六種皆佚。《六壬》之書，大抵互相抄錄，無所發明。此本爲專家之書，出於徵驗者，較行本差勝，故録之。

潘氏耒曰："六壬之術始見於《吳越春秋》，蓋與遁甲同作，而其義皆本於《易》之乾。乾納甲壬，故奇門以甲爲眞符。而六壬，月將起於登明，乃天一生水之義也。范蠡、文種諸人用之最精。或曰授之計文子，即計然云；或曰趙曄僞造者，誣也。自漢以來，東方朔、管輅之徒多用其法，然所占不傳。亡兄力田輯諸家占法爲一書，名曰'壬林'。首列其占，次列其斷意，又次附以己意以著其得失之故，天時、人事、兵機、物數之占，明且切矣。"録於《稼堂集》。

錢氏曰："《六壬》之名見《晉書·戴詳傳》。古法有日辰四課而無三傳。史但云'詳喜風角'，亦不稱《六壬》。"又曰："《論衡》引十二神，未悉其名。"録於《養新録》。

## 《奇門總訣》一卷　《聚玄經》一卷　《尅應歌》一卷　《洞微經》二卷　《靈臺經》一卷《靈臺秘要法》一卷　《李衛公望江南》二卷

不著編輯者名氏

抄本。《奇門全書》七種，收自故家，不知足否。《望江南》以外，不知何人所著。因勝於傳本，故録之。古占書已亡，今之壬奇無一古本，然其法則傳之已久，不可謂無用也。兵家書多收壬奇，故奇門、六壬皆有兵占。然宋之岳武穆、我朝之曾文正公，皆不用其術，可知制勝之道不在此也。《顏氏家訓》曰："吾嘗學六壬式，討求無驗，尋亦悔罷。"又云："世傳術書皆出流俗，言辭鄙淺，驗少妄多。"郝懿行曰："讀顏氏之論，今之奇門、六壬書蓋不足觀矣。"

錢氏曰："奇門之式，古人謂之遁甲。《史記·龜策傳》'衛平與宋元王占夢，援式而起’，即遁甲法。”

## 《焦氏易林》四卷

漢焦贛撰

汲古閣本。前有王俞序、黃伯思校序、雜識三則、記驗一則。

王氏序曰：“先生以《易》道上干梁王[一七]，遂爲郡察舉，詔補小黃令，而邑中隱伏之事皆預知其情。得寵異，蒙遷秩，亦卒於官。次其著《大易通變》，其卦總四千九十六題。事本彌綸，同歸簡易，其辭假出於經史，其意雅合於神明，但齋潔精專，舉無不中，而言近意遠，易識難詳。後之好事如君行者，則子雲爲不朽矣。聖唐會昌景寅歲。”案：景寅即丙寅，詳見《二十二史考異》。

黃氏序曰：“京房直日之法，孟康注之甚詳。此是延壽占災一法。昧者乃合二術一之，而於直日卦中求所得卦，以考人之吉凶，謬託燕薊士之秘法，豈不誤甚與！”

班固曰：“焦延壽獨得隱士之說，託之孟氏，不相與同。”《崇文總目》：“《易林》以一卦轉之六十四卦，各有繇言著吉凶占驗，然不傳推用之法。”胡一桂曰：“焦氏卦變，卓然自爲一家。”楊慎曰：“辭皆古韻。”姜恩曰：“文簡而古。”鄭曰：“今之《易林》，未必出於焦氏。”顧曰：“疑是東漢人所撰，託之延壽。”

## 《京氏易傳》十卷

漢京房撰，吳陸績注

汲古閣本。末附釋文。

沈氏書校本後曰：“《京氏易傳》，宋晁景迂嘗加辨正，而未有雕本。明程榮、范欽、毛晉三家先後刊刻，鮮能辨正。予用諸本互勘，參以《易稗傳》、《啓蒙翼傳》二書所引，凡增減塗乙幾二百件。馮定遠點勘范欽本，間有小箋，大概論飛伏、直月二事，雖有小疵，條理秩然。復是正二十餘件，然終未得爲完善也。昔景迂服習《京氏傳》三十四年，始能以其象數辨正字之舛謬。今無服習之功，而欲舛謬之盡去，其可得哉？錄於《果堂集》。

## 《正易心法》一卷

舊題“麻衣道者撰，希夷先生受并消息”

《藝海珠塵》本。前有淳熙己亥迪功郎、新婺州浦江縣主簿程準序，後有崇寧三年廬峰隱者李潛幾道序。書凡四十二章，每章四句，是爲《心法》，訓於其下，消息也。是書有汲古閣本。

戴氏曰：“朱文公《本義啟蒙》，於程、邵外時時出入沙隨、漢上而一斷以占法。今雙溪王晦仲《讀易筆記》，其說以畫起象，以象明理。又謂雜物撰德，興於中爻，而互體不可廢。又謂麻衣非直、河圖非錯之類。討論講貫，其在文公，鄉閭師友間，幾於鶴鳴而子和也。學者取其大要，姑置其小疑云。”錄於《剡源集》。

《中州金石記》：《石堂山麻衣道場重建普濟堂碑》，跋曰：“碑述陳摶隱武當，過此山龍君祠，從麻衣曳論《易》之事。又云：‘世傳《麻衣心易》二十四章，希夷爲之解，李壽翁、張南軒皆有跋語。而朱文公乃以爲戴師愈贋作而力辨之。’又云：‘是書非空言也，實用具焉。’此道士尊崇私說以衒世之計也。陳摶，一隱者耳，世多造作異事以歸之，皆史所無。史惟載其教种放不娶，遂無子，此其大失。是以吾儒束身名教，不肯爲瑰異高尚之行，以致流俗附會其事，損傷風化也。是碑至大二年立，朱象先撰并正書。”又《麻衣子神宇銘》，至正六年立，李述魯翀撰，男李述魯遠正書。二碑皆在內鄉。跋曰：“碑述麻衣子姓李，名和，以穆帝升平元年春三月十有五日生。及唐貞觀十三年，天子制，表山峰等號。有云‘南陽貢士李珩填諱’者，子書父文於歿月之後也。字亦整飭，有唐人格調。”

文光案：《心法》注云："麻衣姓名里貫未詳。"予偶檢《中州金石記》，姓名畢具，因備錄之，以爲考古之助。惟本書四十二章，而碑云二十四章，不知何據。書中二序，惟程序稱李公得麻衣説，關子明傳，予爲正之。餘無所考，不復錄也。

## 《易占經緯》四卷

明韓邦奇撰

朝邑本。乾隆十六年成邦彥重刊，有序。前有嘉靖戊申濟南金城序，嘉靖乙巳門人王賜綏序。是書初刻於閩庠。前有《卦變》、《易占》、《焦氏易林占》三圖，又《易象》，《爻辭》，附錄第一、第二、第三卦變，《易林推用》。其卦始乾終坤。經者，《易》爻辭，緯取《易林》附之，頗便省覽。是書爲苑落門人張士榮、王賜綏所編次。三序於古占法皆無所發明，似不知《易》者，徒贊苑洛之功業、學問，於是書何與焉？王以"不變"名"七八"，顯違聖人之旨，是不但"七八"未明，且未讀《左氏傳》也。閩本未見。此本繇詞之舛謬難以指數，予以汲古本《易林》校之，亦未能完善也。

錢氏曰："春秋之世，三《易》尚存，其以《周易》占者，一爻變，則以變爻辭占，如'觀之否'、'歸妹之睽'之類是也；數爻變，則以象辭占，如'艮之八'、'屯貞悔豫皆八'是也；六爻皆不變，亦以象辭占，'泰之八'是也。以爻辭占稱'九六'，以象辭稱'八'，惟《周易》有之，若雜以它占則否。'千乘三去'、'射其元王'，不云'蠱之八'、'復之八'者，非《周易》繇詞也。"又曰："不變之卦不云'七'而云'八'者，七七四十九蓍之數，八八六十四卦之數，蓍未成而卦已成也，故不云'七'而云'八'。蓍圓而神七也，卦方以知八也。神以知來，知以藏往，六爻易以貢，九六也。”又曰：“卦變之説，諸家各殊。虞《易》專取旁通，與之卦旁通者，乾與坤、坎與離、艮與兑、震與巽，交相變也。之卦則以兩爻交易而得一卦。乾坤者，諸卦之宗。復、臨、泰、大壯、夬，陽息卦；姤、遯、否、觀、剥，陰消卦：皆自乾坤來。而諸卦又生於消息卦，三陰三陽之卦，自泰來者九、自否來者九是也。一陰一陽之卦無説。”又曰：“康成以爻辰説《易》，其書不傳，見於《詩》、《禮》正義，所引如‘比之初六’、‘辰在未’。”

　　以上術數類占卜之屬。

## 《珞琭子三命消息賦注》一卷

宋徐子平注，岳珂補注

　　《讀畫齋》本。依桐華館宋本重刊。是書亦名《指迷賦》，多出於依託，惟徐注爲真。今推八字者，名“子平”，因徐名也。

　　朱氏跋曰：“世傳《珞琭三賦》，不知何人所作。序而釋之者，以爲周靈王太子晉，世以爲然。考其賦所引秦河上公如懸壺化杖之事，則皆後漢末壺公、費長房之徒，則非子晉明矣。賦爲六義之一，蓋《詩》之附庸也。屈、宋導其源，而司馬相如斥而大之。今其賦氣質卑弱，辭語僿淺，去古人遠甚，殆近世村夫子所爲。俚俗乃以爲子晉，論其世，玩其文，理不相侔，而士大夫亦有信而不疑者。吁！可駭也。予每嫉其事，故著之。”録於《曲洧舊聞》。

　　楊氏曰：“張横渠喜論命，因問康節曰：‘先生推命否？’康節曰：‘若天命，已知之矣；世所謂命，則不知也。’康節之言如此。今世游食術人，妄造大定數、蠢子數，託名康節，豈不厚誣前賢？”又曰：“術士推算星命，立印綬、財官等格。格不能該，則曰不合格。豈造化先立此格而後生人乎？”録於《升庵集》。

　　徐學謨曰：“愚能惑智，星相、風水是。”録於《歸有園集》。

《學圃餘力》曰："術者以干支、五行推人命運休咎，往往有奇中者。自昔至今，如漢司馬季主、魏管輅、唐李虛中者，幾人哉！不可信者，千百皆然也。《就日録》云：'昔有軍校與趙韓王同年月日時。若韓王有一大遷除，而軍校則有大責罰；其小小升轉，則軍校微有譴呵。此又不知命以如何取焉。'又《鐵圍山叢談》云：'大觀改元，歲復丁亥，東都順天門内有貨粉鄭氏者，家頗贍給，以正月十五日亥時生一子，歲月日時適與魯公蔡京合。其家大喜，謂其必貴，時人亦爲之傾聳。始年十八，春末出游，馬忽躍入波中，溺死。'二事相類如此，雖使虛中復生，執此詢之，亦不能判其吉凶。二書酷排推命之謬，最爲有理，讀者當自見之。"録於《藝海珠塵》。

## 《三命會通》十二卷

明萬民英撰

金陵李氏本。雍正乙卯蔣國祥重校刊，有序。書内題"育吾山人"，不著名氏。育吾，民英之號也。

錢氏曰："六十甲子納音所屬五行，沈存中《筆談》、陶九成《輟耕録》皆著其説。然所引者僅唐以後之書，又多傅會，難信。予蓄疑有年。適得《抱朴子》，云按《玉策記》及《開明經》，皆以五音、六屬知人命之所在。子、午屬庚，卯、酉屬己，寅、申屬戊，丑、未屬辛，辰、戌屬丙，巳、亥屬丁。一言得之者，宮與土也；三言得之者，徵與火也；五言得之者，羽與水也；七言得之者，商與金也；九言得之者，角與木也。《玉策記》、《開明經》乃漢、魏人所撰，知納音果是古法。蓋納音之原，實出於納甲。納甲者，以十干配八卦，乾納甲、壬，坤納乙、癸；震長男而納庚，巽長女而納辛；坎中男而納午，離中女而納巳；艮少男而納丙，兌少女而納丁。又以十二支配八卦，乾納甲、子、壬、午，坤納乙、未、癸、丑，震納庚、子、午，巽納辛、丑、未，坎納戊、寅、申，離納己、卯、酉，艮納丙、辰、戌，兑納丁、巳、亥。京君明、干令升之徒用以説《易》。周史筮陳敬仲，知其當代姜姓。先儒謂六四辛未，未爲羊，巽爲長女，故曰姜，則布干支於八卦，古法已有之矣。納音者，又以六十甲子配五音，三元運轉，還相爲宮，而實以震、巽、坎、離、艮、兑六子所納之干支爲本。五音始於宮。宮者，土音也。庚子、庚午、辛丑、辛未、戊寅、戊申、己〔一八〕卯、己酉、丙辰、丙戌、丁巳、丁亥事六子所納之干支，故爲五聲之元，於行屬土，於音屬宮，所謂一言得之者也。戊子、戊午、己丑、己未、丙寅、丙申、丁卯、丁酉、甲辰、甲戌、乙巳、乙亥，於行屬火，於音屬子，戊至庚、己至辛、丙至戊、丁至己、甲至丙、乙至丁，相隔各三位，故曰三言得之也。由是推之，五言、七言、九言皆可知矣，蓋相隔幾位即幾言也。予於《抱朴·內篇》反覆思之，始得其解。土之音至微，火、水則稍有音矣，金、木則音漸著矣。土一、火二、水三、金四、木五，此五音由漸而著之序也。數始於一言。一言者，宮也，土音也，乃以爲音母。隔八位而復得木母。三八廿有四，而嬗於金，以商爲母；金嬗於火，以徵爲母；火嬗於水，以羽爲母；水嬗於木，以角爲母。其相生遞轉之序，皆與宮音同。凡六十甲子再終，百有廿而復於始，還相爲宮，循環無尚，要皆本於納甲。而用六子不用乾坤，猶之八卦方位，以震、兑、坎、離居四，而乾、坤退居無事之地也。沈存中所推娶妻生子隔八相生之説，蓋已略見一斑，而未明乎立法之原意，謂數必自甲子始，不知其實始於庚子午也。於《易》蠱之象曰先甲後甲，巽之五曰先庚後庚。甲者，納甲之始；庚者，納音之始也。誰謂納音非古法哉？若陶九成所引諸説，支離穿鑿，不合於古，儒者所不道也。"錄於《潛研堂集》。

文光案：萬書中有納音之説，其引《漢志》隔八相生，還相爲宮，未能推其本原。余因歷考諸書，遍求其説，未有若宮詹之明且切者，因亟録之，可與萬書互證也。余向不解乾金甲子外壬午之説，今始知爲納甲；又知左氏所載之占，即推六十甲子，誠古法矣。萬書多存古法，差可據依；而術家鄙瑣之説亦雜其中，然較之俗本尚爲嚴潔。所引《珞琭子》語與《大典》本絶不相類，蓋術家之書半出依託，自《緯候》已然。珞琭子，或謂即作注之子平，或謂子平名居易，或以爲徐彦昇，固不必深辯也。命書有《星平會海》，坊中多刻此本。其人更屬荒唐，其書不可句讀。凡術數類之書出於坊刻者，悉不可依據，此其一種也。蔣氏兄弟校刻前、後《漢紀》，至今稱爲善本，此其官長蘆鹽運使時所刻也。此板雖不及兩《漢紀》之工，勝於肆本遠矣。凡古法施之今日，有驗有不驗。章大力云："驗者，人之智計所及；不驗者，天之微妙所存。"其説當矣。愚謂與其不驗，不如勿信。

以上術數類命書之屬。

## 《五行大義》五卷

隋蕭吉撰

《知不足齋》本。鮑氏重刊《佚存叢書》本。前有蕭吉自序，後有天瀑跋。總目，一、釋名，二、辨體性，三、論數，以下皆論。四、相生，五、配干支，六、相雜，七、德，八、合，九、扶抑，十、相尅，十一、刑，十二、害，十三、衝破，十四、雜配，十五、律呂，十六、七政，十七、八卦八風，十八、性情，十九、治政，二十、諸神，二十一、五帝，二十二、諸宮，二十三、諸人，二十四、禽蟲。是書多引緯書，雖漢儒之餘論，而文章醇古，所論以義爲主。今德合、刑冲諸説，術家猶傳其法，而失其義矣。

如"仁，愛也"、"義，宜也"之類，字義人猶知之。如"金，禁也"、"木，冒也"之類，人鮮知之。豈非師法之失傳與？然則是書之作，不但有功於術數，且有補於小學云。

蕭氏自序曰："今博採經緯，搜窮簡牒，略談大義，凡二十四段，別而分之，合四十段。二十四者，節數之氣。總四十者，五行之成數。始自釋名，終於蟲鳥。凡配五行，皆在茲義，庶幾使斯道不墜，知其始焉。"

天瀑跋曰："案《隋書》本傳，載其著述之目，而獨不及此書，魏鄭公偶未之見耳。唐、宋志亦不著錄，其佚已久。書中所論陰陽、五行之事，非唐以下所能爲，而其所援證往往有佚亡之書，今不可得見者。且蕭以陰陽算術著稱，見於本傳，則此書之出蕭手，萬無一疑。"

吳氏《甲子釋義序》曰："十干、十二支之名立而相配爲六十，不知其所始。漢之時，術家以六十之四十八配《周易》八純卦之六爻，謂之渾天納甲。予謂納甲之五行猶先天之卦，納音之五行猶後天之卦。且納音始於誰乎？五行之上曰某水某火，又始於誰乎？疑末世術家猥瑣之所爲也。德化縣丞宋先生光父撰《甲子釋義》，予曰：'納音以數起。'先生布算算之，悉合，從。出所改《釋義》，下之五行概諸數，上之二字析諸理，愈明白而精密。"錄於《文正公集》。

以上術數類陰陽五行之屬。

## 《夢林玄解》三十四卷

明何棟如撰

明本。內題"晉葛洪原本，宋邵雍纂輯，明陳士元增删"，似出依託。前有崇禎丙子何棟如序，次凡例六條，次《葛仙翁傳略》，次景祐三年孫奭《圓夢秘策序》，次嘉靖甲子陳士元序，次萬曆乙酉張鳳翼《夢占類考序》。首卷占繇十三條、賦一首并目録。此何氏來譽堂之原本，蒐輯頗富，板刻亦佳。

何氏序曰："予家三世藏書，偶得一編，則夢書也。簡端有宋學士孫奭序，以爲原書八卷。内圖注一卷，得之蘭谿道士者也。次則進士陳養吾引，述此書實葛稚川真本，邵堯夫所輯，而陳哀公集而成者也。然原書占僅八卷，略而不備。復得唐雍氏所載《禳解編》及張伯起所輯《類考》二書，合併録成，仍名'解'而冠以'夢林'。卷分三十有四，類列百五十有奇，集別四函，一《夢占》，一《夢禳》，一《夢原》，一《夢徵》。此予與紫水氏哀集成書，廣陳公所未備之大旨也。"

是書景祐間名"圖夢祕策"，爲葛本。嘉靖間名"夢書玄解"，爲康節本。今彙夢如林，故曰"夢林"，而"玄解"仍舊云。《夢原》自經史百家而外，下逮諸集，苟有與夢發明者，無不次第編輯。若稗家悠謬，亦無取焉。《夢徵》分門別部，以世代先後列之，與《夢占》爲表裏者也。

占夢之説，由來遠矣。黃帝首著《長柳圖經》。夏后作《致夢》，商人作《觹夢》，有周取《咸陟》，是謂"三夢"。三夢之別，曰正夢，曰噩夢，曰思夢，曰寤夢，曰喜夢，曰懼夢，是謂"六夢"。六夢之變，其數無窮，而吉凶有辨，此占夢之官所自立也。太卜掌三夢，具載《周禮》。《春秋》各有卜夢之概。暨乎魏、晉，迭見名家，然古法漸湮，周索之流，巧釋謬合，非無奇中，而占夢之術因是以廢。沿及宋、元名儒，以理詮釋，未免腐迂，於是并其説而幾廢矣。《解夢全書》諸刻託諸周公，明乎謬甚。然間有明驗，特無由考厥由來云耳。

以上術數類雜技術之屬。

右術數類

術數之學，淺鄙近利，信之者衆，故爲之者多。雖無足取，而古法存焉。其傳自秦漢者，或驗或不驗，不可得知。惟其術之流傳，由來遠矣。謹案：《四庫書目》術數類分七子目，一曰數學，二曰占候，三曰相宅相墓，四曰占卜，五曰命書相書，六曰陰陽五行，而雜技術附存其目。今所録者凡二十三家，數學如《太玄》、《潛虛》、《皇極經世》三書，皆大儒所爲，學者或不易知。然其窮究天人，推闡盡致，雖《大易》之餘蘊，實數學之正宗。録此三家，餘非所及也。占候如《開元占經》是也。星土雲物見於經典，流傳妖妄，漸失其真。故占候與天文名一實二，測驗災祥以爲天文，非聖人之本意。惟占經多存古籍，又爲古本，因録此一種，餘悉削焉。相宅相墓，如《宅經》、《葬書》、《天玉經》之類，自稱曰“堪輿家”，亦曰“形家”，今又名爲“地理”，説雖謬悠，而人情畏禍冀福，故其術遂行。今亦略存三種，以概其餘。王山史曰：“蔡季通得康節之學，學者稱爲西山先生。其父名發，字神禹，號牧堂老人，著有《地理發微》十八卷。故季通好講地理，朱子嘗用之以遷葬其親。”今學者或疑之，信地理者又往往傳以爲重。然季通爲人改葬，不能皆驗，見《山志》，讀此可以恍然悟矣。況不如季通者，又何足云？占卜如《六壬》、《易林》、《易占》之類，略著數種，以存古法。《榕村集·卜書補義序》曰：“卜書非《易》也。五行之説，莫詳於卜書。夫子贊《易》而八索祛，卜之亡也，其始於此。焦、京、管、郭能推衍五行之學，今其遺術尚存，而體兆不傳，强附之爻卦而著龜之法亂。予讀《洪範》、《周禮博考》諸書，心知其意，而陳其概焉。”此卜之説也，因録之。命書如《珞珠子賦》，有重刊宋本；相書如《月洞中記》，鮑氏刻入叢書：皆校俗本爲精。陰陽五行，祇録《五行大義》一種，而奇門、太乙亦其類也。雜技術惟《夢占》一種，聊以備數。術數書俗刻太多，尤宜慎擇云。

### 校勘記

〔一〕"開通"，原作"聞道"，據漢桓譚《新論》改。

〔二〕"朱"，原作"或"，據清朱彝尊《經義考》改。

〔三〕"系"，據《宋史·藝文志》補。

〔四〕"靖"，原作"慶"，據《明史》改。

〔五〕"本"，據元吳澄《吳文正公集》補。

〔六〕"伯行"，清黃宗羲《宋元學案》作"行成"。

〔七〕"跋"，原作"曰"，據宋樓鑰《攻媿集》改。

〔八〕"演義"，原作"始義"，據同上書改。

〔九〕"士"，據《明史》補。

〔一〇〕"纏"，《四庫全書》本作"體"。

〔一一〕"惡"，《四庫全書》本後有"占"字。

〔一二〕"氣雲"，《四庫全書》本作"雲氣"。

〔一三〕"星"，《四庫全書》本作"宿"。

〔一四〕"薶"，《四庫全書》本作"噎"。

〔一五〕"雞"，《四庫全書》本作"龍"。

〔一六〕"百"，《四庫全書》本作"八"。

〔一七〕"王"，原作"主"，據《漢書》卷七五《京房傳》改。

〔一八〕"己"，原作"乙"，據《潛研堂文集》卷三改。